Fortschritte in der Wissensorganisation

Band 9 (FW – 9)

Herausgeber

Deutsche Sektion der
Internationalen Gesellschaft für Wissensorganisation e.V.
(ISKO)

Fortschritte in der Wissensorganisation, Band 9 (FW – 9)

Wissensorganisation und Verantwortung: Gesellschaftliche, ökonomische und technische Aspekte

Proceedings der 9. Tagung der Deutschen Sektion der Internationalen Gesellschaft für Wissensorganisation
Duisburg, 5. - 7. November 2004

Herausgegeben
von
H. Peter Ohly, Jörn Sieglerschmidt und Christian Swertz

ERGON Verlag
Würzburg 2006

Bibliografische Information Der Deutschen Bibliothek
Die Deutsche Bibliothek verzeichnet diese Publikation
in der Deutschen Nationalbibliografie;
detaillierte bibliografische Daten sind im Internet
über http://dnb.ddb.de abrufbar.

Gedruckt auf alterungsbeständigem Papier.
Umschlaggestaltung: Jan von Hugo

www.ergon-verlag.de

Printed in Germany
ISBN 3-89913-521-0
ISSN 0942-0347

Einleitung

Die gesellschaftliche Verantwortung der professionellen Wissensorganisation beschäftigt die Informations- und Bibliothekswissenschaften seit geraumer Zeit. In der Ausbildung an den Hochschulen werden informationstheoretische, ökonomische und ethische Fragen berücksichtigt. Angesichts der gesellschaftlichen Entwicklungen der letzten Jahre ist jedoch die verantwortliche Organisation von Wissen zu einem Problem geworden, das einer umfassenderen Berücksichtigung in Wissenschaft, Ausbildung und Praxis bedarf: Informatisierung und Kommerzialisierung von Wissensprodukten führen zu neuen Exklusionen und Kontrollmöglichkeiten im Umgang mit Wissen und wissenschaftlicher Leistung. Qualitätsmanagement und Nachhaltigkeit rücken bei Wissensgewinnung und -verbreitung stärker in den Mittelpunkt.

Die 9. Tagung der Deutschen Sektion der Internationalen Gesellschaft für Wissenorganisation mit dem Thema "Wissensorganisation und Verantwortung"[1] verstand sich als Beitrag zur Weiterentwicklung der gesellschaftlichen Verantwortung der Wissensorganisation in den fachlichen Grundlagen, in der Ausbildung und der wissensorganisatorischen Praxis. In den Mittelpunkt der Tagung stand die Verzahnung verantwortlichen, praktischen Handelns mit der wissenschaftlichen Reflexion. Dabei wurden empirische, rechtliche und ökonomische Fragen ebenso relevant erachtet wie theoretisch-systematische Diskurse. Der thematische Rahmen wurde mit den folgenden Fragen umrissen:

- Wird in der praktischen Wissensorganisation verantwortlich gehandelt?
- Wie kann das Ziel *Gesellschaftliche Verantwortung* in der Praxis wirksam gemacht werden?
- Unterstützt Wissensorganisation den gleichen Zugang zu Informationsressourcen?
- Welche Empfehlungen sind für die Ausbildung in der nachhaltigen und verantwortlichen Wissensorganisation auszusprechen?
- Wie kann verantwortliches Handeln in der Wissensorganisation begründet werden?
- Was bedeutet *Nachhaltigkeit* in der Wissensorganisation?
- Wie kann Wissen und verantwortliche Wissensorganisation quantifiziert oder bewertet werden?

---

1 Die Wissensorganisation'2004 fand vom 5. - 7. November 2004 an der Universität Duisburg statt und wurde von Christian Swertz koordiniert, seinerzeit Universität Bielefeld, seit 2005 an der Universität Wien. Weiter gehörten dem Tagungskomitee an: Gerhard Budin, Universität Wien, Rafael Capurro, Universität Karlsruhe, Eduard Jacob, Groningen, Norbert Meder, Universität Duisburg-Essen, H. Peter Ohly, Informationszentrum Sozialwissenschaften Bonn, Otto Sechser, Zürich, Alexander Sigel, Universität Köln, Martin van der Walt, Universität Stellenbosch/Südafrika und Karsten Weber, Universität Frankfurt/O. Besonderer Dank gilt auch Jörn Sieglerschmidt, Universität Mannheim/ Bibliotheksservice-Zentrum Baden-Württemberg für die Betreuung des inhaltlichen Bereichs 'Internetportale'. Des weiteren wurde die Tagungsorganisation und Herausgabe des Tagungsbandes durch das Informationszentrum Sozialwissenschaften Bonn über den Deutschen ISKO-Vorsitz unterstützt. Die Einforderung, Durchsicht und Aufbereitung der Manuskripte führte in großen Teilen Sebastian Netscher, Informationszentrum Sozialwissenschaften Bonn durch.

- Welches Wissen sollte nicht erschlossen und zugänglich gemacht werden?
- Sollte Wissen durch Digital-Rights-Management-Systeme geschützt werden?
- Sollten ökonomische Aspekte, z.B. beim Ranking von Retrievalsystemen, berücksichtigt werden?

Die Tagung richtete sich an Wissenschaftsforscher, Wissenschaftsmanager, Informations- und Bibliothekswissenschaftler, sowie alle, die sich mit der gesellschaftlichen Verantwortung der Wissensorganisation und Wissensverbreitung beschäftigen.

Aus dieser Tagung ist nun die vorliegende Buchveröffentlichung hervorgegangen, die erfreulicher Weise fast alle gehaltenen Beiträge – auch die per Telekonferenz geschalteten - enthält[2]. Den Autoren sei für Ihre Mühe zur Verschriftlichung ausdrücklich gedankt[3]. Zusätzlich konnten noch die ausgearbeiteten Ko-Referate von Gerhard Budin und Robert Fugmann aufgenommen werden. Damit enthält dieser Band 36 teils überarbeitete Beiträge, die 7 Kapiteln zugeordnet wurden und unterschiedliche Aspekte und Verständnisse von Wissensorganisation widerspiegeln. Natürlich konnten auf der Konferenz nicht alle Fragen und diese in allen Tiefen beantwortet werden; trotzdem dürfte ein interessantes Kompendium mit orientierenden und exemplarischen Beiträgen zusammengetragen worden sein. Die sehr interessante Podiumsdiskussion zu 'Wissensorganisation und gesellschaftliche Verantwortung'[4] wurde übrigens von Thomas Sporer ad hoc auf der Tagung mitgeschnitten und ist – unter den gegeben qualitativen Bedingungen - unter http://www.knowledgebay.de/static/download/poko.mp3 abhörbar. Eine Textfassung hiervon konnte bisher leider nicht realisiert werden. Im Folgenden soll eine kurze Charakterisierung der einzelnen Beiträge dieses Tagungsbandes gegeben werden[5].

1. Grundlagen der Wissensorganisation

Ingetraut **Dahlberg** berichtet von Ihrem Versuch, in einer sozialwissenschaftlichen Zeitschrift an Hand des International Coding Systems Regeln für eine Begriffskultur in den Sozialwissenschaften zu diskutieren. Dies stieß 1992 in diesem Fachbereich auf Unverständnis.

---

2 Informationen zur seinerzeitigen Tagung sind bis auf weiteres einsehbar unter http://www.bonn.iz-soz.de/wissorg/materialien_wissorg_04.htm. So auch einzelne Abstracts und Materialien, wie zu den nicht veröffentlichten Beiträgen von Alexander Sigel (Koreferat), Max Vögler und Andreas Vollmer. Der für die www-Veröffentlichung vorgesehene Duisburger Server-Bereich http://134.91.9.28:9673/isko/WissOrg%2004/ ist leider nicht mehr lauffähig. Die ursprünglich vorgesehenen Beiträge von Christian Schicha und Monique Reichert wurden auf der Tagung nicht vorgetragen.

3 Die Bedeutung der Verschriftlichung wird auch in dem Beitrag von Nicole Zillien in diesem Tagungsband angesprochen.

4 Podium: Peter Jaenecke (ISKO; Alcatel Stuttgart), Robert Leisner (attac), Christian Swertz (Univ. Wien; Diskussionsleiter), Walther Umstätter (HU Berlin), Müller von der Heide (Börsenverein des Deutschen Buchhandels), Karsten Weber (Europa-Universität Viadrina Frankfurt/Oder). Publikumsbeiträge: Anneke Fernández, Uwe Funk, Ursula Holtgrewe, Peter Ohly, Otto Sechser, Alexander Sigel.

5 Hierbei wurde zum Teil auch auf einen Kurzbericht von Kerstin Zimmermann zurückgegriffen werden, der im November 2004 in Englisch zur Verfügung gestellt wurde.

Die von Dahlberg genannte Problematik greift Gerhard **Budin** auf und stellt sie in den allgemeineren Bezug der transdisziplinären Streit- und Erwägungskultur, wobei er dem Grundanliegen von Dahlberg zustimmt und begriffliche Terminologiearbeit empfiehlt.

Gerd **Bauer** geht auf die Leistungsfähigkeit des Facettenprinzips am Beispiel eines graphisch-unterstützten Thesaurus für die Chemie ein.

In Ergänzung zum Beitrag von Bauer erläutert Robert **Fugmann** sieben Anwendungsmöglichkeiten eines Konzepts von semantischen Kategorien in einem Großsystem zum Patentwesen in der Chemie.

Gerhard **Rahmstorf** beschreibt Begriffe und Programme der Ontologie in verschiedenen Wissenschaftsverständnissen. Dabei wird der enzyklopädische und der sprachliche Zugang näher behandelt.

2. *Wissensordnung und Gesellschaft*

Die Wissensgesellschaft behandelt Raphael **Beer** und sieht als ihre notwendigen Voraussetzungen: Wissensbereitstellung, milieuübergreifenden Wissenstransfer und kognitives Beurteilungsvermögen.

An Hand von volkskundlichen Beispielen erläutert Elsbeth **Wallnöfer Köstlin** die durchaus fruchtbare Wechselwirkung zwischen erkenntnisgeleitetem Wissen und Populärwissen.

Maik **Adomßent** erörtert die gegenseitige Abhängigkeit von Wissensgenerierung und politischer Notwendigkeit, wobei wissenschaftlich und gesellschaftlich abgesicherten Nachhaltigkeitsindikatoren eine besondere Rolle zukommt.

Walther **Umstätter** betont die wirtschaftliche und gesellschaftliche Bedeutung des Wissens und speziell der Bibliotheken (Gedächtnis der Gesellschaft), wobei aber einer ungleichen Verteilung entgegengesteuert werden müsse.

Peter **Ohly** behandelt Möglichkeiten und Probleme der bibliometrischen Evaluation und empfiehlt einen qualitativ orientierten Umgang.

Beispiele für ethische Probleme bei der Indexierung gibt Martin **van der Walt** und nennt generellere Richtlinien für ethisches Verhalten bei der Indexierung. Neben einem speziellen Kodex empfiehlt er schwarze Listen und Training zu diesen Fragen.

Heike **Winschiers**, Jens **Fendler** und Barbara **Paterson** gehen auf die Problematik der Bewahrung indigenen Wissens mit westlichen Methoden und Technologien ein und empfehlen eine frühzeitige und gleichwertige Beteiligung der betroffenen Kulturkreise.

3. *Pädagogische Wissensorganisation*

Zum Medienkonsum und ihrem Zusammenhang mit demokratischer Partizipation stellt Henry **Milner** Ergebnisse einer vergleichenden Studie zwischen 15 OECD Ländern vor, wonach hohe Partizipation durch entsprechende Kulturpolitik gestützt wird.

An Hand von widersprüchlichen Konsequenzen aus Bildungszielen illustriert Christian **Swertz**, dass Kritik und Macht eine schwer aufzulösende Symbiose eingehen.

Nach Wolfgang **David** hängt der Erwerb von Wissen zum großen Teil auch von Überzeugungen ab, weshalb eine Wissensrezeption mit der Entwicklung epistemologischer Überzeugungen einhergehen muss.

Zensur als unzureichende bildungspolitische Strategie ist das Thema von Monika **Witsch**. An Hand des Beispiels Rechtsextremismus belegt sie, dass bei ästhetischen Gemeinschaftswerten angesetzt werden muss.

Nicole **Zillien** behandelt das Für und Wider von Präsentationssoftware und kommt zu dem Schluss, dass nicht die Technik, sondern ihre adäquate pädagogische Anwendung von Wichtigkeit ist.

Wolfgang **Semar** zeigt ein „Anreizsystem" auf, das mit Kennzahlen und deren Visualisierung den Einzelnen bei einer Gruppenarbeit so beeinflusst, dass seine Motivation und aktive Teilnahme gesteigert werden.

4. *Informationsverwertung*

Karsten **Weber**, Ricarda **Drüeke** und Axel **Schulz** behandeln an Hand von Medien-Tauschbörsen im Internet die Problematik, dass mit digitalen Vertriebssystemen Eingriffe in die Privatsphäre vorgenommen werden können, die im Vorhinein definiert werden sollten.

Unter welchen Bedingungen offene Content-Management-Systeme, insbesondere freie Online-Enzyklopädien, geeignet sind, Wissen zu organisieren, wird von Ulrich **Fuchs** dargestellt.

Kurt **Jansson** geht auf die Geschichte der freien Online-Enzyklopädie Wikipedia ein und thematisiert ihre Qualitätsbedingungen.

Lösungsansätze für ein regional differenziertes Rechtemanagement bei der digitalen Produktion und Verwertung von Inhalten zeigt Sven **Pagel** auf.

5. *Wissensmanagement*

Gert Uwe **Funk** behandelt das Zusammenspiel von Wissen, Werten und Qualität als Eckpfeiler einer erfolgreichen Kommunikationskultur im Wissensmanagement von Unternehmen.

Wie mit Hilfe bibliometrischer Verfahren Themengebiete und Akteure aus dem Gebiet „Alternative Antriebstechnologien" identifiziert werden können, zeigt Barbara **Heller-Schuh**.

Dirk **Kalmring** führt in ein Wissenscontrolling ein, das sich an der erfolgreichen Kommunikation bei hierarchischen Organisationsprozessen orientiert.

Die Bedeutung von Vertrauen und Solidarität unter Mitarbeitern in Hinblick auf gegenseitigen Wissenstransfer in Unternehmen ist Gegenstand des Beitrages von Jaakko **Koivumäki**.

Raphael **Palacios Bustamante** erörtert soziologische Aspekte bei der Arbeitsorganisation durch Manager in Projektgruppen. Dies ist wichtig für den Technologietransfer, unter anderem wegen Paradoxien der Informationstechnologien.

Ein Hypermedia-Online-Wissensmanagementsystem, das alle relevanten Daten über seltene Wildtiere in Namibia enthält, stellt Barbara **Paterson** vor. Besondere Beachtung wurde der Akzeptanz der einheimischen Anwender gewidmet.

6. *Informationssysteme*

Am Beispiel Digitale Bibliotheken und Kulturelles Erbe entwickelt Alexander **Sigel** Möglichkeiten des verteilten Wissensmanagements.

Otto **Sechser** stellt eine einheitliche Sichtweise auf das Wissen verschiedener Gebiete dar und kommt zu dem Schluss, dass formalisiertes Wissen nur über persönliche Umsetzungen genutzt werden kann.

Die Repräsentationsmöglichkeit der Telekommunikation in Bibliotheksklassifikationen sowie in einem semantischen Netz mit Ontologien werden von Kerstin **Zimmermann** und Bernd **Lorenz** diskutiert.

Thomas **Sporer**, Anton **Köstlbacher** und Tino **Jahnke** stellen ein allgemeines Software-Framework vor, das auf die Veröffentlichung, Darbietung und Verbreitung von audiovisuellen Medieninhalten über das Internet spezialisiert ist.

7. *Informationsbereitstellung*

Dirk **Lewandrowski** behandelt das automatische Ranking mit linktopologischen Verfahren bei Internet-Suchmaschinen und ihre Wirkung auf die Webseiten-Auswahl.

Kriterien zur Bewertung des Angebots und der Nachhaltigkeit von Portalen unter besonderer Berücksichtigung der öffentlichen Anbieter werden von Jörn **Sieglerschmidt** entworfen.

Gerald **Maier** geht auf verschiedene Formen von Archivportalen im Hinblick auf ihre Ziele, ihr Dienstleistungsangebot und den Nutzen für die Informationsgesellschaft ein.

Die verschiedenen Personalisierungsmöglichkeiten bei Bibliotheksportalen erörtert Friederike **Gerland**.

Im Mai 2006

H. Peter Ohly, Bonn
Jörn Sieglerschmidt, Konstanz
Christian Swertz, Wien

Inhaltsverzeichnis

1. Die Grundlagen der Wissensorganisation

2. Wissensordnung und Gesellschaft

3. Pädagogische Wissensorganisation

4. Informationsverwertung

5. Wissensmanagement

6. Informationssysteme

7. Informationsbereitstellung

1. Die Grundlagen der Wissensorganisation

Zur Begriffskultur in den Sozialwissenschaften. Evaluation einer Herausforderung

Ingetraut Dahlberg
Bad König

1. *Etwas Vorgeschichte*

Aufgrund eines Vortrags über Begriffs- und Definitionstheorie, den ich bei der Tagung über Begriffsanalyse in Darmstadt 1986 gehalten hatte (Dahlberg 1987), wandte sich der damalige Mitherausgeber der Zeitschrift Ethik und Sozialwissenschaften, Dr. Rainer Greshoff, 1990 an mich mit der Bitte, einen ähnlichen Beitrag als Hauptartikel für seine Zeitschrift zu schreiben. Ich sagte zu mit der Absicht im Hinterkopf, dabei auch meine Erfahrungen mit der sozial-wissenschaftlichen Terminologie, die ich bei COCTA, dem Committee for Conceptual and Terminological Analysis (Vorsitz Prof. Dr. Fred Riggs, Hawaii) (Riggs 1982) gemacht hatte, einzubringen. Hinzu kam, dass mir gerade zu diesem Zeitpunkt das Werk von Stefan Andreski in die Hände gefallen war, betitelt: „Die Hexenmeister der Sozialwissenschaften. Missbrauch, Mode und Manipulation einer Wissenschaft", (Andreski 1974) der sozusagen „kein Blatt vor den Mund nimmt" und überaus mutig und an vielen Beispielen die Misere der sozialwissenschaftlichen Terminologie offenbar macht. Ich hoffte daher, in einem entsprechenden Beitrag mehr Bewusstsein für eine begriffsorientierte, systematische Terminologie der Sozialwissenschaften zu wecken. In gewisser Weise war für mich dabei die Lösung von Prof. Riggs mit seiner „Onomantik" (Riggs 1985) vorbildlich. Er ging nämlich davon aus, dass der sog. semasiologische Ansatz, bei dem nach der Bedeutung eines Wortes gefragt wird, unbrauchbar für sein Verständnis sei (und das nicht nur in den Sozialwissenschaften), man müsse vielmehr umgekehrt onomasiologisch vorgehen und sich zunächst über einen Begriff klar werden, der mit einem Wort (oder einem Wort in einem Kontext) verbunden ist und seine mögliche Definition finden und dann erst dafür eine Benennung suchen. Aus Zeitmangel entstand mein Beitrag erst 1995. Herr Dr. Greshoff konnte – entsprechend der Methode seiner Zeitschrift - zu meinem Beitrag eine größere Anzahl von Kritikern finden und diese dann auch noch durch eine Replik der Autorin erwidern lassen und mit einer Metakritik eines Nichtinvolvierten das Ganze beenden. In meinem Fall waren es 27 Persönlichkeiten aus 10 verschiedenen Disziplinen und Herr Prof. Dr. Endruweit als Metakritiker. Der Beitrag umfasste die Seiten 3-91 (DIN A4 Format) in Heft 1-1996 unter dem Titel „Zur ‚Begriffskultur' in den Sozialwissenschaften. Lassen sich ihre Probleme lösen?" (Dahlberg 1996). Ich war überzeugt, dass sich ihre Probleme mit meiner vorgeschlagenen Methode lösen lassen. Doch meine Kritiker waren es leider nicht. Und über das Warum - davon wird mein Vortrag heute handeln.

Kürzlich fand ich im Leserforum des Rheinischen Merkur (Nr. 37,2004, S.26) zu diesem Sachverhalt einen bemerkenswerten Hinweis, betitelt: „Konfuzius und der heutige Politikjargon". Bei Benennungen, wie z.B. Kopfpauschale, Gesundheitsprämie, Hartz IV zeige es sich, dass „die Politik einem neuen Begriff eine neue Philosophie" unterlegt habe. Denn tatsächlich sei damit nicht das gesagt, was gemeint ist. Und es wird dazu Konfuzius (551 v.

Ohly/Sieglerschmidt/Swertz: Wissensorganisation und Verantwortung. Würzburg: Ergon Verlag 2006

Chr.) zitiert, wie folgt: „Wenn die Sprache nicht stimmt, dann ist das, was gesagt wird, nicht das, was gemeint ist. Ist das, was gemeint ist, nicht das, was gesagt wird, kommen keine guten Taten zustande".

So besteht also offenbar die Aufgabe einer möglichen Begriffskultur auch noch heute in den Sozialwissenschaften (und nicht nur dort), wobei ich unter Begriffskultur die systematische, also nachvollziehbar geordnete Befassung mit den Begriffen eines Wissensbereiches einschließlich ihrer Bereinigung und Darstellung in ihrem systematischen Zusammenhang verstehe. Entsprechend müsste erneut nach Lösungsmöglichkeiten für die bestehenden Probleme gesucht werden.

2. *Was beinhaltete mein Beitrag?*

Zunächst versuchte ich, die aus meiner Dissertation von 1972-73 (Dahlberg 1974) hervorgegangenen Überlegungen darzulegen, wie man von der linguistischen Auffassung von Begriff als Bedeutung eines Wortes abkommen und zu einem neuen Begriffsverständnis gelangen könnte. Dabei erinnerte ich an die bestehenden DIN-Normen 2330 und 2331 mit ihrem eigenen Verständnis von Begriff als einer Denkeinheit – nach Prof. Eugen Wüster. Jedoch machte ich deutlich, dass für mich eine Denkeinheit immer schon subjektiv sein muss – was übrigens Prof. Seiler in seiner Stellungnahme als ‚idiosynkratisch' bezeichnete. Wissen ist immer subjektiv, doch kann es objektiviert werden, wenn man es explizit macht, z.B. durch eine Begriffsanalyse oder durch eine Definition, die von einer Mehrheit angenommen werden kann und damit also intersubjektive Gültigkeit erhält.

Als es mir eines Tages 1974 klar wurde, dass sich ein wissenschaftlicher Begriff notwendiger-weise auf einen Gegenstand beziehen muss und dass die sog. Begriffsmerkmale dadurch zustande kommen, dass man über diesen Gegenstand alles das aussagen – also prädizieren – muss, was man an Wissen über ihn hat, fuhr ich sogleich mit dem Nachtzug nach Österreich zu Prof. Wüster, um ihn über diese Entdeckung zu informieren. Denn bisher sprach man in der Philosophie im Zusammenhang mit Begriff auch immer von seinen Merkmalen. Aber woher diese kommen, das wurde im Allgemeinen unterschlagen. Doch Prof. Wüster hat mich nicht ernst genommen, also offenbar nicht verstanden, was diese meine ‚Entdeckung' bedeutete. Meine Bemühung, dieses neue Verständnis bei der Neubearbeitung der DIN 2330 einzubringen, wurde zwar nicht sofort, aber doch später berücksichtigt, nachdem ich eine Alternative zu dieser Norm in der Zeitschrift Muttersprache (Dahlberg 1976) veröffentlichen durfte[1]. Der nächste Schritt brachte eine noch deutlichere Darstellung der Begriffsanalyse und -synthese wie auch Begriffsrekonstruktion in (Dahlberg 1978), wobei ich dann auch erstmalig einen solchermaßen verstandenen Begriff als ‚Wisseneinheit' und seine Merkmale als ‚Wissenselemente' (mit Bezug auf eine jeweilige Wisseneinheit) bezeichnete. Die neue Begriffstheorie besagt also das Folgende: Wenn sich ein jeder wissenschaftliche Begriff auf einen Gegenstand A bezieht (im allgemeinsten Sinn: kann ein Objekt, eine

1 Wie mir Prof. Dr. Wille (Mathematisches Institut der TU Darmstadt) später, 1984, mitteilte, war diese Merkmalseruierung, wie er sie aus der DIN 2330 entnahm, für ihn ein wesentlicher Schritt zu seiner ‚formalen Begriffsanalyse', über die er bei der Jahrestagung der Gesellschaft für Klassifikation e.V. 1984 in Hofgeismar das erste Mal öffentlich sprach (Wille 1984). Inzwischen hat er damit eine Schule begründet, die weltweit bekannt wurde und jährlich viele Wissenschaftler nach Darmstadt holt.

Tätigkeit, eine Eigenschaft, etc. sein, auch eine Kombination daraus, auch eine Theorie) und dessen Eigenschaften und Befindlichkeiten in Prädikationen B ausgedrückt werden, dann muss er, um kommunizierbar zu werden, durch eine Benennung C, einen ‚term' oder einen Code sozusagen festgehalten werden. Diese drei Teile machen einen Begriff aus. Wesentlich ist hier jedoch, dass man die genannten Prädikationen als ‚Merkmale' eines Begriffs versteht – nicht zu verwechseln mit den Eigenschaften eines Begriffs, wie ‚weiter' oder ‚enger' oder ‚bekannter' etc. Begriff. Und natürlich müssen auf diese Weise festgestellte Merkmale zur intersubjektiven Übereinstimmung auch von anderen bestätigt werden können.

Vergleicht man dann die eruierten Merkmale von verschiedenen Begriffen miteinander und entdeckt, dass darunter welche vorkommen, die sich ähnlich oder gar identisch sind, dann bestehen immer Beziehungen zwischen solchen Begriffen. Diese können rein formaler oder auch inhaltlicher Art sein. Auf diesen Beziehungen basiert die Möglichkeit, Begriffssysteme aufzubauen.

Wir kennen seit Aristoteles die Beziehung nach genus proximum und differentia specifica, was als Abstraktionsbeziehung in die Terminologielehre eingegangen ist und daneben die Partitionsbeziehung, die dadurch entsteht, dass von einem Bezugsgegenstand ausgesagt wird, aus welchen Bestandteilen er besteht. Daneben kann man auch Beziehungen aufgrund von gegensätzlichen Merkmalen feststellen und erhält damit die sog. Komplementärbeziehung und schließlich gibt es noch die Funktionalbeziehung zwischen Begriffen, die Begriffe sozusagen in einem funktionalen, einem syntaktischen Zusammenhang sieht, wie z.B. die Benennungen von Wissensgebieten dies ausdrücken (z.B. Philosophiegeschichte), was aber nicht die Regel sein muss, denn auch eine Einwortbenennung, wie Physik, Chemie, Genetik, Botanik oder Zoologie zeigt in der Definition ihres Begriffs, dass es sich um „Wissenschaft von ...." handelt, damit also durch ein Syntagma ausgedrückt wird.

Nach diesen vier Begriffsbeziehungsarten lassen sich auch Definitionen ableiten, es sind dies die in der Philosophie so genannten Realdefinitionen, im Gegensatz zu den Nominaldefinitionen, die nur den Namen C eines Begriffs erläutern ohne Bezug auf den ‚Gegenstand' A.

Ein zweiter Abschnitt meines Hauptartikel-Beitrags versuchte aufgrund des Gegenstandsbezugs ‚Gesellschaft' eine etwas andere Auffassung von den Bestandteilen der Sozialwissenschaften einzuführen, als dies etwas durch die amerikanische International Encyclopedia of the Social Sciences unternommen wurde. Denn letztere hat auch ‚Geographie', Psychologie', ‚Psychiatrie' und die ‚Wirtschaftswissenschaften' miteinbezogen, deren jeweiliger Gegenstand jedoch nicht die Gesellschaft ist, sondern entsprechend Erde, Einzelmensch und Wirtschaftsarten.

Es bot sich an, den Bereich in meiner Universalklassifikation von Wissensgebieten, der sich auf den Gesellschaftsbereich bezieht, im Zusammenhang mit dem gesamten Schema vorzuführen. In der Darstellung des Rasters zu dieser sog. Information Coding Classification (ICC) (Näheres siehe Dahlberg 1982), die sich zum Teil auf die Schichtentheorie des Seins von Nicolai Hartmann bezieht (Hartmann 1964), ist es der ontische Bereich 6. Ich verwies jedoch auch darauf, dass sich ein jedes Wissensgebiet mit einem anderen kombinieren lässt und damit die in den Sozialwissenschaften sehr häufig vorkommenden interdisziplinären Gebiete im Gesamtsystem ihre Systemstelle finden können. Hierüber mehr in (Dahlberg 1994).

In einem 3. Abschnitt entwickelte ich meine Vorstellung, wie man die existierenden sozial-wissenschaftlichen Begriffe in 9 Schritten in eine systematische Ordnung nach den wissenschafts- und klassifikationstheoretischen Prinzipien bringen könnte, wobei ich auch den sog. Systematifikator erläuterte, und damit die genannte ‚Begriffskultur' zu erreichen. In einem 4. Abschnitt versuchte ich auch, die ethische Komponente einer solchen Arbeit herauszustellen, was sich insbesondere auch auf den Titel der Zeitschrift bezog und damit ihrem Anliegen dienen sollte.

3. *Das Echo*

Die genannten 27 kritischen Stellungnahmen von Kollegen aus 10 Disziplinen haben mich gelinde gesagt erschüttert. Soviel Un- und Missverständnis über mein Anliegen, das ja doch den Sozialwissenschaften dienen wollte, hätte ich nicht erwartet.

Die Beiträge[2] kamen aus den folgenden Disziplinen (ich liste die Namen dazu, für den Fall, dass ich mich in der Zuordnung geirrt haben sollte):

- 7 aus der Soziologie (W. Bühl, A. Hahn, S. Lamnek, K. Manhart, M. Patzak und H. Weiss)
- 5 aus der Philosophie (R. Dürr, R. Kleinknecht, M.Th. Liska, Ch. Lütge, A. Ros, P. Schimany)
- 4 aus den Sozialwissenschaften allgemein (Th. Eckes, H. Kerber, P. Ohly, R. Popp)
- 3 aus der Psychologie (J. Becker u. A. Reiss, W. Friedlmeier, Th. B. Seiler)
- 2 aus den Politikwissenschaften (V. Dreier, R. Meyers)
- 2 aus der Informatik (F.J. Radermacher, E. Walter-Klaus)
- 1 Wirtschaftswissenschaftler (A. Suchanek)
- 1 Linguist und mit den Sozialwissenschaften befasst (J. Krause)
- 1 Hochschuldidaktiker (J. Klüver)
- 1 Mathematiker und Informationswissenschaftler (W. Gödert)

Bis auf zwei, nämlich Prof. Gödert und Prof. Radermacher (aber auch mit Einschränkungen), waren alle der Auffassung, dass mein Vorschlag unausführbar sei. Doch hatte offenbar ja auch noch niemand von ihnen jemals ein Begriffssystem oder einen Thesaurus erstellt. Daher fehlte ihnen die Vorstellungskraft, dass dies mit den Begriffen der Sozialwissenschaften ebenso möglich ist, wie mit denen in allen anderen Wissenschaften.

Leider konnte ich nicht ahnen, wie fremd der Mehrzahl der Kritiker meine Argumentation sein musste. Es fing schon bei einem völligen Missverständnis der – für mein Empfinden so leicht einsehbaren – ‚gegenstandsbezogenen, analytischen Begriffstheorie' an und setzte sich fort im Nichterkennen der theoriebasierten ICC und den sonstigen Aussagen. Damit zeigte sich, wie wenig Einsicht man in terminologische, begriffliche und klassifikationstheoretische Probleme hatte und nur von seinem eigenen, engen Wissensbereich aus dachte und argumentierte. Dies wird sich heute, im Zeitalter der Recherchen im Internet vielleicht geändert haben. Ich hoffe es jedenfalls.

---

2 Sie sind in der Anlage aufgelistet.

4. *Meine Replik*

In meiner Replik habe ich zunächst eine Begründung für meinen Beitrag gegeben, mich auch vorgestellt und auch noch etwas ausführlicher in die Information Coding Classification eingeführt. Als das ‚große Missverständnis' beschrieb ich sodann die Kommentare zu meiner Begriffstheorie, zum Teil begründet durch die Methodik der in der Philosophie üblichen Formalisierungen, in anderen Fällen durch die sprachwissenschaftliche Auffassung von Begriff als Bedeutung eines Wortes. In zwei Fällen wurde argumentiert, dass die Vagheit der Begriffe für die Wissenschaft geradezu notwendig sei und dass Pluralismus in der Theoriebildung als ein Kennzeichen moderner Wissenschaft angesehen werden muss. Gegen letzteren ist nichts einzuwenden, wenn man die Theorien auch ‚auf den Begriff bringen kann'. Und die Vagheit mag nur für die sog. nicht-empirischen Begriffe gelten und wird in vielen Fällen vielleicht mit einem zeitangebenden Merkmal zu verbinden sein.

Nach diesen allgemeinen Bemerkungen bin ich auf jeden einzelnen kritischen Beitrag eingegangen, wobei ich in vielen Fällen auf ähnliche Argumente jeweils nur einmal antwortete. Eine Menge der vielleicht oft eilig geäußerten Missverständnisse hoffe ich, damit geklärt zu haben. Ihre detaillierte Aufzählung würde hier den Rahmen des Vortrags sprengen, so mögen wenige Zitierungen zusätzlich zu den schon genannten genügen, um sich ein Bild zu machen. Ich gebe zu jedem Kommentar eine Kurz-Antwort in Klammern:

1. Ablehnung der vorgeschlagenen Aufgabe, denn „Begriffshygiene degeneriere zu Begriffs-Sterilität" (Hier kann ich nur auf das schöne Konfuzius-Zitat von oben verweisen.)
2. Ordnung um der Ordnung willen stelle sich selbst in Frage (Das durchaus mehrfach vorhandene Ziel des Unterfangens wurde im Artikel gleich zu Anfang erwähnt: Die Klarheit der sozialwissenschaftlichen Begriffe wird der wissenschaftlichen Literaturdokumentation dienen, den Bibliotheken zur Einordnung ihrer Bücher und sonstigen Dokumente und vor allem auch den Übersetzern; dies neben den auch möglichen und wichtigen Anwendungen in Pädagogik und Didaktik.)
3. Begriffskultur sei eine Illusion. (Hier kann ich nur auf die vielen Bemühungen von Terminologen hinweisen, die Begriffssysteme erstellen zum Zwecke der besseren Übersetzbarkeit in andere Sprachen. Die Bezeichnung „Begriffskultur" mag ungewohnt klingen, aber offenbar haben schon die frühen Chinesen ihre Notwendigkeit erkannt.)
4. Soziologie sei ein Ausnahmefall, hier sei eine systematische Aufarbeitung der Begriffsinhalte nicht möglich. (siehe unter 5.)
5. Zweifel wurden geäußert an der „objektbezogenen Begrenzung", da „das Soziale sich nicht fassen ließe" (Zu 4. und 5.: Diese Sätze können sehr leicht widerlegt werden, wenn man sich nur erst einmal an die Arbeit machen wollte.)
6. Unterstellung, das Ganze solle ein Normierungsprogramm werden. (Klassifikationssysteme haben durchaus normierenden Charakter, daher wurde z.B. die Universale Dezimalklassifikation (UDC) in verschiedenen Ländern von ihren Normungsinstituten herausgebracht. Jedoch war dies im vorliegenden Fall nicht intendiert und auch nicht für sinnvoll angesehen.)
7. Vorwurf des Verkannthabens, dass das Thema der Begriffsklärung als ein Begründungsproblem angesehen werden sollte (Die Autorin hierzu hat nicht erkannt, dass das Begründungspostulat für Wissen durch die analytisch gewonnenen

Begriffsmerkmale und ihre intersubjektive Verifizierungsmöglichkeit bereits gegeben ist.)

8. Zwar wird die Begriffstheorie akzeptiert, doch sei die volle Komplexität der menschlichen Kognitions- und Kommunikationsvorgänge nicht abbildbar durch sie. (Das hatte ich auch nicht behauptet.)
9. Vermisst die Nennung – neben der Begriffsarbeit – der ‚gleichberechtigten' statistischen Verfahren. (Statistische Verfahren scheinen mir in diesem Fall nicht angebracht zu sein, weil sie von einer vorhandenen Gegebenheit, also vom Wort oder einer damit bezeichneten Sache ausgehen, nicht aber vom Begriff, der erst durch die Merkmalsanalyse bestimmt werden.)
10. Es wurde im Zusammenhang mit der Frage nach dem Nutzen des vorgeschlagenen Unterfangens auch gefragt, ob auf diese Weise tatsächlich eine Wissensvermehrung durch Ordnung zustande komme. (Eine jegliche geordnete Darstellung muss eine Struktur und ein Systemstellengesamt haben, das auf Prinzipien beruht. Allein diese drei zusätzlichen Elemente vermehren das Wissen über das Dargestellte, ganz abgesehen von der Erkenntnis, die von den damit hergestellten Zusammenhängen aufgrund der involvierten Begriffsbeziehungen gewonnen werden kann.)

5. *Die Metakritik von Prof. Dr. Endruweit*

Herr Endruweit stellte seine Zusammenfassung unter das Thema „Probleme wissenschaftlicher Begriffsbildung" und fragte zunächst, haben Dahlbergs Hauptartikel, die 27 Kritiken und die Replik einen Fortschritt der Sozialwissenschaften in dem Sinne gebracht, dass nun ein Vorschlag vorliegt, wie die Probleme der Begriffsbildung besser bewältigt werden können als bisher? Daran anschließend resümiert er nochmals den Inhalt meiner Darlegung und Vorschläge, ohne diese erste Frage zu beantworten. Hierzu muss ich leider bemerken, dass es in meinem Beitrag überhaupt nicht um Begriffsbildung ging, sondern um ein neues Begriffsverständnis als eine Synthese von ausgesagten Merkmalen und die Anwendung von solcherart analytisch gewonnenen oder rekonstruierten Begriffen mit ihren Benennungen als Einheiten unseres Wissens im Zusammenhang unserer Wissenschaften und Wissensgebiete.

In einem zweiten Abschnitt ging er zunächst allgemein auf das Resultat der kritischen Stellungnahmen ein und stellte fest, dass das Echo auf meine Arbeit – entgegen meiner eigenen Auffassung – gar nicht so negativ gewesen sei. Er nannte acht Kritiker, die durchaus Lob spendeten. Auch meinte er, die Kritiker seien sich „mit Dahlberg einig, dass es mit der Begriffsklarheit in den Sozialwissenschaften nicht weit her ist und dass deshalb Verbesserungen angezeigt sind", wobei er sich auf fünf Quellen bezog. Er selbst, als auch Wörterbuchautor, ist ebenfalls dieser Ansicht und spricht von „Begriffsschlamperei" in der Soziologie. Nach ihm fehlt es an „qualitativer Verbesserung" und „an einem besseren System zum Umgang mit Begriffen".

Er stellte sodann die Frage: Haben die Kritiker den Vorschlag Dahlberg auf seine Tauglichkeit überprüft? Haben sie sich gefragt, ob die neue Konzeption das Problem der sozialwissenschaftlichen Terminologie überhaupt lösen und wenn ja, vielleicht sogar besser als die vorhandenen Ansätze lösen könne? Endruweit fand, dass es dafür keine Belege, wohl aber Einwände gab – von der Art, wie ich sie bereits im vorangegangenen Kapitel nannte. Zusätzlich meinte er – und führte dazu auch fünf Stellungnahmen an –

dass die vorgeschlagene Begriffsarbeit sich vielleicht schon deshalb nicht lohne, weil ihr Ergebnis nicht von langer Dauer sein könne.

In seinem dritten Abschnitt „Ansprüche an Begriffskonzeptionen in den Sozialwissenschaften“ betonte er zunächst den Wert von Begriffen als Bausteine der Wissenschaften, er kann aber das Interesse der Informationswissenschaften daran nicht erkennen, ohnehin seien diese nur „funktional Nachrangiges“, hätten nur den Charakter von Hilfswissenschaften. Hier möchte ich darauf hinweisen, dass nicht nur die Informationswissenschaften, also Archiv-, Bibliotheks- und Dokumentations/ Informationswissenschaft, sondern auch Disziplinen wie Sprach-, Übersetzungs- und Terminologiewissenschaft wie auch Lexikographie an einer geordneten Systematik sozialwissenschaftlicher Begriffe interessiert sind. Wenn Herr Endruweit die hier genannten Wissensgebiete alle als Hilfswissenschaften begreift, dann bringt er in die Welt des Wissens Verhältnisse wie die zwischen Herrschaft und Dienstboten, ähnlich wie man auch früher einmal die Philosophie als Dienerin der Theologie angesehen hat.

Herr Endruweit konnte auch mit dem Soergelzitat nichts anfangen, das ich in einer der Repliken – allerdings in verkürzter Form - eingebracht hatte. Es war das Geleitwort unserer Reihe „Studien zur Klassifikation“ (1977) und lautet:

„Wir halten dafür, dass es nicht genügt, in der Theorie anzuerkennen, dass die Produktion immer neuen Wissens ohne eine durchgreifende Systematisierung des vorhandenen Wissens in eine Sackgasse führen muss, sondern dass daraus eine ganz praktische Konsequenz gezogen werden muss: die Konsequenz nämlich, dass der Systematisierung von Wissen der gleiche wissenschaftliche Rang gebührt, wie der originären Forschung“.

Herr Endruweit meinte, hier komme zum Ausdruck, dass Lagerhaltung der gleiche Rang zugemessen wird, wie der Produktion. Doch dieser Vergleich hinkt, denn damit verkennt er leider völlig die Schwierigkeiten einer schlüssigen, theoriefundierten Systematisierung eines Wissensbereiches, was aber ein jeder Theoretiker einer Wissenschaft beherrschen sollte - nach der Forderung von Alwin Weinberg in seinem berühmten Report von 1962.

In vier weiteren Abschnitten ging Herr Endruweit sodann auf 1. Zwecke von Begriffen, 2. den Begriff des Begriffs und der Definition, 3. auf Begriffssysteme, Theorien und Kulturen und schließlich 4. auch auf Begriffskultur und Begriffsethik ein, wobei er sich auch immer auf einzelne Stellungnahmen der Kritiker bezog. So seien hier als Beispiele zu 1. die empirischen Begriffe und die Arten von „Gesamtbegriffen“, die vorkommenden Varianten von Phänomenen oder Gegebenheiten, zusammenfassend genannt. Es wird aber aus seinen Argumenten auch deutlich, dass er sich selbst nicht darüber im Klaren ist, wie zwischen Begriff und Benennung, bzw. Name oder Bezeichnung zu unterscheiden ist. Und obwohl er in seinen zwei vorletzten Abschnitten die Notwendigkeit von Begriffskultur und Begriffsethik verbal vollmundig unterstreicht, sagt er dennoch abschließend, „dass die neue Konzeption die Probleme der Begriffskultur in den Sozialwissenschaften nicht besser löst, als die bisher unternommenen Versuche“. Als Ursache dafür nennt er die Tatsache, dass man nicht bei Beginn der Fehlentwicklung angesetzt habe, sondern dass erst am Ende des Prozesses „die Spitzen des Unkrauts gekappt werden“ sollten. Sah er damit das Ganze bereits als eine Vergangenheit an?

6. *Zur Psychologie des „Unterfangens"*

„Alles im Leben ist Psychologie" – dieses Wort meines verstorbenen Mannes mit seiner frustrierenden Implikation (wenn man sie im Umgang mit anderen nicht bedenkt) - hat sich auch bei meinem EuS-Beitrag wieder bewahrheitet. Zwar kannte ich ja meine Kritiker nicht, aber ich hätte wissen können, dass sie ja nicht aus meinen gewohnten Fachkreisen kamen. Es ist eine alte Weisheit (seit Paulus in seinen Briefen im Neuen Testament), dass man sich schon auf die Ebene der Zuhörer begeben muss, wenn man verstanden werden will. Das hatte ich offenbar nicht bedacht und die Kollegen aus den anderen Wissensgebieten offenbar überfordert, nicht nur inhaltlich, sondern auch quantitativ. Von daher ist die Reaktion erklärlich. Dummerweise kam ich auch nicht auf die Idee, die erforderliche Begriffsarbeit an einigen Beispielen aus den Sozialwissenschaften zu demonstrieren. Dazu kam noch für alle, dass sie mich ja für ihr Fach als eine Fremde ansehen mussten und in manch einem mag da auch der Gedanke mitgespielt haben: ‚Wie kommt sie eigentlich dazu, uns „Mores" lehren zu wollen!? Eine ungebührliche Zumutung! Aber selbst, wenn ich nur bei einer ausführlicheren Einführung in meine Begriffstheorie geblieben wäre, die dann auch Herrn Endruweit überzeugt hätte, dass es sich hier nicht nur um ein anderes Wort für „Auffassung" oder „Konzeption" handelt, hätte ich sicher noch genug der Kritik zu hören bekommen, denn „die Begriffe sind nicht so" – wie Renate Dürr meinte. Man tut sich noch immer schwer, Ergebnisse aus der Praxis anzunehmen, wenn man in seiner Ausbildung zu sehr mit Theorie belastet worden ist. Die Praktiker unter den Stellungnehmenden haben mich jedenfalls verstanden. Und schließlich hat die Zeitschrift EuS den Untertitel „Streitforum für Erwägungskultur", daher galt vermutlich für manchen: „Wenn schon, denn schon! Lasset uns streiten!" Dennoch meine ich auch heute noch, dass mit der analytisch-gegenstandsbezogenen Begriffstheorie nicht nur die Begriffe und Benennungen der Sozialwissenschaften zu systematisieren sind, sondern alle Wissensgebiete unserer Wissenswelt, zum allgemeinen Nutzen – wenn man dies will. Denn ein wohlfundiertes Begriffssystem mit seinen klar erkennbaren Beziehungen ist auch ein Erkenntnissystem – und auch darum geht es bei unseren Bemühungen.

7. *Fazit*

Für ihre freundliche Einladung zu diesem Vortrag bin ich den Herren H. Peter Ohly und Christian Swertz schon allein deshalb sehr dankbar, weil sie mich dadurch noch einmal dazu gebracht haben, über diesen meinem Beitrag von vor beinahe 10 Jahren selbst noch einmal nachzusinnen und etwas Nachdenkliches auch sagen zu dürfen. Mit Sicherheit wäre inzwischen sonst diese damals große Bemühung für alle Beteiligten in Vergessenheit geraten. So aber möchte ich meinen, dass sie vielleicht doch für manche Diplomarbeit noch herhalten werden könnte.

Bereits im Jahr 1976 habe ich in einem 4-Wochen-Kurs mit angehenden Mitarbeitern im Bereich von Information und Dokumentation in Brasilien nach der dargestellten Theorie Begriffssysteme auf den verschiedensten Wissensgebieten ausarbeiten lassen und sie haben die Aufgabe verstanden und auch vernünftige Resultate zustande gebracht. Den besten Beitrag habe ich damals sogar in unserer Zeitschrift „Knowledge Organization" (früherer Name „International Classification") veröffentlichen können. Und in Italien gibt es Frau Giliola Negrini, die auf vielen ISKO-Tagungen die Ergebnisse ihrer Systematisierungsarbeiten nach den Prinzipien, die in der Information Coding Classification niedergelegt sind, in einer Reihe von Wissensgebieten vorgetragen hat (siehe ihre Arbeiten in den betreffenden Proceedingsbänden von 1992-2002). So ist auch sie ein Beweis für die Möglichkeit der sinnvollen Verwendung dieser Universalklassifikation von Wissensgebieten, wenn ich einmal von meinen eigenen entsprechenden Arbeiten absehen will.

So wünsche ich mir, dass man mir meine Fehler in der Vergangenheit verzeihen möge und sich an die vorgeschlagene Arbeit begeben will. Es ist nie zu spät zur Zusammenarbeit. Und vielleicht hatte Herr Endruweit Recht in der Annahme, dass die Sozialwissenschaften inzwischen am Ende einer Periode angekommen sind, wo im Grunde aufgeräumt werden kann mit dem, was sich evtl. an Worthülsen anstatt an wirklichen Begriffsbenennungen angehäuft hat.

Trotz unserer wunderbaren Computermöglichkeiten sind wir ja nicht von diesen abhängige Sklaven geworden, die uns das Denken abnehmen. Noch immer wird an den Aufdatierungen von universalen und speziellen Klassifikationssystemen und Thesauri, wie auch an Glossaren und terminologischen Begriffssystemen weltweit gearbeitet – anhand von Enzyklopädien und Wörterbüchern. Wenn man dies den Bibliothekaren, Dokumentaren und Terminologen allein überlässt, macht man sich schuldig, wenn die Ergebnisse vor Fachwissenschaftlern nicht befriedigen können. Daher wäre auch hier guter Wille zur Zusammenarbeit und gegenseitige Verständnisbereitschaft gefragt.

Literatur:

Andreski, S. 1974: Die Hexenmeister der Sozialwissenschaften. Mißbrauch, Mode und Manipulation einer Wissenschaft. München: Paul List Verlag. S. 256.

Dahlberg, I. 1974: Grundlagen universaler Wissensordnung. Probleme und Möglichkeiten eines universalen Klassifikationssystems des Wissens. München: Verl.Dokumentation. S. 366.

Dahlberg, I. 1976: Über Gegenstände, Begriffe, Definitionen und Benennungen. In: Muttersprache 86 (1976) No.3, S. 142-151.

Dahlberg, I. 1978: A referent-oriented, analytical concept theory for Interconcept. In: Int.Classif. 5 (1978) No.3, S. 142-151.

Dahlberg, I. 1982: ICC – Information Coding Classification. Principles, structure and application possibilities. Int.Classif. 9 (1982) No.2, S. 87-93.

Dahlberg, I. 1987: Die gegenstandsbezogene, analytische Begriffstheorie und ihre Definitionsarten. In: Ganter, B., Wille, R., Wolff, E. (Hrsg.): Beiträge zur Begriffsanalyse. Mannheim: BI Wissenschaftsverlag.

Dahlberg, I. 1994: Domain Interaction. Theory and Practice. In: Albrechtsen, H., Oernager, S.: Knowledge Organization and Quality Management. Proc. 3rd.Int.ISKO Conf., Copenhagen, June 20-24, 1994. Frankfurt: INDEKS Verl., S. 60-71.

Dahlberg, I. 1996: Zur ‚Begriffskultur' in den Sozialwissenschaften: Lassen sich ihre Probleme lösen? Ethik u.Sozialwiss. 7 (1996) No.1, S.3-13 und S. 67-85.

DIN 2330: März 1979. Begriffe und Benennungen. Berlin: Beuth Verlag

DIN 2331 April 1980: Begriffssysteme und ihre Darstellung. Berlin: Beuth Verlag

Hartmann, N. 3.1964: Der Aufbau der realen Welt. Grundrisse der allgemeinen Kategorienlehre. Berlin: W.de Gruyter

Riggs, F.W. (Hrsg.) 1982: The CONTA Conference. Proc.of the Conf.on Conceptual and Terminological Analysis in the Social Sciences. Bielefeld, May 1981. Frankfurt: INDEKS Verl. XII, S. 368.

Riggs, F.W. (Ed.) 1985: Ethnicity. INTERCOCTA Glossary. Concepts and Terms used in Ethnicity Research. Honolulu, HI. S. 205.

Wille, R. 1984: Liniendiagramme hierarchischer Begriffssysteme. In: Bock, H.H. (Hrsg.): Anwendungen der Klassifikations. Datenanalyse und numerische Klassifikation. Frankfurt: INDEKS Verl. S. 32-51.

Anhang: Liste der 27 Stellungnahmen

Begriffliche Wissensorganisation in den Sozialwissenschaften: Theorien- und Methodenvielfalt[1]

Gerhard Budin,
Universität Wien

1. *Einleitung*

In diesem Beitrag möchte ich ein Thema aufgreifen, das bereits seit vielen Jahren diskutiert wird. Die Organisation sozialwissenschaftlichen Wissens auf begrifflicher Ebene ist Gegenstandsbereich sowohl für die Bibliotheks- und Informationswissenschaften bzw. für das Dokumentationswesen (Soergel 1971), als auch für die sozialwissenschaftliche Theoriendiskussion. Mit der Perspektive der terminologischen (d.h. also begrifflichen) Wissensorganisation haben wir den Vorteil, dass wir das Thema sowohl auf der theoretischen Ebene wie auch auf der praktischen Ebene gut miteinander verbinden können.

2. *Zum Umgang mit der Theorien- und Methodenvielfalt in den Sozialwissenschaften*

So vielfältig sozialwissenschaftliche Theorien und Methoden dem Beobachter erscheinen, so unterschiedlich fällt auch die Bewertung dieses Phänomens auf einer wissenschaftstheoretischen Reflexionsebene aus. Seit es Soziologie, Politikwissenschaft und andere Sozialwissenschaften in ihren heutigen Formen gibt, herrscht fundamentale Uneinigkeit darüber, ob es überhaupt erstrebenswert ist, eine einheitliche Theorie in den sozialwissenschaftlichen Einzeldisziplinen oder gar eine Gesamttheorie für die Sozialwissenschaft als Ganzes haben zu wollen. Auch die grundsätzliche Möglichkeit, ob diese Einheitlichkeit auf Theorien- und Methodenebene überhaupt erzielbar ist, wird sehr kontrovers gesehen. Selbst in der Beschreibung und Bewertung der unübersehbaren Theorien- und Methodenvielfalt in den Sozialwissenschaften konnte schon über Jahrzehnte keinerlei Konsens erzielt werden. Alle Versuche in der Soziologie oder in anderen sozialwissenschaftlichen Disziplinen, eine einheitliche bzw. vereinheitlichende wissenschaftstheoretische Basis und Metatheorie zu schaffen (zum Beispiel Karl Popper, Talcott Parsons, Niklas Luhmann, oder schon viel früher Max Weber), werden sofort von vielen Seiten erbittert bekämpft und die Legitimität dieses Unterfangens in Abrede gestellt. Selbst der Theorienvergleich wird für die Sozialwissenschaften mitunter als unnötig oder sogar als methodisch unmöglich abgelehnt. Doch sind die Debatten um die normativen Ansätze der eben genannten (meta)theoretischen Konzeptionen in der Soziologie keineswegs spurlos vorüber gegangen, ganz im Gegenteil: das Problembewusstsein für

1 Dieser Text ist eine erweiterte Fassung eines Ko-Referates zu Ingetraut Dahlberg „Zur Begriffskultur in den Sozialwissenschaften. Evaluation einer Herausforderung" (Duisburg, November 2004; in diesem Band)

methodologische Fehler und Widersprüche wurde geschärft, die kontroversiellen Debatten waren und sind für alle Beteiligten nutzbringend.

In den folgenden Kapiteln sollen nun der Umgang mit Theorien- und Methodenvielfalt in den Sozialwissenschaften anhand konkreter Beispiele für methodische Vorschläge diskutiert werden.

3. *Zum Umgang mit unterschiedlichen Diskursformen für und wider die begriffliche Wissensorganisation in den Sozialwissenschaften*

Dieser Kapitel beschäftigt sich mit einigen Diskursen, die in den letzten Jahren zu einer „Begriffskultur in den Sozialwissenschaften" geführt worden sind. Ingetraut Dahlberg hatte so ihren Aufsatz betitelt, der in der Zeitschrift „Ethik und Sozialwissenschaften" 1996 erschien – gemeinsam mit mehr als einem Dutzend kritischen Beiträgen zu diesem Aufsatz, zu denen Frau Dahlberg ihrerseits eine Replik schrieb, die letztlich von den Herausgebern der Zeitschrift in einer „Meta-Kritik" kommentiert wurden. 8 Jahre später hat Frau Dahlberg ihre Reflexion zu diesen Diskursen wieder so genannt: „Zur Begriffskultur in den Sozialwissenschaften. Evaluation einer Herausforderung".

Zum Zeitpunkt meiner eigenen Rezeption der bewussten Nummer der Zeitschrift Ethik und Sozialwissenschaften im Jahr 1996 (Heft 1) hatte ich selbst eine mehr als 10jährige Periode intensiver Beschäftigung mit einer langjährigen und geradezu unversöhnlichen Auseinandersetzung zwischen einer konstruktivistischen, relativistischen, sowie subjektivistischen Laissez-faire Sprachpolitik in den Geistes- und Sozialwissenschaften einerseits und einer universalistisch-objektivistischen Interventions- und Präskriptionspolitik der Sprach- und Terminologienormung und Wissensordnung andererseits hinter mich gebracht. An der Kluft zwischen diesen beiden Welten entzündeten sich schon lange davor die Objektivismusdebatte und vergleichbare wissenschafts- und erkenntnistheoretische Grundlagendebatten. Von der Warte einer solchen Rezeptionsgeschichte her gesehen überraschte mich die Vehemenz der überwiegenden Ablehnung der Dahlbergschen Konzeption durch die Gruppe der Kritiker überhaupt nicht, wie dies in der genannten Nummer der Zeitschrift „Ethik und Sozialwissenschaften" 1996 überaus deutlich wurde.

Dieses Kapitel in meinem Beitrag hier soll allerdings keine neuerliche Meta-Kritik im Stile der schon genannten Zeitschrift für Erwägungskultur darstellen, sondern vielmehr die Beobachtungen auf einer epistemologisch-kulturwissenschaftlichen, theorienvergleichenden Ebene zusammenfassen, um daraus Schlussfolgerungen für die künftige Begriffsarbeit in den Sozialwissenschaften zu ziehen.

Von einigen Ausnahmen abgesehen sind die KritikerInnen damals kaum auf die eigentlichen Argumente im Detail eingegangen, oder es wurden Details kritisiert, wobei aber die Hauptlinie des Anliegens von Ingetraut Dahlberg nicht entsprechend thematisiert wurde. So gesehen fand damals nicht wirklich eine Diskussion statt, man argumentierte aneinander vorbei. Es prallten in gewisser Weise 2 unterschiedliche Wissenschaftskulturen (bzw. epistemic cultures im Sinne von Knorr-Cetina, 1999) aufeinander, aber sie waren darauf aber nicht vorbereitet. Die von den Herausgebern der Zeitschrift für Erwägungskultur seit den 80er Jahren systematisch ausgearbeitete Methode des begrifflichen Theorienvergleichs in den Sozialwissenschaften (z.B. Greshoff 1999) oder auch andere Ansätze des Methoden- und Theorienvergleichs in Wissenschaftstheorie und vergleichender Wissenschaftsforschung bzw. der Ansatz des terminologischen Theorienvergleichs in den Sozialwissenschaften (Budin 1993) konnten hier gar nicht zur Anwendung kommen, obwohl dies nützlich gewesen wäre. Stattdessen wurde der erste Teil des Untertitels der Zeitschrift („Streitforum") wortwörtlich genommen, und der zweite Teil des Untertitels („Erwägungskultur") wurde gar nicht mehr wahrgenommen. Wenig tröstlich ist, dass dies durchaus üblich ist in den Wissenschaften, nicht nur den Sozialwissenschaften.

Der Beitrag von I. Dahlberg von 1996 hat 4 Teile:

1. Die Darstellung der Gegenstandsbezogenen, analytischen Begriffstheorie
2. Eine Diskussion sozialwissenschaftlicher Begriffe
3. Ein Vorschlag einer sozialwissenschaftlichen Begriffskultur
4. Ethische Aspekte als Schlussfolgerungen

Der erste Teil war wohl maßgeblich beteiligt am „Kulturschock", den wohl einige Soziologen und Soziologinnen (und VertreterInnen von Nachbardisziplinen) bei der Lektüre erlitten haben, da eine solche stark normativ-programmatische Darstellung einer Theorie in den Sozialwissenschaften heutzutage doch sehr unüblich ist und somit wohl auch als Fremdkörper empfunden wurde. Dazu kommt noch, dass auch in den „Heimatdisziplinen" einer solchen Theorie, also Wissenschaftstheorie, Klassifikationstheorie, Terminologiewissenschaft, Kognitionspsychologie, etc. eine solche Theorie eine unter vielen war und ist, und es bereits dort eines systematischen Theorienvergleichs mit nachfolgender Interpretation bedarf, um eine konsistente Argumentationslinie aufbauen zu können. Der zweite Teil des Aufsatzes war durchaus von einer informationswissenschaftlichen Darstellungs- und Argumentationslinie geprägt und Abschnitt 2.2 präsentiert die Sozialwissenschaften überhaupt als Teil eines universalen Begriffssystems (ICC etc.). Damit konnten offensichtlich viele schon gar nichts anfangen. Erst ab Abschnitt 2.4 wird auf die Problematik eingegangen und vorhandene Alternativ-Methoden AUS den Sozialwissenschaften, nämlich die von Fred Riggs, präsentiert (Onomantik in 2.5). Das Echo, das diese Methode in der eigenen Kollegenschaft fand, war allerdings auch nicht gerade überwältigend, aber immerhin gab es über Jahre eine intensive Methodendiskussion auf internationaler Ebene, u.a. auch auf UNESCO-Ebene (COCTA, INTERCOCTA, CONTA Conference, etc. – siehe dazu auch Mälkiä/Budin/Riggs 1997).

4. *Deskriptive vs. präskriptive Begriffskulturen in den Sozialwissenschaften*

Die Uneinigkeit darüber, ob in den Sozialwissenschaften generell rein beschreibend und deskriptiv oder auch – oder sogar vorwiegend normativ bzw. präskriptiv vorzugehen ist, ist in der Wissenschaftsgeschichte der Sozialwissenschaften kein neues Thema.

Weitere notwendige theoretische und methodische Voraussetzungen für einen konstruktiven und produktiven Polylog wurden in der EuS erst durch spätere Diskussionen geliefert, z.B. 1997 (Heft 4) durch Peter Weingart (Interdisziplinarität – der paradoxe Diskurs) und 1999 (Heft 4) durch Peter Zima (Dialogische Theorie. Zum Problem der wissenschaftlichen Kommunikation in den Sozialwissenschaften). An diesen beiden Diskursprojekten war ich selbst als Kritiker beteiligt. Die Metakritik gab es dann zwar nicht mehr, aber die Kritiken und die Replik waren aber doch in beiden Fällen so dialogisch-konstruktiv, dass durch diese Diskursprozesse ein kollektiver Erkenntnisfortschritt erzielt werden konnte.

Wie Ingetraut Dahlberg fast 10 Jahre später ganz richtig gesagt hat: „Es ist nie zu spät für Zusammenarbeit". In der Tat ist es das nicht, die Voraussetzungen für eine erfolgreiche Kooperation sind besser denn je. Ein systematischer Methoden- und Theorienvergleich und eine darauf möglicher Weise folgende Methoden- und Theorienintegration im Rahmen eines differenzierten Referenzmodells (z.B. in einem so genannten „interoperability framework") kann und sollte durchgeführt werden, Ansätze und Vorarbeiten gibt es dazu bereits viele. Resultate solcher Arbeiten sollten allerdings nicht in ein einziges Korsett gezwängt werden sondern in eine offene toolbox münden, aus der sich alle bedienen können und selbst Methoden und Werkzeuge beitragen oder mithelfen, diese zu optimieren.

Die Transparenz der Fachkommunikation (in der Fortführung und Ausdifferenzierung der Konversationsmaxime von Grice für die Alltagskommunikation) bleibt oberstes Gebot und wird für die Schnittstellenkommunikation (Arzt-Patient, Vor Gericht, etc.) auch schon gesetzlich vorgeschrieben. Der Bedarf für diese begrifflich-terminologische Transparenz ist Voraussetzung für interdisziplinäre Facharbeit und ist konstitutiv für die Entstehung transdisziplinärer Arbeitsgebiete (siehe Umweltkommunikation, Risikokommunikation, etc.). So gesehen ist die Forderung von Ingetraut Dahlberg nach einer Begriffskultur generell aktueller denn je. Aber auch die Vision globaler Kategoriensysteme für die Klassifikation des Wissens wird auf der Ebene internationaler, global anwendbarer und interdisziplinär vernetzter Metadaten-Registries nun zumindest ansatzweise implementiert und auch der alte Traum der Enzyklopädisten des 18. Jahrhunderts kann nun mit neuen Technologien und der Verfeinerung der alten Methoden und der Kombination mit neuen Methoden leichter in die Tat umgesetzt werden. Die Wissenschaftsgeschichte der letzten 20 Jahre und deren Extrapolierung für die nächsten Jahre scheint Ingetraut Dahlberg in dieser Hinsicht durchaus Recht zu geben.

Der bereits weiter oben erwähnte Ansatz von Peter V. Zima der Dialogischen Theorie ist tatsächlich eine vielversprechende Methode. So lautet eine seiner zentralen Thesen: „... allgemein verbindliche und (zeitweise) gültige Begriffsdefinitionen oder Theoreme kommen nicht dadurch zustande, dass sie innerhalb eines gruppenspezifischen theoretischen Sprachgebrauchs (der Freudschen Psychoanalyse, des Althusserschen Marxismus, des Kritischen Rationalismus oder der Kritischen Theorie) monologisch fixiert werden, sondern dadurch, dass sie zwischen heterogenen theoretischen Gruppensprachen dialogisch-kritisch überprüft werden" (Zima 1999: 586). Jedes Sprachkollektiv behält die darin entwickelte Sprache, die darin ausgedrückten Gedanken und Argumentationen und die bereits verkündeten theoretischen Grundaussagen bei, hinterfragt sie nicht, und schafft damit ihre eigenen Vorurteile. Erst die Kritik von aussen, sowie die Begegnung der einzelnen Gruppen, die verschiedene Theorien vertreten, führt zu einer kritischen Reflexion und Hinterfragung der eigenen, aber auch der anderen Positionen und kann damit zum theoretisch-methodischen Fortschritt beitragen. Zima geht dabei (schon seit 1989) um die Identifizierung ideologischer und theoretischer Diskurse in ihrer ständigen Wechselwirkung. Zimas sozio-semiotische Analyse der einzelnen mehr oder weniger ideologisierten und damit auch immunisierten Soziolekte der Theoriensprachen führt in der Folge zu einer Kritik an den Kommunikationsmodellen von Popper, Mannheim, Habermas und Lyotard, und letztlich zur Beschreibung des Arbeitsprinzips der

Dialogischen Theorie: Ziel ist es dabei, in der Wissenschaftskommunikation einen Zustand der „Interdiskursivität" zu erreichen. Diese ist jedoch nur „möglich, wenn der eigene Diskurs als semantisch-narrative Struktur aus dem dualistischen Monolog der Ideologie herausgelöst und kritisch-reflexiv auf den Dialog ausgerichtet wird" (ibidem: 596). Echte Wissenschaftskommunikation über Theoriegrenzen hinweg erfordert unweigerlich ein Mindestmaß an Selbstreflexivitätsvermögen und kritischer Distanz zur eigenen Theorie.

5. *Der erwägungsorientierte, begriffsbasierte Ansatz des Theorienvergleichs in den Sozialwissenschaften*

Der bereits oben kurz besprochene Ansatz von Rainer Greshoff, Werner Loh, Bettina Blanck, Frank Benseler, et al. propagiert eine erwägungsorientierte Sozialwissenschaft. Die Zeitschrift Ethik und Sozialwissenschaften ist diesem Ansatz mit einem interessanten Konzept gewidmet, in dem die Vernetzung von Beiträgen aufeinander sowie die Ausrichtung aller Beiträge auf das Erwägen von Alternativen, das Vergleichen unterschiedlicher Begriffe und Theorien, die meta-kommunikative Diskussion und Kritik zu einzelnen Beiträgen mit einer Replik der angesprochenen AutorInnen, usw. im Mittelpunkt stehen (neben der Zeitschrift selbst siehe dazu insbesondere Benseler/Blanck/Greshoff/Loh 1994, Greshoff/Kneer 1999, Greshoff 1999).

Greshoff behandelt in diesem Zusammenhang ausführlich und problembewusst die Frage, ob Theorien und Begriffe in den Sozialwissenschaften überhaupt verglichen werden können. Diese wissenschaftstheoretische und meta-methodologische Grundfrage wird sehr kontrovers diskutiert, und nicht wenige AutorInnen beneinen diese Frage. Folgerichtig stellt Greshoff methodologische Überlegungen zum Vergleichen von Theorien an: „Vergleichen ist Herstellen von Relationswissen" (Greshoff 1999: 16). Es geht beim Theorienvergleich um die Legitimation der Anwendung von Vergleichskriterien, um die Formulierung von Fragen, die an die zu vergleichenden Theorien zu stellen sind. Das Verfahren des Theorienvergleichs muss derart gestaltet sein, dass auch nachvollziehbare Antworten auf die Fragen bzw. plausible Daten aufgrund der Anwendung von Vergleichskriterien erhoben und diese auch entsprechend interpretiert werden können. Schneider vergleicht in diesem Zusammenhang unterschiedliche Ansätze von Theorienvergleichen:

a) ein hermeneutisch-individualisierender Theorienvergleich, in dem es um „maximales Verstehen der verglichenen Theorien" (Schneider 1999: 289) geht. Jede Theorie löst sozusagen ihre „eigenen" (d.h. die von ihr identifizierten) Probleme. Jedoch gilt es, einen theorienübergreifenden Problemkontext zu schaffen, auf den sich die Aussagen bzw. Lösungsvorschläge der zu vergleichenden Theorien beziehen können.
b) der koordinierende Theorienvergleich geht davon aus, dass in Bezug auf einen gemeinsamen Problembezug Einigkeit zwischen verschiedenen Ansätzen herrscht und somit intertheoretische Komplementarität besteht.
c) der konfrontierende Vergleich möchte meist die eigene Konzeption als überlegene gegenüber den anderen „konkurrierenden" Theorien herausstellen (ibidem: 290).

Doch alle diese Methoden sind nur beschränkt nützlich, solange die Untersuchungsgegenstände, d.h. die untersuchten Theorien mit ihren aufeinander bezogenen Aussagen, Hypothesen und den zu verwendenden Methoden nicht terminologisch vollständig ausgebildet sind. Greshoff und Loh verlangen dafür die Anwendung der Methode der „vollständigen Begriffsbildung“ (Greshoff/Loh 1994: 100ff). Nach Analyse zentraler sozialwissenschaftlicher Theorien wie jene von Max Weber und Niklas Luhmann kommen sie zum Schluss, dass die Begriffe in solchen Theorien nicht ausreichend präzisiert und nicht ausreichend expliziert wurden. Diese Forderung nach terminologischer Begriffsarbeit ist im Einklang mit früheren Forderungen wie etwa von Fred Riggs (1982) und Henry Sartori (1984), die ebenfalls terminologische Präzision und Explizitheit in sozialwissenschaftlicher Begriffsbildung verlangen. Obwohl diese Aussagen auf den ersten Blick identisch mit den aus Technik, Naturwissenschaften und Medizin bekannten und dort auch wohl bewährten Methoden der normativen und systematischen Terminologiearbeit aussehen, gibt es doch erhebliche Unterschiede, wie ich an anderer Stelle ausführlich beschrieben habe (Budin 1993). Sozialwissenschaftliche Terminologiearbeit ist zum Teil mit der rechtsbezogenen Terminologiearbeit vergleichbar, wo es auch Theorienvielfalt, vor allem aber rechtssystemspezifische Begriffsstrukturen gibt, die es zwischen den Rechtssystemen zu vergleichen gilt. Dafür haben sich entsprechende Methoden herausgebildet (Sandrini 1996), die z.T. auch für den sozialwissenschaftlichen Terminologievergleich anwendbar sind.

6. *Zur Repräsentation sozialwissenschaftlichen Wissens*

Angesichts der Komplexität sozialwissenschaftlichen Wissens ist der methodische Ansatz der begrifflichen Terminologiearbeit für die Ziele der sozialwissenschaftlichen Wissensorganisation durchaus geeignet. Die Herausarbeitung terminologischer Begriffsstrukturen ist auch die Voraussetzung für die Wissensrepräsentation. In diesem Bereich sind in den letzten Jahren neue visuelle Methoden der Begriffsarbeit, Begriffsmodellierung und Systemdarstellung entstanden, die für unsere Zwecke gut geeignet sind, vor allem dann, wenn sie auch Formate für die computationale Weiterverarbeitung von Wissensstrukturen und für die formale Spezifikation von Begriffsstrukturen im Sinne von Ontologien (Fensel 2001, Maedche 2002, e.v.a.) anbieten.

Im Rahmen dieses Beitrages möchte ich nur ein kurzes Beispiel für eine visualisierte Begriffsstruktur bringen. Das Werkzeug, mit dem die folgende Begriffskarte entwickelt wurde, heißt CMaps und dient der Erstellung visueller Begriffskarten oder Begriffssysteme. Inhaltlich dient als Beispiel die Begriffsstruktur, die im Luhmann-Lexikon von Detlef Krause enthalten ist. Dieses Lexikon selbst ist bereits bemerkenswert, da es im ersten Teil eine sehr übersichtliche Darstellung der wesentlichen theoretischen Grundannahmen des Luhmannschen Gesamtwerkes liefert, und erst im zweiten Teil das eigentliche Lexikon enthält. Dieser Teil zeichnet sich durch eine extrem hohe Verweisdichte auf, was direkt auf die starke begriffliche Vernetzung bei Luhmann selbst hinweist. Die begriffsorganisatorische Rekonstruktion und Beschreibung durch Krause trägt dieser Eigenschaft voll Rechnung.

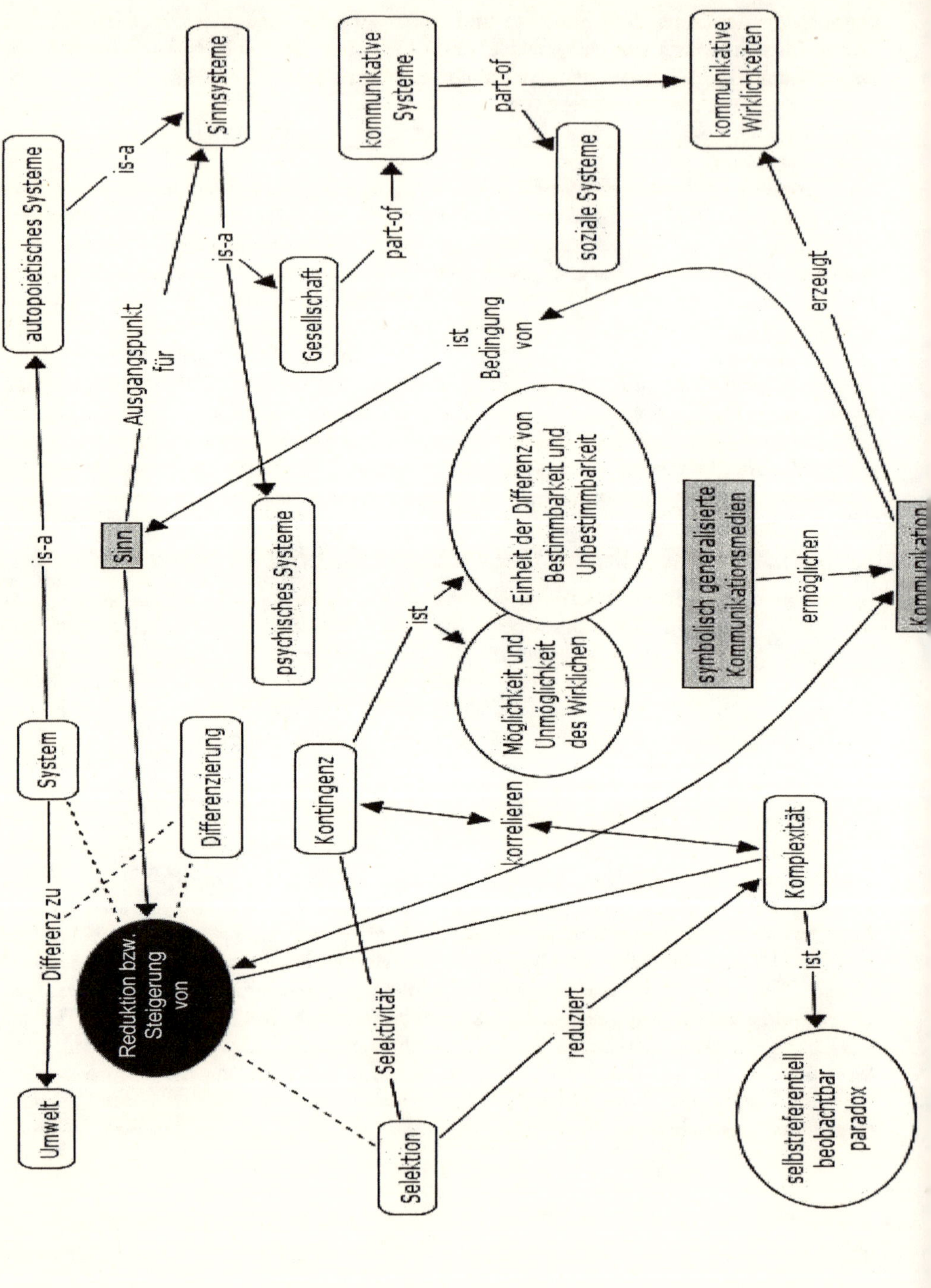

Ohly/Sieglerschmidt/Swertz: Wissensorganisation und Verantwortung. Würzburg: Ergon Verlag 2006

Diese grafische Darstellung mit Knoten und typisierten Relationen (Pfeilen) hat im CMaps-System auch eine Textdarstellungsform, bei der etwa die hierarchischen Begriffsbeziehungen durch Einrückungen dargestellt werden:

```
autopoietisches Systeme
|  is-a
|     Sinnsysteme
|     |  is-a
|     |     psychisches Systeme
|     |     Gesellschaft
|     |     |  part-of
|     |     |     kommunikative  Systeme
|     |     |     |  part-of
|     |     |     |     kommunikative Wirklichkeiten
|     |     |     |     soziale Systeme
Umwelt
System
|  Differenz zu
|     Umwelt
|     Differenzierung
|  Reduktion bzw.  Steigerung von
|     Differenzierung
|  is-a
|     autopoietisches Systeme
Sinn
|  Ausgangspunkt  für
|     Sinnsysteme
|  Reduktion bzw.  Steigerung von
|     Differenzierung
Kontingenz
|  ist
|     Möglichkeit und  Unmöglichkeit  des Wirklichen
|     Einheit der Differenz von  Bestimmbarkeit und Unbestimmbarkeit
Selektion
|  Selektivität
|     Kontingenz
|  Reduktion bzw.  Steigerung von
|     Differenzierung
symbolisch generalisierte Kommunikationsmedien
|  ermöglichen
|     Kommunikation
|     |  erzeugt
|     |     kommunikative Wirklichkeiten
|     |  Reduktion bzw.  Steigerung von
|     |     Differenzierung
|     |  ist  Bedingung  von
|     |     Sinn
selbstreferentiell beobachtbar paradox
Komplexität
|  ist
|     selbstreferentiell beobachtbar paradox
|  Reduktion bzw.  Steigerung von
|     Differenzierung
|  korrelieren
|     Kontingenz
```

7. *Schlussfolgerungen*

Selbstverständlich ist eine solche grafische oder in textorientierte Darstellung von Begriffssystemen am ehesten in Verbindung mit den entsprechenden Volltexten nützlich. Für die digitale Weiterverarbeitung solcher Begriffsstrukturen gibt es auch eine XML-Repräsentation, also in einer Auszeichnungssprache, in der nicht nur die Syntax sondern auch die Semantik von Contentressourcen verwaltet wird. Die begriffliche Wissensorganisation der sozialwissenschaftlichen Theorien kann somit deutlich sichtbarer und klarer dargelegt werden. Die Visualisierung fördert die Anschaulichkeit, die Möglichkeit der persönlichen Beziehung zu einer Theorie und nachfolgend den Dialog in der Wissenschaftskommunikation. Sozialwissenschaftliche Thesauri sind Wissensorganisationssysteme, die die Theorien- und Methodenvielfalt nicht übertünchen oder gar leugnen sollen, sondern im Gegenteil die begriffliche Diversität und Vielschichtigkeit explizit und veranschaulichen sollen. Dies erfordert aber eine neue Darstellungsform für Thesauri. Das Beispiel der CMaps kann dabei inspirierend wirken.

Literatur

Benseler, Frank; Blanck, Bettina; Greshoff, Rainer; Loh, Werner (1994): Alternativer Umgang mit Alternativen. Aufsätze zu Philosophie und Sozialwissenschaften. Opladen: Westdeutscher Verlag.

Budin, Gerhard (1993): Wie (un)verständlich ist das Soziologendeutsch? Frankfurt a.M. etc.: Peter Lang Verlag.

Budin, Gerhard (1999): Interkulturelle Wissenschaftskommunikation als Anwendung der Dialogischen Theorie? Ethik und Sozialwissenschaften. Streitforum für Erwägungskultur 10 (1999), Heft 4, 604-606.

Dahlberg, Ingetraut (1996): Zur „Begriffskultur" in den Sozialwissenschaften: Lassen sich ihre Probleme lösen? Ethik und Sozialwissenschaften. Streitforum für Erwägungskultur (1996), Heft 1, 3-13.

Dahlberg, Ingetraut (2004): Zur Begriffskultur in den Sozialwissenschaften. Evaluation einer Herausforderung. Vortragsmanuskript, 9.Deutsche ISKO-Tagung, 5.-7.11. 2004, Duisburg.

Fensel, Dieter (2001): Ontologies: A Silver Bullet for Knowledge Management and Electronic Commerce. Berlin etc.: Springer.

Greshoff, Rainer; Loh, Werner (1994): Ideen zur Erhöhung des Theoretisierungsniveaus in den Sozialwissenschaften. In: Benseler, Frank; Blanck, Bettina; Greshoff, Rainer; Loh, Werner (1994): Alternativer Umgang mit Alternativen. Aufsätze zu Philosophie und Sozialwissenschaften. Opladen: Westdeutscher Verlag, 99-123.

Greshoff, Rainer; Kneer, Georg (Hrsg.) (1999): Struktur und Ereignis in Theorievergleichender Perspektive. Ein diskursives Buchprojekt. Opladen: Westdeutscher Verlag.

Greshoff, Rainer (1999): Die theoretischen Konzeptionen des Sozialen von Max Weber und Niklas Luhmann im Vergleich. Opladen: Westdeutscher Verlag.

Knorr-Cetina, Barbara (1999): Epistemic Cultures.

Krause, Detlef (2001): Luhmann-Lexikon. 3. Auflage. Stuttgart: Lucius & Lucius.

Luhmann, Niklas (1984): Soziale Systeme. Grundriss einer allgemeinen Theorie. Frankfurt a.M.: Suhrkamp.

Maedche, Alexander (2002): Ontology Learning for the Semantic Web. Norwell: Kluwer Academic Publishers.

Mälkiä, Matti; Budin, Gerhard; Riggs, Fred (1997): Descriptive Terminology Management. In: Wright, Sue Ellen; Budin, Gerhard (comp.). Handbook of Terminology Management vol. 1, 1997. Amsterdam/Philadelphia: John Benjamins Publishing.

Riggs, Fred (1982): COCTA-Glossaries: the "ana-semantic" perspcective. In: Riggs, Fred (Hrsg.). The CONTA Conference. Proceedings of the Conference on Conceptual and Terminological Analysis in the Social Sciences, held at the ZIF, Bielefeld, May 24-27, 1981. Frankfurt a. M.: Indeks-Verlag: 234-276.

Sandrini, Peter (1996): Terminologiearbeit im Recht. Wien: TermNet.

Sartori, George (1984): Guidelines for concept analysis. In: Sartori, George (ed.). Social science concepts. Beverly Hills/London/New Dehli.

Schneider, Wolfgang Ludwig (1999): Verschiedene Möglichkeiten, Theorien miteinander zu vergleichen. oder: Wie vergleicht man Weber und Luhmann? In: Greshoff, Rainer; Kneer, Georg (Hrsg.) (1999): Struktur und Ereignis in Theorievergleichender Perspektive. Ein diskursives Buchprojekt. Opladen: Westdeutscher Verlag, 287-316.

Soergel, Dagobert (1971): Dokumentation und Organisation des Wissens. Versuch einer methodischen und theoretischen Grundlegung am Beispiel der Sozialwissenschaften. Berlin: Duncker & Humblot.

Weingart, Peter (1997): Interdisziplinarität – der paradoxe Diskurs. Ethik und Sozialwissenschaften. Streitforum für Erwägungskultur 1997, Heft 4, 521-529.

Zima, Peter (1999): Dialogische Theorie. Zum Problem der wissenschaftlichen Kommunikation in den Sozialwissenschaften. Ethik und Sozialwissenschaften. Streitforum für Erwägungskultur (1999), Heft 4, 585-597.

Die vielseitigen Anwendungsmöglichkeiten des Kategorienprinzips bei der Wissensorganisation

Gerd Bauer
Schleswig

Fast alle berühmten Philosophen der letzten Jahrhunderte haben sich mit den allgemeinen Begriffen befasst und sie sehr unterschiedlich formuliert und interpretiert. Eine Auswahl philosophischer Kategorien:

- Platon (427-347): Sein, Identität, Verschiedenheit, Veränderung, Beharrung
- Aristoteles (384-322): Substanz, Qualität, Quantität, Relation, Ort. Haben, Tun, Leiden
- Kant (1724-1804): Qualität, Quantität, Relation, Modalität
- Lotze (1891): Ding, Eigenschaft, Tätigkeit, Relation

Allgemeine Grundkategorien für alle Wissensgebiete	Kategoriensystem einiger größerer Fachgebiete				
	Chemie	Physik	Biologie	Maschinenbau	Sprachwissen-schaft
A Hauptobjekte	Aa Stoffe	Aa Energieformen	Aa Organismen	Aa Maschinen	Aa Objekte der Sp.
B Eigenschaften	Ba Stoffeigg.	Ba Physikal. Eigg.	Ba Eigenschaften der Organismen	Ba Maschinen-Eigg.	Ba Eigenschaften v Aa
C Vorgänge, Verfahren, Methoden	Ca Chem. Reaktionen	Ca Physikal. Messungen	Ca Methoden der Biologie	Ca Fertigungs-verfahren	Ca Methoden der Sp.
D Nebenobjekte	Da Chem.-techn. Anlagen	Da Apparate	Da Apparaturen	Da Werkstoffe	Da ―――― ――
E Teilgebiete	Ea Biochemie	Ea Stoffe	Ea Organ. Chemie	Ea Verarbeitungs-maschinenbau	Ea Syntax
F Randgebiete	Fa Medizin	Fa Werkstoff-kunde	Fa Ökologie	Fa Ökonomie	Fa Psychologie
G Sonstiges	―――― ――	―――― –	―――― ――	―――― ――	―――― ――

Abbildung 1: Allgemeine Grundkategorien für alle Wissensgebiete und Kategoriensysteme einiger spezieller Fachgebiete

Ohly/Sieglerschmidt/Swertz: Wissensorganisation und Verantwortung. Würzburg: Ergon Verlag 2006

Unter Kategorien versteht man die allgemeinsten Stammbegriffe des Verstandes, unter welche alle Gegenstände der Erfahrung fallen und von denen die übrigen Begriffe abgeleitet werden können. Für die Informationspraxis sind die ursprünglichen philosophischen Kategorien modifiziert worden.
Wichtig ist die Anwendung des Prinzips: Über die Anwendung des Kategorienprinzips in der Informationswissenschaft und – praxis herrscht trotz zahlreicher Publikationen auf diesem Gebiet eine unverständliche Unkenntnis.

Der Grundgedanke des Kategorienprinzips ist in den letzten Jahrzehnten weiterentwickelt worden. Wesentliches Merkmal dieser Weiterentwicklung ist die Anwendung als fachdisziplinunabhängiges Ordnungsmittel, was besonders für interdisziplinäre Forschungsvorhaben von Bedeutung ist. Auf andere Einsatzmöglichkeiten wird an Hand von Beispielen hingewiesen.

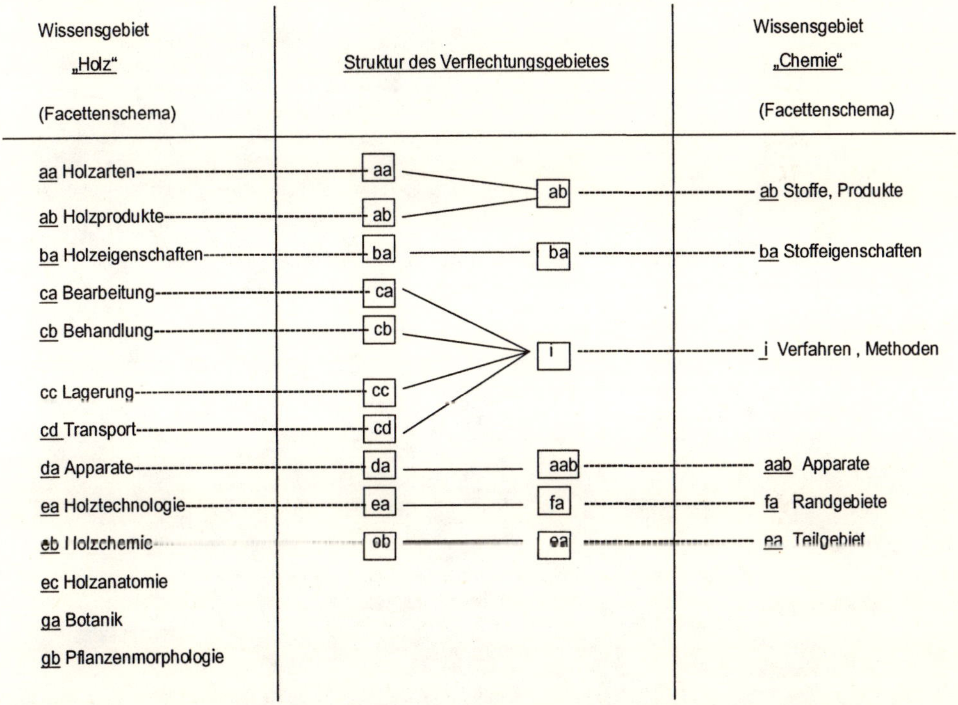

Abbildung 2: Darstellung der interdisziplinären Verflechtung der Gebiete „Holz" und „Chemie" auf der Grundlage des allgemeinen Kategoriensystems

1. *Allgemeine Grundkategorien für alle Wissensgebiete*

Wenn man von allgemeinen Grundkategorien ausgeht, so lassen sich kompatible Kategoriensysteme für praktisch alle Fach- und Aufgabengebiete ableiten (siehe Abbildung 1).

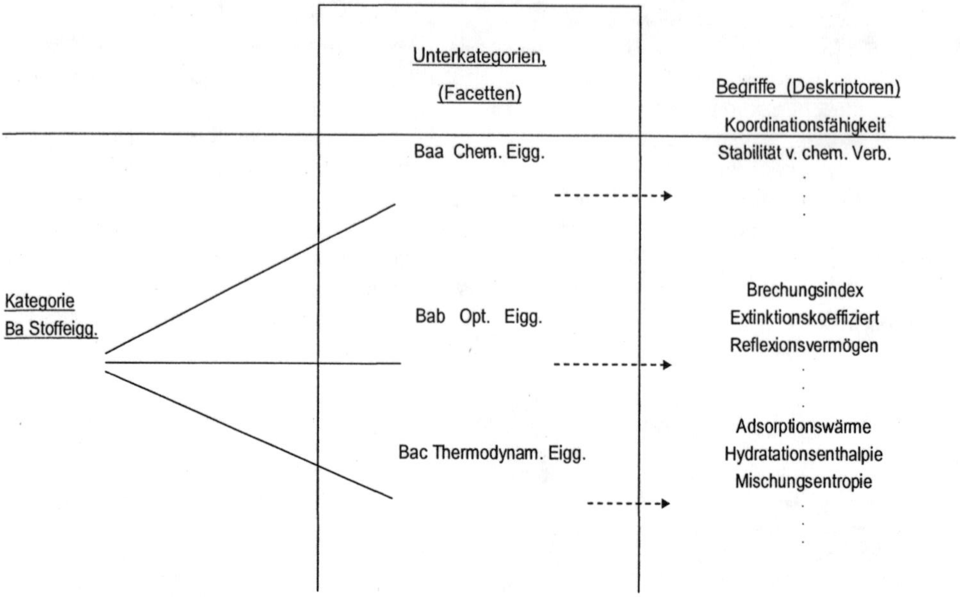

Abbildung 3: Kategorienschema des Thesaurussystems Chemie

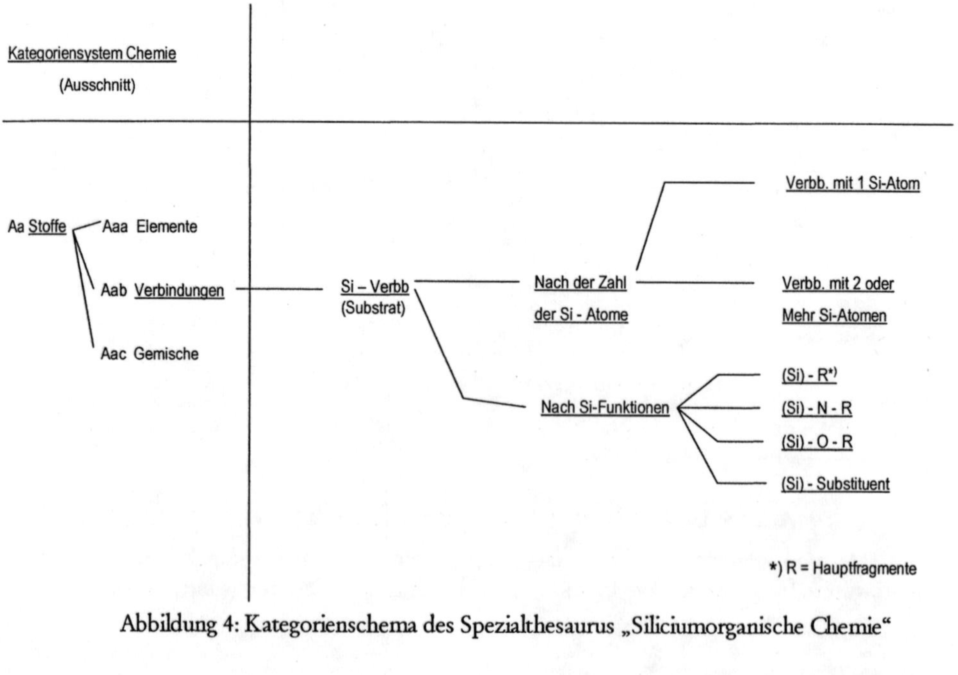

Abbildung 4: Kategorienschema des Spezialthesaurus „Siliciumorganische Chemie“

Kategoriensystem „Sprach-wissenschaft	Facetten (Unterkategorien) 1. Ordnung	Facetten (Unterkategorien) 2. Ordnung	Beispiele für Deskriptoren
A GEGENSTÄNDE	AA Zur Grammatik gehörende Gegenstände	AAA Satz und Satztyp	Ellipse, Gliedsatz, Satzgefüge
	AB Zur Phonologie gehörende Gegenstände	-----	Distinktives Merkmal, Phonem. Vokal
	AC Zur Lexikologie gehörende Gegenstände	-----	Metapher, phraseologische Wendung, Semem
B EIGENSCHAFTEN FUNKTIONEN DER GEGENSTÄNDE UND RELATIONEN	BA Allgemeine sprachliche Eigenschaften	-----	Äquivalenz, Distribution, Hierarchie
	BB Grammatikalische Eigenschaften	-----	Kongruenz, Reaktion, Rekursivität
C METHODEN	CC Methoden der Grammatikforschung	-----	Grammatische Analyse, Substitution, Transformation
D WISSENSCHAFTS-GEBIETE	DA Außerhalb der Sprachwissenschaft liegende Wissensgebiete	-----	Philosophie, Psychologie, Soziologie
	DB Disziplinen innerhalb der Sprachwissenschaft	DBB Richtungen und Schulen der Grammatiktheorie	Abhängigkeitsgrammatik, Glossematik, Transformations-grammatik

Abbildung 5: Kategorienschema „Sprachwissenschaft"

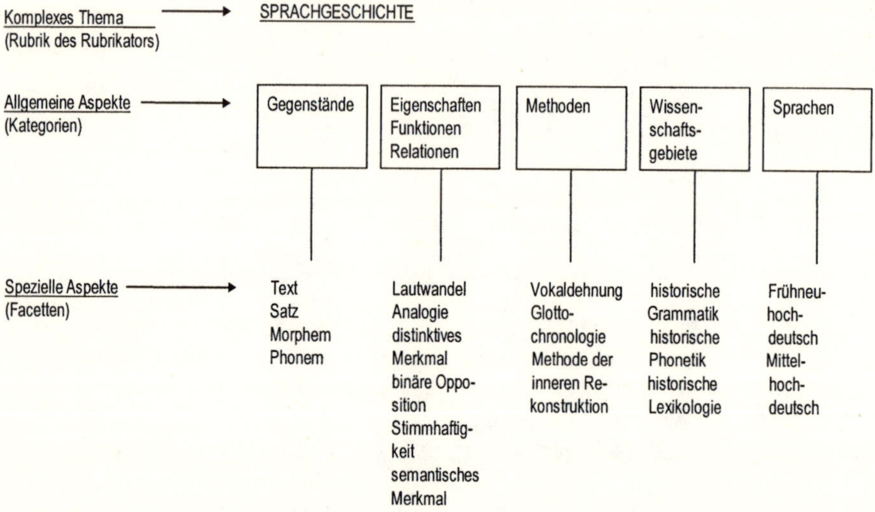

Abbildung 6: Aspekte des komplexen Themas „Sprachgeschichte"

Wird zwischen unterschiedlichen Wissensgebieten ein interdisziplinärer Informationsaustausch angestrebt, kann mit Hilfe des allgemeinen Kategorienschemas die interdisziplinäre Verflechtung dieser Gebiete graphisch dargestellt werden, wie Abbildung 2 veranschaulicht.

Die Unterkategorien (Facetten) der unterschiedlichen Gebiete sind über die gemeinsamen Grundkategorien klassifikatorisch kompatibel (s. Abb. 3). Die Darstellung der Struktur des Verflechtungsgebietes erleichtert z. B. die Suchstrategie bei Informationsrecherchen, aber auch die notwendige Einigung über definitorische und terminologische Probleme.

2. *Kategorienschema des „Thesaurussystems Chemie"*

Unter Thesaurussystem Chemie (TSC) verstehen man die Zusammenfassung und einheitliche Strukturierung der verschiedenen, allgemeinen und speziellen Begriffssysteme innerhalb der Chemie. Es ist die Voraussetzung, um die verschiedenen Begriffssysteme innerhalb der Chemie kompatibel zu machen und ist damit die Grundlage für den Aufbau eines „integrierten automatisierten Informationssystems Chemie" (2).

Ein Ausschnitt aus dem Kategorienschema des TSC ist in Abbildung 3 zu sehen. Die Kategorie „Ba Stoffeigenschaften" ist mit entsprechenden Unterkategorien und dazugehörenden Begriffen (Deskriptoren) dargestellt.

Grundkategorien

a Objekte

b Eigenschaften

c Bedingungen
d Wirkungen
e Zustand
f Verhalten
g Struktur

h Vorgänge

i Verfahren, Operationen, Prozesse, Methoden

x sonstige Allgemeinbegriffe,
die als Modifikatoren verwendet werden können

Grundkategorie „Objekte“

a Objekte
- aa techn. Objekte
- ab Stoffe, Produkte
- ac Organismen, Organismenteile
- ad abstrakte Objekte (Gesetze, Modelle, Theorien...)

Abbildung 7a: Kategorienschema für die Lösung von Erfindungsaufgaben (Grundkategorien)

3. *Kategorienschema des Fachthesaurus „Siliciumorganische Chemie“ als integrierter Bestandteil des Thesaurussystems Chemie (TSC)*

Um einen ausreichenden Grad der Kompatibilität zwischen dem speziellen Begriffssystem (Siliciumorganische Chemie) und dem allgemeinen Begriffssystem (gesamte Chemie) zu erreichen, werden die betreffenden Kategorien und Facetten aus dem Kategorienschema des TSC entnommen. Sie stellen sozusagen das Bindeglied zwischen Fachthesaurus und TSC dar. In Abbildung 4. ist der Zusammenhang zwischen den Kategorien des TSC und den Facetten des Fachthesaurus „Siliciumorganische Chemie“ wiedergegeben.

Damit wird auch die Struktur der „Verzahnung“ zwischen dem allgemeinen Begriffssystem (gesamte Chemie) und dem Teilgebiet der Chemie darstellbar und damit die Voraussetzung für den geforderten Grad von Übereinstimmung im Begrifflichen („consistency“) des Thesaurusvokabulariums geschaffen.

4. *Kategorienschema „Sprachwissenschaft“*

Auf der Basis der „allgemeinen Grundkategorien“ (vergleiche Abbildung 1) ist für das Wissensgebiet „Sprachwissenschaft“ ein Kategoriensystem vorgeschlagen worden (3), wie dies in Abbildung 5 dargestellt wird.

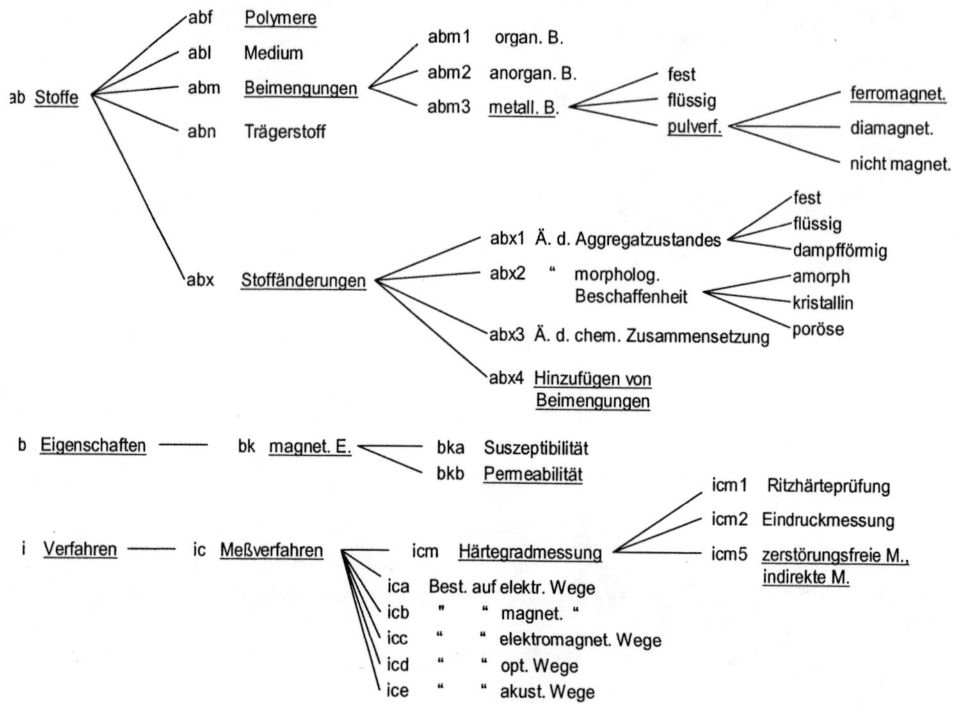

Abbildung 7b: Kategorienschema für die Lösung von Erfindungsaufgaben (Unterkategorien)

Viele Aufgabenstellungen und Probleme der sprachwissenschaftlichen Forschung sind interdisziplinär orientiert und müssen unter Aspekten betrachtet werden, die nicht typisch sprachwissenschaftlich sind. Aber auch Aufgaben aus dem Bereich Naturwissenschaft und Technik, sowie aus anderen Wissensgebieten, müssen vielfach unter sprachwissenschaftlichen Aspekten gelöst werden, d.h. es werden bestimmte Informationen aus der Sprachwissenschaft benötigt. Das Auffinden, Formulieren und zweckmäßige Einordnen derartiger Aspekte wird durch die ständig zunehmende interdisziplinäre Verflechtung der Wissensgebiete erschwert.

Bei der Forschungstätigkeit ist es wichtig, die Aspekte des verwendeten Wissens möglichst frühzeitig zu erkennen. Abbildung 6 zeigt, wie das komplexe Thema „Sprachgeschichte" durch die Anwendung der Kategorien in relevante Aspekte semantisch zerlegt werden kann.

Mit Hilfe der TGW-Methode kann eine Formalisierung von Aspekten und eine graphische Darstellung von Aspektänderungen vorgenommen werden, die im Laufe der Wissensentwicklung entstanden sind (4).

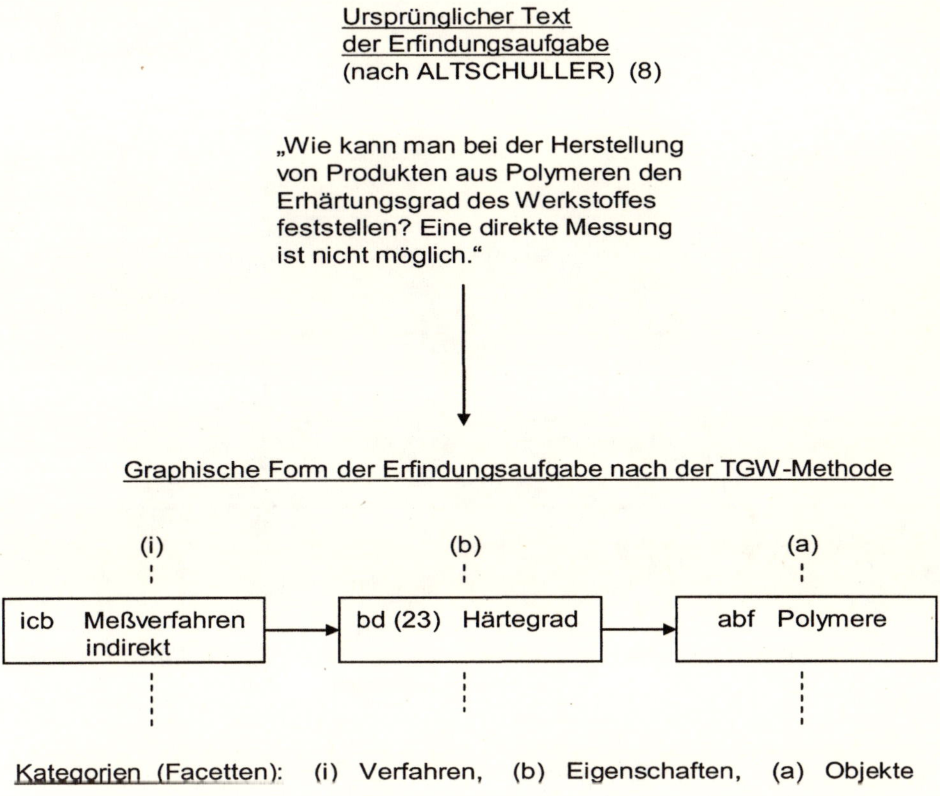

Abbildung 8: Umwandlung des Textes der Erfindungsaufgabe in die graphische Form

Aspektänderungen werden aber nicht nur im Laufe der allgemeinen Entwicklung von Wissen ausgelöst. Auch durch individuelle Denk- und Lernvorgänge findet eine ständige „Umstrukturierung" bereits etablierten Wissens statt. Zum Beispiel ist beim Lösen von Problemen immer eine Umstrukturierung von Gedächtnisinhalten vonnöten. Das möglichst frühzeitige Erkennen von Strukturänderungen eines Wissensvorrates ist von großer praktischer Bedeutung für die nächsten Problemlösungsschritte (5).

5. *Anwendung von Kategorien bei der Lösung einer Erfingungsaufgabe*

Da in den benutzten Informationsquellen Wissen in der Regel nicht unter den Aspekten vorliegt, die der Erfindungsaufgabe entsprechen, wäre eine Methode nützlich, die eine Anpassung der jeweiligen Aspekte des Wissens, z. B. aus der Fachliteratur, ermöglicht.

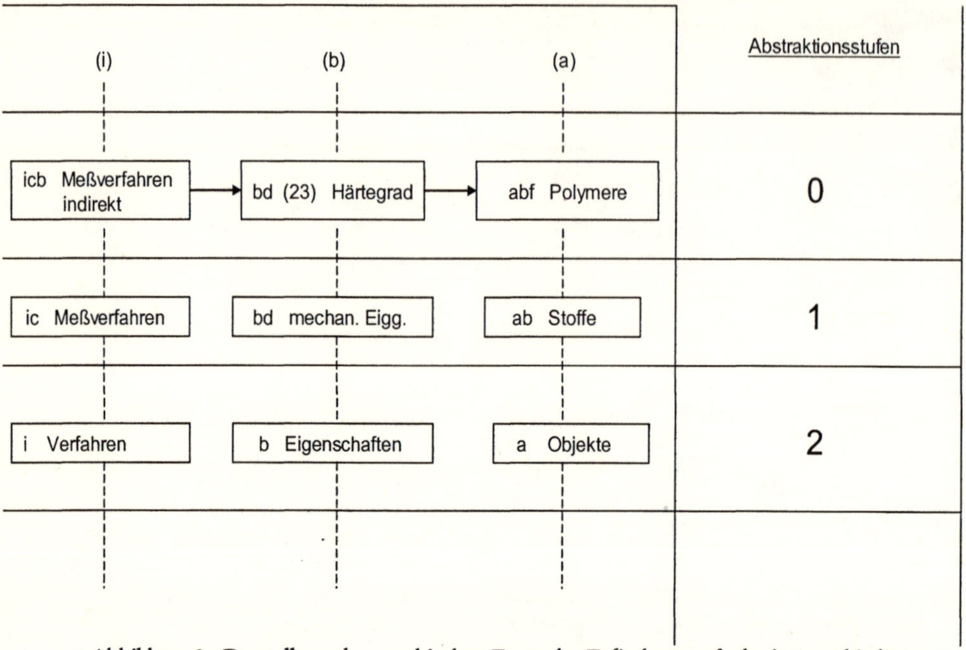

Abbildung 9: Darstellung der graphischen Form der Erfindungsaufgabe in verschiedenen Abstraktionsstufen

Die Anwendung der TGW-Methode ermöglicht eine Formalisierung von Aspekten und eine graphische Darstellung von Aspektänderungen (4).

Mit Hilfe des Kategorienschemas (siehe Abbildungen 7a & 7b) kann die Umwandlung bzw. Anpassung von Aspekten vorgenommen werden. Aspekte können durch eine Kombination von Facetten definiert und als „Aspekt-Notationen" formuliert werden. Die so gebildeten Aspekt-Notationen werden auch für die graphische Darstellung von Aspektänderungen benutzt (5).

Die Graphische Lösung der Erfindungsaufgabe wird in folgenden Etappen vorgenommen:

1. Der Originaltext der Erfindungsaufgabe wird nach der TGW-Methode (5) in die graphische Form ungewandelt (siehe Abbildung 8). Die benötigten Kategorien (Facetten) werden dem Kategorienschema entnommen (vergleiche Abbildungen 7a & 7b).
2. Die graphische Form der Erfindungsaufgabe wird in verschiedenen Abstraktionsstufen (Allgemeinheitsgraden), wie in Abbildung 9 zu sehen, dargestellt.
3. Weiterführende Fragen werden in strukturbildartiger Form formuliert.

Die graphische Darstellung der 3 Fragen entspricht 3 verschiedenen Aspekten der Fragestellung (siehe Abbildung 10).

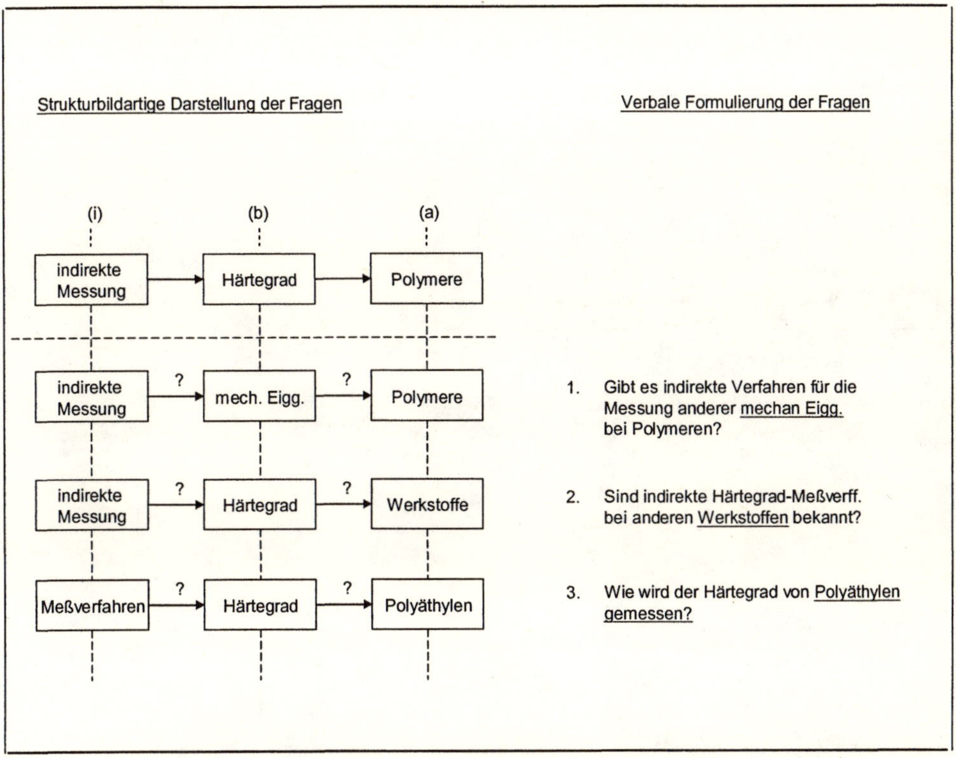

Abbildung 10: Formulierung von Fragen unter drei verschiedenen Aspekten

- Bei Frage 1 wird statt der speziellen Facette „Härtegrad“ die allgemeinere Facette „mechanische Eigenschaften“ benutzt.
- Bei Frage 2 wird an Stelle von (a) Polymere die allgemeinere Facette „Werkstoff“ verwendet.
- Bei Frage 3 findet sowohl bei (i) als auch bei (a) eine Variation des Allgemeinheitsgrades statt.

An Stelle von „indirekte Messung“ wird allgemeiner „Messverfahren“ verwendet, statt „Polymere“ spezieller „Polyäthylen“.

4. Es wird eine „Suchraumerweiterung“ vorgenommen, die dadurch gekennzeichnet ist, dass aus dem Kategorienschema speziellere Facetten entnommen und als neue „Ordnungslinien“ in das Strukturbild eingefügt werden, wie in Abbildung 11 zu sehen ist. Im Kategorienschema (vergleiche Abbildung 7b) sind diese Unterkategorien (Facetten) unterstrichen.
5. Mit Hilfe des so ergänzten Strukturbildes können Zwischenlösungen formuliert und eingezeichnet werden (vergleiche Abbildung 11).

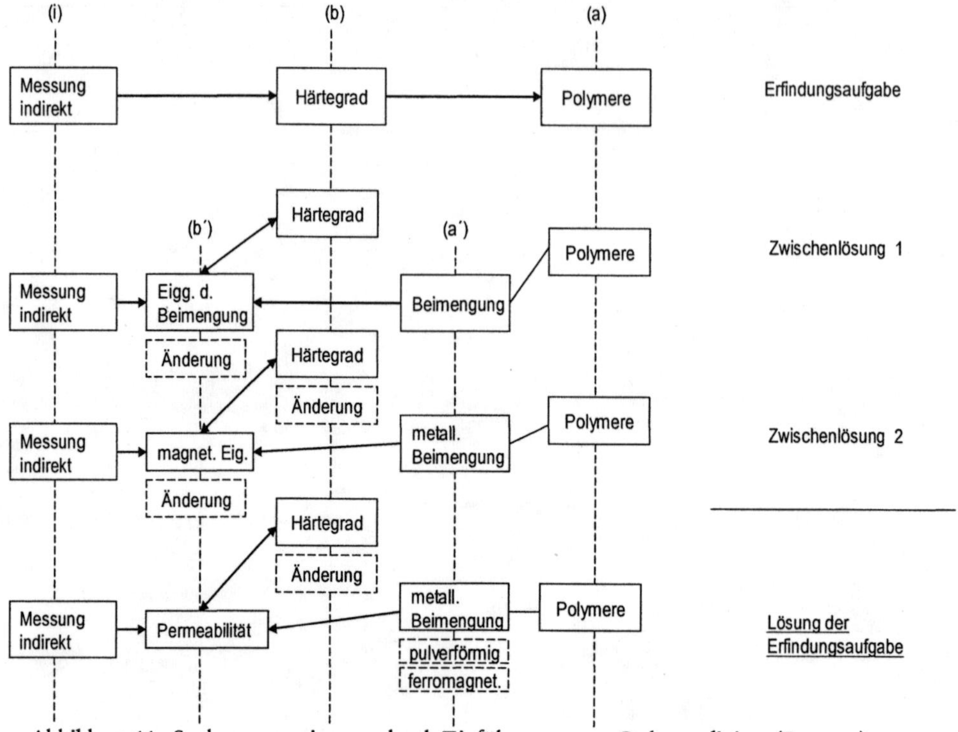

Abbildung 11: Suchraumerweiterung durch Einführung neuer Ordnungslinien (Facetten)

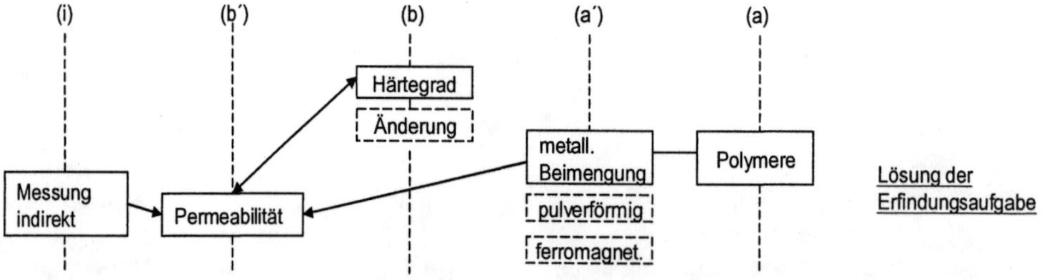

Der für die Patentanmeldung formulierte Text würde dann lauten:
„Verfahren zur Bestimmung des Grades der Erhärtung von Polymeren, dadurch gekennzeichnet, daß zur zerstörungsfreien Kontrolle Magnetpulver in den Stoff eingebracht und die Änderung seiner Permeabilität beim Erhärtungsvorgang gemessen wird."

Abbildung 12: Textliche Formulierung der Patentanmeldung aus dem Strukturbild

6. Das Strukturbild der Zwischenlösung 2 ermöglicht zunächst die Lösung der Erfindungsaufgabe in graphischer Form, aus der die verbale Formulierung der Patentanmeldung leicht abgeleitet werden kann. (siehe Abbildung 12).

Literatur:

Bauer, G.: Vergessene Kategorien, nfd52 (2001) 352.

Bauer, G. u. Maneck, M.: Probleme der chem. Information und Lösungsmöglichkeiten mit Hilfe eines Thesaurussystems, Z.Chem. 7 (1967) 9, 338-3.9

Jüttner, Irmtraud u, Bauer, G.: Die Anwendung des kategorienorientierten Ordnungsprinzips in interdisziplinären Wissensgebieten u. Thesauren. Erläutert am Beispiel der Sprachwissenschaft; Informatik 25 (1978) 5, 2931.

Bauer, G.: Graphische Darstellung interdisziplinärer Wissensstrukturen Fortschritte in der Wissensorganisation Bd. 8 (2004), 15-24.

Bauer, G.: Strukturbildartige Repräsentation von Wissensänderungen In: Konstruktion und Retrieval von Wissen, Vol. 3. Frankfurt/M. 1995.

Die Nützlichkeit von semantischen Kategorien auf dem Gebiet der Informationsbereitstellung[1]

Robert Fugmann
Idstein

Unter den verschiedenen Möglichkeiten, das Wissen der Menschen zu ordnen, um sich den Überblick darüber zu erhalten, haben die Kategorien schon seit dem Altertum eine wichtige Rolle gespielt. Speziell auf dem Gebiet des Bibliothekswesens und der Informationsbereitstellung hat Ranganathan (1967) mit der Einführung von "Fundamental Categories" (Personality, Matter, Energy, Space, Time) schon in den 30-er Jahren des 20. Jahrhunderts neue Wege beschritten, ohne damit allerdings große Resonanz in der Fachwelt auszulösen zu können. Im traditionellen Bibliothekswesen hätte der Übergang auf ein kategoriengestütztes Informationssystem dieser Art wohl eine allzu große Umstellung bewirkt. Bei einem Neubeginn, wie er in der jüngeren Vergangenheit zu vielen Malen stattgefunden hat, hat man sich in Unkenntnis oder Abneigung dem Einsatz dieses ordnungschaffenden Werkzeuge verschlossen. Dabei lassen sich gerade bei der Verfügbarkeit von Computertechnologie große Fortschritte erzielen, wenn sich die Indexsprachen auf eine Gruppe von semantischen Kategorien stützen. Die Gestaltung und Fortentwicklung solcher Sprachen zu hoher Effizienz ist sogar ohne ein Fundament von semantischen Kategorien noch nicht gelungen und auch nicht denkbar.[2]

Bei den semantischen Kategorien handelt es sich um Begriffstypen, welche auf dem betreffenden Gebiet in den dortigen Publikationen und Fragestellungen eine besonders große Rolle spielen und deswegen besondere Aufmerksamkeit erfordern.

In Ergänzung der Ausführungen von Bauer (2004) zu den Einsatzmöglichkeiten von Kategorien in der Wissensorganisation allgemein werden nachfolgend sieben Anwendungen eines Konzepts von semantischen Kategorien kurz erörtert. Sie haben in einem Großsystem zum Patentwesen in der Chemie[3] zu einem Informationssystem von bisher noch immer unübertroffen großer Leistungsfähigkeit geführt. Das ursprüngliche ranganathansche Kategorienkonzept für das Bibliothekswesen ist dort dem Bedarf auf dem Gebiet der reinen und angewandten Chemie angepasst worden (vgl. Fugmann 1999, S. 23, 49-64).

Es umfasst: STOFF, LEBEWESEN, Vorrichtung, VORGANG, ATTRIBUT von den vorgenannten kategorialen Gegständen, d.h. Eigenschaft und Verwendung von Stoff, Lebewesen, Vorrichtung, Vorgang.

Nachfolgend werden sieben solcher Einsatzmöglichkeiten in einem System zur gezielten Informationsbereitstellung aufgezählt.

---

1 Dieser Text entspricht einer Replik zu Gerd Bauer „Die vielseitigen Anwendungsmöglichkeiten des Kategorienprinzips bei der Wissensorganisation“ (Duisburg, November 2004; in diesem Band)

2 Unter einer (semantisch-begrifflichen) Kategorie wird hier ein Begriff höchsten Allgemeinheitsgrades verstanden, für welchen es keinen noch allgemeineren, noch sinnvollen Oberbegriff mehr gibt, zumindest nicht auf dem betreffenden Sachgebiet.

3 Die Einspeicherung in dieses System bei der Internationalen Dokumentationsgesellschaft für Chemie("IDC") ist zu Beginn der 90-er Jahre großenteils eingestellt worden. Der bis dahin im Verlauf von 30Jahren erstellte Speicher erfreut sich jedoch noch immer großer Beliebtheit.

Ohly/Sieglerschmidt/Swertz: Wissensorganisation und Verantwortung. Würzburg: Ergon Verlag 2006

1. *Die Definition von Schlagwörtern oder Deskriptoren*

Kategorien bilden eine Richtlinie dafür, welche Aussagen man über einen Gegenstand zum Zweck seiner Definition machen sollte. In einer solche Definition soll das (gebietstypisch) Wesentliche des betreffenden Gegenstandes zum Ausdruck kommen. Auf chemischem Gebiet wäre es beispielsweise verfehlt, die Ameisensäure ausschließlich durch Geruch, Farbe, Dichte, Aggressivität für die Haut usw. zu definieren, und nicht nach der Struktur ihre Moleküls.

2. *Der Inhalt der Indexsprache*

In die Indexsprache des betreffenden Gebiets brauchen nur Schlagwörter oder Deskriptoren kategorialen Charakters aufgenommen zu werden. Nichtkategoriale Begriffe werden wegen ihrer Peripherität dort nicht gesucht und sollten dort auch keinen Arbeitsaufwand erfordern. Beispielsweise brauchen auf biologischem Gebiet keine Absorptionsspektren von Pflanzenschutzmitteln dokumentiert zu werden und auch nicht deren Preise. Sie würden kaum jemals dort gesucht werden, sondern vielmehr in anderen Datenbanken.

3. *Das Ordnen des Wortschatzes der Indexsprache*

Bei der indexprachigen Einspeicherung in ein Informationssystem muss man sich immer auf die Suche nach den jeweils dort verfügbaren, bestpassenden Schlagwörtern begeben. Damit diese Suche auch unter dem Zeit- und Aufmerksamkeitsdruck der Alltagsarbeit funktioniert, muss der Indexsprachenwortschatz gut geordnet sein. Kategorien bilden hier eine gute Richtlinie zum Ordnungschaffen.

4. *Der Unterteilungsgesichtspunkt*

Zu höherer Ordnung im Wortschatz gelangt man durch gut gewählte Unterteilungsgesichtspunkte (Ranganathan (1967, S. 146): "Canon of Relevance"). So wird man aus der Sicht des Kunden die Waren in einem Kaufhaus auch nicht nach ihrem Gewicht sortiert auslegen. Ein Transportarbeiter würde dies vielleicht anders sehen.

5. *Die Begriffanalyse*

Das Postulat der Auffindbarkeit von kategorialen Begriffen verlangt, dass dieselben nicht in komplexen Benennungen und Begriffen verborgen sein und verstreut bleiben dürfen. Der Begriff Vitamin C beispielsweise findet sich in vielen Krankheitserscheinungen, Arzneimitteln, Stoffwechselprozessen, Lebensgewohnheiten von Menschen, Beispielen von natürlichem Vorkommen usw. In all diesen Ausdrucksweisen muss dieser Begriff wegen seines kategorialen Charakters widerauffindbar gemacht werden. Durch die Begriffsanalyse werden die kategorialen Bestandteile erkannt (z.B. in "Skorbut") und zur Zugänglichkeitsmachung am Platze ihres jeweiligen wesentlichen Auftretens isoliert[4].

---

4 Dass diese Analyse beim "ubiquitären" Auftreten eines Begriffsbestandteils auch unterlassen werden kann (z.B. - 35 -von Wasser), steht dem nicht entgegen.

6. *Die Begriffsysnthese*

Durch die Analyse von komplexen Begriffen werden die Zusammenhänge zwischen den einzelnen Bestandteilen aufgelöst. Der hiermit verbundenen Verlust an Wiedergabetreue führt zu Ballast bei der Recherche. Dem muss bei großen und weiterwachsende Informationssystemen durch die jeweils nachfolgende Begriffssynthese entgegengewirkt werden.

Wenn das hierfür erforderlich Regelwerk genügend allgemein und zuverlässig handhabbar sein soll, dann ist dies bisher nur auf der Grundlage eines Konzeptes von Kategorien möglich gewesen. Als untauglich haben sich z.B. alle linguistisch orientierten syntaktischen Werkzeuge erwiesen, z.B. auf der Grundlage der Eigenschaften von Wörtern oder gemäß der Häufigkeit ihres gemeinsamen Auftretens, auf deren gemeinsamem Auftreten oder Nichtauftreten im Titel, im gleichen natursprachigen Satz usw.

Das "analytisch-synthetische" Prinzip einer jeden höher entwickelten Textverarbeitung basiert essentiell auf einem Konzept von Kategorien.

7. *Die Vermeidung unerfüllbarer Suchbedingungen*

Bei der planlosen Hereinnahme von Begriffen aller Art in den Suchspeicher ist das Formulieren der Fragestellung ein nichtendendes Raten und Probieren mit immer neuen Kombinationen von Suchbedingungen. Es besteht keine Gewissheit, welche von diesen Suchbedingungen nur deswegen nicht erfüllbar ist (und nur deswegen ein Null-Ergebnis der Fragestellung erzwingt), weil eine solche Suchbedingung in einem einschlägigen Dokument zwar angesprochen ist, aber nicht eingespeichert worden ist, abhängig vom Gutdünken des Indexers. Das Konzept semantischer Kategorien verhilft dazu, die unerfüllbaren (weil nichtkategorialen) Suchbedingungen) zu vermeiden[5].

So bildet ein Konzept semantischer Kategorien das verborgene, jedoch sehr wirkungsvolle Rückgrat eines jeden großen, weiterwachsenden und zukunftgesicherten Informationssystems, ein Konzept jedoch, welches der notorischen Missachtung der neuzeitlichen informationswissenschaftlichen Forschung unterliegt (vgl. auch die Kritik von Bauer 2004, S.1), denn diese ist praktisch ausschließlich technologisch orientiert.

Literatur:

Bauer, Gerd (2004): Die vielseitigen Anwendungsmöglichkeiten des Kategorienprinzips bei der Wissensorganisation. ISKO Tagung Duisburg, November 2004).

Fugmann, R. (1992): Theoretische Grundlagen der Indexierungspraxis.

Ergon, 97 080 Würzburg, Grombühlstraße 7, vormals INDEKS Verlag, Frankfurt/M.

Ranganathan (1967): Prolegomena to Library Classification; ASIA Publishing House, London.

5 Dass die Volltextspeicherung und - recherche hier nur unter besonderen Umständen Abhilfe darstellt, kann nur angedeutet werden.

Wege zur Ontologie

Gerhard Rahmstorf
Institut für. Sprach- und Literaturwissenschaften, TU Darmstadt

1. Was sind Ontologien

Ontologie ist in der Philosophie die Auseinandersetzung mit der Frage, welche Arten von Gegenständen existieren und in welcher Weise sie existieren. Ein zentrales Thema ist z. B., ob es geistige Gegenstände, z. B. Gedanken, Ideen, Begriffe, Vorstellungen u. a. gibt und wie ihre Existenz begründet wird. Neuerdings wird mit dem Wort „Ontologie" eine andere, etwas konkretere Bedeutung verbunden. Unter einer Ontologie werden die allgemeinsten Begriffe eines Fachgebiets verstanden. So gehören zur Ontologie des Organischen u. a. „Pflanze", „Tier" und „Mensch". Wenn der Begriff „Tier" schon gegeben ist, lassen sich daraus andere Begriffe, z. B. „Wirbeltier", „Reptil", „Säugetier" usw. spezifizierend durch Angabe weiterer Merkmale bilden. Außerdem können Begriffsbeziehungen und andere formale Mittel zu Ontologien gehören. Ontologie ist danach die Methode, durch die die Begriffswelt eines Sachgebiets bestimmt wird, und insbesondere das Ergebnis dieser Methode: die Struktur aus Begriffen höchster Allgemeinheit, die mit dieser Methode erstellt wird.

Das Wort „Ontologie" kann jedoch unterschiedlich verstanden wird. Es bezeichnet auch die Gesamtheit aller Begriffe, die zum Untersuchungsgegenstand gehören. Die Ontologie umfasst dann alles, was an Begriffen aus einer bestimmten Aufgabenstellung betrachtet bzw. erarbeitet wird. Zu einer Ontologie der Elektronik würden alle Begriffe dieses Gebietes gehören. Mit einem so weit gefassten Verständnis des Wortes „Ontologie" wird die Fokussierung auf die Kategorien größter Allgemeinheit der hierarchisch gegliederten Begriffswelt aufgegeben. Außerdem würde eine so verstandene Ontologie mit der Tatsache der Unabgrenzbarkeit des Wortschatzes belastet werden. Komposita können im Deutschen quasi unbegrenzt erweitert werden. Es gibt nicht nur den Kamin und den Kaminfeger, sondern auch die Kaminfegerarbeitskleidungsreinigungsfirma und dergleichen mehr. Komposita sind unverzichtbar. Ihre maximale Länge ist nicht festgelegt. Die Benennungen für Stoffe in der Chemie zeigen, dass man in dieser Fachsprache durchaus problemlos mit sehr langen Zusammensetzungen kommuniziert. Aber die Ontologen werden nicht daran interessiert sein, ihre Untersuchungen bis in die Tiefen aller Fachgebiete auszudehnen. Kurzum: „Ontologie" sollte sich auf Begriffe höchster Allgemeinheit beziehen. Das entspricht der engeren Bedeutung des Wortes „Ontologie". Die Unterbegriffe dieser Top-Level-Begriffe können natürlich ebenfalls für Ontologen von Interesse sein, weil sie zeigen, welches Begriffsbildungspotenzial die verschiedenen Top-Level-Begriffe haben. Der Schwerpunkt des Interesses der Ontologen sollte aber auf den Begriffen liegen, die nicht weiter zurückführbar sind.

Wenn man dieser Beschränkung folgt, sollte man die zu einer Ontologie gehörenden Begriffe aufzählen können. Das heißt nicht, dass man es mit einer kleinen Menge von Begriffen zu tun hat. Zur Ontologie der Tiere gehören dann die Bedeutung des Wortes „Tier" und die Bedeutungen von denjenigen anderen Wörtern höchster Allgemeinheit, die zur Beschreibung der Welt der Tiere und ihres Verhaltens gebraucht werden. Wenn

„Gelenk" und „Knie" nicht weiter definiert würden, gehörten diese Begriffe zur Ontologie. Der Begriff „Kniegelenk" gehört dann aber nicht mehr zur Ontologie, weil er definitorisch mit den beiden Begriffen höherer Allgemeinheit „Knie" und „Gelenk" gebildet werden kann, und weil diese beiden Begriffe zum Begriffsbestand der Ontologie gehören.

Ontologien beziehen sich meistens auf Projekte, die in spezifischen Anwendungsgebieten durchgeführt werden. Andererseits besteht natürlich auch ein großes Interesse an großen Ontologien, die die Gesamtheit aller Gegebenheiten gegenständlicher, geistiger und seelischer Art umfassen.

Es handelt sich somit bei Arbeiten zur Ontologie um die Untersuchung und Festlegung der Begrifflichkeit von Sachgebieten, Themenfeldern und anderen Bereichen. Die Erarbeitung einer Ontologie ist ein Vorhaben, bei dem, insbesondere wenn es sich dabei auch um Computeranwendungen handelt, oft mehrere Personen beteiligt sind.

Ontologien sollen explizit machen, was zu einem zu untersuchenden Sachbereich oder zu einem Arbeitsgebiet gehört. Es sollen insbesondere die Gegebenheiten größter Allgemeinheit einbezogen werden. Ontologien können im einfachsten Fall aus einer Liste von Wörtern bestehen. Dann muss bei mehrdeutigen Wörtern mindestens zusätzlich angegeben werden, welche Lesart des jeweiligen Wortes zu wählen ist. Angemessener ist es, Ontologien als Konstrukte zu verstehen, die aus Wörtern und aus Benennungen bestehen, die aus mehreren Wörtern zusammengesetzt sind. Vollständige Sätze hat man bei Ontologien einfacher Art nur in Form von Sätzen über die Unterordnung bzw. Überordnung von Begriffen, z. B. „Computer sind technische Geräte". Damit wird die Einschlussbeziehung ausgedrückt. Sie besagt in dem gegebenen Beispiel, dass alles, was ein Computer ist, auch ein technisches Gerät ist.

Sätze sind sprachliche Einheiten, mit denen Propositionen gebildet werden. Solche Propositionen können wahr oder falsch sein. Sie bilden die Einheiten, aus denen Wissen besteht. Einen solchen Wahrheitswert haben aber Begriffe nicht. Begriffe können nicht wahr oder falsch sein. Zu Ontologien können außer Begriffen auch Begriffsbeziehungen gehören. Aus Begriffen und Beziehungen werden dann mit Operationen die spezielleren Begriffe des Gebietes gebildet. In dieser Weise kann man große Begriffssysteme aufbauen. Die Einschlussbeziehung spielt dabei eine besondere konstruktive Rolle. Ausgehend von einem gegebenen Begriff kann man Unterbegriffe, übergeordnete Begriffe und Differenzbegriffe angeben. Der Differenzbegriff zur begrifflichen Bestimmung von „Fisch" könnte „durch Kiemen atmend" sein. Der Oberbegriff kann „Wirbeltier" sein.

Die Ontologie grenzt ein Gebiet oder ein Thema ab und klärt damit die Arbeitsgrundlage für verschiedenste Vorhaben. So muss z. B. für die Geographie der Begriff Erde (Erdball) vorausgesetzt werden. Ebenso der geographische Ort. Dann müssen Beziehungen zwischen verschiedenen Orten bestimmt werden, z. B. direkte Entfernungsangaben, Landwege, Seewege u. a. Zur Ontologie der traditionellen Logik gehören z. B. solche Kategorien wie Begriff, Urteil und Schluss. Die formale Logik hat eine andere Ontologie. Dazu gehören Prädikate, Relationen, Funktionen, Konstanten verschiedenen Typs, Satzverknüpfungszeichen u. a. Diese Kategorien werden in der Logik nicht weiter begründet. Wer über die Begründung reflektieren möchte, muss sich auf ein anderes Gebiet einlassen, die Philosophie. Dort findet er möglicherweise Erläuterungen, wie diese Kategorien begründet werden können. Ontologien können somit auch von Theorien abhängen. Umgekehrt kann auch eine Theorie eine bestimmte Ontologie voraussetzen. Wenn man die Ansicht vertritt, dass sich die Lebewesen auf der Erde aus einfachsten Lebensformen entwickelt haben, muss man für diese Entwicklung sehr lange Zeiträume annehmen.

T. Gruber hat 1993 Ontologie klar und knapp definiert: eine Ontologie ist eine explizite formale Spezifikation einer gemeinsamen Konzeptualisierung. Aus dieser Definition wird ersichtlich, dass eine Ontologie auch ein Arbeitsergebnis sein kann, an dem mehrere Personen involviert sind. Das macht auch verständlich, warum Ontologien häufig nur durch Konsensbildung in einer Gruppe zustande kommen sollen. Die Erstellung einer Ontologie wird offenbar hier als eine Aufgabe verstanden, bei der die Ontologen, wenn sie allein arbeiten, zu ganz unterschiedlichen Ergebnissen kommen können. Das aber erscheint doch nur dann der Fall zu sein, wenn es für die Erstellung von Ontologien kein Verfahren oder viele unterschiedliche Methoden gibt.

Die Fragen, wovon man bei der Bildung von Ontologien ausgeht und wie man zum Ergebnis kommt, sind damit noch beantwortet. Sie sollen nachfolgend angesprochen werden. Zunächst werden einige Beispiele genannt.

2. *Gegenstandsbereiche und Beispiele für Ontologien*

Die Systematik der Zoologie und Botanik schließt auch eine Ontologie ein. Bestimmte Kategorien haben die Funktion, einen Teilbereich der Tiere bzw. Pflanzen definierend abzugrenzen, z. B. die Säugetiere, die Paarhufer, die Primaten usw. Die Morphologie liefert die primären Kategorien, die erreichte Entwicklungsstufe in der Evolution ein weiteres Kriterium. Die Objekte höchster Allgemeinheit der Biologie sind Lebewesen, Pflanze, Tier, aber auch Einzeller oder Vielzeller u. a. Die Begriffswelt der Biologie umfasst nicht nur die Taxonomie, sondern auch eine sehr große Anzahl von Begriffen, die nicht direkt zur Gliederung des Systems der Lebewesen gehören.

Die Bereiche, für die Ontologien aufgestellt werden sollen, enthalten verschiedene Objekte und sind unterschiedlich groß. Ontologien für spezifische Anwendungen von Fachgebieten können verhältnismäßig klein sein. Sie beschränken sich auf die Dinge, Eigenschaften und Beziehungen, die zu der Anwendung gehören. Dazu zählen z. B. Objekte, Hilfsmittel, Verfahren, Ziele, Bedingungen und anderes. Der Weg zu einer solchen Ontologie ist direkt. Wenn man schon seine Anwendung genau kennt, kann man die wichtigen Kategorien erkennen und benennen. Wer eine Ontologie zum Tourismus aufstellen soll, wird wissen, dass sein Arbeitsgebiet hauptsächlich durch Reisende, Reiseanbieter, Länder, Landschaften, Orte, Reiseziele, Flugrouten, Hotels, Angebote, Vertragsbedingungen, Buchungen, Stornierungen, Beschwerden usw. bestimmt wird. Die Erarbeitung der Ontologie des Tourismus wird dennoch mehr Zeit erfordern, als man zunächst erwartet hatte.

Ob ein Objekt in einer Ontologie vorkommen sollte oder nicht, hängt von dem Anwendungsgebiet der Ontologie ab. Die Berufe von Reisenden müssen in einer Ontologie zum Tourismus nicht vorkommen, dagegen sollten Berufe in einer Ontologie der Arbeitswelt einen hohen Stellenwert haben. Es ist ratsam, eher mehr Gegenstände zu erfassen als zu restriktiv zu sein. Man kann auf das, was sich als unnötiger Ballast erweist, auch später noch verzichten. Es ist angenehm, mit einem übersichtlichen und handlichen System zu arbeiten. Es gibt auch Anwendungen, bei denen annähernde Vollständigkeit wichtiger ist als Überschaubarkeit. Dies ist z. B. bei Sprachanwendungen der Fall. Wenn man natürliche Sprache als Eingabemedium für Interaktionen am Computer zulassen will, muss man einen möglichst hohen Prozentsatz aller Wörter der betreffenden Einzelsprache als Input erkennen können. Das ist z. B. bei Suchanfragen im Internet der Fall. Wenn man daher die Grundlagen für eine Ontologie legen möchte, die die Themen von Anfragen an das Internet umfasst, sollte man einen möglichst großen Teil des gesamten Wortschatzes dieser Sprache einbeziehen.

Zu den methodischen Fragen der Erstellung von Ontologien gehören zwei Probleme. Die eine Aufgabe besteht darin, dass der Entwickler mit einer Methode arbeiten sollte, die sicherstellt, dass die Ontologie einen gewünschten Grad an Vollständigkeit erreicht. Die zweite Aufgabe besteht in der Darstellung. Wörter bzw. Benennungen sollten so in einem computertechnisch nutzbaren Wörterbuch dargestellt werden sollten, dass gewünschte Anwendungen verwirklicht werden können.

Hier sollen hauptsächlich zwei Methoden zur Herstellung großer Ontologien mit einem hohen Grad an Vollständigkeit behandelt werden. Es sind zwei verschiedene Wege zur Erstellung von großen, umfassenden Ontologien denkbar. Sie unterscheiden sich bezüglich ihres Ausgangsmaterials. Man kann von den Gegenständen der Welt ausgehen oder von den Wörtern einer Sprache. Es soll zunächst der Weltzugang und dann der Sprachzugang behandelt werden. Ziel ist es, für einen Gegenstandsbereich eine Ontologie zu gewinnen, bei der die Gegenstände des vorgesehenen Weltausschnitts oder der Wortschatz mit einem angemessenen Grad an Vollständigkeit und Richtigkeit erfasst sind.

3. *Von den Gegenständen zur Ontologie (Weltzugang)*

Durch Klassifizierung und Verallgemeinerung werden die konkreten Gegenstände und anderweitig gegebenen Phänomene bestimmt und in einem hierarchischen System eingeordnet. Wenn man diese Verfahrensweisen richtig und durchgängig auf eine Welt von vorfindbaren Gegenständen mit erkennbaren Eigenschaften und Beziehungen anwendet, entsteht als Ergebnis eine Ontologie für diese untersuchte Welt. Dabei sind die nachfolgend dargestellten Arbeitsschritte zu unterscheiden.

3.1 *Abgrenzung des betrachteten Weltausschnittes*

Die zu entwickelnde Ontologie muss Material umfassen, das durch ein Thema benannt wird. Sie wird damit häufig auch schon annähernd abgegrenzt. Wenn das Thema „Hausrat" hieße, würde aus der Bedeutung dieses Wortes abgeleitet werden können, dass es hier nur um Geräte und bestimmte Gegenstände im Haus geht. Wäre das Thema dagegen „Psychologie", gehörten die Eigenschaften und Verhaltensweisen von Personen zum betrachteten Weltausschnitt. Bei der Welt muss es nicht allein um die konkrete Wirklichkeit gehen. Es können auch Abstrakta, z. B. Eigenschaften, Verhaltenweisen, mathematische Strukturen, aber auch Fantasieprodukte und anderes zum Gegenstandsbereich gehören. Das Thema der Ontologie wird z. B. durch eine komplexe Benennung angegeben. Es lassen sich aber auch andere Mittel, z. B. ein Bild oder eine Tonfolge, verwenden, um das Thema abzugrenzen. Auch abstraktere Eigenschaften können verwendet werden, um einen zu betrachtenden Bereich festzulegen. Es kann z. B. nach dem Eigentum von Personen oder auch nach den Straftaten eines Angeklagten gefragt werden. In diesen Fällen geht man ebenfalls von Begriffen aus, die den hier relevanten Arbeitsbereich von den sonst noch vorkommenden Gegebenheiten abgrenzen.

Die verschiedenen Straftaten bilden einen wesentlichen Teil des für Juristen relevanten beruflichen Weltausschnitts. Eine für Juristen geeignete Ontologie muss die Gesetze, die Straftaten und andere Themen umfassen.

3.2 *Identifizierung der Objekte*

Der betrachtete Weltausschnitt bildet soweit nur einen abgegrenzten bzw. abgrenzbaren Bereich. Der nun folgende Arbeitsschritt besteht darin, dass Gegenstände bestimmt werden, die in diesem Bereich vorgefunden werden. Nehmen wir hier einmal einen konkreten Weltausschnitt an, der durch das gerade jeweils vor uns liegende Sichtfeld gegeben ist. Was in diesem Weltausschnitt vorkommt, unterscheidet sich durch seine augenblickliche Position und eventuell auch durch seine Bewegung sowie durch sein Aussehen von anderen Objekten. In einer Wohnung gibt es normalerweise keine Identifizierungsprobleme. Was zum Hausrat und zur Wohnungseinrichtung gehört, lässt sich leicht bestimmen und in einer Inventarliste festhalten. In der freien Natur ist das anders: wo ein Hügelland genau in ein Gebirge übergeht, lässt sich nicht ganz exakt festlegen. Die Übergänge sind fließend. Die Ontologie für Landschaftsarten hat es mit unscharfen Gegebenheiten zu tun und muss daher auch mit unscharfen Kategorisierungen arbeiten. Unabhängig davon können natürlich in Flurkarten präzise Grenzen für Gemarkungen, Landwirtschaft, Bebauung u. a. angegeben werden. Festzuhalten ist hier, dass die Welt nicht nur aus abgegrenzten Objekten besteht, sondern dass der Wahrnehmende auch in einer Welt mit kontinuierlichen Übergängen verschiedene Objekte unterscheiden kann. Er kann sich mit den Wörtern „Berg" und „Tal" verständigen, auch wenn nicht eindeutig festgelegt ist, wo der Berg aufhört und das Tal beginnt.

Die Wörter leisten in der Regel ihren Dienst auch dort, wo das, was wir mit den Wörtern meinen, unscharfe Grenzen hat. Das was hier „Objekt" genannt wird, muss nicht unbedingt ein klar abgegrenzter Gegenstand sein. Es gibt auch die schon erwähnten, nicht klar abgrenzbaren Gebilde. Außerdem kann man das Blickfeld auf die vorkommenden Entitäten apparativ erweitern und verengen. Wenn man kleinste Gegenstände der Natur unter die Lupe bzw. das Mikroskop legt, zeigt sich, dass dasjenige, was man als Objekt versteht, eine Frage der jeweiligen Perspektive ist. Die Eigenschaft, Objekt zu sein, hängt auch vom Untersuchenden und seinen Mitteln ab. Der philosophisch arbeitende Ontologe ist ein Wissenschaftler, der seinem Arbeitsfeld möglichst keine Grenzen setzen will. Er möchte gerade die Gesamtheit des Vorfindbaren und Denkbaren und dessen allgemeinste Kategorisierungen zu seinem Thema machen. Der anwendungsorientiert denkende Praktiker setzt sich dagegen eher mit einem eingeschränkten Thema auseinander. Aus dem ihm gegebenen Thema und aus anderen Vorgaben muss er ableiten, was für ihn relevant bzw. nicht relevant ist. Die Entscheidung, was Objekt ist, und was selbst wieder aus Objekten besteht, ist von Fall zu Fall zu treffen. Das zu entscheiden, ist notwendig, auch wenn es nicht immer einfach ist.

3.3 *Benennung der Objekte*

Wenn die Objekte in ihrer jeweiligen Individualität erkannt worden sind, können und sollten diese zur Ontologie zählenden Objekte benannt werden. Diese Benennung ist nicht immer trivial. Schaut man sich als astronomischer Laie den klaren Sternenhimmel an, sieht man viele Sterne, kann aber ihre Namen nicht nennen. So erscheinen sie als eine irgendwie strukturierte Masse. Intellektuell fassbar als individuelle Sterne werden diese Objekte erst, wenn man sie einzeln identifizieren und benennen kann. Die Benennung ist eine Voraussetzung für eine fachliche Kommunikation. Es können verschiedene Arten des Benennens unterschieden werden. So müssen die einzelnen Sterne nicht durch Namen benannt werden. Es genügt, jedem Stern eine Art Code als Benennung zuzuweisen.

3.4 *Bestimmung der vorkommenden Objekteigenschaften*

Wenn der Weltausschnitt, die Objekte und ihre Benennungen festgelegt worden sind, können die Objekte auf ihre Eigenschaften untersucht werden. Wenn man zwei Objekte voneinander unterscheiden kann, hat man - oft unbewusst- mindestens eine Eigenschaft gefunden, in der sich die Objekte unterscheiden. Im einfachsten Fall kann man zwei Objekte nur durch ihre augenblickliche Position unterscheiden. So unterscheiden sich die vielen Hagelkörner, die auf die Fensterbank gefallen sind, zunächst nicht. Man sieht dennoch jedes Hagelkorn als ein einzelnes Objekt, weil es seine Position nicht mit anderen Hagelkörnern teilen kann. Die Position im Raum ist eine vom Beobachter unabhängige Objekteigenschaft. Andere konkrete Objekte können unterschiedliche Farbe, Größe, Gestalt, Bewegungsart und viele sonstige Eigenschaften haben, die ihre jeweilige Besonderheit ausmachen. Auch Ereignisse, Prozesse u. a. Phänomene mit zeitlichem Verlauf lassen sich charakterisieren.

3.5 *Kategorisierung der Objekte*

Sind bei den einzelnen Objekten die Eigenschaften bestimmt worden, kann die Kategorisierung der Objekte erfolgen. Es ist die Operation, die zu einer Ontologie führt. Es geht dabei um Klassenbildung und gegebenenfalls um darüber hinausführende Techniken der Beschreibung. Dazu können formale Techniken gehören. Ziel dieser Operation ist es, die Eigenschaften höchster Allgemeinheit, die zur Kategorisierung der Objekte verwendet werden, zu bestimmen. Es ist offensichtlich, dass die definitorische Rückführung auf verschiedene, Begriffe größerer Allgemeinheit nicht unbegrenzt fortsetzen kann. Bei solchen Begriffe wie „Gegenstand“, „Eigenschaft“, „Relation“ wird eine Grenze der Rückführbarkeit erreicht.

3.6 *Dokumentation*

Die so gewonnenen Objektbeschreibungen werden dokumentiert. Diese Dokumentation kann in unterschiedlicher Form erfolgen. Die Ergebnisse können als Bild, Foto, Tabelle, Text u. a. dargestellt werden. Bei der Vorgehensweise waren Gegenstände konkreter oder abstrakter Art das Material. Die Sprache hatte nur eine unterstützende Funktion. Bestimmte Ergebnisse können nur sprachlich festgehalten werden. Umgekehrt gibt es auch Ergebnisse, die sich durch bildliche Darstellungen wesentlich besser dokumentieren lassen. Enzyklopädische Werke, naturwissenschaftliche Fachbücher, kunstgeschichtliche Bücher kommen nicht ohne Abbildungen aus.

Weltzugang zur Ontologie kann an zwei enzyklopädischen Werken verdeutlicht werden. Es handelt sich um das im Jahr 2005 erschienene „Duden Bildwörterbuch Deutsch als Fremdsprache“ und um das 2003 erschienene „PONS Bildwörterbuch Deutsch-Englisch-Französisch-Spanisch-Italienisch“. Beide Werke präsentieren den Wortschatz anhand von Bildseiten zu je einem Thema. Der Duden stellt 415 Bildseiten vor, PONS ca. 920 Seiten mit Abbildungen und fünfsprachigen Bezeichnungen zu Details der Bilder. In dem handlicheren Duden-Band haben die Seiten kleineres Format. Der Informationsgehalt der stärker schematisierten Bilder ist aber nicht geringer. Im Duden stehen die Benennungen getrennt von den Abbildungen auf der Nachbarseite und verweisen mit Ziffern auf die zugehörigen Einzelheiten der Abbildung.

Die Ontologie dieser Werke spiegelt sich in den Bezeichnungen für die Hauptkapitel. Der Duden gliedert seine abgebildete Welt in folgende Themenbereiche:

1. Atom, Weltall, Erde 2. Mensch und soziale Umwelt, 3. Öffentlichkeit und Gemeinwesen, 4. Sport Spiel Freizeit, 5. Unterhaltung Kunst und Kultur, 6. Tiere und Pflanzen, 7. Natur als Umwelt, Land- und Forstwirtschaft, 8. Handwerk und Industrie, 9. Grafisches Gewerbe, 10. Verkehrs- und Nachrichtenwesen Informationstechnik, 11. Büro Bank Börse.

Das PONS Bildwörterbuch hat 17 Hauptkapitel:

1. Astronomie, 2. Erde, 3. Pflanzenreich, 4. Tierreich, 5. Mensch, 6. Nahrungsmittel und Küche, 7.Haus, 8. Heimwerken und Gartenarbeit, 9. Kleidung, 10. Persönliche Ausstattung, 11. Kunst und Architektur, 12. Kommunikation und Bürotechnik, 13. Transport und Fahrzeuge, 14. Energie, 15. Wissenschaft, 16. Gesellschaft, 17. Sport und Spiele

Für den Benutzer der Bildwörterbücher sind beide Gliederungen gut anwendbar. Die Reihenfolge der Themen spielt keine überragende Rolle. Die Kapitelfolge des PONS ist etwas plausibler als die des Duden, weil sie dem Entwicklungsweg deutlicher folgt. Natürlich wurde mit beiden Werken nicht das Ziel verfolgt, eine Ontologie zu entwickeln. Die Dudenredaktion schreibt dazu im Vorwort: „Die Bedeutung eines Wortes wird durch ein Bild erklärt – anschaulich, präzise und ohne lange Definitionen. Umgekehrt gelangt der Benutzer über das Bild zum Wort – und kann so auch Wörter finden, die ihm vorher unbekannt waren.“ Bildwörterbücher verknüpfen Wortschatz und Welt, wobei die konkreten Dinge der Welt durch Abbildungen wiedergegeben werden. Das Register des Bildwörterbuchs listet die Wörter alphabetisch auf und liefert auf diese Weise einen schnellen Zugriff zur bildlichen Darstellung dessen, was mit den Wörtern bezeichnet wird.

Auf einige weitere Werke, die von den Gegenständen zu sprachlichen Benennungen führen, soll hier noch verweisen werden. Le Visuel multilingue dictionnaire thématique, das unter der Leitung von Jean-Claude Corbeil u. a. Autoren entstanden ist, hat 832 Bildseiten und zum Aufsuchen von Themen die Indizes in den vier Sprachen Französisch, Englisch, Spanisch und Deutsch. Auf den Bildseiten sind die zu einem Thema gehörenden Objekte farbig abgebildet. An den Abbildungen sind die interessanten Einzelheiten der Objekte in den vier Sprachen bezeichnet. Bei einem Bild eines Schraubstocks sind z. B. der Spanngriff, die bewegliche Backe, die Stellschraube, der Schwenksockel u. a. viersprachig bezeichnet.

Das Visuelle Lexikon, das auf einer englischen Ausgabe beruht und im Jahr 2000 in überarbeiteter und erweiterter Neuausgabe erschien, bietet laut Titelblatt 704 Seiten, 6000 Abbildungen und 20000 Begriffe. Es ist in 14 Kapitel unterteilt: Universum, Erdgeschichte, Pflanzen, Tiere, der menschliche Körper, die Erde, Physik und Chemie, Schiene und Straße, See und Luft, die bildenden Künste, Architektur, Musik, Sport und Dinge des täglichen Lebens. Anzumerken ist, dass unter „See und Luft“ nur Schiffe und Flugzeuge dargestellt sind und mit allen ihren Einzelheiten deutschsprachig benannt werden. Das Buch hat ein deutsch-englisches Register.

„Bertelsmann Wissen visuell“ stellt auf 924 Seiten Wissen zu ca. 570 Themen zusammen. Das Buch hat zusätzlich ein großes Register. Die Themen von Aborigines, Abstammungslehre usw. bis zu Zentralasien, Zoo werden in alphabetischer Folge nacheinander behandelt. Da auf jeder Seite zahlreiche präzise, farbige Fotos von meist kleinem Format sind, ist das Buch sehr lebendig, ansprechend und informativ. Es stellt gleichsam eine Total-Ontologie der visuell zugänglichen Welt der Gegenwart dar.

Das unter dem Titel „Das neue wissen.de Lexikon ist ein Pisa-Trainer. Es hat einen Quizteil mit 2500 thematisch geordneten Fragen. Der Wissensstoff wird - wie bei Lexika üblich - in meist kurzen Artikeln dargestellt. Zu jeder Seite gehören farbige Fotos, Zeichnungen, Karten oder Tabellen. Der Benutzer wird angeregt zu blättern, zu lesen, nachzuschlagen und dabei zu lernen.

Harenberg Kursbuch Bildung soll laut Untertitel „Das erste interaktive Lexikon“ sein. Es hat einen alphabetischen Lexikonteil mit 2042 Einträgen. Zu jedem Eintrag gehört eine Auswahlfrage mit drei angegebenen Antworten. Was die richtige Antwort ist, kann nachgeschlagen werden.

„Das aktuelle Buch der Allgemeinbildung“ soll 550000 Daten und Fakten sowie 10000 Einzelthemen beinhalten. Aus der Perspektive der Ontologiefreunde ist wiederum die Inhaltsgliederung von Interesse. Sie bietet den Stoff unter folgenden Kapitelbezeichnungen an:

- Weltall und Erde
- Das Leben auf der Erde
  - die Natur
  - Pilze
  - Pflanzen
  - Tiere
  - Ernährung
  - der Mensch
- Die Welt des Menschen
  - Völker, Sprachen und Bildung
  - Religion und Philosophie
  - Sport und Freizeit
  - Wirtschaft
  - Recht und Politik
- Geschichte der Menschheit
  - alte Welt
  - frühes Mittelalter...
  - neuere Zeit
  - Zeitgeschichte
  - Militärgeschichte
- Wissenschaft und Technologie
  - Mathematik
  - Physik
  - Chemie
  - Energie
  - Technik
  - Verkehr

- Informatik
- Telekommunikation

- Kunst und Kultur
  - Musik
  - Literatur, Berühmte Schriftsteller
  - Theater, Film und Fernsehen
  - Fotografie
  - Kunst und Architektur
  - Dekorative Künste
  - Mode
- Die Staaten der Erde
  - Kontinente
  - Staaten

Auch dieses Werk besticht durch zahlreiche Fotos, Zeichnungen, Tabellen und Karten. Schließlich soll noch folgendes ontologisch interessante Werk erwähnt werden:

„Das große visuelle Wörterbuch. Über 25000 Wörter. Fünfsprachig: Englisch, Französisch, Deutsch, Spanisch, Italienisch." Die darin abgebildeten und bezeichneten Gegenstände werden in folgenden Kapiteln fotografisch genau wiedergegeben:

- die Menschen
- die äußere Erscheinung
- das Haus
- die Dienstleistungen
- der Einkauf
- die Nahrungsmittel
- das Lernen
- die Arbeit
- der Verkehr
- der Sport
- die Umwelt
- die Information

Auch hier werden pro Seite zahlreiche Objekte in fotografischer Genauigkeit abgebildet, in 5 Sprachen benannt und durch Angabe von Detailbezeichnungen ergänzt. Damit bildliche Darstellung der Gegenstände, die die Ontologie ausmachen, abgeschlossen werden. In allen Beispielen waren Objekte bzw. Bilder von Objekten der Ausgangspunkt, um die damit verbundenen Benennungen anzugeben. Einen anderen Zugang zur Ontologie zeigt das folgende Kapitel.

4. *Vom Wortschatz zur Ontologie (Sprachzugang)*

Eine andere Vorgehensweise besteht darin, dass man von der Sprache ausgeht, wenn man eine Ontologie aufbauen möchte. Bei dieser Methode sind folgende Arbeiten nacheinander durchzuführen.

4.1 *Die Einzelsprache festlegen*

Bei der Entwicklung einer Ontologie auf der Basis einer Sprache bilden der Wortschatz und die Benennungsmöglichkeiten das Ausgangsmaterial für die Entwicklung der Ontologie.

Der Entwickler der Ontologie entscheidet sich für eine Einzelsprache, von der er ausgehen möchte. In dieser Einzelsprache werden die Gegenstände, die in seiner Ontologie berücksichtigt werden, bezeichnet. Der Ontologe strukturiert und erfasst die Gegenstandswelt, indem er dem Wortschatz eine bedeutendere, ja sogar maßgebliche Rolle zuweist. Methodisch hält er sich an nachfolgend genannte Arbeitsschritte:

4.2 *Bestimmen des Sprachausschnitts durch Benennung des Themas*

Der Entwickler der Ontologie legt sein Thema fest, zu dem er seine Ontologie herstellen möchte. Dies erfolgt in Form einer sprachlichen Umschreibung. Zum Thema können nur reale Objekte der Wirklichkeit gehören, z. B.: alle Objekte, die in einem bestimmten naturhistorischen Museum zu sehen sind. Es können aber auch abstrakte Eigenschaften, z. B. Altersangaben, Zustandsbewertungen und Schätzpreise u. a. in die Ontologie aufgenommen werden. Die Beschreibung des Themas muss nicht in einer einzigen Benennung bestehen. Wenn nötig kann hier auch eine längere Themenangabe in Form von einem oder von mehreren Sätzen erfolgen.

4.3 *Erfassung des Wortschatzes*

Um diese Aufgabe zu leisten, müssen die erforderlichen Wörter verwendet werden. Der Ontologe wird sich daher hier mit der Frage befassen, welche Wörter gebraucht werden, um die Gegenstände und ihre Eigenschaften treffend zu bezeichnen. Er kann sich darum bemühen, einen geeigneten Wortbestand zusammenzustellen. Dieser Wortschatz kann eingeschränkt werden, sodass z. B. synonyme Bezeichnungen vermieden werden. Der Entwickler der Ontologie kann noch weitergehen und sich auf einen bestimmten kontrollierten Wortschatz festlegen.

4.4 *Prüfung der Eigenschaften der einzelnen Wörter*

Um möglichst durchgehend Eindeutigkeit bei der Wortwahl sicherzustellen, müssen die Eigenschaften der Wörter bestimmt werden. Mehrdeutige Wörter sollten möglichst vermieden werden. Wenn das für die Anwendung nicht akzeptabel ist, sollte wenigstens aus der Position des Wortes im Umfeld anderer Wörter erkennbar sein, welche Bedeutung jeweils gemeint ist. Eine Ontologie muss nicht auf Substantive beschränkt werden. Verben, Adjektive und Wörter anderer Wortarten können ebenfalls aufgenommen werden.

4.5 *Kategorisierungen der Wörter*

Um die gewünschte Einheitlichkeit und Eindeutigkeit der Bezeichnungen zu erreichen, müssen die Wörter kategorisiert werden. Die Wörter, die bevorzugt verwendet werden sollen, werden in einer Positivliste aufgenommen. Die nicht zu verwendenden Wörter werden in eine Negativliste eingetragen.

4.6 *Bestimmung von Relationen*

Da Ontologien nicht nur Benennungen, sondern auch verschiedene Arten von Beziehungen enthalten können, muss mit dem Sprachausschnitts gegebenenfalls auch festgehalten werden, welche Relationen zu berücksichtigen sind und wie vollständig diese erfasst werden sollen. Die Einschlussbeziehung, die auch als Inklusionsrelation bezeichnet wird, ist die von besonderer Wichtigkeit. Sie ist die Relation, die auch zur Definition von Wortbedeutungen, wie sie in Wörterbüchern erfolgt, bekannt ist. Mit ihr werden die Bedeutungen von Wörtern auf eine Verknüpfung von Bedeutungen anderer Wörter zurückgeführt. Schon mit dieser Beziehung allein kann der Gesamtbestand der Wörter einer oder mehrerer Sprachen in strukturierter Form dargestellt werden.

4.7 *Codierung der Relationen zwischen Wörtern*

Wenn die bisher genannten Schritte vollzogen worden sind, kann schließlich begonnen werden, die Ontologie aufzubauen. Je nach dem, ob und wie der Weltausschnitt abgegrenzt wurde, sind schon vorher die entsprechenden Benennungen bereitgestellt worden. Wenn man unter Ontologie die Gesamtheit des Vorkommenden versteht, sollte man - in einem hoffentlich überschaubaren Zeitraum - von allen erfassten Wortbedeutungen Einschlussbeziehungen zu anderen Wörtern festhalten. Gegebenenfalls sind sogar weitere Beziehungen anderer Art zu bestimmen und codieren.

4.8 *Schlussbemerkung*

Der Beitrag hat sich mit zwei verschiedenen Zugängen zur Erstellung von Ontologien befasst. Mit dieser Themenstellung wurden besondere Aspekte der methodischen Probleme angesprochen. Die Erstellung von Ontologien ist allerdings mit einer Fülle weiterer Aufgaben verbunden. Dazu gehören z. B. die Rolle der Logik, die Beschreibungssprachen, die Werkzeuge, die Standards und die Anwendungen. Wer sich mit diesen Themen näher befassen möchte, wird auf folgende Bücher und die darin angegebene Literatur verwiesen:

Literatur:

Corbeil, Jean-Claude; Ariane Archambault: PONS Bildwörterbuch. Deutsch – Englisch – Französisch – Spanisch – Italienisch. Barcelona, Budapest, London, Posen, Sofia, Stuttgart 2003.

Corbeil, Jean-Claude; Ariane Archambault: Le visual Multilingue. Dictionnaire thématique. Francais, Anglais, Espagnol, Allemand. Québec 1994.

Fensel, Dieter: Ontologies: A Silver Bullet for Knowledge Management and Electronic Commerce. Berlin, Heidelberg, New York: Springer 2004.

Gruber, T. R.: A translation approach to portable ontology specifications, Knowledge Acquisition, 5: 199-220, 1993.

Gudemann, Wolf-E. (Projektleitung Deutsche Ausgabe): Bertelsmann Wissen visuell.1998.

Metcalf, Jonathan (Programmleitung): Das große visuelle Wörterbuch. Englisch – Französisch- Deutsch – Spanisch – Italienisch. Starnberg 2003.

Pretel, Arturo (Redaktion): Das große visuelle Wörterbuch. Über 25000 Wörter, fünfsprachig. London 2003.

Staab, Steffen; Studer, Rudi (Eds.): Handbook on Ontologies. Berlin, Heidelberg, New York: Springer 2004.

Wilhelmi, Margot (Lektorat deutschsprachige Ausgabe): Das visuelle Lexikon. 704 Seiten, 6000 Abbildungen, 20000 Begriffe. Augsburg 1996.

2. Wissensordnung und Gesellschaft

Ungleiches Wissen und demokratische Legitimation

Raphael Beer
Institut für Soziologie, Westfälische Wilhelms-Universität zu Münster

1. *Einleitung*

Gegenwartsgesellschaften zeichnen sich zunehmend dadurch aus, dass Wissen eine dominantere Bedeutung erhält, als dies in vergangenen Gesellschaften der Fall war (vgl. Stehr 2001). Dies betrifft vor allem den Bereich der Ökonomie und der damit verbundenen Allokation von Erwerbsmöglichkeiten. Dies betrifft aber auch den zentralen Bereich des Politischen, der zunehmend bemüht ist, politische Entscheidungen durch Expertengremien zu optimieren oder auch zu legitimieren. Für den Einzelnen bedeutet die sukzessive Zunahme von Wissensansprüchen seitens der Ökonomie die erhöhte Bereitschaft, sich Wissen anzueignen und, aufgrund der Schnelllebigkeit von Wissen, dieses ständig zu erneuern. Skizzenhaft formulieren lassen sich diese Entwicklungen in Schlagworten wie „lebenslanges Lernen", „Ende der klassischen Erwerbsbiographie" oder auch „Individualisierung".[1] Aufgrund dieser Bedeutungssteigerung von Wissen, liegt es nahe, die normative Forderung zu erheben, alle Mitgliedern einer Gesellschaft mit den gleichen gesellschaftlichen Wissensbeständen auszustatten. Abgesehen von strukturellen Hindernissen (militärisches Geheimwissen, geheime Forschungen,...), die möglicherweise zu überwinden wären, haftet dieser Forderung jedoch der Mangel an, unrealistisch und zudem sinnlos zu sein.

Dies lässt sich durch einen kurzen Blick auf die Lebensweltphänomenologie von Alfred Schütz (1982; Schütz/ Luckmann 1994) verdeutlichen. Diese, durchaus wissenssoziologisch operierende Analyse, weist darauf hin, dass Akteure in einem hohen Maß selektiv auf Wissensbestände zurückgreifen und diese auch selektiv in Anschlag bringen. Diese Selektivität der Wissensbestände resultiert vornehmlich aus den individuell diversifizierten Wissenserwerbsbiographien. Angeschoben werden diese Biographien durch je unterschiedliche Relevanzen, die Schütz ausdifferenziert in die thematische Relevanz (ein Thema ist von Interesse), die Auslegungsrelevanz (sie bestimmt, welche Wissensbestände zur Definition und Bewältigung eines Themas aktualisiert werden) und die Motivationsrelevanz (Entwerfen von Handlungen), wobei im Prozess einer Situationsdefinition diese Relevanzschemata grundsätzlich ineinander greifen. Da die Erfahrungshorizonte unterschiedlicher Akteure in pluralistischen Gesellschaften grundsätzlich differieren, werden entsprechend unterschiedliche Wissensbestände akkumuliert, die zu unterschiedlichen Situationsdefinitionen führen, die dann ihrerseits unterschiedliche Anschlusshandlungen nahe legen, die schließlich wieder unterschiedliche Wissenserwerbsprozesse anstoßen. In einer griffigen Formulierung zusammengefasst hat dies Gregory Baetson (1987:123): „Informationen bestehen aus Unterschieden, die einen Unterschied machen."

1 Diese Indikatoren sind selbstverständlich nicht unumstritten.
Vgl. etwa Burkart 1993; Achtenhagen/ Lempert 2000.

Wenn aber die Akkumulation von Wissensbeständen durch die Selektivität von subjektiven Biographien präjudiziert wird, kann nicht damit gerechnet werden, dass sich die je subjektiven Wissensbestände bezüglich ihrer Quantität und Qualität annähern. Dies scheint aufgrund der funktional differenzierten Wissensbestände nicht nur unmöglich, es ist vor allem sinnlos. So macht Luhmann (1984) wohl zurecht darauf aufmerksam, dass gerade die Reduktion von Komplexität die systeminterne Steigerung derselben, und dies meint im vorliegenden Fall der Wissensbestände, ermöglicht. Als Beispiel mag der Sozialwissenschaftler dienen, für den es beruflich ein sinnloses Unternehmen wäre, die Wissensbestände etwa der Molekularbiologie nachzuvollziehen. Gleiches gilt andersherum: Für den Molekularbiologen wäre das Wissen um soziologische Theorien möglicherweise kontraproduktiv.

Nun mag in einer Gesellschaft, die sich durch funktionale Differenzierung auszeichnet, der Umstand einer ungleichen Verteilung von Wissen auch zunächst unproblematisch sein. „Der eine weiß eben dies, und die andere weiß eben das." Durch die interdependente Angewiesenheit bleiben die ungleichen Wissensbestände unterhalb der Ebene sozialer Asymmetrierung: Durch die gleichmäßige Ungleichheit der Wissensbestände kann diese Ungleichheit auf einem höheren Niveau nivelliert werden, so dass keine sozialen Folgekosten entstehen. Dies dürfte wohl dem Gesellschaftsverständnis des frühen Emile Durkheims (1893/1992) entsprechen, der gerade durch oder trotz der sozialen Arbeitsteilung mit einer moralischen Integration der Gesellschaft rechnet, weil soziale Arbeitsteilung gegenseitige Abhängigkeiten schafft. Normativ entspricht dies dem Modell der komplexen Gleichheit, das Michael Walzer (1998) vorgeschlagen hat, und das durch die Einhaltung von Sphärengrenzen die Transformation der Gewinne in einer Sphäre in die „Währung" einer anderen Sphäre zu unterbinden trachtet, um so den Prozess der sozialen Differenzierung mit dem Ideal der Egalität verschränken zu können. Ein erfolgreicher Unternehmer etwa darf nicht damit rechnen, aus seinem wirtschaftlichen Erfolg einen erhöhten Einfluss auf politische Entscheidungen ableiten zu können. Und da jede Sphäre einer Eigenlogik folgt, gilt: Es existieren zwar unterschiedliche Güterverteilungen entsprechend der distributiven Eigenlogiken der Sphären, diese sind aber auf einer höheren Ebene nivelliert durch die fehlende Konvertierbarkeit.

Wie sich einem ungleichheitssoziologischen Zugriff auf moderne, wissensbasierte Gesellschaften entnehmen lässt, ist damit jedoch ein zu optimistisches Bild gezeichnet (vgl. Bittlingmayer 2001, i.E.). Gerade die zunehmende Bedeutung von Wissen führt dazu, dass dieses seinerseits zu einem sozialen Differenzierungsmoment entlang der traditionellen Soziallagen avanciert. Kurzum: Wer aufgrund herkunftsbedingter Deprivation nur geringe Chancen auf einen zertifizierten Wissenserwerb hat, hat zunehmend geringere Chancen auf dem Arbeitsmarkt und damit zunehmend geringere Chancen auf eine gesellschaftliche Teilhabe. Wissen wird damit aber entgegen der normativen Hoffnung Michael Walzers zu einem Gut, das hohe Konvertierungsgewinne abwerfen kann. Die durch eine strikte Trennung der Sphären mit ihren jeweiligen Distributions- und Gerechtigkeitsmustern zu erreichende Gleichheit wird durch die Realität schlichtweg unterlaufen, wenn die Gewinne in der Sphäre der Bildung zu einem gesamtgesellschaftlichen Exklusionsmuster avancieren, d.h. Bildungszertifikate über die Allokation von Chancen, Ämtern und Einflussmöglichkeiten in anderen Sphären entscheiden.

Neben der zunehmenden Bedeutung des Wissens basieren moderne Gesellschaften jedoch auch auf dem Ideal, dass insbesondere asymmetrische Beziehungen durch einen demokratischen Konsens legitimiert sein müssen. Dies betrifft dann auch die ungleiche Verteilung materieller und symbolischer Güter aufgrund einer ungleichen Verteilung von Wissen. Die Demokratie avanciert damit zu einem Schlüsselfeld der Gesellschaft, von dem aus wissensfundierte Asymmetrien gerechtfertigt und der gesellschaftliche Umgang mit Wissen geregelt werden können, das allerdings selbst nicht durch Asymmetrien gekennzeichnet sein darf. Im Folgenden soll daher ein Modell demokratischer Legitimation diskutiert werden, aus dem sich anschließend skizzenhaft Überlegungen für einen verantwortungsvollen Umgang mit (ungleich verteiltem) Wissen ableiten lassen.

2. *Demokratische Legitimation und die kognitiven Kompetenzen der Rechtsgenossen*

Um der Frage nachgehen zu können, wie sich ein Modell demokratischer Legitimation konzipieren lässt, dass einerseits auf eine funktional differenzierte Wissensverteilung trifft, andererseits im eigenen Geltungsbereich von dieser Ungleichverteilung ausgenommen bleiben muss, bedarf es eines analytischen Demokratiebegriffes, der in der Lage ist, unterschiedliche Demokratieparadigmen zu integrieren. Explizit wird ein solcher Demokratiebegriff nicht als normatives Konzept verstanden, wenngleich eine absolute Trennung zwischen analytischem und normativen Begriff in diesem Fall nicht nur unmöglich, sondern auch nicht wünschenswert ist. Der gesuchte Demokratiebegriff soll jedoch vornehmlich die Aufgabe haben, zu eruieren, welche Momente einer Demokratie notwendig inhärieren. Transzendentalphilosophisch formuliert geht es um die Frage, was die Bedingungen für die Möglichkeit von Demokratie sind. Die (normative) Frage, ob die Demokratie als Staats- und Gesellschaftsform gegenüber anderen Modellen zu präferieren ist, ist damit eine Frage, die im vorliegenden Kontext unbeantwortet bleibt (vgl. dazu Beer 2004).

Um einen solchen transzendental-analytischen Demokratiebegriff bestimmen zu können, bietet es sich an, auf der Theorieebene zu operieren und die verschiedenen demokratietheoretischen Paradigmen zu kontrastieren. Die beiden entscheidenden Modelle sind dabei die des Liberalismus auf der einen Seite und die des Kommunitarismus bzw. Republikanismus auf der anderen Seite. Der politische Liberalismus (Locke 1690/1992; Macpherson 1973; Rawls 1979, 1997; Waldron 1993) erblickt in den individuellen Abwehrrechten die entscheidende Konstituente der bürgerlichen Gesellschaft. Eng verwoben damit ist ein Verständnis des Individuums als unabhängige und autonome Größe, das aufgrund seiner Ausstattung mit den liberalen Abwehrrechten jegliche staatliche Ordnung oder auch soziale Konformitätsansprüche (Mill 1859/1987) begrenzt. Entsprechend favorisiert der politische Liberalismus eine Ausdifferenzierung von Staat und Gesellschaft, wobei der Staat auf eine ethisch neutrale Instanz zurückgenommen wird und einzig die Garantie für eine gewaltfreie Konfliktlösung von Interessenskonfrontationen übernimmt. Formelhaft gilt der Vorrang des Rechten vor dem Guten. Die Vorstellung eines autonomen (und damit atomisierten) Individuums hat die Kritik seitens des republikanischen bzw. kommunitaristischen Paradigmas herausgefordert (Rousseau 1755/1993, 1762/1988; Walzer 1993, 1995, 1999; Honneth 1995; Taylor 1995, 1997a; Macintyre 1997). Geltend gemacht wird im Gegenzug die Verortung des Individuums in kulturellen Kontexten. Unter Inanspruchnahme der sozialisationstheoretischen These einer Eingebundenheit des Individuums in seine soziale und materielle Umwelt (vgl. Hurrelmann

1998), pointiert der Kommunitarismus vornehmlich die Partizipationsrechte bzw. Mitbestimmungsmöglichkeiten des Einzelnen an genau jenen sozialen Umwelten, die einen sozialisatorischen Einfluss ausüben. Der Staat, als politische Organisationsform der Gesellschaft, gilt dann nicht mehr als ethisch neutrale und ausdifferenzierte Institution, sondern als identisch mit der Gesellschaft. Staatliche Eingriffe in ethisch-moralische Selbstverständnisse und Diskurse sind folgerichtig nicht nur zulässig, sondern sogar erwünscht (Taylor 1997b). Gegen die Vorstellung pluralistisch diversifizierter Individuen setzt der Kommunitarismus die Vorstellung einer kulturellen Präharmonie der Gemeinschaft, der sich das Individuum bis zu einem gewissen Grad subsumieren soll. Dies nicht zuletzt auch deswegen, um die moralischen und ethischen Grundwerte demokratischer Vergesellschaftung als verbindliche Werte festschreiben zu können. In liberalen Demokratien, so der Kommunitarismus, drohe die Gefahr, dass aufgrund der ethischen Neutralität des Staats die moralischen Grundwerte, deren auch der Liberalismus bedarf, nicht perpetuiert werden können. Wenn aber die Freiheit des Einzelnen der über die Partizipationsrechte institutionalisierten Verschränkung mit dem Kollektiv entspringt, gilt im Kommunitarismus der Vorrang des Guten vor dem Rechten.

Wenngleich der Republikanismus wiederholt zur legitimatorischen Grundlage für diktatorische Regime (Jakobinerherrschaft, Stalinismus) instrumentalisiert wurde, haben beide Paradigmen in unterschiedlicher Weise Eingang in das moderne Demokratieverständnis gefunden. Der gesuchte transzendental-analytische Demokratiebegriff muss daher beide Paradigmen integrieren können. Auf den ersten Blick scheint dies ein aussichtsloses Unternehmen zu sein. Möglich gemacht werden kann es jedoch durch einen Bezug auf die inhärenten Freiheitsbegriffe der beiden Paradigmen. Isaiah Berlin kommt das Verdienst zu, mit den Begriffen der negativen und positiven Freiheit eine entsprechende Schablone bereitgestellt zu haben. Er bestimmt die negative Freiheit als Abstinenz äußerer, vor allem staatlicher, Zwänge, die die liberale Selbstbestimmung des Einzelnen begrenzen. „Freisein in diesem Sinne bedeutet [...], dass ich von anderen nicht behelligt oder gestört werde. Je größer der Bereich der Ungestörtheit, desto größer meine Freiheit." (Berlin 1995: 203). Im Gegensatz dazu bezieht sich eine positiv verstandene Freiheit nicht auf die ‚Freiheit von etwas', sondern auf die ‚Freiheit zu etwas'. „Die positive Bedeutung des Wortes Freiheit leitet sich aus dem Wunsch des Individuums ab, sein eigener Herr zu sein. Ich will, dass mein Leben und meine Entscheidungen von mir abhängen und nicht von irgendwelchen äußeren Mächten. Ich will das Werkzeug meiner eigenen, nicht fremder Willensakte sein." (Ebd.: 211). Während der negative Freiheitsbegriff mit dem liberalistischen Verständnis korreliert, beschreibt der positive Freiheitsbegriff die klassischen Partizipationsrechte, die im Paradigma des Kommunitarismus bzw. Republikanismus im Vordergrund stehen. Beachtenswert ist dabei, dass der negative Freiheitsbegriff mit einer autokratischen Rechtssetzung kompatibel ist, solange die Privatautonomie garantiert bleibt.

Auf der Ebene der Freiheitsbegriffe vermag die Diskurstheorie des Rechts von Jürgen Habermas (1994) als integrierendes Modell zu operieren. Gut liberalistisch beginnt Habermas zwar zunächst damit, den subjektivistischen Charakter des modernen Rechts zu konstatieren. Entgegen den Befürchtungen des Kommunitarismus vermutet Habermas jedoch nicht die Konsequenz einer atomisierten Gesellschaft. Er macht sich den Gedanken einer praktischen Klugheit, wie er von Thomas Hobbes eingeführt wurde, und die kantische Hoffnung auf die Reziprozität der Vernunft zu eigen, und kann so auf den

Umstand verweisen, dass die subjektiven Rechte (negative Freiheiten) erst im Modus der gegenseitige Anerkennung garantiert und stabilisiert werden können. Anders formuliert: Subjektive Rechte sind aus Gründen ihres eigenen Bestandes immer schon auf die republikanischen Partizipationsrechte (positive Freiheit) angewiesen. Beide stehen in einem interdependenten Zirkel: „Der gesuchte interne Zusammenhang zwischen Menschenrechten und Volkssouveränität besteht dann darin, dass das Erfordernis der rechtlichen Institutionalisierung einer staatsbürgerlichen Praxis des öffentlichen Gebrauchs kommunikativer Freiheiten eben durch die Menschenrechte selbst erfüllt wird. Menschenrechte, die die Ausübung der Volkssouveränität ermöglichen, können dieser Praxis nicht als Beschränkung von außen auferlegt werden.“ (Habermas 1996a: 300). Kurz: Die liberalen Individualrechte liegen den republikanischen Partizipationsrechten konstituierend zugrunde und im Gegenzug stellen diese durch ihren Gebrauch jene auf Dauer. Das demokratietheoretische Ergebnis, das Habermas aus dieser Interdependenz ableitet, ist ein (transzendentales) System von Rechten, das seinerseits als konstituierendes Element moderner Demokratien fungiert, und das sowohl die liberale Vorstellung einer negativen Freiheit von externen Restriktionen als auch die kommunitaristische Vorstellung einer positive Freiheit zur Selbstbestimmung aufnimmt (Habermas 1994: 155ff.).

Dieses System der Rechte bildet freilich nur die eine Säule moderner Demokratien, die metaphorisch als das juristische Gerüst bezeichnet werden könnte. Die substanzielle Füllung dieses Gerüsts verortet Habermas in einer deliberierenden Öffentlichkeit (vgl. Heming 1997). Diese steuert zwei wesentlich zu erfüllende Aufgaben bei. Sie ist zum einen der Raum, in dem die negativen und positiven Freiheiten in Anschlag gebracht und dadurch konserviert und ausgebaut werden können. Zum anderen soll sie in der Lage sein, lebensweltliche Impulse gegen die sich verselbständigenden Systeme (Ökonomie, politische Administration) zu artikulieren und auf diese Weise die expansive Eigendynamik der Systeme zu kontrollieren. Einen Öffentlichkeitsbegriff, der diesen Anforderungen gerecht werden soll, entwickelt Habermas wiederum aus der Diskussion der beiden demokratietheoretischen Paradigmen (Habermas 1996b). Wie schon angeführt, favorisiert der Liberalismus die Ausdifferenzierung von Staat und Gesellschaft (Öffentlichkeit), während der Republikanismus beide ineinander fallen lässt. Die Konsequenzen für den Rechtssetzungsprozess liegen auf der Hand. Der Liberalismus überantwortet der Öffentlichkeit lediglich die Kompetenz, in Form lebensweltlicher Kommunikationen die auf eine Systemlogik und Repräsentation umgestellte Rechtssetzung zu programmieren. Der Republikanismus bietet demgegenüber das normativ anspruchsvollere Konzept einer Öffentlichkeit auf, das die Rechtssetzung mit öffentlichen Diskursen gleichsetzt. Einigkeit herrscht also einzig in dem abstrakten Moment, dass beide Paradigmen überhaupt mit einem Öffentlichkeitsbegriff operieren. Um diesen Begriff integrativ zu halten, muss er also entgegen der von Habermas letztlich verfolgten Strategie des Liberalismus (Engländer 1995), auf die Idee eines gesellschaftlichen Raumes für Auseinandersetzungen zurückgenommen werden. Welche legislativen Befugnisse der Öffentlichkeit (Programmierung der Rechtssetzung oder Selbstgesetzgebung) dann zugesprochen werden, wird aus dieser Perspektive dem Staatsbürgerpublikum überantwortet, das eigenständig über die Form der Institutionalisierung von Demokratie entscheiden muss, wobei der hier zur Anwendung gebrachte reduzierte Begriff der Öffentlichkeit jenen Raum für einen entsprechenden selbstreflexiven Diskurs der Demokratie bietet. Eine *deliberierende Öffentlichkeit*, die immer auch die Institutionen der Demokratie selbst in den Sog der

Problematisierung zieht, ist damit neben dem *System der Rechte* das zweite Moment der Idee bzw. des allgemeinen Gehalts moderner Demokratien.

Das System der Rechte und eine rechtlich verankerte Öffentlichkeit fokussieren vornehmlich die institutionelle Seite der Demokratie. Gleichzeitig macht der Öffentlichkeitsbegriff deutlich, dass eine demokratische Form der Vergesellschaftung auf eine politische Partizipation großer Bevölkerungsteile angewiesen ist. Eine alleinige Prozessorientierung würde nicht nur den entscheidenden Anteil, der durch vielfältige Formen aktiver politischer Teilnahme markiert wird, übersehen, sondern zugleich den normativen Gehalt der Demokratie austrocknen. Die Idee der Demokratie, in deren Zentrum die Legitimation von Rechtssetzungsprozessen steht, soll schließlich den Mitgliedern einer Gesellschaft die Möglichkeit bereit stellen, ihre eigenen Überzeugungen und Interessen in eine öffentliche Auseinandersetzung einzubringen. Das alleinige Insistieren auf institutionellen Verfahrenregeln (etwa Luhmann 1993) wird diesem Umstand nicht gerecht. Wenn aber die Demokratie diese Möglichkeit zur Verfügung stellt und zugleich ihre Stabilität erst aus einer breiten aktiven Partizipation bezieht, bedarf es eines solchen Staatsbürgerpublikums, das in der Lage ist, die Möglichkeiten der Demokratie zu nutzen. Wie gesagt: Mit dem System der Rechte und einer rechtlich abgesicherten Öffentlichkeit stehen die formalen Möglichkeiten bereit. Aus diesen formalen Momenten folgen jedoch Anforderungen an die Akteure der Demokratie, die diese erfüllen können müssen (Beer 2002).

Erstens müssen die Akteure der Demokratie den abstrakten Gehalt demokratischer Rechte begreifen können. Konkret meint dies, sie müssen eine Verfahrensgerechtigkeit (also gleiche rechtliche Chancen für alle) auch dann akzeptieren, wenn die Ergebnisse einer demokratischen Rechtssetzung ihren eigenen Interessen widersprechen. Anders formuliert: Sie müssen die Demokratie als Möglichkeit einer gewaltfreien Auseinandersetzung zwischen konkurrierenden Interessen und Überzeugungen begreifen, und sie dürfen die Demokratie nicht mit je eigenen Akkumulationschancen verwechseln. Generell setzt dies die kognitive Fähigkeit voraus, abstrakt denken zu können, da der Stellenwert der demokratischen Rechte nicht konkret erfahrbar ist.

Zweitens müssen die Akteure befähigt sein, die Rechte auf eine gleichberechtigte Partizipation allen anderen Bürgern gleichermaßen zuschreiben. Dies setzt voraus, dass sie in der Lage sind, ihre eigene Perspektive zu dezentrieren (Geulen 1982) und das Modell „gleiche Rechte für alle" - unabhängig von politischer Meinung, ethnischer Zugehörigkeit, Geschlecht, usw. - anzuerkennen.

Drittens müssen die Akteure schließlich ein moralisches Urteilsniveau erreicht haben, das ihnen einen autonomen Umgang mit tradierten Werten ermöglicht. Die Partizipation an einer Öffentlichkeit macht schließlich nur Sinn, wenn tradierte Werte nicht einfach übernommen, sondern reflexiv verarbeitet werden. Ansonsten droht die Gefahr, dass die Öffentlichkeit zu einer reinen Akklamationsinstanz reduziert wird und auf diese Weise ihren legitimatorischen Gehalt verliert.

Diese drei Anforderungen lassen sich als ein allgemeines Konzept der Demokratiebefähigung zusammenfassen. Da alle drei Anforderungen auf die kognitive Entwicklung der Akteure abzielen, könnte allerdings das Missverständnis provoziert werden, die Demokratie werde mit Kognition gleichgesetzt. So wie der eruierte Demokratiebegriff jedoch einzig als transzendental-analytischer Begriff gesetzt wurde, wird mit dem kognitionstheoretischen Konzept der Demokratiebefähigung ebenfalls nur ein transzendentaler Status verbunden. Das kognitive Erfassen des intrinsischen Gehalts der Demokratie ist eine *notwendige, nicht aber hinreichende, Bedingung* für eine gleichberechtigte Partizipation an der Demokratie. Akteure, die über eine hohe Demokratiebefähigung verfügen und diese gegen die Demokratie verwenden, sind daher empirisch genauso möglich wie Akteure mit einer geringen Demokratiebefähigung und einem gleichzeitig hohem Engagement für die Demokratie. Mit Axel Honneth (1998) lässt sich schließlich zurecht darauf hinweisen, dass Demokratie keineswegs im intellektuellen Prozessieren von Rechtsgleichheit durch die Rechtsgenossen aufgeht. Die Anerkennung je gleicher Rechte bzw. die reziproke Anerkennung als gleiche Rechtsgenossen ist grundsätzlich eingebettet in weitere Anerkennungsformen (Liebe, Solidarität), deren Verweigerung zu Persönlichkeitsstörungen führen kann, die dann ihrerseits hemmend auf die Entwicklung einer demokratischen Gesinnung (nicht Befähigung) wirken können. Anerkennungsformen allerdings, die unterhalb der formalen Rechtsgleichheit angesiedelt sind, können durch staatliche Eingriffe nicht erzwungen werden und überdies wäre eine solche Erzwingung auch nicht wünschenswert. In einem solchen Fall würde die Demokratie vermutlich zur bloßen ideologischen Hülle oder zu einer Form der Zivilreligion verkommen. Sowohl aus analytischen Gründen, aber zusätzlich auch aufgrund normativer Überlegungen, werden daher ein kognitionstheoretisch reduziertes Verständnis der Demokratie und ein entsprechend kognitionstheoretisch ausgerichteter Begriff der Demokratiebefähigung eingeführt, die jedoch andere Zugriffe auf die Demokratie keineswegs kategorial ausschließen.

Wenn nun aber die kognitiven Ressourcen der Rechtsgenossen eine zentrale Rolle in der Reproduktion und substanziellen Ausgestaltung der Demokratie einnehmen, bedarf es eines Analyseinstrumentariums, das dieses Moment in den Blick zu nehmen vermag. Bereit gestellt wird ein solches Instrumentarium durch die Entwicklungspsychologie Jean Piagets. Dieser hat in seinem intellektuellen Lebenswerk versucht, eine Erkenntnistheorie zu entwickeln, die durch ihre Anbindung an die biologischen Wissenschaften den spekulativen Charakter der Philosophie überwinden sollte (Buggle 1997). Im vorliegenden Kontext muss indessen seine genetische Epistemologie in einen praktischen Vernunftbegriff transkribiert werden, der einen direkten Bezug zu dem Problem des kognitiven Verständnisses von abstrakten Entitäten, wie etwa der konstitutiven Grundrechte, hat.

Piaget schließt theoriegeschichtlich an die kopernikanische Wende der kantischen „Kritik der reinen Vernunft“ an und grenzt Erkenntnis durch ein subjektives Erkenntnisvermögen ein. Er interessiert sich im kantischen Sinne weniger für die Inhalte des Denkens als vielmehr für die formalen Strukturen bzw. kognitiven Schemata, die diesem Denken zugrunde liegen und es ermöglichen. Die zentrale These Piagets behauptet jedoch entgegen der apriorischen Philosophie Kants eine Vernunftentwicklung, die durch eine aktive Auseinandersetzung mit der Umwelt gesteuert wird. „Erkenntnis erwächst also weder aus den Objekten noch aus dem Subjekt, sondern aus – zunächst unentwirrbaren – Interaktionen zwischen dem Subjekt und diesen Objekten.“ (Piaget 1981: 32). Gleichzeitig wurzelt die Vernunft ursprünglich in der biologischen Organisation und wird von Piaget, entsprechend den biologischen Prozessen der Formbildung, die eine immer adäquatere Anpassung an das unmittelbare Milieu und damit eine optimierte Austauschbeziehung zwischen Organismus und Umwelt ermöglichen und so den Bestand des Organismus sichern, als Adaptionsverhalten qualifiziert, dessen Funktion in der kognitiven

Strukturierung der Außenwelt und einer tendenziellen Übereinstimmung von Erkenntnis und Wirklichkeit besteht.

Der Prozess der Adaption differenziert sich nach Piaget (1991) in die Momente der Akkommodation und Assimilation. Assimilation meint dabei die Angleichung von Umweltelementen an vorgegebene Strukturen. Im Bereich der Intelligenz bringt die Assimilationsthese einerseits die These auf den Punkt, dass Vernunftentwicklung auf der Aktivität des Subjektes beruht und andererseits den Umstand zur Geltung, dass Wahrnehmungen nur gemäß den bereits ausgebildeten kognitiven Schemata verarbeitet bzw. verstanden werden können. Flankiert wird der Prozess der Assimilation durch die Akkommodation, die eine Reorganisation der (kognitiven) Strukturen aufgrund neuer Erfahrungen bedeutet. Immer dann, wenn vorhandene Schemata nicht hinreichen, um eine aktuelle Erfahrung zu assimilieren, d.h. aktuelle Erfahrungen sich nicht unter einen konstituierten Begriff subsumieren lassen, müssen die Schemata bzw. Begriffe weiterentwickelt werden.

Die intellektuelle Adaption tendiert in ihrer Genese zu einem Äquilibrium der beiden Teilprozesse (Piaget 1976). Anpassung an die Wirklichkeit oder die Übereinstimmung von Begriff und Gegenstand wären somit erst dann erreicht, wenn es keine potentielle Erfahrung mehr gäbe, die die erzeugten Schemata problematisch werden ließe. Selbstverständlich schließt Piaget eine derartigen Zustand als empirische Möglichkeit aus. Die Vernunftentwicklung vollzieht sich zeitlebens generell durch eine ständige Abfolge von Äquilibrationen und Disäquilibrationen. Insgesamt zeichnet Piaget damit ein Subjektverständnis, das zum einen als aktives Subjekt (Seiler 1998) seiner Entwicklung gedacht werden muss, zum anderen jedoch auf krisenhafte Erfahrungen angewiesen ist, die ein kognitives Äquilibrium zur Weiterentwicklung anregen können.

Intellektuelle Krisen können dabei sowohl die Auseinandersetzung mit der dinglichen Umwelt betreffen, als auch soziale Auseinandersetzungen, die vermutlich den bedeutenderen Anteil für die kognitive Entwicklung tragen, zumal in Bezug auf die Demokratie als sozialem Phänomen. Dieser Umstand einer Lokalisierung der Vernunftentwicklung in einem sozialen Austauschverhältnis verweist allerdings eo ipso auf die Möglichkeit, dass soziale Strukturen eine Barriere für eine optimale Entwicklung darstellen können. Tatsächlich lässt sich zeigen, dass Kinder aus depravierten Verhältnissen die postulierte Endstufe der Entwicklung nicht vollständig oder verzögert erreichen (Grundmann 1998). Denn die Berücksichtigung sozialer Beziehungen bei der Genese der Vernunft bedeutet zwischen einer Entwicklungslogik und einer Entwicklungsdynamik zu differenzieren. Die Logik der Entwicklung behauptet dann einzig eine (universelle) Zunahme von Komplexität und Abstraktionsvermögen. Die Dynamik der Entwicklung bezieht sich auf interindividuelle Unterschiede der Entwicklungsverläufe, die durch unterschiedliche soziale und räumliche Lebenswelten induziert sind. „Wenn die Gegenstände der Erfahrung und die auf die Gegenstandserfahrung folgende Einwirkung auf den Adaptationsprozess, der die Wirkung des Objekts auf die Konstruktion des Schemas vermittelt, und schließlich das Ergebnis dieser Prozesse Systematik und Regelhaftigkeit in den Prozessen und Mechanismen der individuellen Entwicklung erzeugen, sind erfahrungsabhängige intra- und interindividuelle Unterschiede in der Entwicklung und in den Entwicklungsergebnissen zu erwarten.“ (Edelstein 1993: 96).

Mit dieser Differenzierung lassen sich defizitäre Erfahrungswelten eines Kindes bestimmen, die eine optimale Genese blockieren können. Der Begriff einer defizitären

Erfahrungswelt bezieht sich dabei theoretisch einerseits auf einen eingeschränkten Raum von möglichen Interaktionen überhaupt, der kaum Veränderungen aufweist und nur unzureichend Widerstände bietet, die einen Konflikt und damit eine Reäquilibration provozieren. Andererseits werden damit unterschiedlichen Kontextsysteme auf den Punkt gebracht, die aufgrund ihrer intrinsischen Bedingungen höhere Anforderungen an den Prozess der Entwicklung zur Folge haben (Schröder 1993). Kurz: Kinder, die in ihrer natürlichen und sozialen Umwelt nicht hinreichend mit Problemen konfrontiert werden, die zu einer Reorganisation der kognitiven Schemata auf einem immer höheren Abstraktionsniveau nötigen, werden vermutlich Schwierigkeiten haben, die Stufe der formalen Operationalität (s.u.) vollständig zu erreichen, bzw. diese hinreichend zur Anwendung zu bringen. Die durch die Berücksichtigung der Auseinandersetzung mit der sozialen Umwelt nahe gelegte Unterscheidung zwischen einer Entwicklungslogik und einer Entwicklungsdynamik eröffnet also die Möglichkeit, die Vernunftentwicklung mit den Variablen der sozialen Herkunft so zu korrelieren, dass deutlich wird, dass verschiedene Lebensumwelten eine fördernde resp. hemmende Wirkung auf die je individuelle Entwicklung nehmen können.

Um nun den Bezug zu dem Konzept der Demokratiebefähigung herstellen zu können, muss, zumindest skizzenhaft, die Entwicklungspsychologie Piagets nach ihrer empirischen Seite hin dargestellt werden. Piaget hat die kognitive Entwicklung in vier Phasen unterteilt. Die für den Kontext dieses Beitrages bedeutsamste Phase ist die der Operationalität (Piaget 1992). Mit diesem Begriff, der zugleich einer der zentralsten im Gesamtwerk Piagets ist, wird die Systematisierung des Denkens formuliert. Einzelne Handlungen oder Erfahrungen können so in einen Gesamtssystem von Operationen gebracht werden und dadurch einen zeit- und raumunabhängigen Bedeutungsgehalt bekommen, der wesentlich dem Subjekt entspringt und sich über den Gegenstand erhebt. Wie erinnerlich hatte Kant diesen Sachverhalt als die Synthetisierungsleistung des Verstandes beschrieben. Inhaltlich fasst Piaget diese Entwicklung des Denkens in Anlehnung an das mathematische Modell der Gruppe mit den Eigenschaften der Komposition, der Assoziativität, der Identität, der Reversibilität und der Tautologie. Empirisch operationalisiert wird diese Entwicklung insbesondere durch die Konzepte der Klasseninklusion und der Mengenerhaltung (Piaget/Inhelder 1980).

Entwicklungslogisch unterteilt Piaget die Phase der Operationalität in die der konkreten und die der formalen Operationalität. Konkrete Operationalität meint, dass das Denken und Urteilen des Kindes noch an konkrete Erfahrungen gebunden bleibt. „Dem präoperationalen wie dem konkret-operationalen Kind dient die Empirie als Prüfstein für die Notwendigkeit der Schlussfolgerung (empirische Notwendigkeit wird zu logischer Notwendigkeit), jedoch mit dem Unterschied, dass das konkret-operationale Kind komplexere und multiple Beziehungen zwischen den Merkmalen der physikalischen Welt konstruiert. Diese Beziehungen müssen aber auch gleichsam empirisch verifizierbar sein." (Schröder 1989: 30). Die Phase der formalen Operationalität schließt als postulierte Endstufe die Ontogenese ab. Das operationale Denken überwindet die Anbindung an das Konkret-Wirkliche und entwickelt sich zu einem hypothetischen Möglichkeitsdenken. Die je aktuelle Erfahrung wird zu einem Sonderfall des Möglichen und die kognitiven Schemata werden immer allgemeiner, inhaltsleerer und abstrakter.

Synonym zu dieser kognitiven Entwicklung verläuft die Entwicklung der Moralität von einem heteronomen zu einem autonomen Moralverständnis (Piaget 1983; vgl. auch

Kohlberg 1997). Während Kinder anfänglich tradierte Normen sakralisieren, entwickeln sie sich im optimalen Fall zu einem autonomen und diskursiven Umgang mit Normen und Moralvorstellungen (posttraditionales Urteilsniveau). Sie sind dann einerseits in der Lage hypothetisch mögliche Fälle zu antizipieren, die einen Regelbedarf haben und andererseits befähigt die Interessen eines alter ego bei der Findung von Normen zu berücksichtigen. Der Fixpunkt der moralischen Entwicklung ist, wie leicht zu erkennen, eine an Kant angelehnte Moralität. Der Einzelne folgt nur solchen Regeln, denen er in einem freien Diskurs aus Einsicht folgen kann und durch diese Einsicht wird eine Regelbefolgung stabilisiert. Dabei sind alle Meinungen legitim und einzig Übertretungen gegen die Gleichberechtigung aller Beteiligten werden sanktioniert.

Nun kann die starke Stufentheorie Piagets weder theoretisch noch empirisch plausibilisiert werden. Die skizzierten Phasen der Operationalität sollen daher als ein Flussmodell angeeignet werden, so dass einzig gilt: Die Vernunft entwickelt sukzessive die Fähigkeit, immer abstraktere und komplexere Umwelten zu bewältigen. Die Individuen können und sollen dabei nicht einer Stufe zugeordnet werden. Dies hat zugleich einen normativen Grund: Eine derartige Zuordnung müsste mit der Idee einer demokratischen Gesellschaft kollidieren. Das oben skizzierte System der Rechte verlangt, dass grundsätzlich alle Mitglieder einer Gesellschaft unabhängig von ihren kognitiven Kompetenzen an den Entscheidungsprozessen beteiligt werden müssen. *Die platonische Strategie einer Oligarchie der Gebildeten ist mit der Idee einer demokratischen Gesellschaft unvereinbar.* Schließlich bezieht eine deliberierende Öffentlichkeit ihre Begründung auch aus dem Umstand, dass die Mitglieder einer Gesellschaft jeweils einen privilegierten Zugang zu ihren eigenen Problemen und Interessen haben, die unabhängig vom Kompetenzniveau in die öffentlichen Diskurse eingebracht werden können müssen. Im Sinne Habermas' (1993: 45) muss gelten: „Die vindizierte Überlegenheit der Aufklärer über die noch Aufzuklärenden ist theoretisch unvermeidlich, aber zugleich fiktiv und der Selbstkorrektur bedürftig: in einem Aufklärungsprozeß gibt es nur Beteiligte."

3. *Wissensorganisation in demokratischen Gesellschaften*

Der weite Bogen, der mit den Ausführungen zur Demokratie und den Anforderungen an die Mitglieder einer Demokratie gespannt worden ist, muss nunmehr zur eigentlichen Fragestellung nach einem verantwortlichen Umgang mit gesellschaftlichem Wissen zurück geführt werden. Um Missverständnisse zu vermeiden, sei jedoch vorab nochmals auf zwei wichtige Punkte hingewiesen. Zum einen versteht sich der obige Begriff der Demokratie als transzendental-analytischer Begriff. Immer dann, wenn Akteure ihr gesellschaftliches Zusammenleben mit demokratischen Mitteln regeln möchten, benötigen sie ein System der Rechte, das sowohl ihre individuellen Abwehrrechte beinhaltet, als auch ihre Rechte auf eine gleichberechtigte und freie Partizipation. Um diese Rechte gebrauchen und gegebenenfalls ausweiten zu können, bedarf es einer Öffentlichkeit, die, durch die liberalen und republikanischen Rechte institutionell flankiert, einen gesellschaftlichen Raum zur Verfügung stellt, der allen Mitgliedern einer demokratischen Gesellschaft die Möglichkeit eröffnet, ihre Interessen und Überzeugungen in die gesellschaftlichen Diskurse einzubringen. Nicht thematisiert wird mit einem solchen Demokratiebegriff die Frage, ob die Mitglieder einer Gesellschaft ihr Zusammenleben überhaupt mit demokratischen Mitteln gestalten sollen. Die Idee der Demokratie wird damit explizit nicht als dogmatische Ideologie missverstanden, sondern als fragiles Konzept begriffen, das erst innerhalb gesellschaftlicher Diskurse argumentativ durchgesetzt werden muss und auch nach einer Etablierung (wie dies historisch geschehen ist) auf eine diskursive Absicherung angewiesen bleibt. Dies betrifft, wie bei der obigen Diskussion des Öffentlichkeitsbegriffes gesehen, die Form der Institutionalisierung der Demokratie, aber eben auch die Demokratie als Staats- und Gesellschaftsform insgesamt. Ohne diesen selbstreflexiven Bezug der Demokratie auf sich selbst, würde die Demokratie zu einer (gehaltlosen) ideologischen Formel verkommen, die konträr zur Idee der Demokratie steht.

Zum anderen darf der Hinweis auf mögliche unterschiedliche Niveaus der Demokratiebefähigung nicht dahingehend interpretiert werden, dass auf diese Weise Akteure mit niedriger Demokratiebefähigung aus dem Kontext der Demokratie bzw. der gleichberechtigten Partizipation exkludiert werden. Die Rechtsgleichheit der Mitglieder einer demokratischen Gesellschaft ist eine fundamentale Institution der Demokratie und darf nicht durch mögliche Bildungsgefälle ausgehebelt werden, da ansonsten die Demokratie zur Makulatur herabgesetzt würde. Das Gegenteil wird mit dem Hinweis auf mögliche Unterschiede in der Demokratiebefähigung intendiert: Damit eine gleichberechtigte Partizipation stattfinden kann, bedarf es einer hinreichenden Ressourcenausstattung (verstanden als Anregungspotential oder als materielle Chance dieses zu erhöhen) der Mitglieder, so dass eine optimale Entfaltung der kognitiven Kompetenzen gewährleistet werden kann. Mit diesem normativen Postulat wird zugleich auf die Ausgangsfrage verwiesen. Die Bereitstellung von Wissen ist schließlich eine entscheidende Ressource, die einen wesentlichen Beitrag zur einen sukzessiven Gleichberechtigung der Rechtsgenossen in Bezug auf ihre kognitiven Kompetenzen zu leisten vermag.

Es war konstatiert worden, dass in modernen, funktional differenzierten Gesellschaften unterschiedliche Wissensbestände existieren. Aufgrund der funktionalen Interdependenz dieses Wissens verbleibt diese Ungleichverteilung jedoch zunächst unterhalb der Ebene sozialer Asymmetrierung. Die Bedeutungssteigerung von Wissen in modernen Gesellschaften, die sich für den Einzelnen dadurch auszeichnet, dass individuelle Erwerbschancen zunehmend von Wissen abhängig werden, lässt Wissen jedoch zu einer Ressource werden, die die Verantwortung für die Ausprägung ungleicher Soziallagen übernimmt. Problematisch ist dies genau aus dem Grund, dass damit unterschiedliche Lebenswelten instruiert werden, die, in spezifischen, depravierten Fällen, eine optimale Ontogenese blockieren oder verzögern können. Wie oben argumentiert, soll jedoch mit der Demokratie ein gesellschaftliches Feld markiert werden, dass sich durch eine kognitive Gleichheit auszeichnet, um den Bestand ungleichen Wissens in den verschiedenen gesellschaftlichen Funktionssystemen (Luhmann) oder Feldern (Bourdieu) zu kontrollieren und zu legitimieren, so dass dieser Umstand keine sozialen Folgekosten produziert. Nach den Ausführungen zu dem Zusammenhang von Demokratie und Demokratiebefähigung kann diese Stellung der Demokratie auch genauer begründet werden. Die Demokratie macht nur Sinn, wenn in den öffentlichen Diskursen tatsächlich gleichberechtigt operiert werden kann. Mit der Ausstattung gleicher Rechte werden die formalen Bedingungen einer solchen Gleichberechtigung erfüllt. Treffen in öffentlichen Diskursen jedoch stark unterschiedliche kognitive Kompetenzen aufeinander, steht grundsätzlich zu befürchten, dass dieses Gefälle die formale Gleichberechtigung unterläuft. Die Demokratie nimmt dann den Charakter einer Durchsetzungsinstanz für die Interessen der Gebildeten an, oder, in den Worten Michael Walzers: Die komplexe Gleichheit würde durch eine Konvertierung von Bildung in politische Durchsetzungsmacht konterkariert. Um aber die Legitimationsfunktion in Bezug auf die Ungleichheit des Wissen erfüllen zu können, müssen die öffentlichen Diskurse, als eine wesentliche Konstituante der Demokratie, auch substantiell gleichberechtigt operieren können. Andernfalls sind sie eine zum Ritus erstarrte öffentliche Akklamation derjenigen Interessen, die die optimalsten Chancen auf ihre Durchsetzung haben. Was bedeutet dies nun für den Umgang mit Wissen?

Zum *Ersten* bedeutet dies, dass die ungleichen Wissensbestände, die in unterschiedlichen Funktionssystemen eingesetzt werden, in anderen gesellschaftlichen Bereichen keine erhöhte Chance auf die Durchsetzung der je eigenen Interessen oder Überzeugungen erhalten dürfen. Diese Forderung richtet sich vor allem an Akteure, die über Wissen verfügen, einen entsprechenden Verzicht auf mögliche Reputationen in anderen gesellschaftlichen Bereichen zu üben. Dies erfordert gleichzeitig von den Akteuren, die nicht über das Wissen verfügen, die Bereitschaft, couragiert mit einem möglichen Wissensgefälle umzugehen, und d.h. ihrerseits keine erhöhte Chance auf Durchsetzung von Interessen zu gewähren. Letzteres trifft sich mit der Anforderung der Demokratie auf einen autonomen Umgang mit tradierten Werten.

Für gesamtgesellschaftliche Strukturen bedeutet dies zum *Zweiten*, dass die minimalen Wissensbestände in Bezug auf politische Institutionen und Prozesse, die zu einer gleichberechtigten Beteiligung am demokratischen Prozedere notwendig sind, allen Mitgliedern zur Verfügung zu stellen sind. Dies bezieht sich vor allem auf die Institution Schule, in der der Raum für entsprechende Unterrichtseinheiten vermutlich nicht hoch genug angesetzt werden kann. Dies bezieht sich aber auch auf die Institution der Medien. Hier lassen sich diverse medienkritische Hinweise formulieren (Horkheimer/Adorno 1944/1987; Bourdieu 1998), die deutlich machen, dass eine tatsächliche, und das meint, neutrale, Berichterstattung im Sinne der Aufklärung nicht stattfindet. Nötig wären aber Sendeformate, die die genannten Wissensbestände verbreiten. Damit eng verwoben ist eine Kritik eskapistischer Medienangebote, die zu einer niedrigeren politischen Partizipation führen können (vgl. Kuhn 2000). Die Verbreitung der minimalen Wissensbestände für einen gleichberechtigten Zugang zum politischen Feld bezieht sich schließlich nicht zuletzt auf öffentliche Institutionen, wie etwa Bibliotheken. In Bezug auf diese Forderungen bedeutsam sind allerdings die Thesen Pierre Bourdieus, die dieser aus seiner Verzahnung von gesellschafts- und ungleichheitstheoretischen Überlegungen ableitet. Er geht davon aus, dass in modernen Klassengesellschaften die unterschiedlichen Milieus sich vor allem kulturell codiert gegenüber stehen und ihre sozialen Positionen über ihren Lebensstil reproduzieren (Bourdieu 1994). Die Folge davon ist, dass gesellschaftliche Orte derart symbolisch aufgeladen sein können, dass sich um diese Orte Distinktions- und Exklusionsmuster bilden. Sighard Neckel (1991) hat dies in dem Begriff der Scham zusammengezogen. Sein prägnantestes Beispiel ist eine eher depravierte Familie, die sich ausnahmsweise ein Essen in einem anspruchsvollerem Restaurant leistet. Zwar kann sie die dafür nötigen monetären Ressourcen aufbringen, was ihr jedoch fehlt ist die kulturelle Sicherheit in Bezug auf die Gepflogenheiten in anspruchsvolleren Restaurants. Das Ergebnis beschreibt Neckel eben mit dem Gefühl der Scham, das sich durch die Abgleichung von Fremd- und Selbstbeobachtung und der dabei registrierten Fremdheit einstellen kann. Was für streng genommen weniger bedeutsame Orte wie Restaurants - schließlich kann das Bedürfnis nach Nahrungsaufnahme auch anderweitig befriedigt werden und zudem ist das Gefühl der Fremdheit nicht ausschließlich eine Folge von

Klassengesellschaften - gilt, gilt in entsprechendem Maße für Orte wie Bibliotheken, Museen, höhere Schulen oder wissenschaftliche Institutionen. Sie zeichnen sich dadurch aus, überdurchschnittlich von spezifischen Milieus frequentiert zu werden, was sie zu einem wichtigen Ort für die kulturelle Reproduktion genau dieser Milieus werden lässt. Wer regelmäßig Bibliotheken oder Museen besucht, kann auf diese Weise kulturelles Kapital akkumulieren und damit bestimmte Positionen im Gefüge des sozialen Raumes besetzen. Andersherum reagieren untere Milieus auf solche Orte durch eine Selbstexklusion, die sich in der Formel „Das ist nichts für uns" niederschlägt. Kurzum, gesellschaftliche Orte können einen kulturellen Eintrittspreis, den Bourdieu „kulturellen Code" nennt, verlangen, der nicht umstandslos von allen Mitgliedern der Gesellschaft entrichtet werden kann, da diese Orte möglicherweise Angebote bereit stellen, die mit den lebensweltlichen Praktiken und Selbstverständnissen des Herkunftsmilieus kollidieren, weil sie durch andere Milieu und deren Lebensstil bereits okkupiert sind. „Durch die systematische Auswahl, die er zwischen Orten, Ereignissen, Personen des Umgangs trifft, schützt sich der Habitus vor Krisen und kritischer Befragung, indem er sich ein Milieu schafft, an das er so weit wie möglich vorangepasst ist, also eine relativ konstante Welt von Situationen, die geeignet sind, seine Dispositionen dadurch zu verstärken, dass sie seinen Erzeugnissen den aufnahmebereitesten Markt bieten." (Bourdieu 1993: 114). Die Forderung an die oben erwähnten Institutionen wird durch diese Befunde nicht ausgehebelt. Sie wird jedoch in der praktischen Umsetzung mit dem Problem konfrontiert, sich nicht einfach auf ein objektives Zur-Verfügung-Stellen beschränken zu können. Vielmehr sind (pädagogische?) Maßnahmen erforderlich, die diese Institutionen gegenüber den verschiedenen Milieus und deren kulturellen Distinktionskämpfen gleichsam zu neutralisieren erlauben. Denkbar wären etwa die Einbeziehung von Vertretern unterschiedlicher Milieus bei der Konzeptionalisierung von z.B. Bibliotheken, oder „Tage der offenen Tür", die sich bewusst an solche Milieus wenden, die Bibliotheken eher nicht benutzen. Ähnliches gilt selbstverständlich für wissenschaftliche Institutionen, Schulen oder mediale Angebote, die grundsätzlich versuchen müssen, die kulturelle Schwelle für eine breite Inanspruchnahme über Milieugrenzen hinweg zu senken. Für die wissenschaftliche Praxis, als einer für die Wissenserzeugung und -vermittlung relevanten Institution, bedeutet das Postulat nach einer sukzessiven Gleichberechtigung in Bezug auf den Bereich der Demokratie, die Forschung, so weit dies möglich ist, darauf zu richten, relevante Wissensbestände für eine gleichberechtigte Partizipation zu analysieren und zu eruieren, welche Wissensformen die kognitive Entwicklung der Akteure anzuregen vermögen. Dies bezieht sich dann nicht mehr nur auf konkretes Wissen, sondern auf jene allgemeinen kognitiven Fähigkeiten, die durch die Erreichung eines diskursiven Denkniveaus und einer posttraditionalen Urteilsbefähigung umschrieben werden können. Wissen in seiner positiven Form, wird dann zu einem sekundären Merkmal, das auf diese Weise aber dann tatsächlich auf die verschiedenen Funktionssysteme ungleich verteilt werden kann, ohne dass normative oder soziale Folgekosten entstehen würden. Primär wird ein kognitives Urteils- und Denkniveau, das in der Lage ist, gleichberechtigt und mündig am demokratischen Prozedere und damit an der Legitimation und Rahmung der Ungleichverteilung von Wissen zu partizipieren.

Damit allerdings die Demokratie als spezifische Form des politischen Systems, diese Aufgabe übernehmen kann, muss schließlich *drittens* in der Öffentlichkeit ergebnisoffen und tabulos über die Konsequenzen und den Umgang mit der Ungleichverteilung von Wissen (und selbstverständlich anderen ungleichheitsrelevanten Ressourcen) debattiert werden können, und damit auch über die symbolische Aufgeladenheit öffentlicher Wissensinstitutionen. Diese Forderung richtet sich nicht primär auf die Wissensorganisation in modernen Gesellschaften. Sie ist jedoch auch für den Umgang mit Wissen insofern von Relevanz, wenn der demokratischen Partizipation die Schlüsselrolle zufällt, gesellschaftlich bedeutsame Konsequenzen der Wissensorganisation zu kontrollieren und zu legitimieren. Im Sinne der obigen Ausführungen darf die Demokratie nicht auf die Ebene der Institutionen begrenzt werden. Wie leicht ersichtlich, kommt vielmehr auch diesbezüglich den Medien die Aufgabe zu, über entsprechende Themen zu informieren und öffentliche Debatten anzustoßen, die, ganz im Sinne von Habermas, grundsätzlich auch außerhalb der parlamentarischen Verfahren geführt werden müssen. Und selbstverständlich gilt auch: In solchen öffentlichen Debatten dürfen Wissensvorsprünge nicht genutzt werden, um eine Diskurshoheit zu erlangen. Zwar ist das Wissen, das Experten bereitstellen können, eine bedeutsame Größe im Prozess der Entscheidungsfindung. Experten können und dürfen jedoch nicht beanspruchen, in normative Debatten derart eingreifen zu können, dass ihr positives Wissen letztlich zur Entscheidung führt. Um dies an einem aktuellen Beispiel zu illustrieren: Experten können ausrechnen, was der Sozialstaat kostet. Sie können aus diesem Wissen jedoch nicht ableiten, was der Sozialstaat einer Gesellschaft wert ist.

Mit diesen drei skizzierten Folgerungen wird keineswegs beansprucht, Vollständigkeit erreicht zu haben. Sie sollen vornehmlich zwei Perspektiven unterstreichen. Zum einen wird positives Wissen zu einem sekundären Merkmal, wenn der Umgang mit Wissen in demokratische Verständigungsprozesse eingewoben wird. Bedeutsamer wird dann ein allgemeines kognitives Urteilsvermögen, das Akteure in die Lage versetzt, gleichberechtigt an öffentlichen Diskursen teilzunehmen. Die Entwicklung eines solchen Urteilsvermögens ist allerdings nicht entkoppelt von dem Erwerb positiven Wissens, das als Anregungspotential zur Verfügung stehen muss. Zum Zweiten leitet sich daher die Forderung ab, Wissen allen Mitgliedern einer Gesellschaft optional zugänglich zu machen.[2] Dies kann sich jedoch, wie die Analysen Bourdieus zeigen, nicht in einem bloßen ‚Bereitstellen' erschöpfen. Vielmehr ist von allen relevanten Wissensorganisationen (Schulen, Bibliotheken, Medien,...) dabei die sozialkulturelle Verfasstheit von Gesellschaften, die sich durch soziale Ungleichheit charakterisieren lassen, so zu berücksichtigen, dass ein Wissenstransfer über Milieugrenzen hinweg möglich wird. Insgesamt gefordert ist also eine Demokratisierung der Wissensorganisation und eine Wissensorganisation der Demokratie.

2 Damit soll nicht die oben bereits als sinnlos disqualifizierte Forderung nach einer gleichen Verteilung des gesellschaftlichen Wissens durch die Hintertür doch wieder erhoben werden. Gemeint ist ein optionaler Zugang in dem Sinne, dass für alle Mitglieder einer Gesellschaft Anregungspotentiale in Form positiven Wissens erreichbar sein müssen, wobei dies innerhalb des Rahmens funktionaler Differenzierung und je individueller Präferenzen verbleiben kann. Ob sich also jemand z.B. den Bereich der Kunst oder den Bereich der Naturwissenschaften als Anregungspotential aneignet, ohne in dem jeweils anderen Bereich Wissen zu erwerben, bleibt irrelevant, solange ein allgemeines kognitives Urteilsvermögen entwickelt werden kann. Die grundsätzliche Ungleichverteilung gesellschaftlichen Wissens (auf der Ebene positiven Wissens) bleibt davon unberührt. Die Zielrichtung dieser Forderung besteht also vornehmlich in der Berücksichtigung sozialer Differenzen im Zugang zu und Erwerb von Wissen in seinen unterschiedlichen Facetten.

Literatur:

Achtenhagen, Frank/ Lempert, Wolfgang (2000): Lebenslanges Lernen im Beruf - seine Grundlegung im Kindes- und Jugendalter (Bd. 1, Das Forschungs- und Reformprogramm), Opladen.

Bateson, Gregory (1987): Geist und Natur. Eine notwendige Einheit, Frankfurt.

Beer, Raphael (2002): Zur Kritik der demokratischen Vernunft. Individuelle und soziale Bedingungen einer gleichberechtigten Partizipation, Wiesbaden.

Beer, Raphael (2004): Subjektphilosophie und Demokratiebegründung, in: Archiv für Rechts- und Sozialphilosophie, Heft 4, S. 516-530.

Berlin, Isaiah (1995): Zwei Freiheitsbegriffe, in: ders.: Freiheit. Vier Versuche, Frankfurt.

Bittlingmayer, Uwe (2001): Spätkapitalismus oder „Wissensgesellschaft"?, in: Aus Politik und Zeitgeschichte, B36, S. 15-24.

Bittlingmayer, Uwe (i.E.): „Wissensgesellschaft" als Wille und Vorstellung. Einige kritische Betrachtungen einer populären Zeitdiagnose, Konstanz.

Bourdieu, Pierre (1993): Sozialer Sinn. Kritik der theoretischen Vernunft, Frankfurt, 1. Aufl.

Bourdieu, Pierre (1994): Die feinen Unterschiede. Kritik der gesellschaftlichen Urteilskraft, Frankfurt, 7. Aufl.

Bourdieu, Pierre (1998): Über das Fernsehen, Frankfurt.

Buggle, Franz (1997): Die Entwicklungspsychologie Jean Piagets, Stuttgart/ Berlin/ Köln.

Burkart, Günter (1993): Eine Gesellschaft von nicht-autonomen biographischen Bastlerinnen und Bastlern? – Antwort auf Beck/ Beck-Gernsheim, in: Zeitschrift für Soziologie, Heft 3, 188-191.

Durkheim, Emile (1893/1992): Über soziale Arbeitsteilung. Studie über die Organisation höherer Gesellschaften, Frankfurt.

Edelstein, Wolfgang (1993): Soziale Konstruktion und die Äquilibration kognitiver Strukturen: Zur Entstehung individueller Unterschiede in der Entwicklung, in: Wolfgang Edelstein/ Siegfried Hoppe-Graff (Hrsg.): Die Konstruktion kognitiver Strukturen. Perspektiven einer konstruktivistischen Entwicklungspsychologie, Bern/ Göttingen/ Toronto/ Seattle, 1. Aufl.

Engländer, Armin (1995): Grundrechte als Kompensation diskurstheoretischer Defizite? Kritische Anmerkungen zu Jürgen Habermas' Diskurstheorie des Rechts, in: Archiv für Rechts- und Sozialphilosophie, Nr. 81, 482-495.

Geulen, Dieter (1982): Perspektivenübernahme und soziales Handeln. Texte zur sozial-kognitiven Entwicklung (Hrsg.), Frankfurt.

Grundmann, Matthias (1998): Norm und Konstruktion, Opladen.

Habermas, Jürgen (1994): Faktizität und Geltung. Beiträge zur Diskurstheorie des Rechts und des demokratischen Rechtsstaates, Frankfurt, Erw. Ausg., 4. Aufl.

Habermas, Jürgen (1996a): Über den internen Zusammenhang von Rechtsstaat und Demokratie, in: ders.: Die Einbeziehung des Anderen, Frankfurt.

Habermas, Jürgen (1996b): Drei normative Modelle der Demokratie, in: ders.: Die Einbeziehung des Anderen, Frankfurt, 1. Aufl.

Heming, Ralf (1997): Öffentlichkeit, Diskurs und Gesellschaft. Zum analytischen Potential und zur Kritik des Begriffes der Öffentlichkeit bei Habermas, Wiesbaden.

Honneth, Axel (1998): Kampf um Anerkennung, Frankfurt, 2. Aufl.

Horkheimer, Max/ Adorno, Theodor W. (1944/1987): Dialektik der Aufklärung, in: Max Horkheimer: Gesammelte Schriften Bd. 5, Frankfurt.

Hurrelmann, Klaus (1998): Einführung in die Sozialisationstheorie. Über den Zusammenhang von Sozialstruktur und Persönlichkeit, Weinheim/ Basel, 6. Aufl.

Kohlberg, Lawrence (1997): Die Psychologie der Moralentwicklung, Frankfurt.

Kuhn, Hans-Peter (2000): Mediennutzung und politische Sozialisation. Eine empirische Studie zum Zusammenhang zwischen Mediennutzung und politischer Identitätsbildung im Jugendalter, Opladen.

Locke, John (1690/1992): Zwei Abhandlungen über die Regierung, Frankfurt, 5. Aufl.

Luhmann, Niklas (1984): Soziale Systeme. Grundriß einer allgemeinen Theorie, Frankfurt.

Luhmann, Niklas (1993): Legitimation durch Verfahren, Frankfurt, 3. Aufl.

MacIntyre, Alasdair (1997): Der Verlust der Tugend. Zur moralischen Krise der Gegenwart, Frankfurt, 2. Aufl.

Macpherson, C.B. (1973): Die politische Theorie des Besitzindividualismus, Frankfurt.

Mill, John Stuart (1859/ 1987): Über Freiheit, Frankfurt.
Neckel, Sighard (1991): Status und Scham, Frankfurt/ New York.
Piaget, Jean (1976): Die Äquilibration der kognitiven Strukturen, Stuttgart.
Piaget, Jean (1981): Über Jean Piaget, München.
Piaget, Jean (1983): Das moralische Urteil beim Kinde, Stuttgart.
Piaget, Jean (1991): Das Erwachen der Intelligenz beim Kinde, in: ders.: Gesammelte Schriften Bd.1, Stuttgart.
Piaget, Jean (1992): Psychologie der Intelligenz, Stuttgart.
Piaget, Jean / Inhelder, Bärbel (1980): Von der Logik des Kindes zur Logik des Heranwachsenden, Stuttgart.
Rawls, John (1979): Eine Theorie der Gerechtigkeit, Frankfurt.
Rawls, John (1997): Die Idee des politischen Liberalismus, Frankfurt, 2. Aufl.
Rousseau, Jean-Jacques (1755/1993): Diskurs über die Ungleichheit, Paderborn/ München/ Wien/ Zürich.
Rousseau, Jean-Jacques (1762/1988): Der Gesellschaftsvertrag, Leipzig, 6. Aufl.
Seiler, Thomas Bernhard (1998): Entwicklung und Sozialisation: Eine strukturgenetische Sichtweise, in: Klaus Hurrelmann/ Dieter Ulich (Hrsg.): Handbuch der Sozialisationsforschung, Weinheim/ Basel, 5., neu ausgestattete Aufl.
Stehr, Nico (2001): Wissen und Wirtschaften. Die gesellschaftlichen Grundlagen der modernen Ökonomie, Frankfurt.
Schröder, Eberhard (1989): Vom konkreten zum formalen Denken: individuelle Entwicklungsverläufe von der Kindheit zum Jugendalter, Bern/ Stuttgart/ Toronto.
Schröder, Eberhard (1993): Individuelle Konstruktion und kognitive Entwicklung: Eine Analyse der Veränderungen intraindividueller Unterschiede, in: Wolfgang Edelstein/ Siegfried Hoppe-Graff (Hrsg.): Die Konstruktion kognitiver Strukturen. Perspektiven einer konstruktivistischen Entwicklungspsychologie, Bern/ Göttingen/ Toronto/ Seattle.
Schütz, Alfred: Das Problem der Relevanz, Frankfurt 1982.
Schütz, Alfred/ Luckmann, Thomas (1994): Strukturen der Lebenswelt (2 Bd.), Frankfurt, 5. Aufl.
Taylor, Charles (1995): Negative Freiheit? Zur Kritik des neuzeitlichen Individualismus, Frankfurt, 2. Aufl.
Taylor, Charles (1997a): Das Unbehagen an der Moderne, Frankfurt.
Taylor, Charles (1997b): Die Politik der Anerkennung, in: ders.: Multikulturalismus und die Politik der Anerkennung, Frankfurt.
Waldron, Jerermy (1993): Liberal Rights. Collected Papers 1981-1991, Cambridge.
Walzer, Michael (1993): Kritik und Gemeinsinn, Frankfurt.
Walzer, Michael (1995). Die kommunitaristische Kritik am Liberalismus, in: Axel Honneth (Hrsg.): Kommunitarismus, Frankfurt/ New York, 3. Aufl.
Walzer, Michael (1998): Sphären der Gerechtigkeit. Ein Plädoyer für Pluralität und Gleichheit, Frankfurt.
Walzer, Michael (1999): Vernunft, Politik und Leidenschaft. Defizite liberaler Theorie, Frankfurt.

Zum Charakter chiasmatischen Wissens

Elsbeth Wallnöfer Köstlin
Wien

Wenn wir über Wissen, Wissensproduktion, Wissensdiffusion sprechen, betrifft dies in erster Linie, so wir im Rahmen wissenschaftlichen Wissens denken, den Auf- Aus- und Neubau wissenschaftlichen Wissens. Einmal ist dies in Form von additivem Wissen, das sich durch Reproduktion von bereits bestehendem Wissen zu methodischen Zwecken (Lehre) vollzieht, und zum zweiten erkenntnistheoretisch geleitetes Wissen, wie es durch harte und weiche Erhebungen im Labor oder Feld, breit angelegte Studien, selbstreferentielle Reflexionen und dergleichen erfolgt. Vor allem die empirisch erschlossenen Ergebnisse aus dem Labor oder den Feldforschungen zeichnen sich durch einen aufwändigen Verlaufsprozess aus, der nicht nur in den Vorbereitungen intensiv ist, sondern auch den Anspruch erhebt, neues, wahres und eigentliches Wissen zu schaffen. Auf diese Weise gewonnenes Wissen wird erfahrungsgemäß eher gesellschaftspolitisch nobilitiert, weil es innerhalb des Rahmens einer Messtheorie erfolgt und daher leichter nachvollziehbar wird. Nun haben wir innerhalb der Wissenslandschaften, und hier vor allem im kultur- oder geisteswissenschaftlichen Bereich, auch nicht messbare Einheiten, beziehungsweise anders messbare Einheiten, die sich nicht so leicht taxieren lassen. Allen beiden Bereichen jedoch ist der Wunsch nach der Vollbringung der hegelschen „Idee als reines Wissen“ unterlegt.

Warum wir nun gerade aus diesem Grund von chiasmatischem Wissen sprechen müssen, will hier erörtert werden. Von chiasmatischem Wissen sprechen wir, wenn wir ein crossover in der Wissensproduktion vorfinden und auch dann, wenn dieses Wissen sowohl These als auch Antithese beherbergt. Damit ist ein Bezugsystem angedeutet, dessen Gefüge mehrschichtig, oder genauer von mehrliniger Struktur von Wissenschaft ist. Wir haben es folglich mit mindesten zwei Wissensebenen zu tun: da ist zum einen das Wissen erster Ordnung. Damit ist wissenschaftliches Wissen gemeint. Und weiters das Wissen zweiter Ordnung. Damit ist jenes Wissen angesprochen, das aus dem Informationismus resultiert. Das Wissen erster Ordnung ist erkenntnisgeleitetes Wissen und entsteht innerhalb wissenschaftlicher Institutionen, ist also so genanntes Fachwissen. Das Wissen zweiter Ordnung speist sich aus Ersterem, verselbständigt sich aber über den Weg der Medien beziehungsweise der Vervielfältigung und ist bestenfalls von Übertragung zu Übertragung bloß strukturgleich. Die Struktur bildet quasi eine Art “Vorwissen”, das demokratisch verfügbar ist. Über diese bloße Struktur hinaus entwickelt sich Wissen selbstständig. Diese Autonomisierung von Wissen ist nicht erkenntnisgeleitet, sie steht in Diensten der Popularisierung und macht oftmals mehrere Schritte der Übersetzung vom Wissenschaftlichen ins Populare durch (und verengt dadurch den Spalt zwischen Wissen und Meinen, zwischen Wahrheit und Irrtum).

Das Verhältnis der beiden Wissensordnungen zueinander, sowie das spezielle Chiasmatische daran will nun anhand von Beispielen besprochen werden: Wie gut sich (kulturelle) Brauchformen eignen, unterschiedliche politisch und regionale weltanschauliche Auslegungen, die einst in sie hineingelegt worden sind, herauszulesen, veranschaulicht das uns allen geläufige Brauchtum rund um das Weihnachtsfest. Bei den langjährigen

Versuchen, die Geschichte des Weihnachtsfestes zu rekonstruieren, konnte eine überraschend junge Geschichte zutage gefördert werden. Es war zum einen in der uns gegenwärtig bekannten Form nicht immer das ewig tiefsinnige Familienfest, das es gilt, in bedächtiger Ruhe zu begehen, und von dem wir den familiären Frieden des Jahres erwarten. Es war auch nicht immer und überall das Christkind - übrigens eine protestantische Erfindung, die nicht das Jesuskind in der Krippe meint -, das die Gaben brachte. Die gesamte Anordnung des weihnachtlichen Brauchtums war nicht so konsistent wie wir immer annehmen. Die regional verschieden ausgebildeten Gestalten der Szenerien rund um das Weihnachtsfest wie Engel, Nikolaus, Knecht Ruprecht, die Perchten und die Teufel, Väterchen Frost, die italienische befana oder die Krippenanordnungen sind nur scheinbar unverrückbar. Durch den Fluss der Zeit und die wissenschaftlichen Erhebungen kommen Elemente hinzu oder werden einfach weggelassen: Sie sind austauschbare Assistenzfiguren einer weihnachtlichen Dramaturgie, deren Lebensdauer auch von gesellschaftspolitischen Lebensbedingungen abhängen, wie der jüngste Streit um die Gestalt von Weihnachtsmann und Nikolaus zeigt. Die alte Opposition der innovativen, aber ökonomiegesteuerten amerikanischen Kulturdominanz und des guten alten, ewig beständigen abendländisch-europäischen Brauchlebens prägt im Zeitalter eines neuen Antiamerikanismus die Debatte. Die Klage vom „Der Nikolaus ist tot, der Weihnachtsmann verdrängt den Nikolaus“ beschreibt die Tragik des Kulturkampfes, der sich letztlich durch den gegenwärtigen Einsatz der Rekatholisierung Europas steigern könnte. Schließlich ist der Nikolaus ein katholischer Bischof mit Mitra der einem ganz klaren Auftrag hat, nämlich Gut und Böse unterscheiden zu lehren. Der Weihnachtsmann hat auch einen Auftrag, aber der ist vor allem mit CocaCola und McDonalds in Verbindung zu bringen. Sein Bekanntheitsgrad resultiert aus Fernsehbildern. Sein Begleiter ist das Rentier, die Kompagnons des Nikolaus sind wilde Gesellen. Dass immer öfter die „Schiachperchtn“ und die hässlichen „Tuifl“ oder die „Krampusse“ in den Vordergrund des Geschehens rücken, also die positive, friedvolle Gestalt des Nikolaus verdrängen, mit dem gemeinsam sie einst eine szenische und dramaturgische Einheit zum Zweck der moralischen Unterweisung bildeten, wird im Gegensatz dazu nicht wahrgenommen. Da tanzen in Österreich unbändig wild die fürchterlichern, ländlichen Gestalten auf den urbanen Weihnachtsmärkten, ohne die zentrale Figur, den Bischof, der als Hauptakteur integraler Bestandteil volkstümlicher wie katechetischer Szenerien ist. Diese unübersehbare Umbildung bisherigen Brauchlebens strukturiert immer mehr das gesamte Spiel, nicht zuletzt auch das Lebensspiel. Standen einst die Figuren und Rollen in der Funktion moralisch zu unterweisen, den Unterschied zwischen Gut und Böse sichtbar herauszuarbeiten und symbolisch zu vermitteln, die Selbstbefragung zu steigern (“warst du brav?” fragt der Nikolaus, bevor er die Geschenke verteilt), so rücken nun die ehemaligen Stellvertreterfiguren selbst ins Zentrum der Darstellung – folglich das Dämonische, Böse, das Wilde.

Eingangs war von der Autonomisierung des Wissens die Rede, die der wissenschaftlichen Erzählung zuwiderlaufen kann. Mit folgendem Beispiel nun ist sie erreicht: am 10. November werden im Rahmen der Viennale, dem Wiener Filmfestival, in einem Kino drei Kurzfilme vom amerikanischen Künstler Cameron Jamie gezeigt. Einer handelt vom „Backyard Wrestling“, (amerikanische Untergrundkultur), einer zeigt bizarre Halloweeninszenierungen von Amerikanern („Spook House“) und der dritte Film heißt „Kranky Klaus“ und bezieht sich auf das alpenländisch-typische Nikolaus- und

Krampusspiel im Gasteinertal - das übrigens als Visitenkarte des Österreichischen dient und mit Begriffen wie "original" und "echt" hantiert. Der Schock tritt ein, wenn man weiß, dass „The Melvins", eine legendäre US-Hard-Rockband, dazu live spielen wird. Er wird nicht geringer, wenn Cameron Jamie diese drei Filme zur Anschauung der Anthropomorphisierung des Dämonischen in einen Zusammenhang bringt. Da bleibt nicht viel von der differenzierten wissenschaftlichen Erzählung übrig. Das wissenschaftliche Wissen ist hier längst überwunden. Allerdings wäre dieses „autonome Wissen" oder diese „autonome Erzählung" nie möglich gewesen, wenn nicht vorher die Wissenschaft immer und immer wieder dieses Phänomen als Brauchtum erforscht und weitererzählt hätte, und so darauf aufmerksam gemacht hätte. Der seriöse Ernst der Wissenschaft wird gegen das Spielerische der Kunst ausgetauscht. Das nun ist auch das Chiasmatische in diesem Fallbeispiel: es kreuzen sich, „x" ganz im Sinne des griechischen Buchstabens Chi, zwei unterschiedliche Wissensfigurationen. Wissenschaftliches Wissen kreuzt sich mit populärem Wissen, die Ergebnisse des sorgfältig recherchierten, archivgestützen Fachwissens leben autonom fort und entziehen sich der Kontrolle der Wissenschaft. Auf diese Weise kann es gleichsam endlos/unendlich sein. Wissenschaftliches Wissen bleibt als "Vorwissen" übrig.

Um diese Autonomisierung mit einem anderen Beispiel zu verdeutlichen, will wissenschaftliches Wissen bemüht werden. Der Münchner Volkskundler Hans Moser hat in den 1950er Jahren von der Problematik empirisch erhobenen Wissens gesprochen. Er vermeinte bemerkt zu haben, dass durch den Rücklauf ein Kreislauf kognitiver Wissensmischungen in Schwung gehalten werde. Mir scheint, Moser hat Recht. Seine kluge Vermutung lässt sich an den gegenwärtig massenhaft erscheinenden sozialhistorisch gestützten Autobiographien ablesen. Seine Bemerkung gilt auch für die gängigen populären Deutungen von Kultur. Egal ob sie sich eine Kultursendung auf 3sat, mdr, hr, ORF ansehen, sie werden als wissenschaftlicher Experte mit dem Ergebnis meist nicht zufrieden sein. Das liegt im Bereich Kultur häufig daran, dass gerne alles als heidnisch-vorchristlich, vegetationskultisch gedeutet wird (oft nicht wissend, dass diese Erzählungen aus den Erhebungen der 1930er- und 1940er Jahre resultieren) – mithin die inhaltliche Deutung unsachgemäß ist. Zum andern konfligieren die wissenschaftlichen Erzählungen mit dem Medium, und aus diesen Gründen wird spürbar das Wissen dem Medium angepasst und nicht umgekehrt. Wir haben es folglich mit mehrmals gebrochenem Wissen zu tun: wissenschaftshistorisch, methodologisch, intentional, funktionalistisch, technisch.

Nehmen wir zur Verdeutlichung dazu ein letztes Beispiel. Als ein Volkskundler im Auftrag des SS-Ahnenerbes in den 1940er Jahren zu einer Feldforschung aufbrach, im Feld alsdann Fragebögen verteilte, sie wieder einsammelte, gleichzeitig filmte und fotografierte, las er die Antworten aus dem Rücklauf nach seiner politisch intendierten Façon. Obwohl eine der Antworten auf dem Fragebogen lautete, man mähe einen Kreis in einer sehr komplizierten Form eigentlich nur aus Jux und Tollerei, und um sich in der Geschicklichkeit zu erproben, verlief die "wissenschaftliche" Deutung in eine heidnisch-urgermanische Richtung, die bis heute geglaubt und weitererzählt wird – selbst von kulturkritischen Leuten. Was im Falle des "Kreismähens" der 1940er Jahre Ausdrucksweise an Richard Longs archaische Landschaftskunst der Gegenwart erinnert, ist in seinem Grunde, von der Selbstbeschreibung des Akteurs aus gelesen, ein Spaß, ein Spiel. Von der "wissenschaftlichen" Wissensproduktion und Deutungsintention aus gesehen wird daraus eine zeitgebundene Leseart einer mythologisch-anthropologischen Konstante, die auf beängstigende Weise Parallelen auch zu Longs Kunst der Gegenwart aufweist. Auch bei ihm sind die Qualität des Primitivismus und die Ursprünglichkeit, Technikfeindlichkeit konstitutiv für seine Arbeit, wenn er sagt: In un mondo dominato della tecnologia e dalla realtà il mio lavoro é primitivo nel senso che riconduce la gente alle sue esperienze fisiche basilari.

Chiasmatisches Wissen ist nach bisher Gezeigtem folglich eine Mischung aus wissenschaftlichem Wissen und Meinen, aus bereits erzählten Geschichten, die geglaubt werden und in einer neuen Erzählung als evidente Aussagen wieder auftauchen. In diesem Sinne und in dieser Praxis sind sie unendlich. Da bleibt nur mit einer rhetorischen Figur von Chiasma zu antworten: Wissen hält kurz, Meinen hält länger.

Die Chiasmatisierung des Wissens ist mit solchen Beispielen mehr als bestätigt, ihre unendliche Folge gesichert. Nachgerade wenn die Moderatoren des ZDF/ARD-Morgenmagazins am 1. November 20 Sekunden vor den Nachrichten rätseln und spekulieren, wie denn nun der Allerheiligenbrauch und Halloween zusammenhängen und versprechen, bis nach dem Nachrichtenblock – also gerade mal 5 Minuten später – die Lösung zu haben, dann stehen sie damit in dieser Tradition der Produktion unendlichen chiasmatischen Wissens.

Literatur:

Auinger, Thomas: Das absolute Wissen als Ort der Ver-Einigung. Zur absoluten Wissensdimension des Gewissens und der Religion in Hegels Phänomenologie des Geistes. (=Epistemata. Würzburger Wissenschaftliche Schriften. Bd.342). Würzburg 2003.

Eberspächer, Martina: Der Weihnachtsmann. Zur Entstehung einer Bildtradition in Aufklärung und Romantik. Stuttgart 2002.

Hough, Paul: The Backyard. USA 2002. Film.

Köstlin, Elsbeth: Brauchtum und Politik. Die fotografischen Dokumente des „SS-Ahnererbes“ in Südtirol. In: Fotogeschichte. Beiträge zur Geschichte und Ästhetik der Fotografie. Hft. 82/2001.

Diess.: Das volkskundliche Foto: Südtirol 1940/41. Realität/Wirklichkeit/Poesie. Hrsg.: Südtiroler Landesmuseum für Volkskunde. Bozen 2001.

Richard Long in einem Interview. Siehe dazu: Arte. Mensile Di Arte, Cultura, Informazione. Maggio 2004.

Wallnöfer Köstlin, Elsbeth: Kultur und Kulturpolitik in der „deutschen" Zeit Südtirols 1943-1945. In: Steinacher, Gerald (Hg.): Südtirol im Dritten Reich. L'Alto Adige nel Terzo Reich 1943-1945. Innsbruck 2003.

Konstitutive Elemente nachhaltiger Wissensgenerierung und -organisation

Maik Adomßent
Institut für Umweltkommunikation, Universität Lüneburg

1. *Einführung*

Die zunehmende Komplexität und die wachsende Kontingenz des Wissens relativiert zusehends die elitäre Bedeutung der Wissenschaft, deren Rolle heute weniger denn je der eines allwissenden Wegweisers entspricht. Ihre Funktion lässt sich eher mit der eines Moderators vergleichen, der im kommunikativen Austausch mit Öffentlichkeit und Politik dazu beiträgt, den Umgang mit bzw. das Entscheiden unter Unsicherheit viel stärker als bisher als gesellschaftlichen Lernprozess zu begreifen. Zugleich weist Wissenschaft durch die Rückkopplung an gesellschaftliche Leitbilddiskussionen und dem Überschreiten von Disziplingrenzen innerhalb des wissenschaftlichen Diskurses einen transdisziplinären Charakter auf. Gesellschaftliche "Auslöser" transdisziplinärer Forschung sind häufig wissenschaftsferne Problemstellungen, die ohne die Kooperation mit Praxispartnern nicht in zufrieden stellender Weise lösbar sind. Als Fixpunkt der Bemühungen einer derartigen Rückführung von Wissenschaft in die lebensweltlichen Praxen steht die Erzeugung "sozial robusten Wissens" (Nowotny 1999).

Wissenshierarchien und Machtverhältnisse sind untrennbar miteinander verbunden. So werden Wissenschaftler erst durch Politik zu Experten gekürt. Von besonderer erkenntnistheoretischer Brisanz ist dabei die Tatsache, dass sowohl Wissen als auch Nicht-Wissen sozial konstruiert werden, denn "Nicht-Wissen dirigiert (...) nicht nur die Problemsuche, sondern auch den Weg zu neuen Ergebnissen" (Böschen 2001: 51). Das mit klaren Arbeitsregeln für die Wissenschaft zu verbindende proaktive Gestalten von Problemhorizonten wird damit zur zentralen Herausforderung für das strategische Problemlösen der (politischen) Entscheider.

Öffentlichkeit wird in der aktuelleren Wissenschaftsforschung nicht länger als irrationales, der Aufklärung bedürftiges Publikum angesehen. Insbesondere die traditionelle Vorstellung, eine "Vermittlung" wissenschaftlichen Wissens könnte in eindimensionalen Informierungsprozessen stattfinden, ist vielfach kritisiert worden. Soziale Innovation ist charakterisierbar als strategische informationelle Steuerung (governance by information), die immer auch mit neuen Politikansätzen und -instrumenten verzahnt ist. Mit dem Begriff "Governance" ist damit nicht mehr nur die traditionelle Vorstellung eines zentralen staatlichen Akteurs verbunden, sondern er steht als Oberbegriff für die vielfältigen Formen politischer Steuerung auf unterschiedlichen hierarchischen Ebenen (Jänicke & Jörgens 2004), bei wachsender Komplexität der Problemstellungen, der Akteursbeziehungen und der Handlungsbedingungen.

Informationelle Steuerung impliziert hier, dass gesellschaftliche Akteure periodisch über den Stand der Entwicklung in bestimmten Poltikbereichen nicht nur informiert, sondern auch anhand eines Vergleichs mit politisch avisierten Zielen erforderlichenfalls aufgefordert werden, in Eigenverantwortung einen Beitrag zur Lösung bestehender Problemlagen zu leisten. In diesem Sinne geht es letztlich um die gesellschaftliche Selbst-Steuerung bei der Generierung und Organisation von Wissen.

Den zuvor aufgeworfenen Gedankengängen wird anhand zweier Beispielfelder nachgegangen. Dabei werden Aspekte der Wissensgenerierung und -organisation exemplarisch anhand des Leitbilds nachhaltiger Entwicklung untersucht, weil mit diesem qualitativ gänzlich neue Anforderungen an Wissenschaft, Regierungskunst und Verwaltungshandeln verbunden sind. Im Mittelpunkt gesellschaftlicher Verantwortung stehen dabei insbesondere Reflexivität und Transdisziplinarität.

2. *Zur Diskussion um neue Formen von „Governance"*

Der Hintergrund des Folgenden beinhaltet einen Abriss der aktuellen akademischen und politischen Diskussionen über neue Regierungsformen (governance) im Horizont nachhaltigkeitsorientierter Politik. Politisch-administratives Handeln ist heutzutage mit großen Herausforderungen verbunden, nicht zuletzt weil es von gravierenden Veränderungen der Rahmenbedingungen betroffen ist. Beispielhaft lassen sich die folgenden Faktoren benennen:

- Globalisierung, charakterisiert durch die wachsende Ökonomisierung in allen Teilen der Gesellschaft (einschließlich des öffentlichen Sektors), und Beeinflussung regionaler Märkte durch deren Einbettung in den globalen Kontext (verbunden mit dem Zwang zur Stärkung globaler Wettbewerbsfähigkeit);
- wachsender Einfluss der Europäischen Gemeinschaft auf die föderale und lokale Politikebene;
- Dynamik der technologischen Entwicklung (speziell im Feld der Informations- und Kommunikationstechnologien);
- wachsende Individualisierung und Pluralisierung der Gesellschaft (repräsentiert durch eine hohe Vielfalt unterschiedlicher Lebensstile);
- demographischer Wandel – mit sich wandelnden Ansprüchen an die Bebauung, soziale Versorgungssystem und damit einhergehender Veränderungen individueller und sozialer Einstellungen und Werte.

Diese Entwicklung kann als Herausforderung für die Gesellschaft als Ganzes verstanden werden, jedoch sind insbesondere der politische und öffentliche Sektor diesen Modifikationen ausgesetzt. Sie sind daher zu Anpassungen gezwungen, aber ihre diesbezüglichen Fähigkeiten sind aufgrund ihres hohen Institutionalisierungsgrades (rechtliche Rahmen, Organisation etc.) limitiert. Die bestehenden Kapazitäten zur Lösung komplexer Probleme im Kontext nachhaltiger Entwicklung stellen vor diesem Hintergrund traditioneller Gesetzgebung und ökonomischer Instrumente in vielen Ländern noch einmal ein ganz eigenes Problemfeld dar.

Daher wird in der aktuellen Diskussion häufig die Frage aufgeworfen, ob neue Formen von „Governance" angesichts der geschilderten Problemlagen Abhilfe zu leisten vermögen. Allgemein wird „Governance" als Ausdruck für die vielfältigen, mehrdimensionalen Formen sozialer Koordination kollektiver Aktionen durch regulatorische Systeme verstanden (Mayntz 1993: 11). Es sind also nicht mehr nur die politischen oder administrativen Akteure, die sich unter der stetig wachsenden Komplexität von Problemstrukturen, Akteursbeziehungen und Rahmenbedingungen (z.B. in Bezug auf regionale oder internationales kollektives Handeln, multinationale Unternehmen, Problemmanagement, Nichtregierungsorganisationen) bewähren müssen (Kooiman 1999).

In diesem Zusammenhang stellten sich zwei, simultan zu bewältigende Anforderungen heraus: zum einen wird die inhaltliche Ausrichtung gesellschaftlicher Selbststeuerung in den Blick genommen. Daneben werden Fragen der aktivierten Selbstregulierung, also der im Zusammenhang des Nachhaltigkeitsparadigmas zentralen Partizipation, aufgeworfen. Zeitgemäße Ansätze zielorientierter politischer Steuerung (management by objectives) bieten eine Orientierung für die Öffentlichkeit weit über die gesellschaftlichen Sektoren von Politik und Ökonomie hinaus. Zudem wird die Beteiligung sozialer Akteure zunehmend als Bedingung für erfolgreiche Transformationsprozesse in Richtung Nachhaltigkeit erkannt.

Der nachfolgenden Abschnitt stellt das Konzept der Nachhaltigkeit als eine Möglichkeit vor, eine neue Basis innerhalb der Beziehung von Governance und Organisation zu kreieren. Mit Hilfe empirischer Fallstudien wird insbesondere der Frage nachgegangen, ob Ansätze der Evaluation zu Steuerungsansätzen in Richtung sogenannter „Good Governance" beizutragen vermögen.

3. *Nachhaltigkeit als Katalysator im Verhältnis zwischen Evaluation und Governance*

In den vergangenen Jahren ließ sich eine enge Beziehung von Governance und Evaluation konstatieren. Bezüglich politischer Entscheidungsfindung spielen Indikatoren eine wichtige Rolle, aber kann man so weit gehen, von einer „Governance durch Evaluation" zu sprechen? Parris (2000: 13) kommt zu einem eher generalistischen Schluss.

"The use of indicators as an aid to policy decision-making (...) is a relatively recent phenomenon and still developing field, however, indicators are perceived to have considerable potential as policy tools", aber die Frage bleibt, inwieweit und unter welchen Bedingungen Indikatoren eine Rolle für Entscheidungsfindungsprozesse von sozialen Akteuren spielen könnten. Als eine Konsequenz verlangten sie nach neuen Formen von Governance, wobei die folgenden Kernelemente zu beachten wären:

- Zusammenführung der unterschiedlichen Rationalitäten der gesellschaftlichen Sektoren wie Politik, Ökonomie, Zivilgesellschaft usw., die sich normalerweise in verschiedene Institutionen differenzieren;
- Ermutigung zur Selbstorganisation und Selbststeuerung durch die Aktivierung endogener Potenziale; mit anderen Worten: Bürger werden dazu veranlasst sich für ihre eigene Umwelt einzusetzen;
- Konzentration auf komplexe Probleme, die die üblichen Grenzen segmentierter Institutionen überschreiten. Dieses gilt es, nicht nur vor dem Hintergrund von Inhalten einer so genannten „Nachhaltigkeitspolitik" zu beachten (die oftmals nur als auf ökologische Inhalte rekurrierend verstanden wird), sondern ebenso für Politikfelder, die Aspekte wie den Arbeitsmarkt, Innovation, demographischen Wandel, Urbanisation, Gewalt in den Städten etc. berühren;
- Generierung innovativer Impulse, Beschleunigung von Lernprozessen und Übersetzung von Innovation in aktives Handeln.

Bei all diesen Punkten gilt es, sich zu vergegenwärtigen, dass mit der Einführung neuer Governance-Muster keine vollkommene Ablösung herkömmlicher Wege des

„Politikmachens“ einher geht, sondern dass diese schrittweise zu integrieren sind. Die Chancen dafür erscheinen günstig, liegt doch das Hauptaugenmerk gegenwärtig ohnehin auf Dezentralisierungsprozessen und der Einführung informeller Strukturen wie Public-Private-Partnerships (Fürst 2004).

Von daher scheint zielorientierten Indikatoren eine aussichtsreiche Zukunft beschert. Sofern sie sorgfältig ausgearbeitet sind und in nachvollziehbarer Form an Interessenvertreter (stakeholder) kommuniziert werden, weisen sie vielversprechende Potenziale auf. So können sie gesellschaftlichen Institutionen dazu verhelfen, nicht-nachhaltige Pfade zu erkennen bzw. diese durch Verantwortungsübernahme (im Sinne von gesellschaftlicher Selbstverwaltung) zu verlassen. Im Hinblick auf (zivil-)gesellschaftliche Akteure können Nachhaltigkeitsindikatoren eine ganze Reihe von Funktionen übernehmen:

- Beiträge zum politischen Tagesgeschäft (agenda setting) im Hinblick auf neue komplexe Probleme, die sich als „Syndrome des globalen Wandels“ (WBGU 1993, 1999) charakterisieren lassen;
- Unterstützung der öffentlichen Meinungsbildung durch Aussagen zum Ist-Zustand und einem Leistungsvergleich mit angestrebten (politischen) Zielvorgaben;
- Informationsbasis für die Konsensbildung in Bezug auf prioritär anzugehende gesellschaftliche Probleme;
- Beitrag zu Verhaltensänderungen auf Seiten der Verursacher nicht-nachhaltiger Entwicklung;
- Akzeptanzförderung nachhaltigkeitsorientierter Politikansätze;
- Monitoring und Erfolgskontrolle politischer Maßnahmen und gesellschaftlicher Aktivitäten im Hinblick auf sämtliche zuvor genannten Problemfelder.

Was geschehen kann, wenn die Konzeption und Implementation von Indikatorensystemen nicht in adäquater und nachvollziehbarer Weise geschieht – und dies geschieht natürlich auch im Bereich der Nachhaltigkeit – soll anhand des folgenden kurzen Beispiels verdeutlicht werden.

Als Teil der bundesdeutschen Nachhaltigkeitsstrategie wurde 2002 ein Set von 21 Indikatoren zur Diskussion gestellt (Presse- und Informationsdienst der Bundesregierung 2002) und 2004 in leicht veränderter Form verabschiedet (Bundesregierung 2004). Dieser sollte dazu beitragen, Schritte in Richtung einer nachhaltigen Zukunft zu messen und zugleich Fingerzeige für Bereiche zu geben, in denen akuter Bedarf für gesellschaftliche Fortschritte gesehen wird.

Die gegen dieses Vorgehen in Anschlag gebrachten Hauptkritikpunkte beziehen sich sowohl auf die Inhalte als auch auf die Intentionen dieses Aufsatzes. Zum einen wurde die Einseitigkeit der ausgewählten Gesichtspunkte in Richtung ökologischer Nachhaltigkeit (z.B. Ressourcenverbrauch, Klimaschutz, Erneuerbare Energien, Biodiversität und Mobilität) streng kritisiert, insbesondere weil dabei sozial-gesellschaftliche Bezüge weitgehend vernachlässigt wurden (Diefenbacher et al. 2004: 7 ff.). Der zweite wesentliche Einwand rekurriert auf die im Zuge des Konsultationsprozesses nur unzureichenden Partizipationsmöglichkeiten für die Bürger. So war die einzige Möglichkeit für die Einbringung von Vorschlägen über ein internetbasiertes Chatforum mit Regierungsvertretern und berühmten Persönlichkeiten (die eingeladen wurden, um die Idee der Nachhaltigkeit bekannt zu machen bzw. für diese zu werben) gegeben.

Viele dieser Erfahrungen verweisen auf „range-of-focus"-Probleme, d.h. dass es für die meisten Menschen schwierig ist, komplexe Situationen zu überblicken, sofern diese über den Horizont ihrer alltäglichen lebensweltlichen Erfahrungen hinausgehen (und die ökonomische, ökologische und soziale Situation Deutschlands ist in der Tat komplex!). Daher stellt transdisziplinäres Denken, das nicht nur die Grenzen wissenschaftlicher Disziplinen sondern auch die Grenzen der Wissenschaft selbst überschreitet, einen entscheidenden Eckstein im Denkgebäude des Nachhaltigkeitskonzepts dar. Zugleich spielt Reflexivität eine zentrale Rolle. Damit ist die bewusste Wahrnehmung von Feedback-Schleifen gemeint, die Handlungskonsequenzen verdeutlichen und deren Reflexion mit der Möglichkeit des Überdenkens einhergeht. Beide Aspekte zielen auf jeden einzelnen gesellschaftlichen Akteur – gleichviel, ob es sich dabei um politische Entscheidungsträger, Verwaltungskräfte oder einfache Bürger handelt.

Auf Aspekte der gegenseitigen Verantwortung dieser Partner sowie des Wissensmanagements und Bildungsprozessen im Rahmen von Evaluationsverfahren wird in den nächsten Abschnitten eingegangen.

4. *Governance durch Evaluation? Empirische Fallbeispiele und konzeptionelle Grenzen*

Das besondere Potenzial für strategische Innovationen, das durch übergreifende Kommunikationsansätze in Verbindung mit einer strategischen Zielgruppenorientierung zu fördern wäre, macht Effekte in Richtung nachhaltiger Entwicklung wahrscheinlich, sofern alle maßgeblichen Akteure in derartige Transformationsprozesse eingebunden wären. Dies wäre gleichbedeutend mit einem Anspruch, der weit über die übliche Fokussierung auf instrumentelle Aspekte hinausreicht. Schließlich weist diese ins Auge gefasste Innovation einen kombinierten sozialen und politischen Charakter auf, weil sie eine neue, breit angelegte Form der informationsbasierten Kooperation zwischen Staat, Interessenvertretern und der Öffentlichkeit darstellt.

4.1 Nachhaltigkeitskommunikation

Der Einsatz von Nachhaltigkeitsindikatoren wirft die Schlüsselfrage auf, ob und wie nachhaltigkeitsrelevantes Wissen in Entscheidungsfindungsprozessen eingesetzt werden kann. Weil hoch aggregierte Informationen besonders relevant für politisches Handeln sind, stellen Wissenstransfer und dialogorientierte Wissenskommunikation essentielle Indikatoren politischen Handelns dar. Um die anvisierten Ziele zu erreichen, ist also eine Analyse möglicher und vorhandener Kommunikationsbarrieren auf Seiten der Empfänger sowie auf den Ebenen der Informationsweitergabe essentiell.

In diesem Zusammenhang ist es wichtig, viel versprechende Ausgangspunkte für optimierte Wissenskommunikation zu lokalisieren. So untersucht das Netzwerk für Transdisziplinarität (www.transdisciplinarity.ch) Desiderata zur Entwicklung von Schnittstellen zwischen Wissenschaft und der Gesellschaft in der Schweiz (td-net 2004). Eine Definition für derartige Schnittstellen geben Lehmann & Rieder (2003):

"The term interface denotes subsystems and institutions that are able to reproduce identically information from another system and then translate it into their own system."

Als Konsequenz lassen sich verschiedene Transfer- und Dialogzonen ableiten, in denen verschiedene Formen des Wissenstransfers sowie unterschiedliche lebensweltliche

Rationalitäten berücksichtigt werden. Verschiedene Institutionen können als Interface zwischen den unterschiedlichen Feldern der Gesellschaft agieren. Der Aufbau und die Entwicklung derartiger Organisationen steht und fällt mit der erfolgreichen Implementation eines partizipativ angelegtenen Monitoring sowie eines ebenso konzipierten Evaluationsrahmenwerks (td-net 2004: 22).

Die Folgen des globalen Wandels schlagen sich letztlich auf der lokalen Ebene der privaten und öffentlichen Sektors sowie der allgemeinen Öffentlichkeit nieder. Der Übergang zu einer nachhaltigen Entwicklung erfordert daher einen Wissenswandel („knowledge transition") (Biermann 2002: 8) bei allen Akteursgruppen, um sie dazu zu befähigen, die Dynamik komplexer Systeme sowie die damit korrespondierenden Politikoptionen besser einschätzen zu können. Die entscheidende Herausforderung wird also darin liegen Indikatoren zu entwickeln, die dazu beitragen können, die Variationen zwischen unterschiedlichen Regionen über bestimmte Zeiträume hinweg verständlich zu machen, um auf diese Weise zur Generierung adäquater Reaktionsmuster beizutragen. In dieser Hinsicht ist mit der Einführung von Nachhaltigkeitsindikatoren die Hoffnung verbunden, ein Gerüst zu errichten, das den dazu notwendigen sozialen Wandel zu befördern vermag. Die besondere Leistungsfähigkeit, die in der Einbeziehung heterogener Akteurskonstellationen für soziale Lernprozesse liegt, wird von Kates et al. (2001: 641) ausgeführt:

> "Combining different ways of knowing and learning will permit different social actors to work in concert, even with much uncertainty and limited information."

Für ein zweckentsprechendes soziales Lernen benennt Siebenhüner (2002: 2f.) vier Faktoren:

- Partizipation: mit dem entscheidenden Aspekt der Auswahl der Partizipierenden;
- Prozeduren: abhängig von den zu erreichenden Zielen sind verschiedene Methoden einzusetzen, die sich über Information, Konsultation, Antizipation der Zukunft, Mediation bis hin zur Koordination verschiedener Formen der Wissensproduktion, Koproduktion von Problemlösungen und sozialem Lernen erstrecken können (Mayer 1997);
- Prozesse des Lernens: mit besonderem Augenmerk auf a) wechselseitige Lernprozesse zwischen den beteiligten sozialen Akteuren, b) Bewusstseins- und Wertebildung in Richtung nachhaltiger Orientierungen und schließlich c) veränderte Verhaltensmuster auf Seiten der beteiligten Akteursgruppen.
- Produkte: diese können sich vom bloßen Wissensaustausch bis hin zur Erzeugung neuen Wissens mit Praxisrelevanz für andere gesellschaftliche Gruppen und Akteure erstrecken.

Bei der Anwendung von Evaluationsmaßnahmen konnten im Rahmen von so genannten kooperativen Diskursen empirische Belege für Effekte sozialen Lernens erbracht werden. Die Methode lässt sich als Bürgerforum beschreiben. Sie umfasst Vertreter verschiedener Interessengruppen und bezieht bei der Bewertung von Optionen der Politikentwicklung in bestimmten Feldern auch wissenschaftliche Expertise mit in die Entscheidungsfindung ein. Das Arbeitsverfahren zielt darauf ab, Indikatoren zu entwickeln, die es ermöglichen verschiedene politische Optionen im Hinblick auf mögliche Problemlösungspotenziale abzuwägen. Ein Manko stellt dabei die Tatsache dar, dass dieses Verfahren bisher nur in wenigen Fallbeispielen angewandt wurde. Daher ist der Einfluss auf lokale Politikverhältnisse (noch) als limitiert anzusehen (Webler et al. 1995).

Im Hinblick auf das demokratisch wichtige Kriterium der Legitimität ist festzuhalten, dass diese in gewisser Weise vom produzierten Wissen abhängt. Obwohl politische Entscheidungsträger Methoden der Partizipation (wie z.B. kooperative Diskurse) nicht in jedem Falle als rechtmäßigen Ersatz für Prozesse der Entscheidungsfindung ansehen, neigen sie doch dazu, diese (zumindest) als Evaluationsinstrumente einzusetzen: "they acknowledge the outcomes (...) as a good indicator for public opinions which might have an impact on their decision making" (Siebenhüner 2002: 8).

4.2 Regional Governance

Eine Reihe von Veränderungen führten in Verbindung mit den mannigfaltigen Ausprägungen des Wertewandels (Betonung des Selbstwertgefühls, Unzufriedenheit mit der dominierenden Rolle von Institutionen) sowie Verschiebungen in Richtung veränderter Paradigmen der Leistungserfüllung (Regionalentwicklungsprozesse, Aktivierender Staat) über die gesamte europäische Region hinweg zu vermehrten Initiativen selbstgesteuerter Entwicklungsprozesse (Fürst 2001). Die regionale Ebene – als Forum für „Regional Governance" (Keating 1998, Benz et al. 1999) – erscheint als eine ideale Antwort auf die Herausforderungen der Zukunft: aktuelle Veränderungen der Sozialstruktur und zukünftiger Aufgaben im Kontext nachhaltiger Entwicklung. Dies nicht zuletzt, weil

- Regionen spezifische Vorzüge aufweisen, die zumeist auf effektiven Netzwerken gründen;
- Regionen sich besser als die nationale oder lokale Ebene zur Integration der unterschiedlichen Wertrationalitäten des hierarchischen politisch-administrativen Sektors, der marktorientierten ökonomischen Domäne und der sozio-emotionalen Verflechtungen der sozio-kulturellen Sphäre eignen;
- Regionen einen vergleichsweise niedrigen Institutionalisierungsgrad aufweisen und daher offener für neue Formen kooperativer Netzwerke sind.

Der letztgenannte Aspekt betont wohl die wichtigste Eigenschaft regionaler Steuerungsprozesse: sie konstituiert sich durch Kommunikation, die vorwiegend auf den kognitiven Prozessen regionaler Akteure basiert. Dementsprechend sind diese Akteure gehalten, gemeinsam eine Vision von Bedingungen, Bedürfnissen und möglichen Maßnahmen zu entwickeln, um ihre Ziele auf kooperativem Wege zu erreichen. Für viele Menschen stellt regionale Identität einen in seiner Attraktivität eher noch steigenden Gegenpol zum „kalten Wind" der Globalisierung dar. Dabei variieren regionale Bedingungen und Identitäten von Region zu Region, weil sie auf unterschiedlichen Entwicklungen der (Selbst-)Steuerung und (Selbst-) Organisation gründen. Darüber hinaus ist für die regionale Ebene eine hohe Dynamik charakteristisch: Strukturen können sich zwar rasch in Form von Netzwerken konstituieren, die sich zu Partnerschaften oder sogar institutionalisierten Kooperationen fortentwickeln, aber nach der erfolgreichen Abwicklung gemeinsamer Projekte verlieren sie unter Umständen genauso schnell wieder ihren Daseinszweck, so dass sie auf die Ebene loser informeller Kontakte zurückfallen (Lowndes & Skelcher 1998: 320 f.). Dies liegt unter anderem daran, dass die politische Steuerung auf regionaler Ebene stark von politischen Opportunitätsstrukturen abhängt, die sich beispielsweise im Grad an Dezentralisierung, der Offenheit politisch-administrativer Sektoren für informelle Beziehungen mit ihrer Umwelt sowie Anreizoptionen in der Förderpolitik äußern können (Maloney et al. 2000: 809 f.). Da diese Art von Steuerung in hohem Maße von selbstorganisierten interorganisationalen Netzwerken abhängt, ist es für die beteiligten Akteure unerlässlich, auf ein Evaluationsgerüst zurückgreifen zu können, mit dessen Hilfe sich bemessen lässt, ob die anvisierten Ziele (auch) in zufriedenstellender Weise erreicht werden. Selbstverständlich sind derartige Bezugssysteme so zu gestalten, dass sie sich in Übereinstimmung mit den jeweils vorgefundenen „regionalen Steuerungsstilen" befinden (Fürst 1997).

Im Verlauf der vergangenen Jahre öffneten sich in Deutschland neue Wege zur Stärkung der regionalen Ebene. Ein einflussreicher Ansatz war der Wettbewerb „Regionen aktiv – Land gestaltet Zukunft" des Bundesministeriums für Verbraucherschutz, Ernährung und Landwirtschaft (BMVEL) mit dem erklärten Ziel, neue Ansätze der Verquickung von Agrar- und Regionalpolitik zu initiieren. Seit 2001 suchen 18 über das gesamte Bundesgebiet verteilte Modellregionen nach eigenen Wegen, ihre individuellen Bedürfnisse in Bezug auf nachhaltige Regionalentwicklung in maßgeschneiderte Organisationsprozesse einfließen zu lassen. Wie vorauszusehen spielt bei diesen Prozessen die Ausprägung von Regional Governance eine dominierende Rolle (Knickel et al. 2004). Transdisziplinäre Evaluationsansätze, die derartige Entwicklungen vor allem im Hinblick auf die strategisch wichtige Verbindung von Inhalt und Partizipation berücksichtigen, wurden beispielhaft anhand einer teilnehmenden Region an anderer Stelle beschrieben (Adomßent 2003).

4.3 *Nachhaltigkeitsevaluation von Stadtentwicklungsprozessen (New London Governance)*

Die so genannte London-Studie (London Study) verfolgte mehrere Ziele: zum einen die Erarbeitung einer Momentaufnahme der Stadt London vor dem Hintergrund ihrer aktuellen ökonomischen, sozialen und umweltbezogenen Verhältnisse; zum zweiten die Etablierung einer Vision der Stadt für das Jahr 2020 nebst Entwicklung eines Aktionsplans, um London zu einer nachhaltigen Stadt der Zukunft zu machen. Die Studie wurde im November 1995 im Anschluss an den Besuch der damaligen Europäischen Kommissarin für Regionale Entwicklung, Monika Wulf-Mathies, angeschoben. Der Antrag wurde der Europäischen Kommission unterbreitet und 1996 genehmigt. Die zweijährige Arbeit wurde im Januar 1997 aufgenommen; sie führte zur Gründung der „London Development Partnership" und wird als geeignetes Instrument angesehen, "to set the tone and prepare the ground for the new approach to London governance" (ALG 1998: 2).

Beruhend auf dem Modell nachhaltiger Entwicklung wurde ein Evaluationskonzept hergeleitet, um die Erreichung der mit dem Projekt verfolgten ambitionierten Ziele zu überprüfen. In Tabelle 1 findet sich eine Auswahl der zum Anschlag gebrachten Indikatoren dieser Evaluation.

Unter Rückgriff auf die im Verlauf der Studie erzielten Ergebnisse wurden die folgenden Kriterien als ausschlaggebend für die Entwicklung von Evaluationskriterien angesehen:

- Die Evaluationsansätze sind so zu konzipieren, dass sie Langzeitphänomene aufzudecken vermögen, da viele Probleme struktureller Art sind und daher nicht sofort ins Auge fallen.
- Der vielfältige und komplexe Charakter der vorgefundenen Probleme lässt es als unausweichlich erscheinen, soziale und ökonomische Politikansätze zu integrieren und nicht nur – wie bisher geschehen – zu koordinieren;

- Die geographische Ausdehnung der Probleme macht das Bedürfnis nach Ansätzen der Dezentralisierung und lokaler Autonomie deutlich (Subsidiaritätsprinzip);
- Die politische Beschaffenheit der Probleme öffnet den Blick für die Notwendigkeit von Partnerschaften, die als institutionalisierte Konfliktminderer dienen können.

Unter Berücksichtigung von (Good) Governance-Kriterien kommen die Autoren zum Schluss, Evaluationsverfahren "must not only function to protect and ensure the judicious use of public money but must also provide feedback on whether policy measures are actually achieving the goals for which they were designed." (ALG 1998: 9).

5. Nachhaltige Entwicklung als organisationale Herausforderung für Universitäten

Zur (Neu-)Orientierung von Hochschulen am Leitbild nachhaltiger Entwicklung wurden in jüngster Zeit wiederholt Vorschläge erarbeitet und im politischen Raum zur Diskussion gestellt (z.B. Gruppe 2004; Beiträge in Altner & Michelsen 2005). Die mit diesem Schritt verbundenen Konsequenzen sind erheblich (Karl Franzens University Graz et al. 2005). Im Rahmen dieses Beitrags steht nicht der Raum zur Verfügung, um vor dem Hintergrund der besonderen Organisationsform ‚Hochschule' Szenarien des institutionellen Wandels in Richtung nachhaltiger Entwicklung zu entfalten. Daher beschränkt sich der folgende Abschnitt auf die Darstellung der Potenziale von Nachhaltigkeitsmanagementsystemen als ein vielversprechender Weg zur möglichen Integration des Nachhaltigkeitsleitbildes in die operative Praxis von Hochschulen.

Managementsysteme koordinieren und systematisieren unternehmerische Aktivitäten durch Regulierungs- und Dokumentationssysteme und tragen auf diese Weise zur Organisations- und Leistungsoptimierung bei. Umweltmanagementsysteme (UMS) werden von Organisationen zur Evaluation, Berichterstattung und kontinuierlichen Verbesserung ihrer (ökologischen) Umweltbilanz eingesetzt. Seit 2001 ist das EU Eco-Management and Audit Scheme (EMAS) auch für Institutionen des öffentlichen Sektors zugänglich, was zu einer steigenden Anzahl von Hochschulen führte, die Umweltaspekte in die verschiedenen Zweige ihrer Organisation integrieren und mit Hilfe von UMS kontrollieren und steuern (Bormann et al. 2000; Müller, Gilch & Bastenhorst 2001; Viebahn & Matthies 2000). Zur Unterstützung derartiger integrativer Prozesse geht ein kleiner, aber stetig steigender Teil der Hochschulen dazu über, eigens mit der Koordination des Umweltmanagements beschäftigte Personen einzustellen.

Im Gegensatz zu UMS sind soziale Managementsysteme oder Soziale Audits nicht sehr verbreitet. Obwohl die Integration von Belangen sozialer Nachhaltigkeit in den Bereich der sogenannten ‚corporate governance' (übersetzt etwa ‚angemessene Unternehmensorganisation') in den letzten Jahren an Bedeutung gewonnen hat, stehen konzeptionelle Überlegungen zur Etablierung von Nachhaltigkeitsmanagementsystemen (NMS) bisher noch ganz am Anfang. Aktuelle Publikationen zeigen, dass den spezifischen integrativen Herausforderungen derartiger NMS nur in sehr wenigen Fällen wirksam begegnet wurde. So stellen diese zumeist nur eine Kompilation parallel laufender Managementsysteme dar, was zu negativen Effekten und Effizienzverlusten führt. So ist die Implementation von NMS und korrespondierenden Audit-Verfahren an Universitäten bislang weitgehend unbekannt, ebenso wie die für eine derartige Einbindung notwendigen Managementinstrumente (Nachhaltigkeitsprüfungen, Nachhaltigkeitsberichterstattung etc.).

Lokale Treiber	Ökonomische Konkurrenzfähigkeit	Sozialer Zusammenhalt	Ökologische Nachhaltigkeit
Regionale Dynamik	Ausmaß ortsinternen Investments und Umzüge, Migration und Pendler in Abhängigkeit von ihren Qualifikationen	Anteil auswärtiger Pendler, Ausmaß und Richtung von Bevölkerungsbewegungen	Abhängigkeit von Pendlerströmen, Grüngürtel-Management, Altbaumodernisierung
Arbeitsmärkte	Beschäftigungswachstum, Anteil hochqualifizierter Arbeiter, Arbeitslosenquote, durchschnittliche Arbeitskosten	Schulerfolg, öffentliche und private Ausgaben für Trainingsmaßnahmen und Kompetenzerwerb, durchschnittliche Länge der Arbeitswoche nach Individuum und Haushalt	Umfang von Freiwilligenarbeit, Anteil von Einwohnern, die in derselben Gemeinde leben und arbeiten
KMUs und Innovation	Neue Firmengründungen und deren Überlebens- bzw. Sterberate, Zugang zu Risikokapital, Ausgaben für Forschung und Entwicklung	Anzahl von „micro start ups“, insbesondere in Quartieren ethnischer Minoritäten	Anbindung an regionale Netzwerke des Technologietransfers
Industrielle Struktur	Beschäftigungsquote in „high value-added sectors“, Exportorientierung als Maß für die Öffnung in Richtung globalen Wettbewerbs	Beschäftigungsquote in arbeitsplatz-generierenden Sektoren	Energieverbrauch
Soziales Kapital	Durchschnittseinkommen, Fehlen reicher und armer Enklaven, Wohnqualität und anteilige Wohnkosten am Durchschnittseinkommen	Ausmaß von Einkommensdisparitäten, Kriminalitätsrate (Personen- und Eigentumsdelikte), Quote von Langzeitarbeitslosigkeit, Anteil allein erziehender Haushalte, Anteil von Einkommensunterstützung	Anteil privaten Wohneigentums, öffentliche Beteiligung an Prozessen der Städteplanung
Umwelt und Lebensqualität	Anteil an öffentlichen Grünflächen, Zugang zu „quality amenities“	Ausmaß des mit bestimmten Orten/Ortsteilen verbundenen sozialen Stigmas, Lebenserwartung	Ausmaß von Luft- und Wasserverschmutzung sowie Lärmbelästigung, Umfang von Recycling, Implementation der Lokalen Agenda 21
Fernmeldewesen Infrastruktur	Zugang zu Straßen-, Zug- und Flugverbindungen, Zugang zu Kabelnetzwerken	Zugang zu öffentlichem Nahverkehr, Anteil von Autobesitzern	Durchschnittlicher Länge des Arbeitsweges und Zeitaufwand, Anteil der Pkw-Nutzer auf dem Arbeitsweg, Anteil von Telearbeit
Institutionelle Infrastruktur	Quote lokaler Organisationen in Form von Teilhaberschaften, Umfang und Anwendung von Gewerbesteuer	Einbindung des öffentlichen Sektors	Wahlbeteiligung bei lokalen und regionalen Wahlen

Tabelle 1: Evaluationsindikatoren für nachhaltige Entwicklung im Rahmen der “London Studie” (ALG 1998: 8; eigene Übersetzung)

Es ist also ein dezidierter Bedarf an Forschung und Entwicklung für diesen Bereich konstatieren:

"Universities have to adjust their core competencies, namely the production of new knowledge in research and knowledge transfer in teaching, in a way that increases the chances of realising sustainable development for the organisation as well as for society. Therefore they have to know their resource origins as well as its effects." (Behrens & Müller-Christ 2005: 239)

Die Autoren fordern professionelle Nachhaltigkeitsmonitorings und -berichte für jede Hochschule. In seiner vergleichenden Untersuchung aktueller Nachhaltigkeitsberichte verschiedener Universitäten in den USA (Florida), Hong Kong und Deutschland kommt Albrecht (2006) allerdings zu ernüchternden Schlüssen:

- bisher existieren nur sehr wenige Berichte, von denen wiederum die meisten als Projektpapiere zu charakterisieren sind;
- Nachhaltigkeitsberichte unterscheiden sich in Inhalt und Form erheblich von den allgemein üblichen Anforderungen anerkannter Verfahren;
- Zudem stimmen Form und Inhalt der Berichte häufig nicht überein. So sind einige Texte mehr oder weniger mit Umweltberichten gleichzusetzen, ohne den komplexeren Anforderungen des Leitbilds der Nachhaltigkeit zu entsprechen.

Eine Zusammenstellung der mit den zuvor geschilderten Herausforderungen verknüpften Fragen findet sich in Tabelle 2.

Die Universität Lüneburg stellt auf Bundesebene eine der wenigen Hochschulen dar, die sich in die zuvor skizzierte Richtung bewegen. Die Institution wurde als eine der ersten europäischen Universitäten validiert und im Mai 2000 nach EMAS zertifiziert. Gegenwärtig wird das vorhandene Umweltmanagementsystem in Richtung eines Nachhaltigkeitsmanagementsystems weiterentwickelt. Die Einbettung dieses Vorhabens in den Kontext des Forschungs- und Entwicklungsprojekts „Sustainable University – Nachhaltige Entwicklung im Kontext universitärer Aufgabenstellungen" (www.uni-lueneburg.de/sustuni/) wurde bereits an anderer Stelle beschrieben (Adomßent & Godemann 2005), ebenso die damit zusammenhängenden methodologischen Herausforderungen im Kontext der Nachhaltigkeitsforschung (Adomßent et al. 2006).

Bilanzierend bleibt festzuhalten, dass die Einführung von NMS aufgrund des institutionenweiten Ansatzes einen vielversprechenden ersten Schritt zur Generierung und Organisation des Wissens darstellt, das von Hochschulen benötigt wird, um sich in Richtung nachhaltiger Entwicklung auf den Weg zu machen.

Theoriebildung/Methodologie
o Welche Faktoren sind konstitutiv für ein Nachhaltigkeitsmanagementsystem oder -audit, und wie unterscheiden sich diese von solchen für Umweltmanagementsysteme oder einem Öko-Audit?
o Wie sehen geeignete Instrumente für ein Nachhaltigkeitsmanagementsystem generell aus (Nachhaltigkeitsaudit, -reporting etc.)?
o Welche bereits existierenden Vorgaben, Richtlinien oder Verfahrensregeln für ein Nachhaltigkeitsaudit können Universitäten zur Orientierung nutzen (e.g. EMAS, ISO 14000/01, SA 8000, AA 1000, GRI etc.)?
o Wie begegnet man den mit dem Leitbild der Nachhaltigkeit verbundenen Herausforderungen: wie lassen sich diese in ein ganzheitliches Managementsystem (ökologische, soziale und ökonomische Aspekte) integrieren, um die Etablierung 'paralleler Satellitensysteme' zu vermeiden?
o Welche Voraussetzungen muss ein Nachhaltigkeitsmanagementsystem für Bildungsinstitutionen mitbringen und wie lassen sich Forschung und Lehre integrieren und auditieren?
o Welches sind geeignete Nachhaltigkeitsindikatoren zur akkuraten Messung einer nachhaltigen Entwicklung von Organisationen?
Implementation
o Wie lässt sich ein Umweltmanagementsystem zu einem Nachhaltigkeitsmanagementsystem weiterentwickeln?
o Welche Schritte sind zur Implementation eines Nachhaltigkeitsmanagementsystems notwendig?
o Wie können die verschiedenen Mitglieder der Universität an diesem Prozess partizipieren (z.B. bei der Auswahl von Nachhaltigkeitsindikatoren)?
o Welches sind die vielversprechendsten Kommunikationskanäle zur Unterstützung dieses Prozesses?

Tabelle 2: Herausforderungen im Zusammenhang mit der weiteren Entwicklung und Einrichtung von Nachhaltigkeitsmanagementsystemen an Hochschulen.

6. *Schluss*

Es konnte gezeigt werden, dass der Einsatz von Nachhaltigkeitsindikatoren sowohl bei Entscheidungsprozessen in gesellschaftlicher Hinsicht als auch im Hinblick auf das selbstgesteuerte Vorgehen von Organisationen in konzeptioneller Hinsicht strukturelle und akteursbezogene Faktoren beinhalten muss. Zu nennen sind hier institutionelle, organisationale, soziale und kulturelle Faktoren, die bei Informationsprozessen eine wichtige Rolle bei der gegenseitigen Verantwortung für getroffene Maßnahmen zwischen Entscheidungsträgern, Verwaltungsleitern und der Öffentlichkeit spielen. Darüber hinaus wurde deutlich, dass derartige Indikatoren das Potenzial besitzen, im Zuge von Evaluationen effektives Wissensmanagement und soziales Lernen zu befördern.

Die Einrichtung einer innovativen politischen Steuerung mit Hilfe nachhaltigkeitsbezogener Indikatoren erfordert eine ausreichende Zahl ökonomischer Akteure, gesellschaftlicher Gruppen ebenso wie Verbände sowie die Gesellschaft als Ganzes, um ihre Entscheidungen und Handlungen an den mit Hilfe der Indikatoren erzeugten Informationen auszurichten. Dieses Feld der Anwendung ist allerdings noch weitgehend als ein blinder Fleck zu bezeichnen – sowohl im Hinblick auf wissenschaftliche Forschungserkenntnisse als auch für die Verbreitung Indikatoren generierender Institutionen. So ist in die Entwicklung adäquater Nachhaltigkeitsindikatoren noch viel

Arbeit zu investieren, um exakt die Daten sammeln, aufbereiten und präsentieren zu können, die für eine adressatengerechte Aufbereitung und Kommunikation notwendig wären. Auch den möglichen Beiträgen der Anwender- und Zielgruppen ist weiter nachzugehen. Zusammengefasst sind im Hinblick auf konzeptionelle und empirische Befunde zu den Potenzialen einer „governance by evaluation" die folgenden Faktoren und Prozesse in Bezug auf ihre hemmende bzw. fördernde Wirkung zu analysieren:

- Methoden zur Messung des Einsatzes von Indikatoren in verschiedenen ökonomischen und sozialen Interessenvertretungen / -organisationen (sind hier Skaleneffekte messbar?);
- Identifikation der gesellschaftlichen Relevanz zielorientierter umweltbezogener Nachhaltigkeitsindikatoren (gemeinsam mit relevanten Interessengruppen);
- Spezifikation der Rolle von Schnittstellen und Medien (als Barrieren oder Kanäle) bei der Kommunikation von Indikatoren und ihrer Bedeutung zwischen verschiedenen Bereichen der Gesellschaft und in Richtung Öffentlichkeit;
- Erarbeitung von Empfehlungen für die Ausweitung einer Wissenskommunikation zwischen Politik, Ökonomie und Gesellschaft, basierend auf hoch aggregierten Indikatoren (unter Berücksichtigung der Barrieren im Verlauf der gesamten Kommunikationskette);
- Startpunkte für die Verbreiterung des Spektrums für neue Formen politischer Steuerung;
- Empfehlungen für die Implementation einer "governance by evaluation" (Jänicke et al. 2004).

Bei jeder Spezifizierung der aufgelisteten Fragen sind Reflexivität and Transdisziplinarität als konstitutive Elemente von Evaluationsansätzen anzusehen, dasselbe gilt selbstverständlich auch für die Grundsätze einer „good governance" – gleichviel ob auf regional(politisch)er Ebene oder im Rahmen organisationaler Veränderungs- und Lernprozesse.

Literatur:

Adomßent, M. (2003): Zur Notwendigkeit transdisziplinärer Ansätze für Evaluationsvorhaben in der Stadt- und Regionalentwicklung. Zeitschrift für Evaluation 1/2003: 5-17.

Adomßent, M. & Godemann, J. (2005): Campus im Spannungsfeld. Sustainable University Lüneburg. Politische Ökologie 23 (93): 52-53.

Adomßent, M., Godemann, J. & Michelsen, G. (2006): Hochschule(n) und das Leitbild der Nachhaltigkeit: Herausforderungen und Stand der Umsetzung in Deutschland. Zeitschrift für internationale Bildungsforschung und Entwicklungspädagogik (im Druck).

Albrecht, P. (2006) Nachhaltigkeitsberichterstattung – Ein Schritt in Richtung einer Sustainable University? INFU-Diskussionsbeiträge 27/05, Lüneburg (im Druck).

ALG (Association of London Government) (Ed., 1998): The London study – the future of the city. London.

Altner, G. & Michelsen, G. (2005): Baustelle Hochschule. Nachhaltigkeit als neues Fundament für Lehre und Forschung. politische Ökologie 23 (93), München.

Behrens, B. & Müller-Christ, G. (2005): Innovative sustainability monitoring and reporting for universities. In: Karl Franzens University Graz, Graz University of Technology, Oikos International & Copernicus Campus (Eds): Proceedings of the conference "Committing Universities to Sustainable Development", Graz, April 20-23, 2005.

Benz, A., Fürst, D., Kilper, H. & Rehfeld, D. (1999): Regionalisierung. Opladen

Biermann, F. (2002): Knowledge for the Sustainability Transition and the Challenge for Social Science – An Introduction. Paper presented at the 2002 Berlin Conference on the Human Dimensions of Global Environmental Change. Potsdam.
Bormann, I., Erben, F. & De Haan, G. (2000): Schulprofil durch Öko-Audit. Hamburg.
Böschen, S. (2001): Transdisziplinäre Forschungsprozesse und das Problem des Nicht-Wissens – Herausforderungen an Wissenschaft und Politik. In: Brand, K.-W. (Hrsg.): Nachhaltige Entwicklung und Transdisziplinärität. Besonderheiten, Probleme und Erfordernisse. Berlin, S. 47-66.
Bundesregierung (Hrsg.) (2004): Perspektiven für Deutschland – Unsere Strategie für eine nachhaltige Entwicklung. Fortschrittsbericht 2004. Berlin.
Diefenbacher, H., Frank, A., Leipner, I., Teichert, V. & Wilhelmy, S. (2004): Indikatoren nachhaltiger Entwicklung in Deutschland – Ein alternatives Indikatorensystem zur nationalen Nachhaltigkeitsstrategie. Heidelberg.
Fürst, D. (1997): Humanvermögen und regionale Steuerungsstile - Bedeutung für das Regionalmanagement? Staatswissenschaften und Staatspraxis 6: 187-204.
Fürst, D. (2001): Regional governance zwischen Wohlfahrtsstaat und neo-liberaler Marktwirtschaft. Download: http://www.asl.uni-kassel.de/twiki/pub/Main/NeueRegionenInDeutschland/Frst-regional_governance.pdf
Fürst, D. (2004): Mentalitäts- und Paradigmawechsel in der Stadtentwicklungsplanung. Neues Archiv für Niedersachsen: 67-83.
Gruppe 2004 (2004): Hochschule neu denken – Neuorientierung im Horizont der Nachhaltigkeit – ein Memorandum. Frankfurt am Main.
Jänicke, M. & Jörgens, H. (2004): Neue Steuerungskonzepte in der Umweltpolitik. Zeitschrift für Umweltpolitik und Umweltrecht 27 (3): S. 297-348.
Jänicke, M., Zieschank, R., Karmanski, A., Ragaly, S., Michelsen, G. & Adomßent, M. (2004): Governance by information: Strategische informationelle Steuerung als Innovation nachhaltigkeitsorientierter Politik? Eine Untersuchung am Beispiel ausgewählter Umweltindikatoren in Deutschland. Unpublished.
Karl Franzens Universität Graz, Graz University of Technology, Oikos International & Copernicus Campus (Eds) (2005) Proceedings of the conference "Committing Universities to Sustainable Development", Graz, 20.-23. April, 2005.
Kates, R.W., Clark, W.C., Corell, R., Hall, J.M., Jaeger, C.C., Lowe, I., McCarthy, J.J., Schellnhuber, H.-J., Bolin, B., Dickson, N.M., Faucheux, S., Gallopin, G.C., Gruebler, A., Huntley, B., Jäger, J., Judha, N.S., Kasperson, R.E., Mabogunje, A., Matson, P., Mooney, H., Moore III, B., O'Riordan, T. & Svedin, U. (2001): Sustainability science. Science 292 (5517): 641-642.
Keating, M. (1998): The invention of regions: political restructuring and territorial government in Western Europe. Environment and Planning C: Government and Policy 15: 383-398.
Knickel, K., Siebert, R., Ganzert, C., Dosch, A., Peter, S. & Derichs, S. (2004): Wissenschaftliche Begleitforschung des Pilotprojektes „Regionen Aktiv – Land gestaltet Zukunft“. Ergebnisse der Begleitforschung 2002-2003. Abschlussbericht. BMVEL 525-600/0003. Frankfurt/M., Müncheberg, München.
Kooiman, J. (1999): Social-political governance. Overview, reflections and design. Public Management (1): 68-92.
Lehmann, L. & Rieder, S. (2003): Wissenschaftliches Wissen in der politischen Auseinandersetzung. Fallstudie zur Genese des CO_2-Gesetzes im Auftrag der Arbeitsgruppe Transdisziplinarität der Energiekommission der Schweizerischen Akademie der Technischen Wissenschaft, Zürich.
Lowndes, V. & Skelcher, C. (1998): The dynamics of multi-organized partnerships: An analysis of changing models of governance. Public Administration 76: 313-333.
Maloney, W., Smith, G. & Stoker, G. (2000): Social capital and urban governance: Adding a more contextual "top-down" perspective. Political Studies 48: 802-820.

Mayer, I. (1997): Debating technologies. A methodological contribution to design and evaluation of participatory policy analysis. Tilburg.

Mayntz, R. (1993): Governing failures and the problems of governability: Some comments on a theoretical paradigm. In: Kooiman, J. (Ed.) Modern Governance. London.

Müller, J., Gilch, H. & Bastenhorst, K. (Hrsg.) (2001): Umweltmanagement an Hochschulen. Frankfurt am Main.

Nowotny, H. (1999): The need for socially robust knowledge. TA-Datenbank-Nachrichten 8 (3/4): 12-16.

Parris, K. (2000): OECD agri-environmental indicators. In: OECD: Frameworks to measure sustainable development. An OECD Expert Workshop. 125-136, Paris.

Presse- und Informationsamt der Bundesregierung (Hrsg.) (2002): Perspektiven für Deutschland – Unsere Strategie für eine nachhaltige Entwicklung. Berlin.

Siebenhüner, B. (2002): Social Learning and Sustainability Science: Which Role can Stakeholder Participation play? Paper presented at the 2002 Berlin Conference on the Human Dimensions of Global Environmental Change. Oldenburg.

td-net (network for transdisciplinarity in sciences and humanities) (2004): Interfaces zwischen Wissenschaft und Gesellschaft – Status Quo und Entwicklungsoptionen in der Schweiz. Bern.

Viebahn, P. & Matthies, M. (2000): Ökobilanzierung und Umweltmanagement an Hochschulen. Konzept und Umsetzung an der Universität Osnabrück. Bochum.

WBGU (Wissenschaftlicher Beirat der Bundesregierung Globale Umweltveränderungen) (1993): Welt im Wandel – Grundstruktur globaler Mensch-Umwelt-Beziehungen. Bonn.

WBGU (1999): Welt im Wandel – Strategien zur Bewältigung globaler Umweltrisiken. Berlin.

Webler, T., Kastenholz, H. & Renn, O. (1995): Public participation in impact assessment: A social learning perspective. Environmental Impact Assessment Review 15: 443-463.

Knowledge Economy und die Privatisierung von Bibliotheken

Walther Umstätter
Institut für Bibliothekswissenschaften; Humboldt Universität Berlin

Zusammenfassung

Wenn A. v. Harnack 1921 Bibliothekswissenschaft als die „National-ökonomie des Geistes" bezeichnete, wir sprechen heute eher von der volkswirtschaftlichen Bedeutung von Bildung und Wissenschaft, dann ist diese Bibliothekswissenschaft in der so genannten Wissensgesellschaft ein zentrales Thema unseres Jahrhunderts. Schon im letzten Jahrhundert wurde darüber diskutiert, ob Information eine Ware wie jede andere ist, und wie sie so verknappt werden kann, dass sie trotz Globalisierung und Terrorismus marktfähig zu machen ist. Bislang entzog sie sich durch Copyrights, Patentrechte, Bibliotheken, Schulpflicht, staatliche Forschungsförderung etc. in weiten Bereichen herkömmlicher Marktwirtschaft. Das GATS (General Agreement on Trade in Services) soll hier Fortschritte (manche befürchten allerdings eher Rückschritte) bringen. Aus informationstheoretischer Sicht ist Wissen bei genauer Betrachtung keine Information sondern eine a priori Redundanz, die mit der klassischen a posteriori Redundanz nicht verwechselt werden darf. Welche Implikationen sich daraus ergeben ist somit eine interessante Frage. Eine andere ist, wie weit knowledge economy oder auch Wissensmanagement mit knowledge based economy bzw. wissensbasiertem Management gleichgesetzt werden darf. Es ist eine ähnliche Frage wie die, ob man ein Kunstwerk oder den Künstler einkauft, so wie Sportvereine ihre Sportler. An den Privatisierungsbestrebungen von Bibliotheken ist erkennbar, dass Marktwirtschaft nur eine spezielle Ökonomieformen ist, und dass Information, Rauschen, Redundanz und insbesondere Wissen eigenen Wertschätzungen und Produktionsmechanismen unterliegt. Neben dem ursprünglichen Tauschhandel war die Einführung von Geld ohne Zweifel eine wichtige kulturelle Errungenschaft der Menschheit. Die Wiederentdeckung vom Erwerb an Ehre, an Rechten oder an Informationen, anstelle von Geld, ist die Antwort einiger Teile der Gesellschaft auf einen platten Materialismus. „The new power is not money in the hands of the few, but information in the hands of the many." 1 Deutliches Beispiel für die dem Materialismus abgewandte Gesellschaftsteile waren im Mittelalter die Klöster, die sozusagen das Verlagswesen der damaligen Zeit auch beherbergten und die ehrenamtlich Tätigen, die Vereine und Stiftungen unserer Zeit zum Erhalt von Bibliotheken.

1. *Einleitung*

Mit dem Namen Roger Bacon (~1214-1294) verbinden wir die Erkenntnis über die hervorragende Bedeutung des Erfahrungswissens im wissenschaftlichen Denken. Diese Erkenntnis hat Francis Bacon (1561-1626) in seinem Empirismus aufgegriffen und vertieft. In gewisser Hinsicht führte das zu dem Satz: „Nam et ipsa scientia potestas est.", der meist

1 Naisbitt, J.: Megatrends. Ten New Directions Transforming Our Lives, New York (1982).

verkürzt und prägnant mit „Wissen ist Macht" übersetzt wird, obwohl das Wort scientia zur damaligen Zeit Galileo Galileis (1564-1624) schon die Bedeutung von Wissenschaft gewann. Insofern wäre es inhaltlich wohl korrekter zu sagen: Wissenschaft ist ein Machtpotential.

Aus heutiger Sicht kann man noch einen Schritt weiter gehen und behaupten: Die größte Macht in dieser Welt geht von den Bibliotheken aus, die das Wissen, das die Wissenschaft in den letzten Jahrhunderten produziert hat, verfügbar machen. Sie beinhalten für alle diejenigen, die zu lesen imstande sind, die Macht des Faktischen in unserer heutigen Welt, aber auch die Macht der Vorausschau und Einflussnahme auf die Realität von Morgen. Wissen vermag Bodenschätze, Geld, Menschenleben, Zeit und vieles mehr zu retten, aber auch die Aussicht auf Gewinn zu erhöhen und vermeidbare Gefahren abzuwenden.

Daneben gibt es zwar noch immer die Macht der Religion, des Kapitals, der Massenmedien und der Waffengewalt, sie alle sind aber, soweit sie nicht die Macht des Wissens nutzen, nur Surrogate dessen. In ihnen regiert Subjektivität und die Beliebigkeit von Annahmen oder Meinungen (griech. doxa und lat. sententia). So ist Religion schon vom Wort „religio" her das Festhalten an Glaubenssätzen. Der Versuch der Wissenschaft, an die Stelle von Glauben, überall dort wo das möglich ist, Wissen zu stellen, hat an vielen Orten der Welt Wissenschaft und Glaube in Opposition geführt. Dabei hat sich die Überlegenheit des Wissen in historischer Betrachtung immer wieder durchgesetzt, denn Leben ist per se eine Wissensstrategie und der Mensch zum Streben nach bewusstem Wissen verurteilt.

Massenmedien erhalten ihr Machtpotential aus ihrer Verstärkerfunktion. Sie können die Verbreitung von Wissen beschleunigen, und damit dessen Macht vergrößern. Wenn sie aber Ideologien verbreiten, sind sie bekanntlich in der Lage, verheerend zu wirken. Insofern ist Macht außerhalb des Wissens weitgehend selbstzerstörerisch.

Hinter körperlicher Gewalt, Waffengewalt, psychologischer Gewalt, Religionskriegen und all den anderen Formen von brute force in dieser Welt steht meist nichts anderes als Eigennutz. Sie verdecken oft den Blick für das wahre und auch positive Gewaltpotential des Wissens, wobei die Staatsgewalt zur Durchsetzung von Recht und Gesetz eine Ausnahme bildet, soweit sie von einer möglichst weisen Gesetzgebung bestimmt ist. Insofern lebt, seit römischen Zeiten, Demokratie von der Bildung eines Volkes und damit auch vom Verständnis für diese Gesetzgebung. Etwa im 3. Jh. existierten in Rom 28 Bibliotheken. Von ihnen gibt es so gut wie keine Überreste, da Papyrus ebenso wie das spätere Papier, als Archivmedium immer den großen Nachteil hatte, im trockenen Zustand gut zu brennen, und im feuchten zu verschimmeln. Bevor Rom seine Machtposition an Konstantinopel abgeben musste ging sein Bibliotheks-wesen unter.

Auf Dauer ist brutale Gewalt immer ein Zeichen des Mangels an Wissen. Wenn daher die USA heute zunehmend feststellen, dass die Gewalt als hard power der soft power unterlegen ist, so steht dahinter die tragische Erfahrung, dass neben der Gewalt aus Unwissenheit, auch noch die Gewalt der Gewalt gegen Gewalt existiert, denn jede Gewalt provoziert bekanntlich eine Gegengewalt, und Kriege sind selten die Beseitigung des eigentlichen Übels – des Mangels an Wissen. Dies gilt sogar dann, wenn Kriege immer wieder zur Reduktion von Überbevölkerung geführt haben. Das eigentliche Problem, die Vermeidung von Überbevölkerung, von Hunger, von Terrorismus, etc. haben sie beseitigt, aber nicht gelöst.

2. *Wissen als Wirtschaftsfaktor*

Weitaus deutlicher als in Deutschland hat sich in den USA in der zweiten Hälfte des letzten Jahrhunderts die Erkenntnis durchgesetzt, das Wissen ein wachsend wichtiger Wirtschaftsfaktor ist. Damit verbinden sich neben weniger bekannten Namen, wie

- Adolf von Harnack, der in diesem Zusammenhang in Vergessenheit geriet, und
- Alvin Weinberg, dessen Wirkung im „Weinbergreport" 1963 erheblich war,

Autoren, deren Ideen in den Bibliotheken der USA hohe Verbreitung fanden, wie

- Fritz Machlup (1962) mit seiner „*knowledge industry*",
- Peter F. Drucker mit der "*knowledge society*" der 60er Jahre,
- Daniel Bell (1973) mit der „*post-industrial society*",
- Marc Porat (1977) mit der „*information economy*",
- Alvin Toffler (1980) mit der „*third wave*" (er sah 1991 in der Information und insbesondere im Wissen die Schlüsselmacht und weniger im Finanzkapital oder in der militärischen Macht) oder auch mit
- John Naisbitt, dessen „*Megatrends*" in den USA zu einem Bestseller wurde.

Wissen wird, wie man immer wieder liest, „neuerdings" (Sveiby, K.E. 1998)[2] als ein Kapital angesehen, auch wenn schon J.W.v. Goethe bei seinem ersten Besuch in der Universitätsbibliothek in Göttingen 1801 bewundernd erklärte: „Man fühlt sich wie in der Gegenwart eines großen Capitals, das geräuschlos unberechenbare Zinsen spendet". In gewisser Hinsicht wird so, aus mangelhaftem Zugriff auf das Wissen früherer Zeiten, das Rad immer wider neu erfunden. Das liegt zunächst daran, dass jeder Mensch das Wissen in dieser Welt für sich neu entdecken muss. Trivialitäten aber immer wieder neu zu publizieren, weil man glaubt, man sei der Erste, der sie erkannt hat, ist insofern störend, weil auf diesem Wege oft auch Unsinn[3] immer und immer wieder erneut Eingang in die Literatur findet.

Wissen als Wirtschafts- und Machtfaktor ist keinesfalls neu, was aber neu ist, das ist seine fortschreitend professionelle Produktion in der Big Science und damit in der modernen Wissenschaftsgesellschaft, seine Verwaltung und Verfügbarmachung in der Digitalen Bibliothek und in der Künstlichen Intelligenz.

In gewisser Hinsicht als Quantensprung dieser evolutionären Entwicklung ist aber noch ein weiterer Punkt zu beobachten, die Tatsache, dass die Informationstheorie mit ihren weitreichenden Auswirkungen auf die Informatik, Satellitentechnik, Massenmedien, Neurobiologie, Genetik, Sozialwissenschaften etc. im letzten Jahrhundert die Welt fundamental verändert hat, und sich nun in der Wissenstheorie mit Wissensorganisation, Wissensproduktion, Wissensrepräsentation und nicht zuletzt der Wissenswirtschaft fort wirkt. In Ihr kommt zum Tragen, dass Computer zunächst nur information processing betrieben, ohne im Sinne der Semiotik zu verstehen, was sie verarbeiteten. Auf der Basis von sogenannten semantischen Netzen, Ontologien oder genauer gesagt von semiotischen Thesauri, wird diese Schwelle überschritten, die dann genutzt werden kann, damit

2 Sveiby, K.E.: Wissenskapital. Das unentdeckte Vermögen. Immaterielle Unternehmens-werte aufspüren, messen und steigern. Verl. moderne Industrie. Landsberg/Lech (1998).

3 Umstätter, W.: Bibliographie, Kataloge, Suchmaschinen. Das Ende der Dokumentation als modernes Bibliothekswesen. Bibliotheksdienst 39 (11) S. 1442- 1456 (2005).

Computer auch eigenes Wissen zu kreieren, produzieren, verwalten und kontrollieren vermögen.

2.1 *Wissenswirtschaft, die neue Wirtschaftsform neben Betriebs- und Volkswirtschaft*

Als Harnack 1921 im Zusammenhang mit der Neugründung des Instituts für Bibliothekswissenschaft in Berlin von der Notwendigkeit einer „Nationalökonomie des Geistes“ und einer „Geistes-Wirtschaft“[4] sprach, kündigte er neben der Großforschung, die später in den USA Big Science genannt wurde, indirekt auch das Aufkommen der Wissenschaftsgesellschaft an, die ebenfalls Jahrzehnte später in den USA sich als knowledge society ausbreitete. Die volkswirtschaftliche Bedeutung des geistigen Eigentums rückte in dieser Zeit immer stärker in das Zentrum machtpolitischer Überlegungen. Das heißt aber nichts anderes, als dass Bibliothekswissenschaft eine Kernwissenschaft des 21. Jahrhunderts ist, und dass die knowledge economy sozusagen als eigene Disziplin neben die herkömmliche Betriebs- und Volkswirtschaft zu stellen ist.

Die Macht des Kapitals basiert auf der Ungleichverteilung des Geldes in den Märkten dieser Welt. Dabei ist Geld genau genommen kein Gegenwert für eine Ware, wie man zunächst annehmen sollte, es ist auch kein Maß für das Spannungsmoment zwischen Angebot und Nachfrage, sondern für dessen Relaxation. Eine Gesellschaft spart oder thesauriert Geld, wenn sie weiß bzw. glaubt zu wissen, dass sie es später dringender brauchen wird, und gibt es mit der Furcht vor Inflation beschleunigt aus. Der Marktwert einer Ware ist somit nicht nur von seinem Wert für den Verkäufer (durch die Produktionskosten), den Wert für den Käufer (durch den Gewinn bei Produktbesitz) oder durch das Spannungsverhältnis dieser beiden Werte bestimmt, sondern dadurch, wie rasch sich dieses Verhältnis erkennbar verändert. Damit ist das Wissen über diese Relaxation der eigentlich entscheidende Faktor.

Eine Bestätigung der Vorstellung einer relaxationstheoretischen Geldtheorie findet sich in der sogenannten Nachfrageelastizität[5], die die Nachfrageänderung zur Preisänderung ins Verhältnis setzt. Darum hat Geldpolitik auch das Ziel, Angebot und Nachfrage auf den Güter- und Kapitalmärkten zum Ausgleich zu bringen[6]. Dies kann sie aber nur dann, wenn sie das jeweilige Relaxationsmodul berücksichtigt. Andernfalls unterliegt sie leicht Resonanzkatastrophen, wie wir sie in der Geschichte aus verschiedenen Gründen schon bei Börsencrashes wiederholt beobachten mussten.

Ein einfaches Beispiel für eine verzögerte Entspannung im Wirtschaftsbereich möge das deutlich machen. Eine Firma weiß, dass sie bald eine neue Maschine für ihre Produktion benötigt. Sie bildet dazu die entsprechenden Rücklagen, verzögert aber den Kauf in dem Moment, in dem sie erfährt, dass es bald eine sehr viel leistungsfähigere Maschine geben wird, bei der sie sich eine erheblich höhere Rentabilität ausrechnet. Sie staut damit das Verhältnis von Angebot und Nachfrage so lange wie möglich auf. Das Beispiel macht für unsere Betrachtung drei Punkte deutlich:

---

4 http://www.ib.hu-berlin.de/~wumsta/infopub/que/harnack1921a.html.
5 Beck, H.: Medienökonomie. Print, Fernsehen und Multimedia. Springer Verl. Heidelberg (2002).
6 Vontobel, W.: So funktioniert die Wirtschaft. Klassische Fragen und neue Antworten. Wirtschaftsverl. C. Überreuter, Wien (2000).

1. Es ist bekanntlich weniger die vorhandene Nachfrage, die den Preis eines Angebots bestimmt, als viel mehr die absehbare Abdeckung durch vorhandene, anderweitige und zukünftige Angebote. Darum ist es auch eher abwegig, Kapitalbesitzern einreden zu wollen, sie mögen jetzt investieren, damit die Konjunktur anspringt, wenn sie wissen, dass sie etwas später ihr Kapital dringender benötigen. Darum sind erfahrungsgemäß zu rasch aufeinander folgende Innovationen massiv konjunkturhemmend. Auch Rechtsunsicherheiten oder moralisch kaum vertretbare Rechte verhindern Investitionen, wenn die zu erwartenden Gewinne zu stark gefährdet sind.
2. Wissen, seine Zuverlässigkeit, Präzision, Streubreite, zeitliche und thematische Reichweite und nicht zuletzt sein Bekanntheitsgrad (wie weit besitzt die Konkurrenz vergleichbares Wissen) entscheidet über den Preis einer Ware. Darum werden viele Waren und Dienstleistungen nicht produziert, obwohl die Menschheit einen dringenden Bedarf daran hätte. Dazu gehört die Nahrung für unterernährte Menschen ebenso wie Lerncomputer für Analphabeten.
3. Ein großer Teil des Wirtschaftsmarktes beruht zwangsläufig auf Nichtwissen und damit auf reiner Spekulation.

Es ist in diesem Zusammenhang interessant, darüber nachzudenken, wie weit es legitim ist, in der Absicht sich oder einem Dritten einen Vermögensvorteil zu verschaffen, eigenes Wissen anderen vorzuenthalten. Das kann auch dadurch geschehen, dass einige Länder anderen die allgemeine Schulbildung oder auch das publizierte Wissen dieser Welt durch marktwirtschaftliche Barrieren vorenthalten.

Bisherig Versuche, Information und insbesondere Wissen in das herkömmliche Verständnis der Betriebs- und Volkswirtschaft zu pressen, haben dazu geführt, dass man heute mit aller Macht versucht, beides als Ware, wie jede andere, zu behandeln und damit auch mit allen Mitteln zu verknappen, um sie sozusagen marktfähig zu machen. Der damit einhergehenden Fehleinschätzung des Informationsbegriffs widerspricht die Erkenntnis der Informationstheorie eindeutig, die zunächst einmal dazu zwingt, zwischen Information, Rauschen, Redundanz und Wissen zu unterscheiden. Für herkömmliche Waren gibt es aber weder „Redundanz" oder „Rauschen", noch die veredelte Form „Wissen".

Wissen als begründete Information hat einen erhöhten Wert bezüglich seiner Verlässlichkeit und seiner Erscheinung als a posteriori Redundanz. Das bedeutet, dass wir im Bereich des Wissens aus vorhandenen Informationen auf noch zu erwartende Informationen schließen können, und diese damit für den Empfänger vorhersehbar sind. Damit ist Wissen ebenso wie Information, Redundanz und Rauschen in Bit messbar, und es stellt eine so unglaubliche Informationskompression dar, dass es Physiker gab und gibt, wie beispielsweise Einstein, Heisenberg oder viele andere, die nach der „Weltformel" suchen, um den Zusammenhang von Energie, Masse, Zeit und Raum im gesamten Weltall stringent zu erklären.

2.2 *Definitorisch können wir auch festhalten: Knowledge is evidence based information.*

Im Rahmen der Wissensorganisation ist auch bemerkenswert, dass Wissen nicht beliebig organisierbar ist, auch nicht nur selbstorganisierend, sondern vergleichbar mit den Lebewesen selbstreproduktiv. Das heißt, dass verschiedene Denker oder auch Denkmaschinen bei der Organisation von Information zu Wissen, immer zu den gleichen Ergebnissen kommen müssen – anderenfalls gäbe es keine Wissenschaft in dieser Welt.

Diese Feststellung macht den Unterschied zwischen Konstrukten im Konstruktivismus und der Erzeugung innerer Modelle von dieser Welt deutlich. Wenn Lebewesen im Laufe ihrer Phylogenie keine solchen inneren Modelle von dieser Welt hätten aufbauen können, in denen Sie ein Wissen über die Risiken ihres Daseins erworben haben, so wären sie alle nicht lebensfähig und hätten unmöglich Millionen Jahre überdauern können. Wobei die Natur innerhalb ihrer Evolutionsstrategie zwei interessante Taktiken verfolgt hat. Bei der einen enthalten primitive Lebewesen, wie Bakterien, wenig Wissen über diese Welt, was sie durch hohe Nachkommenzahlen kompensieren, während der Homo sapiens oder auch höhere Pflanzen bei weitaus geringeren (um mehrere Zehnerpotenzen niedrigeren) Individuenzahlen durch ihr vergleichsweise großes Wissen über ihre jeweilige Umwelt ebenso überlebt haben.

Wissen hat mehrere Aspekte, die gleichzeitig berücksichtigt werden müssen. Es ist

- durch Zuverlässigkeit,
- durch thematische Reichweite,
- durch zeitliche Reichweite,
- durch vorhandene (gegenüber der möglichen) Präzision,
- durch Streubreite (die nicht mit Präzision und der Zuverlässigkeit zu verwechseln ist),
- durch Kompression,
- durch Tiefe der Erkenntnis

charakterisiert.

In seiner Bedeutung als épisteme (griech) bzw. scientia (lat.) ist es durch die jeweilige Höhe der immanenten Gewissheit charakterisiert. Dabei wird sozusagen die Weisheit (sophia griech.) als Erfahrung des absoluten Grundes und damit als maximale Tiefe der Erkenntnis angestrebt. Wenn folglich F. Bacon anregte, „durch Gründen zu wissen“[7] und damit nach der Kausalität von Ereignissen zu fragen, also dem griechischen logos, so verbirgt sich dahinter die Ontologie als Lehre vom Seienden, wobei diese nach bisheriger Erfahrung immer weiter vertieft werden kann. Hierher gehört auch die Etymologie (etymos griech. = wirklich, wahr, gewiss), die eher die Lehre nach der historischen Bedeutungsentwicklung eines Wortes ist, als die nach dem Zusammenhang, wie gewiss ein bezeichneter Gegenstand auch richtig gedeutet werden kann. Insofern ist das Verstehen (firstân ahd. = dicht vor etwas stehen, bezeugen) und der Beweis (aus wahren oder gewissen Vordersätzen gewonnener Schluss) immer ein fortschreitender Vorgang und nie ein abgeschlossenes Ergebnis einer einmaligen Überlegung. Zum Wissen gehört die Evidenz (evidens lat. = einleuchtend, offenbar), die uns sagt, warum etwas so und nicht anders ist. Sie ist verwandt mit der Einsicht (sapientia lat.) die den Menschen zum Homo sapiens macht, der mit seinem Bewusstsein zwischen gut und böse zu unterscheiden vermag. Denn nur die Fähigkeit des Bewusstseins, bei dem wir Wissen über unser Un- bzw. Unterbewusstsein erlangen, erlaubt uns die verschiedenen Stufen des Wissens und seiner Folgen zu unterscheiden. Es unterscheidet den Menschen von Tier und Pflanze, die für ihr Verhalten nicht verantwortlich gemacht werden können. In dieser Erkenntnis liegt auch der Unterschied zwischen einer Verhaltensforschung und der Psychologie, die fälschlicherweise als „Tierpsychologie“ sogar schon Eingang in Bibliothekskataloge[8] gefunden hat. Während

---

7 „true knowledge is knowledge by causes“ Francis Bacon, Novum Organum, Bk II, Aphor 3 (1620).

8 Umstätter, W. und Wagner-Döbler, R.: Einführung in die Katalogkunde. Hiersemann Verl. Stuttgart. S. 96 - 98 (2005).

sich so mancher Philosoph heute mehr denn je fragt, ob selbst der Mensch einen freien Willen haben kann[9]. Eine Frage, die allerdings meist auf der Fehlinterpretation der neurologischen Befunde beruht.

Schon in der alten Suche nach Vorhersagbarkeit durch Astrologen, Auguren, Hellseher oder Orakel, war die Semiotik als Interpretation göttlicher Zeichen enthalten. Sie findet in modernen Delphi-Analysen, futurologischen Ansätzen und der Wissenschaft ihre heutige Entsprechung. Je weiter wir dabei in der knowledge based economy in die Zukunft sehen, desto mehr Planwirtschaft haben wir. Gleichzeitig wird aber die freie Marktwirtschaft proklamiert – insbesondere seit ihrem scheinbaren Sieg über den Kommunismus – mit der die Wirtschaftstheorie ihre Unwissenheit über die ökonomischen Zusammenhänge überwindet.

Es ist zu unterscheiden zwischen der knowledge economy, also der wirtschaftlichen Bedeutung des Wissens selbst, und der knowledge based economy, also der vom Wissen beeinflussten Wirtschaft. Ebenso divergent sind das Wissensmanagement, in dem Bibliotheken eine wichtige Rolle spielen, und das wissensbasierte Management, das sich die Wirtschaftswissenschaften seit ihrer Existenz erarbeiten. In diesem Gesamtbereich macht die OECD seit mehreren Jahren einen klaren internationalen Trend „towards a knowledge-based economy“ mit der Internationalisierung von Forschung und Entwicklung aus, ohne jedoch den hier angemerkten wichtigen Unterschied hervorzuheben. Der Mangel an sprachlicher Präzision in diesem Bereich macht deutlich, dass wir in der Wissenswirtschaft noch immer am Beginn einer neuen Wissenschaft stehen.

Nach Möglichkeiten der Bewertung oder auch der Messbarkeit von Wissen zu suchen, wird somit immer dringlicher. Wobei die Messung von Wissen zunächst nichts mit dem Wert von Wissen zu tun hat, ebenso wenig wie die Länge einer Person mit ihrer Intelligenz korreliert. Denn bei der Wertbestimmung von Wissen müssen wir unterscheiden für wen und in welcher Dimension wir rechnen:

1. Marktwert
   a. Verkaufswert
   b. Einkaufswert
   c. betriebswirtschaftlicher Wert
   d. volkswirtschaftlicher Wert
   e. Grenznutzen
2. ideeller Wert
3. persönlich nutzbarer Wert
4. Wettbewerbswert
5. momentaner Wert
6. Wert für die Nachwelt

etc.

Dabei wird der Mangel an Messbarkeit dieser Werte dadurch kompensiert, dass man das jeweilige Wissen dem freien Markt überlässt und damit dem Spannungsfeld von Angebot, Nachfrage und seiner Relaxation. Das Geld hat dabei die Funktion, einen Wert zahlenmäßig auszudrücken, der sonst nicht beziffert werden könnte.

---

9 Die Frage entstand aufgrund von Versuchen von Libet, B. et al.: Unconscious cerebral initiative and the roll of conscious will in voluntary action" in Behavioral & Brain Sciences, 8 (4), S. 529 – 566 (1985).

Die Messung von Wissen als einer Größe wie Länge in Metern, Masse in Kilogramm oder Zeit in Sekunden (mks-System) erfolgt dagegen seit der Entdeckung der Informationstheorie in Bit. In Prüfungen von Schülern, Studierenden oder anderen Personen evaluiert man das Wissen bis heute noch immer durch Vergleich, in dem man lediglich abschätzt, ob die Person A in einer Prüfung mehr oder weniger als B weiß. Dagegen hat die Messung von Information in Bit schon sehr frühzeitig zu recht erstaunlichen Ergebnissen geführt, als deutlich wurde, welch große Mengen an Information, die pro Sekunde auf den Menschen beispielsweise beim hören, sehen oder fühlen einströmen, zu höchst komprimierten Mengen an Wissen in wenige Bit/sec. umgewandelt werden.

2.3 *Investitionen in die Wissenswirtschaft*

Die Ausbildung von Menschen hat zweifellos auch heute noch die entscheidende Schlüsselfunktion in der knowledge economy. Wenn somit die globale Ausgabe für Wasser > 1 Billionen US-$/Jahr und die globale Ausgabe für Ausbildung etwa doppelt so hoch liegt, so wird deren heutiger Stellenwert deutlich. Hierzu kommt, dass auch die >3 Billionen US-$/Jahr für die Gesundheit, in erster Linie Kosten für das know how des medizinisch ausgebildeten Personals und der Pharmaforschung sind. Ohne Zweifel wächst der Anteil für den edukativen Gesamtbereich in dieser Welt und insbesondere in den Ländern, die das Niveau einer Wissenschafts-gesellschaft erreichen, in absehbarer Zukunft weiter an. Hier haben Bibliotheken bei der Rationalisierung der Lehre und bei der massiven Begrenzung der Kosten im Wissenserwerb eine entscheidende Bedeutung, weil nicht nur das Wissen der Menschheit weiter wächst, sondern auch der Anteil derer, die in industrieller und postindustrieller Umgebung leben werden. Diese Menschen brauchen aber zwingend mehr Bildung, wenn sie im internationalen Wettbewerb bestehen wollen. Es gibt auch kaum etwas gefährlicheres und teureres als Halbbildung und Unwissenheit in einer hochkomplexen Wissenschaftsgesellschaft, da die Machtpotentiale immer weiter wachsen.

In der Agrar-, als auch in der Industriegesellschaft herrschte zwangsläufig das Wettbewerbsprinzip um knappe Ressourcen, im Wettbewerb um Nahrung, Rohstoffe, Arbeitskraft, Energie oder Grund und Boden. Dieses Grundprinzip war über Jahrtausende hinweg sinnvoll, weil es zu Bevölkerungswachstum, Energiegewinn, erweitertem Lebensraum, wachsender Lebensmittelproduktion und zu immer neuen Rohstofffunden führte. Im Bereich von Information und Wissen gibt es aber informationstheoretisch keine Begrenzung weil beide als Redundanz heute billiger denn je allen Menschen dieser Welt zur Verfügung gestellt werden könnten. Sie werden aber mit allen Mitteln verknappt, um sie im herkömmlichen Sinne der Wirtschaft marktfähig zu machen. Als Begründung für dieses moralisch immer schwerer vertretbare Prinzip gilt, dass die Urheber Gewinne erzielen müssen, um neues Wissen produzieren zu können.

In der Informations- und Wissenschaftsgesellschaft wächst nun aber die Gefahr, dass Informationsdistributoren, Verleger und die Verkäufer von Information ihr Monopol, das ihnen das Copyright zusichert, missbrauchen. Insofern muss der Gesetzgeber differenzierter als bisher zwischen ungesicherter oder auch irreführender Information, Redundanz, Wissen, Informationsdienstleistung, Wissenschaft, Bildung, Kunst, Kultur, Amüsement, Unterhaltung oder „nonstop nonsens“ unterscheiden. Auch wenn die Gesetzgebung schon seit langem zwischen Patent- und Urheberrecht differenziert, so erscheinen beispielsweise zeitliche Festsetzungen von 20 bzw. 80 Jahren mit unterschiedlichem Bezug wenig wissenschaftlich fundiert. Tatsache ist, dass ein großer Teil an Wissenschaft heute staatlich finanziert oder auch subventioniert wird, und dass dann Autoren noch dafür bezahlen, diese Ergebnisse publizieren zu dürfen. Woran man unübersehbar erkennt, dass die herkömmlichen Wirtschaftstheorien in der Wissenswirtschaft versagen. Insbesondere dort, wo sie Subventionen als Verstoß gegen die freie Marktwirtschaft geißeln.

Dass sich über Jahrhunderte hindurch kostenlose Öffentliche Bibliotheken, Schulen und auch die Schulpflicht in fast allen Ländern dieser Erde gegen das Konzept einer freien Marktwirtschaft durchgesetzt haben, ist ein klares Indiz dafür, dass die Wirtschaft die neue Disziplin einer Wirtschaftswissenschaft für die Wissenschaftsgesellschaft als nicht theoriekonform zu ignorieren versucht.

Die Grundschule in Deutschland ist bekanntlich unterfinanziert. Mit vergleichsweise 3.500 (kaufkraftbereinigter) US-$ je Schüler liegt die Bundesrepublik deutlich unter dem OECD-Mittel (3.851 US-$) und 2.200 $ unterhalb der Primarstufe in den USA. Dies könnte zwar ein Zeichen für besonders wirtschaftlichen Umgang mit Lehrkapazität sein, was hinsichtlich der Ganztagsschulen in vielen anderen Ländern nahe liegt, es ist aber angesichts der 100.000 Schulbibliotheken allein in den USA eher ein Signal für die massive Vernachlässigung der Informations- und Wissensversorgung hierzulande. Der Mangel an Schulbibliotheken in Deutschland schlägt daher verheerend zu Buche. Wegen ihrer geringen Bedeutung werden sie von der deutschen Bibliotheksstatistik gar nicht erst flächendeckend erfasst. Erst im Rahmen der PISA-Diskussion gibt es Anzeichen für ein Umdenken, auch wenn wir von einer klaren Erkenntnis des realen Mangels noch weit entfernt sind.

Schon heute sind die Ausgaben für Sonderschüler in Deutschland mit geschätzten 10.500 € weitaus höher als die 4.200 € (seit 1996 unverändert) für durchschnittliche Schüler. Wenn dagegen die Deutschen mit 6,1 Jahren besonders lange studieren, gegenüber dem OECD-Schnitt von 4,5 Jahren, so sollte dies nicht unbedingt als ein Manko gesehen werden, sondern eher als Zeichen für eine ehemals bessere Ausbildung, denn ein großer Teil des noch immer vorhandenen deutschen Wohlstandes beruht auf der Tatsache, dass unter den 55-64-jährigen doppelt so viele einen höheren Schulabschluss als in vergleichbaren Ländern haben. Es bedeutet auch einen massiven systematischen Fehler zu begehen, wenn man die Bachelor-Studiengänge vieler Länder mit den klassischen Diplom- und Magisterstudiengängen in Deutschland verwechselt. Vergleicht man die Quote der Studienanfänger in postindustriellen Ländern von ~40%, mit den hierzulande 28% bzw. den 16%, die einen Abschluss machen, so entspricht das einer Dropoutrate von 43%, die in gewissem Rahmen auch eine Selektion derer bedeutete, die mit größerer Ausdauer selbständig nach Wissen streben. Hinzu kommt, dass viele der so genannten Studienabbrecher oft nichts anderes tun, als ihre Studienzeit dazu zu verwenden, sich selbständig zu machen, ohne gleich als arbeitslos oder gescheitert zu gelten, wenn es die unvermeidbaren Rückschläge in dieser Entwicklung gibt. Insbesondere im Bereich der Informatik gibt es interessante Beispiele, in denen so genannte Studienabbrecher hervorragende berufliche Karrieren (nicht nur in Deutschland) machen konnten.

Für die Ausbildung eines Schülers haben die öffentlichen Haushalte 1999 durchschnittlich ein Äquivalent von 4.200 € ausgegeben. Das entspricht bei mehr als 10 Mio. Schülern 40,2 Mrd. € pro Jahr, die zu etwa 83% auf die 600.000 betreuenden Lehrkräfte entfallen.

Im Vergleich dazu spielt das deutsche Bibliothekswesen personell und etatmäßig eine Rolle von etwa 5%, bedient aber nicht nur Schüler, sondern auch Studierende, Wissenschaftler und alle anderen Erwachsenen. Der Wert von rund 4.200 € ist nach Angaben des Statistischen Bundesamtes seit 1996 unverändert. Die höchsten Ausgaben waren, wie bereits erwähnt, mit 10.500 € für Sonderschüler erforderlich. Der größte Teil der Ausgaben entfiel 1999 mit 3.500 € auf die Personalkosten. Schon aus diesem Grunde sollte mit Hilfe multimedialer und interaktiver Lernsysteme die Fähigkeit zum selbstständigen Lernen in Bibliotheken stärker als bisher gefördert werden, abgesehen von den didaktischen Vorteilen, der individuellen Begabtenförderung und den meritokratisch sozialen Aspekten, die damit verbunden sind. Der Trend ist im Prinzip klar und auch in den postindustriellen Ländern längst beobachtbar. So stiegen die Ausgaben für das Bildungswesen zwischen 1970 und 1994 jährlich um nur rund 3%, weil auf eine Lehrkraft heute 16,5 Schüler kommen, während es vor zehn Jahren noch 15 waren. Damit muss aber auch einhergehen, dass die entsprechenden Lehrmedien in den Bibliotheken verfügbar sind, und dass selbständiges Lernen und die Suche nach der eigenen Begabung stärker in das Bewusstsein von Eltern, Politik und Wirtschaft tritt.

Obwohl Schulen auch in den USA nur etwa 200 $ pro Schüler für Technik aufgewendet haben, während die Unternehmen durchschnittlich 5.500 $ pro Angestelltem finanzieren, führen diese zu erheblichen Leistungssteigerungen. Hier meint man auf eine entsprechende Effektivitätssteigerung beim Lernen oft verzichten zu können. Berechnet man aber die Rentabilität von Bildung auf längere Zeit und unter Berücksichtigung des Risikos, dass man nicht weiß, in welchen Berufen Auszubildende tätig sein werden, so ist schon die Verkürzung zu langer Ausbildungsgänge psychologisch und ökonomisch zwingend notwendig.

Ohne Zweifel enthalten viele Ausbildungskonzepte noch immer Vorstellungen aus den Zeiten, als man vor hundert Jahren in Frankreich Intelligenztests einführte, um herauszufinden, bei wie vielen Kindern sich eine ausreichende Schulbildung nicht bezahlt macht. An diese Stelle kann und muss heute die erhöhte Effektivität der modernen Ausbildung treten, denn Handlangerdienste von Menschen mit geringer Schulbildung sind längst die Domäne von Maschinen, Computern und Robotern geworden. Außerdem werden diese Tätigkeiten zurzeit immer stärker in Billiglohnländer exportiert, die ohnehin ein Überangebot an solchen Kräften anbieten.

Bei einer durchschnittlichen Ausbildungsdauer vom Kleinkind bis zum Hochschulabsolventen von beispielsweise 25 Jahren, kosten Studierende den Staat viel Geld und die Eltern noch mehr. Die größte Belastung und das größte Risiko tragen aber selbstverständlich die Kinder und Jugendlichen selbst. Sie haben bis zu ihrer ersten Beschäftigung massive Gehaltseinbußen und verringern damit die Zeit ihres eigenen Einkommens. Insofern muss selbständiges Lernen mit Hilfe modernster Technologie von Beginn an gefördert werden. Moderne Digitale Bibliotheken, Informationstechnologie und eine zeitgemäße Pädagogik, die nicht mehr nur das Gegeneinander der Kinder im Wettbewerb um die besten Schulnoten, sondern viel mehr das Miteinander in Problemlösungen sieht, ist gefordert.

Bezogen auf ein Gesamteinkommen von beispielsweise einer Million pro Lebenszeit, ist die Investition in den Wissenserwerb von Menschen, in der Kindheit nicht weniger wichtig als im Berufsleben. Sie ist lediglich risikoreicher, d.h. sie birgt mehr Gefahren einer Fehlinvestition, aber durchaus auch mehr Chancen. Ein solches Risiko trägt nie der

Einzelne allein, auch nicht seine Eltern, obwohl die dies in unserer heutigen Zeit hauptsächlich tun. Es ist die Aufgabe der Gesellschaft insgesamt, die letztendlich die Früchte großer Entdeckungen, Erfindungen oder Erkenntnisse ernten. Sie ist es auch, die letztendlich die Gescheiterten, die Geschädigten und die Unversorgten auffangen muss, ob sie will oder nicht.

Dass es in erster Linie die wissenschaftliche Infrastruktur im Bibliothekswesen der USA war, die beispielsweise zur Erkenntnis der Informationstheorie um Wiener, Weaver, Shannon, Nyquist, Neumann, Heartley, Fisher u.a. führte, ist leicht einsehbar, wenn man nicht auf den höchst abwegigen Gedanken kommt, dass entsprechend begabte Menschen im Rest der Welt fehlten. Kein ernst zu nehmender Wissenschaftler kann glauben, dass Menschen, die hungern, keine Schulbildung, keinen Zugang zu Bibliotheken und keine Zeit zum Selbststudium haben, alle grundsätzlich dümmer oder weniger intelligent sind.

Australien gab 1998/99 etwa 756 Mio. $ für Bibliotheken und Archive aus[10]. Dazu kommen Schul-, Universitäts- und Spezialbibliotheken. Das entspricht 40 $ pro Kopf. Es ist eine interessante und im Prinzip auch leicht zu beantwortende Frage, ob dieses Geld für einen solchen Kontinent besser angelegt ist, als wenn man jedem Einwohner pro Jahr 40 $ schenkt. Insofern ist es völlig richtig, wenn der Präsident der "Australian Association for Research in Education" (AARE), B. Lingard, 2001 vor den Gefahren der zunehmend utilitaristisch betriebenen Bildungsforschung gewarnt hat. Bildung im Gegensatz zu Unterhaltung, zum Amüsement und zur Zerstreuung muss ein Anliegen der Gesellschaft sein, auch wenn diese es dann gemeinsam zum Anliegen jedes Einzelnen machen muss.

2.4 Einordnung der Bibliotheken in die Wissenswirtschaft

Bibliotheken waren und sind kein wirtschaftsfreier Raum. Obwohl ihre Wirtschaftlichkeit nicht für jedermann unbedingt offensichtlich ist, da sie im allgemeinen eine teure Dienstleistung kostenlos zur Verfügung stellen, haben Sie trotzdem ein höchst wirtschaftliches Ziel. Sie sparen ihrer Institution, für die sie tätig sind, gleichgültig ob dies ein Staat, eine Stadt, eine Universität oder eine Firma ist, viel Geld, indem sie die richtige Information zur richtigen Zeit ihren Lesern anbieten. Man könnte es auch anders ausdrücken, indem man feststellt, dass eine Bibliothek als Einrichtung unter archivarischen, ökonomischen und synoptischen Gesichtspunkten publizierte Information für ihre Benutzer sammelt, ordnet und verfügbar macht, damit diese erkennen, was sie alles nicht zu lesen brauchen, weil es immer noch Wichtigeres zu wissen gibt. Die damit verbundene Zeitersparnis im Wettbewerb um das Wissen in dieser Welt ist kaum bezahlbar.

Bibliotheken ermöglichen damit auch ein kaum zu überbietendes qualiy controlling der Wissenschaft, das bereits in großer Gefahr ist, wenn man die weltweite Diskussion um wissenschaftliche Betrügereien verfolgt. Außerdem sind Bibliotheken die Voraussetzung, dass es in dieser Welt überhaupt ein Copyright geben kann, weil man erst wissen muss, was andere geschrieben haben, um Plagiate zu vermeiden. Die Eigenschaft des Wissens, dass verschiedene Menschen nach logischem Denken zum selben Ergebnis gelangen, zwingt dazu, dass man bei jedem neuen eigenen Gedanken prüfen muss, ob er bereits veröffentlicht wurde. Schon allein die Erkenntnis des cogito ergo sum dürfte eine Vielzahl von Menschen im Laufe der Geschichte gehabt haben, trotzdem will es die Konvention, dass wir den Urheber dafür in Descartes und in keinem seiner Nachfolger sehen.

---

10 www.alia.org.au/speeches/fola.html.

Das Bibliotheks- und ebenso das Verlagswesen dürfen nicht länger das notwendige browsing von Information ignorieren, bei dem die Leser erst prüfen, ob sich der Aufwand des Lesens bzw. eines genauen Studiums zum Wissenserwerb überhaupt lohnt. Viele Verleger verbreiten die Ansicht, dass ihre Produkte qualitativ so hochstehend sind, dass die Leser beim Konsum dieser Lektüre den Preis dafür leicht erkennen können. In Wirklichkeit stellt sich die Frage für einen Leser, insbesondere bei wissenschaftlicher Literatur, völlig anders. Er überfliegt etwa zehntausend Quellen pro Jahr, was ihn Zeit und damit auch Geld kostet, von denen er nur bei etwa einem Prozent die Notwendigkeit sieht, diese Quellen wirklich genau zu studieren, um dann ein weiteres Prozent falsifizieren zu können.

Bibliothekswissenschaft ist seit 1963 mit dem Weinberg Report[11], der erstmals den Versuch unternahm, die Menge an Information in der Library of Congress mit 1013 Bit zu bestimmen, eine Informationswissenschaft auf der Basis der Informationstheorie. Dort versuchte man auch den Bedarf eines Wissenschaftlers an Fachliteratur grob abzuschätzen, wobei man in erster Näherung evaluierte, dass ein Biologe etwa 3.000 Publikationen pro Jahr liest. Die notwendige Unterscheidung zwischen browsing und analytischem Studium einer Veröffentlichung wurde noch vernachlässigt. Sie zwingt aber zu der Erkenntnis, dass ein Wissenschaftler, der mit etwa 24.000 Minuten pro Jahr 20% seiner Arbeitszeit für das Literaturstudium opfert, nur etwa 1,2 Minuten/Publikation hat, um bei ~10.000 Titeln kurz zu prüfen, ob sie für ihn relevant sind, während er andererseits für etwa 100 Publikationen je zwei Stunden hat, um sie möglichst exakt auf ihre Richtigkeit zu durchdenken[12]. Von ihnen zitiert er weniger als 10% in seiner eigenen Publikation. So lange das Verlagswesen keine Lösung für das browsing oder screening hat, sondern im pay per view erwartet, dass jeder Endnutzer für eine Zeitschriftenveröffentlichung beispielsweise 20 € zahlt, um festzustellen, dass sie für ihn persönlich irrelevant ist, bleiben solche Geschäftsmodelle irrelevant.

Gerade hier liegt ja die Stärke einer Bibliothek, die eine Zeitschrift abonniert, damit hundert Nutzer in sie hineinschauen können, bevor einer einen für ihn relevanten Aufsatz findet. Schon die Pittsburgh Study[13] hat in den siebziger Jahren deutlich gezeigt, dass wissenschaftliche Bibliotheken einen großen Anteil an Büchern kaufen, die nie ausgeliehen werden, weil es völlig ausreicht festzustellen, dass man sie zuhause nicht genauer zu studieren braucht. Sie sind damit ebenso wenig eine Fehlinvestition der Bibliothek wie jedes Lexikon oder Nachschlagewerk.

Die Bibliothek als Gedächtnis der Gesellschaft muss zur rechten Zeit verfügbar sein, sie muss nicht ununterbrochen von vorn bis hinten durchgelesen werden, ebenso wenig, wie wir uns permanent an alles was wir wissen erinnern. Diese Verfügbarkeit gilt für gedruckte Quellen ebenso wie für die digitalen. In beiden Bereichen schreitet die Entwicklung zur vollautomatischen Bibliothek mit virtueller Freihandbibliothek und mit den knowbots als knowledge-seeking robots voran.

3. *Die Privatisierung der Bibliotheken in dieser Welt*

Im Prinzip ist die Privatisierung von Bibliotheken kein Problem. Sie ist nicht neu und kennzeichnet ohnehin einen großen Teil der Spezialbibliotheken. Wenn sich

11 Weinberg, A.M.: Report of the President's Science Advisory Committee USA. ersch. 10.01.1963.
12 Ewert, G. & Umstätter, W.: Lehrbuch der Bibliotheksverwaltung. Hiersemann Verlag Stuttgart S.162ff. (1997).
13 A. Kent et al. Use of Library Materials: The University of Pittsburgh Study. Dekker, New York (1979).

Nutzergruppen zusammentun, um das für sie wichtige Wissen synoptisch zu sammeln, zu organisieren und verfügbar zu machen, so ändert sich am herkömmlichen Auftrag von Bibliotheken nichts Grundlegendes. Dabei sollte eine Universität ihre Studierenden, eine Stadt ihre Einwohner und der Staat seine Bürger optimal mit den notwendigen Informationen versorgen.

Insofern ist GATS (General Agreement on Trade in Services) im Rahmen der WTO (World Trade Organisation), aus GATT (General Agreement on Tariffs and Trade) hervorgegangen, keine wirkliche Bedrohung des Bibliothekswesens. Privatanbietern sollen Mittel in gleicher Höhe wie öffentlichen Einrichtungen gewährt werden, womit die Privatisierung der Theater, Bibliotheken, Museen, Schulen oder Universitäten erleichtert werden soll. 1994 hat GATS 160 betroffene Sektoren in den Bereichen communication services, construction and engineering services, distribution services, educational services, environmental services, financial services, health related and social services, tourism and travel related services, recreational, cultural and sporting services und transport services aufgelistet[14]. Etwas irritierend dabei ist, dass Gebiete der Unterhaltung und des persönlichen Interesses, denen eines allgemeinen Interesses völlig undifferenziert gleichgestellt werden.

Auch wenn das vom Privatisierungsgedanken her nicht unbedingt eine Rolle spielen muss, so wäre es zweifellos angebracht zu unterscheiden, ob jemand daran arbeitet, etwas für die Gesellschaft allgemein zu tun, wie dies in der Wissenschaft geschieht, oder ob er etwas im finanziellen Eigeninteresse bzw. zum eigenen Vergnügen tut. Auch wenn diese Frage nicht immer ganz einfach zu beantworten ist, so ist sie nicht neu, wenn wir daran denken, dass ein Chauffeur dafür bezahlt wird, Auto zu fahren, während so mancher Jugendliche dafür zahlen würde, ein solches Auto fahren zu dürfen.

Es geht also in unserem Wirtschaftssystem im Prinzip nicht um die Frage der Privatisierung, sondern darum wer, wofür, wie viel, an wen, in welchem rechtlichen Rahmen bezahlt. Und dabei gibt es viele beteiligte Parteien, die den „Schwarzen Peter", wer für sie bezahlt, gern weiter geben. Wenn sich der Staat an diesem Spiel aber beteiligt, wird es für ihn gefährlich.

Unter der Annahme, der Markt reguliert sich selbst, wurde es in der WTO (World Trade Organization) zum zentralen Prinzip, keine quantitativen Handelsbarrieren bei in- und ausländischen Anbietern zu errichten. Handelsvergünstigungen für ein Land müssen allen anderen WTO-Mitgliedern ebenfalls zugestanden werden. Dem sollte sich mit TRIPS (Trade Related Aspects of Intelectual Property Rights) auch der Schutz geistigen Eigentums, Patentschutz, Markenschutz, Betriebsgeheimnisse und das Urheberrecht unterordnen. Es ist nur auffällig, dass die damit involvierten juristischen Barrieren selbstverständlich weiter gelten und auch gelten müssen, wenn man keine Anarchie will.

Die immer stärkere Vernetzung dieser Welt durch die modernen Massenmedien und die immer rascher wachsende Reisetätigkeiten, bei denen technische Möglichkeiten, wie Fernsehen, Internet, Rundfunk, Satellitentechnik, Telephonie und Flugverkehr, zeitliche Verzögerungen bei der Informationsübertragung immer weiter minimiert haben, brachten die Regierungen dieser Welt in einen Zugzwang. Nicht sie bestimmen das Entwicklungstempo, sondern die Entwicklung zwingt sie zur Suche nach Lösungswegen, die nicht selten sehr spät erfolgen. Das eigentliche Problem in der Finanzierung von

14 http://www.wu-wien.ac.at/inst/vw7/FolienBlock2.ppt.

publiziertem Wissen liegt im Zugang für die Armen und die Kinder, also denen die gar kein eigenes Geld haben, und ebenso bei dem Personenkreis, dem das Wissen über die Bedeutung des Wissens fehlt. Dazu gehören auch Eltern, die die Notwendigkeit einer soliden Bildung ihrer Kinder nicht erkennen.

4. *Barrierefreies Lernen*

Es gab und gibt viele Barrieren für den geistigen Aufstieg von Menschen. Einige davon sollte einst das Fernsehen beseitigen, und soll nun das Internet überwinden helfen. Ökonomisch betrachtet ist es aber interessant, dass V. Pareto 1896 eine sogenannte schiefe Verteilung der Einkommen in den Bevölkerungen vieler Länder beobachtet hat, die besagt, dass es weitaus schwieriger ist, von einem hundertsten Rang auf den neunundneunzigsten zu kommen als vom zehnten auf den neunten. Das ist das Grundprinzip der sogenannten Potenzgesetze, wie die 80:20-Regel, Allometrie, Bradfords-, Gibrats-, Lotkas-, Simons-, Weibulls-, Yules- oder Zipfs-law, deren Ähnlichkeit mit mancher Poisson- bzw. log-normal-Verteilung nicht übersehen werden kann. Bei ihnen wächst die Wahrscheinlichkeit mit jedem Rang, den man höher rückt, noch weiter nach oben zu gelangen, frei nach dem Matthäus Evangelium 25.29: „Denn wer hat, dem wird gegeben, und er wird im Überfluss haben". Dieses Chancenwachstum kann linear, logarithmisch, exponentiell oder auch potentiell ansteigen, während es bei den e-Funktionen konstant bleibt. Das heißt, dass sowohl bei einer Funktion mit konstanter Verdopplungsrate oder auch Halbwertszeit die Wahrscheinlichkeit, von einem Rang auf den nächsten zu gelangen, dort immer gleich bleibt.

Pareto vermutete, dass sich in allen Ländern und zu allen Zeiten, das Einkommen einer Bevölkerung logarithmisch nach der Formel $\log N = \log A + m \log x$ verteilt. Es spricht vieles dafür, dass m stark um den Wert 1,5 pendelt, weil bei wachsendem Kapital der Ausgangswert A ansteigt, früher oder später aber die breite Bevölkerung daran auch partizipieren möchte. Außerdem wird ein zu steiles Gefälle zwischen Arm und Reich immer instabil und führt so zu Revolutionen. Das gleiche gilt für das Wissen. Je mehr Wissen in dieser Welt ist, desto größer muss zunächst zwangsläufig die Diskrepanz zwischen denen, die dieses Wissen noch nicht haben (z.B. Neugeborene), und denen, die es über Jahrzehnte unter optimalen Bedingungen erwerben konnten, sein. Auf Dauer lässt sich aber auch Wissen nicht verheimlichen.

Um das Spannungsfeld zwischen arm und reich an Wissen möglichst rasch zu verringern, muss man möglichst frühzeitig mit der Bildung beginnen. Zumal Wissen die wichtige Eigenschaft hat, dass es große Mengen an Information zu komprimieren vermag, so dass das Wissen in dieser Welt mengenmäßig nur geringfügig ansteigt, auch wenn wir damit eine Unzahl von vorher unbeantwortbaren Problemen lösen können. Mit anderen Worten, unsere Vorfahren haben sich viele Einzelerfahrungen merken müssen, die wir heute mit einer einzigen Theorie abdecken. Sie haben dabei auch viele Fehlinformationen durch die Zeit transportiert, die wir und unsere Nachkommen langsam und unbeirrt abtragen müssen. Beim Einkommen von Menschen beobachten wir eine ähnliche Erscheinung in der Geldaufwertung. So erleben wir über längere Zeit immer wieder kontinuierlich inflationäre Abläufe, bis eine neue Währung diese wieder kompensiert. Insgesamt steht aber außer Frage, dass wir heute mit unserem Geld weitaus mehr und leistungsfähigere Produkte kaufen können als unsere Vorfahren.

Diese Eigenschaft von Wissen und Kapital stabilisiert somit die von Pareto gefundene Potenz (1,5), auch wenn es wiederholt Versuche gab, sie zu falsifizieren. Für ihre Erscheinung gibt es zahlreiche Interpretationsmöglichkeiten.

Im Wachstum von Pflanzen und Tieren erkannte J. Huxley 1924 unter dem Begriff allometry eine wiederkehrende Beziehung in der Proportionalität von Organen. Dabei wies L. von Bertalanffy[15] darauf hin, dass schon Goethe in seinem "Budgetgesetz" und Geoffroy St. Hilaire in seinem „loi de balancement" diese Gesetzmäßigkeit erkannt hatten, ohne sie jedoch in eine Formel zu fassen. Bertalanffy ist nicht zuletzt durch den Terminus Fließgleichgewicht in der Systemtheorie bekannt geworden, das im Pareto-Optimum enthalten ist.

Auerbach fand eine hyperbolisch Beziehung zwischen dem Rang und der Größe von Städten, eine Beziehung die man später als Zipf's law bezeichnete, wobei Zipf diese Beziehung auf die Worthäufigkeit in der Syntax von Sprachen bezog und sie als „principle of least effort" erkannte, in der zwei diametrale Kräfte wirken, die „force of unification" und die „force of diversification". Dies ist sozusagen nur eine andere Betrachtung der Potenzfunktion. Bezogen auf Wissen und Einkommen würde es bedeuten, dass es eine Kraft gibt, die die breite Bevölkerung sozusagen aus Trägheit daran hindert, mehr Wissen bzw. Kapital zu erwerben, während ein anderer Anteil der Bevölkerung sich aus dieser Umklammerung wie auch immer befreien konnte und beschleunigt aufsteigt.

Für die Produktivität von Wissenschaftlern bei ihren Publikationen, entdeckte dann 1926 A.J. Lotka auch die gleiche Potenzbeziehung, die deutlich zeigt, dass es Gründe geben muss, warum Autoren, die schon öfter publiziert haben, immer öfter neue Publikationen erzeugen. Das kann daran liegen, dass sie den Herausgebern gut bekannt sind, dass sie eine Leserschaft haben die immer höhere Erwartungen entwickeln, dass sie eine Theorie besitzen die geradezu explosionsartig zu neuen Erkenntnissen führt, etc.

Die Gründe für die sog. power-law-Verteilungen sind recht unterschiedlich. Sie können sowohl auf klaren physikalischen Zusammenhängen, auf genetischen, ökologischen, ökonomischen, psychologischen oder auch bedingt zufälligen Beziehungen beruhen. Power laws erscheinen daher in der Astronomie, Biologie, Demographie, Geographie, Geologie, Informatik, Ökonomie, Physik, Soziologie etc. So z.B. bei Verteilungen der Erdbebenstärke, Mondkratergröße, Sonnenflecken, Größe von Städten, Waldbränden oder bei Worthäufigkeiten.

Wenn damit, entsprechend der Beobachtung von Pareto[16] y = C / x1,5 ist, und die Wahrscheinlichkeit vom 100sten Rang auf den 99sten zu kommen bei 1,5% liegt, während sie auf 17% steigt, um vom 10ten auf den 9ten zu gelangen, dann wird deutlich, wie wichtig es ist, gerade die breite Bevölkerung in ihrem Streben nach Bildung zu unterstützen. Ob man dies tut, indem man ihr das notwendige Geld gibt, oder in dem man ihr Bibliotheken kostenlos anbietet, ist zunächst zweitrangig, wichtiger ist die Effektivität des Vorgehens.

Bemerkenswert ist dabei allerdings auch, dass die Erhöhung der Potenz von 1,5 auf 2 die Chancen an der Basis von 1,5% auf 2% zwar verbessert, dies allerdings auf einem zehnfach niedrigeren Niveau, und dass auf dem 10ten Rang die Chancen, den 9ten zu erklimmen, auf einem nur dreifach niedrigeren Niveau von 17% auf 23% steigen.

---

15 Bertalanffy, L. von: Das biologische Weltbild. A. Francke Verlag Bern S.132 (1949).

16 Umstätter, W.: Szientometrische Verfahren. in: Grundlagen der praktischen Information und Dokumentation. 5. Aufl.: Kuhlen, R. (Hrsg.) Saur Verlag München S.237 – 243 (2004).

Diese Tatsache lässt sich in Bezug auf Bibliotheken leicht dadurch anschaulich machen, dass man in armen Ländern eine Bevölkerung mit einer möglichst großen zentralen Bibliothek versorgt und dementsprechend mit sehr kleinen über das gesamte Land verteilten Bibliotheken die Bevölkerung auf sehr niedrigem Niveau belässt. Dementsprechend wird nur eine kleine geistige Elite versorgt. Die andere Strategie, für Länder die dazu in der Lage und auch bereit sind, in die Bildung ihres Landes zu investieren, ist eine weitaus flachere Hierarchie mit mehreren Zentral- und vielen Regionalbibliotheken, so dass weitaus mehr Begabungen sich entfalten können.

4.1 Geistige Elite

Nun liegt es gerade im Bereich des Wissenserwerbs nahe, mangelhafte Begabungen möglichst frühzeitig auszusondern und nur die zu fördern, bei denen sich eine teure Ausbildung lohnt. Dies hatte schon A. Binet 1905 herauszufinden versucht. Damit bietet sich auch die Annahme an, diese Begabten gezielt immer weiter zu fördern, so dass sich automatisch der hyperbolische Kurvenverlauf für die geistigen Exzellenzen ergibt. Solche geistigen, finanziellen, Macht- oder Sporteliten zu fördern, ist nach einer eher sozialen oder sozialistischen Dominanz im Denken sogar in den kommunistisch ausgerichteten Ländern modern geworden.

Bei den alten Griechen, wie beispielsweise in der Politeia Platons, lag es nahe, davon auszugehen, dass nur eine geistige Elite ein Volk sinnvoll leiten kann. Neben der noch früheren Hoffnung, dass dies nur von den wenigen Gottgesandten erfüllt werden sollte, wuchs mit der Ausbreitung der Schrift und mit zunehmender Bildung die Wahrscheinlichkeit, dass kleine elitäre Gruppen von besonders Begabten diese Aufgabe besonders gut lösen könnten. Dabei ist der Terminus Elite (eligo lat. = auslesen, auswählen) insbesondere seit der Aufklärungszeit im Französischen aufgekommen und fand dann im deutschen Nationalsozialismus einen sozialdarwinistisch katastrophalen Bedeutungswandel, so dass die Wiederbelebung dieses Begriffs heute in Deutschland nur durch eine gravierende Geschichtslosigkeit einer neu heranwachsenden Generation erklärbar ist - vermutlich auch durch den Mangel an geistigem Rückgriff auf bibliothekarische Quellen aus dieser Zeit.

In der Wissenschaftsgesellschaft von heute sind solche veralteten Vorstellungen nicht nur obsolet und moralisch verwerflich, weil sie die Würde des Menschen als Homo sapiens nicht wirklich ernst nehmen, sie sind auch unwirtschaftlich, weil an die Stelle der primitiven Vorstellung von einer geistigen Elite längst die Erkenntnis von einer Vielzahl unterschiedlicher Begabungen, die es zu fördern gilt, getreten sein sollte. Die Menschheit kann es sich im Hinblick auf die Vielzahl zu lösender Existenzprobleme nicht auf Dauer leisten, das geistige Potential von Millionen mehr oder minder Arbeitslosen brach liegen zu lassen, nur weil sie einer veralteten Vorstellung von geistiger und finanzieller Elite verhaftet bleiben möchte.

Die wiederholt gemachte Aussage: „Das Wissen gehört allen“[17], ist in dieser Form zwar eine unerlaubte Vereinfachung, denn ohne Zweifel gibt es auch beim Wissen einen Privatbesitz und eine Privatsphäre, die geschützt werden muss. Es ist aber richtig, dass publiziertes Wissen der Menschheit allgemein gehört, und dass es zur moralischen Verantwortung der Reichen gehört, auch die Armen an diesem Wissen teilhaben zu lassen.

---

17 http://www.boel.de/download/medien/vortragauchert.pdf.

4.2 Die Effektivität der Wirtschaft durch Wissen

Das "U.S. Bureau of Labor Statistics" schätzte, dass im Jahre 2000 ebenso wie 1970 die gleiche Zahl an Beschäftigten in der Produktion tätig war, so dass der prozentuale Anteil an der Bevölkerung von 24% (1970) auf 14% (2000) gesunken ist[18]. Deren Produktivkraft ist in erster Näherung bei 20% des Bruttosozialproduktes konstant geblieben, während der Output, in konstanten Dollars gerechnet, bis 1988 sogar um 50% stieg. Es ist also klar, dass der einzelne Arbeiter durch die Unterstützung von Maschinen und Robotern heute mehr produziert und trotzdem weniger arbeitet. Für den so genannten Geistesarbeiter gilt dies seit dem Siegeszug der Computer in noch wachsendem Maße.

Wenn der Mensch rund 3 kWh/Tag an eigener Energie verbraucht, aber durch den Einsatz von Maschinen etwa 60 kWh nutzt, so stehen ihm etwa 20 technische Sklaven zur Verfügung. Das entspricht etwa den Verhältnissen der 70er Jahre. Moderne Länder verfügen heute pro Kopf der Bevölkerung durchschnittlich über 100 technische Sklaven, wie man in der Mitte des letzten Jahrhunderts unschön aber treffend zu sagen pflegte. Insofern ist es auch nicht verwunderlich, wenn ein deutscher Landwirt heute weit über hundert Menschen mit ernährt. Dazu braucht er allerdings nicht nur die genannten technische Sklaven, er braucht auch Jahr für Jahr mehr Wissen, das allerdings immer häufiger in der Intelligenz seiner Maschinen gespeichert ist. Zu den so genannten technischen Sklaven haben sich somit längst auch die geistigen Sklaven gesellt. Es ist damit bei weitem nicht mehr so dramatisch, wie oft behauptet wird, dass die Arbeitnehmer der Zukunft neben sich auch noch fünf Alte, Kranke, Arbeitslose und Kinder ernähren müssen. Im Gegenteil, es zeigt, wie erheblich komfortabler diese Generation gegenüber den früheren Generationen gestellt ist, durch den Fortschritt in Wissenschaft und Technik. Denn damals musste ein Verdiener für eine Großfamilie nicht weniger leisten. Wenn seine Lebenserwartung noch weitaus geringer war, so kürzt sich dies rein rechnerisch weitgehend weg, denn das damalige kürzere Leben und die damit verkürzte Schaffenskraft stand auch weitaus kürzeren Lebenserwartungen der Kinder und Eltern gegenüber. In früheren Generationen mussten zwar weniger Alte erhalten werden, aber dafür mehr Kinder und die Ehefrau, die diese hauptsächlich erzog. Mit anderen Worten, die Berufstätigen von heute erhalten weitaus mehr Arbeitslose, die man früher nicht als solche auswies.

Während man sich vor etwa 600 Jahren kaum vorstellen konnte, dass alle Menschen einmal "Schriftgelehrte" werden könnten, diese Aufgabe aber vor etwa 300 Jahren mit der allgemeinen Schulpflicht anging, und heute damit beschäftigt ist, die letzten 3% einer Industriegesellschaft auch noch in die Alphabetisierung zu integrieren, weil Analphabeten für eine Industriegesellschaft zu stark gefährdet und gefährdend sind, kann man sich nun wieder kaum vorstellen, dass in 300 Jahren alle Menschen Wissenschaftler sein könnten. Es wird aber kaum eine adäquate Alternative zu dieser Perspektive geben, wenn man sich keinen Horrorszenarien hingeben möchte.

Denn während in unserer heutigen Wissenschaftsgesellschaft der Anteil an Wissenschaftlern sich mit einer Verdopplungsrate von ~20 Jahren erhöht, wächst die Menschheit insgesamt "nur" mit einer Verdopplungsrate von ~50 Jahren[19]. Daraus lässt sich leicht abschätzen, wann der Anteil von annähernd 100% Wissenschaftlern erreicht sein

18 http://www.bls.gov/emp/; http://www.census.gov/prod/3/98pubs/98statab/sasec13. pdf.

19 Price, D.J. de Solla: Little Science, Big Science. Frankfurt/Main S.18 (1974); Ewert, G. & Umstätter, W.: Lehrbuch der Bibliotheksverwaltung. Hiersemann Verlag Stuttgart S.162ff. (1997)

wird. Es ist aber ohne Zweifel so, dass die Menschheit insgesamt nicht weiter wie bisher wachsen darf und kann, weil es in jedem Falle zu den erwähnten Horrorszenarien käme. Hinzu kommt, dass wir das Wissen der Welt noch immer dazu nutzen mehr Menschen unter unzumutbaren Bedingungen auf die Welt zu bringen, anstatt unser Wissen für eine gebildete Menschheit im Fließgleichgewicht von Geburts- und Sterberate einzusetzen. Die Wissenschaft muss möglichst bald einen Ausweg aus dem circulus vitiosus finden, der immer mehr Menschen zur Welt bringt und sie so lange erhält, bis sie sich wieder vermehrt haben, weil sich damit zwangsläufig die Zahl der Todesopfer täglich erhöht.

Insofern ist es die größte Herausforderung der knowledge economy, entgegen der bisherigen klassischen Marktwirtschaft, eine Wissenswirtschaft zu entwickeln, die Menschen zu einer humanen Gesellschaftsform führt und nicht in auswegslose Arbeitslosigkeit, Hunger oder Krieg.

Bibliometrie in der Postmoderne

H. Peter Ohly,
Informationszentrum Sozialwissenschaften, Bonn

1. *Einleitung*

Die Messung wissenschaftlicher Leistung hat gerade in Zeiten knapper öffentlicher Budgets Konjunktur. Wissenschaftliche Indikatoren zeichnen sich dadurch aus, dass nicht mehr einzelne Experten ihre subjektive Einschätzung über den Zustand der Wissenschaften abgeben, sondern die Summe dessen, was die Wissenschaft selbst produziert hat, so analysiert wird, dass ein ‚objektives' Bild der Wissenschaft entsteht[1]. Zudem könnte mit der öffentlichen Diskussion etwa von Rankinglisten eine demokratische Steuerung des Wissenschaftsbetriebs erreicht zu werden[2]. Andererseits kann seriöse Forschung, die langfristige Forschungsziele in unspektakulären Schritten stützt, die unkonventionell Wissenschaft betreibt oder die Methodenkritik ernst nimmt, hierdurch benachteiligt werden. In unserer wissenschaftlichen Kommunikation wird es zunehmend schwerer, Wissenschaftsinhalte, Wissenschaftseinheiten und Wissenschaftsauswirkungen zu definieren oder gar ursächlich zuzuschreiben[3]. Eine Bibliometrie, die sich als eine Wissenschaft von der Messbarkeit und Aussagekraft der wissenschaftlichen Prozesse und Produkte versteht, wird genau dort wieder anzusetzen haben, wo sie einst begonnen hat: nämlich bei der Hinterfragung dessen, wie Wissenschaftlichkeit und Forschungsfortschritt sich objektiv ausdrückt und wie dies ‚unobstrusiv' ermittelt und sozialverträglich kommuniziert werden kann.

2. *Zum Stellenwert der Bibliometrie*

Bibliometrie soll hier nur stellvertretend für eine Reihe weiterer Bezeichnungen, bzw. Verfahrensweisen stehen, wie Szientometrie, Informetrie und Webometrie. Je nachdem wird nur ein etwas anderer Schwerpunkt gesetzt. Bibliometrie bezieht sich auf Gedrucktes, insbesondere Bücher, Zeitschriften(aufsätze), Bibliographien und Bibliotheken, wobei meist ihr wissenschaftliches Segment gemeint ist. Szientometrie beschränkt sich explizit auf den wissenschaftlichen Kontext und schließt weitere Wissenschaftssedimente, etwa Gremienbesetzungen, mit ein. Der Begriff Info(r)metrie, spielt einerseits auf gesellschaftliche kybernetische Zusammenhänge an, andererseits wird das untersucht, was professionell in einen Informationskontext eingebracht wird - etwa bibliographiert oder abgespeichert ist. Webometrie (auch Cybermetrie oder Internetometrie genannt) bezieht ähnliche Fragestellungen auf das Internet, oder enger auf das World Wide Web mit seinen Sites, Links etc.

Allen bibliometrischen Richtungen ist gemeinsam, dass sich eine solche Vermessung von Wissensströmen auf den Inhalt des untersuchten Materials, ihre strukturellen Beziehungen oder ihre Benutzung richten kann. Methodisch steht die Bibliometrie so in der Nähe der sozialwissenschaftlichen Dokumentenanalyse sowie der formalisierten Inhaltsanalyse, wo

1 Z.B. Weingart et al. 1984.
2 Siehe z.B. DFG 2003.
3 Siehe Kuhlen 2002.

Inhalt, Sender und Empfänger einer sprachlichen Nachricht thematisiert werden. Wie bei der Inhaltsanalyse werden in der Bibliometrie mathematisch-statistische Beschreibungen erreicht, die sich hier dann enger auf Wissens- und Wissenschaftsstrukturen und -prozesse beziehen. Vergleichbar der Dokumentenanalyse werden objektive, nicht-reaktive Zählungen von (prozessproduzierten) Dokumenten, Informations- und Verwaltungsvorgängen vorgenommen, die in anderem Kontext entstanden sind – also eigentlich nicht für diesen Forschungskontext vorgesehen waren.

Nicht methodisch sondern historisch begründet ist die Tatsache, dass die Bibliometrie als sozialtechnologisches Evaluationsinstrument angesehen wird, um wissenschaftliche Leistung und die damit zusammenhängenden Informations- und Verwaltungsprozesse zu bewerten und zu steuern. Mit dieser geschickt erworbenen Kenntnis könnte eine Bibliothek den Zeitschriftenbestand kritisch überarbeiten, ein Autor ein geeignetes Publikationsorgan für seine Veröffentlichung suchen, ein Verlag sein Sortiment bereinigen, die öffentliche Hand die Mittel für Institute steuern oder die Personalstelle wissenschaftliche Bewerber vorsortieren.

3. *Techniken der Bibliometrie*

Bibliometrie besteht vor allem aus Zählen und Sortieren. Gezählt wird etwa, wie viele Veröffentlichungen es gibt und nach diesen Werten kann absolut oder relativ der Stellenwert der untersuchten Einheit (Autor, Institut, Universität, Fachgebiet, Nation etc.) - hinsichtlich seiner Häufigkeit - bestimmt werden. Relationale Strukturen (Beziehungen, Netzwerke) ergeben sich, wenn das gemeinsame Auftreten analysiert wird, etwa welche Koautoren vorkommen, welche gemeinsamen Begriffe, welche gemeinsamen Dokumente in einem definierten Kontext etc (siehe z.B. Abb. 1). Können diesem gemeinsamen Vorkommen auch noch spezifische Bedeutungen zugeschrieben werden, wie es bei Literaturreferenzen der Fall ist, so lassen sich geistige Verwandtschaften konstruieren. Anstelle einer reinen Häufigkeitsauszählung unverbundener Merkmale ist die Qualität der Vernetzung getreten, die ihrerseits nach Auftretenshäufigkeit gewichtet werden kann.

Bibliographic Coupling, die Analyse von Werken, die Gleiches zitieren, führt zu neueren Entwicklungen und Anwendungsfällen von bekannten Forschungsprogrammen – ist also vorwärtsgerichtet. Co-Citation, wobei untersucht wird, welche Werke miteinander zitiert werden, ergibt einen rückwärtsgerichteten Einblick in geistige Strömungen, die einem, bzw. mehreren Werken zu Grunde liegen. Der Impact Factor aus dem Journal Citation Report bewertet Zeitschriften im 2-Jahresrahmen danach, wie oft ihre Artikel in Zeitschriften zitiert werden, gewichtet nach der Anzahl der erschienenen Artikel[4]. Eine neuere Entsprechung ist der Web Impact Factor (Ingwersen 1998), der Verlinkungen von Seiten oder Sites im Internet zur Bewertung heranzieht. Die dynamische Entwicklung von Zitationen erfasst die Halbwertszeit, nämlich der Zeitraum, nach dem die Hälfte der Publikationen nicht mehr zitiert wird[5]. Insbesondere wenn mehrere Parameter gleichzeitig

4 <http://scientific.thomson.com/free/essays/journalcitationreports/impactfactor/ >.

5 Bzw. spezifischer der Zeitraum, aus dem die Hälfte aller Zitationen stammt (Citing Half-Life) oder die Hälfte aller zitierenden Arbeiten stammt (Cited Half-Life). Der Immediacy Index gibt an, wie oft Zeitschriftenartikel im Jahr des Erscheinens zitiert werden. Siehe JCR Glossary 2000.

betrachtet werden sollen, bieten sich graphische Darstellungen (Szientogramme[6]) an (siehe z.B. Abb. 2[7]

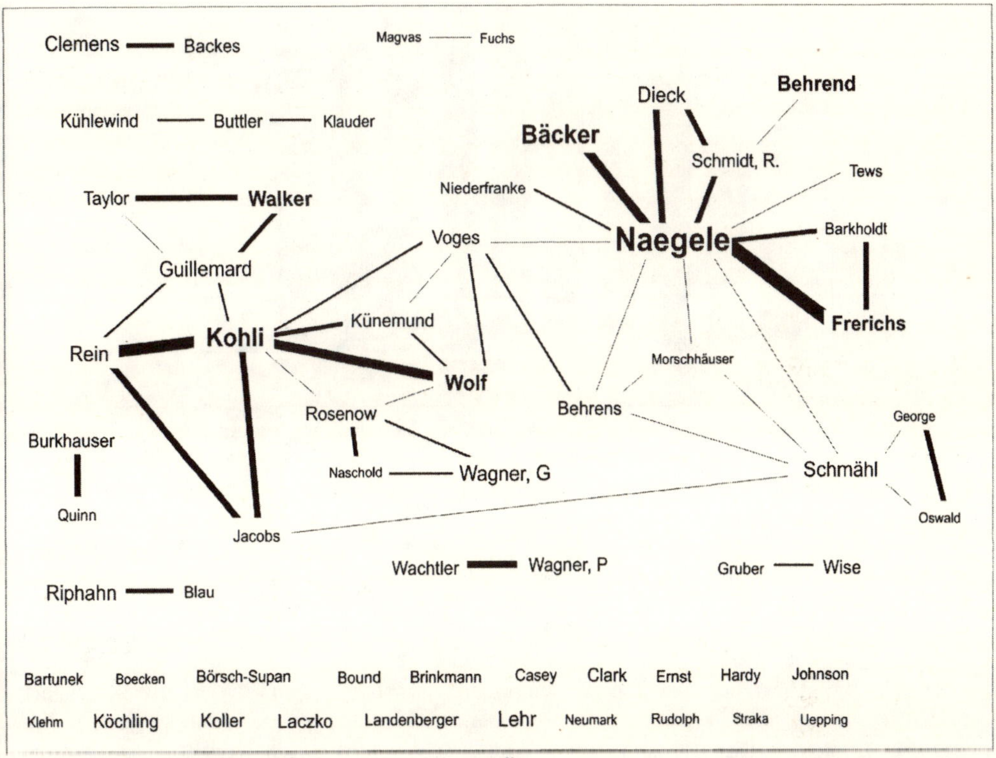

Abb. 1: Ko-Autorenschaften aus dem Bereich "Ältere Arbeitnehmer" 1985-2000 (Herfurth et al. 2004).

6 Oft eingeschränkt als grafische Darstellung von Graphen verstanden.

7 Die Strichstärke entspricht der Häufigkeit der Ko-Autorenschaft (mind. 2 bei mind. 7 Veröffentlichungen pro Autor). Allein stehende Autoren weisen darauf hin, dass wenig mit anderen oder mit stets wechselnden Ko-Autoren publiziert wurde.

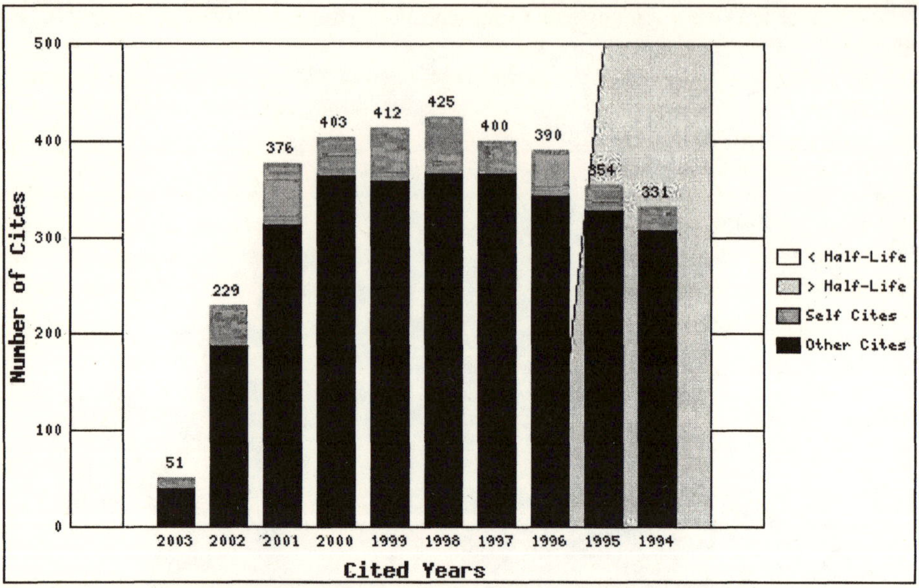

Abb. 2: Cited year of citations from articles in a selected journal[8]

4. *Probleme bibliometrischer Vergleiche*

Sobald bibliometrische Maße und Verteilungen für qualitative Entscheidungen herangezogen werden, etwa beim Hochschulranking, bei Bibliotheksbeständen oder Bewerbungen, zeigt sich auch ihre Unzulänglichkeit. Nicht alle bibliographischen Einheiten haben denselben Stellenwert (z.B. Buch vs. Short Communications). Einzelne Länder, Fächer und Zeitschriften haben unterschiedliche Standards. Die Maße sind von der Repräsentativität der benutzten Zitatendatenbank abhängig[9]. Speziell der Journal Impact Faktor erntet die Kritik, dass er weniger den wissenschaftlichen Gepflogenheiten der Geisteswissenschaften entspricht, neue Zeitschriften und solche mit vielen Artikeln benachteiligt und nicht zur Beurteilung einzelner Artikel, Autoren oder Institute geeignet sei, sondern eben nur Zeitschriften als Ganzes bewerten könne.

Gravierender aber sind Mängel, die darauf hinweisen, dass bibliometrische Maße gänzlich ungeeignet zur Leistungsbeurteilung sind, da die Daten ja in anderem Kontext erhoben wurden. Wird wissenschaftliche Qualität gemessen oder vielmehr nur wissenschaftliche Sichtbarkeit und Resonanz? Wie ist es mit Selbstzitaten, Ehrenautorenschaften, Graphomanen und Ghost Writern[10]? Spiegeln Autorenschaften vielleicht weniger die

8 Aus: < http://jcr17.isiknowledge.com/JCR/help/h_ctgjrnlg.htm >. Legende: The white/grey (left/right) division indicates the citing half-life(if < 10.0). Half of the citations from the journal's current articles are to articles published more recently than the citing half-life. The top portion of each column indicates journal self-citations: citations from articles in the journal to articles in the same journal. The bottom portion of each column indicates non-self-citations: citations from the journal to articles in other journals.

9 Nur ca. 30% aller Zeitschriftenartikel werden vom Institut for Scientific Information (jetzt: Thompson Scientific) ausgewertet, Bücher und Buchbeiträge überhaupt nicht (siehe Brugbauer 1998).

10 Siehe Fröhlich 1999.

inhaltliche Leistung als vielmehr eine Gratifikation für andere Verdienste wieder? Zitieren bedeutet Sichten von Literatur - Lesen oder Verstehen und Aufarbeiten noch lange nicht. Welche Validitäts- und Güteuntersuchungen sprechen eigentlich für einen ganz bestimmten Faktor (vgl. Abb. 3 und 4)? Zumindest für die Soziologie gilt, dass fachliche Reputation und Publikationshäufigkeit nicht notwendig zusammenfallen (Gerhards 2002). Rein statistisch müssten Wissenschaftsbereiche mit mehr Forschern häufiger veröffentlichen und auch häufiger zitiert werden können. Bekommen sie dann auch mehr Fördermittelmittel, dann wird der "Mathäus-Effekt" in Gang gesetzt: "Denn wer da hat, dem wird gegeben, dass er die Fülle habe; wer aber nicht hat, dem wird auch das genommen, was er hat" (Evangelium nach Mathäus Kap. 13, Vers 12). Die Versuchung, sich gleich in eine gute Startposition zu manövrieren, ist gross[11].

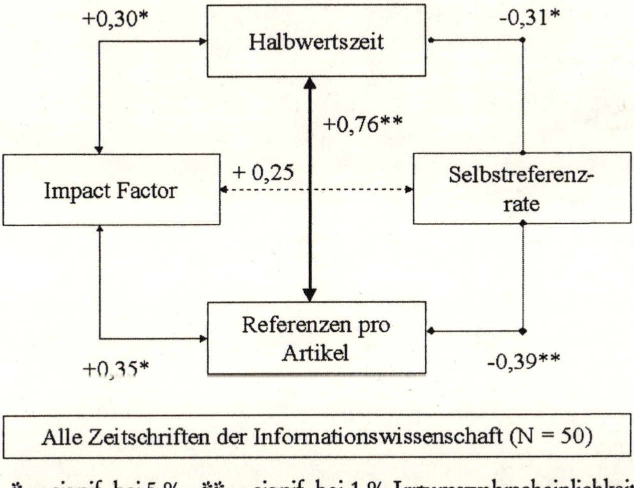

Abb. 3: Korrelationen für Impact Factor, Halbwertszeit, Zitierfreudigkeit und Selbstreferenzrate bei informationswissenschaftlichen Zeitschriften (Quelle: Colonia 2002.)

11 Mattern (2002) glaubt, dass auch Fachwechsel, Innovation und didaktische Aufbereitung benachteiligt werden. Knutzelnigg (2001) hält Redlichkeit, Kreativität, Originalität, Witz, Eleganz, Tiefgang, Weitblick und Genialität für wissenschaftliche Qualitäten, die nicht quantifizierbar sind.

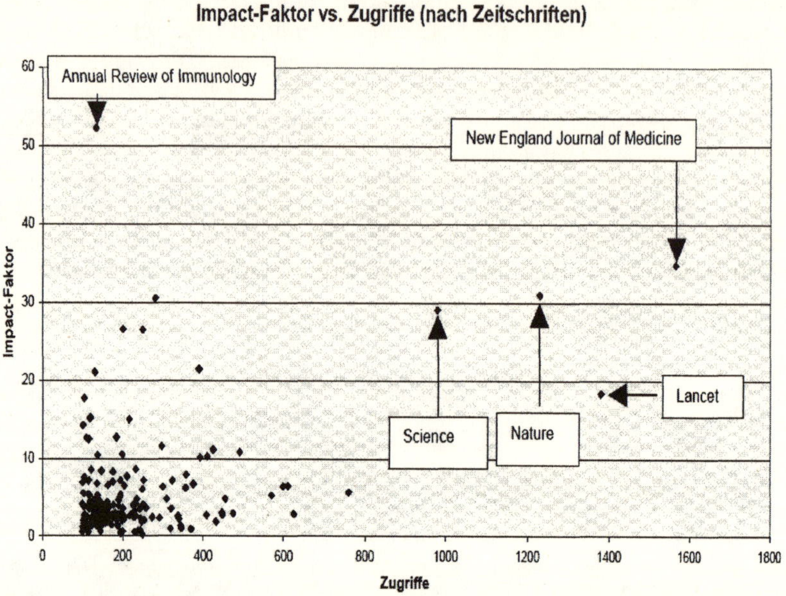

Abb. 4: Bibliometrische Verfahren zur Bewertung von Zeitschriften (nach Hauffe)[12]

5. *Revisionen und Differenzierungen bibliometrischer Maße*

Zweifel an den bibliometrischen Techniken führten zu Verfeinerungen diese Methoden. So gibt es zum Journal Impact Factor nun den Revidierten[13], der Zitationen aus der eigenen Zeitschrift außen vor lässt. Der von Hofbauer entwickelte Eurofaktor (European Journal Quality Factor) wurde für eine spezielle bio-medizinische Zitatendatenbank entwickelt und gewichtet die Zitationen mit einem bestimmten Faktor[14] multipliziert mit der Wurzel aus der Anzahl der Zitationen und der Zahl der Artikel. Ein komplexes Indikatorensystem (Spectroscopie) auf mittlerem Aggregierungsniveau wird vom CWTS in Leiden vorgeschlagen (van Raan 2003). Selbstzitierungen und nicht-zitierte Artikel werden ausgewiesen. Dann werden die Berechnungen auf 5 Jahre ausgedehnt, eine Normalisierung bezüglich internationaler Referenzwerte, Artikeltypen und Erscheinungsjahre durchgeführt. Für Institute werden sog. MeanJournalCitationScores ermittelt[15]. Je nach Verwendung könnte ein Maß auch mit anderen Entscheidungskriterien in Bezug gesetzt werden, z.B. der Impact-Faktor zum Seitenpreis einer Zeitung.

Auch gibt es Empfehlungen zur differenzierten Anwendung des Impact-Faktors. Die Arbeitsgemeinschaft der Wissenschaftlichen Bibliotheken der Medizinischen Fachgesellschaften hat dazu ein Regelwerk entwickelt. Die Zeitschriften im Science Citation

---

12 <http://www.gesig.org/gesig/deu/bild/hauffe_zeitschriftenbewertung.pdf >.

13 <http://scientific.thomson.com/free/essays/journalcitationreports/impactfactor/ >.

14 Derzeit mit 10 angegeben, das Dong et al. als willkürlich interpretieren (2005).

15 Andere Verfeinerungen sind die Relative Citation Rate von Schubert (1983), die Normalised Mean Citation Rate von Braun und Glänzel (1995).

Index werden fachspezifisch gewichtet, die im Social Science Citation Index dagegen nicht. Hierzu wird für jede Fachkategorie jährlich der mittlere Impact-Faktor ermittelt und veröffentlicht[16] – unter Ausklammerung von Review-Journalen[17]. Bei deutschsprachigen Zeitschriften wird der Impactfaktor gedoppelt und Zeitschriften, die nicht im Journal Citation Report des ISI Web of Knowledge von Thomson Scientific enthalten sind, bekommen den Impact-Faktor 0,2. Beiträge in Lehr- und Handbüchern erhalten nach Seitenzahl gestuft ebenfalls einen festen Impact-Faktor. Der Impact-Faktor wird nicht für die Beurteilung von Einzelpersonen empfohlen, wohl aber für Forschergruppen. Die medizinische Fakultät Mannheim schlägt vor, bei der Mittelverteilung solle der Impact-Faktor mit je 30% für den Erstautor und Letztautor und der Rest auf die übrigen verteilt werden – außer bei 3 Autoren: da gehen je 35 % auf den ersten und letzten Autor[18]. Der Fachbereich Humanmedizin in Marburg erwartet bei Habilitationsverfahren mind. 12 Originalpublikationen, wovon mind. 6 eine Erstautorenschaft in Zeitschriften mit Peer-Review-System aufweisen sollten. Mindestens 1/3 der Publikationen sollte in englischer Sprache sein ...etc.

6. *Aufgeklärte Bibliometrie*

All dieses spricht für ein technizistisches Weltbild, welches dem der Industrialisierung und Moderne angemessen sein mag. Der gegenwärtigen Gesellschaft, die in Ermangelung besserer Charakterisierungen oft mit 'postmodern' apostrophiert wird[19], entspricht es nicht. Derzeit sind kennzeichnend: überregionale Zusammenhänge, perfektionierte technische Kommunikationsmittel, vielfältige uns allgemein zugängliche Informationen, individueller Entscheidungszwang und Abhängigkeit von Wissenschaft und Informationsmittlern. Speziell für eine Bibliometrie, die evaluatorisch genutzt werden soll, bedeutet dies heterogene und umfangreiche Datenquellen einzubeziehen, Informationen zu den unterschiedlichen Kontexten zu berücksichtigen und Veranschaulichung und problembezogene Verfeinerung sowie Interpretations- und Entscheidungshilfen bereitzuhalten[20]. Spezielle Herausforderungen sind der Einbezug von Textdaten und Internetdaten. Erstere erfordern eine semantische Entschlüsselung, letztere potenzieren noch einmal die Datenmenge und –heterogenität und stellen weitere Parameter über Nutzer und Nutzung zur Verfügung[21]. Hiermit kommt die Bibliometrie an die Fragestellung des Information Mining heran, das sich als nicht-trivialer Prozess der

16 http://www.uni-duesseldorf.de/WWW/AWMF/bimet/impa-mif.htm.

17 Der kanadische Prestige-Faktor schließt 3 Jahre ein und klammert ebenfalls Review-Artikel aus.

18 <http://www.ma.uni-heidelberg.de/dekanat/forschung/forschungsfonds/richtlinien_2002new.doc >. Weitere universitätsspezifische Regelungen werden von Bauer 2003 berichtet.

19 Siehe z.B. Bell, Daniel: Die nachindustrielle Gesellschaft, Frankfurt: Campus 1975 . Original: The coming of post-industrial society a venture of social forecasting. New York: Basic Books, 1973.

20 Beispiel hierfür kann etwa TétraFusion sein, wo eine Vielzahl von Verfahren und Wissen verwendet werden, um zu verdichteten Darstellungen von Web- und konventionellen Dokumenten zu kommen (Crimmins 1999). Auch die Spektroskopie der Leidener Gruppe (siehe Kap. vorher) ist der Versuch, ein komplexeres Entscheidungsinstrument zu schaffen. Siehe auch: van Raan 1997.

21 Geeignete Retrieval und Zitaten-Datenbanken sind Google Scholar, SiteSearch und CiteSeer. Alle haben noch nicht die gewünschte Abdeckung. Zu beachten ist, dass Material im Internet navigationsfähig ist (also prinzipiell nicht abgeschlossen), Portale die Linkzahlen verfälschen, stärkere Linkselektionen vorliegen (kommerzielle Angebote vs. Peer Reviewing). Siehe: Stumme 2005.

Ranking of Authors	As Author or Co-Author	As Single Author
Naegele, G	83	39
Kohli, M	45	19
Baecker, G	34	19
Behrend, C	20	19
Lehr, U	19	12
Schmaehl, W	18	12
Guillemard, A	19	11
Walker, A	22	10
Wolf, J	22	10
Clemens, W	15	10
Dieck, M	17	9
Kuehlewind, G	12	9
Laczko, F	11	9
Riphahn, R	15	8
Rosenow, J	14	8
Boersch-Supan, A	9	8
Tews, H	9	8
Frerichs, F	27	7
Koechling, A	11	7
Klauder, W	9	7
Bartunek, E	8	7
Ernst, J	8	7
Landenberger, M	8	7
Backes, G	11	6
Koller, B	10	6
Niederfranke, A	9	6
Casey, B	7	6

Ranking of Authors	As Author or Co-Author	As Single Author
Naegele, G.	83	39
Kohli, M.	45	19
Baecker, G.	34	19
Frerichs, F.	27	7
Walker, A.	22	10
Wolf, J.	22	10
Behrend, C.	20	19
Lehr, U.	19	12
Guillemard, A.	19	11
Wagner, Gert	19	3
Schmaehl, W.	18	12
Dieck, M.	17	9
Clemens, W.	15	10
Riphahn, R.	15	8
Rein, M.	15	0
Rosenow, J.	14	8
Schmidt, Roland	13	4
Burkhauser, R.	13	0
Kuehlewind, G.	12	9
Clark, R.	12	2
Wagner, P.	12	2
Laczko, F.	11	9
Koechling, A.	11	7
Backes, G.	11	6
Behrens, J.	11	4
Buttler, F.	11	4
Wise, D.	11	3

Abb. 5: Autoren-Ranking im Vergleich Einzelautorenschaft/Koautorenschaft aus dem Bereich "Ält Arbeitnehmer" 1985-2000 (Herfurth et al. 2004).

Identifizierung von validen, neuen, potentiell nützlichen und verständlichen Mustern versteht. Hierbei werden Komponenten der Datenbanktechnologie, der Statistik, der computerbasierten Entscheidungsunterstützung, des maschinellen Lernens und der Visualisierung eingesetzt.

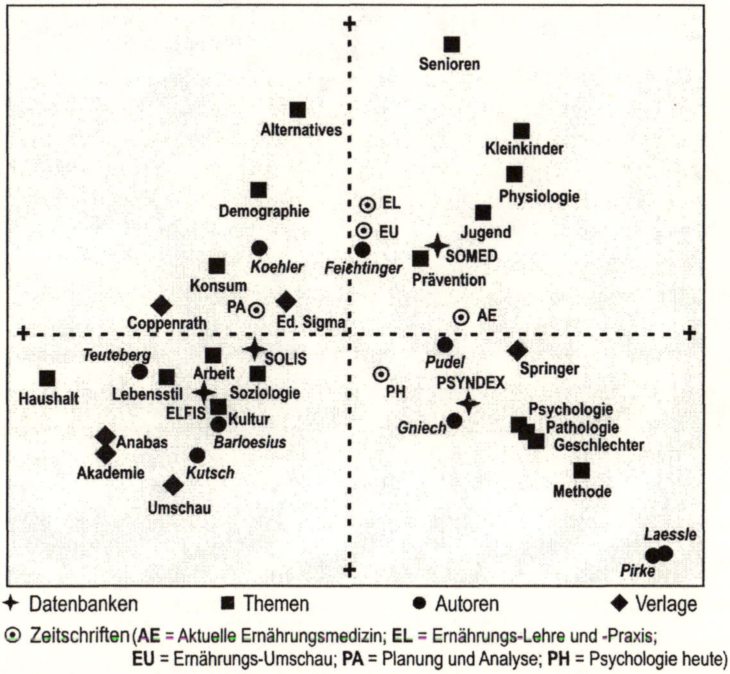

Forderungen, die an eine aufgeklärte Bibliometrie zu stellen sind:

- Bibliometrie muß flexiblere Dokumentformen zulassen, z.B. Kapitel und Preprints[22].
- Beitragsformen, wie auch Zitierweisen und fachlicher Kontext sind zu gewichten.
- Kooperationen von Wissenschaftlern und Diffusionen von Themen sind in Rechnung zu ziehen, z.B. durch Behandlung als Gesamtkomponenten und ihre relativierende Gewichtungen[23].
- Insgesamt sind ausreichende Aggregationen (Institutionen, Länder) vorzunehmen, die mangelnde Datenqualität und messinstrumentbedingte Verzerrungen ausgleichen.
- Andererseits sind bei Bedarf Mittel an die Hand zu geben, die gefundenen Ergebnisse aufzuschlüsseln, um darunterliegende gegenläufige Trends zu entdecken[24].

---

22 Vgl. das Projekt einer (internet-verteilten) "Universal Citation Base" (Cameron 1997).

23 Als Schritt hierzu kann das strategische Diagramm von Turner et al. (1991) gesehen werden, das bibliographische Themen je nach ihrer Zentrierung und Häufigkeit anders bewertet (main-stream, ivory tower, new science, band waggon).

24 Ein Mittel hierzu ist die Formale Begriffsanalyse nach Wille (1992), die Kontexte (Verbände) aus Gegenständen, Merkmalen und ihren Relationen zueinander (bipartiter Graph) behandelt. Hiermit lassen sich bei Beibehaltung der Originaldaten allgemeinere Implikationen gewinnen.

- Wegen unterschiedlicher Implikationen bezüglich Validität und Reliabilität sollten mehrere Maße und Betrachtungsweisen vergleichend angewendet werden (als Beispiel siehe: Abb. 5[25]) .
- Quantitative bibliometrische Analysen und Indikatoren sind als deskriptiv-heuristische Hilfsmittel und nicht als Endprodukt einer Bewertung anzusehen. Rückkopplung über Stellenwert und Hintergrund der quantitativen Ergebnisse mit den Betroffenen sollte einerseits Interpretationshilfen geben und andererseits die wissenschaftliche Gemeinschaft für das Außenbild sensibel machen[26].
- Visualisierungen haben den Vorteil, mehrere Aspekte gleichzeitig einbringen zu können und eher grobe Orientierungen an Stelle von unverbundenen Einzelurteilen zuzulassen (als Beispiel siehe Abb. 6[27]).

Insgesamt sollten Mehrwerte bei der qualitativen Interpretation von und dem Mining nach bibliometrischen Ergebnissen gesucht werden (siehe z.B. Abb. 7[28]) und begründete Bereiche für ein Benchmarking der Wissenschaft angegeben und weniger ein maßstabloses Ranking durchgeführt werden.

	Quantitative Information	**Qualitative Information**
Sichtbarkeit (in der Wissenschaft)	Zitation Rezensionen, Repliken	Nachhaltigkeit/Halbwertszeit der Zitationen in referierten/intern. Fachzeitschriften
Reputation (in der Wissenschaft)	Berufungen	Reputation der rufenden Universität
	Forschungspreise, Stipendien	Art und Status des Preises bzw. der Stipendien
Ausstrahlung (in die Gesellschaft)	Lizenzen, Patentzitate	Art der Erlösverwendung Technologiegebiet
	Gutachten, Beratungstätigkeiten	Art der auftraggebenden Einrichtung (Stiftungen, Ministerien)
	Vorträge	Art des Veranstalters (z.B. Industriekammer, Investorenkonferenzen)

Abb. 7: Wirkungsaspekte von Indikatoren zur Messung wissenschaftlicher Wirkung (Quelle: Heinze 2002)

25 Je nachdem, ob Einzelautorenschaft oder Autorenschaft generell als Rangkriterium genommen werden, ergeben sich zum Teil Übereinstimmungen (Naegele, Kohli, Bäcker) oder auch starke Abweichungen (Kühlewind, Laczko, Frerichs, Wagner) bei einzelnen Autoren.

26 Diese Folgerung ziehen auch Winterhager et al. 2001 trotz ausgefeilter bibliometrischer Analyse.

27 Diese Korrespondenzanalyse spannt einen Raum der Themen in der untersuchten Literatur auf, die durch ihre Projektion auf die 2 Achsen charakterisiert werden. Wenig eigenständig vorkommende Themen liegen in der Nähe des 0-Punktes. Die weiteren Merkmale werden nach ihrem thematischen Profil zugeordnet. Räumliche Nähe dieser drückt strukurell-ähnliches Profil, nicht aber zwangsläufig Vorkommen in der gleichen Literatur aus (z.B. Barlösius und Kutsch).

28 Heinze stellt beispielhaft dar, dass grundsätzlich bestimmte quantitative Indikatoren mit qualitativen Bewertungen – verknüpft werden können. Wieweit die einzelnen genannten qualitativen Merkmale geeignet sind ist allerdings fraglich.

Literatur[29]:

AWMF-Vorschlag zur Verwendung des "Impact Factor". (Empfehlungen, verabschiedet von der AWMF-Delegiertenkonferenz im Mai 2000): <http://www.uni-duesseldorf.de/WWW/AWMF/bimet/impa-emp.htm > ausführlicher: Frömter, E. et al.: Das AWMF-Modell zur Evaluierung publizierter Forschungsbeiträge in der Medizin. In: Deutsche Medizinische Wochenschrift (DMW) 124 (1999), S. 910-915.

Bauer, Bruno: Habilitationskriterium Impact Factor - Wie evaluieren medizinische Fakultäten wissenschaftliche Leistungen von Habilitanden?. In: Medizin-Bibliothek-Information 3 (2003), Heft 2, S. 40-43 <http://www.agmb.de/mbi/2003_2/bauer40-43.pdf >.

Bayer, Otto; Kutsch, Thomas; Ohly, H. Peter: Ernährung und Gesellschaft. Opladen: Leske + Budrich,1999.

Braun, Tibor; Glänzel, Wolfgang: On a source of error in computing Journal Impact Factors. In: Chemical Intelligencer, January, 1995, 31-32.

Brugbauer, Ralf: Bibliothekarische Erfahrungen mit dem Impact Factor. In: Bibliotheksdienst 32 (1998), H. 3, S. 506-512. <http://bibliotheksdienst.zlb.de/1998/1998_03_Erwerbung01.pdf >.

Callon, Michel; Courtial, Jean-Pierre; Turner, William A.: "La méthode LEXIMAPPE : une méthode pour l'analyse stratégique du développement scientifique et technique". In: Vinck, D. (Eds.): Gestion de la Recherche. Bruxelles: De Boeck-Wesmael, 1991.

Cameron, Robert D.: A universal citation database as a catalyst for reform in scholarly communication. First Monday 2 (1997), No. 4: <http://firstmonday.org/issues/issue2_4/cameron/index.html >.

Colonia, Grazia. Informationswissenschaftliche Zeitschriften in szientometrischer Analyse. Kölner Arbeitspapiere zur Bibliotheks- und Informationswissenschaft 33, Fachhochschule Köln, FB Informationswissenschaft, 2002 <http://www.fbi.fh-koeln.de/fachbereich/papers/kabi/volltexte/band033.pdf >.

Crimmins, Francis; Smeaton, Alan F.; Dkaki, Taoufiq; Mothe, Josiane: TétraFusion: Information Discovery on the Internet. In: IEEE Intelligent Systems 14 (1999),No. 6, S. 55-62 <http://maya.cs.depaul.edu/ ~classes/ds575/papers/TetraFusion.pdf>.

DFG: Förder-Ranking 2003: Institutionen – Regionen – Netzwerke: DFG-Bewilligungen und weitere Basisdaten öffentlich-geförderter Forschung. Bonn: Lemmens Verlags- & Mediengesellschaft, 2003.

Dong, Peng; Loh, Marie; Mondry, Adrian: The "impact factor" revisited. In: Biomedical Digital Libraries 2005, 2:7 <http://www.bio-diglib.com/content/2/1/7 >.

Fröhlich, Gerhard: Das Messen des leicht Messbaren. Output-Indikatoren, Impact-Maße: Artefakte der Szientometrie? In: Becker, Jörg; Göhring, Wolf (Eds.): Kommunikation statt Markt – Zu einer alternativen Theorie der Informationsgesellschaft (GMD Report 61 (1999)). St. Augustin: Gesellschaft für Mathematik und Datenverarbeitung – Forschungszentrum Informationstechnik GmbH, S. 27-38. <http://www.gmd.de/publications/report/0061/Text.pdf >.

Heinze, Thomas: Evaluation von Forschungsleistungen. Konzeptionelle Überlegungen und Situationsbeschreibung für Deutschland. In: Wissenschaftsmanagement 8 (2002), Heft 6, S. 14-22.

Herfurth, Matthias; Kohli, Martin; Zimmermann, Klaus (Eds.): Arbeit in einer alternden Gesellschaft, Leverkusen: Leske+Budrich, 2003.

Hofbauer, Roland; Frass, Michael; Gmeiner, Bernhard; Kaye, Alan D. (Eds.): Euro-Factor (EF). The European Journal Quality Factor, 2002 EF-List. VICER Publishing

---

29 **Alle angegebenen URL-Adressen entsprechen dem Stand vom 15.5.2006.**

<http://www.univ-lille1.fr/lea/Menu_du_Site/Publications/Acrobat/VICER-EUROFACTOR.pdf >.

Ingwersen, Peter: "The calculation of web impact factors". In: Journal of Documentation 54 (1998), No. 2, S. 236-243.

JCR Glossary, Institute for Scientific Information, 2000: < http://www.ecu.edu.au/research/RQF/JCR_Glossary.pdf >.

Jürgen Gerhards: Reputation in der deutschen Soziologie - Zwei Welten. In: Soziologie 2002, Heft 2, S. 19-33.

Kuhlen, Rainer: Thesen zum Panel ‚Verfassung der Wissensgesellschaft', Tagung Wissenswert, WZB, Berlin 17.-18.4.2002: <http://www.wz-berlin.de/wissenswert/Präsentationen/rk-podium180402-v2.pdf >

Kutzelnigg, Werner: Kann man wissenschaftliche Leistung messen? Über die Aussagekraft von Publikationslisten und Zitierhäufigkeiten. In: Forschung & Lehre 2001, Heft 6, S. 302-305 <http://www.forschung-und-lehre.de/archiv/06-01/kutzelnigg.html >.

Mattern, Friedemann: Zur Evaluation der Informatik mittels bibliometrischer Analyse. In: Informatik-Spektrum 25 (2002), S. 22-32.

Schubert, András; Glänzel, Wolfgang; Braun, Tibor (1983). Relative citation rate: a new indicator for measuring the impact of publications. In D. Tomov & L. Dimitrova (Eds.): Proceedings of the first national conference with international participation on scientometrics and linguistics of scientific text (pp. 80-81). Bulgaria: Varna.

Stumme, Gerd: Folie Web-Suche zur WS 2005/6 Veranstaltung Internet-Suchmaschinen <http://www.kde.cs.uni-kassel.de/lehre/ws2005-06/IR/folien/10_Spidering.pdf >.

van Raan, Anthony F. J.: Scientometrics: State-of-the-Art. In: Scientometrics 38 (1997), Nr. 1, S. 205-218.

van Raan, Anthony F.J.: The use of bibliometric analysis in research performance assessment and monitoring of interdisciplinary scientific developments. In: Technikfolgenabschätzung 12 (2003), Heft 1, S. 20-29.

Wachter, Cornelia.; Wille, Rudolf: Formale Begriffssanalyse: Darstellung und Analse von bibliographischen Daten. In: Best, Heinrich et al.: Informations- und Wissensverarbeitung in den Sozialwissenschaften. Opladen: Westdeutscher Verlag, 1994, S. 241-255.

Weingart, Peter; Winterhager, Matthias: Die Vermessung der Forschung. Theorie und Praxis der Wissenschaftsindikatoren. Frankfurt/M: Campus, 1984.

Winterhager, Mathias; Schwechheimer, Holger; Weingart, Peter: Sichtbarkeit Deutschlands in den führenden Zeitschriften der Wirtschaftswissenschaften. Bericht an den Wissenschaftsrat und an das BMBF. IWT: Bielefeld, 2001. <http://www.wissenschaftsrat.de/texte/5455-02-3.pdf >.

Ethics in Indexing and Classification

Marthinus S. van der Walt
Department of Information Science, Stellenbosch University, South Africa

1. *Indexing, classification and social responsibility*

To start off I would like to briefly address the relationship between indexing and classification, which are very technical activities performed by information professionals, and the concept of social responsibility (the focus of this conference), which refer to the human side of the profession. Although indexing and classification involve many technicalities, the basic objective of these activities is to provide access to information-bearing objects, thereby contributing to the social process of information transfer. Information transfer takes place between authors (creators of information-bearing objects) and information users. The authors have something to communicate, and the users have information needs that must be satisfied by the information professional acting as intermediary.

In the process of facilitating this information transfer the indexer and classifier therefore has a responsibility towards both authors and information users. Authors can expect the information professional to represent their creations as accurately and exhaustively as possible in retrieval systems, within the constraints of time and cost. Users can expect the information professional to index and classify in such a way as to ensure that information that can satisfy their information needs will be retrievable within the shortest time and with the least effort possible.

One can also see the social responsibility of indexers and classifiers in a broader context. They do not only have a responsibility towards specific authors and users, but also towards communities as a whole, e.g. the scientific community, the business community, or society at large. In the case of the scientific community effective transfer of information about advances in research can be seen as essential for the progress of science. Providing effective and suitable information retrieval systems to make this transfer possible can therefore be seen as a responsibility of information professionals. In a business enterprise the effective organization of business records and other business information sources can make a significant contribution to the smooth operation of the enterprise, may be essential for legal purposes, and can enable management to use the information for decision-making at all levels. The information manager therefore has a responsibility towards the enterprise to properly organize and index all these resources.

2. *Problem statement*

If we can agree that indexing and classification are not purely technical professional activities, but also involve social responsibilities towards authors, information users and communities, it seems warranted to pose the question: Is there an ethical dimension to indexing and classification, and if so, what should the information profession do to promote ethical conduct and to prevent unethical practices in this field? To explore this problem the following three specific questions will be addressed in this paper:

- What constitutes ethical or unethical behaviour by indexers and classifiers?
- What forms of unethical behaviour actually occur in the field of indexing and classification?
- What steps should be taken by the profession to ensure an ethical approach in indexing and classification?

3. *What constitutes ethical or unethical behaviour?*

The analysis of some definitions of "ethics" sheds light on the meaning of the word within the context of professional work such as indexing and classification.
The following two definitions are provided by the website Dictionary.com (c2004):

- "A set of principles of right conduct."
- "The rules or standards governing the conduct of a person or the members of a profession."

Another useful definition comes from an article on ethics in librarianship by Rosemary Du Mont (1991): "In essence ethical behaviour is what is accepted as 'good' and 'right' as opposed to 'bad' or 'wrong' in the context of the governing moral code". She goes on by saying that "Ethical standards ... are not universally accepted, but rather they are the end-product of discretionary decision-making behaviour affecting the lives and well-being of others".
From these definitions a number of points about professional ethics become clear:

- A person's conduct is judged to be right (ethical) or wrong (unethical).
- These judgements should not be subjective perceptions, but should be based on accepted principles or rules.
- These principles/rules may be codified in a professional code of ethics.
- Ethical principles/rules are not the same for all people and in all communities.
- There are ethical principles at various levels, namely the individual, the organization for which he/she works, the profession and social communities. An individual's ethical principles may differ from those of the profession, organization or community, which can lead to conflict.
- To determine whether a specific action is ethical or unethical, it is useful to consider whether the action has a positive or negative effect on the lives and well-being of others.

Specific guidelines as to what constitutes ethical conduct by information professionals in general are given on the website of the International Centre for Information Ethics (c2001). The Universal Declaration on Human Rights (UDHR) is taken as a basis for ethical thinking on the responsibility of information specialists, and the following articles of the Declaration are specifically pointed out as applicable:

- Respect for the dignity of human beings (Art. 1)
- Confidentiality (Art. 1, 2, 3, 6)
- Equality of opportunity (Art. 2, 7)
- Privacy (Art. 3, 12)
- Right to freedom of opinion and expression (Art. 19)
- Right to participate in the cultural life of the community (Art. 27)

- Right to the protection of the moral and material interests concerning any scientific, literary or artistic production (Art. 27)

Violation of any of these human rights will have a negative effect on the lives and well-being of others. Information professionals (including indexers and classifiers) should therefore be sensitive to these rights and conduct their professional duties in such a way that they do not violate them.

In addition to general guidelines such as those in the Declaration on Human Rights, one can expect ethical codes of library associations and other professional bodies in the field of information work to give more specific guidelines tailored to the needs of the information professional. The codes of, for example, the American Library Association (c2004) and the British Library Association (c2002) do indeed provide such profession- specific ethical principles, which in many instances echo the principles of the Declaration on Human Rights. However, an investigation of these two codes turned up very little that is of specific relevance to the work of indexers and classifiers. Both codes have statements referring to the obligation to facilitate the free flow of information, which links up with what I have said in my introduction about the role of indexing and classification in information transfer. The only explicit reference to knowledge organization occurs in the first principle of the ALA Code, which states that "We provide the highest level of service to all library users through appropriate and usefully organized resources ... ". This at least implies that proper organization of resources is seen as an ethical responsibility.

4. *What forms of unethical behaviour actually occur in the field of indexing and classification?*

The ethical guidelines to be taken into account by information professionals generally seem far removed from the day-to-day technical work of indexers and classifiers. In the next section I want to point out that quite a number of practices in controlled vocabularies such as lists of subject headings, thesauri and classification schemes, as well as specific actions of indexers and classifiers in the field, can indeed be seen as unethical when judged in the light of the guidelines set out in the previous section.

4.1 Bias

Many contributions in the professional literature point out the bias in the treatment of subjects in our generally used verbal indexing languages (e.g. Library of Congress Subject Headings) and classification schemes (e.g. Dewey Decimal Classification and Library of Congress Classification). Marielena Fina (1993), e.g., writing about her experience as a Spanish-speaking library user in the United States, gives the opinion that "information organized according to LCSH shows a bias that is, for the most part, white, male, Anglo-Saxon, and Protestant to the exclusion of other views and other sensitivities".

A bias is evident in the treatment of subjects such as non-dominant cultures, social minorities, religions that are not regarded as mainstream, political parties, women, homosexuality, etc. A bias takes on a variety of forms, e.g. a prominent position in a classification scheme for one or more specific geographical regions, languages, religions, etc., with similar topics tucked away under a heading such as "other"; the subordination of a topic in the systematic arrangement of a classification scheme or in the reference structure of a list of subject headings; the context into which a subject is placed in a classification scheme; and the specific way of structuring a knowledge domain.

Hope Olson (2000) categorises examples of bias in the Library of Congress Headings in three groups: exclusions, marginalizations and distortions. Exclusions refer to topics that are simply ignored by the compilers of the indexing language, thereby forcing the indexer to use broader terms to represent these topics, which makes it very difficult for the information seeker to retrieve anything about the specific topic. Olson gives the religion Wicca and the concept Corporate welfare as examples of exclusions in LCSH. Sanford Berman (1984) refers to these topics as "missing terminology", and provides a list of more than 50 such topics of a mainly feminist nature. Subject headings consisting of adjectives only, such as Handicapped, Poor and Aged, without the noun people, are given as examples of marginalization by Olson, whereas the treatment of Feminism in LCSH illustrates distortions.

It is a debatable point whether the bias built into indexing languages and classification schemes should always be regarded as "unethical conduct" on the part of the compilers of these tools. In many cases it can be argued that the existing structures are practical for local circumstances in the country where the tool originated, or are simply historical legacies that are difficult to change without a lot of disruption in the information systems using the tools. On the other hand one can argue that tools that have become de facto universal standards should make equal provision for all users in all parts of the world.

The problems of bias have been exacerbated by information and communication technologies due to the globalisation of information systems. Therefore organizing information with only local needs and views in mind is not acceptable anymore. Referring to the general ethical principles set out earlier in this paper, one can argue that at least some forms of bias have a negative effect on the lives and well-being of others by implying that they are of lesser importance. This might be seen as contrary to the general principle of "respect for the dignity of human beings".

Bias can also occur in the process of practical indexing and classification. Subject analysis to determine what a document is about is a notoriously subjective process where bias can easily creep in. Especially in the case of pictorial items there is a great danger of subjective, biased interpretation of what the image is about.

4.2 Use of terms with negative connotations

In selecting terms that represent people or their behaviour and characteristics, the indexer should consider their impact on the subjects' feelings and the social effects of those representations. Rose Galvin (2003) points out that the word 'disabled' has negative connotations. According to her "when someone is named 'disabled', they are not being accorded with a tag which simply describes a physical or material condition, they are being ascribed a set of oppressive associations which stem from the hypostatisation of an abstract concept". Galvin says that the term 'disabled' is associated with a range of negative concepts such as "weak, passive, dependent, unintelligent, worthless and problematic, so that when the word is spoken, a negative, even if partially subconscious, feeling is evoked".

Galvin points out that "the use of adjectives as nouns, as in 'the deaf,' 'the blind,' 'the mentally retarded,' 'the handicapped,' 'the disabled,' 'the developmentally disabled' and 'the chronically ill' ... is also detrimental to the image of disabled people. All of these adjectives used as abstract nouns contribute to the process of stigmatization by reinforcing the tendency to "see" persons with disabilities only in terms of those disabilities."

In the field of medicine there are also many terms with negative connotations. Lionelle Elsesser (1984) mentions the term 'leprosy' (Hansen's disease), saying that this term is no less offensive to patients and families living with the disease, than words like "nigger", "wop" or "kike". She also states that "librarians have a responsibility to avoid employing labels which connote or imply a judgement of deviancy, aberration, abnormality, or unfitness just as we attempt to avoid sexist or racist terminology" (Elsesser, 1984, 68).

Using terms with negative connotations violates the right to respect for the dignity of human beings. These words should therefore be replaced by more positive terms, such as "physically challenged", "special people/children", "people with differing abilities", "people with no fixed address", "African-American", etc. Galvin points out, however, that simply replacing words with negative connotations with more politically correct or socially acceptable terms does not address the oppressive concepts which gave these words their negative connotations in the first place. Often the new labels gradually acquire the same negative connotations as the words that they replaced. New labels are also not always formulated in consultation with the affected groups and may not be acceptable to them. The task of selecting acceptable terms for the purpose of indexing therefore poses a great challenge to the indexer.

4.3 Misrepresentation of the subject

In networked resources the metadata field for index terms/keywords is sometimes misused to manipulate the search results of search engines. This unethical practice can take two forms: Inappropriate keywords that have no bearing on the subject of a website, but that are popular Internet search terms, are added to the list of keywords so that the site shows up in the search results when the popular term is used. This practise of false representation of the subject of a resource has been observed in pornographic and business sites. Another variation of misrepresentation is the repetition of the same keyword to enhance the ranking of a site in the search engine results. This practice is referred to as keyword spamming.

One would hope that this type of unethical conduct does not occur amongst information professionals, but is limited to unscrupulous web designers.

4.4 Suppression of undesired information

There is at least one recorded case where information professionals (librarians in this case) deliberately indexed items in a catalogue in such a way that it was not accessible under the topic dealt with by the documents. John Swan (1991) reports on the case of two art historians, Moran and Mallory, who presented strong evidence that the attribution of a Sienese fresco, Guidoriccio, to Simone Martini was wrong. They found that their article on this matter, written in 1977, was not catalogued at all by the library of the Institute for Art History in Florence. After complaints to the Institute all Moran's essays and other works were collected in a folder titled "Miscellanea Moran", with no entries under or cross-references from Martini or Guidoriccio, making these documents inaccessible from the subject point-of-view. This clearly amounts to a form of censorship and violated Moran's right to freedom of opinion and expression.

The Moran case sounds like a rare exception, and one hopes that this is indeed the case, but according to Paul Sturgess (2003, 97,100-101) it is entirely likely for indexers and classifiers to become embroiled in suppressing ideas as a result of their indexing practices.

Another possibility of obstructing access to information is by the deletion of records in databases (Arundale, 1991). One can easily imagine this happening in the case of government officials being instructed by their political bosses to remove records that might incriminate them. The same might happen in business enterprises where records that might reveal corruption or illegal transactions can be deleted.

The unethical practices described above were identified by means of a literature survey. The list is by no means exhaustive. It would be interesting to take this investigation further by doing an empirical survey to gather more practical examples of actual unethical actions by indexers and classifiers, and to get an idea of the extent of these transgressions.

5. *Steps to be taken by the profession*

The general ethical principles based on human rights and enshrined in professional and organizational codes of conduct will go a long way in guiding the conduct of indexers and classifiers, but in the light of the specific ethical problems identified above, consideration might be given to compile a special code focusing on the situations encountered by these knowledge organisers.

Educators should sensitise students (the professionals of the future) to ethical issues during training. This can be done through the discussion of ethical codes and by simulating situations in which ethical decisions have to be made in practical indexing and classification exercises.

In the professional literature we have to continue pointing out instances of bias and terminology that may offend in our KO tools, and put pressure on the compilers of classification schemes and verbal indexing languages to remove these. If a bias is necessary due to local requirements they should provide alternatives, e.g. through a flexible notation in classification schemes.

6. *Conclusion*

I hope that I have been able to show that there are social responsibility and ethical issues involved in indexing and classification, and that these exist in reality and not just in theory. There are general guidelines available for ethical conduct in the form of the Declaration on Human Rights and codes of ethics for information professionals, but there may be a need for more specific guidelines to point out the ethical pitfalls that the indexer and classifier should avoid.

References:

American Library Association. (c2004). Code of ethics of the American Library Association. dopted by the ALA Council June 28, 1995. Available: http://www.ala.org/alaorg/oif/ethics.html.

Arundale, J. (1991). Electronic information online – some issues of ethics, censorship and liberty. In Online information 91: proceedings of the Fifteenth International Online Information Meeting, London, 10-12 December 1991. pp. 347-350.

Berman, S. (1984). Out of the kitchen— but not into the catalog. *Technical services quarterly*, 2(1/2), Fall/Winter: 167-171.

Dictionary.com. (c2004). Available: http://dictionary.reference.com/.
Du Mont, R.R. (1991). Ethics in librarianship: a management model. *Library trends*, 40(2), Fall: 201-215.
Elsesser, L. (1984). A case of "Cirosis": the subject approach to health information. *Technical services quarterly*, 2(1/2), Fall/Winter: 63-74
Fina, M. (1993). The role of subject headings in access to information: the experience of one Spanish-speaking patron. *Cataloging and classification quarterly*, 17(1/2): 267-274.
Galvin, R. (2003). The making of the disabled identity: a linguistic analysis of marginalisation. *Disability Studies Quarterly*, 23(2), Spring: 149-178. Available: http://www.cds.hawaii.edu/dsq
International Centre for Information Ethics. (c2001). The field. Available: http://icie.zkm.de/research.
Library Association. (c2002). The Library Association's code of professional conduct. Available: http://www.la-hq.org.uk/directory/about/conduct.html.
Olson, H.A. (2000). Difference, culture and change: the untapped potential of LCSH. *Cataloging and classification quarterly*, 29(1/2): 53-71.
Sturgess, P. (2003). Doing the right thing: professional ethics for information workers in Great Britain. *New library world*, 104(1186): 94-102.
Swan, J. (1992). Ethics inside and out: the case of Guidoriccio. *Library trends*, 40(2), Fall: 258-274.

Nachhaltige Wissensorganisation durch kulturelle Synthese

Heike Winschiers & Jens Fendler
Polytechnic of Namibia, IT Department
&
Barbara Paterson,
Transboundary Mammal Project, Namibia

1. *Einleitung*

Der Begriff der Nachhaltigkeit stammt aus der Ökologie, und wird dort als Methode der Ressourcennutzung verstanden, bei der die Ressource nicht dauerhaft geschädigt wird. Was bedeutet Nachhaltigkeit jedoch in Bezug auf die Ressource Wissen? Wissensorganisation beinhaltet Modellierung, Strukturierung und Vernetzung von Wissen. Modellierung und Strukturierung sind Abstraktionsprozesse; dabei geht es um die Unterscheidung von Wichtigem und Unwichtigem. Das jedoch hängt stark von dem zugrunde liegenden Wertesystem ab, und ist somit gesellschaftlich und kulturell bestimmt. Informationstechnologie unterstützt Systeme und Artefakte der Wissensorganisation, die dem westlichen Wertesystem entsprechen. Die immer schnellere Verbreitung der Kommunikationstechnologie treibt den Prozess der Globalisierung voran, der längst nicht mehr aufhaltbar ist. Im Zuge der Globalisierung werden eurozentrische Methoden und Systeme der Wissensorganisation in alle Welt verbreitet. Die Gefahr der Nivellierung des kulturellen Terrains durch Globalisierung wird von Befürwortern und Gegnern der Globalisierung gleichermaßen anerkannt. Somit heißt Nachhaltigkeit von Wissen, bestehendes Wissen, zum Beispiel indigenes afrikanisches, in gleicher Weise zu konservieren und nicht durch die Entwicklung neuer Technologien zu reduzieren oder zu eliminieren. Diesem Prozess entgegenwirkend besagt Grundsatz 12b der Erd-Charta „Affirm the right of indigenous peoples to their spirituality, knowledge, lands, and resources and to their related practice of sustainable living".

2. *Schwierigkeiten indigener Benutzer mit westlichen Metastrukturen*

Lese- und schreibkundige Gesellschaften haben eine Vielfalt von Kenntnissen und Fähigkeiten entwickelt. Jede dieser Kenntnisse und Fähigkeiten umschließt eine komplexe Sammlung von Gewohnheiten und Grundüberzeugungen in Bezug auf Kommunikation und Wissen (Gee 1990). Information ist folglich kein Wissenspaket, das einfach vom Sender zum Empfänger weitergeleitet wird. Lese- und Schreibfähigkeit spielen eine wichtige Rolle bei der Wissensorganisation, die damit verbundenen Gewohnheiten und Grundüberzeugungen werden jedoch im allgemeinen unhinterfragt vorausgesetzt. Walton und Vukovic (2003) untersuchten das Internetverhalten afrikanischer Studierender, deren kultureller und gesellschaftlicher Hintergrund weit weniger durch Lese- und Schreibfähigkeit geprägt ist als der Westliche. Sie fanden, dass Metastrukturen nicht intuitiv verstanden wurden, da ein fremdes Kategorienverständnis zugrunde liegt. Auch empfanden die Probanden die Hierarchiestrukturen als ungewohnt und benutzten allgemeine Suchbegriffe die keine befriedigenden Suchergebnisse erzielten. Duncker (2002) hatte ähnliche Ergebnisse in einer Studie mit Maori-Internetbenutzern in Neuseeland erhalten. Walton und Vukovic (2003) beobachteten außerdem, dass sich die Lesegewohnheiten der Studierenden von dem westlicher Internetbenutzer unterschied. Es wurden Schwierigkeiten bei der Relevanzbestimmung durch Überfliegen von Texten festgestellt sowie fehlendes Quellenbewusstsein und mangelndes Verständnis von Hypertextfragmenten.

Ähnliche Schwierigkeiten afrikanischer Benutzer wurden bei einem Benutzbarkeitstest eines speziell für Manager von Wildbeständen in Namibia entwickelten Hypermediasystems (vgl. Winschiers und Paterson 2004) festgestellt. Um die Benutzbarkeit des Systems zu testen, waren den Benutzern Fragen bezüglich Aufgaben gestellt worden, die sie mit Hilfe der in IRAS bereitgestellten Information beantworten, beziehungsweise lösen sollten.

Es zeigte sich, dass Metastrukturen sowohl in schriftlichen Dokumenten als auch im Hypermediasystem nicht intuitiv verstanden wurden. Im gedruckten Format wurde die gewünschte Information mehrfach erst gefunden, nachdem das gesamte Dokument durchblättert worden war. Im Hypermediasystem wurde dieselbe Information von einigen Benutzern entweder gar nicht oder nur zufällig entdeckt. Es wurde deutlich, daß sich die Grundannahmen der Entwicklerin bezüglich des Kategoriensystems von denen der Benutzer unterschied. Einige Benutzer verloren das Vertrauen in das System, nachdem bestimmte Informationen nicht dort gefunden wurden, wo sie diese zu finden erwartet hatten.

Es wurde außerdem ersichtlich, dass viele der Benutzer erwartet hatten eine speziell auf die Fragestellung zugeschnittene Lösung zu finden, ähnlich den Zusammenfassungen die durch Lehrer in der Schule bereitgestellt werden, und nicht verschiedene relevante Informationseinheiten aus denen sie die Lösung selbst herausarbeiten mussten. Walton and Vukovic (2003) fanden, dass diese Erwartungshaltung dazu führt, dass potentiell relevante Quellen nicht gefunden werden.

3. *Problematik der Kategorisierung indigenen Wisssens*

Anhand von Literaturbeispielen sowie des auf der ISKO Konferenz durchgeführten Experiments werden wir die Schwierigkeiten bei der Klassifikation indigenen Wissens erläutern.

Klassifikationssysteme reflektieren grundsätzlich das Weltbild des jeweiligen Autors. Somit lässt sich der im Erstellungszeitraum im Ursprungsland vorherrschende Zeitgeist durch eine Betrachtung der Entwicklung des Systems deutlich erkennen.

3.1 *Klassifikationsexperiment*

Im Rahmen des ISKO 2004 Workshops wurden den Teilnehmern drei unterschiedliche Artefakte zur Klassifikation vorgestellt: Ein Lied (MP3 Format), das zugehörige Transkript des Originaltextes zusammen mit einer Übersetzung ins Englische, sowie ein Text mit geschichtlichem Hintergrund (siehe Abbildung 1). Die Teilnehmer wurden in vier Gruppen eingeteilt, in denen sie die Artefakte klassifizierten. Die Ergebnisse dieses Experimentes werden im Folgenden dargestellt.

Nehale lyaMpi ... Ovamboland (Ondonga (East)) King
* in Namibia
+ 04.1908 in N...

	Epongo Ekwetu
Ine hala uukongo uukongo	I do not want to go hunting
Wokoshiheke shanyoka (×2)	In a jewelry jungle
Kokuma kwa kala shinime	There is a lioness
Kokuma kwa kala onkoshi ondumentu	So there is a lion
Ondumbu yaana kanona	The lion that does not differentiate between a child and a dog
Onde mu tedha ngo teya	Whoever I expected to pay me a visit
Okambombo ohani ekele ombwa (×2)	This little pap reserved for him/herI'll just surrender it up to the dog
Epongo li tumwa lumwe	I'm a gentleman serves once only (then he will be gone to another)
Ondjendi yi tumwa esiku ye ya po	A rolling stone works whenever he came to visit
Yi tumwa esikuye eende	The very day he comes
Hailwa gwandje hailwa g	My close comrade
Hailwa gwandje gwondema (×2)	A comrade and a friend
Olye ta thindikile ndje	Who is going to see me off/ take me halfway
Atithe ndje pOmapale	Until Omapale (a certain place)
Atithe ndje pOmapale yakwetu	Just there at Omapale please
NopIihongo yamvula ndje nomongumu ya kambonde	And somewhere at Iihongo ya mvula
Ompadhi oshithenuuka	My feet move slippery (fast)
Ngee nda kondo omulonga onda ya	If I get onto the other side of the river it means im totally gone
Nkee nda kanwa mokadhiya okanene	As from there I am gonna drink from that great well
Kashidhila sha amuonda	[Myths] which belong to shidhila [*success*]
Omeya oga fa omalovu oshinima sha tuwala osuuka kumwene	Water looks like a beverage, something sweetened by the owner
Ngee nda tala omilunga ominene	It is like if I take a look at big palm trees
Dha Nethika naNtananga	In Onethika and Ontananga
Onde mu tedha ngo teya	Whoever I expected to pay me a visit
Okambombo ohani ekile ombwa	This little pap reserved for him/herI'll just surrender it up to the dog

forces. In January 1905 the Finnish ... Kambonde kaMpingana not to support King Nehale, ... uence was ready to rise against the Germans again. After the death of King ... pril 1908, the Ondonga kingdom once again becomes a unified whole

Abbildung 1: Liedtext, Übersetzung und Hintergrundtext

3.2 *Verzerrung von Perspektiven*

Bedingt durch ein sehr geringes Vorwissen, bezüglich der zugrunde liegenden Geschichtsepoche der zu untersuchenden Elemente, wurden die Kategorien von den Teilnehmern so allgemein wie möglich gehalten. Hier zeigte sich bereits, dass eine Auswertung der Informationen nach der Klassifizierung für Benutzer im ursprünglichen Kulturkreis der Artefakte nicht oder nur noch schlecht möglich ist. Die zugrunde liegenden Konzepte der Generalisierung resultieren hier aus dem Umfeld der Teilnehmer des Workshops – nicht aus dem Kulturkreis der Artefakte. Eine effiziente Nutzung des neu gewonnen oder neu strukturierten Wissens bleibt so zumindest in weiten Teilen westlichen Nutzern vorbehalten. Menschen aus der Ursprungsregion der Artefakte würden bereits die – aus ihrer Sicht überzogene – Generalisierung als nicht anwendbar und irrelevant zurückweisen. Die Artefakte haben für diese Menschen einen sehr viel differenzierteren Platz innerhalb ihres Lebens und ihrer Kultur, dem eine westliche Klassifikation nicht ohne weiteres gerecht werden kann. Umgekehrt würde möglicherweise eine detaillierte Information bezüglich Friedrich II. von nicht dem europäischen Kulturkreis entstammenden Analytikern lediglich innerhalb der beiden Kategorien „Geschichte“ und „Europa“ eingeordnet. Dass eine solch grobe Art der Generalisierung und darauf aufbauender Klassifikation für einen Europäer vermutlich wenig hilfreich wäre, liegt auf der Hand.

Andere Teilnehmer haben sich stark von ihren eigenen Perspektiven beeinflussen lassen indem sie Kategorien wie „Kolonialismus, Völkermord, Hererokrieg“ einführten. Diese sind ungeeignet den eigentlichen Inhalt wiederzugeben da sie nur Seitenaspekte des Textes widerspiegeln.

Nach dem Studium des Textes kommentierten die Teilnehmer ihre Arbeit unter anderem wie folgt: „Als Bibliothekar hätte ich mich geweigert“, „Ich nehme so allgemein wie mögliche Terme“ oder „Da müssen die Ethnologen ran, um den Text richtig zu verstehen“.

Im letztgenannten Kommentar verdient das Wort „richtig“ besondere Beachtung. Unabhängig vom vordergründigen Verständnis des Textinhaltes sowie individuellen Interpretationen ist es ausschließlich innerhalb des ursprünglichen Kulturkreises möglich, ein angemessenes und ausreichend genaues Klassifikationssystem zu entwickeln. Objektiv wichtige Informationen können von Außenstehenden oft nicht als solche erkannt werden und gehen somit während einer Generalisierung verloren. Somit kann eine adäquate Verschlagwortung ausschließlich im korrekten Kontext stattfinden.

3.3 Zerstückelung von zusammengehörigen Artefakten

Die von Duncker (2002) erwähnte Zerteilung von zusammengehörigen Artefakten konnte durch das Experiment bestätigt werden: verbindende Elemente gingen durch die grobe Generalisierung verloren. Im Nachhinein ließen sich somit weder Stichwörter noch Kategorien ermitteln, die eine Verbindung der unterschiedlichen Artefakte zuließen. Grundsätzlich lässt sich in diesem Zusammenhang feststellen, dass eine Kategorisierung umso Erfolg versprechender ist, umso mehr Einblick und Wissen die Ersteller des Systems in den entsprechenden Kulturkreis haben.

3.4 Verschlagwortung

Im vorliegenden Beispiel des Liedtextes zeigt sich deutlich, wie schwierig eine vollständige Verschlagwortung aus westlicher Sicht ist. Die Semantik ist hier nicht ausschließlich in textuellen Termen enthalten, sondern basiert zusätzlich aus Intonation, Melodie und anderen Elementen des Liedes. Ohne einen direkten Bezug zum kontextuellen Hintergrund kann eine Kategorisierung nicht oder nur inadäquat erfolgen. Je nach individueller Sichtweise der fremden Kultur werden die Schlagwörter mehr oder weniger willkürlich gewählt.

Während der Originaltext von den Herrschern der Oshivambo bei einem Besuch der Ndonga Könige berichtet und auf historische Tatsachen und Orte verweist, wird die Art der Überlieferung nach westlichen Gesichtspunkten als Legende verstanden. Die daraus resultierenden Schlagwörter wie „Reichtum der Natur“, „Sage“, „Dschungel“, „Legende“, „Natur“, „Mythos“, „Geschichte“ oder „Tiere“ tragen dem ursprünglichen Inhalt nur unvollständig Rechnung und tragen sogar zu einer falschen Sicht der Geschichte bei.

3.5 *Kategorisierung nicht-textuellen Wissens*

Einige Teilnehmer des Workshops entschieden sich im Zuge der Kategorisierung des Liedes dafür, auf dessen Speicherung im Original zu verzichten. Der Verlust des Original-Artefakts führt jedoch in einem realen System zwangläufig zum Verlust von relevanten Informationen. Selbst wenn – wie nicht zu erwarten – eine korrekte Verbindung der einzelnen Artefakte untereinander hergestellt werden kann, sind diese nicht in der Lage, das ursprünglich enthaltene Gesamtbild unverfärbt wiederzugeben.

Weiterhin wurden von den Teilnehmern vorhandene Meta-Informationen falsch interpretiert. So wurde beispielsweise der Interpret des Liedes fälschlicherweise als ursprünglicher Komponist verstanden.

Ein großer Teil menschlichen Wissens wurde und wird in Lied- und Erzählform überliefert. Während sich jedoch westliche Kulturen im Laufe ihrer Entwicklung immer weiter von dieser Form der Wissensverarbeitung und -weitergabe entfernt haben, ist sie für viele afrikanische Kulturen ein integraler Bestandteil, der bis heute nichts von seiner Gültigkeit verloren hat.

Aus diesem Grund sollten audiographische Aufzeichnungen gerade im Zeitalter moderner Speicher- und Abfragetechnologien nicht nur beibehalten, sondern verstärkt genutzt und in bestehende Wissensverarbeitungssysteme integriert werden. Darüber hinaus muss im Sinne einer umfassenden Wissensbasis eine breite Integration unterschiedlicher Wissensformen (bzw. Artefakte) erfolgen. Eine getrennte Weiterverarbeitung unterschiedlicher Wissensformen ohne gut strukturierte und integrierte Methoden des Querzugriffs würde auch weiterhin eine interkulturelle und vor allem äquivalente Nutzung der Daten verhindern.

Unterschiede in den Wissenssystemen

Afrikanisch indigenes	Westliches
Holistisch, Kontextreich	Zerteiltheit
Sozio-kulturell	Logisch
Spirituell	Verstandesorientiert
Kollektiv	Individualistisch
Mündlich	Schriftlich
Lieder, Gedichte, Artefakte, Rituale	Textsammlung
Personengebunden	Unpersönlich
Teilen von geschätzter Vergangenheit	Markt gesteuert, profitorientiert

Die Art, in der Wissen kreiert, gesammelt, partitioniert, organisiert und letztlich genutzt wird, ist stark von den elementaren Unterschieden der Wissenssysteme geprägt. Gleichzeitig ist aber gerade diese kulturelle Prägung ein essentieller Bestandteil des Wissens selbst, da Wissen ohne umgebenden Kontext sowie kulturelle und zeitliche Dimensionen lediglich Information darstellt (Kaipa 1999). Da westliche Kategorisierungssysteme zumeist auf hierarchischen Strukturen basieren, geht mit der Darstellung auch ein großer Teil der zugrunde liegenden Kontextinformationen verloren. Während dies für westliche Benutzer akzeptabel ist, macht es das System für nicht-westliche Benutzer praktisch unbrauchbar. Eine Lösung dieses Problems stellen Organisationsmechanismen wie Ontologien dar. Mit ihrer Hilfe können Terme des Klassifikationssystems auf Kontextelemente abgebildet werden. Sie können somit als Abstraktionsschicht zwischen den verschiedenen Wissensebenen gesehen werden und ermöglichen eine teilweise Anpassung bestehender Klassifizierungen auf neue Benutzergruppen.

4. *Gesellschaftliche Verantwortung und Herausforderungen an die Wissensorganisation*

Es lässt sich festhalten, dass eine nachhaltige Wissensorganisation nur dann vorliegen kann, wenn bereits frühzeitig sämtliche beteiligten Kulturkreise in die Prozesse der Modellierung, Strukturierung und Vernetzung mit einbezogen und gleichwertig behandelt werden.

Weiterhin ist von entscheidender Bedeutung, dass sämtliche zur Verfügung stehenden Artefakte nach Möglichkeit im Original erhalten bleiben. Daraus resultiert der Erhalt individueller Sichtweisen der verschiedenen Völker sowie die Möglichkeit langfristiger und interkultureller Nutzung des einmal gewonnen Wissens.

Während bereits die Konservierung originaler Medien einen gewissen Beitrag zum Schutz indigenen Wissens liefert, müssen weitere Methoden entwickelt werden, um unbewusste Manipulationen der Wissensbasis durch Überschattung nachträglicher (Fehl-) Interpretationen zu verhindern. Dabei ist die Zeit ein entscheidender Faktor, da vorhandene Wissensträger aussterben, während kommende Generationen in zunehmendem Maße eine von westlichen Kulturkreisen beeinflusste Interpretationen ihres Wissens liefern. Darüber hinaus muss eine auf demokratischen Prinzipien der Wissensgewinnung und –organisation basierende kulturelle Synthese der verschiedenartigen Wissenssysteme im Vordergrund stehen.

Eine solche Synthese muss in der Lage sein, historischen sowie kulturellen Perspektiven Rechnung zu tragen. Sowohl linguale, wie auch chronologische oder geographische Aspekte müssen berücksichtigt und durch das System unterstützt werden. Im Idealfall sollte das System weiterhin in der Lage sein, bisher unbekannte oder unerwartete Wissensmuster zu erkennen und nutzbar zu machen. In diesem Zusammenhang werden offene Metastrukturen benötigt, die eine Adaptation an unterschiedliche Kulturen zulassen und widerspiegeln können.

„Die eigentliche Herausforderung ist die, weit über den einfachen Zugriff auf vergangenes Wissen hinauszugehen und neue digitale Medien zu verwenden, um ein Bewusstsein der verschiedenen historischen und kulturellen Arten der Wahrnehmung, verschiedener Arten von Erfahrung und verschiedener Denkweisen zu erhalten, wobei nicht nur Fakten, sondern vielmehr der Bezug dieser Fakten zu verschiedenen Glaubens- und Wissensrichtungen, Mentalitäten und Weltanschauungen visualisiert wird." (vgl. Veltmann 2004).

Vorliegendes Wissen muss in einem expliziten Kontext organisiert sein, um es in ausreichendem Maße verfügbar und abrufbar zu machen. Dabei verwendete Schemata oder Abbildungen der jeweiligen Weltanschauung müssen flexibel austauschbar sein. Hier stellt eine Erkennung der entsprechenden Überlappungen dieser Schemata und Sichtweisen die größte Herausforderung dar. Relevante, identifizierende Terme und Schlagwörter der jeweiligen Domäne müssen je nach kulturellem Umfeld neu identifiziert und validiert werden. Darüber hinaus müssen sinnvolle Gruppierungen entsprechend ihren – wiederum kulturabhängigen – Bedeutungen und Subdomänen gefunden werden, um schließlich einen adäquaten Modus zur Abbildung auf korrespondierende Wissensklassen zu finden und zu implementieren.

Trotz der hier identifizierten Probleme und theoretischen Lösungsmöglichkeiten bleiben grundlegende Fragen bezüglich einer praktischen Umsetzung der vorgestellten Ideen weiterhin offen.

Wie kann eine gerechte, nachhaltige und global tragbare Wissensorganisation in der Praxis erreicht werden? Es bleibt zu erwarten, dass Entscheidungsträger unter westlichem Einfluss auch weiterhin eine mögliche Synthese vorhandener wie neuer Wissenssysteme verhindern.

Es muss weiterhin untersucht werden, welche kulturellen Variablen bei der Wissensorganisation und -klassifikation von entscheidender Bedeutung sind und wie diese sowohl in den Prozess der Entwicklung als auch in die Anwendung der Systeme integriert werden können. Somit bleibt letztlich auch die Frage nach der generellen Möglichkeit der Unterstützung indigener Wissensstrukturen mit Hilfe der heute zur Verfügung stehenden Informationstechnologie unbeantwortet und bietet ein breites und unserer Ansicht nach lohnendes Feld für weitere Forschung.

Literatur:

Duncker, Elke: Cross-Cultural Usability of the Library Metaphor. JCDL 2002, ACM pp. 223-230.

Gee, J.P. Social Linguistics and Literacies: Ideology in Discourses. Falmer, London, 1990.

Kaipa, P.: Knowledge Architecture for the 21st Century: The Napa Group Model for Sustainability.

Nehale lyaMpingana, Ovamboland (Ondonga (East)) King. http://www.klausdierks.com/Biographies/Biographies_N.htm.

Veltman, Kim H.: Towards a Semantic Web for Culture. Journal of Digital Information, Volume 4 Issue 4, Article No. 255, 2004-03-15.

Walton, M. and Vukovic, V.: Cultures, Literacy, and the Web: Dimensions of Information "Scent". Interactions, 2, 2003 pp. 65-71.

Winschiers, Heike and Paterson, Barbara: Sustainable Software Development. SAICSIT 2004, ACM International Conference Proceeding Series; Vol. 75, p.274-278, http://portal.acm.org/citation.cfm?id=1035090, last visited 01.06.05.

3. Pädagogische Wissensorganisation

Knowledge related policy and civic literacy

Henry Milner
Institute of Political Science, Vanier College

1. *Introduction*

The first part of this paper sets out the relationship between democratic participation and the level of civic literacy. Civic literacy simply defined is the proportion of adults with the minimal knowledge to be effective citizens. High civic-literacy countries in Europe, especially in Scandinavia, I have found (Milner 2002), have adopted policies encouraging informed political participation in areas such as media consumption, adult education, and the quality of information surrounding partisan political debate.

Because informed individuals can better identify the policy options of different parties, and thus their effect upon their own interests and those of others, it is not surprising that turnout is higher in the civic-literacy countries. Moreover, the distance between rich and poor is smaller in these countries since those excluded through lack of civic competence from informed participation tend to be those at the bottom of the social ladder, and they pay the cost.

Among the policies identified with high civic literacy in a comparative analysis of 15 OECD countries are those that reduce dependence on commercial electronic media by promoting newspaper reading and the development and use of non-commercial electronic sources of public-affairs knowledge. Related to such measures are concerted efforts to encourage the reading of books and other printed materials, through both subsidies to publishing and distribution, and programs offered by local public libraries especially those targeted at people with marginal reading skills.

The final part of the paper uses recent data, especially from the European Social Survey, to test whether these policies remain effective. Do younger cohorts in Scandinavia in particular display the attitudes and behavior associated with the high civic literacy that has characterized these countries; or have social changes, especially those related to the new information technologies, reduced their effectiveness?

2.

In his well-known litany of the symptoms of declining civic engagement in America, Robert Putnam notes the steady decline in turnout in national elections. Turnout is one of the components of the indexes he uses to distinguish high from low social-capital In Italy (Putnam, 1993) and the United States (Putnam, 2000). Yet Putnam expends little analytical effort on the relationship between voting and other expressions of social capital. It is subsumed under the general phenomenon of "civic engagement" which is taken as an expression of social capital.

Yet voting is more than merely one aspect of civic engagement; it is the basis of political participation in a democracy. Casting a vote is a visible, readily identifiable and quantifiable act. Apart from a typically small minority of activists who consciously reject electoral politics - voting remains the sine qua non of political participation: people who do not vote very seldom take part in more active forms of politics. To examine the relationship between voter turnout and social capital, we use as turnout indicator official voter turnout figures for national legislative elections (presidential elections in the United States) compiled by IDEA, the Stockholm-based Institute for Democracy and Electoral Assistance. Figures 1 and 2 depict the percentage of the potential voters that turned out to vote in elections in the 1990s in 13 mature democracies. (Countries with compulsory voting are excluded.)

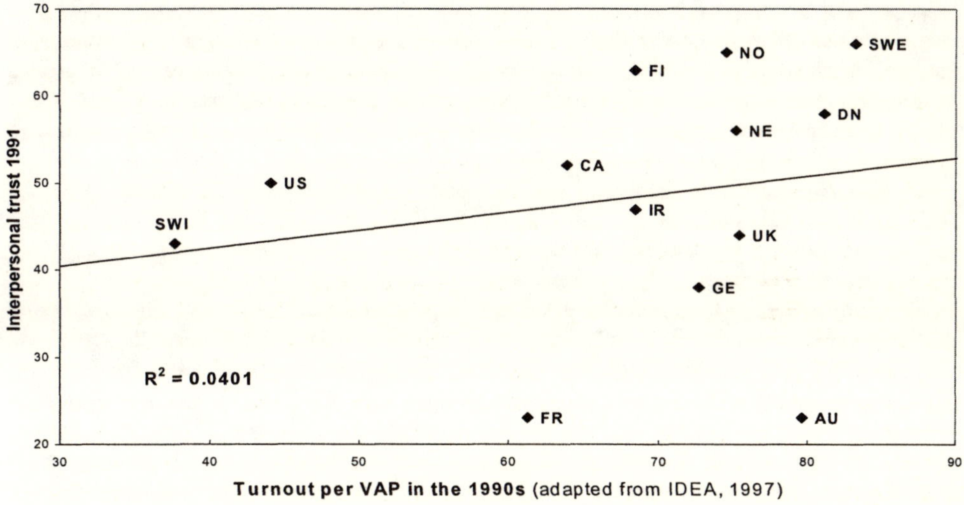

Figure 1

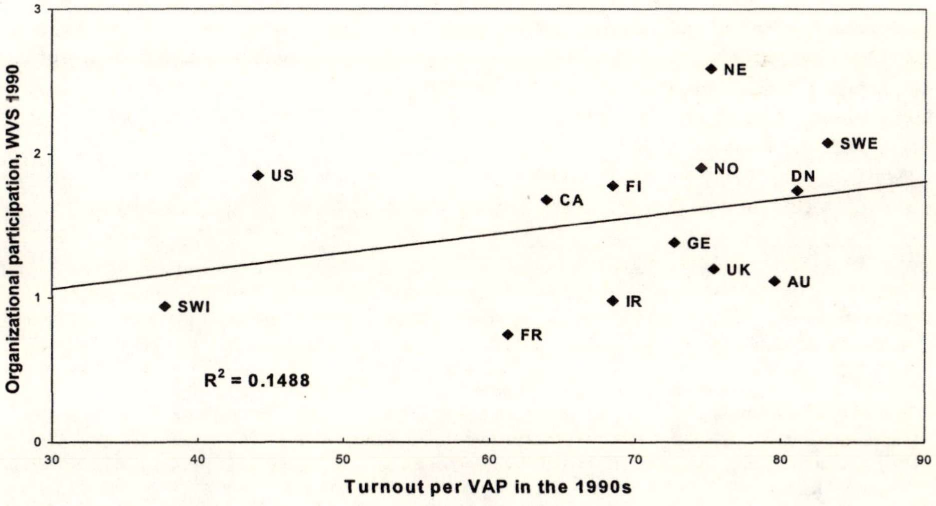

Figure 2

As we can see, there is very little direct relationship at the aggregate level between the usual indicators of social capital and turnout. Based on figures such as these, I argue that the relationship between social capital and political participation passes less through trust and associational participation than through something else: I claim this to be political knowledge - what I term "civic literacy". In what follows, drawing upon findings from data in Milner 2002, I use average turnout in local rather than national elections since it is a better expression of civic engagement.

What empirical substantiation is there for a three-way relationship between social capital, civic literacy and political participation? To test this, we must rely mainly on surrogate indicators of civic literacy. This is due to the failure of students of comparative politics to develop a country-neutral battery of political knowledge-oriented questions comparable to those used in National studies in the US (e.g. Nie, Junn and Stehl-Barry, 1996) and elsewhere. Hence we do not have the kind of systematic data needed to compare directly countries as to their levels of political knowledge. While research teams seeking to explain voting behaviour regularly pose a wide range of standardized questions that get at attitudes linked to trust and political efficacy (such as: "do you agree that politicians don't care about ordinary people like me" - see, e.g. Dalton, 1998), comparatively few questions get at knowledge (i.e. have a right or wrong answer).

Nevertheless, existing comparative political knowledge data, however incomplete, shows a fairly consistent pattern. Representative of relevant studies is a report (Curtice and Shively, 2000: 10) which placed New Zealand first (83 percent), followed by Germany (76), Norway (69), Britain (60), Australia (58) and the US (52), in the proportion of respondents able to identify correctly a candidate in the last election.[1] These rankings are consistent with a study conducted for National Geographic magazine (December 1989: 816-8) testing the ability to locate correctly places on the world map. Such rankings have not infrequently been confirmed by comparative studies involving fewer countries. A good example is a study conducted in January 1994 by the Times-Mirror Center for the People and the Press using representative samples from five countries. The differences in responses to the five then current questions about international affairs[2] are striking: the Canadian respondents (at 1.90 average correct answers) placed above the American (with an average of 1.67 right answers), but below the British (2.07) and the French (2.13). The German respondents (with an average of 3.58 right answers) were far and away the most knowledgeable (Bennett et. al, 1995: 43).[3]

Most useful for our purposes, since it covers a large number of advanced democracies, but even more skewed toward international politics, is a survey that tested respondents'

---

1 A single question of this kind invariably places some countries at a relative advantage, e.g. unitary New Zealand, or disadvantage, e.g. Norway, whose score is doubly impressive since it has only multi-member districts.

2 Respondents were asked to identify: 1) the president of Russia [Boris Yeltsin]: 2) the country threatening withdrawal from the nuclear non-proliferation treaty [North Korea]; 3) Boutros Boutros-Ghali's position [UN Secretary-General]; 4) the ethnic group that had captured much of Bosnia and surrounded Sarajevo [the Serbs]; and 5) the group with which Israel has just reached an accord [Palestinians, or PLO].

3 The relative performance of the three English-speaking countries in the Times-Mirror test corresponds to those found in a study of domestic political knowledge (Baker *et al*, 1996) based on compilations of questionnaires asking Canadian, American and British samples a number of questions related to their countries' legislatures. This was also the case in a study limited to first-year university students. On questions about past and present political leaders, the average percentage correct was 25 for both the US and Canada and 42 for Britain. In ranking foreign countries on the basis of population and GDP, it was 43, 45 and 72 respectively (Holloway, 1995).

ability to identify the United Nations' Secretary General (from a list of 5) and to name a UN agency (Millard, 1993). In Figures 3 and 4, participating countries are ranked by the proportion of respondents correctly answering both questions, the scores of which correspond reasonably well to the impressions gained from the above studies. The small countries of Northern Europe had the highest awareness, followed by Germany, France, Italy, Australia and the UK. Canada, Ireland, and, finally, the United States brought up the rear.

The other axis in Figures 3 and 4 set out each country's place on the two main surrogate indicators of civic literacy: the functional literacy level, and the TV dependency scale. These indicators are chosen because they correspond most closely to the types of policies argued to have greatest effect on civic literacy, namely those affecting adult education and media consumption – as operationalized by TV dependency (see below). Both – especially the latter (!) as we can see - confirm the existence of the expected relationship.

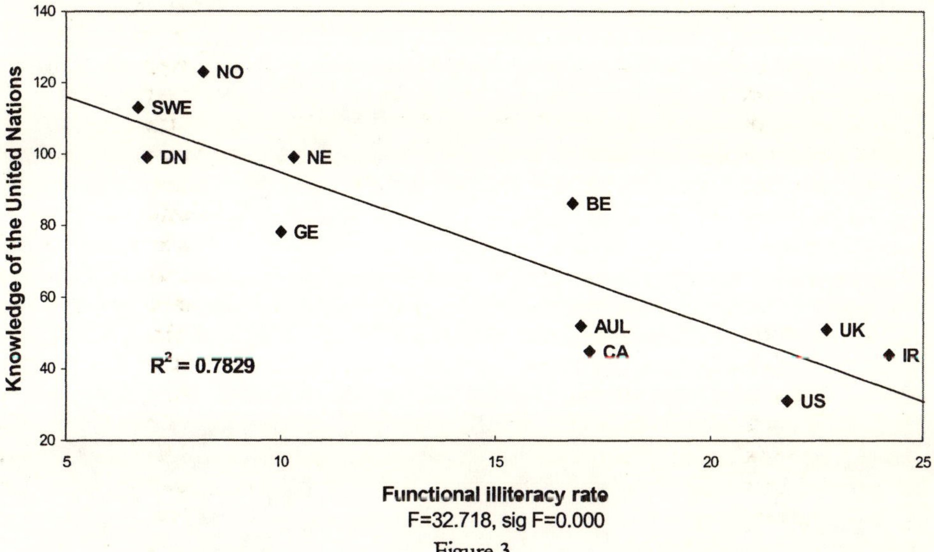

Figure 3

I can here only briefly discuss the factors underlying these charts. The functional literacy level is derived from the OECD-sponsored International Adult Literacy Survey (IALS). The study tested the level of comprehension of a large sample of the population (aged 16 and over) of three types of written materials: narrative prose; documents, such as maps, train schedules, etc; and questions applying basic arithmetic skills (OECD, 1997; 2000). Figure 5 plots the clear relationship between average local turnout and the average percent of the adult population in the relevant fourteen IALS countries[4] scoring in the lowest category in the three tests. This functionally illiterate group corresponds, in our terms, to

4 I exclude Poland, Portugal, Hungary, Slovakia, Chile, and the Czech Republic. I include Switzerland by combining the separate IALS results for German and French Switzerland, weighing the former at two-thirds and the latter at one-third. Note that the IALS figures for Belgium are in fact only for Flanders.

people clearly lacking the literacy skills to comprehend the written material needed to be competent citizens.

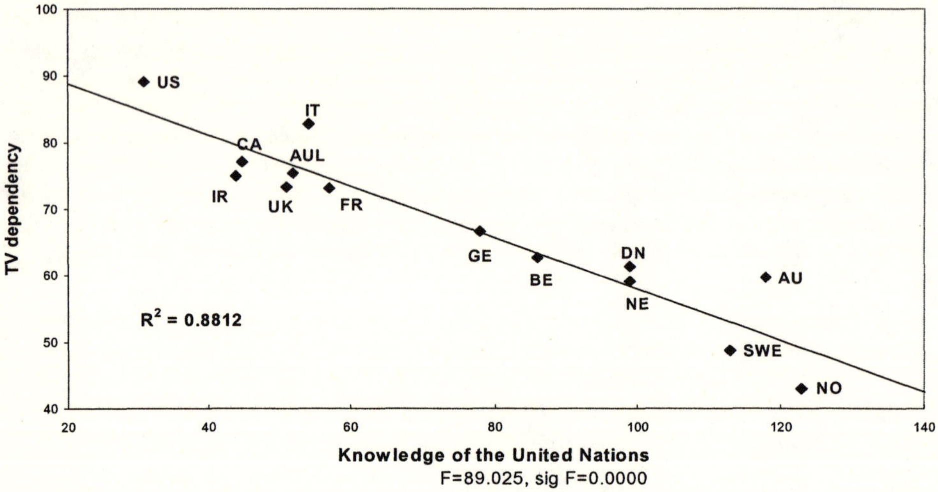

Figure 4

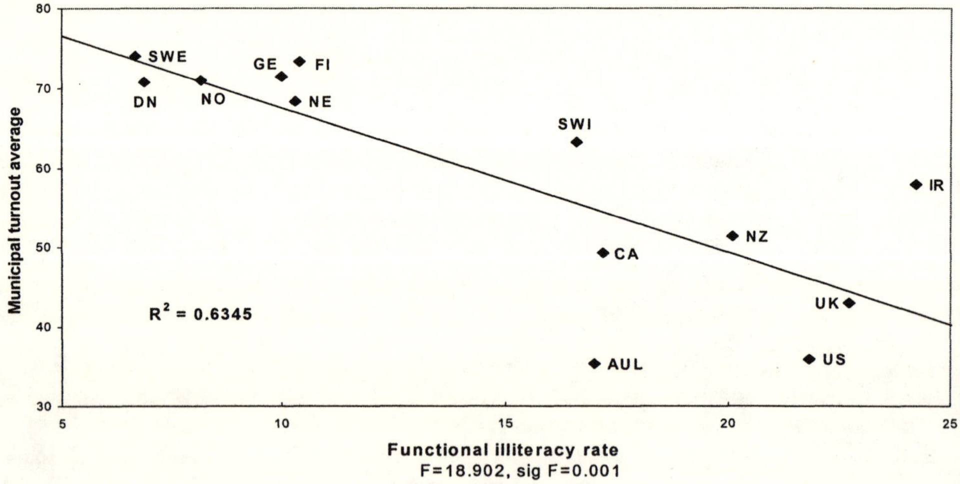

Figure 5

Figure 6 sets out the relationship between the score on what I term the TV dependency scale and average local turnout. Building on a wide literature (e.g. Putnam, 1995) suggesting that high levels of newspaper reading contribute to civic engagement, while high levels of (commercial) television consumption have the opposite effect, the TV dependency rating combines newspaper reading and (commercial) television consumption. The scale is based equally on countries' relative rating on (the absence of) daily newspaper circulation, and of commercial television consumption,[5] the latter composed equally of two elements: average weekly television watching and per capita spending on television advertising (Milner 2002: Appendix III).[6] Countries (Japan excepted) cluster into two polar types: in one, there are roughly four to five people for each daily newspaper, and commercial television watching is widespread and frequent; in the other, newspaper circulation is closer to one for every two people and there is far less recourse to commercial television.

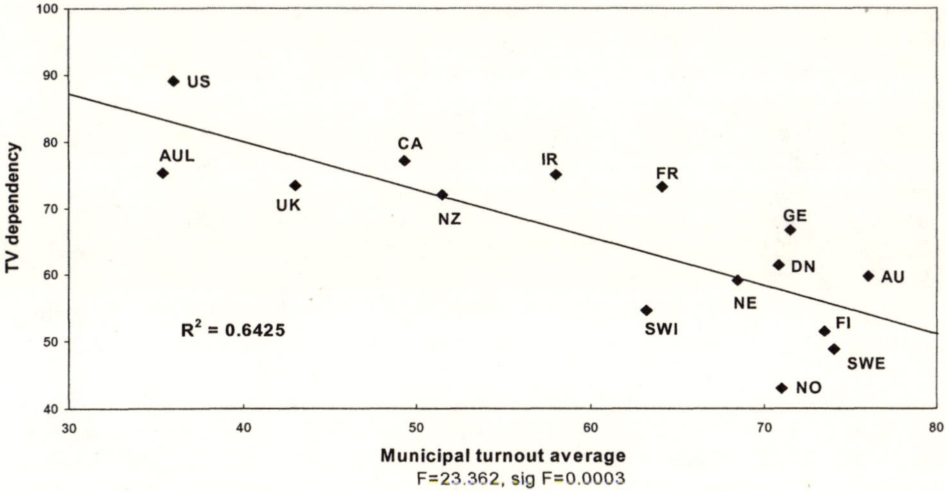

Figure 6

3.

Policy differences are part of the explanation for differences in civic literacy. Among media-related policies, those that distinguish high civic-literacy and low TV dependency countries include subsidies to newspapers, and restrictions on commercialization of television. A related factor is the rules governing the various activities by parties and other

5 There is a great deal of data showing that, other things being equal, the more commercial considerations enter into decisions on "news and public affairs" programming, the lower the actual public-affairs information content – and thus knowledge – that is disseminated (Milner 2002, Ch. 7).

6 To standardize, in creating the composite, each indicator was recomputed to bring it to a score for which the maximum attained was close to 100. Sources: For European countries: Statistical Yearbook, 1994-95: Cinema, Television, Video and New Media in Europe (European Audiovisual Observatory of the Council of Europe, Strasbourg, France). For Canada: 1996 International Television and Video Almanac (Quigley Publishing Company, New York, 1996); Television Bureau of Canada (TVB Television Basics 96/97, Toronto, 1997). For the United States: 1996 International Television and Video Almanac (Quigley Publishing Company, New York, 1996), and "The Public Perspective: A Roper Center Review of Public Opinion and Polling," August/September 1995. For Australia: "Oz increases time at tube," (A.C. Neilsen company reports average viewing in Australia) Variety, April 27, 1992 (New York, 1992), and "Advertising Expenditure in Main Media, 1986-1995." For New Zealand: "New Zealand at a Glance" Variety (New York, October 9-15, 1995. Thanks to Ian Malcolm for this data.

political actors related to the dissemination of political information. The high civic-literacy European countries differ sharply from the low civic-literacy United States in their publicly funding such activities. In addition, policies that narrow what American social critics have aptly called the "digital divide" also seem to distinguish the high civic-literacy countries.

Also important are policies related to education, especially adult education, and information technology. When it comes to civic literacy, the evidence points to the importance of learning acquired after formal schooling is completed in study circles and other adult education programs in high civic-literacy countries - especially Sweden. Within formal schooling, the acquisition of sophisticated reading comprehension skills is suggested to have a more lasting impact on civic literacy than the content of civics courses, though the latter can promote political participation of content and timing is appropriate (Milner 2005).

We can now ask if the differences displayed are likely to continue. I have acquired recent data on newspaper readership from the World Association of Newspapers, which, as we see in Table 1, suggests that the situation remains promising. The levels of reported news daily newspaper consumption is highest for the four high civic-literacy Nordic countries not only overall but also among young people.

High newspaper reading levels lead us to expect that political knowledge levels would be higher in the Nordic countries. While comparative data is limited, we see confirmation of this expectation in a study of the political geography knowledge of young people, at least as far as Sweden is concerned.[7] Apart from questions asking the respondents to identify countries on a world map, there were a series of questions testing knowledge related to international politics. Out of 56 total questions that were asked in the 10 countries, Sweden led, averaging 40 correct answers (followed by Germany and Italy [38], France [34] Japan [31], the UK [28], Canada [27] and the US [23]). These results correspond reasonably closely to levels of turnout. As we can see in Table 1, of the European countries participating in the National Geographic-Roper survey, young Swedish respondents to the 2002 European Social Survey (ESS) report having voted at 81.4 percent, the Germans at 72.8 percent, and the Italians at 76.4 percent, compared to 41 percent for those in the UK.

The ESS also asked how important it is for a good citizen to vote in elections in 20 new and old European democracies, using an 11 point scale from "extremely unimportant" to "extremely important." As set out in the two last columns of Table 1, the overall average was 7.4, while for those under 25, the average was 6.8.[8]

In sum, despite important recent developments related in particular to globalization and Internet use affecting political participation especially among young people (Milner 2005), there is good reason to believe that the high civic-literacy societies, especially in Scandinavia, are likely to remain so.

---

7 In 2003, the National Geographic-Roper Global Geographic Literacy Survey assessed 3,250 young adults in nine countries.

8 I wish to thank Svante Ersson of Umeå University for these calculations.

COUNTRY	REACH (YOUTH)	AGE OF YOUTH	REACH (ALL)	PAGE*
Norway	81.0	13-19	86.0	290
Sweden	77.0	15-24	88.0	340
Denmark	76.6	16-24	79.7	124
Finland	72.0	15-24	87.0	145
Austria	69.5	14-29	75.2	56
Australia	68.6	18-24	71.8	51
Switzerland	68.1	16-24	74.8	345
Netherlands	58.0	15-24	71.4	265
Germany	53.6	14-19	76.2	155
Greece	52.0	18-24	54.6	159
Belgium	50.7	15-24	47.4	68
Hungary	49.2	15-24	52.6	171
Canada	44.9	18-24	54.1	88
Luxemburg	43.8	15-24	65.0	233
Spain	41.7	16-24	39.7	330
Italy	40.2	18-24	39.3	196
United States	40.0	18-24	54.0	375
New Zealand	37.8	15-24	54.1	276
France	36.3	14-19	45.3	147
United Kingdom	35.7	15-24	32.8	324
Poland	28.3	16-24	31.8	292

TABLE 1: AGE STRUCTURE OF DAILY NEWSPAPER READERSHIP
*World Press Trends, 2004, World Association of Newspapers. Paris

Country	Voted: 1st time voters* & (voted: total population)	Important to vote 1ST time voters & (total population)*
Sweden	**81.4** (86.96)	**8.12** (8.38)
Denmark	**78.9** (93.67)	**8.09** (8.87)
Italy	**76.4** (89.45)	**6.69** (7.51)
Netherlands	**74.8** (86.33)	**6.89** (7.48)
Austria	**74.6** (88.46)	**7.46** (8.07)
Germany	**72.8** (85.3)	**7.06** (7.55)
Hungary	**69.2** (80.93)	**7.94** (8.26)
Czech Rep.	**61.4** (65.93)	**5.88** (6.16)
Greece	**59.8** (90.56)	**7.60** (8.12)
Finland	**54.5** (81.7)	**5.97** (7.59)
Belgium	**53.5** (85.23)	**6.38** (6.56)
Norway	**50.0** (83.66)	**7.48** (8.19)
Poland	**48.2** (66.16)	**6.95** (7.65)
Slovenia	**42.0** (80.21)	**5.89** (6.74)
Ireland	**41.8** (75.87)	**7.23** (7.7)
Portugal	**41.3** (72.49)	**6.40** (7.13)
UK	**41.0** (72.35)	**6.51** (7.16)
Israel	**38.4** (78.66)	**7.13** (7.98)
Spain	**27.4** (77.67)	**5.02** (6.43)
Switzerland	**17.6** (68.98)	**6.66** (7.37)
Luxembourg	**12.8** (64.74)	**7.27** (8.0)
Total	**52.7** (80.3)	**6.99** (7.61)

TABLE 2: VOTER TURNOUT IN SELECTED DEMOCRACIES
Based on data from the first round of the European Social Survey (http://ess.nsd.uib.no.)
*Born 1980 or later, that is, first time voters (excluding those too young to vote in the last election)

References:

Baker, John R, L. M.Bennett, A.E. Bennett, and R.S. Flickiger (1996). "Citizens' Knowledge and Perceptions of Legislatures in Canada, Britain and the United States." Journal of Legislative Studies 2, 2: 44-62.

Bennett, Stephen E. et al. (1995)."The Impact of Mass Media Exposure on Citizens' Knowledge of Foreign Affairs: A Five Nation Study." Presented at the Annual Meeting of the American Political Science Association, Chicago, August 1995.

Curtice, John and W. Phillips Shiveley (2000). "Who Represents Us Best? One Member or Many?" presented at the August 2000 International Political Science Association (IPSA) Conference, Québec, Canada.

Dalton, Russell (1998). "Political Support in Advanced Industrial Democracies." Research Paper, Center for the Study of democracy, University of California, Irvine.
Holloway, Steven, 1995. "Through a Glass Darkly: Documenting Asymmetries in Neighbourly Knowledge," in the Bulletin of the Canadian Political Science Association, Spring 1995: 51-6.
Millard, William J. (1993). "International Public Opinion of the United Nations," International Journal of Public Opinion 5: 92-9.
Milner, Henry (2002). Civic Literacy: How Informed Citizens Make Democracy Work Hanover, NH: University Press of New England.
Milner, Henry 2005. The Phenomenon of Political Drop-outs: Canada in Comparative Perspective. Choices. Montreal: IRPP.
Nie, Norman H., Jane Junn, and Kenneth Stehl-Barry (1996). Education and Democratic Citizenship in America. Chicago: University of Chicago Press.
OECD (1997). Literacy Skills for the Knowledge Society: Further Results from the International Adult Literacy Survey. Paris: OECD.
OECD (2000). Literacy in the Information Age: Final Report of the International Adult Literacy Survey. Paris: OECD.

Globalisierung und Individualisierung als Bildungsziele

Christian Swertz
Fakultät für Pädagogik, Universität Bielefeld

1. *Begrenzte Vernunft*

Die derzeitigen Tendenzen zur Globalisierung und Individualisierung werden aus Machtgründen und nicht aus vernünftigen Gründen durchgesetzt. Angesichts der nicht immer wünschenswerten Folgen von Globalisierung und Individualisierung ist es erforderlich, diesen Tendenzen etwas entgegenzusetzen. Vernünftige Kritik an diesen Tendenzen ist angesichts der Dialektik der Aufklärung (Horkheimer/Adorno 2004) aber nicht unproblematisch, erscheint doch Vernunft immer schon durch die herrschenden gesellschaftlichen Verhältnisse korrumpiert. Der Durchsetzung von Globalisierung und Individualisierung durch machtförmige Sozialbeziehungen können wir uns nun ebenso bewusst werden wie dem Umstand der Korrumption von Vernunft durch Macht. Eine vernünftige Reflexion von politischen und wirtschaftlichen Interessen und eine fundierte Kritik etwa des Marktförmigwerdens von Bildung oder Wissen führt jedoch nicht dazu, dass diese Tendenzen in irgend einer Form angefochten werden. Es gelingt an Macht Interessierten offenbar mühelos, Kritik in die Machtstrukturen zu integrieren und die Kritik dabei zum Zwecke des Machterhalts zu funktionalisieren (vgl. Campbell 2001). Vernünftige Kritik stabilisiert damit die herrschenden Verhältnisse und trägt nicht zu der intendierten Veränderung bei.

Dennoch wird häufig politische Aufklärung in der Absicht einer positiven Veränderung versucht. Ein aktuelles Beispiel für liefern Vertreter der Cultural Studies, die mit der expliziten Absicht auftreten, Machtverhältnisse zu verändern: „Cultural Studies sind daher eine kontextspezifische Theorie und Analyse, die sich damit beschäftigen, wie Kontexte als Strukturen von Macht und Herrschaft hergestellt, aufgelöst und neu gestaltet werden“ (Grossberg 2006, 26). Macht und Herrschaft sollen neu gestaltet werden, und die Methode, die Grossberg dazu neben einer spezifischen empirischen Methodik vorschlägt ist die Entwicklung von Theorien als Mittel der Vernunft, eine Position gegenüber von Macht und Herrschaft einzunehmen.

Der damit skizzierte Weg basiert auf einer Gegenüberstellung von Macht und Vernunft. Die Absicht von Grossberg ist es also, mit den Mitteln der Vernunft, d.h. insbesondere mittels wissenschaftlicher Theoriebildung, eine Position gegenüber von Macht einzunehmen, die Aufklärung ermöglicht. Das Problem der Korrumption von Vernunft durch Macht wird dabei jedoch nicht gelöst und die Frage, wie denn mittels theoretischer Arbeit eine neue Gestaltung von Macht und Herrschaft erreicht werden kann und wie die neue Gestaltung denn bestimmt werden kann nicht beantwortet. Auch der skeptische Weg bleibt verschlossen, da mit einer skeptischen Methode der Anspruch auf eine neue Gestaltung nicht eingelöst werden kann. Die Bedingung der Möglichkeit der Veränderung von Macht und Herrschaft durch Vernunft bei Grossberg bleibt unklar. Grossbergs Position lässt sich daher im Interesse einer Stabilisierung der Machtverhältnisse funktionalisieren.

Damit stellt sich die Aufgabe zum Zwecke der vernünftigen Kritik einen Ansatz zu verwenden, mit dem Funktionalisierung vermieden wird; eine Aufgabe, die vor allem die Bedingung der Möglichkeit von Reflexion zu klären hat. Auch dieser Weg geht von Differenzen aus. Wenn die Absicht dabei ist, Macht und Herrschaft in einer subversiven Strategie zu desavouieren und vorhandene Macht- und Herrschaftsverhältnisse in der Hoffnung auf Besseres zu unterlaufen, scheint es jedoch unmöglich, dies mit Mitteln der Vernunft, die ja möglicherweise auch nur eine Funktion des Macht- und Herrschaftssystems sind, zu tun. Das legt die Vermutung nahe, dass es wenig ausichtsreich ist, einen Weg der Macht- und Herrschaftskritik in der Absicht einer positiven Zweckbestimmung mit den Mitteln der Vernunft zu finden.

Die These hier ist nun, dass ein solcher Weg möglich ist. Um die These zu diskutieren werden keine wissenschaftlichen Ergebnisse vorgestellt, schon weil Vernunft möglicherweise ebenfalls korrumpiert ist. Stattdessen wird versucht, an der angedeuteten Struktur mit rhetorischen Mitteln ein wenig unvernünftig vorbeizuschauen und so die Möglichkeit auch eines vernünftigen Weges plausibel machen, ohne ihn hier auch schon entwerfen zu können. Das Folgende ist also ein methodisches Experiment, mit dem experimentell erprobt werden soll, ob die methodische Verwendung von Rhetorik der gestellten Frage angemessen ist.

2. *Ein Versuch*

Die Strategien der Machtdurchsetzung sind recht einfach: Professorinnen und Professoren z.B., die zur bildungsbürgerlichen Mittelschicht gehören, werden schon durch die bekannten bürgerlichen Abstiegsängste daran gehindert, für ihre gelegentlich gerne präsentierten kritischen Überzeugungen die Festanstellung zu riskieren, und der Strategie der Forschungskontrolle durch Drittmittelvergabe und Veröffentlichungsstatistiken entzieht sich keiner durch die Begründung der Verweigerung des Stellens von Drittmittelanträgen mit der nur so zu bewahrenden Freiheit der Forschung.

Es ist dabei klar, dass Professorinnen und Professoren Mitglieder des Systems sind und insofern schon ungewusst eine Form von Kritik wählen, die die eigene materielle Existenz nicht betrifft – da kann ich mich nicht ausnehmen. Die beliebte - möglicherweise sogar ideologiekritische – Reflexion erscheint daher als zwar unterhaltsam, aber wenig fruchtbar. Es gilt mithin die Sache von den Füßen auf den Kopf zu stellen und die neoliberalen Tendenzen nicht abzulehnen, sondern sie beim Wort zu nehmen, d.h. Individualisierung und Globalisierung als Bildungsziele nicht zu kritisieren, sondern positiv zu bejahen.

Dazu ein Beispiel: Die derzeitigen Arbeitsmarktstrukturen führen eine an Leibeigenschaft erinnernde Struktur wieder ein: Der Fürst – oder Arbeitgeber – darf an Gehalt zahlen, was er möchte, darf verstoßen, wen er will, und verlangen was er möchte. Diese Macht- und Herrschaftsinteressen gilt es im Interesse der Standortsicherung im internationalen Wettbewerb konsequent umzusetzen und weiterzuentwickeln. Ein wichtiger Schritt dazu ist die Wiedereinführung des „ius primae noctis“ mit den Frauen der Leibeigenen bzw. Angestellten. Daraus würde ein kaum einholbarer Standortvorteil erwachsen, zumindest wenn die These der Genderforschung richtig ist, dass wir in einem Patriarchat leben. Das Recht auf die erste Nacht zu legitimieren würde z.B. dem Spiegel, der durch seine ausgezeichneten Reportagen über Prostituierte und Pornografie in der herrschenden Elite die Wahrnehmung des Leibes als Ware bereits sehr gut vorbereitet hat, sicher nicht besonders schwer fallen. Die dafür erforderliche Struktur ist ja im Verkauf der

Seele, der mit dem Beruf der Journalisten verbunden ist, und die deswegen erforderlich ist, weil die Pressefreiheit für die Verleger und nicht für die Journalisten gilt, bereits etabliert: Wer Journalist ist, ist frei dazu, die Meinung des Verleger zu äußern. Das ist eine interessante Figur, die Assoziationen an die Bildungsgeschichte weckt: Auch nach christlicher Überzeugung ist der Mensch frei dazu einzusehen, dass er Geschöpf Gottes ist. Genau so ist der Journalist frei darin einzusehen, dass er ein Angestellter seines Verlegers ist – oder sich den Ausgestoßenen anzuschließen.

Wenn wir also in einem Patriarchat leben und das ius prima noctis eingeführt wird, dann resultiert daraus ein nachhaltig wirkender und kaum einzuholender Standortvorteil. Auf diesen wirtschaftlichen Vorteil können wir in den Zeiten der Globalisierung nicht verzichten, die langfristige Sicherung der internationalen Konkurrenzfähigkeit erfordert diesen Schritt, zumal wir sonst im Kampf der Kulturen den islamischen Ländern mit dem dortigen Recht auf Polygamie schnell unterliegen werden.

Bleiben wir noch bei diesem Bild: Neoliberale Interessen – obwohl das so negativ besetzt ist; sagen wir also besser: die Kräfte des Marktes, Kraft ist so schön, man denke nur an all die muskulösen echten Männer, die wir allenthalben vorgeführt bekommen, und Markt weckt positive mittelalterliche Assoziationen an den Marktplatz, die ja bezüglich der Herrschaftsstrukturen auch gar nicht in die falsche Richtung gehen – also die Kräfte des Marktes werden ja in ähnlicher Form heute schon in Bildungssystemen genutzt, wie Ingrid Lohmann so schön gezeigt hat: Die kapitalistische Strategie ist es, so Ingrid Lohmann, Teams zu bilden und ihnen zu sagen: „Hier ist Euer Marktsegment, das ist Eure Welt, da müsst ihr Euch bewähren. Wie ihr das macht ist egal, aber seid profitabel. Die Sicherheit Eurer Arbeitsplätze liegt in Euren Händen" (Lohmann 2002: 93).

Das kann man direkt in eine didaktisches Methode umsetzen: Die konstruktivistische Didaktik schlägt dazu aufgabenorientiertes selbstgesteuertes Lernen vor. Was wir also machen sollten ist, den Lernenden zu sagen: „Hier ist Eure Aufgabe, das ist Eure Welt, da müsst ihr Euch bewähren. Löst Sie wie ihr wollt, aber lernt etwas dabei. Der Erfolg eurer Bildung liegt in Euren Händen". Das unterwandert jede Kritik – oder wollen sie etwa autoritäres, fremdgesteuertes Lernen? Nebenbei eine perfekte Argumentation, um uns die lästige Verantwortung für die Bildung der Lernenden vom Hals zu schaffen.

Die Beispiele machen sichtbar, wie gut die neoliberalen Machtstrukturen funktionieren. Und diese Machtstrukturen funktionieren sehr subtil, was sich z.B. an der Funktion der OpenSource-Bewegung für die Stabilisierung des Softwaremarktes zeigt. OpenSource ist schon längst zum Spielball von den so schön genannten global Playern wie IBM oder Sun geworden. Eine interessante Frage wäre an dieser Stelle aus pädagogischer Sicht, worin eigentlich das Spiel dieser globalen Spieler besteht und welchen Spielregeln es folgt – und wer sagen kann, wann das Spiel zu Ende ist, welches die Stoppregel ist, denn Spielen kann man ein Spiel nur, das auch endet. Aber vielleicht wollen wir lieber gar nicht wissen, wie dieses Spiel endet – das Ende dieses Spiels ist viel zu Angstbesetzt, so dass wie auch einen hohen Einsatz und einen hohen Verlust dafür riskieren, weiter mitspielen zu dürfen; und Spielverderber wollen wir ja schon mal gar nicht sein.

Hier drängt sich eine Analogie zur der Open Source-Bewegung nahe stehenden OpenContent-Bewegung auf: Im Rahmen der Debatte um den öffentlichen Zugang zu wissenschaftlichem Wissen wurde unlängst der Vorschlag unterbreitet, dass Wissenschaftlerinnen und Wissenschaftlicher dazu verpflichtet werden, zunächst den Hochschulen die Verwertungsoption von Schriften anzubieten. Die Umsetzung wird nicht über das Urheberrecht erfolgen, sondern per Arbeitsvertrag, was in der Wirtschaft längst üblich ist. Dieser Vorschlag legt die Assoziation nahe, dass hier der öffentliche Zugang zu mit öffentlichen Mitteln hervorgebrachten Wissen gesichert wird. Der Effekt wird aber ein anderer sein, wie ein Beispiel aus dem E-Learning-Sektor zeigt: Bundesdeutschen Länder behalten sich die Rechte an geförderter Lernsoftware, die z.B. an den Universitäten Nürnberg bzw. Hamburg entwickelt wurde, vor. Keineswegs in der Absicht, öffentliche Güter vor privaten Interessen von Hochschullehrerinnen und Hochschullehrern zu schützen, sondern um die Ergebnisse im Zuge von Tauschgeschäften oder gegen Geld zur Verfügung zu stellen.

Eine interessante Strategie. Um auf die konsequente Durchsetzung von Globalisierung und Individualisierung zurückzukommen ist z.B. von Studierenden zu verlangen, dass sie ihre mit Hilfe öffentlicher Mittel eines Landes erworbenen Kompetenzen auch nur in den Ländern zur Verfügung stellen dürfen, in denen sie die Ausbildung genossen haben, und dass sie Strafgebühren entrichten müssen, wenn Sie in anderen Ländern arbeiten. Eine Strategie, die übrigens die Frage der Studiengebühren schlicht erübrigen würde, weil der ROI (return of investment) präzise beziffert werden könnte.

Zurück zum Open Content und den Veröffentlichungen, an denen die Universitäten sich die Rechte sichern. Diese Veröffentlichungen werden sicher nicht von den Bibliotheken frei zur Verfügung gestellt werden; vielmehr werden die Universitäten (bzw. die finanzierenden Behörden) das pay-per-view- Geschäft lieber selber machen, als die damit zu erreichenden Gewinne den Verlagen zu überlassen. Das verträgt sich gut mit dem publish-or-parish Prinzip: Ein Wissenschaftler, der nichts veröffentlicht, ist schon nach gegenwärtigen Rankings wenig wert, aber wenn die Bibliotheken das nicht nur nach Ruhm und Ehre, sondern in Umsatzrenditen vorrechnen können, wird die Sache erheblich an Fahrt gewinnen: Dann geht es nicht nur um den Impact-Factor, sondern um Geld.

Um wieder auf die Analogie zum Jounalismus zurückzukommen: Das Recht zur Veröffentlichung wissenschaftlicher Arbeiten sollte konsequenterweise an die Hochschule gehen, d.h. der Rektor entscheidet, was veröffentlicht wird und was nicht. Das kommt uns heute noch komisch vor – aber sehen sie sich einmal an, was eigentlich Drittmittelprojekte bedeuten: Erforscht werden kann ohnehin nur das, wofür auch Geld zur Verfügung gestellt wird. Als Wissenschaftlerinnen und Wissenschaftler sind wir schon seit längerem frei darin einzusehen, dass wir das erforschen dürfen, was der Wissensmarkt von uns erwartet. Und da hilft es auch nicht, wenn peer-review-Gutachten aus der wissenschaftlichen Gemeinschaft erstellt werden, die dann auch nur einsehen dürfen, dass sie lediglich die Mittel zu vergeben haben, über deren Verteilung längst entschieden worden ist.

Nun könnte das hier den Schluss nahelegen, dass wir als Wissenschaftlerinnen und Wissenschaftler Opfer der herrschenden Klasse sind, dadurch erst recht zur kritischen Reflexion aufgerufen sind und über solche Strukturen Aufklären sollten. Schauen wir uns das einmal in der Analogie zu der religösen Figur an, die uns als frei darin sieht, einzusehen, das wir Geschöpfe Gottes sind: Ebenso wie die Priester – ich folge hier Baudrillard (1991) – die Macht über uns gewinnen, indem Sie das Verhältnis zu den Toten kontrollieren, und ebenso - immer noch Baudrillard - wie die Kapitalisten Macht über uns gewinnen, indem sie unser Verhältnis zu unserer Arbeit kontrollieren – und jetzt verlasse ich Baudrillard – kontrollieren wir als Wissenschaftlerinnen und Wissenschaftler das Verhältnis der Menschen zur Wahrheit. Wäre ja auch noch schöner, wenn einfach jeder daher kommen könnte und behaupten könnte, er wissen schon, was richtig ist! Ohne kritische Reflexion womöglich! Und ohne jede Theorie! Oder klassifizierte Begriffe! So geht das nicht. Wir als Wissenschaftlerinnen und Wissenschaftler legen fest, was Wahrheit ist. Wir kontrollieren also den Zugang zur Wahrheit, und wir benutzen unter anderem Informations- und Bildungssysteme, um diesen Wahrheitsanspruch durchzusetzen.

Aus dieser Sicht teile ich die These von Ingrid Lohmann, dass eine Entkoppelung von Bildung und Wissenschaft stattfindet, nicht. Vielmehr koppelt diese Struktur der Machtausübung Bildung und Wissenschaft nachhaltig aneinander. Und das ist ein wirklich nachhaltiger Prozess. Denn, und auch hier teile ich die Einschätzung von Ingrid Lohmann nicht, es ist keineswegs so, dass die technologischen und infrastrukturellen Voraussetzungen sich ebensogut wie für die Kräfte des Marktes dazu nutzen lassen, dass das Comenianische Paralleluniversium in unsere Galaxis verpflanzt wird. Computertechnologie forciert durch die schnelle Übertragung von Daten im Raum und die miserable Übertragung von Daten in der Zeit neolibarale Tendenzen, und zwar unabhängig davon, wie wir sie einsetzen. Und dass das in Politik und Wirtschaft klar ist ist auch das einzige, womit ich mir erklären kann, dass von Politikern und Wirtschaftsvertretern so vehement der Einsatz von Computertechnologie im Bildungsbereich gefordert wird. Denn pädagogische Gründe für den Einsatz, gar bildungstheoretische Legtimationen, spielen bei dieser Forderung überhaupt keine Rolle (obwohl es sie gibt), und nicht einmal die noch relativ systemnahen Effizienzvorteile von Lernprozessen konnten ja nachgewiesen werden. Nein, die Absicht ist eine andere: Es geht darum, die soziale Akzeptanz des Mediums Computertechnologie herzustellen, um so die Herrschaftsmechanismen zu sichern. Und zwar auf eine Weise, mit der die Performance der Herrschaft auch dann sichergestellt wird, wenn die Strukturen offen gelegt werden, weil auch die Offenlegung die Strukturen benutzt, die für die Ausübung von Herrschaft verwendet werden.

Unterstellen wir nun einmal, diese ganze Angelegenheit ist absichtlich herbeigeführt, und damit, anders als meine Anfangsbehauptung, doch vernünftig. Wenn wir also annehmen, die Struktur basiert auf vernünftiger Steuerung, dann lässt sich daraus der Schluss ziehen: Wenn wir als Menschheit dazu in der Lage sind derartig weitreichende vernünftige, absichtsvolle Steuerung unserer selbst vorzunehmen – dann brauchen wir uns doch wirklich keine Sorgen über den Untergang des Abendlandes zu machen. Wenn das absichtlich gemacht wird, dann ist die Steuerung so raffiniert, dass selbst das Benennen solcher Steuerungen wie hier in diesem Beitrag die Wirkung nicht unterläuft, sondern gleich wieder zum Teil der Wirkung wird. Und in der Tat spricht nichts gegen folgende Vermutung: Das duale Rundfunksystem und die ubiquitäre Verbreitung von Computertechnolgie stellen Kontrollstrukturen zur Verfügung, die uns eine große Sorge nehmen: Dass die Rückführung der Investitionen in die soziale Arbeit und die damit verbundene verringerte Kontrolle der Dummen – nennen wir sie ruhig einmal so – in eine unsere bürgerliche Existenz bedrohende Revolution umschlägt. Duales Rundfunksystem und Computertechnologie leisten dies effektiver und zu geringeren Kosten: Das System funktioniert so gut, dass es die Rezipientinnen und die Rezipienten dazu bringt, für ihre eigene Kontrolle zu bezahlen. Das ist effektives OutSourcing und spiegelt das Reflexiv werden der Moderne.

Meine These, dass Kritik am herrschenden System immer schon zu einem stabilisierendem Bestandteil des Systems geworden ist, dass also durch Kritik, wie sie z.B.

die Cultural Studies entfalten, keine Subversivität erreicht wird, sondern das System stabilisiert wird, erscheint bisher plausibel. Ich schlage daher statt Kritik eine positive Bejahung der Kräfte des Marktes vor – was nebenbei auch zu einem besseren Lebensgefühl verhilft: Wer möchte sich schon die Aufgabe aufbürden, mit dem notorischen Gefühl zu leben, alles sei falsch, was man tut, es erfolge im falschen Bewusstsein, aber das wissen wir ja immerhin, und wir tun es lediglich, weil wir ja nicht anders können, obwohl wir ja gerne würden, wenn wir nur könnten, aber wir können ja nicht, weil wir da kritisch sind und also doch wieder Zweifel haben, ob das Wollen nicht dann doch auch irgendwie wieder falsch ist. Das macht, kurz gesagt, einfach keinen Spaß. Wieviel angenehmer ist es da, Positiv vorzugehen: Persönliche Erfolge durch ordentliche Umsatzrenditen oder – ein anderes Wort für denselben Sachverhalt - hohe Drittmittelquoten, die damit verbundene Anerkennung und das Einkommen sind da doch angenehmer.

Es gilt also, Individualisierung und Globalisierung als Bildungsziele zu forcieren und aktiv durchzusetzen. Wie also können wir dazu beitragen, Individualisierung und Globalisierung als Bildungsziele zu verankern? Das naheliegende ist: Spielen wir einfach mit. Veröffentlichen wir fleißig unter der Creative Commons-Lizenz, entwickeln wir eine Didaktik des Online-Lernens (nicht ohne das Hörergeld wieder einzuführen!), entwickeln wir Open-Archives-Infrastrukturen; und wir brauchen uns keine Sorge zu machen: Das stabilisiert das System, und wir können uns dabei sogar noch für kritisch halten, weil auch das der reflexiv gewordenen Machtstruktur entspricht.

Dazu noch einmal ein Beispiel: In der Informationswissenschaft ist Expertenwissen ein notorisches Problem. Solange es in den Köpfen der Expertinnen und Experten steckt, ist zum einen die Struktur der Leibeigenschaft gefährdet, weil die Expertinnen und Experten mittels dieses Restes an Subjektivität Macht gewinnen könnten, zum anderen ist es einer guten Informationswissenschaftlerin oder einem guten Informationswissenschaftler natürlich schon persönlich unangenehm, mit einer Form von Wissen konfrontiert zu sein, die nicht einmal erschlossen oder recherchiert und erst recht nicht katalogisiert werden kann. Wie lässt sich hier also Macht zwischenschieben und eine Kontrolle über das Expertenwissen herstellen? Das Mittel der Wahl ist natürlich die Computertechnologie, indem z.B. mit Data-Mining - Methoden der E-Mail-Verkehr eines Unternehmens analysiert wird. Auf der Grundlage von damit gewonnen Informationen kann schon ein wesentliches Plus an Expertenwissen abgebildet werden. Das hat den Vorteil, dass die Macht von den bisherigen Pseudoexperten, die sich ja mit Wissen nicht richtig auskennen, an die wirklichen Wissensexperten, nämlich an uns als Informationswissenschaftlerinnen und Informationswissenschaftler, also die Informationsprofis (und die Bildungsprofis) übergeht.

Informationswissenschaft kann damit die Pädagogik mit einem effektiven Beitrag bei der Durchsetzung von Globalisierung und Individualisierung als Bildungsziel unterstützen. Machtausübung wird so zur Schlüsselqualifikation, und wir sollten in Schulen und Universitäten vor allem Techniken zur Machtausübung vermitteln. Das werden wir aber natürlich nicht tun. Sonst würden wir ja die eigene Autoritätsposition gefährden – es sei denn, die erzielbare Rendite rechtfertigt das Risiko. Hier wird Bildung zur Selbstbildung, weil nur diese sich wirklich auszahlt. Anderen wirklich zur Bildung zu verhelfen würde nur die eigenen Gewinnchancen schmälern.

Damit aber hebt sich aber das Thema meines Vortrags auf. Globalisierung und Individualisierung können überhaupt nicht als Bildungsziele verfolgt werden, ohne den Kern von Globalisierung und Individualisierung, die persönliche Bereicherung, zu unterlaufen. Die Vermutung, dass Aufklärung immer schon von Macht und Herrschaft korrumpiert ist, ist nicht haltbar. Auch die radikale Verfolgung des Weges der Macht kann die Lücken nicht schließen. Das legt die Vermutung nahe, dass es möglich ist, mit den Mitteln der Vernunft den Weg der Kritik zu gehen.

Und damit bin ich bei der eingangs angekündigten Frage: Wird hier tatsächlich sichtbar, dass eine aktive und positive Bejahung der etablierten Machtstrukturen diese eher unterläuft als die kritische Auseinandersetzung? Mir scheint dieser Weg als Praxis mindestens genauso ausichtsreich wie der erste, auch wenn damit keine Aufhebung des implizierte Widerspruchs in eine Synthese versprochen ist, sondern nur das Wissen können des Wissens des Widerspruchs angezeigt ist – Erlösungsversprechen können eben vernünftig nicht eingelöst werden.

Literatur:

Baudrillard, J. (1991): Der symbolische Tausch und der Tod. München: Matthes&Seitz.

Klein, Naomi (2001): No Logo! 4. Aufl., München: Riemann.

Grossberg, L. (2006): Der Cross Road Blues der Cultural Studies. In: Hepp, A.; Winter, R. (Hg.): Kultur – Medien – Macht. 3. überarb. Aufl., Wiesbaden: Verlag für Sozialwissenschaften, S. 23-40

Horkheimer, M., Adorno, T.W. (2004): Die Dialektik der Aufklärung. 15. Aufl., Frankfurt am Main: Fischer Taschenbuch Verlag.

Lohmann, Ingrid (2002): After Neoliberalism. In: Lohmann, I.; Rilling, R.: Die verkaufte Bildung. Oppladen: Leske+Budrick, S. 89-107.

Der Einfluss epistemologischer Überzeugungen auf Wissenserwerb

Wolfgang David
Bielefeld

Epistemologische Überzeugungen werden definiert als Ansichten über Wissen und Wissenserwerb (Hofer/Pintrich 1997, S. 117). Didaktische Wissensorganisation versucht zwar, Wissen so zu ordnen, dass es möglichst effektiv erworben werden kann, aber der Prozess des Erwerbs von Wissen hängt zum großen Teil auch von den Überzeugungen derjenigen ab, denen das Wissen zur Verfügung gestellt wird. Ein alleiniges Organisieren von Wissen reicht daher nicht aus, um eine Rezeption zu gewährleisten. Im Hinblick auf einen adäquaten Wissenserwerb sollte daher auch eine Entwicklung epistemologischer Überzeugungen gefördert werden.

Bislang wurde neben dem Begriff der Kognition auch der Begriff der Metakognition gebraucht, um zu beschreiben, welche Kompetenzen für erfolgreiches Lernen nötig sind. Epistemologische Überzeugungen werden darüber hinaus sogar als Metametakognitionen oder epistemische Kognitionen beschrieben (Kitchener, 1983). Damit ist gemeint, dass nicht nur über den je individuellen Prozess des Lernens auf der Ebene der Metakognition reflektiert werden sollte, sondern über den Charakter von Wissen und Wissenserwerb an sich. Betont werden muss dabei der inzwischen paradigmatisch gewordene konstruktivistische Charakter eines Wissensbegriffs, in dem vor allem die Kontextualität und Kontingenz von Wissen beachtet wird.

In bisherigen Untersuchungen wurde anhand von Stufenmodellen eine Entwicklung von naiven Überzeugungen hin zu sophistisch-konstruktivistischen Überzeugungen festgestellt (Hofer/Pintrich 1997, 2002). Während am Anfang der Entwicklung eine dualistische Auffassung von Wissen steht, bei der nur eine Unterscheidung von wahr und unwahr oder richtig und falsch gemacht wird, setzt sich zunehmend eine relativistische Position durch, die vor allem durch die Gefahr eines radikalen Subjektivismus geprägt ist. Den meisten Modellen zufolge mündet diese Entwicklung aber manchmal in einen vermittelnden Relativismus, so dass von einer diskursiven Anerkennung bisher gesammelten Wissens gesprochen werden kann. Hier herrscht dann eine Ablehnung von einem naiven Objektivitätsbegriff vor und Wissen wird reflektierend aufgenommen.

Wer nun glaubt, dass die meisten Erwachsenen in unserem Kulturkreis üblicherweise recht schnell eine solche Entwicklung durchlaufen, der sieht sich getäuscht. So wurden in den meisten Studien Collegestudierende in den USA untersucht, deren Entwicklung zum größten Teil nicht im genannten Stadium endete (Perry 1970; Hofer/Pintrich 1997). Vielmehr wurde konstatiert, dass diese Entwicklung, wenn überhaupt, in den häufigsten Fällen erst in späteren Jahren zum propagierten Endpunkt kam. Korrelationen wurden in diesem Zusammenhang dann auch vornehmlich in Bezug auf Alter und Bildungsstand ausgemacht.

Damit ist die Problematik ersichtlich, die auch für Fragen der Wissensorganisation eine Rolle spielt. Schließlich soll organisiertes Wissen nicht einfach naiv übernommen werden, noch soll es in einem beim Rezipienten herrschenden Relativismus als Teil eines prinzipiellen „anything goes“ untergehen. Wissen soll in der Art erworben werden, wie es die letzte Stufe der Modelle nahe legt: Reflektiert und diskursiv. Alles andere macht aus bildungstheoretischer Perspektive keinen Sinn.

Wie aber ist eine Entwicklung epistemologischer Überzeugungen zu fördern?

Gerade der Name „Wissensorganisation“ scheint eher eine naive Auffassung von Wissen nahe zu legen. Man stelle sich junge Studierende vor, die sich in einem ersten Seminar mit einer didaktisch wohlorganisierten Lernumgebung auseinandersetzen müssen. Das zu erwerbende Wissen steht in einer Lernumgebung für sie bereit. Die Lernumgebung ist sogar so programmiert, dass sie im gewissen Rahmen den Lernbedürfnissen der Studierenden, in welcher Weise auch immer, entgegenkommen kann.

Was für Ansichten wird aber solch ein Studierender über die Lerninhalte haben?

Inwieweit kann in einem derartigen Lernkontext überhaupt von einer diskursiven Anerkennung der Inhalte ausgegangen werden?

Das zu erwerbende Wissen steht fest, selbst Prüfungsaufgaben sind schon in der Lernumgebung vorhanden. Diese sind dann meist noch Ankreuzaufgaben, so dass die Lösung auch schon in der Lernumgebung feststeht.

Wie sollen unter derartigen Voraussetzungen Lernende nun einen diskursiven, reflektierenden Umgang mit Lerninhalten einüben? Inhalte können kaum kritisch hinterfragt werden. Selbst eine Kontextualisierung der Inhalte ist teilweise schwierig, weil gerade eine Dekontextualisierung von Lerninhalten gefördert wird, um sie z.B. für verschiedene Kurse nutzen zu können.

Viele Eigenschaften von organisiertem Wissen stehen wohl einer Förderung der Entwicklung von epistemologischen Überzeugungen entgegen. Dies hängt sicherlich auch damit zusammen, dass als Ziel einer derartigen Entwicklung eine konstruktivistisch-sophistische Auffassung von Wissen angenommen wird. Inwieweit das ein Ziel ist, das von allen geteilt wird, ist sicherlich fraglich. Man denke z.B. an religiöse Fundamentalisten. In unserer Gesellschaft aber scheint im Allgemeinen eine derartige Auffassung von Wissen erwünscht und förderungswürdig zu sein.

Geht man also davon aus, dass organisiertes Wissen in der Art und Weise, wie es zur Zeit angeboten wird, die Entwicklung epistemologischer Überzeugungen eher beeinträchtigt, so stellt sich die Frage, inwieweit eine Förderung dieser Entwicklung durch andere Mittel und Wege möglich ist.

Am naheliegendsten ist dabei sicherlich eine explizite Organisation von Wissen über Wissen. Damit würden die Ansichten über Wissen und Wissenserwerb selbst zu einem Thema werden. Ein solches Vorgehen setzt sich damit aber sehr schnell dem Vorwurf aus, derartige Überzeugungen zu manipulieren. Studierende wie im bereits beschriebenen Fall wären dann nur noch die Empfänger von organisiertem erkenntnistheoretischem Wissen. Ihre epistemologischen Überzeugungen hätten sich nicht entwickelt, sondern sie wären ihnen aufoktroyiert worden. Zudem bleibt dabei fraglich, ob sich ihre epistemologischen Überzeugungen tatsächlich geändert hätten.

In den bisherigen Untersuchungen wurde festgestellt, dass sich diese Überzeugungen nur sehr langsam verändern. (Hofer/Pintrich 2002). Wichtigster Anlass für die Veränderungen war in den meisten Fällen das Auftreten epistemischer Zweifel. So beziehen sich die meisten Untersuchungen auf eine Studie von Perry aus den fünfziger Jahren (Perry 1970). Ihn interessierte die Frage, wie Studenten unterschiedlich auf die pluralistisch intellektuelle und soziale Umgebung einer Universität reagieren. Perry und seine Mitarbeiter zogen bei der Auswertung von Interviews den Schluss, dass die Art und Weise, wie Studierende ihre Welt konstruieren, nicht ein Zeichen ihrer Persönlichkeit ist, sondern dass es einen logischen kognitiven Entwicklungsprozess gibt. Wichtig ist dabei, und das haben Untersuchungen zu ähnlichen Modellen bestätigt, dass die Erfahrung von Diversität gemacht wird. Folge dieser Erfahrung ist dann das Auftreten epistemischer Zweifel, was die Entwicklungsstufe eines Relativismus hervorruft. Diese Stufe wird aber Perry zufolge überwunden, indem man sich reflektierend für bestimmte Positionen und Meinungen und damit auch für bestimmtes Wissen entscheidet. Damit wird deutlich, dass eine Entwicklung epistemologischer Überzeugungen nicht allein durch eine explizite Auseinandersetzung mit diesem Themenbereich gefördert werden kann.

Wenn also diese Möglichkeit der Förderung nicht in Frage kommt, wie anders kann dann Wissen organisiert werden?

Aus einer konstruktivistischen Perspektive macht es zunächst einmal keinen Sinn von „Wissens" - Organisation zu sprechen. Wissen entsteht in den Köpfen von Lernern und kann nicht organisiert werden. Das, was organisiert werden kann, sind allenfalls Informationen bzw. Daten. Wie diese dann von operational geschlossenen und selbstreferentiellen Systemen, und so werden in diesem Theoriekontext Lernende aufgefasst, aufgenommen werden, kann nicht streng vorausgesagt werden. Lernende sind, und an dieser Stelle zitiere ich den radikalen Konstruktivisten Heinz von Förster, keine trivialen Maschinen (von Förster 1997).

Geht man davon aus, dass eine konstruktivistische Auffassung von Wissen und Wissenserwerb das Ziel einer Entwicklung epistemologischer Überzeugungen sein soll, so muss sich diese Auffassung auch in den Lerninhalten widerspiegeln. Daher kann nicht von organisiertem Wissen die Rede sein, sondern nur von Informationen oder Daten, die Lernende aufnehmen. Trotzdem gibt es sicherlich Kriterien dafür, welche Informationen und Daten wie organisiert werden sollten, um Lernziele zu verwirklichen.

Wenn das Lernziel nun heißt, eine Entwicklung epistemologischer Überzeugungen zu fördern, so stellt sich die Frage, wie Informationen organisiert werden sollten, um dies zu erreichen. Mit anderen Worten: Wie kann z.B. dafür gesorgt werden, dass Studierende ein gewisses Maß an Diversität erfahren, damit epistemische Zweifel aufkommen?

Nach systemisch-konstruktivistischer Lerntheorie funktioniert das dadurch, dass man Informationen darbietet, die die Lernenden perturbieren und irritieren. Vorhandene Konstrukte passen dann nicht mehr auf neue Problematiken und somit sind die Lernenden gezwungen, diese Konstrukte zu verändern. Konstruktivismus als erkenntnistheoretische Überzeugung kann dann das Ergebnis einer solchen Irritation sein. Das heißt, wenn die eigenen Ansichten über Wissen und Wissenserwerb zunächst naive sind, so lassen sich diese Ansichten dadurch verändern, dass Informationen eingebracht werden, die ein solch naives Weltbild in Frage stellen.

Damit wäre jedoch der Vorwurf einer Manipulation der epistemologischen Überzeugungen nicht aus dem Wege geräumt. Die Darbietung irritierender Informationen sollte demnach nicht didaktisch kalkuliert erfolgen. Vielmehr sollte ein Zugang zu widersprüchlichen Informationen generell ermöglicht werden.

Die Aufgabe von Wissensorganisation, wenn man denn diesen Begriff weiterbenutzt, besteht dieser Auffassung zufolge dann darin, möglichst auch irritierende und widersprüchliche Informationen vorzuhalten.

Kann ein Lernender jedoch mit derartigen Widersprüchlichkeiten alleine umgehen? Wie kann man in einer solchen Situation Lernende unterstützen? Schließlich ist eine derartige Lage nicht ganz unbedenklich. So besteht, wie oben bereits erwähnt, die Gefahr eines radikalen Subjektivismus. Sogar eine erkenntnistheoretische Einsamkeit wird als Problem in der Entwicklung epistemologischer Überzeugungen erkannt (Chandler 1975). Epistemische Zweifel werden in einigen Untersuchungen zuweilen auch als sehr schmerzhafte Erlebnisse geschildert.

Sicherlich spielen in diesem Zusammenhang auch Emotionen eine wichtige Rolle. Ein emotional gefärbtes Verhältnis zu Lehrenden kann wohl nicht geleugnet werden. Man denke z.B. an den in der griechischen Antike verwendeten Begriff des „Eros des Gesprächs". Und so findet ein Diskurs in der Regel doch stets mit leiblich präsenten Anderen statt. Inwieweit eine durch Computer vermittelte Kommunikation einem Diskurs einen derart funktionierenden Rahmen geben kann, ist sicherlich fraglich.

Nachdem nun die Grenzen von organisiertem Wissen für eine Förderung der Entwicklung epistemologischer Überzeugungen angedeutet sind, möchte ich im Folgenden die Vorteile entwickelter erkenntnistheoretischer Überzeugungen bei dem Erwerb von Wissen darstellen.

Sophistisch-konstruktivistische epistemologische Überzeugungen korrelieren nicht nur positiv mit Lebensalter und Bildungsstand sondern vor allem auch mit kognitiver Komplexität. Zudem wurde der Einfluss epistemologischer Überzeugungen auf akademischen Erfolg nachgewiesen. Dies könnte man sicherlich zum Anlass nehmen, eine Förderung dieser Überzeugungen bei Studierenden ganz oben auf die Fahnen zu schreiben. Eine kleine Einschränkung erfährt eine solche Forderung nach Förderung aber dennoch. Wenn nämlich sophistisch-konstruktivistische Überzeugungen als derzeitiger common-sense in der Wissenschaftlergemeinde anerkannt sind, so kann damit noch nichts darüber ausgesagt werden, inwieweit dieser common-sense verbindlich zu einem absoluten Ziel einer Didaktik gemacht werden sollte. Man steht dann wieder im Verdacht einer Manipulation.

Einem Verdacht der Manipulation setzt sich natürlich jede Art von Didaktik aus. Schließlich geht es, und hier folge ich einer Definition von Richard Hönigswald, um die Vermittlung eines Geltungsanspruches auf Zeit. Vielleicht wird im Gegensatz dazu teilweise eine gewisse Naivität bei Lernenden gefordert und gefördert, wo es um die kritische Reflexion eines wohlorganisierten Wissens eben nicht geht, sondern darum, wirtschaftlich benötigte Kompetenzen so zu fördern, dass sie unhinterfragt erworben und anerkannt werden können. Ein Geltungsanspruch sollte sich jedoch in einem Widerstreit bewähren, damit er nachfolgend weitergegeben werden kann. Wie muss aber ein solcher Widerstreit aussehen? Welche Eigenschaften müssen diejenigen haben, denen dieser Geltungsanspruch vorgetragen wird? Wie kann ein kritischer Umgang mit diesem Anspruch provoziert werden?

An dieser Stelle argumentiere ich natürlich für epistemologische Überzeugungen, die möglichst weit entwickelt sind, wobei nicht abschließend gesagt werden kann, wie der Endpunkt einer Entwicklung epistemologischer Überzeugungen auszusehen hat. So kann man im Anschluss an Piaget argumentieren, dass die Ontogenese epistemologischer Überzeugungen eine Phylogenese derselben widerspiegelt. Dies klingt, versetzt man sich in vergangene Zeiten, auch recht plausibel. Wer hat schon, bis auf einzelne Ausnahmen, vor dreihundert Jahren ausgesagt, dass Wissen stets nur konstruiert ist?

Daher erscheint es auch nicht sinnvoll, das derzeit herrschende konstruktivistische Paradigma in irgendeiner Weise als absolut zu setzen, auch dann nicht, wenn man der Überzeugung ist, damit die bisher bestmögliche Form diskursiver Auseinandersetzung zu befördern.

Wer weiß schon, welche epistemologischen Überzeugungen in Zukunft für adäquat gehalten werden. Von einer teleologischen Entwicklung dieser Überzeugungen kann jedenfalls aus einer konstruktivistischen Perspektive nicht die Rede sein.

Literatur:

Bendixen, Lisa D.; Hartley, K. (2000): Successful Learning With Hypermedia: The Role of Epistemological Beliefs and Metacognitive Awareness.

AERA Annual Meeting 2001 (Electronically Submitted Proposal) http://www.klick.org/2000aera/chrviewprops.asp?cid=3283&propid=5905 (Stand: 11.02.04).

Chandler, Michael J. (1975): Relativism and the Problem of Epistemological Loneliness. In: Human Development, No. 18, S. 171-180.

Förster, Heinz von (1997): Einführung in den Konstruktivismus. 3. Aufl., München: Piper.

Hartley, Kendall; Bendixen, Lisa D. (2001): Educational Research in the Internet Age: Examing the Role of Individual Characteristics. In: Educational Researcher, Vol. 30, No. 9, S. 22-26.

Hofer, Barbara K. (2001): Personal Epistemology Research: Implications for Learning and Teaching. In: Journal of Educational Psychology Review, Vol. 13, No. 4, S. 353-383.

Hofer, Barbara K.; Pintrich, Paul R. (1997): The Development of Epistemological Theories: Beliefs about Knowledge and Knowing and Their Relation to Learning. In: Review of Educational Research, Vol. 67, No. 1, S. 88-140.

Hofer, Barbara K.; Pintrich, Paul R. (Hrsg.) (2002): Personal Epistemology: The Psychology of Beliefs About Knowledge and Knowing. Mahwah, NJ: Erlbaum.

Kitchener, Karen S. (1983): Cognition, Metacognition and Epistemic Cognition. A Three-Level Model of Cognitive Processing. In: Human Development 26, S. 222-232.

Mayer, Richard (2003): Student Beliefs and Academic Learning: What's the Connection? In: Contemporary Psychology APA REVIEW OF BOOKS, Vol. 48, No. 3, S. 314-317.

Perry, William G. (1970): Forms of Intellectual and Ethical Development in the College Years. A Scheme. New York: Holt, Rinehart and Winston.

Tsai, Chin-Chung (2000): Relationships between student scientific epistemological beliefs and perceptions of constructivist learning environments. In: Educational Research, Vol. 12, No. 2, S. 193-205.

Welte Emch, Sheryl (2000): Designing & Teaching College Courses for Students Epistemological Development: A Multifaceted Process.

AERA Annual Meeting 2001 (Electronically Submitted Proposal).

http://www.klick.org/2000aera/chrviewprops.asp?cid=3626&propid=3739 (Stand: 11.02.2004).

Cyberlaw für den Jugendschutz – Eine pädagogische Bewertung von Internetzensur vor dem Hintergrund rechtsextremer Homepages

Monika Witsch,
Institut für Berufs- und Weiterbildung, Universität Duisburg-Essen

Die Nutzung des Internets ist scheinbar grenzenlos, dies suggeriert nicht nur die Namensgebung der Plattform (World Wide Web), sondern wird auch deutlich, wenn man sich die Anwendungs- und Verwertungsmöglichkeiten des Mediums vor Augen führt. Ob als Werbe-, Kauf- oder Spielfläche, als Lern-, Kommunikations- oder Wissensraum, in allen Breichen ist das Medium präsent. „Grenzenlos" scheint eine Metapher zu sein, die das Medium sowohl räumlich, zeitlich als auch inhaltlich adäquat „erfasst". Gleichermaßen, wenngleich auch mit zeitlicher Verzögerung, werden die technologischen Entwicklungen des Internets nicht nur von Faszination und Euphorie, sondern an vielen Stellen auch kritisch und skeptisch begleitet. Nicht zuletzt die massenmediale Verbreitung rechtsextremen Gedankenguts hat dazu geführt, dass die Diskussion über das Internet verstärkt auch unter dem Blickwinkel einer problemorientierten Auseinandersetzung stattfindet. So mehren sich die Stimmen derer, die in Anbetracht dieser Entwicklungstendenzen ein schützendes Kontroll- und Regelwerk etabliert wissen möchten. Ob sich mit dieser Forderung dann eine virtuelle Welt gestalten ließe, die „sauberer" als ihr reales Pendant wäre, sei dahingestellt. Denn ehe es in dieser Frage zu einer abschließenden Klärung kommen könnte, müssten eine Reihe weiterer, konfliktreicher Fragestellungen beantwortet sein: Welche Instanz sollte diese Machtbefugnis innehaben? Nach welchen ethischen Standards und auf welcher gesetzlichen Grundlage sind die Urteile zu fällen? Welches international zu schaffende Gremium sollte mit diesen Aufgaben betraut werden? Ohne diese und ähnliche im Vorfeld zu bearbeitenden Konfliktfelder bleibt der Ruf nach Überwachung und Kontrolle darauf verwiesen, lediglich moralische Appelle zu formulieren, in der Hoffnung, dass die freiwillige Selbstkontrolle den ethischen Postulaten Folge leistet. Beide Verfahren, sowohl die gesetzliche als auch die freiwillige Reglementierung, demontieren dabei aber ein wesentliches Moment des Internets, nämlich das des öffentlichen Widerstreits. Denn in dem Medium Internet liegt die Chance, demokratisches Handeln zu erreichen und zwar dergestalt, dass sich in ihm Widerstand formieren kann. Widerstand nicht in dem Sinne, dass Ausschlussregeln (Kontrolle, Gesetze) festgelegt werden, sondern dass – so wie es LYOTARD fordert – der Öffentlichkeit der „freie Zugang zu den Speichern und Datenbanken" gewährt und erhalten wird (Lyotard, 1994: 192). Die Einschränkung von Zugangsrechten und die Verschärfung von Gesetzen zeigen eine nicht nur aus pädagogischer Sicht fatale Hilflosigkeit an, wenn im Namen des Jugendschutzes der Kampf gegen den Rechtsextremismus im Internet als ein Kampf gegen das Internet geführt wird. Die demokratische Lebensform im Internet wird entscheidend davon abhängen, inwieweit gesellschaftlicher Pluralismus erhalten bleibt und inwieweit im freien Kräftespiel der beteiligten Akteure das vermeintlich Bessere (ethisch, politisch, ökonomisch) sich durchsetzen kann. Die Frage „Wie kann mit Hilfe des Internets gegen den Rechtsextremismus gekämpft werden?" erscheint mir die Bessere, weil sie vor politischer Reglementierung und Willkür schützt.

1. Der Hintergrund: Die Faszination rechtsextremer Webseiten

Wenn es um Rechtsextremismus geht, tauchen zumeist Begriffsfelder wie Rassismus, Hass, Gewalt oder Fremdenfeindlichkeit auf. Der öffentliche Diskurs zum Thema Rechtsextremismus wird entlang dieser und ähnlicher begrifflicher Wahrnehmungen und Festlegungen geführt. Aber Rechtsextremismus lediglich durch die Brille der politischen Gesinnung zu begreifen, lässt in rhetorischer Notwendigkeit all jene Aspekte außen vor, die nicht ohne weiteres in den Gewalt- und Hassdiskurs von Rechtextremismus implementierbar sind. Das Angebotsspektrum rechtsextremer Websites zeigt indessen, dass es um weitaus mehr geht, als um die Propagierung politischer Überzeugungen und Inhalte. Der Beitrag will einmal auf jene Rhetorik- und Aktionsfelder verweisen, an denen der Rechtsextremismus fernab des vermeintlich „Bösen" eine attraktive und faszinierende Welt offeriert. Entlang von drei zentralen Agitationsstrategien soll dies aufgezeigt werden.

1.1 Konstruktion eines Gemeinschaftsmythos

Jede Aneignung von Welt verläuft über die Auseinandersetzung mit Zeichen. Im Zeichenprozess generiert der gesellschaftliche Code die Konvention (Rahmenorientierung) und zeigt der individuelle Interpretationsvorgang die Differenz- und Wandelfähigkeit des Codierungsprozesses an. Das rechtsextreme Zeichensystem schaltet den innovativen Teil, also das individuelle Moment der Semiotik aus, indem durch emotionalisierende Zeichen die individuelle Ausfüllung von Leerstellen gesteuert und so der Ausschluss des Individuums nicht als Verlust, sondern als Gewinn eines Wir-Bewusstseins, einer Gemeinschaft, erlebbar wird. Im „Wir" lässt sich Ordnung, Harmonie, Verhaltenssicherheit und Stabilität konstituieren, die Individualität dagegen markiert den Raum des Anders-Denkens, Anders-Handelns und Anders-Seins und führt so das Risiko der Unordnung und Dekonstruktion mit sich. Die Agitationspolitik rechtsextremer Organisationen vermittelt ein Zugehörigkeitsgefühl, das nicht rational-kognitiv, sondern emotional über eine anschauliche Bild- und Symbolwelt erreicht wird.

Die Gruppe ist keine klar definierte Zweck- oder Funktionseinheit, sondern vermittelt sich vielmehr als eine Lebens- oder genauer: Erlebnisvereinigung. Politisches Handeln und Freizeithandeln werden in ein symbiotisches Verhältnis von realer, über die Beweiskraftfunktion von Fotos hergestellter, Erlebniswelt gesetzt. In beiden Handlungsfeldern kommt das agierende, das praktisch erfahrbare Handeln zum Ausdruck, d.h. in Darbietung von Fotos zur Anschauung. Das Foto mit seiner Vermittlung von Nähe identifiziert die Gruppe als eine erlebbare Gemeinschaft, als etwas Konkretes. Es steht an der Nahtstelle von virtueller und realer Welt und bricht so den Möglichkeitsraum des Virtuellen zum pragmatischen Realerfahrungsraum herunter. Die Präsentation von Fotos hat Beweiskraft. Das Politische als ein diskursives Handeln ist dabei vollständig von einer visuell-ästhetischen Inszenierung überlagert. Der Diskurs verschwindet in der Selbständigkeit der Bilder.

1.2 Konstruktion eines Verschwörungsmythos

Über die eindeutige Formulierung von Freund-Feind-Stereotypen wird die Differenz- und Wandelfähigkeit von Wirklichkeit durch die Kanalisation von gut und böse, von richtig und falsch dichotom aufgelöst. Das Verfahren, um den konstatierten Dualismus zur Einsicht oder aber besser: zur Ansicht zu bringen, muss, um auch gegen ihre empirische Widerlegung resistent zu sein, tautologisch konzipiert werden. Die Tautologie leistet dabei nach BARTHES einen „doppelten Mord: man tötet das Rationale, weil es einen Widerstand leistet, und man tötet die Sprache, weil sie einen verrät" (Barthes, 1964: 143). Um also den Dualismus stabil zu halten, d.h. unbeweglich zu machen, wird er in eine bildhafte, d.h. ikonische Struktur eingebunden. Die bildhafte Darstellung, die anschauliche Form des Bildes profitiert dabei vom „Stil der visuellen Eindrücklichkeit" (Flaig u.a., 1997: 12). Die diskursive Vermittlungspraxis lässt den Dualismus kaum glaubhaft zur Geltung kommen, weil hier das logisch-kausale Moment dominiert. Dagegen kann mit Bildern und insbesondere mit Fotos die Geltung gezeigt werden. RÖLL formuliert dies so: „Da Bilder unsere emotionale Urteilsbildung ansprechen, lassen sich mit ihrer Hilfe Botschaften eindringlicher und weitergehend als mit dem Medium Sprache formulieren" (Röll, 1998: 355). Ebenso argumentiert auch FLAIG: „Das Sagen wirkt unvermeidlich wie etwas, das zwischen uns und die Sache tritt. Das Zeigen hingegen wirkt, als würde lediglich ein Vorhang beiseite geschoben" (Flaig u.a., 1997: 16).

1.3 Konstruktions eines Lösungsmythos

Determinationen, wie sie für eine rigide Freund-Feind- und Wahr-Falsch-Bestimmung notwendig sind, bedingen den Entwurf eines holistischen Weltbildes, das „eben alles umfasst: Eine Erklärung und Deutung von Welt und Kosmos, vom Verlauf der Geschichte bis hin zu den Normen der persönlichen Lebensführung im Alltag" (Küenzlen, 1991: 212). Der Anspruch auf ein totales Verständnis der Welt bedingt die Formierung eines geschlossenen und in sich logischen Aussagen- bzw. Bildergerüsts, das am ehesten durch die Konstruktion eines (Er-) Lösungsmythos zur Überzeugung gebracht werden kann. Die Aussicht auf eine rettende Zukunft, auf eine politische „Heilsgewissheit" festigt dabei nicht nur ein Elitebewusstsein, sondern fundiert gleichzeitig auch ein eschatologisches Denken.

Der öffentliche Raum wird zum Lust- und Erlebnisraum des Maximalen. Das Durchschreiten des Brandenburger Tores in Berlin, Wahrzeichen von Berlin und Symbol der deutschen Einheit, macht deutlich, dass es hier nicht nur um den Kampf um die Straße geht, sondern auch um den Kampf um die Teilhabe an Geschichte und symbolischer Politik. Hier zeigt sich die Intention öffentlicher Auftritte nicht primär als die Präsentationsfläche ideologischer Inhalte, sondern vor allem geht es hier auch um Raumbesetzungen mittels derer Visionen und emotionale Erfahrungswelten transportiert werden. Das Kampffeld „Öffentlichkeit“ gewinnt seine zentrale Bedeutung aus seiner Festsetzungsfunktion, d.h. es stellt die Bühne und das Handlungsfeld zur Verfügung, auf der das Eigene inszeniert, erlebt und visioniert wird. Der Kampf um die Straße ist mithin nicht nur ein Propagandakampf um die „besseren“ Argumente – also um die Ideologie – er ist auch wesentlich eine Inszenierungsfläche, um Aufmerksamkeit und Spannung auf sich zu lenken und zu binden. Ein Kampf um die Besetzung und Eroberung von öffentlichen Räumen.

Fotodokumentationen über Freizeitaktivitäten und Demonstrationen lassen sich auf nahezu allen rechtsextremistischen Websites finden. Sie sind ein zentrales Illustrationsmittel zur Selbstdarstellung und markieren in ihrer Dominanz, dass es hier nicht in erster Linie um einen Verstehen von Wirklichkeit geht, sondern um Wahrnehmung und damit um ein Betrachten-, Entdecken- und Empfinden-Können von Wirklichkeit. Ästhetische Welterfahrung wird geboten. Die Welt wird gezeigt in einem Bildraum. Sie hat Nähe, weil sie konkret und fassbar ist. Sie ist spannend, weil sie auf (welt-)öffentlichen Bühnen stattfindet. Und sie ist total, weil sie über Präsentationen von Gruppen- und Gemeinschaftsfotos keine Individualisierung duldet. Das rechtsextremistische Weltbild entfaltet so eine konkrete Utopie eingefasst in eine Ästhetik der Geschlossenheit. Dergestalt arrangiert der Rechtsextremismus weitaus mehr als nur einen Freizeitmarkt. Er ästhetisiert Freizeit und trifft genau an diesen Stellen kaum mehr auf Konkurrenzangebote aus der öffentlichen Jugendarbeit.

2. *Die Intervention: Filtersysteme – eine trügerische Kontrolle*

Vor diesem Hintergrund ist die Frage nach der Zukunft des Rechtsextremismus, seinen Möglichkeiten, Macht zu erreichen, nicht nur eine beständige Herausforderung demokratischer Gesellschaften, sie wird sogar bestärkt, solange sich Interventionsmaßnahmen maßgeblich darauf konzentrieren, über Verbote, über Stigmatisierung und Ausgrenzung sich selbst zu erhalten.

Resümierend lässt sich formulieren, dass es im Rechtsextremismus um mehr als das Propagieren politischer Ideologie geht – es geht auch um eine ästhetische Darstellung und vor allem ästhetische Erfahrung, die insbesondere für junge Menschen attraktiv ist, weil ihnen in einer faszinierenden Bild- und Klangwelt Möglichkeiten geboten werden, Gemeinschaft aktiv zu erleben und mitgestalten zu können. Gesellschaftspolitisches Handlungsinventar, das auch in je unterschiedlicher Umsetzungspraxis in nur eine Richtung geht, nämlich die Proklamation einer gegen Rechtsextremismus immunisierenden Kontradiktionsstrategie – sei es nun über Verbote oder Filtersysteme – verkennt, dass Rechtsextremismus nicht einzig ein politisches Phänomen, sondern gleichsam auch ein Gruppen- und Gemeinschaftsphänomen ist, das in der öffentlichen Jugendarbeit noch seinesgleichen suchen muss. Bekämpfungsstrategien wie Filtersoftware insistieren weder auf eine Auseinandersetzung mit dem Phänomen Rechtsextremismus noch oder gar auf ein Besser-Machen, sondern generieren vielmehr ein Erziehungs- und wenn man so will auch ein Bildungsideal, das auf Überwachung und Kontrolle setzt und darauf verwiesen ist, dass Blindheit und Tabuisierung, d.h. die Suggestion einer „sauberen“ virtuellen Welt, das Problem löst. Filtersoftware - sofern sie denn überhaupt funktioniert – beschränkt lediglich das Medium, bleibt aber wirkungs- und hilflos, wenn es um Bildungsansprüche wie *Besser-Machen statt blind machen, argumentierend überzeugen statt tabuisieren* oder darum geht, *Rhetoriken transparent zu machen statt sie wegzufiltern.* Insofern ist Filtersoftware lediglich ein Instrument der Tabuisierung, das mit Bildung nichts gemeinsam hat

3. *Die Prävention - Bildung als Widerstreit*

Wie – so bleibt mithin die Frage zu stellen – muss also ein Bildungsideal gestaltet sein, das ethisches Handeln hervorbringen will, ohne sich von rigiden Kontroll- oder Verbotsdiskursen, die von LYOTARD als Terror bezeichnet werden, dirigieren zu lassen?

„Wir verstehen unter Terror die durch Eliminierung oder Androhung der Eliminierung eines Mitspielers aus dem Sprachspiel, das man mit ihm spielte, gewonnene Wirkung. Er wird schweigen oder seine Zustimmung geben, nicht weil er widerlegt, sondern weil er bedroht wurde, des Spielens beraubt zu werden... Der Hochmut der Entscheidungsträger,...reduziert sich auf die Ausübung dieses Terrors. Er sagt: Gleichen Sie ihre Bestrebungen unseren Zielen an, sonst...“ (Lyotard, 1994:184).

LYOTARDs entschiedenes Plädoyer für die Verabschiedung von Metaregeln entspringt nicht nur deren Glaubwürdigkeitsverlust, sondern vor allem seiner politischen Forderung nach einer gerechten Gesellschaft, zu deren struktureller Voraussetzung er die Abwesenheit von Metaprinzipien verlangt. Die Antwort, die LYOTARD hier gibt, ist keine positive Maxime, sondern eine permanente Aufforderung zur „Erfindung neuer 'Spielzüge' und ...neuer Regeln von Sprachspielen“ (Lyotard, 1989: 157). In Ablehnung finaler und konsensualer Spielregeln geht es hier um das Offenhalten von Spielräumen, um das „Bezeugen des Widerstreits“ im Horizont des Ästhetischen, „damit sich eine labile Kompetenz in ethischen Fragen entwickle“ (Meder, 1997: 34). Unter dieser Bedingung sind Ethik und Ästhetik Eins, wie es MEDER im Anschluss an WITTGENSTEIN formuliert (Meder, 1997: 15). Und von hier zeigt sich auch das Ziel des pädagogischen Sprachspiels als ein ästhetischer Erziehungs- und Bildungsprozess. Ästhetische Bildung bezieht so ihr Handlungsrepertoire weder aus einer institutionellen Ordnung noch aus einer ethischen Normierung (Metaerzählung). Sie muss sich selbst als Anlass des Weiterspielens erhalten und dies gelingt nur dort, wo abschließenden Geltungen widersprochen wird.

Wenn hier über ästhetische Bildung im Kontext von Rechtsextremismus gesprochen wird, so impliziert dies noch lange keine spezifischen Strategien, mit denen ästhetische Bildung an dieser Stelle agieren sollte. Denn damit wäre Pädagogik nichts weiter als ein Instrument zur Herstellung planbarer Effekte. Dass das pädagogische Sprachspiel nicht nach Maßgabe von eindeutigen Zielen und Maßnahmen funktioniert, ist nicht ein Versagen pädagogischen Handelns, sondern das in Krafttreten pädagogischen Handelns. Denn das pädagogische Sprachspiel ist ein ästhetisches. In dieser Hinsicht konzipiert HERBART seinen Erziehungsbegriff:

„Machen, dass der Zögling sich selbst finde, als wählend das Gute, als verwerfend das Böse: dies, oder Nichts, ist Charakterbildung! Diese Erhebung zur selbst bewussten

Persönlichkeit, soll ohne Zweifel im Gemüht des Zöglings selbst vorgehen, und durch dessen eigene Tätigkeit vollzogen werden; es wäre Unsinn, wenn der Erzieher das eigentliche Wesen der Kraft dazu erschaffen, und in die Seele eines andern hinein flößen wollte. Aber die schon vorhandene, und ihrer Natur notwendig getreue Kraft, in eine solche Lage zu setzen, dass sie jene Erhebung unfehlbar und gewiss vollziehen müsse: das ist es, was der Erzieher als möglich denken, was er zu erreichen, zu treffen, zu ergründen, herbeizuführen, fortzuleiten, als die große Aufgabe seiner Versuche an sehn muss" (Herbart, 1887: 261).

HERBART macht hier den ästhetischen Sprachspielcharakter der Pädagogik deutlich, wenn er die Aufgabe des Erziehers darin verankert, dass er eine Welt arrangieren, d.h. offen halten soll, in der es dem "Zögling" möglich ist, seine Moralität als Freiheit seiner eigenen Wahl zu erfahren. Damit wird von HERBART sowohl die Anerziehung als auch die Aberziehung in doktrinärer Konstruktion abgelehnt. Die Arbeit des Pädagogen ist damit nicht jene, die Handlungsanweisungen formuliert, sondern vielmehr jene, die in einem aufgespannten Handlungsraum die Perspektiven des Handelns aufzeigt. Von hier konzipiert HERBART, wenngleich in anderer Terminologie, den "Sprachspieler" als das Erziehungs- und Bildungsideal einer ästhetischen Pädagogik.

Ästhetische Bildung bleibt damit in ihrer Reichweite immer auf das Allgemeine als Ausdruck eines Handlungs- und Erfahrungsraumes verwiesen. Und vor diesem Hintergrund ist der Einbindung in den Rechtsextremismus-Diskurs auch nur dort zuzustimmen, wo es nicht um die Aberziehung rechtsextremer Orientierung geht, sondern wo es darum geht, Deutungs- und Handlungsmuster anzubieten, die Wahl- und Entscheidungsmöglichkeiten geben. Damit ist die Pädagogik weder dafür zuständig, die von politischer und öffentlicher Seite an sie herangetragene Aberziehungsfunktion (Gewalt etc.) wahrzunehmen, noch die an sie gestellte Anerziehungsfunktion (Werte etc.) umzusetzen. Vielmehr ist es ihre Aufgabe, pädagogisches Handeln so zu gestalten, dass der Prozess der Subjektwerdung sowohl individuelle Einzigartigkeit als auch gesellschaftliche Mitgliedschaft initiiert. Unter dieser Bedingung sind Erziehung, das vermittelnde Moment, und Bildung, das reflexive Moment, Eins. Und in dieser Ganzheitlichkeit kann sich Pädagogik auch in Gewalt- oder Fremdenfeindlichkeits-Diskurse einbringen: als ästhetisches Sprachspiel des permanenten Widerstreits.

Literatur:

Barthes, Roland, 1964: Mythen des Alltags. Frankfurt/M.

Flaig, Bodo Berthold u.a., 1997: Alltagsästhetik und politische Kultur. Zur ästhetischen Dimension politischer Bildung und politischer Kommunikation. Bonn.

Herbart, Johann F., 1887: Sämtliche Werke. Über die ästhetische Darstellung der Welt als das Hauptgeschäft der Erziehung. Herausgegeben von Karl Kehrbach, Band 1. Langensalza.

Küenzlen, Gottfried, 1991: Fundamentalismus und die säkulare Kultur der Moderne. In: Hansjörg Hemminger (Hrsg.): Fundamentalismus in der verweltlichten Kultur. Stuttgart, S. 196-221.

Lyotard, Jean-François, 1989: Der Widerstreit. München.

Lyotard, Jean-François, 1994: Das postmoderne Wissen. Ein Bericht. Wien.

Meder, Norbert, 1997: (Ethik und Aesthetik sind Eins). In: Fromme, Johannes/ Renate Freericks (Hrsg.): Freizeit zwischen Ethik und Ästhetik. Herausforderungen für Pädagogik, Ökonomie und Politik. Neuwied, S. 15-35.

Röll, Franz J., 1998: Mythen uns Symbole in populären Medien. Der wahrnehmungstheoretische Ansatz in der Medienpädagogik. Frankfurt/M.

„Nächste Folie, bitte!" – Der Einsatz von Präsentationsprogrammen zur Wissensvermittlung und Wissensbewahrung

Nicole Zillien
Seminar für Soziologie, Universität Trier

1. *Einleitung*

„Nächste Folie, bitte!" Auf Tagungen, in Meetings, Vorlesungen und Seminaren, politischen Versammlungen, auf Geburtstagsfeiern oder auch im Schulunterricht ist diese Wortfolge immer öfter zu vernehmen: Folienpräsentationen werden in wachsendem Ausmaß zur Wissensvermittlung eingesetzt. Der Hersteller der meistbenutzten Präsentationssoftware, Microsoft, gibt an, dass das hauseigene Produkt PowerPoint inzwischen dreißig Millionen Mal am Tag Verwendung findet (Parker 2001:5). Üblicherweise werden dann begleitend zu einem mündlichen Vortrag in einem je nach Projektorstärke verdunkelten Raum Präsentationsfolien in steter Abfolge an die Wand geworfen. Gerade die Software PowerPoint verfügt zudem über Funktionen, die eine Nutzung von Präsentationsfolien über das ursprüngliche Einsatzgebiet der Vortragsbegleitung hinaus nahe legt. Das Programm ermöglicht die Umwandlung von Präsentationsfolien in HTML-Seiten oder das Erstellen von verschiedenen Handout-Varianten ebenso komfortabel wie das Bereitstellen von Vortragsfolien zum Download oder den direkten E-Mail-Versand von Foliensätzen.

Die vorliegende Arbeit untersucht, wie sich der Einsatz von Präsentationsfolien, die Verteilung derselben per E-Mail, die Bereitstellung als Download, als HTML-Seiten, Druckvorlage oder Handout auf die Vermittlung und Bewahrung von Wissen auswirkt. Hierzu werden in einem ersten Schritt empirische Studien, deskriptive Erfahrungsberichte, Experimente und Fallanalysen zur Nutzung von Präsentationsprogrammen vorgestellt und systematisiert.

2. *Befragungen zur Nutzung von Präsentationsprogrammen*

Die Diffusion von Präsentationsprogrammen begann Ende der achtziger Jahre im Segment der Programmierer, schnell wurde PowerPoint jedoch zu dem Präsentationstool im Wirtschaftsleben. Die Auswirkungen des PowerPoint-Einsatzes im Unternehmensbereich und auch im Rahmen des wissenschaftlichen Austauschs werden bislang, sieht man von einigen wenigen Studien wie beispielsweise der Arbeit von Edward Tufte (2003a) ab, eher im Feuilleton diskutiert.

Seit Mitte der neunziger Jahre erfreut sich die Technologie jedoch wachsender Beliebtheit in der universitären Lehre. Aus diesem Umfeld stammt ein Großteil der (meist US-amerikanischen) Untersuchungen zum Einsatz von Präsentationsprogrammen. So gibt es eine recht große Anzahl empirischer Untersuchungen zur PowerPoint-Nutzung in Seminaren und Vorlesungen (Bartsch/Cobern 2003; Carello 2002; Frey/Birnbaum 2002; Lowry 1999; Mason/Hlynka 1998; Pence 1997; Rankin/Hoaas 2001; Szabo/Hastings

2000), die alle ein ähnliches Studiendesign aufweisen. Im Folgenden soll eine Auswahl dieser Studien exemplarisch vorgestellt werden.

Die Wirtschaftswissenschaftler Rankin und Hoaas untersuchten in zwei aufeinander folgenden Semestern die Nutzung von Präsentationsfolien in ihren Kursen. In jedem Semester wurde jeweils eine Unterrichtseinheit mit der Unterstützung von PowerPoint-Folien und eine ohne Folienunterstützung durchgeführt (Rankin/Hoaas 2001:113). Sie konnten keine signifikanten Unterschiede zwischen den Prüfungsleistungen von Teilnehmern an PowerPoint-Präsentationen und herkömmlichen Vorträgen feststellen. Lowry (1999) dagegen stellte im Zuge der Nutzung von PowerPoint-Präsentationen in Grundkursen der Umweltwissenschaften eine Leistungsverbesserung im Vergleich zu vorherigen, mit Unterstützung von Overhead-Folien unterrichteten Jahrgängen fest. Der Einsatz von PowerPoint wurde zudem von den Studierenden durchweg positiv bewertet, wobei sich Lowry unsicher ist, ob dies nicht wenigstens teilweise auf die Neuartigkeit des Mediums zurückzuführen ist (Lowry 1999:20).

Nach einer Untersuchung von Pence (1997) schätzen Studierende insbesondere die Strukturiertheit der Folienvorträge, die bessere Lesbarkeit und die Möglichkeit einer aussagekräftigen Farbgebung. Als hervorstechende Eigenschaft des Programms bezeichnet er „the ability to closely integrate text and images“ (Pence 1997:3) und weist auf Studien hin, die für Text-Bild-Kombinationen eine bessere Erinnerungsfähigkeit nachweisen. Der einzige Nachteil, den Pence an Folienpräsentationen ausmachen kann – die Gefahr, dem Publikum eine passive Rolle zuzuweisen – meint der Autor mit der aktiven Einbindung von Studierenden auffangen zu können. Er schlägt eine Verbindung von PowerPoint-Präsentationen und kooperativen Unterrichtsmethoden vor. Insgesamt weist der Musik- und Chemielehrer Präsentationsprogrammen ein großes Potenzial zur Verbesserung der Lehre zu und resümiert: „Even though no single teaching method, with or without technology, may be equally applicable to all educational situations, the new technologies, including the combination of PowerPoint with cooperative learning, open new possibilities for the educational process“ (Pence 1997:5).

Szabo und Hastings (2000) konnten im Vergleich zu den durch Overhead-Folien unterstützten Vorlesungen ebenso feststellen, dass PowerPoint-Vorträge als fesselnder, interessanter, motivierender und besser strukturiert wahrgenommen wurden. Zudem waren 75 Prozent der befragten Studierenden der Meinung, PowerPoint unterstütze den Lerneffekt positiv, was jedoch anschließende Tests nicht untermauerten. „Generally, it appears“, so Szabo und Hastings, „that PowerPoint lectures, at least in some circumstances, mainly add to the entertainment rather than to the education of the students“ (Szabo/Hastings 2000:186). Auch Bartsch und Cobern (2003) untersuchten, ob PowerPoint-Folien im direkten Vergleich zu Overhead-Folien bei Studierenden größeren Anklang fanden und darüber hinaus auch zu besseren Lernergebnissen führten. PowerPoint-Vorträge wurden hier ebenfalls positiver bewertet und von den Studierenden als lernförderlicher eingeschätzt. Semesterbegleitende Tests legten jedoch auch hier nahe, dass dieser Effekt sich nicht im Notenspiegel belegen lässt. Mit multimedialen PowerPoint-Vorträgen (inklusive Ton und Grafiken) erfolgte sogar eine schlechtere Vermittlung des Lernstoffs als mit einfachen PowerPoint-Präsentationen oder Overhead-Folien: „Students did approximately 10% worse on the quizzes that came from the expanded PowerPoint lectures“ (Bartsch/Cobern 2003:81).

Frey und Birnbaum (2002) berichten die positive Einschätzung zur Nutzung von Präsentationstechnologien durch 160 Studierende, die eine mit PowerPoint-Folien unterstützte Vorlesung zu russischen Volksmärchen besuchten. Insbesondere wurde die Steigerung der Aufmerksamkeit und die bessere Strukturierung der Vorträge als vorteilhaft hervorgehoben. Die größte Zustimmung erhielt jedoch das abgefragte Statement „Handouts printed from PowerPoint presentations help me to study for course exams" (Frey/Birnbaum 2002:5): Die Thesenpapiere im PowerPoint-Format unterstützten nicht nur den Lernprozess, sondern halfen auch, so die Studierenden, die persönlichen Mitschriften zu verbessern und die wichtigsten Punkte ausfindig zu machen. Die wenigen negativen Kommentare zu den PowerPoint-Handouts bezogen sich darauf, dass Selbstgeschriebenes besser erinnert wird und dass das Ausdrucken der Präsentationsfolien zu einem hohen Papier- und Tintenaufwand führe.

Alles in allem ist das Hauptergebnis der empirischen Studien zur PowerPoint-Nutzung in der Lehre die Feststellung, dass aufgrund der höheren Strukturiertheit, der Multimedialität, der Zusatzfunktionen wie Handouterstellung und Downloadmöglichkeiten oder auch einfach der Neuartigkeit der Folienvorträge diese grundsätzlich eine Positivbewertung erfahren. Eine Steigerung der Prüfungsleistungen aufgrund des Medieneinsatzes kann jedoch nicht übereinstimmend festgestellt werden.

3. *Deskriptive Erfahrungsberichte zur Nutzung von Präsentationsprogrammen*

Zusätzlich zu den empirischen Arbeiten zum Einsatz von Präsentationsprogrammen finden sich Berichte von Lehrenden, die oftmals im Sinne eines Erfahrungsaustauschs verfasst wurden (Creed 1997; Groft 2002; Murray 2002; Parks 1999; Quible 2002; Rocklin 1997; Schultz 1996; Sommer 2002; Villeneuve 2004). Diese geben meist entweder konkrete Hinweise zur Verbesserung der durch Präsentationsfolien unterstützten Lehreinheiten oder raten letztlich von der Nutzung von Präsentationsprogrammen im Unterricht ab.

Parks (1999) berichtet die Erfahrungen, die er in vier Jahren PowerPoint-Nutzung als Dozent der Wirtschaftslehre machte. Im Kern sieht er den Hauptvorteil des Programms in der Disziplinierung des Lehrenden: „I believe that using PowerPoint slides rather than my rather haphazard and mostly illegible blackboard and chalk lectures has had a positive influence on students. It certainly has forced me to prepare more carefully and more in advance than using lecture notes does" (Parks 1999:209). Nachteile der Mediennutzung sieht er darin, dass, gerade dann, wenn Folienabzüge zur Verfügung gestellt werden, die Studierenden zu passivem Unterrichtsverhalten neigen.

Schultz dagegen sieht in PowerPoint eine Möglichkeit, die Vermittlung mathematischen Wissens aufzulockern: "Presentation software products, such as PowerPoint, provide the means for cutting through the fog and jargon of the mathematics and algorithms to deal with the management science methods" (Schultz 1996:140). Gerade in der Einbindung von graphischen Elementen sieht Schultz einen Vorteil der Nutzung von Präsentationsprogrammen: "The advantages come out of the use of color, a variety of fonts, the dynamic displays that are possible through 'building' of a given slide one line at time, and in the transition between slides. Furthermore, careful insertion of appropriate clip art helps greatly to maintain interest in the presentation" (Schultz 1996:140).

Groft stellt sich die Frage, ob PowerPoint ein „educational enhancer" oder ein „complete desaster" darstellt und entscheidet sich mit der Begründung, die Kombination von vorgefertigten Folien, im Voraus heruntergeladenen Handouts und dem üblichen Vorlesen der Folien führe zu einer passiven Unterrichtssituation, für die zweite Alternative: „Add a beer or two to that scenario and you've got yourself a sleeping tonic more powerful than Nyquil" (Groft 2002). Quible, die ihre Vortragsfolien zur Vorbereitung auf die Studienveranstaltungen im Internet zum Download bereitstellte, äußert sich in einem ersten Schritt ähnlich wie Groft: „Because the slides were available on the web and could be preprinted, too many students, I felt, came to class only to get their attendance points. Too many apparently believed that daydreaming, studying for a test for another course, or working on some other assignment during my presentations were acceptable actions" (Quible 2002:82) Als Gegenmaßnahmen schlägt Quible vor, unvollständige Foliensätze zum Download bereitzustellen, so dass während der Vorlesung fehlende Elemente ergänzt werden müssen, die Präsentationsfolien zum Gegenstand von Tests zu machen oder manche Folieninhalte im Vorhinein als „talking points" zu deklarieren.

Mason und Hlynka (1998) beschreiben exemplarisch den Ablauf einer mit Unterstützung von PowerPoint durchgeführten Unterrichtsstunde. Sie formulieren als eine der zentralen Erkenntnisse, dass „PowerPoint's design and expected use adds to classrooms what there is too much of: teacher-centered, pre-planned, lockstep delivery of information, primarily through words" (Mason/Hlynka 1998:43).

Die Studien und Berichten zur Nutzung von Präsentationsprogrammen in der Lehre vermitteln insgesamt ein widersprüchliches Bild: Einerseits wird die strukturierende und disziplinierende Wirkung von PowerPoint, die komfortable Einbindung multimedialer Elemente, die Funktionen der Handout- und Download-Erstellung und die Beliebtheit der Vortragsform positiv hervorgehoben. Andererseits werden die Vorstrukturierung, die zentrale Rolle des Vortragenden, ein Zuviel an Multimedialität oder eine zunehmend passive Rolle des Publikums beklagt. Die Aussagen und Studienergebnisse zu den Auswirkungen der neuen Unterrichtsmethode auf die Prüfungsleistungen, deren Untersuchung am eindeutigsten über Erfolg oder Misserfolg der neuen Unterrichtsform entscheiden könnte, sind zudem wenig aussagekräftig und widersprüchlich.

Aus einem solch uneinheitlichen Forschungsstand, der für die Untersuchung von Technikwirkungen typisch ist, wird gerne geschlossen, dass Technologien eben keine deterministische Wirkung haben und die Auswirkungen einer Technologie somit von der Art der Nutzung abhängen. Bevor hier solch weit reichende Schlüsse gezogen werden, sollen weitere Studien, die sich mit Präsentationstechnologien auseinandersetzen, zu Rate gezogen werden.

4. *Weitere wissenschaftliche Arbeiten zur Nutzung von Präsentationsprogrammen*

Neben den Untersuchungen zum Einsatz von Präsentationsprogrammen in der universitären Lehre gibt es eine überschaubare Anzahl an wissenschaftlichen Arbeiten zu verschiedenen Aspekten und Einsatzbereichen der Software.

Der Psychologe Robert Cialdini führte folgendes Experiment zur Nutzung von Präsentationsprogrammen durch (nach Parker 2001): Drei verschiedene studentische

Probandengruppen hatten die Aufgabe, die Leistungen des fiktiven Sportlers Andrew einzuschätzen, der, so die Annahme, für ein Sportstipendium in Frage kam. Andrews Football-Leistungen wurden dabei in unterschiedlicher Form präsentiert. Die erste Gruppe erhielt die Ergebnisse in Listenform, die zweite in Form von Balkendiagrammen und der dritten Gruppe wurden die Sportergebnisse im Rahmen einer PowerPoint-Präsentation als animierte Balkendiagramme gezeigt. Die Probanden, die Andrews Leistungen mittels PowerPoint präsentiert bekamen, bewerteten diese mit Abstand am besten. Das heißt, die Darstellung von Zahlenmaterial, und das ist wenig erstaunlich, beeinflusst ihre Interpretation. Das heißt aber auch, dass eine Darstellung in PowerPoint zur „günstigeren" Interpretation von Zahlen führt, was im Übrigen schon der Name des Programms verspricht: PowerPoint bedeutet frei übersetzt in etwa „starkes Argument".

LaPorte u.a. sehen PowerPoint als treibende Kraft eines momentan stattfindenden Prozesses, der zu einer Ablösung des wissenschaftlichen Austauschs über Zeitschriftenpublikationen führen wird: „With PowerPoint and the Internet the ‚journal' middleman can be eliminated and we can return to P2P (peer to peer)" (LaPorte et al. 2002:1479). Im direkten Vergleich würden Printmedien zum wissenschaftlichen Austausch aufgrund höherer Kosten, einer weniger direkten inhaltlichen, zeitlichen und räumlichen Vermittlung, einer niedrigen Spezialisierung und veralteter Verfahren zur Qualitätssicherung mit PowerPoint-Dokumenten im Internet nicht standhalten können: „A publication and a scientific presentation do virtually the same thing – they share scientific knowledge. Publication and presentation have been separate but could 'morph' into a single entity. This metamorphosis is taking place and is driven by a juggernaut called PowerPoint, Microsoft's graphics and slide presentation programme" (LaPorte et al. 2002:1479). Die Mediziner aus Pittsburgh sind der Überzeugung, dass PowerPoint, nachdem es die Vortragskultur revolutioniert hat, nun auch als Medium der Wissensbewahrung die wissenschaftliche Kommunikation dominieren wird. Sie sehen in dieser Entwicklung eine Chance zur Demokratisierung und Ausweitung der Wissenschaftskommunikation, da beispielsweise „fewer people will ‚flunk' out of science because they cannot ‚journal speak'" (LaPorte et al. 2002:1479). Gleichzeitig schlagen die Autoren in Anlehnung an Verfahren der Qualitätskontrolle in der Wirtschaft vor, neue Wege bezüglich der Kontrolle des Wissensaustauschs zu gehen: „Most certainly any research communication system needs effective quality control, but need it be the traditional approach?" (LaPorte et al. 2002 :1480).

Der Informationstheoretiker Edward Tufte führte die bisher umfangreichste Studie zur Nutzung von Präsentationsprogrammen durch. Er untersuchte Tausende von PowerPoint-Folien, bestritt fünf Fallstudien und verglich die Informationsvermittlung im PowerPoint-Format mit anderen Darstellungsformen. Zusammengefasst behauptet er in „The Cognitive Style of PowerPoint" (Tufte 2003a), dass es schwierig sei, unter Nutzung der Präsentationstechnologie Informationen in ihrer ganzen Breite darzustellen, da das Programm seine Anwender dazu anhalte, Inhalte zu verkürzen, Informationen zu zerstückeln, Zusammenhänge auseinander zu reißen und im Halbdunkel überladene Graphiken zu erläutern. Im Kern konzentriert sich Tufte auf fünf Kritikpunkte: Er schreibt erstens, dass sich PowerPoint-Vorträge an den Bedürfnissen des Vortragenden und nicht an den Inhalten oder an Publikumserwartungen orientieren. Das heißt, das Programm erleichtert eine Vorstrukturierung von Vorträgen, vereinfacht die Integration multimedialer Elemente und nimmt Vortragenden die Angst vor der freien Rede. Diesen

Vorteilen auf Seiten des Vortragenden stehen jedoch, so Tufte, ungleich größere Nachteile auf Seiten der Zuhörer gegenüber: Beispielsweise die Verkürzung von Inhalten, eine geringe Informationsdichte oder ein stark hierarchischer Aufbau der Folien. Die Nutzung von PowerPoint entspräche somit einer Grundhaltung, die er als „attitude of commercialism that turns everything into a sales pitch" (Tufte 2003a:4) umschreibt. Zweitens kritisiert Tufte die geringe Auflösung von PowerPoint-Folien, die zu starken Vereinfachungen, unpräzisen Aussagen und wenig fundierten Behauptungen verleitet. Zudem führt die geringe Informationsdichte der Einzelfolien zu einer höheren Gesamtzahl, was letztlich eine sehr schnelle Abfolge vieler Folien verursachen kann. Ausführlich behandelt Tufte somit drittens das Thema der Sequenzialität von PowerPoint-Präsentationen, die sich nicht nur auf die Abfolge der Folien bezieht, sondern auf der Ebene der Einzelaussagen fortgesetzt wird: „Beginning with a title slide, the presenter unveils and reads aloud the single line on the slide, then reveals the next line, reads that aloud, on and on, as stupefied audience members impatiently await the end of the talk" (Tufte 2003a:23). Hier entstehen insbesondere Probleme, wenn statistisches Material präsentiert wird, da in diesem Fall der Vorgang der Analyse in einem direkten Vergleich nebeneinander und nicht in einer schnellen Abfolge hintereinander stattfinden sollte.

Viertens beschäftigt sich Tufte ausführlich mit den Problemen der üblicherweise in PowerPoint-Präsentationen genutzten „bullet lists", die den Anschein einer durchdachten, hierarchischen Ordnung geben. Er behauptet, Spiegelstrich-Aufzählungen seien zu allgemeingültig und würden zudem nur die Darstellung drei verschiedener logischer Beziehungen erlauben: die einfache Abfolge hintereinander, die hierarchische Rangfolge und die Aufzählung von Elementen einer Kategorie. Kausalitäten und die Analyse von Zusammenhängen gehen in dieser Form der Textdarstellung verloren. Der fünfte Analysebereich ist die Darstellung von statistischem Material auf Präsentationsfolien. Tufte gibt an, dass zur Vermittlung von Zahlenmaterial umfassende Tabellen, wie sie beispielsweise auf einem einfachen Handout abgedruckt werden könnten, den meist informationsarmen PowerPoint-Graphiken vorzuziehen sind: „Chartjunk is a clear sign of statistical stupidity; use these designs in your presentation, and your audience will quickly and correctly conclude that you don't know much about data and evidence" (Tufte 2003a:16). Tufte schlussfolgert letztlich, dass die Nutzung von Präsentationsprogrammen häufig eher einer Show als einem ernsthaften Informationsaustausch nahe kommt: „PowerPoint allows speakers to pretend that they are giving a real talk, and audiences to pretend that they are listening" (Tufte 2003a:25). Den einzigen sinnvollen Einsatzbereich von PowerPoint sieht der emeritierte Graphikprofessor in der Nutzung des Programms als komfortablen Projektor für farbige Graphiken und Videos.

Tuftes Kritik der Präsentationstechnologie stellte vor allem die Anhänger des anerkannten Graphikprofessors und Informationstheoretikers vor die Frage, wie zukünftige Präsentationen zu gestalten seien. In „The Great Man Has Spoken. Now What Do I Do?" setzen sich Shwom und Keller (2003) vor diesem Hintergrund mit Tuftes Essay auseinander. Sie konzentrieren sich vor allem auf die Analyse einer NASA-Folie, die Tufte als Sachverständiger im Auftrag des Columbia Investigation Board im Nachgang zum Absturz der Weltraumfähre untersuchte. Diese Folie sei, so der Bericht der Untersuchungskommission, Ausdruck mangelhafter interner Kommunikation und somit Teil organisatorischer Unzulänglichkeiten, die zum Absturz der Columbia im Jahr 2003 beitrugen (Columbia Accident Investigation Board 2003:191). Shwom und Keller versuchen nachzuweisen, dass nicht die Nutzung von Präsentationsprogrammen der Grund für eine schlechte Wissensvermittlung ist, sondern dass „a bad PowerPoint presentation is a symptom of the writer's failure to employ simple slide design principles, basic communication skills, and – most importantly – fundamental rhetorical techniques" (Shwom/Keller 2003:2). Um dies zu untermauern, überarbeiten die Autoren die von Tufte kritisierte NASA-Folie und meinen, auf diese Art eine angemessene Darstellungsform im PowerPoint-Format gefunden zu haben: „Presenters who [...] understand the important principles behind creating and sequencing slides can use PowerPoint as an effective communication platform" (Shwom/Keller 2003:16). Sie sind im Gegensatz zu Tufte der festen Überzeugung, die Auswirkungen der PowerPoint-Nutzung lägen allein in den Händen des Anwenders.

Insbesondere nach der Publikation des Artikels „PowerPoint is Evil" (Tufte 2003b), einer journalistischen Aufbereitung von Tuftes Arbeit „The Cognitive Style of PowerPoint", fand über den wissenschaftlichen Diskurs hinaus erst in amerikanischen Medien (Gunderloy 2003; Hanft 2003; Keller 2003a; Keller 2003b; Lovelace 2001; Norvig 2003; Parker 2001; Schwartz 2003; Searls 1998; Shwom/Keller 2003; Thompson 2003; Tufte 2003b; Wald/Schwartz 2003; Wineburg 2004), mit etwas Verzögerung dann auch in deutschen Medien (Berzbach 2004; Mertens/Leggewie 2004; Schlaffer 2004; Schmundt 2004; Voss 2004) eine lebhafte Diskussion zum Einsatz von Präsentationsprogrammen statt. Hier wurden im Großen und Ganzen die im wissenschaftlichen Diskurs schon beanspruchten Argumente ausgetauscht (vgl. Zillien 2005).

5. *Ergebnisse der Diskussion um Präsentationsprogramme*

Insgesamt ist sowohl der wissenschaftliche als auch der feuilletonistische Diskurs zu PowerPoint durch zwei gegensätzliche Haltungen geprägt: Kritiker der Software behaupten, das Programm führe systematisch zu einer Verschlechterung von Wissensvermittlung und Wissensbewahrung. Fürsprecher sind dagegen der Auffassung, die Präsentationstechnologie sei ein Werkzeug, auf dessen Art der Verwendung es ankomme. Den Hintergrund für einen integrierenden Ansatz, der diese konkurrierenden Thesen als einander ergänzende Perspektiven auffasst, bietet die Theorie der Strukturierung nach Anthony Giddens. Die Theorie der Strukturierung sagt im Kern aus, dass Menschen sich in ihrem praktischen Handeln auf vorgelagerte Strukturen beziehen, wobei sie mit diesem Handeln wiederum Strukturen schaffen (Giddens 1988). Hinter dieser Formel der Dualität von Struktur steckt die Annahme, dass Struktur gleichzeitig Voraussetzung und Produkt von Handeln ist.

Bezogen auf PowerPoint lässt sich im Rahmen der Theorie der Strukturierung zeigen, dass sich die Nutzer des Programms in ihrem praktischen Handeln auf vorgelagerte (technische und soziale) Strukturen beziehen und in diesem Handeln wiederum Regeln und Ressourcen der PowerPoint-Verwendung (re)produzieren (vgl. Zillien 2005).

Neue Technologien eröffnen somit einerseits bisher nicht vorhandene Möglichkeiten des kommunikativen Austauschs – PowerPoint unterstützt beispielsweise durch den sequenziellen Aufbau der Folien hervorragend die Erläuterung komplexer mathematischer Formeln. Andererseits unterliegt die Nutzung des Programms jedoch strukturellen Einschränkungen, was sich in der Literatur in unterschiedlichen Varianten wieder findet. So charakterisiert Parker PowerPoint mit den Worten „It edits ideas" (Parker 2001:76), Tufte formuliert die These "[...] there is inherent defect in PowerPoint" (Tufte 2003a:26) und Creed kommt zu dem Schluss: „Any software is an environment with subtle demand characteristics" (Creed 1997: 4).

Die sozialen Strukturen, die vor dem Hintergrund der Entstehungsgeschichte des Programms betrachtet werden müssen, spiegeln sich in verbreiteten Nutzungsformen, Handbüchern oder auch in den Vorgaben des AutoInhalt-Assistenten wieder. Zu den technischen Strukturen, die die PowerPoint-Nutzung mitbestimmen, gehören beispielsweise die Sequenzialität, Multimedialität oder auch Auflösung der Folien. Im Zusammenspiel von technischen und sozialen Strukturen entstehen übliche Nutzungsformen, welche Wanda Orlikowski als „Technologies-in-Practice" bezeichnet (Orlikowski 2000).

So ist beispielsweise die „Dreifachdarstellung" eine verbreitete Art der Nutzung von Präsentationstechnologien: Die relevanten Vortragspunkte sind auf der Folie niedergeschrieben, werden laut vorgelesen und liegen zudem noch als Handout vor. Diese Form der PowerPoint-Nutzung hat sich im Zusammenspiel technischer und sozialer Strukturen als „Technology-in-Practice" durchgesetzt. Dass vor diesem Hintergrund die Einschätzung, eine Präsentationstechnologie sei nur ein Werkzeug, auf dessen Art der Verwendung es ankomme, zu kurz greift, soll abschließend eine kleine Anekdote verdeutlichen.

David Sarnoff, der Vater des amerikanischen Rundfunks, äußerte bei der Verleihung eines Ehrentitels in den sechziger Jahren Folgendes: „Wir neigen nur zu leicht dazu, die technischen Mittel zum Sündenbock jener zu machen, die sie handhaben. Die Schöpfungen der modernen Wissenschaft sind an sich weder gut noch schlecht; die Art und Weise aber, wie sie verwendet werden, bestimmt ihren Wert" (McLuhan 1968:17). Marshall McLuhan karikierte diese Position Sarnoffs als Nachtwandlermentalität und schreibt in ‚Die magischen Kanäle': „Nehmen wir an, wir wollten sagen, 'Apfelkuchen ist an sich weder gut noch schlecht; nur die Art wie er verwendet wird, bestimmt seinen Wert'. Oder ‚der Pockenvirus ist an sich weder gut noch schlecht; nur die Art, wie er verwendet wird, bestimmt seinen Wert'. Oder auch, 'Schusswaffen sind an sich weder gut noch schlecht; nur die Art wie sie verwendet werden, bestimmt ihren Wert'. Das heißt, wenn die Schusswaffen die richtigen Leute treffen, sind Schusswaffen gut. Wenn die Fernsehröhre auf die richtigen Leute mit der richtigen Munition trommelt, ist das Fernsehen gut. Ich will jetzt nicht boshaft sein, aber in dieser Behauptung steckt einfach gar nichts, was einer genaueren Überprüfung standhielte, denn es entgeht ihm das Wesen des Mediums, jedes einzelnen Mediums und aller Medien in der echt narzisstischen Art des Menschen, der von einer Abtrennung und Ausweitung seiner eigenen Person durch eine neue Technik hypnotisiert ist" (McLuhan 1968:17). Etwas später greift McLuhan diesen Gedankengang noch einmal auf und schreibt: „Jedes Medium hat die Macht, seine eigenen Postulate dem Ahnungslosen aufzuzwingen. Voraussage und Steuerung bestehen darin, diesen unterschwelligen narzisstischen Trancezustand zu vermeiden. Aber am meisten hilft in diesem Fall einfach die Erkenntnis, dass der Zauber sofort nach Kontaktnahme, wie bei den ersten Takten einer Melodie, wirken kann" (McLuhan 1968:21). Dieses Zitat von McLuhan stellt den an die Theorie der Strukturierung anschließenden Mittelweg sehr anschaulich dar: Dem Ahnungslosen kann ein Medium seine eigenen Postulate aufzwingen, diese wirken gar wie eine Melodie. Da helfe nur, so McLuhan, die Postulate des Mediums zu kennen.

Literatur:

Bartsch, Robert & A. Cobern, Kristi M. (2003): Effectiveness of PowerPoint presentations in lectures. In: Computers & Education 41, S. 77-86.

Berzbach, Frank (2004): Generation PowerPoint. Unzeitgemäßes zur visuellen Power-Point-Kultur. Dokument aus dem Internetservice Texte online des Deutschen Instituts für Erwachsenenbildung. Online-Quelle: http://www.die-bonn.de/publikationen/online-texte/index.asp.

Carello, Christy (2002): Hi-Tech Presentations: Are they Powerful or Pointless. Online-Quelle: http://www.uwsa.edu/ttt/.

Columbia Accident Investigation Board (2003): Report Volume I: The Accident' Organizational Cause. Washington.

Creed, Tom (1997): PowerPoint, No! Cyberspace, Yes. In: The National Teaching & Learning Forum 4, S. 1-4.

Frey, Barbara & Birnbaum, David (2002): Learners' Perceptions on the Value of PowerPoint in Lectures. In: Educational Resources Information Center S. 1-9.

Giddens, Anthony (1988): Die Konstitution der Gesellschaft. Grundzüge einer Theorie der Strukturierung. Frankfurt am Main/New York.

Groft, Dan (2002): PowerPoint: educational enhancer or complete desaster? Online-Quelle: www.pittnews.com.

Gunderloy, Mike (2003): PowerPoint doesn't make you dumb. Online-Quelle: http://www.adtmag.com.

Hanft, Adam (2003): More Power than Point. In: Inc. Magazine 8, S. 116.

Keller, Julia (2003a): Is PowerPoint the devil? Online-Quelle: http://www.siliconvalley.com.

Keller, Julia (2003b): Killing Me Microsoftly. In: The Chicago Tribune Magazine 1, S. 28-29.

LaPorte, Ronald E./Faina, Linkov/Villasenor, Tony/Sauer, Francois/Gamboa, Carlos (2002): Papyrus to PowerPoint (P 2 P): metamorphosis of scientific communication. In: British Medical Journal 325, S. 1478-1481.

Lovelace, Herbert W. (2001): The Medium is More Than The Message. Online-Quelle: www.informationweek.com.

Lowry, Roy B. (1999): Electronic Presentation of Lectures - Effect Upon Student Performance. In: University Chemistry Edducation 3, S. 18-21.

Mason, Ralph & Hlynka, Denis (1998): PowerPoint in the Classroom: Where is the Power? In: Educational Technology 9, S. 42-45.

McLuhan, Marshall (1968): Die magischen Kanäle. Understanding Media. Düsseldorf, Wien.

Mertens, Mathias & Leggewie, Claus (2004): Technologisches Kokain. Power Corrupts, PowerPoint Corrupts absolutely. Ein Software-Produkt wird gescholten oder: Wie aus billiger Kulturkritik wertvolle Medienkunde wird. In: Freitag, 28.05.

Murray, Bridget (2002): Tech enrichment or overkill? In: Monitor on Psychology 4, S. 42-44.

Norvig, Peter (2003): PowerPoint: shot with its own bullets. In: The Lancet 362, S. 343.

Orlikowski, Wanda (2000): Using Technology and Constituting Structures: A Practice Lens for Studying Technology in Organizations. In: Organization Science 11, S. 404-428.

Parker, Ian (2001): Absolute PowerPoint. Can a Software-Package edit our thoughts? In: New Yorker Magazine, 28.05.

Parks, Robert P. (1999): Macro Principles, PowerPoint, and the Internet: Four Years of the Good, the Bad, and the Ugly. In: Journal of Economic Education 30, S. 200-209.

Pence, Harold E. (1997): PowerPoint and Cooperative Learning: An Ideal Instructional Combination. Online-Quelle: http://ts.mivu.org/default.asp?show=article&id=527.

Quible, Zane K. (2002): Maximizing the Effectiveness of Electronic Presentations. In: Business Communication Quarterly 65, S. 82-85.

Rankin, Elizabeth L. & Hoaas, David J. (2001): The Use of PowerPoint and Student Performance. In: Atlantic Economic Journal 25, S. 113.

Rocklin, Tom (1997): PowerPoint is not evil. Online-Quelle: www.ntlf.com.
Schlaffer, Heinz (2004): Menetekel. In: Frankfurter Rundschau, 10.02.
Schmundt, Hilmar (2004): Die Macht der bunten Bilder. In: Der Spiegel 12, S. 126.
Schultz, William C. (1996): Animation with PowerPoint: A Fog Cutter. In: CIT96 - Abstracts S. 139-142.
Schwartz, John (2003): The Level of Discourse Continues to Slide. In: New York Times, 28.09.
Searls, Doc (1998): It's the Story, stupid. Don't let presentation software keep you from getting your story across. Online-Quelle: www.searls.com.
Shwom, Barbara L./Keller, Karl P. (2003): 'The Great Man Has Spoken. Now What Do I Do?' A Response to Edward R. Tufte's 'The Cognitive Style of PowerPoint'. In: Communication Insight 1.1, S. 1-16.
Sommer, Robert (2002): My PowerPoint Summer. Online-Quelle: http://ts.mivu.org.
Szabo, Attila/Hastings, Nigel (2000): Using IT in the undergraduate classroom: should we replace the blackboard with PowerPoint? In: Computers & Education 35, S. 175-187.
Thompson, Clive (2003): PowerPoint makes you dumb. In: New York Times Magazine, 14.12.
Tufte, Edward R. (2003a): The Cognitive Style of PowerPoint. Cheshire.
Tufte, Edward R. (2003b): PowerPoint is Evil. Power Corrupts. PowerPoint Corrupts absolutely. Online-Quelle: www.wired.com.
Villeneuve, Stéphane (2004): Les logiciels de présentation en pédagogie. Efficacité de l'utilisation des logiciels de présentation en pédagogie universitaire. In: International Journal of Technologies in Higher Education 1, S. 49-53.
Voss, Julia (2004): Wie Bilder eine Katastrophe begünstigen. In: Frankfurter Allgemeine Zeitung, 08.02.
Wald, Matthew L. & Schwartz, John (2003): Shuttle Inquiry Uncovers Flaws in Communication. In: New York Times, 14.08.
Wineburg, Sam (2004): Must it Be This Way? Ten Rules for Keeping Your Audience Awake During Conferences. In: Educational Researcher 33, S. 13-14.
Zillien, Nicole (2005): 'PowerPoint makes you dumb'. Ein Klärungsversuch mit Hilfe der Theorie der Strukturierung. In: Jäckel, Michael/Mai, Manfred (2005) (Hrsg.): Neue Kommunikationstechnologien und Prozesse der Vergesellschaftung. (In Vorbereitung).

Kollaborative Leistungsevaluation beim Einsatz von Wissensmanagementsystemen in der Ausbildung

Wolfgang Semar
Fachbereich Informatik und Informationswissenschaft, Universität Konstanz

1. *Motivation*

Neue Formen der Aus- und Weiterbildung prägen derzeit die öffentliche und universitäre Diskussion. Im Kontext von Lehren und Lernen mit neuen Medien stellt die Förderung des kollaborativen, selbstgesteuerten Lernens ein zentrales Forschungsgebiet dar [Arnold 2003, S. 16; Mandl 2000, S. 3; Semar 2004a, S. 255]. Dabei hat sich gezeigt, dass eine aktive Förderung und Unterstützung der Systemteilnehmer notwendig ist, in der Regel geschieht dies, indem die einzelnen Akteure dazu aufgefordert werden, meist persönlich durch den Dozenten oder durch ein anderes Gruppenmitglied, bestimmte Tätigkeiten auszuführen. Zwar kann dadurch ein bestimmtes Verhalten in Lernumgebungen „erzwungen" werden, aber besser und erfolgreicher ist es, wenn die Akteure dazu motiviert werden können. Diese Motivation kann mittels entsprechender Anreizsysteme geschehen. Die Problematik liegt jedoch in der Ausgestaltung solcher Anreizsysteme [Schanz 1991, S. 23]. Wir wollen ein „Anreizsystem" darstellen, das aufgrund bestimmter Kennzahlen und deren Visualisierung den einzelnen Akteur so beeinflusst, dass seine intrinsische Motivation gefördert wird und daraus eine eigenständige, aktive Teilnahme am kollaborativen Wissenserarbeitungsprozess resultiert.

Ein dem kollaborativen Ansatz angemessenes Anreizsystem mit starker reputativer Ausrichtung soll den gesamten Wissenserarbeitungsprozess unterstützen. Den Akteuren wird eine Aufgabe gestellt, die sie eigenständig als Gruppe lösen sollen. Individuelle Anreize animieren die Akteure bestimmte Leistungen zu erbringen, die dann mit Hilfe des Bewertungssystems bewertet werden. Das Ergebnis wirkt auf die Motivation der Akteure und veranlasst sie weiterhin mitzuarbeiten, bis die gestellte Aufgabe (zufriedenstellend) gelost wurde.

Dieses Anreizsystem[1] ist seit dem Sommersemester 2005 Teil des Software-Systems K3, das in der studentischen Hochschulausbildung kollaboratives und verteiltes Erarbeiten von konzeptuellem Wissen über heterogene Ressourcen und moderierte elektronische Kommunikationsforen ermöglicht. Das Anreizsystem wird durch eine in das System integrierte Crediting-/Rating-Komponente realisiert. Durch diese Komponente werden jede noch so kleinen Beiträge der Studierenden, z.B. ein Kommentar zu einem Eintrag in einem Kommunikationsforum oder das kommentierte Einbringen einer externen Verknüpfung, erfasst, die dann zum Einen dem Beitragenden angerechnet werden, entweder als individuelle Leistung oder als Teil der Gruppenleistung, und zum Anderen werden durch diese Aktivitäten bestimmte Kennzahlen generiert und visualisiert. Auf diese

1 K3 wird zurzeit an der Universität Konstanz am Lehrstuhl Informationswissenschaft (Prof. Kuhlen) entwickelt. Es handelt sich dabei um ein vom BMBF (DLR PT-NMB+F) im Rahmen des Programms „Innovation und Arbeitsplätze in der Informationsgesellschaft des 21. Jahrhunderts" in Bezug auf die Fachinformation gefördertes Projekt (Projektnummer: 08C5896). Unter http://www.k3forum.net sind weitere Informationen zu erhalten.

Weise erhalten die Lernenden ein permanentes Feedback, das ihnen eine ständige Kontrolle über ihre eigenen Leistungen ermöglicht. Durch den Vergleich seiner Leistungen mit denen seiner Kommilitonen erhält jeder Akteur zur jeder Zeit einen Überblick über seinen Stand in der Community. Somit wird eine dynamische und individuelle, aber auch das Gruppenverhalten berücksichtigende Evaluierung des Lernerfolgs über eine aktive Teilnahme ermöglicht [Semar 2004b].

2. *Entwicklung eines Kennzahlensystems zur Evaluation kollaborativer Gruppenarbeit*

Kollaboration ist ein komplexer Vorgang, entsprechend schwierig ist es festzustellen, wann eine Gruppe kollaborativ bzw. nur kooperativ arbeitet, oder wie effektiv diese Arbeit ist, oder was kollaboratives Arbeiten unterstützt bzw. es verhindert. Verschiedene Autoren haben unterschiedliche Merkmale erarbeitet, mit deren Hilfe man kollaborative Gruppenarbeit feststellen kann.

Das erste Merkmal ist die „Wechselbeziehung" (interdependence) in einer Gruppe [Johnson 1998]. Eine Wechselwirkung wird erreicht, wenn sich jedes Gruppenmitglied aktiv an der Diskussion beteiligt. Auf einer etwas oberflächlichen Ebene reicht dafür die einfache Teilnahme jedes Mitglieds in der Gruppe aus. Eine annähernd gleich verteilte Teilnahme der Mitglieder ist sicherlich eine notwendige aber nicht ausreichende Voraussetzung für eine erfolgreiche Wechselbeziehung. Um festzustellen, ob eine gleichverteilte Wechselbeziehung in der Gruppe vorherrscht, muss überprüft werden, ob die Mitglieder auch wirklich interagieren. Die Wechselbeziehung lässt sich somit an zwei notwendigen Eigenschaften identifizieren. Das ist zum Einen die Teilnahme (participation) an der Gruppe und zum Anderen die Interaktion (interaction), eine aktive Teilnahme, in der Gruppe. Die Teilnahme ist notwendig, da ohne sie keine wirkliche Kollaboration in der Gruppe entsteht. Kollaboration kann nur erreicht werden, wenn die Gruppenmitglieder annähernd gleich an der Gruppenarbeit teilnehmen. Bei der Interaktion handelt es sich um mehr als eine einfache Teilnahme, es geht hier um eine Aktion, im Sinne von mit jemandem agieren bzw. auf jemanden reagieren [Ingram 2003, S. 225]. Findet keine aktive, reagierende oder gar den Diskurs verändernde Interaktion statt, kann nicht von Kollaboration sondern maximal von Kooperation gesprochen werden.

Das zweite Merkmal setzt voraus, dass die Gruppe gemeinsam an einem Ziel arbeitet. Kollaboratives Arbeiten ist dabei mehr als das einfache Austauschen von Meinungen und Ideen. Das daraus resultierende Ergebnis ist eine Synthese aus der gemeinsamen Diskussion bzw. aus allen individuellen Beiträgen. Die Kombination der individuellen Beiträge führt zu einem Produkt, das mehr ist als die Summe der einzelnen Beiträge [Kaye 1992, Henri 1992]. Dieses Produkt bildet eine Synthese des gemeinsam erarbeiteten Wissens und unterscheidet sich von jenem, das jedes Gruppenmitglied allein produziert hätte.

Das dritte Merkmal ist die Unabhängigkeit der Gruppe vom Dozenten, unabhängig im Sinne von autonom. Auf der einen Seite muss die Gruppe, ohne dass sie die Hilfe des Dozenten in Anspruch genommen hat, eigenständig (independent) zur Synthese gekommen sein [Laffey 1998]. Auf der anderen Seite ist es notwendig, dass der Dozent nicht korrigierend in die Gruppenarbeit eingreifen musste. Die Gruppe muss also fähig sein, miteinander zu kollaborieren und alternative Quellen zu suchen, um selbständig zu einer Synthese zu kommen. Diese letztendlich vier Eigenschaften (Teilnahme, Interaktion, Synthese und Unabhängigkeit) können im K3-System durch bestimmte Kennzahlen ermittelt werden.

Der Begriff *Kennzahl* hat eine vielseitige Entwicklung durchlaufen, an deren Ende ein allgemein akzeptierter Kennzahlenbegriff steht [Reichmann 2001, S. 19]. Seit Mitte der 70er Jahre besteht in der Literatur eine weitgehende Einigkeit darüber, dass Kennzahlen komplexe, quantitative Sachverhalte, die Teilbereiche eines Untersuchungsbereichs betreffen, in konzentrierter Form abbilden [Schwickert 2000, S. 3]. Charakterisiert werden Kennzahlen durch ihren Informationscharakter, die Quantifizierbarkeit und ihre spezifische Form. Der Informationscharakter zeigt sich darin, dass Kennzahlen wichtige Sachverhalte und deren Zusammenhänge aufzeigen. Die Quantifizierbarkeit ist eine Eigenschaft von Variablen, die den Sachverhalt und die Zusammenhänge, messtheoretisch gesehen, auf ein metrisches Skalenniveau bringen und damit relativ präzise Aussagen ermöglichen. Die spezifische Form ermöglicht komplizierte Strukturen und Prozesse auf relativ einfache Weise darzustellen zum Zwecke eines schnellen und umfassenden Überblicks [Reichmann 2001, S.20].

Die Aussagekraft einzelner Kennzahlen ist, ohne den gedanklichen Hintergrund zu kennen, begrenzt [BIFOA 1980, S. 20], darum besteht die Gefahr einer inadäquaten Interpretation der Einzelkennzahlen. Aus diesem Grund empfiehlt sich dort, wo ergänzend qualitative Informationen notwendig sind, eine kombinierte Anwendung von quantitativen und qualitativen Informationen [Staehle 1969]. Der mangelnden Aussagekraft einzelner Kennzahlen wird durch die Kombination eines ausgewählten Satzes von Kennzahlen entgegengewirkt. Dabei ist es sinnvoll, mehrere, sachlich zusammenhängende Kennzahlen zu einem Kennzahlensystem zu verbinden, das die Beziehungen und gegenseitigen Wirkungen der einzelnen Kennzahlen darlegt. Die Beziehungen zwischen den Kennzahlen eines Systems basieren entweder auf einem mathematischen oder einem sachlogischen Zusammenhang [Meyer 1994]. Allgemein wird unter einem Kennzahlensystem „eine Zusammenstellung von quantitativen Variablen verstanden, wobei die einzelnen Kennzahlen in einer sachlich sinnvollen Beziehung zueinander stehen, einander ergänzen oder erklären und insgesamt auf ein gemeinsames übergeordnetes Ziel ausgerichtet sind" [Reichmann 2001, S. 23].

2.1 K3-Kennzahlensystem zur Messung von kollaborativer Gruppenarbeit

Kuhlen beschreibt 1998 erstmalig unterschiedliche Aktivitätsgrade, die er zur Messung der Informations- und Kommunikationsbereitschaft in elektronischen Kommunikationsforen benutzt [Kuhlen 1998, S. 50 f]. Aufbauend auf dieser Grundlage wollen wir hier weitere Kenngrößen erarbeiten, die in K3 als Messgrößen eingesetzt werden. Dabei gilt es zu beachten, dass zu viele Kennzahlen, vor allem in unbearbeiteter Form, zu einer Überversorgung des Informationsempfängers führen. Zur bedarfsgerechten Informationsversorgung werden die Kennzahlen daher in einem Kennzahlensystem verdichtet. In einem weiteren Schritt werden diese Maßzahlen mit Hilfe angemessener Visualisierungsformen dargestellt.

Zum Aufbau eines (Anreiz-, Motivations-)Kennzahlensystems in K3 ist ein hierarchisches System nicht geeignet, da die Messgrößen aus dem K3-System nur teilweise in einem mathematischen Zusammenhang stehen. Sinnvoller erscheint eine Gliederung der beobachtbaren Messgrößen nach sachlichen Kriterien [Hummel 1998, S. 555]. In

Anlehnung an das von Grob et al. [Grob 2004, S. 50 f.] vorgestellte grundlegende Kennzahlensystem für Learning Management Systeme (LMS), können in K3 die Messgrößen *Bestands-*, *Verhältnis-* und *Zeitraumgrößen* unterschieden werden, die auf vier verschiedenen Ebenen, der *System-*, *Kurs-*, *Gruppen- und Individualebene* erfasst werden.

Bestandsgrößen werden aus den beobachtbaren Messgrößen, etwa die Anzahl der Teilnehmer und Beiträge, als absolute Zahlen in Form von Einzel- oder Summenkennzahlen gebildet. Durch die Kombination absoluter Zahlen entstehen *Verhältnisgrößen*, sie können in Form von prozentualen Anteilswerten oder Indexzahlen abgebildet werden [Schwickert 2000, S. 8]. *Zeitraumgrößen* werden aus der Beobachtung des Nutzungsverhaltens über einen längeren Zeitraum abgeleitet. Mit Hilfe der Zeitreihenanalyse können Veränderungen einer Kennzahl über einen Zeitraum untersucht werden.

Das didaktische Konzept in K3 basiert auf einer kollaborativen Gruppenarbeit. Eine Gruppe bekommt vom Dozenten in einem Kurs (*Kursebene*) einen Arbeitsauftrag gestellt, den sie dann durch eigene Wissensarbeit erfüllen muss (*Gruppenebene*). Die einzelnen Gruppenmitglieder (*Individualebene*) müssen sich zunächst unterschiedliche *Rollen* (Präsentator, Rechercheur, Moderator und Summarizer) zuweisen, die sie dann während eines Arbeitsauftrages inne haben. Der Aushandlungsvorgang wird der Gruppe selbst überlassen. Die Diskussion bzw. die einzelnen Beiträge zu diesem Aushandlungsvorgang müssen von den Studenten als Beitrag vom Typ „Organisationelles" gekennzeichnet werden. Dies geschieht durch das Auswählen eines entsprechenden Auszeichnungsfeldes im K3-System. Zusätzlich zu der jeweiligen Rolle soll jedes Gruppenmitglied aktiv an der Diskussion zum Arbeitsauftrag mitwirken, um so die kollaborative Wissensarbeit zu gewährleisten, auch hierbei muss jeder einzelne Beitrag entsprechend seinem Typ gekennzeichnet werden. In K3 stehen folgende Beitragstypen zur Auswahl: Resultat (Präsentation, Zusammenfassung), Ergänzung, Organisationelles, Neues Thema, These, Frage, Kritik. Jeder einzelne Beitrag erhält somit ein spezielles Merkmal, je nachdem, um welchen Typ von Beitrag es sich handelt und wer ihn verfasst hat.

In diesem Paper beschränken wir uns auf die Beschreibung der Kennzahlen auf der Gruppen- und Individualebene, die zur Feststellung des „Grades der Kollaboration einer Gruppe" dienen. Da der Übergang von kooperativem zu kollaborativem Arbeiten fließend ist, ist es nicht einfach mit Hilfe einer einzigen Kenngröße auf die Arbeitsweise einer Gruppe schließen zu können. Der hier entwickelte Gruppenkollaborationsgrad, darf aus diesem Grund nicht isoliert, sondern immer im Zusammenhang mit anderen Kenngrößen betrachtet werden.

Auf der Gruppen- und Individualebene handelt sich neben einigen organisatorischen hauptsächlich um didaktische Kennzahlen. Gerade die didaktischen Größen können als Anreize zur Motivationssteigerung angesehen werden, aus diesem Grund ist es hier besonders wichtig diese Kennzahlen ins Verhältnis zu den anderen Gruppen und deren Mitglieder zu setzen, da sich so jede Gruppe ein Bild über ihre Position im Verhältnis zu den anderen Gruppen machen kann. Aber auch die zeitliche Veränderung dieser Größen ist für die Gruppe und deren Akteure wichtig, dadurch kann ihnen ihre eigene Entwicklung aufgezeigt werden. Gerade die Messgrößen auf der Gruppenebene bilden die eigentlich interessantesten Kenngrößen, denn auf dieser Ebene beschäftigten wir uns mit dem eigentlichen kollaborativen Wissensmanagement. Die Kollaboration in der Gruppe lässt sich, wie oben gezeigt, an den vier Merkmalen Teilnahme, Interaktion, Synthese und

Unabhängigkeit feststellen. Wir ermitteln für eine Gruppe jedes dieser Merkmale und setzen diese Einzelgrößen zum *„Grad der Kollaboration einer Gruppe (Gruppenkollaborationsgrad)"* zusammen.

Die Synthese lässt sich nur durch eine kognitive Leistung überprüfen. In K3 wird dieses Problem durch die Mitglieder der Gruppe selbst gelöst. Bevor die Zusammenfassung der kollaborativen Wissensarbeit als Synthese veröffentlicht wird, müssen alle Gruppenmitglieder mit Hilfe eines in K3 realisierten Abstimmungstools ihr Einverständnis geben bzw. eine Bewertung der Synthese durchführen. Jedes Gruppenmitglied muss seine Wissensarbeit in der Synthese wieder finden. Fehlen Teile seiner Arbeit oder wurden sie falsch dargestellt, muss die Zusammenfassung entweder erneut bearbeitet werden, oder sie bekommt eine entsprechend schlechte Bewertung. Sind alle Gruppenmitglieder mit der Zusammenfassung einverstanden und findet jedes Gruppenmitglied sich mit seiner Wissensarbeit in der Synthese wieder, so ist der *„Grad der Synthese einer Gruppe (Synthesegrad SG_g)"* gleich 1. Strebt der Synthesegrad gegen 0, so kann nicht mehr von kollaborativer Gruppenarbeit gesprochen werden.

Das Merkmal Unabhängigkeit beschreibt das Vermögen (Fähigkeit) einer Gruppe autonom bzw. ohne die Hilfe des Dozenten zum Ergebnis gekommen zu sein. Um dies festzustellen wird untersucht, wie stark der Dozent auf die Teilnahme, auf die Interaktion und auf den Inhalt der Diskussion Einfluss genommen hat. Eine Diskussion, in der nur wenig oder überhaupt keine Diskussionsthreads ohne die korrigierende Einflussnahme des Dozenten vorhanden sind, ist nicht unabhängig und kann darum nicht als kollaborativ angesehen werden. Die Unabhängigkeit einer Gruppe lässt sich ermitteln, indem gemessen wird, wie oft ein Dozent korrigierend in die Gruppenarbeit eingreifen musste, bzw. die Gruppe den Dozenten um Hilfe gebeten hatte. Damit das System die korrigierenden von den lobenden Dozentenbeiträgen unterscheiden kann, muss der Dozent seine Kommentare mit dem Typus „Kritik" kennzeichnen. Vom System wird die Anzahl der korrigierenden Dozentenbeiträge festgestellt sowie die Anzahl aller Beiträge in der Gruppe (Studenten- plus korrigierende Dozentenbeiträge). Der *„Grad der Unabhängigkeit einer Gruppe (Unabhängigkeitsgrad UG_g)"* wird definiert als *1 – (Anzahl der korrigierenden Dozentenbeiträge / Anzahl aller Beiträge in der Gruppe)*. Geht dieser Wert gegen 0, so herrscht in der Gruppe keine Unabhängigkeit; geht er gegen 1, so ist eine ausgeprägte Unabhängigkeit vorhanden.

Eine funktionierende Interaktion erfordert zunächst einen Beitrag und einen nachfolgenden, sich auf den Beitrag beziehenden Kommentar. Isoliert stehende Beiträge sind unabhängige Beiträge, die sich nicht auf einen früheren Beitrag beziehen. Sie gehören nicht zu einem Diskussionsstrang, sie antworten nicht auf einen Kommentar noch haben sie einen Kommentar hervorgerufen. Isolierte Beiträge in K3 sind Kommentare, die noch kein Feedback bekommen haben, oder eine Frage ohne eine Antwort oder ein Thread mit nur einem Beitrag. Kollaborative Gruppenarbeit ist mehr als der Austausch von Wissen in Form von unabhängigen Beiträgen [Ingram 2003, S. 228]. Eine hohe Anzahl an isolierten Beiträgen zeichnet vielleicht kooperative Gruppenarbeit aus, jedoch nicht kollaborative. Isolierte Kommentare stellen keine Interaktion in unserem Sinne dar. Interaktion benötigt zumindest einen Kommentar und eine Reaktion auf diesen. Eine Reaktion muss sich inhaltlich also auf einen früheren Beitrag beziehen, tut sie das nicht, ist sie keine Reaktion sondern ein isolierter Beitrag. Der Diskussionsstrang A-B-C-A beschreibt, dass drei unterschiedliche Mitglieder nacheinander einen Kommentar abgegeben haben, B und C sind eine Reaktion auf A, der letzte Kommentar wurde wieder von A abgegeben und stellt auch eine Reaktion dar. Der *„Grad der Interaktion eine Gruppe (Interaktionsgrad)“* wird definiert als *1 – (Anzahl der isolierten Beiträge / Anzahl studentischer Beiträge)*. Geht dieser Wert gegen 1, so herrscht in der Gruppe keine Interaktion, geht er gegen 0, so ist eine ausgeprägte Interaktion vorhanden.

Eine aktive Teilnahme an der Gruppenarbeit ist die notwendige Voraussetzung zur Interaktion. Ohne eine aktive Teilnahme der Gruppenmitglieder kann weder von einer Kooperation noch von einer Kollaboration gesprochen werden. Aus diesem Grund wird für jedes einzelne Mitglied ermittelt, wie hoch sein Teilnahmegrad in der Gruppe ist. Das Merkmal Teilnahme (Participation) bestimmen wir auf der Individualebene für jedes einzelne Gruppenmitglied, in dem die *„Anzahl der Beiträge des Mitglieds $_m$“* errechnet werden. Der Quotient aus der „Anzahl der Beiträge des Mitglieds m“ und der „Anzahl studentische Beiträge“, die in dieser Gruppe gemacht wurden, ergibt dann den *„Grad der Teilnahme des Mitglieds $_m$ in der Gruppe $_g$ (Teilnahmegrad T_mG_g)“*. Strebt der Wert gegen 0, so hat dieses Mitglied nichts zur Gruppenarbeit beigetragen, strebt der Wert gegen 1, so stammen alle Beiträge von diesem Mitglied und die anderen Gruppenmitglieder haben keine Beiträge geleistet. Auf der Gruppenebene vergleichen wir dieses Maß und führen die Mitarbeitsgrade jedes Gruppenmitglieds zur einer Maßzahl zusammen, die uns den *„Grad der Teilnahme der Gruppe (Gruppenteilnahmegrad TG_g)“* angibt. In einer kollaborativ arbeitenden Gruppe müsste jedes Gruppenmitglied gleich viel teilgenommen (Beiträge geleistet) haben. In einer Gruppe von vier Mitgliedern wäre der Teilnahmegrad T_mG_g gleich 0,25 (σ 4; Standardwert für eine Vierergruppe) für jedes Mitglied. Hat ein Mitglied den Grad 0, so hat dieses nicht in der Gruppe mitgearbeitet. Angenommen, die restlichen drei Mitglieder haben wieder gleich viel mitgearbeitet, so erhalten sie jeweils einen „Teilnahmegrad“ von 0,33 (σ 3; Standardwert einer Dreiergruppe). Die Abweichung vom Standardwert 0,25 gibt somit Auskunft über den unterschiedlichen Teilnahmegrad. Um eine einzige Kennzahl für die ganze Gruppe zu erhalten summieren wir alle Abweichungen auf.

$$TG_g := \Sigma^{I}{}_{m=1} \left| T_m G_g - \sigma_I \right|$$

T_mG_g	= Anzahl der Beiträge des Mitglieds m / Anzahl studentische Beiträge in der Gruppe g
I	= Anzahl der Gruppenmitglieder der Gruppe g
σ_I	= Standardwert einer Gruppe mit I Mitgliedern

Der Wert dieser Summe wird 0, wenn die Gruppenmitglieder gleichverteilt teilgenommen haben, je stärker der Wert abweicht, um so geringer war die Gleichverteilung der Teilnehmer in der Gruppe. Diese Art der Berechnung hat allerdings einen Nachteil. Der Standardwert ist abhängig von der Gruppengröße, daraus resultierend erhalten wir einen Grenzwert für TG_g vom Wert 2, und nicht, wie wir haben möchten, vom Wert 1. Wir müssen deshalb auf ein anderes mathematisches Verfahren zurückgreifen. Die mathematische Funktion der Entropie behebt dieses Problem, sie überführt eine Messreihe in die Werte von 0 bis ln(I). Wenn wir diese Entropie noch zusätzlich durch ln(I) „normalisieren“, erhalten wir einen Wertebereich von 0 bis 1 und wir können zusätzlich Gruppen unterschiedlicher Größe miteinander vergleichen.

$$hn\,g = -\Sigma^{I}_{i=1} T_m G_g \ln(T_m G_g) / \ln(I) \quad \text{mit} \quad 0 \leq hn(g) \leq 1$$

hn(g) = normalisierte Entropie der Gruppe g

Wir definieren somit den „*Grad der Teilnahme der Gruppe (Gruppenteilnahmegrad TG_g)*" als die normalisierte Entropie hn(g) der Gruppe g. Strebt dieser Wert gegen 1, haben alle Gruppenteilnehmer gleichverteilt teilgenommen, strebt der Wert gegen 0, liegt eine Ungleichverteilung der Teilnahme vor.

Der „*Grad der Kollaboration einer Gruppe (Gruppenkollaborationsgrad GKG_g)*" ergibt sich aus dem Zusammenfügen der einzelnen Grade „Synthesegrad SG_g", „Unabgängigkeitsgrad UG_g", „Interaktionsgrad IG_g" und dem „Teilnahmegrad TG_g" zu einem Vektor. Wir erhalten somit ein Quadrupel, das den Grad der Kollaboration einer Gruppe beschreibt.

Gruppenkollaborationsgrad GKG_g	Ideal	Wertebereich
Synthesegrad SG_g	1	0 bis 1
Unabhängigkeitsgrad UG_g	1	0 bis 1
Interaktionsgrad IG_g	1	0 bis 1
Teilnahmegradgrad TG_g	1	0 bis 1

Tabelle 1: Abbildung des Quadrupel „Gruppenkollaborationsgrad"

Um eine bessere Darstellung der Werte zu erhalten, kann der Vektor bzw. die vier Grade auch visualisiert werden. In diesem Falle bietet sich eine Visualisierung mit Hilfe eines Spinnennetzdiagramms (Netzdiagramms) an, mit diesem Diagramm lassen sich quantitative Bewertungen und Einschätzungen auf einfache Weise darstellen. Ein Netzdiagramm ist eine Art Liniendiagramm, bei dem jede Kategorie ihre eigene Größenachse besitzt und jede Datenreihe wird über Linien verbunden. Aussagekräftig ist bei diesem Diagramm das eingeschlossene Gebiet im Vergleich zu anderen Datenreihen. Da die Grade unabhängig voneinander sind, ist die Reihenfolge der Achsen bzw. deren Benennung frei wählbar. Aus Gründen der Übersichtlichkeit sollte jedoch eine einmal eingeführte Reihenfolge stets beibehalten bleiben.

Beim Vergleich der Gruppen untereinander lässt sich der „*Gruppenkollaborationsgrad GKG_g*" wohl am sinnvollsten ins Verhältnis zueinander setzen bzw. miteinander vergleichen. Dadurch erhalten die Gruppenmitglieder und der Dozent einen Überblick über den unterschiedlichen Kollaborationsgrad der einzelnen Gruppen. In einer Zeitreihenanalyse kann aufgezeigt werden, wie sich der Gruppenkollaborationsgrad in einer Gruppe und im Verhältnis zu den anderen Gruppen eines Kurses während der Dauer eines Arbeitsauftrages verändert hat.

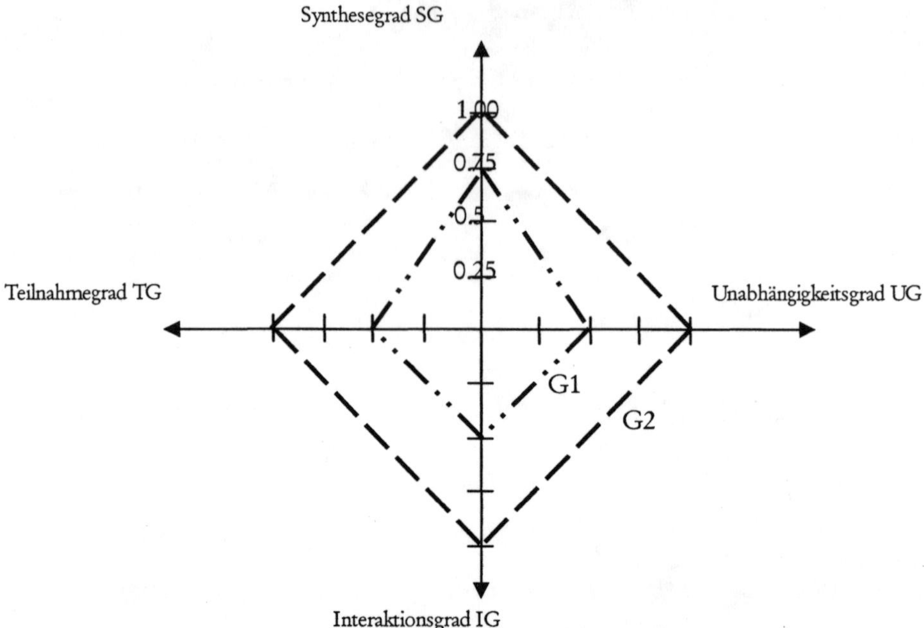

Abbildung 5: Visualisierung des Gruppenkollaborationsgrades einer Gruppe. Vergleich von 2 Gruppen: G1 (0,75/0,5/0,5/0,5) und G2 (1/1/1/1)

3. *Zusammenfassung*

Das hier skizzierte Kennzahlensystem liefert zunächst einen Überblick über einige zentrale Messgrößen, die zur didaktischen, organisatorischen, technischen und motivationalen Steuerung in K3 eingesetzt werden. Bereits bei der Entwicklung der K3-Software wurde darauf geachtet, dass noch weitere Kennzahlen außer den hier vorgestellten „gemessen" werden können. Es ist zu überlegen in wie weit noch Messgrößen auf der Individualebene entwickelt werden müssen, um noch mehr über das Verhalten der einzelnen Teilnehmer zu erfahren. Denkbar wären Größen wie z.B.: Wer hat in welcher Zeit auf einen Beitrag reagiert (schnellster, langsamster)? Oder das Bestimmen der Anzahl der Reaktionen auf einen Beitrag. Oder die Anzahl der durchschnittlichen Häufigkeit der Reaktionen auf einen eingegebenen Beitrag. Dies könnte ein Indiz dafür sein, dass es sich bei diesem Beitrag um ein entscheidendes Dokument handelt. Ein noch zu lösendes Problem stellt die Visualisierung der vom System erhobenen Kennzahlen dar. Welche Visualisierungsformen sind sinnvoll, überwiegend grafische Darstellungen oder doch eher eine Darstellung der Kennzahlen in tabellarischer Form? Darüber hinaus stellt sich die Frage, wann soll wer welche Kennzahlen präsentiert bekommen? Mit dem bisherigen System wurde ein Grundstock geschaffen, der sukzessive ausgebaut werden muss. Eine erste Evaluation des K3-Konzepts hat gezeigt, dass die permanente Ermittlung und Veröffentlichung der Messgrößen durchaus eine positive Wirkung auf die Mitarbeit und die Motivation der Akteure hat.

Literatur:

Arnold 2003: Arnold, Patricia: Kooperatives Lernen im Internet. Münster: Waxmann, 2003.

BIFOA 1880: Betriebswirtschaftliches Institut fuer Organisation und Automation: Kennzahlenbuch der Materialwirtschaft. Arbeitspapier 80-3. Köln: Universität Köln/BIFOA, 1980.

Grob 2004: Grob, Heinz Lothar; Bensberg, Frank; Dewanto, Lofi; Düppe, Ingo. Controlling von Learning Management-Systemen - ein kennzahorientierter Ansatz. In: Cartsensen, Doris; Barrios, Beate (Hg.): Campus 2004. Kommen die digitalen Medien an der Hochschule in die Jahre? Münster: Waxmann, 2004, S. 46 – 56.

Henri 1992: Henri, France.: Computer conferencing and contend analysis. In: Kaye, Anthony R. (Hg.): Collaborative Learning Through Computer Conferencing. The Najaden Papers; [proceedings of the NATO Advanced Workshop on Collaborative Learning and Computer Conferencing, held in Copenhagen, Denmark, July 29 - August 3, 1991]. Berlin: Springer, 1992, S. 117 – 136.

Hummel 2003: Hummel, Thomas: Quellen und Elemente von Informationssystemen des Controlling. In: Steinle, Claus; Bruch, Heike (Hg.): Controlling - Kompendium für Ausbildung und Praxis. Stuttgart: Schäffer Poeschel, 2003.

Ingram 2003: Ingram, Albert L.; Hathorn, Lesley G.: Methodes for Analysing Collaboration in Online Communications. In: Roberts, Tim S. (Hg.): Online Collaborative Learning: Theory ond Praxice. Information Science Publishing: Hershey, 2003, S. 215 – 241.

Johnson 1998: Johnson, David W.; Johnson, Roger T; Smith, Karl A: Cooperative learning returns to college. In: Change, 30 (4), 26 – 35.

Kaye 1992: Kaye, Anthony R.: Learning together apart. In: Kaye, Anthony R. (Hg.): Collaborative Learning Through Computer Conferencing. The Najaden Papers; [proceedings of the NATO Advanced Workshop on Collaborative Learning and Computer Conferencing, held in Copenhagen, Denmark, July 29 - August 3, 1991]. Berlin: Springer, 1992, S. 1 – 24.

Kuhlen 1998: Kuhlen, Rainer: Mondlandung des Internet. Konstanz: UVK, 1998.

Laffrey 1998: Laffrey, J.; Tupper, T.; Musser, D.; Wedman, J.: A computer-mediated support system for projekt-based learning. Educational Technology Resaerch and Development, 46 (1), 73 – 68.

Mandl 2000: Mandl, Heinz; Fischer, Frank: Lernen und Lehren mit neuen Medien. Forschungsbericht Nr. 25, Juli 2000. München: Ludwig-Maximilians-Universität, Lehrstuhl für Empirische Pädagogik und Pädagogische Psychologie. München, 2000.

Meyer 1994: Meyer, Claus: Betriebswirtschaftliche Kennzahlen und Kennzahlensysteme. Stuttgart: Poeschel, 1994.

Reichmann 2001: Reichmann, Thomas: Controlling mit Kennzahlen und Managementberichten. München: Vahlen, 2001.

Schanz 1991: Schanz, Günther: Motivationale Grundlagen der Gestaltung von Anreizsystemen. In: Schanz, Günther (Hg.): Handbuch Anreizsysteme in Wirtschaft und Verwaltung. Stuttgart: Poeschel, 1991, S. 3 - 30

Schwickert 2000: Schwickert, Axel C.; Wendt, Peter: Controlling-Kennzahlen für Web Sites. In: Arbeitspapiere WI, Nr. 8/2000, (Hg): Lehrstuhl für Allg. BWL und Wirtschaftsinformatik, Johannes Gutenberg-Universität: Mainz, 2000.

Semar 2004a: Semar, Wolfgang: Entwicklung eines Anreizsystems zur Unterstützung kollaborativ verteilter Formen der Aneignung und Produktion von Wissen in der Ausbildung. In: Carstensen, Doris; Barrios, Beate (Hg.): Campus 2004. Kommen die digitalen Medien an den Hochschulen in die Jahre? Medien in der Wissenschaft, Band 29. Münster: Waxmann, 2004. S 255 – 264.

Semar 2004b: Semar, Wolfgang: Incentive Systems in Knowledge Management to Support Cooperative Distributed Forms of Creating and Acquiring Knowledge. In: Arabnia, Hamid et al. (Hg.): Proceedings of the International Conference on Information and Knowledge Engineering - IKE'04. Las Vegas: CSREA Press, 2004, S. 406 – 411.

Staehle 1969: Staehle, Wolfgang H.: Kennzahlen und Kennzahlensysteme als Mittel der Organisation und Führung von Unternehmen. Wiesbaden: Gabler, 1969.

4. Informationsverwertung

Mobiler Wissenszugang: Digital Rights Management vs. Privacy

Karsten Weber & Ricarda Drüeke & Axel Schulz
Lehrstuhl für Philosophische Grundlagen kulturwissenschaftlicher Analyse, Europa Universität Viadrina, Frankfurt (Oder)

Zusammenfassung

Zurzeit findet auf dem Musik- und Filmmarkt eine Auseinandersetzung statt, die mit harten Bandagen ausgefochten wird: Auf der einen Seite finden sich die großen Musik- und Filmverlegerinnen, auf der anderen Nutzerinnen[1] von illegalen Tauschbörsen im Internet. Es geht dabei um viel Geld, da die Nutzerinnen von Tauschbörsen die heruntergeladenen Musikstücke und Filme nicht bezahlen, sondern untereinander tauschen; den Rechteinhaberinnen entgehen daher erhebliche Umsätze und Gewinne. Um dies zu verhindern, stehen im Wesentlichen zwei Wege offen: Zum einen kann der Rechtsweg beschritten werden, in dem die Nutzerinnen illegaler Tauschbörsen straf- und zivilrechtlich verfolgt werden – tatsächlich geschieht dies bereits massiv. Zum anderen aber kann versucht werden, die illegale Vervielfältigung von Musik oder Filmen durch so genannte Digital Rights Management-Systeme (DRMS) zu unterbinden. Einfache DRM-Systeme unterbinden nur die Kopie eines Musikstücks oder Films; komplexere Systeme sollen erlauben, bspw. die Nutzungsweise, den Nutzungsort bzw. das Gerät der Nutzung oder auch die Nutzungsdauer entsprechend den Vorgaben der Rechteinhaberinnen zu gestalten (Bechtold 2002: 33ff.; Grassmuck 2002: 10; Haug, Weber 2002: 23f.; Kretschmer, Klimis, Wallis 2001: 42; McCourt, Burkart 2003: 342).[2]

Solche Kontrollmöglichkeiten können durchaus damit einhergehen, dass in die Privatsphäre der Benutzerinnen eingegriffen wird, indem Nutzungs- und Benutzerdaten aufgezeichnet und ausgewertet werden. Dies gilt dabei nicht nur für Musik und Filme, sondern für alle medialen Inhalte, die digital distribuiert und somit mit DRM-Systemen geschützt werden können. Daher stellt sich die Frage nach der Legitimität des Einsatzes entsprechender Systeme nicht nur für den Unterhaltungssektor – hier eben vor allem für Musik und Filme –, sondern ebenso für den wissenschaftlichen Bereich, bspw. beim Zugriff auf Artikel in Fachzeitschriften. Die Frage „Sollte Wissen durch DRM-Systeme geschützt werden?" lässt sich nun nicht a priori beantworten. Entscheidend für eine Antwort ist, welche Hierarchie man für zu schützende Rechte einführt. Denn der oben

---

1 Wir haben uns in diesem Text entschieden, jeweils die weibliche Form zu nutzen. Natürlich ist das gesamte Kontinuum möglicher oder tatsächlicher Geschlechter adressiert.

2 Im Zuge aufwändigerer DRM-Verfahren ist es denkbar, eine bestimmte Anzahl an Kopien zuzulassen, das Abspielen der Stücke nur auf bestimmten Geräten zu erlauben, die Zahl des Abspielens selbst zu limitieren, eine Qualitätsverschlechterung nach einer bestimmten Zahl des Abspielens herbeizuführen oder auch das Abspielen nach einer bestimmten Zeit nach dem Kauf ganz zu verhindern. Bei interaktiven DRM-Systemen mit Rückkanal zu Anbieterinnen oder Rechteinhaberinnen ist vorstellbar, dass diese in der Lage sind, die Nutzung entsprechend geschützter Inhalte zu protokollieren, zu überwachen und bei mobilen Systemen auch zu lokalisieren (zu Lokalisierungstechniken mobiler Endgeräte siehe bspw. Lehner 2003: 100ff.; Röttger-Gerigk 2002; Turowski, Pousttchi 2004: 73ff.; zu potentiellen Schutzmaßnahmen siehe bspw. Leonhardt, Magee 1998).

skizzierte Konflikt ist unter anderem ein Konflikt zwischen verschiedenen moralischen Rechten: Auf der einen Seite steht in erster Linie das Eigentumsrecht der Rechteinhaberinnen von Wissen und Informationen - dies soll durch DRM-Systeme geschützt werden. Auf der anderen Seite steht die Privatsphäre der Nutzerinnen, die durch Datenschutz-maßnahmen gewahrt werden soll; dies würde jedoch den Einsatz von DRM-Systemen deutlich limitieren.

Der hier vorgeschlagene Beitrag wird zunächst das gerade skizzierte Problemfeld darstellen und mögliche Lösungen skizzieren. Dies wird zweistufig geschehen, da man unterscheiden sollte, ob der Zugriff auf Informationen stationär oder mobil erfolgt - im zweiten Fall werden nämlich eine Reihe von neuen Fragen virulent, was vor allem daraus resultiert, dass bei einem mobilen Zugriff Kontextinformationen der Nutzung entstehen und ausgewertet werden können. Nach der eher theoretisch geführten Diskussion soll anhand eines Beispiels, das zwar konstruiert, aber doch realistisch ist, die Konfliktfelder und möglichen Ansatzpunkte für Lösungen genauer dargestellt werden. Zum Schluss wird kurz auf verschiedene laufende Forschungsprojekte verwiesen, um auf diese Weise deutlich zu machen, dass die hier skizzierten Fragen vielfältige Bereiche der Nutzung von Informations- und Kommunikationstechnologie betreffen.

1. Vorbemerkungen: Der Zusammenhang zur Wissensorganisation

Üblicherweise werden Fragen, wie sie gerade skizziert wurden, in Debatten der Ethik oder politischen Philosophie diskutiert, oft auch in den Politik-, Rechts- und Wirtschaftswissenschaften. Der Zusammenhang zur Wissensorganisation hingegen scheint nicht unmittelbar ersichtlich, existiert aber nichtsdestotrotz, bspw. über die Institution der Bibliothek als Ort von Wissensorganisation (Johnson 2000: 509):

> „It is inevitable that privacy issues again become a topic of discussion within the library community with the current preoccupation with information privacy matters rising from the mass popularity of the World Wide Web and the proliferation of e-commerce."

Beschäftigt man sich mit Wissensorganisation, also mit der Indexierung, Klassifizierung und effektiven Bereitstellung von Informationsbeständen, so stellt sich bspw. auch die Frage, wie diese Bereitstellung vonstatten gehen soll, wer auf Informationen unter welchen Umständen zugreifen können und dürfen soll, welche Informationen überhaupt gespeichert werden sollen, wie und warum verschiedene Informationsbestände verknüpft werden sollen, oder auch welche Daten gesammelt und gespeichert werden sollen, um Informationsbestände effektiv und effizient verwalten zu können. Wenn eine Bibliothek zur sicheren Kennzeichnung ihre Bestandes RFIDs[3] einführt, so zieht dies ohne Zweifel einen erheblichen Nutzen für die Organisation des Bibliotheksbetriebs mit sich. Aber gleichzeitig sind Kontrollmöglichkeiten der Nutzerinnen denkbar, die es ohne die

3 RFID = Radio Frequency Identification. Kleine Funkempfänger ohne eigene Energieversorgung, die bspw. als Klebeetiketten o. Ä. praktisch überall angebracht werden können, werden durch elektromagnetische Impulse angeregt und senden dadurch selbst Daten an einen Empfänger. RFIDs sollen vor allem im Bereich der Identifizierung von Konsumgütern oder zur Identifikation von Inventaren und Beständen - bspw. in Archiven oder Bibliotheken - verwendet werden, aber auch die Ortung von entsprechend markierten Personen ist denkbar (siehe bspw. Finkenzeller 2002, Mattern 2005: 17f.).

Verwendung von RFIDs so nicht gab. In diesem Fall muss also eine Abwägung stattfinden, welche Ziele vorzugswürdig sind und welche nicht. Ähnliches gilt, wenn der Zugriff auf die großen Informationsbestände, die im Internet vorgehalten werden, durch mobile Technik realisiert wird. Es mag sein, dass dies bspw. hilft, Ressourcenprobleme zu lösen, die Nutzung von Informationsbeständen zu intensivieren oder allgemeine Zugänglichkeit zu erhöhen. Gleichzeitig aber werden durch den mobilen Zugriff auf Informationen andere Informationen über diesen Zugriff erzeugt, die zum einen wiederum einer Wissensorganisation unterzogen werden können, aber zum zweiten vor allem neue Fragen aufwerfen, die in die ethische Sphäre gehören.

2. *Der Aufbruch in die mobile Welt*

Die zunehmende Mobilität verändert die Nutzung von Informations- und Kommunikationstechnologien, da diese nicht mehr nur stationär erfolgt. Möglichkeiten, an verschiedenen Orten mit verschiedenen Geräten ins Internet zu gehen, wachsen. Mobile Zugriffe auf Daten durch Technologien wie Wireless LAN[4], UMTS[5] oder GPRS[6] lassen z. B. das Internet von jedem Ort aus nutzbar werden. Dienstleistungen oder Informationen können so unabhängig vom Aufenthaltsort und der Tageszeit in Anspruch genommen werden, mit der Folge, dass durch den Zugriff an sich große Datenmengen produziert und zwischen einer Vielzahl von Geräten ausgetauscht werden. Der Zugriff auf Informationen, die mobil genutzt werden (Internetzugang, Verkehrsinformationen, Datenbankzugriffe, Musik, Filme, etc.), liefert unweigerlich kontextbezogene Informationen über die jeweilige Nutzerin und Nutzung, da nicht nur Daten produziert werden, die mit dem jeweiligen Produkt unmittelbar zusammenhängen, sondern auch Daten, die den Kontext der Inanspruchnahme beschreiben. So können neben der Identität der betroffenen Person, der Inhalt, die jeweilige Aktion und der Ort festgestellt und darauf aufbauend Bewegungs- sowie Konsumprofile erstellt werden. Die Summe derjenigen Daten, die eine Verbindung zur Nutzerin herstellen, steigt also in einer mobilen Welt kontinuierlich an. In diesen Kontext gehört auch die Debatte über Digital Rights Management (DRM) vs. Privacy (bzw. Intellectual Property Rights vs. Privacy), denn bei der Nutzung der entsprechenden Systeme werden durch die Bezahlung für Inhalt und Service Informationen produziert, um so orts-, zeit- und nutzungsabhängige Kostenabrechnungen durchführen oder Nutzungseinschränkungen bestimmen zu können. Die Möglichkeiten der Kontrolle mit Hilfe von DRM-Systemen, so z. B. eine Rückmeldung über die Aktivitäten der Nutzerinnen an die Rechteinhaberinnen (vgl. Cohen 2003: 48), werden durch die mobile Nutzung verstärkt.

---

4 Wireless LAN = Wireless Local Area Network. WLANs stellen dieselben Kommunikationsmöglichkeiten wie leitungsgebundene lokale Netzwerke zur Verfügung, allerdings werden die Daten kabellos über Funk übermittelt; Ressourcen (z. B. Drucker) können so, ohne physisch miteinander verbunden zu sein, geteilt werden (siehe bspw. Lehner 2003: 120ff.; Turowski, Pousttchi 2004: 49ff.). Zurzeit werden verschiedene WLAN-Technologien verwendet, vor allem Bluetooth und IEEE-802.11.

5 UMTS = *Universal Mobile Telecommunication System* UMTS stellt eine Weiterentwicklung der GSM-Mobilfunktechnik (siehe Miceli 2003: 93ff.; Turowski, Pousttchi 2004: 21ff.) dar, die zurzeit die Basis der meisten Mobiltelefone bildet. Während GSM nur geringe Datenraten zulässt, bietet UMTS bis zu 2 MBit/s (siehe bspw. Lehner 2003: 65ff.; Turowski, Pousttchi 2004: 36ff.).

6 GPRS = *General Packet Radio Service*. Paketorientierte Funktechnologie, die in Geräten der GSM-Mobilfunktechnik zur schnellen Übertragung von Daten genutzt wird, bspw. für den mobilen Zugang zum Internet, zur Abfrage von E-Mails u. Ä. (siehe bspw. Miceli 2003: 109ff.).

Aufgrund dieser neuen Möglichkeiten steigt der Bedarf und gleichzeitig auch der Aufwand, die Weitergabe und Verteilung von Informationen vor dem Zugriff Dritter zu schützen – die Kontrolle des Individuums über die eigenen informationstechnischen Daten wird gleichzeitig aber immer geringer. So kann die gerade skizzierte Technologie dazu verwendet werden, Daten über Personen zu sammeln, über deren Verwendungszweck das Individuum keine Kontrolle mehr hat (vgl. Tavani 1999). Die Undurchschaubarkeit der Technik führt dazu, dass der Schutz gegen Missbrauch für Endverbraucherinnen immer schwieriger wird. Das (soziale) Umfeld, in dem sich die Mobilität der Nutzung abspielt, kann kaum noch von dem betroffenen Individuum kontrolliert werden; die möglichen Auswirkungen der zunehmenden Mobilisierung und Technologisierung sind vielfältig. Mit der Nutzung von mobilen Endgeräten bzw. der zunehmenden Durchdringung gesellschaftlicher Systeme mit mobiler Informationstechnologie können Individuen auf verschiedene Arten entprivatisiert werden: Mit ihrem Einverständnis und ihrem Willen, mit ihrem Wissen, aber ohne ihr Einverständnis sowie im Extremfall gegen ihren Willen und ihr Wissen. Auf der anderen Seite könnten einzelne Personen nun aber auch gewillt sein, um anderer Güter willen ihre Privatsphäre zu „verhandeln" (Rössler 2001: 218; vgl. Goldman 1999). Diese mögliche Auswirkung setzt ein Verständnis von Privatsphäre als Gut voraus – diese ist dann als solches auch (ver)handelbar. Von der Reduzierung eines Teils der individuellen Privatsphäre kann sich ein persönlicher Nutzen versprochen werden, sei es materieller Art oder – wie bspw. bei einer ständigen Lokalisierung über GPS[7] – eine vermeintliche Sicherheit durch die mögliche Auffindbarkeit in einem Unglücksfall.

Von diesen Entwicklungen ist jedoch mehr als nur die individuelle Privatsphäre betroffen; auch das Grundverständnis einer (westlich-) demokratischen Gesellschaft kann tangiert werden, da diese den Schutz des Privaten in den Vordergrund stellt. Eine Veränderung der Privatsphäre, die Rechte und Freiheiten garantiert, trifft somit die Idee des westlich-liberalen Denkens. Denn die Herstellung und Wahrung von Privatsphäre soll dafür sorgen, dass sich Individuen ohne Zwang verhalten und entsprechende Lebenspläne entwickeln können, solange diese nicht mit den Rechten und Pflichten Anderer kollidieren. Das Verständnis und die jeweilige Auffassung von Privatsphäre unterliegen sozialen Konventionen und Normen die – natürlich kulturell unterschiedlich – regeln, was als schützenswert und intim gilt bzw. was einer individuellen Informationskontrolle unterliegen soll und was nicht. Technologische Neuerungen wie mobile Dienste greifen nun verstärkt in dieses normative Gefüge ein.

Der mobile Gebrauch von Informations- und Kommunikationstechnologie kann allerdings auch konzeptuell neue Formen von Privatsphäre nach sich ziehen. Die Kontextbezogenheit der Daten, die bei der Nutzung mobiler Dienste gesammelt werden – so auch beim Einsatz von DRM-Systemen –, machen neue Formen der Beobachtung und Kontrolle der Gesellschaft sichtbar. Zudem treten vielfältige Akteurinnen und Institutionen in Erscheinung, da sich z.B. der Schutz personenbezogener Daten nicht ohne den Kontext von Personen oder Institutionen beschreiben lässt, die ein Interesse an den Daten haben. Neben konkreten Eingriffen in die individuelle Privatsphäre können solche Veränderungen dazu führen, dass sich gesellschaftliche Diskurse über Privatsphäre

---

7 GPS = Global Positioning System. Satellitengestütztes System zur weltweiten Positionsbestimmung. Wird bspw. genutzt zur Navigation und Lokalisierung von Kraftfahrzeugen (siehe bspw. Mayer 2003: 425ff.; Weippl 2003: 155f.).

verändern und dies Auswirkungen auf individuelle und soziale Funktionen von Privatsphäre hat. Im Folgenden werden die Funktionen von Privatsphäre erläutert, um Eingriffe und Bedingungen zum Schutz derselben besser analysieren zu können.

Die *informationelle* Privatheit bekommt in der mobilen Welt eine neue Dimension (Friedman 2000: 188ff.; Rössler 2001: 201ff.; Spinello 2003: 143; Weinreb 2000: 34ff.). Die Kontrolle oder Abschätzung darüber, wer welche persönlichen Informationen über die eigene Person besitzt, wird immer komplexer. Auch die „Zugangskontrolle“, also die Einschränkung der Möglichkeit Anderer, Zugang zu individuellen Informationen zu haben bzw. die Möglichkeit zu entscheiden, wer mit Wissen und Einverständnis darüber verfügen darf, ist davon betroffen (vgl. Allen 1988; Rachels 1975). Mit solcherart Eingriffen ist die Funktion der Privatsphäre als Schutz vor sozialer Kontrolle gefährdet – damit wird der Bereich, der die Entwicklung und Entfaltung des Individuums fördern soll, aufgelöst. Denn wenn jemand für sich in Anspruch nimmt, dass andere Personen nicht über seine je eigenen Entscheidungen urteilen, so kann dies entweder dadurch geschehen, dass diese zwar wissen, welche Entscheidungen die betreffende Person getroffen hat, darüber jedoch kein Urteil abgeben, oder aber dadurch, dass tatsächlich niemand die Entscheidungen und Handlungen kennt und deshalb auch niemand ein Urteil über sie abgeben kann. Dezisionale Privatheit (s. u.) läuft auf die Selbstbeschränkung der durch individuelle Entscheidungen Betroffenen hinaus, trotz ihrer Kenntnis dieser Entscheidungen über sie kein Urteil zu fällen bzw. dieses nicht zu äußern. Ihre Gewährung setzt also die Bereitschaft anderer Personen voraus, aktiv dezisionale Privatheit zu sichern. Informationelle Privatheit hingegen bedeutet, dass Personen darüber die Kontrolle haben, wer was über sie erfährt. Hier geht es also nicht mehr um die Entscheidungen, Lebensweisen, Handlungen oder Lebensentwürfe selbst, sondern um die Möglichkeit, jeweils selbst zu entscheiden, wer welche Informationen über die eigene Person und ihre Lebensumstände erhält. Diese Form der Privatheit setzt zunächst „nur“ die Kontrolle über den Informationsfluss über die eigene Person voraus. Informationelle Privatheit so verstanden wird auch als die „control theory“ der Privatheit (Spinello 2003: 143) bezeichnet. Ein- und Übergriffe auf die informationelle Privatheit sind beileibe nicht mehr nur von staatlicher Seite zu erwarten, wie dies vor allem noch in den 1970er bis 1990er Jahren erwartet wurde – in der Bundesrepublik wurde dadurch auch das so genannte „Volkszählungsurteil“ (BVG 1983) mit motiviert. Heute und in der Zukunft wohl verstärkt wird die informationelle Privatheit bzw. die informationelle Selbstbestimmung durch private Akteure gefährdet sein (Lutterbeck 1998: 134ff.). Vor allem die Nutzung des Internet brachte hier bisher schon große Probleme mit sich, in Zukunft werden die mobilen IuK-Technologien bedeutsam werden. Barrera und Okai (1999: 1; vgl. Spinello 2003: 145ff.) bringen dies recht lakonisch auf den Punkt:

> „To be in cyberspace is to be recorded. Digital activities and objects are nothing but an ensemble of traces and records. Each electronic action in cyberspace implies the creation of tread marks; digitalization involves the generation of representations, more or less permanent. Those digital footprints can be, by nature, reconstituted, recreated and saved indefinitely. Where a vast number of activities in traditional space are inherently non-traceable, cyberspace actions are the traces themselves.“

Die dezisionale Privatheit wurde bereits angesprochen – in diesem Zusammenhang bedeutet sie die Entscheidungsfreiheit darüber, was als Privatsache begriffen werden kann oder nicht. Dies meint, dass man mit guten Gründen anderen Personen gegenüber behaupten kann, dies oder jenes gehe sie nichts an. Es gibt also Dimensionen des Lebens, bei denen man den symbolischen Zugang anderer – in der Form von Einsprüchen und Eingriffen unterschiedlichster Art – selbst kontrollieren können sollte. Entscheidungen sowie „Handlungen, Verhaltensweisen und Lebensweisen" (Rössler 2001: 145) einer Person sollen von dieser nicht nur selbst bestimmt und gewählt werden, sondern es geht auch darum, dass Dritte sich – sofern jene Entscheidungen, Handlungen, Verhaltensweisen und Lebensweisen im privaten sozialen Raum stattfinden – der Bewertung, des Einspruchs, Kommentars oder Urteils darüber enthalten müssen. Dezisionale Privatheit ist damit nicht gleichzusetzen mit der Wahl der eigenen Lebensweise, sondern sie umfasst diese und gibt ihr den Schutz vor äußerer symbolischer Intervention (ibid.: 147). Ein Beispiel hierfür sind die sexuellen Präferenzen von Personen. Deren Wahl soll den Menschen in einer Gesellschaft selbst überlassen bleiben und nicht durch irgendwelche Instanzen, seien sie staatlicher oder vielleicht religiöser Natur, vorgeschrieben und erzwungen werden. Natürlich steht die Wahl und Erfüllung solcher Präferenzen – nicht nur im sexuellen Bereich – immer unter dem Vorbehalt, dass nicht in die Rechte anderer Personen insofern eingegriffen wird, dass diese gleichsam verschwinden oder negiert würden. Da Sexualität im Wesentlichen immer auf der Interaktion von mindestens zwei Menschen beruht bzw. nur dann Rechte anderer Personen überhaupt in Rechnung gestellt werden müssen, müssen die unmittelbar Betroffenen zustimmungsfähig und -willig sein, auf sie darf kein Zwang ausgeübt werden. Ist diese Forderung jedoch erfüllt, so darf aus liberaler Sicht kein äußerer Zwang auf die Wahl der jeweiligen Präferenzen ausgeübt werden. Dezisionale Privatheit bedeutet aber mehr als die negative Freiheit der Wahl von Präferenzen. Denn man möge sich vorstellen, was es bedeuten würde, wenn Menschen zwar diese skizzierte Wahlfreiheit hätten, aber gleich bei welcher Wahl immer der Kritik und Beurteilung von außen ausgesetzt wären. Selbst triviale Entscheidungen wie die Wahl zwischen Erdbeer- und Schokoladeneiskreme wären eine Qual, wenn sie immer von Kommentaren und Urteilen begleitet wären. Der Volksmund sagt nicht umsonst, dass sich über Geschmack nicht streiten lässt. Dies ist ohne Zweifel nicht nur deskriptiv gemeint, sondern auch normativ: Geschmack, die Wahl von Eiskreme, von Kleidermode, von Musikgruppen etc. sei moralisch nicht diskutabel bzw. solle nicht diskutabel sein, weil sonst von Individualität und eigenen Lebensentwürfen schlechterdings nicht mehr gesprochen werden könnte (kritisch dazu Epstein 2000: 12ff.).

Das Verständnis von Privatsphäre als lokaler Privatheit, also der persönliche Raum, lässt sich als das weithin klassische oder traditionelle begreifen. Hier könnte man über eine Auflösung insofern nachdenken, dass private Dinge oder Lebensbereiche, die bisher zu Hause genutzt wurden, nach außen verlagert werden können. Dies kann zu einer Veränderung der Wahrnehmung privater Bereiche führen. Der Cyberspace ist kein Raum im geographischen, architektonischen oder allgemeiner physikalischen Sinn; „Raum" ist hier eine mehr oder minder gelungene Metapher. Doch die Diskussion der informationellen Privatheit zeigt, dass Privatheit bzw. ihre Gefährdung nicht unwesentlich mit dem gesellschaftlichen Umgang mit physisch definierten Räumen zusammenhängt. Videoüberwachung als Beispiel des Eingriffs in unsere informationelle Privatheit verändert die Möglichkeiten des Umgangs mit Räumen. In liberalen Gesellschaften ist vor allem das eigene Zuhause, also die berühmten „eigenen vier Wände", jenes Refugium und jener Raum, der der Überwachung explizit entzogen ist. In

Art. 13 Abs. 1 des Grundgesetzes der Bundesrepublik Deutschland ist dies mehr als knapp ausgesprochen: „(1) Die Wohnung ist unverletzlich.“ Auch in der UN-Menschenrechtscharta, dort im Artikel 12, findet sich das Recht auf das private Heim: „No one shall be subjected to arbitrary interference with his privacy, family, home or correspondence, nor to attacks upon his honour and reputation. Everyone has the right to the protection of the law against such interference or attacks.“[8] Die Bedeutung der lokalen Privatheit (Rössler 2001: 255ff.) wird durch die Präsenz in demokratischen Verfassungen verdeutlicht. Sie gewinnt diese daraus, dass Menschen nach liberalem Verständnis einen Ort benötigen, der ihnen Rückzug vor den Belangen und der Aufmerksamkeit der Öffentlichkeit sowie anderer Menschen bietet. Nur im Raum des Privaten ist dezisionale und informationelle Privatheit gleichsam natürlich gegeben: weder erfahren Dritte etwas über das eigene Handeln, noch haben sie die Möglichkeit, ihren Einspruch zu erheben – sowohl die Informationen über das eigene Handeln als auch die Urteile und Bewertungen Anderer „prallen“ von den eigenen vier Wänden ab. Auch dann, wenn Menschen willentlich jenen privaten Raum mit anderen Personen teilen, bspw. mit Familienmitgliedern, Freundinnen oder Arbeitskolleginnen, bewahrt er seinen privaten Charakter, denn die Gestaltung der Beziehungen der sich dort Aufhaltenden bleibt – sofern nicht Rechte anderer Personen betroffen sind – völlig in ihrem Belieben. Hier sind die sozialen Konventionen der Öffentlichkeit sowie ihre Überwachung und Durchsetzung vorläufig suspendiert. Doch mobile IuK-Technologien machen die „eigenen vier Wände“ transparent – mit ihnen kann in die lokale und damit auch in die informationelle und dezisionale Privatheit eingedrungen werden, ohne dass dies den Betroffenen unbedingt bewusst sein muss.

Durch das Aufzeigen der unterschiedlichen Eingriffe, die einen Wandel von Privatheit bzw. der Konzepte notwendig erscheinen lässt, lassen sich folgende Forschungsfragen in den Kontext einordnen: Begriffe und Konzepte von Privatsphäre sind häufig unklar und nicht den aktuellen technischen Bedingungen angepasst. Zudem gibt es eine umfangreiche und kontroverse politische Debatte (nicht nur) in Deutschland über Privatsphäre und ihren Schutz. Damit stehen Fragen nach den neuen Konfliktfeldern, die sich durch den mobilen Zugriff auf Daten eröffnen, im Vordergrund: Sind es immer neue Fragen oder nur die „alten“ Fragen im neuen Gewand der Mobilität? Wie stellen sich des Weiteren „alte“ Konfliktfelder (Urheberrecht, Copyright, Einsatz von DRM-Systemen, Privatsphäre, Datenschutz) im Kontext der mobilen Kommunikationstechnologie dar? Neue Technologien haben dabei auch Einfluss auf gesellschaftliche Konzepte und Normen. Wie verändern sich also durch neue Bedingungen der Mobilität auch konzeptionelle Gefüge oder gesellschaftliche Diskurse über Privatsphäre? Durch den Einsatz von DRM-Systemen und Aufzeichnungen individuellen Nutzerinnenverhaltens sind eine Reihe von Institutionen und Akteurinnen betroffen. Wer ist dabei an dieser Entwicklung beteiligt und kann es Lösungsmöglichkeiten geben, die von Anbieterinnen und auch von Nutzerinnen akzeptiert werden?

---

8 Interessant ist hierbei, dass in der Charta zumindest der Formulierung nach ein Unterschied zwischen „privacy“ und „home“ gezogen wird. Artikel 12 der Charta zeigt zudem, dass die Unterscheidung der drei Dimensionen sich in der Ausarbeitung entsprechender normativer Forderungen wieder findet, denn sowohl die lokale als auch die informationelle Privatheit lassen sich dort unterscheiden, wenn auf „correspondence“ und auf „home“ Bezug genommen wird.

3. *Mobiler Zugriff auf urheberrechtsgeschützte Daten*

Die im vorangegangenen Kapitel eher theoretisch gehaltene Abhandlung über die Funktionen von Privatsphäre hat aufgezeigt, welche sozialen Prozesse durch die anwachsende Mobilität in der Nutzung von Informations- und Kommunikationstechnologien zunehmend fragil erscheinen. Im Folgenden werden nun anhand eines Beispieles konkrete Veränderungen der Privatsphäre durch die Nutzung mobiler Endgeräte dargestellt.

Rechteinhaberinnen von Wissen und Informationen im Internet (bspw. Bibliotheken, Musikverlage) können die Verbreitung derselben durch den Einsatz von DRM-Systemen regeln. Demgegenüber steht die Privatsphäre der Nutzerinnen. Folgende Konfliktfelder werden offensichtlich: Wie auch schon bei einer stationären Nutzung von Informations- und Kommunikationstechnologien stehen sich Fragen des Urheberrechts, des Copyrights, des Datenschutz, der Privatsphäre und des Einsatzes von DRM-Systemen gegenüber. Durch mobile Kommunikationstechnologien werden diese „alten“ Konfliktfelder jedoch noch in einigen Bereichen verstärkt.

Wird nun von einem Content-Provider ein DRM-System eingesetzt, kommt es zu einer Kollision zwischen Datenschutz sowie Eigentums- und Verwertungsrechten. Bei einer mobilen Nutzung von Wissen und Informationen im Internet werden die Eingriffe in die Privatsphäre der Nutzerinnen größer, da wesentlich mehr Informationen über den Nutzungshintergrund gesammelt werden können – bspw. wo sich die Nutzerin gerade aufhält, wenn sie ein bestimmtes Musikstück konsumiert. Konflikte zwischen Allgemeinwohl und Eigentums- und Verwertungs-rechten können natürlich sowohl bei der mobilen also auch bei der stationären Nutzung auftreten. DRM-Systeme können aber zudem bei der mobilen Nutzung den Kontext der Nutzung zu einem Kriterium der Nutzungserlaubnis machen. Kontextbasierte Werbung und andere Angebote werden ebenso wie die kontextbasierte Abrechnung möglich.

Zusammenfassend lässt sich feststellen, dass die Rechteinhaberin oder der Technology-Provider durch eine mobile Nutzung von Diensten, die durch ein DRM-System geschützt sind, mehr Kontextinformationen bekommen, als dies bei einer stationären Nutzung möglich wäre. Neben den schon genannten Punkten wie kontextbasierte Abrechnungsmodi oder Werbung ermöglichen Data-Mining-Technologien die Erstellung von Nutzungs- oder Nutzerinnenprofilen. Damit werden neue Überwachungsmöglichkeiten geschaffen, die nicht nur von staatlicher Seite, sondern auch von Institutionen und vor allem von privaten Unternehmen genutzt werden können. Es ist denkbar, dass weitere Akteure in diese Prozesse involviert sind – bspw. Internet-Service-Provider oder Location-Provider (u. a. Bahn-, Fluggesellschaften in den entsprechenden Verkehrsmitteln, Gaststätten).

Zur Folge hat dies, dass die Zahl der involvierten Parteien für die Nutzerinnen unüberschaubar wird. Eine Kontrolle der Datenströme zwischen den einzelnen Parteien wird schwer zu handhaben sein und damit ist die Gefahr groß, dass es neben den schon erlaubten Aufzeichnungen auch zu einem Missbrauch kommen kann. Sobald die Nutzung grenzüberschreitend stattfindet, kommen zusätzlich unterschiedliche kulturelle Traditionen und nicht zuletzt verschiedene Rechtssysteme ins Spiel.

4. *Laufende Projekte*

Angesichts der laufenden Projekte allein in der bundesdeutschen Forschungslandschaft kann konstatiert werden, dass der Schutz von Daten und der Privatsphäre im Zuge der Nutzung mobiler IuK-Technologie ein wichtiges Thema darstellt. Zwar stellen solche Zahlen nur einen schwachen Indikator für die Relevanz eines Themas dar, doch sowohl die möglichen Vorteile der Nutzung mobiler Technologien zur Verarbeitung und Verbreitung von Informationen und Wissen als auch die möglichen damit einhergehenden Probleme haben der Debatte um Datenschutz und Privatsphäre neue Aufmerksamkeit gegeben. Zwar wurden in den letzten zehn Jahren im Zuge der raschen Verbreitung von Internetzugängen vor allem Sicherheitsaspekte der netzgebundenen Kommunikation immer wieder diskutiert, doch geschah dies oft unter dem Blickwinkel des volkswirtschaftlichen Schadens, den Viren und andere Schadprogramme verursachen können oder auch in Hinblick auf die Möglichkeit des Betrugs durch das Ausspähen von persönlichen Daten. Das heißt, dass Datenschutz eher sekundär als Schutz vor solchen Schädigungen betrachtet wurde und nicht als eine technische, rechtliche und politische Aufgabe sui generis. Fast kann man den Eindruck bekommen, dass sich viele Menschen bewusst oder unbewusst das Diktum „You already have zero privacy – get over it" (zitiert nach McArthur 2001: 123) von Scott McNealy, CEO von Sun Microsystems, zueigen gemacht hätten.

Die Möglichkeit, Informations- und Kommunikationsdienstleistungen an praktisch jedem Ort nutzen zu können, scheint jedoch das Bewusstsein dafür zu schärfen, dass damit unser ganz alltägliches Leben – insbesondere aber unser Privatleben – nachvollziehbar, überwachbar und vielleicht auch kontrollierbar wird. Natürlich könnte man sich auf den Standpunkt zurückziehen, dass es letztlich eine persönliche Entscheidung sei, ob man die Informationsbestände bspw. einer Bibliothek in dieser selbst nutzt, sich Bücher ausleiht und sie zu Hause liest oder aber eben auf Online-Angebote der Bibliothek oder gar gleich der Verlage zurückgreift. Doch dies würde verkennen, dass es so etwas wie die „normative Kraft des Faktischen" gibt, die persönliche Entscheidungsmöglichkeiten erweitern und einengen kann. Eine Analogie mag deutlich machen, was damit gemeint ist: Die flächendeckende Einführung des bargeldlosen Zahlungsverkehrs mit Geldautomaten, Kredit- und EC-Karten erweiterte und vereinfachte Zahlungsvorgänge und damit den täglichen Konsum. Doch mit der Einführung verschwand bspw. die schon sprichwörtliche „Lohntüte" – ohne Girokonto kann man heute schwerlich legal arbeiten und Geld verdienen. Erweiterung und Verengung von Handlungsräumen gehen also Hand in Hand. Es ist durchaus realistisch, dass bspw. Bibliotheken ihre Dienstleistungen einerseits in Richtung Online-Nutzung ausbauen werden, aber gleichzeitig ihre tradierten Angebote, die meist personalaufwändig sind und damit kostenintensiv, einschränken oder ganz abbauen werden. In diesem Augenblick fallen Informationen[9] über den Zugriff auf Informationsbestände an, die natürlich Begehrlichkeiten von vielen Seiten wecken werden. Der „Rückbau" von tradierten Informationszugriffsmöglichkeiten bedeutet aber, dass die Alternativen zum Online-Zugriff verschwinden könnten und damit Ausweichmöglichkeiten nicht mehr gegeben wären. Dies bekommt insbesondere dann erhebliche Brisanz, wenn Online-Zugriffe auf Informationsbestände bspw. von Bibliotheken über diese stattfinden, aber

9 Bei Weber (2005) werden diese Informationen „Verkehrsinformationen" genannt.

tatsächlich an andere Anbieter, die außerhalb des bundesdeutschen und europäischen Rechtsraums lokalisiert sind, weitergereicht werden. In diesem Augenblick ist unklar, wer was mit welchen benutzerbezogenen Daten tun darf. Damit ist noch einmal der Zusammenhang des hier diskutierten Themas mit der Wissensorganisation hergestellt: All jene, die sich professionell mit Wissensorganisation beschäftigen, werden sich zunehmend mit den Modalitäten des Anbietens von Wissen Gedanken machen müssen. Entsprechende Szenarien des Umgangs mit Wissen und Informationen müssen jedoch systematisch durchdacht werden, um die möglichen Vor- und Nachteile und entsprechende Maßnahmen zum Schutz von Benutzerrechten bereits im Vorfeld evaluieren zu können. Im Folgenden soll daher skizziert werden, welche Fragestellungen sich aktuell in der Debatte befinden.

DRM-Systeme haben in erster Linie die Aufgabe, die Interessen der Urheberrechtshalter und der Content-Provider zu sichern. Diese Sicherung kollidiert – wie schon dargelegt – mit dem Schutz der Privatsphäre, denn um digitale Inhalte effektiv schützen zu können, ist es notwendig, den Gebrauch des Inhalts durch die Konsumentinnen detailliert zu steuern und zu kontrollieren. Allerdings stößt dies nicht unbedingt auf die Akzeptanz der Konsumentinnen, so dass sich daraus zwei alternative Handlungsoptionen ergeben: 1. Urheberrechtshalter und der Content-Provider verzichten auf den Einsatz von DRM-Systemen; 2. Es werden DRM-Systeme entwickelt und eingesetzt, die von den Konsumentinnen tatsächlich akzeptiert werden (können). Die erste Option ist ökonomisch riskant; die zweite Alternative ist nur dann gangbar, wenn bekannt ist, wie Akzeptanz von DRM-Systemen hergestellt werden kann.

Im Zentrum vieler laufender Forschungsprojekte steht daher die Frage, welche Einstellungen zu diesen neuen Technologien bei den Konsumentinnen zu finden sind. Die gleich vorgestellten Projekte gehen zudem auf den Aspekt des Datenschutzes und der Datensicherheit ein. Dienste und Geschäftsmodelle, die in den Projekten untersucht werden sollen, werden dabei insbesondere hinsichtlich ihrer langfristigen Auswirkungen auf Privatsphäre und Datenschutz hin betrachtet. Ein Ziel, das alle Forschungsprojekte verbindet, ist die Auseinandersetzung mit den möglichen Konsequenzen des Einsatzes von DRM-Systemen und Ubiquitous Computing. Die hier vorgestellten Projekte stellen nur eine Auswahl von Projekten dar; eine vollständige Liste aller laufenden Projekte zu formulieren ist kaum möglich, da sich das Forschungsfeld zurzeit stark im Wandel und in Expansion befindet.[10]

4.1 GKVI[11]

Das Berlin-Brandenburger Graduiertenkolleg „Verteilte Informations-systeme“ (kurz GKVI) existiert seit 1996; der Fokus des Projekts liegt auf „mehrschichtigen Informationssystemen“. Dabei handelt es sich um netzbasierte Anwendungen, die der Benutzer mittels Webbrowser aufrufen kann. Wie hier bereits skizziert, wirft die ortsunabhängige und netzbasierte Internetnutzung neue und „mobil-immanente“ Fragestellungen des Schutzes persönlicher Daten und der Privatsphäre auf. Der Schutz des Privaten ist in der mobilen Geschäftswelt mit neuen Herausforderungen konfrontiert, die sich nicht nur in Bezug auf einzelne Technologien ergeben, sondern die jeder mobilen

10 Siehe dazu bspw. die UbiComp-Konferenzserie (http://ubicomp.org/), zuletzt besucht am 28.02.2005.
11 Siehe http://iwi.wiwi.hu-berlin.de/index.aspx?id=5&m_id=16, zuletzt besucht am 04.03.2005.

Nutzung inhärent sind. Vor allem so genannte „large-scale"- und „long-term"-Effekte werden in das Zentrum der Forschung im GKVI zu neuen mobilen Technologien gerückt – was bedeutet der Einsatz auf lange Sicht, wie wirken sich diese Technologien aus, wenn sie im großen Maßstab und in technisch heterogenen Umfeldern eingesetzt werden?

4.2 INDICARE[12]

INDICARE (engl. „Informed Dialogue about Consumer Acceptability of Rights Management Solutions in Europe") ist ein interdisziplinäres Konsortium, das im Rahmen des eContent-Programms der Europäischen Union gegründet wurde und finanziert wird. Mitglieder des Projektes sind das Institut für Technologieabschätzung und Systemanalyse (ITAS) in Karlsruhe, die Berlecon Research GmbH in Berlin, das Institute for Information Law (IviR) in Amsterdam und das Department of Measurement and Information Systems SEARCH Laboratory der Budapester University of Technology and Economics. Die internationale Zusammensetzung steht nicht zuletzt dafür, dass die hier skizzierten Technologien bzw. ihre Auswirkungen nicht an Grenzen Halt machen. Eines der Hauptziele von INDICARE ist die Untersuchung, ob und unter welchen Bedingungen Konsumentinnen Produkte, die mit DRM-Systemen gesichert werden, akzeptieren. Dazu möchte INDICARE einen kontinuierlichen „informed dialogue" über die Interessen und Anliegen sowohl der Anbieterinnen und Nutzerinnen digitaler Inhalte anstoßen. Ein weiteres Ziel von INDICARE ist das „consense-building" zwischen verschiedenen Interessengruppen, die in irgendeiner Weise an Entwicklung und Einsatz von DRM-Systemen beteiligt sind bzw. durch diese betroffen werden, sei es nun als Konsumentinnen, Produzentinnen oder auch Anbieterinnen von Dienstleistungen und Inhalten. Ein besonderes Augenmerk wird dabei auf die Interessen, Wünsche und Erwartungen der Konsumentinnen gelegt, da bisher empirisch nicht hinreichend belegt bzw. untersucht wurde, ob und unter welchen Bedingungen Konsumentinnen Inhalte, die mit DRM-Systemen geschützt und vertrieben werden, wahrnehmen und akzeptieren. INDICARE fokussiert dabei in erster Linie folgende Anwendungsfelder mobiler Geschäftsmodelle: mobile Absatzwege, elektronisches Bezahlen, Dienstleistungen im Internet (bspw. Bildungs-, Finanz- oder Beratungsdienstleistungen), Interoperabilität unterschiedlicher Plattformen sowie das Potential von „nicht-technologischen" Maßstäben zur Bewertung neuer Technologien.

4.3 MIB-Privacy[13]

Das Projekt MIB-Privacy ist ein Teil des Verbundprojektes „Geschäftsprozesse und Nutzerschnittstellen im Mobile Business", das vom Bundesministerium für Bildung und Forschung gefördert und in erster Linie an der Europa-Universität Viadrina in Frankfurt/Oder durchgeführt wird. Mobile Internetdienste eröffnen Unternehmen völlig neue Handlungsräume – einige wurden hier bereits beschrieben. Im Vergleich zu Business-to-Business-Geschäftsprozessen (B2B), bei denen vor allem Aspekte wie Effektivität und Effizienz sowie Datenschutz und Datensicherheit im Vordergrund

12 Siehe http://www.indicare.org, zuletzt besucht am 04.03.2005.

13 Siehe http://www.euv-frankfurt-o.de/~mibpriv/, http://mib.uni-ffo.de/, beide zuletzt besucht am 04.03.2005.

stehen, muss bei Business-to-Customer-Prozessen (B2C) zusätzlich der Schutz der Privatsphäre der Konsumentinnen beachtet werden – hier liegt auch der Fokus des MIB-Privacy-Projektes. Ähnlich wie in den anderen Projekten sollen auch hier die Einstellungen der Nutzerinnen von mobiler Informations- und Kommunikationstechnologie und Ihre Erwartungen in Bezug auf Privatsphäre und deren Schutz ermittelt werden; auf dieser Basis soll ein Leitfaden erstellt werden, der bei der Entwicklung neuer mobiler Produkte helfen kann.

4.4 NeXus[14]

NeXus steht als Kürzel für den Titel des Sonderforschungsbereiches 627 (SFB) der Deutschen Forschungsgemeinschaft (DFG) „Umgebungsmodelle für mobile kontextbezogene Systeme". Das „langfristiges Ziel des beantragten Sonderforschungsbereichs ist die Entwicklung von Methoden und Verfahren zur Realisierung von umfassenden und detaillierten Weltmodellen für mobile kontextbezogene Anwendungen."[15] Kernbereich des Forschungsprogramms ist dabei der Bereich des Ubiquitous Computing: Alltagsgegenstände werden mit Informations- und Kommunikationsfähigkeiten versehen, die zur Interaktion der Artefakte und Personen sowie der Artefakte untereinander dienen sollen. Weiterhin sollen so ausgestattete Artefakte Informationen über sich und ihre Umgebung erfassen können, um selbst Aktionen in Gang zu setzen. Ein schon klassisches Beispiel solcher Systeme ist der Kühlschrank, der feststellt, dass dem Besitzer die Frischmilch ausgeht und der selbständig über das Internet eine entsprechende Bestellung aufgibt. Die Stuttgarter NeXus-Projektgruppe beschäftigt sich aber nicht nur mit der rein technischen Seite von Ubiquitous Computing; zentral ist auch die Frage nach den Konsequenzen dieser Technologie für die Privatsphäre der Nutzerinnen sowie für Datenschutz und Datensicherheit. Ein erheblicher Teil der Forschung wird daher darauf verwendet, wie unerwünschte Effekte entsprechender Technologien vermieden oder doch zumindest minimiert werden können.

5. *Fazit*

Marc Langheinrich (2004: 7f.) beschreibt die Einführung der hier skizzierten Technologien als die Überwindung von Medienbrüchen, bei dem Computer in die reale Welt – bspw. in Form von Ubiquitous Computing oder Ambient Intelligence – eindringen und nicht wie bisher Menschen mithilfe von Computern „nur" Simulationen der realen Welt erstellen. Welche kontroversen Diskussionen die genannten Technologien bei der Überwindung jener Medienbrüche mit sich bringen, zeigen bspw. Umfragen verschiedener Institutionen zur Akzeptanz DRM-geschützter Musik[16]. Ubiquitous Computing, Ambient Intelligence, RFIDs – ob in Kombination mit DRM-Systemen oder nicht – werden zunehmend in unsere Alltagswelt eindringen. Sie werden maßgeblich unseren Umgang mit bestehenden Informations- und Wissensbeständen beeinflussen; sie werden aber insbesondere Werkzeuge darstellen, neue Informationsbestände überhaupt erst zu erzeugen. Ein letztes Beispiel: Zur Fußball-Weltmeisterschaft 2006 in Deutschland

14 Siehe http://www.nexus.uni-stuttgart.de/, zuletzt besucht am 04.03.2005.
15 Siehe http://www.nexus.uni-stuttgart.de/de/ueberblick/vision/index.html, zuletzt besucht am 04.03.2005.
16 Siehe bspw. http://www.heise.de/newsticker/meldung/56553, zuletzt besucht 28.02.2005.

werden die Eintrittskarten mit RFIDs versehen.[17] Damit wird die Möglichkeit eröffnet, sehr genau festzustellen, wer sich wann und wo befindet – zumindest bezüglich der Austragungsorte. Ohne Zweifel ist dies auch dem Ziel geschuldet, die Spiele sicher zu machen. Aber die entstehenden Datenbestände können eben auch anderweitig genutzt werden. Dies sollte deutlich machen, dass sich das Feld der Wissensorganisation durch die neuen Technologien unweigerlich verändern wird bzw. sich selbst verändern muss. Wissensorganisation als wissenschaftliche Disziplin und als Profession muss sich der Herausforderung stellen, in Zukunft Informationsbestände nicht nur als gegeben anzusehen, sondern deren Zustandekommen mit zu berücksichtigen.

Literatur:

Allen, Anita L. (1988): Uneasy Access: Privacy for Women in a Free Society. Totowa/N.J.: Rowman and Littlefield.

Barrera, Maria Helena and Jason Montague Okai (1999): Digital Correspondence: Recreating Privacy Paradigms. In: International Journal of Communications Law and Policy, Issue 3, Winter 1999, http://www.ijclp.org/3_1999/ijclp_webdoc_4_3_1999.html, zuletzt besucht am 29.01.2005.

Bechtold, Stefan (2002): Vorm Urheber- zum Informationsrecht. Implikationen des DRM. München: C. H. Beck.

BVG (1983): Urteil des Ersten Senats des Bundesverfassungsgerichts vom 15.12.1983 auf die mündliche Verhandlung vom 18. und 19.10.1983 – 1 BvR 209, 269, 362, 420, 440, 484/83 in den Verfahren über die Verfassungsbeschwerden, http://www.datenschutz-berlin.de/gesetze/sonstige/volksz.htm, Stand 17.03.2005.

Cohen, Julie E. (2003): DRM and Privacy. In: Communications of the ACM, Vol. 46 (4), S. 47-49.

Epstein, Richard A. (2000): Deconstructing Privacy: And Putting it back together again. In: Social Philosophy and Policy, Vol. 17 (2), S. 1-24.

Finkenzeller, Klaus (2002): RFID-Handbuch: Grundlagen und praktische Anwendung induktiver Funkanlagen, Transponder und kontaktloser Chipkarten. München: Hauser, 3. Auflage.

Friedman, David (2000): Privacy and Technology. In: Social Philosophy and Policy, Vol. 17 (2), S. 186-212.

Goldman, Janlori (1999): Privacy and Individual Empowerment in the Interactive Age. In: Colin J. Bennett and Rebecca Grant (Hrsg.): Visions of Privacy: Policy Choices in a Digital Age. University of Toronto Press: Toronto, Buffalo, London, S. 97-115.

Grassmuck, Volker (2002): Das Urheberrecht vom Kopf auf die Füße stellen. Hearing zur Umsetzung der EU-Urheberrechtsrichtlinie In: Telepolis, http://www.telepolis.de/deutsch/special/copy/11547/1.html, zuletzt besucht am 29.01.2005.

Haug, Sonja und Karsten Weber (2002): Kaufen, Tauschen, Teilen. Musik im Internet. Frankfurt/Main et al.: Peter Lang.

Johnson, Scott D. (2000): Rethinking Privacy in the Public Library. In: International Information & Library Review, Vol. 32 (3-4), S. 509-517.

Kretschmer, Martin, George M. Klimis, and Roger Wallis (2001): Music in electronic markets. In: New Media & Society, Vol. 3 (4), S. 417-441.

Lehner, Franz (2003): Mobile und drahtlose Informationssysteme. Technologien, Anwendungen, Märkte. Berlin et al.: Springer.

Leonhardt, Ulf and Jeff Magee (1998): Security Considerations for a Distributed Location Service. In: Journal of Network and Systems Management, Vol. 6 (1), S. 51-70.

---

17 Vgl. http://www.heise.de/newsticker/meldung/43645, zuletzt besucht 16.03.2005.

Lutterbeck, Bernd (1998): 20 Jahre Dauerkonflikt: Die Novellierung des Bundesdatenschutzgesetzes. In: Datenschutz und Datensicherheit (DuD), Ausgabe 22 (3), S. 129-138.
Mattern, Friedemann (2005): Die technische Basis für das Internet der Dinge. In: Elgar Fleisch und Friedemann Mattern (Hrsg.): Das Internet der Dinge – Ubiquitous Computing und RFID in der Praxis. Berlin: Springer.
Mayer, Robert N. (2003): Technology, Family, and Privacy: Can we know too much about our loved ones? In: Journal of Consumer Policy, Vol. 26 (4), S. 419-439.
McArthur, Robert L. (2001): Reasonable expectations of privacy. In: Ethics and Information Technology, Vol. 3 (2), S. 123-128.
McCourt, Tom and Patrick Burkart (2003): When creators, corporations and consumers collide: Napster and the development of on-line music distribution. In: Media, Culture and Society, Vol. 25 (3), S. 333-350.
Miceli, Andrew (2003): Wireless Technician's Handbook. Boston, London: Artech House, second edition.
Rachels, James (1975): Why Privacy is Important. In: Philosophy and Public Affairs, Vol. (4) (4), S. 232-222.
Rössler, Beate (2001): Der Wert des Privaten. Frankfurt/Main: Suhrkamp.
Spinello, Richard A. (2003): Cyberethics. Morality and Law in Cyberspace. Sudbary/Massachusetts: Jones and Bartlett Publishers.
Tavani, Herman T. (1999): Informational Privacy, Data Mining, and the Internet. In: Ethics and Information Technology, Vol. 1 (2), S. 137-145.
Weinreb, Lloyd L. (2000): The Right to Privacy. In: Social Philosophy and Policy, Vol. 17 (2), S. 25-44.
Röttger-Gerigk, Stefanie (2002): Lokalisierungsmethoden. In: Walter Gora und Stefanie Röttger-Gerigk (Hrsg.): Handbuch Mobile-Commerce. Technische Grundlagen, Marktchancen und Einsatzmöglichkeiten. Berlin et al.: Springer, S. 419-426.
Turowski, Klaus und Key Pousttchi (2004): Mobile Commerce. Grundlagen und Techniken. Berlin et al.: Springer.
Weber, Karsten (2005): Das Recht auf Informationszugang. Berlin: Frank & Timme.
Weippl, Edgar and Wolfgang Essmayr (2003): Personal Trusted Devices for Web Services. Revisiting Multilevel Security. In: Mobile Networks and Applications, Vol. 8 (2), S. 151-157.

Freie Inhalte? - Idee und Realisierung am Beispiel der Wikipedia

Ulrich Fuchs
Essen

Zusammenfassung

Wikis sind eine bestimmte Form offener Content-Management-Systeme. Dieser Beitrag beschäftigt sich mit einigen wichtigen Mustern, die zur zielgerichteten Entwicklung der Inhalte in Wikis beitragen. Diese Muster werden exemplarisch am Beispiel der Wikipedia erläutert, einer freien Online-Enzyklopädie. Ebenfalls kurz umrissen werden die Hintergründe, die zur Einrichtung der Wikipedia führten, weiterhin wird eine grobe Typologisierung von Wikis vorgeschlagen.

Abstract

Wikis are a particluar type of open content management systems. This paper deals with some important patterns which help in a goal directed development of a wiki. These patterns are illustrated by the example of Wikipedia, an open online encyclopaedia. The background of the Wikipedia will also be discussed, further a rough typology of wikis will be proposed.

1. Einleitung

Eine Wissensgesellschaft definiert sich weniger über das vorhandene Wissen, als über die Leichtigkeit, mit der dieses Wissen zugänglich ist, sowie über die Geschwindigkeit, mit der aufbauend auf vorhandenem neues Wissen entstehen kann. Durch den Bedarf an vorausgehendem Wissen erhält dieses einen Wert, wird zur Ware. Es entsteht ein Spannungsfeld zwischen der Ware Wissen und der gesellschaftlichen Notwendigkeit seiner Verfügbarkeit.[1] Freie Inhalte sind in diesem Sinne Wissen, das seinen Warencharakter negiert – Wissen, das frei weitergegeben und verändert werden darf und soll, was durch entsprechende Lizenzregelungen analog zur Freien Software sichergestellt wird. Analog zur Idee der Freien Software dienen Freie Inhalte dazu, einen Gegenpol zur Marktmacht großer kommerzieller Rechteverwerter zu schaffen und den Zugang der Informationsgesellschaft zu Informationen geringschwellig zu halten.

Als das derzeit wichtigste Werkzeug zur Schaffung dieser freien Inhalte hat sich die freie Online-Enzyklopädie Wikipedia[2] etabliert. Diese Enzyklopädie, die nach dem Wiki-Prinzip[3] arbeitet, wuchs seit Ihrer Gründung im Mai 2001 zunächst mit einer rasenden Geschwindigkeit und ist heute der größte Pool an freien Inhalten weltweit. Inzwischen sind jedoch Zweifel angebracht, ob sie in der Lage ist, ihr Ziel zu erreichen, hochwertiges Wissen in Form einer Enzyklopädie zu organisieren. Bei genauem Hinsehen hat sich

1 [GRA03], S. 32
2 [WWW01]
3 [LEU01]

insbesondere das Tiefenwachstum verlangsamt, das Breitenwachstum sorgt für immer mehr an- und abgebrochene, unzusammenhängende „Baustellen“. Die Erwähnung von Wichtigem unterbleibt, enzyklopädisch irrelevante Inhalte drängen sich zunehmend in den Vordergrund und erschweren den Zugang zum eigentlichen Wissen. Es steht zu vermuten, dass diese Entwicklung mit einem grundlegenden Wandel der Teilnehmerstruktur zusammenhängt, der durch eine eklatante Fehleinschätzung von Funktionsmechanismen von Wikis durch die erste Generation der Teilnehmer begünstigt wurde.

2. *Wikis*

Wikis sind (in der Regel textorientiere) Webseiten, die von den Anwendern beliebig verändert werden können.[4] Das erste Wiki, das Portland Patterns Repository's Wiki, wurde 1995 von Ward Cunningham realisiert, und ist heute noch aktiv.[5] Will ein Anwender eine solche Wiki-Web-Seite bearbeiten, so öffnet er über einen speziellen Hyperlink ein Editierfenster, in dem der Text in einer sehr einfachen Markup-Form dargestellt wird. Dieser kann verändert und auf den Server zurückgeladen werden. Es sei betont, dass dies die aktuelle technische Realisierung eines Wikis darstellt. Wieweit diese nun als conditio sine qua non ein Wiki konstituiert, sei dahingestellt; im weiteren Sinne wäre jegliches als Kollaborationsplattform ausgelegtes Content-Managementsystem, das trotz niedrigschwelliger Bedienung optisch ansprechende Ergebnisse liefert, ein Wiki.

3. *Typologie*

Wesentlicher Bestandteil des ursprünglichen Wiki-Prinzips ist es, dass das Wiki über das Internet erreichbar und von jedermann veränderbar ist. Mittlerweile, da Wikis beispielsweise auch zur Wissensorganisation in Unternehmen eingesetzt werden, ist diese öffentliche Zugänglichkeit kein Definitionskriterium für ein Wiki mehr. Terminologisch sollte daher zunächst einmal eine grundsätzliche Unterscheidung zu treffen sein zwischen offenen Wikis, an denen jedermann teilnehmen kann, sowie geschlossenen Wikis, die nur bestimmten Teilnehmerkreisen zur Verfügung stehen (beispielsweise innerhalb eines Unternehmens).

Weiterhin bietet sich eine zweite Unterscheidung an, die trennt zwischen anonymen Wikis, an denen die Teilnehmer namentlich bekannt sein können, aber nicht bekannt sein müssen, sowie registrierenden Wikis, an denen alle Teilnehmer namentlich bekannt sein müssen.

Im Prinzip sind beide Kategorien beliebig kombinierbar: offen/anonym; offen/registrierend; geschlossen/registrierend; geschlossen/anonym. Im letzteren Falle jedoch wird, da durch die Geschlossenheit des Wikis bereits der Zugang ins Wiki eine Entanonymiserung darstellen muss, keine vollständige Anonymität erreichbar sein, selbst wenn innerhalb des Wikis die Benutzer anonym erscheinen mögen.[6]

Schließlich ist noch die Größe des Wikis, insbesondere die Anzahl der Seiten und der Teilnehmer, zu nennen. Die Erfahrungen mit sehr großen Wikis sind äußerst gering und

4 [LEU01]
5 [WWW02]
6 Zu den Spezifika von Wikis in Unternehmen siehe u.a. [PUL02]

beziehen sich im Prinzip nur auf die Wikipedia: Die Statistik der Wiki-Größen wird heute von mehreren Wikipedias (in jeweils anderen Sprachen) angeführt. Weit abgeschlagen ist mittlerweile das susing.nu-Wiki[7], das einstmals als „large scale" bezeichnet wurde[8], inzwischen aber nur noch mittelgroß genannt werden kann. Wieweit die Erkenntnisse, die sich aus dem Betrieb kleinerer Wikis ergeben, auf die Wikipedia übertragbar sind, ist zweifelhaft - die virtuelle Gemeinschaft scheint in der Wikipedia anders zu funktionieren, beispielsweise zeichnen sich in der Wikipedia deutlicher unterschiedliche „Fraktionen" ab.

4. *Die Bedeutung der virtuellen Gemeinschaft*

Diese Typologien sind kein Selbstzweck. Wikis funktionieren nur bei einer guten sozialen Interaktion der Teilnehmer. Infolgedessen ist die Sichtbarkeit und Greifbarkeit der Teilnehmer durch andere Teilnehmer ein ganz wesentlicher Faktor dafür, ob ein Wiki seinen Zweck erfüllen kann, Wissen zu strukturieren, oder aufgrund von sozialen Faktoren (niemand kritisiert gerne seinen Chef, und dann auch noch öffentlich, schriftlich und mit "Unterschrift") an fehlender Akzeptanz scheitert und verödet. Ein Wiki hat daher stets zwei konstituierende Komponenten: Die technische Kollaborationsplattform, und die Gemeinschaft von Anwendern, die mit dieser Plattform arbeiten.

Andrea Ciffolilli ordnet die Wikipedia in seiner Typologie virtueller Gemeinschaften[9] als purpose-built society ein. Die Teilnehmer eint der Wille, ein gemeinsames Ziel zu erreichen (nicht nur, eine gute Zeit zu verbringen). Er grenzt sie damit ab von Gemeinschaften, die er als affinity-based bezeichnet, bei denen das virtuelle Zusammensein selbst der Grund ist, warum sich die Gemeinschaft findet. Wieweit seine Einschätzung bezüglich dieses Punktes allerdings heute noch der Realität entspricht, sei dahingestellt – es darf die Behauptung aufgestellt werden, dass Wikipedia zunehmend in Richtung der affinity-based societies driftet. Der Fokus auf das Ziel der Erstellung einer Enzyklopädie geht verloren, der Weg (irgendwie in Wiki-Artikeln „herumeditieren" zu dürfen) wird zum eigentlichen Motiv für die Teilnahme.

5. *Einige Erfolgsrezepte (Patterns) für das Funktionieren von Wikis*

Aus dem aktuellen Diskurs zur Funktionsweise von Wikis lassen sich einige Punkte extrahieren, die im Zusammenhang mit der Wissensorganisation stehen. Die Wikipedia als weltweit größtes Wiki, bietet ein ideales Anschauungsfeld, um der Theorie die praktischen Auswirkungen gegenüberzustellen. Der Fokus soll dabei auf Wikis liegen, die zielgerichtet Wissen speichern und abrufbar halten sollen, deren Gemeinschaft also „purpouse build" ist. Einige dieser Punkte sind relativ unumstritten, bei anderen steht der Autor im Gegensatz zu manchen Vertretern der reinen Wiki-Lehre[10].

---

7 [WWW04]

8 [ARO02]

9 [CIF03]

10 Der Hinweis sei erlaubt, dass gerade die Wikis, die die reine Lehre pflegen (bspw. das Portland's Pattern Repository's Wiki [WWW02]) kaum im nennenswerten Maß als Wissensspeicher verwendbar sind. (i.S.v.: für Menschen, die nicht am Diskursprozess der Gemeinschaft beteiligt sind, verständlich les- und damit nutzbar).

6. *Ein geschlossener Text pro Thema*

Wikis sind in der Regel nach Stichworten organisiert. Der Text zu einem Stichwort sollte stets ein einheitlicher, geschlossener Text sein, der als ganzes stimmig gelesen werden kann. Im Optimalfall verändern die Teilnehmer den Text so, dass keine Brüche im Wiki sichtbar sind, die der Leser alleine überbrücken muss.

Hier sind zwei Teilaspekte wichtig: Die Inhalte sollten erstens aus einer distanzierten neutralen Perspektive geschrieben sein, nicht Partei zu ergreifen sondern lediglich festzustellen, dass es Parteien gibt, die diesen oder jenen Standpunkt einnehmen. Dieser so genannte „Neutrale Standpunkt“ ist für die Wikipedia eines der zentralen Kriterien für die Artikelqualität.[11] Beispielsweise sollte ein Text zum Nahost-Konflikt in Palästina eine Gesamtsicht des Phänomens aus einer neutralen Perspektive heraus liefern. Diese neutrale Perspektive bedingt, dass nicht Argumente im Text ausgetauscht werden, sondern dem Leser quasi ein aufbereitetes Extrakt geliefert werden muss. Wichtig ist hier, dass in einem Artikel gearbeitet wird, und keinesfalls versucht werden darf, Neutralität durch zwei Artikel mit gegensätzlichen Standpunkten zu erreichen. Nur in einem Text kann es gelingen, das Wissen der Teilnehmer zu organisieren, ohne dass dieser Organisationsaufwand vom Leser geleistet werden muss.

Derselbe Hintergrund bedingt, dass der eigentliche Artikelinhalt auch von Diskussionen der Teilnehmer freizuhalten ist. Wikipedia löst das so, dass zu jeder Artikelseite - dem eigentlichen Produkt des Wikis - eine Diskussionsseite existiert, auf der sich die Teilnehmer abstimmen können. Inhaltlich strittige Punkte werden (im Optimalfall) in der Diskussion geklärt und anschließend in den bestehenden Artikeltext eingearbeitet. Die Teilnehmer werden so gezwungen, sich auf einen einheitlichen Text zu einigen: es reicht eben nicht, lediglich in der Diskussion die eigene Ansicht darzulegen - die eigenen Beiträge müssen vielmehr mit denen der anderen Teilnehmer in einen lesbaren Zusammenhang gebracht werden.

In dem Zusammenhang sei noch die Notwendigkeit des ständigen Refaktorierens erwähnt. Refaktorierung, ein Begriff, der aus der Softwareentwicklung stammt, bezeichnet Umgruppierungen, Zusammenführungen oder Trennungen von Inhalten im Wiki. Doppelungen müssen entfernt, unzusammenhängende Informationsfetzen regelmäßig zu einem schlüssigen Text zusammengegossen werden. Wiki-Artikel wachsen nicht immer so optimal wie oben geschildert, sondern teilweise auch recht unstrukturiert; gerade in der Anfangsphase geschieht es häufig, dass Inhalte mehrfach unter unterschiedlichen Stichworten erstellt werden, was rasch korrigiert werden sollte. Nimmt die Gemeinschaft nicht die Aufgabe wahr, das Wiki permanent zu refaktorieren, so wird das Wiki zunehmend unübersichtlicher.[12] Als Beispiel für ein ursprünglich ausgesprochen gut (heute leider zunehmend schlechter) refaktorierendes Wiki mag die Wikipedia herhalten, schlecht bis gar nicht refaktoriert wird beispielsweise in der Mutter aller Wikis, dem Portland Pattern Repository's Wiki.

---

11 [WIN03]
12 [PRE03]

7. *Klarer Fokus*

Wikis sind zunächst Systeme, in denen jeder alles ändern kann. Wikis können also zum kollaborativen Schreiben benutzt werden. Sie können aus dem Detailwissen Vieler ein Gesamtwissen emergieren lassen, das über das Wissen des Einzelnen hinausgeht, ohne dass eine zentrale Kontrollinstanz dies mit definierten Prozeduren sicherstellen würde. Dies funktioniert, wenn man das Wiki als evolutionäres System begreift, in dem tausende von Änderungen immer wieder auf ihre Fitness geprüft werden, und letztlich diejenigen Änderungen sich durchsetzen und summieren, die am besten angepasst sind, die nicht durch die Evolutionsprinzipien aussortiert werden. Nun ist für die Inhalte in einem Wiki aber die Umwelt, in der sie sich behaupten müssen, die Umgebung, die durch die Anwender erzeugt wird: letztlich sind in einem Wiki die Anwender diejenigen, die Inhalte als erhaltenswert durchgehen lassen, oder als schlecht angepasst in der einen oder anderen Weise „auffressen" werden. Wenn die Teilnehmer aber stark unterschiedliche Vorstellungen haben, wie Texte im Wiki sein sollen, so wird nur ein sehr schwacher evolutionärer Druck erzeugt.

Sind die Anwender uneinig, was das Wiki eigentlich sein will, welche Themenbereiche durch die Artikel abgedeckt werden sollen und in welcher Tiefe, in welchem Stil, mit welcher Zielgruppe an Lesern, so wird die anwendergemachte Evolution der Artikel nicht funktionieren, weil die Inhalte beliebig gefressen oder am Leben gelassen werden. Sind die Teilnehmer nicht genügend auf das Ziel eingeschworen, so wird das Wiki zwar im evolutionären Wechselspiel von Inhalten und Teilnehmern ständig in Bewegung sein – jedoch dem Ziel nicht näher kommen, das zu erreichen es ins Leben gerufen worden war.

An dieser Stelle scheitert die Wikipedia im Moment; während in der Anfangsphase der Fokus Enzyklopädie durchaus klar war, so wird sie heute von (zu vielen) Mitgliedern als Möglichkeit gesehen, das eigene Halbwissen ins Web zu stellen, bzw. von (zu vielen anderen) als soziales Experimentierfeld, bei dem dann schon der eine oder andere ganz brauchbare Artikel anfallen wird. Selbst wenn sie also keine Enzyklopädie sei, so könne Wikipedia ja immer noch als „Steinbruch" für andere Projekte verwendet werden. Nur noch wenige Teilnehmer sehen Wikipedia als potentielle Enzyklopädie auf einem Niveau mit Brockhaus und Britannica (was der ursprüngliche Fokus war) – und deshalb, nur deshalb, wird sie dieses Ziel auch nicht erreichen.

8. *Verteidige den Fokus gegen die Inhalte*

Der zweite, in diesem Zusammenhang wichtige Punkt ist, Inhalte, die dem Fokus widersprechen, aus dem Wiki auch tatsächlich herauszunehmen, sprich: soweit möglich, zügig zu überarbeiten, und zu löschen, falls die Überarbeitung durch die Wiki-Gemeinschaft ausbleibt oder nicht möglich ist. Wichtig ist dieser Punkt in erster Linie bei offenen Wikis: Die Autoren, die ein Wiki anzieht, werden maßgeblich durch das Thema und die Qualität der Inhalte gesteuert, die das Wiki bereits anbietet. Umgekehrt sorgen die Autoren in ihrer Zusammensetzung und Qualität natürlich für die Inhalte. Letztlich handelt es sich bei offenen Wikis also um Systeme, die im Sinne einer positiven Verstärkung funktionieren. Daher ist es wichtig, dass Inhalte, die nicht im Fokus des Wikis liegen, auch tatsächlich entfernt werden, da sonst neue Autoren angezogen werden, die diese Inhalte erweitern werden und so das Wiki noch weiter vom ursprünglichen Fokus abrücken.

9. *Verteidige den Fokus gegen die Teilnehmer*

Die größte Gefahr für offene Wikis wie die Wikipedia liegt also in einer schleichenden Veränderung des Fokus' durch eine schleichende Veränderung der Teilnehmerstruktur. Wie oben schon erwähnt, ist in der Wikipedia der Fokus, insbesondere in Bezug auf die Qualität, heute nicht mehr der, der er noch vor einem Jahr war. Im März/April 2004 erhöhte sich die Teilnehmerzahl aufgrund von Presseberichten über die Wikipedia sprunghaft. Ein Großteil dieser neuen Teilnehmer scheint aber nicht in der Lage, den Qualitätsansprüchen gewachsen zu ein, die Enzyklopädieartikel an ihre Autoren stellen. Hier wurde zu wenig gegensteuert, es entstanden viele Artikel mangelnder Qualität, die neue Teilnehmer anzogen, denen dies gerade richtig erschien. Möglicherweise gelang es der Wikipedia auch aufgrund der mangelnden Qualität der Mehrzahl der Beiträge nicht, in ausreichend großem Maß Teilnehmer aus dem akademischen Umfeld dauerhaft zu binden.

In den Griff bekommen lässt sich diese Problematik nur über klare „Hausordnungen", die insbesondere die Verhaltensweisen der Teilnehmer untereinander regeln. Sie sollten alle Teilnehmer auf die „purpose-built -society" festlegen. Sie müssen den Fokus, wie erwähnt, klar definieren. Die Definition des gewünschten Qualitätsniveaus gehört hier unabdingbar dazu.

Die Regeln alleine nützen jedoch nichts. Es muss der Wille hinzukommen, diese Regeln auch durchzusetzen, und zwar ohne allzu lange Debatten, die wieder auf die Außenwirkung schlagen. Dazu sind eine Reihe privilegierter („trusted") Teilnehmer nötig, die das Recht haben und sich in der Pflicht sehen sollten, einerseits Störer schnellstmöglich vor die virtuelle Tür zu setzen und andererseits eine produktive Arbeitsatmosphäre im Sinne des Fokus und der Qualitätsansprüche des Wikis aufrecht zu erhalten, in dem sie fokusfremde Inhalte auch gegen aufkeimenden Widerstand der jeweiligen Autoren entfernen.

Wichtig ist dabei, dass sie sich in der Tat als Platzordner, nicht als Türsteher verstehen: Der Zugang zum Wiki sollte stets so offen sein wie irgend möglich, vorausgesetzt die Regeln im Wiki werden eingehalten. Die Platzordner sind in diesem Sinne die Garanten der zielorientierten Zusammensetzung der Wiki-Gemeinschaft. Diese wiederum garantiert die Stabilität der Inhalte, denn es gilt, dass „wenn eine entsprechend große Anzahl Benutzer der [Wikipedia-]Verfassung entsprechend arbeitet, sie nicht durch eine begrenzte Anzahl feindlicher oder verrauschter Beiträge zerstört wird".[13]

Bei der Wikipedia ist heute leider das Gegenteil der Fall. Das Rauschen in der Wikipedia nimmt täglich zu, von der ersten Generation aufgebaute Strukturen in den Artikeln werden zunehmend aufgeweicht, ohne dass etwas Gleichwertiges an ihre Stelle träte. Die Platzordner der Wikipedia sind in ihrem Tun kaum mehr wahrnehmbar, die neu eingestellten Inhalte werden daher auch täglich schwächer. Gute Artikel werden zu mediokren „verschlimmbessert", wenn ihre Autoren sie nicht regelrecht bewachen. Hält dieser Zustand an, ist es nur eine Frage der Zeit, bis die Wikipedia im weißen Rauschen versinken wird.

---

13 [AIG03]

10. Ausblick

Wikis sind ein zunehmend ins Blickfeld gelangendes Werkzeug für das Wissensmanagement. Wikis funktionieren - wenn man es richtig anfängt. Neben den oben aufgeführten Faktoren kommen ein paar weitere hinzu, die aber nicht spezifisch typisch für Wikis sind: So ist der Erfolg der Wikipedia sicher auch auf eine kontinuierliche Pressearbeit zurückzuführen, die das Projekt ins Bewusstsein der Öffentlichkeit rückte. Auch das optisch ansprechende Erscheinungsbild im Vergleich mit anderen Wikis oder die Verwendung einer Lizenz für freie Inhalte haben sicherlich eine Rolle für ihren Erfolg gespielt.

In der Rolle, Wissen organisieren zu können, versagt Wikipedia als offenes Wiki jedoch zunehmend, weil die Steuerung der Teilnehmerstruktur - der einzige Garant für die Qualität der Inhalte - sträflich vernachlässigt wird. Mitte 2001 fragte Jimmy Wales, der Gründer der Wikipedia, bei Ward Cunningham, dem Erfinder des Wikis an, ob dieser eine freie Enzyklopädie, die nach dem Wiki-Prinzip arbeitet, für möglich halte. Dessen Antwort war: „Yes, but in the end, it wouldn't be an encyclopaedia. It would be a wiki".[14] Aus heutiger Sicht hat er wohl Recht behalten.

Literatur:

[AIG03] Aigrain, Philippe: The Individual and the Collective in Open Information Communities, Extended abstract of an invited talk at the 16th BLED electronic conference, 2003 http://opensource.mit.edu/papers/agrain3.pdf (7.9.2004).

[ARO02] Aronsson, Lars: Operation of a Large Scale, General Purpose Wiki Website: Experience from susing.nu's first nine months in service. In: Proceedings of the International ICCC/IFIP Conference on Electronic Publishing, 2002.

[CIF03] Cifolilli, Andrea: Phantom Authority, self-selective recruitment and retention of members in virtual communities. The case of Wikipedia, in: First Monday, peer reviewed journal on the internet, Vol 8., Nr.12, Dezember 2003.

[GRA03] Grassmuck, Volker: Freie Software zwischen Privat- und Gemeineigentum, Hrsg. Bundeszentrale für Politische Bildung, Bonn 2002, http://freie-software.bpb.de

[LEU01] Leuf, Bo und Cunningham, Ward: The Wiki Way. Quick Collaboration on the Web. Addison Wesley Professional, 2001.

[PRE03] Preisig, Ueli: Kooperative Wissensgenerierung in virtuellen Gemeinschaften zur Befriedigung von komplexen Informationsbedürfnissen am Beispiel Tourismus, Dipl.-Arbeit im Fach Informatik an der Universität Zürich, 2003.

[PUL02] Puls, Christoph, Bongulielmi, Luca und Henseler, Patrick: Leitfaden für den Aufbau einer unternehmensinternen Wissensbasis mit Wiki. ETH Zürich, Zentrum für Produktentwicklung, 2002. http://e-collection.ethbib.ethz.ch/show?type=bericht&nr=217 (22.10.04).

[WIN03] Winkler, Stefan: Selbstorganisation der Kommunikation Wissenschaft - Öffentlichkeit im virtuellen Raum, Koblenz: Forschungsstelle Wissenstransfer, 2003. Schriften zur Kommunikation Wissenschaft-Öffentlichkeit I. http:lenz-uni-koblenz.de/Publications/Winkler.pdf (1.10.2004).

[WWW01] Wikipedia (deutschsprachig): http://de.wikipedia.org (1.10.2004).

[WWW02] Portland Pattern Repository's Wiki: http://c2.com/cgi/wiki?WelcomeVisitors (1.10.2004).

[WWW03] Meatball Wiki: http://usemod.com/cgi-bin/mb.pl (1.10.2004).

[WWW04] Susning.nu Wiki: http://www.susning.nu (1.10.2004).

[WWW05] http://c2.com/cgi/wiki?WikiPedia (1.10.2004).

---

[14] [WWW05]

Wikipedia - Die freie Enzyklopädie als Teil der digitalen Allmende des Wissens

Kurt Jansson
Gesellschaft zur Förderung Freien Wissens e.V.

Die Online-Enzyklopädie Wikipedia wurde Anfang 2001 gegründet, existiert somit also seit fünf Jahren – für eine Enzyklopädie ist dies ein lächerlicher Zeitraum, für ein Internet-Projekt schon fast ein biblisches Alter. Es gibt sie in über 100 Sprachen, insgesamt wurden bisher weit über drei Millionen Enzyklopädieartikel verfasst. Ich möchte im folgenden einen Einblick in die Entstehungsgeschichte des Wikipedia-Projektes geben und zeigen, welche Ziele bisher erreicht werden konnten, aber auch auf die Probleme eingehen, die bei einem Vorhaben dieser Größenordnung zwangsläufig entstehen.

Das Online-Projekt Wikipedia nutzt als Basis des kollektiven Schreibens von Enzyklopädieartikeln eine spezielle Plattform: ein Wiki. (Der Name bezieht sich auf „wiki", das hawaiianische Wort für „schnell".) Wikis sind im World Wide Web verfügbare Seitensammlungen, die von den Benutzern nicht nur gelesen, sondern auch online verändert werden können; sie sind somit offene Content-Management-Systeme. Hierdurch ist es jedem Leser möglich, sofort Korrekturen oder Ergänzungen an bestehenden Artikeln vorzunehmen oder gänzlich neue Artikel zu erstellen. Die klassische Unterscheidung zwischen den Autoren als Produzenten und Lesern als Konsumenten der Texte verschwimmt, da jeder Leser einen von ihm entdeckten Fehler – ob nun Kommafehler, inhaltlicher Fehler oder Auslassung eines wichtigen Sachverhalts – selbst korrigieren kann. Er muss dazu nur auf den Link „Seite bearbeiten" klicken und kann dann in einem Eingabefeld den bestehenden Text verändern und abspeichern – die neue Version des Artikels ist daraufhin sofort von jedermann abrufbar. Wikis stellen somit das herkömmliche Modell der Erstellung von zur Veröffentlichung bestimmten Texten auf den Kopf: Die Veröffentlichung erfolgt im Moment des Abspeicherns, erst dann setzt der vielschichtige review-Prozess ein. Dieses Verfahren bringt viele Vorteile, aber auch einige Nachteile mit sich.

1. *Der permanente Review-Prozess*

Offensichtlichster Vorteil der sofortigen Veröffentlichung ist die Implementierung einer sehr produktiven Feedback-Schleife, wie man sie auch aus der Freie-Software-Bewegung kennt. Ein oft zitierter Satz in diesem Zusammenhang ist „Release early, release often!"[1] – je häufiger eine Programmversion veröffentlicht wird (und sei es auch in einem sehr frühen Stadium) desto häufiger haben Nutzer die Möglichkeit dem Software-Entwickler von Programmfehlern (so genannte „Bugs") und Problemen zu berichten. Bei entsprechenden Kenntnissen können sogar selber korrigierte Programmcodes mitgeliefert werden. Ein weiterer, häufig als „Linus's Law" zitierter Satz lautet „Given enough eyeballs,

1 Raymond, Eric Steven: The Cathedral and the Bazaar.
http://www.catb.org/~esr/writings/cathedralbazaar/cathedral-bazaar/ar01s04.html

all bugs are shallow."[2] – je mehr Personen den Quelltext eines Programms in Augenschein nehmen (und somit korrigieren) konnten, desto geringer die Wahrscheinlichkeit, dass dieser noch Fehler enthält.

Beide Prinzipien lassen sich auf die kollaborative Texterstellung in Wikis übertragen, und ihre Wirkung wird sogar noch verstärkt durch den Umstand, dass hier zur Bearbeitung von Texten keinerlei technische Vorkenntnisse benötigt werden. Wer eine Textverarbeitung bedienen kann, ist auch in der Lage, Texte in einem Wiki zu erstellen – die Programmiersprache als Zugangshürde entfällt. Zwar werden die Texte direkt im wenig komfortablen Browser-Fenster bearbeitet, jedoch ist die Syntax der Auszeichnungssprache sehr einfach gehalten. So lassen sich bspw. Links mit Hilfe zweier eckiger Klammern vor und hinter dem zu verlinkenden Wort erstellen (der Text „[[Wikipedia]], die freie [[Enzyklopädie]]" würde also zu den Seiten mit den Titeln „Wikipedia" und „Enzyklopädie" linken). Eine Registrierung als Teilnehmer ist nicht erforderlich, als Kennung dient ggf. die IP-Adresse des Autors. Auch ist der Anreiz, eine Bearbeitung vorzunehmen, sehr hoch, da die eigenen Änderungen am Text sofort sichtbar sind. Aus diesen Gründen bezeichnete Lars Aronsson, der Betreiber des lange Zeit zweitgrößten Wiki nach Wikipedia, susning.nu[3], in einem Artikel Wikis sehr treffend als „hypertext on steroids"[4].

Bei einem so offenen System wie es ein Wiki im allgemeinen und Wikipedia im speziellen ist, stellt sich zwangsläufig die Frage nach den Mechanismen, die das fragile Projekt vor Missbrauch durch destruktive Nutzer schützen. Bedingung für die Implementierung dieser vielfältigen Mechanismen ist die Transparenz aller Artikeländerungen für den Nutzer. Jeder Artikel besitzt eine Versionsgeschichte, über die nachvollziehbar ist, wer zu welchem Zeitpunkt welche Änderung an einem Artikel vorgenommen hat. Ältere Versionen eines Artikels sind so sehr einfach abrufbar, destruktive Änderungen (von Wikipedia-Nutzern häufig als „Vandalismus" bezeichnet) mit wenigen Mausklicks wieder rückgängig zu machen. Zu jedem Artikel gibt es eine Diskussionsseite, auf der Meinungsverschiedenheiten zwischen Benutzern über Änderungen an einem Artikel besprochen und geklärt werden können. Alle Änderungen an den Artikeln werden auf einer von der Wiki-Software generierten Seite, genannt „Letzte Änderungen" gelistet, und können so zeitnah von den Projektteilnehmern in Augenschein genommen werden. Ein weiteres viel genutztes Hilfsmittel sind die Beobachtungslisten, über die jeder angemeldete Nutzer Änderungen an Artikeln, die ihn besonders interessieren, begutachten kann. Viele Autoren nutzen diese Funktion, um die von ihnen mitverfassten Artikel langfristig im Auge zu behalten. Hinzu kommt eine fast unerschöpfliche Liste so genannter „Wartungs-" und „Spezialseiten"[5], welche Artikel enthalten, die nach unterschiedlichsten Kriterien als „bearbeitungswürdig" eingestuft wurden. Teils werden diese automatisch generiert (bspw. Listen mit besonders kurzen oder langen Artikel), teils von den Nutzern selbst gepflegt (bspw. Listen mit unverständlichen oder zur Löschung vorgeschlagenen Artikeln). Vor allem Nutzer, die

2 ebenda

3 http://susning.nu/

4 Aronsson, Lars: Operation of a Large Scale, General Purpose Wiki Website. Experience from susning.nu's first nine months in service. http://aronsson.se/wikipaper.html

5 vgl. http://de.wikipedia.org/wiki/Hilfe:Spezialseiten und http://de.wikipedia.org/wiki/Kategorie:Wikipedia_Wartung

schon längere Zeit am Projekt beteiligt sind, verbringen einen großen Teil ihrer dem Projekt gewidmeten Zeit mit der Kontrolle und Abarbeitung dieser Seiten.

Im Laufe der Zeit haben sich viele weitere Mechanismen herausgebildet, mit deren Hilfe die Gemeinschaft versucht, die Entwicklung der Artikel zu beobachten und zu steuern. In so genannten WikiProjekten organisieren Autoren einzelner Themenbereiche ihre Zusammenarbeit. Hier werden grundsätzliche Diskussionen, bspw. zum Aufbau von Artikeln oder zur Strukturierung einzelner Gebiete geführt. Auch Hilfe von anderen Autoren kann hier angefordert werden, sei es zur gemeinsamen Bearbeitung eines ganzen Artikelkomplexes oder nur zur Klärung einer einzelnen Frage. Ergänzt werden viele WikiProjekte durch Portale, die einerseits einen nach unterschiedlichen Kriterien gegliederten Einstieg in verschiedene Themenbereiche bieten, andererseits aber auch Hilfestellung für die aktive Teilnahme am Projekt geben. Es werden die in den letzten Wochen neu erstellen Artikel des Themenbereichs aufgelistet, Vorschläge gemacht, welche Artikel noch geschrieben werden sollten oder auch grundsätzliche Hinweise gegeben, welche Artikelstrukturierung in einem bestimmten Gebiet bevorzugt wird. Diese „Vermischung“ trägt der Tatsache Rechnung, dass jeder Leser auch ein potentieller Autor ist, und soll bisher passive „Textkonsumenten“ zu einer aktiven Mitarbeit motivieren. Die Hauptseite der Wikipedia war lange Zeit ähnlich gestaltet (tatsächlich diente sie als Vorlage für die Portale).

Zunehmend an Bedeutung gewinnt der Prozess der Auswahl so genannter „exzellenter Artikel“[6]. Hält ein Teilnehmer einen Artikel für exzellent, so kann er ihn auf einer dafür vorgesehenen Seite eintragen und damit die übrigen Teilnehmer zu Kommentaren auffordern. Diese legen daraufhin dar, ob auch sie den Artikel für exzellent halten, bzw. aus welchen Gründen sie dies nicht tun, und machen Vorschläge zur Verbesserung. Bildet sich nach zwanzig Tagen ein Konsens unter den Kommentierenden heraus, so wird der Artikel in die Reihe der Exzellenten aufgenommen. Die Anforderungen an einen Artikel, der das Prädikat der Exzellenz erhalten soll, sind seit Einführung dieses Auswahlprozesses stetig gestiegen. Zurzeit werden in der deutschsprachigen Wikipedia über 600 Artikel als „exzellent“ geführt (in der englischsprachigen sind es über 800), durchschnittlich kommt pro Tag ein weiterer Artikel hinzu.

2. *Die Transparenz der Artikelqualität für den Leser*

Schon sehr früh wurde an Wikipedia kritisiert, dass die Qualität eines Artikels für den normalen Leser nicht immer offensichtlich ist. Die Auslassung wichtiger Fakten oder eine nicht neutrale Darstellung sind normalerweise nur für den Fachmann erkennbar, und subtiler Vandalismus (wie bspw. die Änderung einer Jahreszahl) lässt sich nur durch Vergleich mit anderen Quellen aufspüren. Zurzeit wird Lesern geraten, sich die Versionsgeschichte und auch die Diskussionsseite eines Artikels anzusehen, um hier Hinweise auf mögliche Unzulänglichkeiten zu erhalten. Ob dieser Rat tatsächlich auch von der Mehrzahl der Leser befolgt wird (bzw. Ob vielen Lesern überhaupt bekannt ist, auf welchem Weg Artikel in Wikipedia entstehen) erscheint zumindest zweifelhaft. Sehr früh gab es deshalb schon verschiedenste Überlegungen zur Etablierung eines Review-Prozesses, über den sich die Vertrauenswürdigkeit einzelner Artikelversionen abschätzen lässt. Die unterschiedlichen Ideen lassen sich grob zwei Ansätzen zuordnen.

6 http://de.wikipedia.org/wiki/Wikipedia:Exzellente_Artikel

Entweder wird versucht, mit Hilfe statistischer Daten eine Kennziffer zu errechnen, an der sich mehr oder weniger genau die Verlässlichkeit eines Artikels ablesen lässt. Statistische Daten können hier über die Eigenschaften des Artikels selbst generiert werden (z.B. Alter, Aufrufe, Bearbeitungen) oder sie werden von den Nutzern über eine Bewertungsfunktion erzeugt. Die Artikelbewertungen könnten zusätzlich über ein Vertrauensnetz (angelehnt an das aus der Kryptologie bekannte „Web of Trust"[7], über das Nutzer die Kompetenz der anderen Teilnehmer einschätzen, gewichtet werden.

Der andere Ansatz baut auf dem schon existierenden Auswahlprozess für die exzellenten Artikel auf. Während bei diesem jedoch nicht gewährleistet ist, dass der Leser auch genau den Artikelinhalt vor sich hat, dem – möglicherweise schon vor langer Zeit – das Prädikat der Exzellenz verliehen wurde, sollen bei einem neu zu Implementierenden Review-Prozess bestimmten Artikelversionen von Fachleuten die Vollständigkeit und Korrektheit aller Fakten bescheinigt werden. Der Leser kann nun zwischen der aktuellen, möglicherweise jedoch fehlerhaften Version und der geprüften, möglicherweise jedoch veralteten Version des Artikels wählen.

Die Diskussionen, welcher der Ansätze erfolgversprechender ist und welche weiteren vorstellbar wären, begleiten das Projekt seit langer Zeit. Es ist zu vermuten, dass in Zukunft mehrere Ansätze implementiert und getestet werden, wann dies jedoch geschieht und welche es sein werden, lässt sich derzeit jedoch nicht eindeutig sagen.

3. *Der aktuelle Stand des Projekts*

Die Offenheit und Einfachheit dieses Systems hat ein enormes Wachstum ermöglicht. Die deutschsprachige Wikipedia enthält derzeit über 350.000 Artikel, täglich kommen etwa 500 neue Artikel hinzu und durchschnittlich 17.000 Bearbeitungen werden an bestehenden Artikeln vorgenommen[8]. Rechnet man alle Artikel der über 100 Sprachen zusammen, in denen mittlerweile Wikipedias existieren, so kommt man auf über vier Millionen Artikel. Die Qualität der vorhandenen Artikel ist äußerst heterogen, das Spektrum reicht in der deutschsprachigen Wikipedia von den von der Gemeinschaft als „exzellent" eingestuften Artikeln, bis zu den mehreren tausend „Stubs" genannten Rumpfartikeln, deren Umfang selten drei Sätze übersteigt.

Die Zeitschrift Nature kam kürzlich in einem Test[9], in dem 50 Artikel der englischsprachigen Wikipedia und der Encyclopædia Britannica jeweils wissenschaftlichen Gutachtern zu Bewertung vorgelegt wurden, zu dem Ergebnis: „But as an investigation [...] shows, the accuracy of science in Wikipedia is surprisingly good: the number of errors in a typical Wikipedia science article is not substantially more than in Encyclopaedia Britannica, often considered the gold-standard entry-level reference work." Zu einem ähnlichen Fazit kamen schon früher die Computerzeitschrift c't[10] und die Wochenzeitung Die Zeit[11] in Tests der deutschsprachigen Wikipedia.

---

7 http://de.wikipedia.org/wiki/Web_of_Trust

8 http://de.wikipedia.org/wiki/Wikipedia:Statistik

9 Wiki's wild world. Researchers should read Wikipedia cautiously and amend it enthusiastically, in: Nature Vol 438, 15.12.2005, http://www.nature.com/news/2005/051212/full/438890a.html

10 Kurzidim, Michael: Wissenswettstreit. Die kostenlose Wikipedia tritt gegen die Marktführer Encarta und Brockhaus an, in: c't 21/2004, 4.10.2004, S. 132-139

11 Schult , Thomas J.: Lernen vom Schinken in Scheiben – Was taugen die aktuellen Enzyklopädien auf CD-ROM und DVD? Ein Test, in: DIE ZEIT, 14.10.2004, Nr. 43

Die Zahl der bisherigen Autoren ist sehr schwer abzuschätzen, da viele der Artikelbearbeitungen von nicht angemeldeten Benutzern durchführt wurden – es dürften jedoch weit über 100.000 sein.

Mehr als 100 Millionen Seiten werden täglich von über 10 Millionen Besuchern aufgerufen.

Nach Angaben von Alexa.com gehört Wikipedia zu den 20 am häufigsten aufgerufenen Websites weltweit[12]. Die 150 Server, mit denen das Projekt derzeit betrieben wird, gehören der US- amerikanischen Wikimedia Foundation[13], die auch für den durch die Aufrufe verursachte Datenverkehr, der sich auf etwa 3 Terabyte pro Tag beläuft, aufkommt. Finanziert werden diese und die weiteren Projektkosten allein durch Spenden.

Die gesamten in den Wikimedia-Projekten erstellten Inhalte dürfen von anderen frei verwendet werden. Sie dürfen kopiert und verändert werden, so lange die Autoren genannt werden und die Inhalte weiterhin „frei" bleiben. Dieses Konzept der frei nutzbaren Inhalte, im Englischen als „Open Content"[14] bezeichnet, stellt auch die Nachhaltigkeit des Projektes sicher. Da die verwendete Software ebenfalls einer freien Lizenz unterliegt (der vom Betriebssystem Linux bekannten GNU GPL) ist es jederzeit möglich, Kopien des gesamten Projektes zu erzeugen. Die durch die Software und die Nutzer hergestellte Transparenz aller Aktivitäten innerhalb des Projektes ist jedoch nur die Bedingung für das Funktionieren dieses offenen Systems – das Funktionieren selbst kann sie nicht erklären. Wenn nicht tausende von Autoren auf der ganzen Welt bereit wären, in ihrer Freizeit Artikel für das Wikipedia-Projekt zu erstellen und zu pflegen, und wenn die zur Verfügung stehenden Mittel nicht von den Nutzern tatsächlich eingesetzt würden, wäre die Idee von Anfang an zum Scheitern verurteilt gewesen. Es scheint also vielen Menschen ein Bedürfnis zu sein, das eigene Wissen weiterzugeben und mit anderen am Aufbau der größten Sammlung menschlichen Wissens mitzuwirken.

---

12 http://www.alexa.com/data/details/traffic_details?&y=t&q=&url=http://wikipedia.org

13 http://www.wikimediafoundation.org/

14 http://de.wikipedia.org/wiki/Open_Content

Digital Rights Management (DRM) und Geolocation - Rechtemanagement in digitalen Medien“

Sven Pagel
Fachbereich Wirtschaft, Fachhochschule Düsseldorf

Zusammenfassung

Aufgaben der Wissensorganisation fallen in hohem Maße auch in Medienunternehmen an. Dies wird üblicherweise unter dem Terminus ‚Content Management' subsumiert. Neben der internen Abwicklung der redaktionellen Produktionsprozesse ist der Datenaustausch mit externen Marktpartnern von Wichtigkeit, wie Rechteinhabern einerseits und Rezipienten bzw. Konsumenten andererseits. Zunehmend geht es dabei um die Abbildung von Rechten und die Verschlüsselung von Medieninhalten, somit von Aufgaben des Rechtemanagements. Anhand der Vermarktung aktueller Sportgroßereignisse wie Olympia 2004 und der Fußball-WM 2006 werden diese Zusammenhänge unter medienökonomischen Vorzeichen beleuchtet. Die Notwendigkeit von gesellschaftlich akzeptierten Systemen für das Digital Rights Management soll dabei herausgearbeitet werden.

1. *Ausgangsbedingungen der digitalen Medienproduktion*

Unter dem Fachbegriff des Content Managements spielt die Wissensorganisation auch in Medienunternehmen eine herausragende Rolle. Digitale Inhalte werden in Essence (das eigentliche Material, z.B. bestehend aus Text-, Bild-, Audio- und Videoelementen) und Metadaten differenziert, um eine strukturierte Medienproduktion zu ermöglichen (vgl. Pagel, 2003, 18f.). Diese erfolgt z.B. mittels digitaler Audio- bzw. Video-Archivsysteme oder mittels so genannter Content Management Systeme. Archivsysteme ermöglichen den Redakteuren die Recherche nach wieder verwendbaren Inhalten direkt an ihrem vernetzten PC-Arbeitsplatz. Grundlage dessen sind insbesondere Metadaten, die in den Dokumentationsbereichen, technischen Abteilungen oder anhand sonstiger Quellen erfasst werden.

Content Management Systeme (CMS) werden in unterschiedlichen Aufgabenfeldern in Medienunternehmen eingesetzt, so dass auf eine saubere begriffliche Abgrenzung zu achten ist. Einerseits werden Broadcast-CMS bei der Redaktion von Fernsehangeboten wie Nachrichtensendungen eingesetzt und sind dort eng mit den genannten Archivsystemen verbunden, andererseits dienen Web-CMS zur Erstellung von Internetseiten. In solchen Content Management Systemen werden Inhalt und Layout getrennt verwaltet. Derart strukturierte Inhalte können den Rezipienten in vielfältigen digitalen Ausspielkanälen zur Verfügung gestellt werden – theoretisch weltweit. Neben Radio (Digital Audio Broadcasting - DAB, Digital Radio Mondiale - DRM) und Fernsehen (Digital Video Broadcasting - DVB mittels Kabel, Satellit oder Terrestrik) treten das Internet und die Mobilkommunikation in unterschiedlichsten Geräteformen (PC, Laptop,

Spielekonsole etc. einerseits und Handy, PDA usw. andererseits) und auf Basis verschiedener Übertragungsprotokolle (UMTS, WLAN u.v.m.).

Neben Inhalten und Metadaten müssen im Rahmen der Wissensorganisation allerdings – nicht zuletzt aus ökonomischen Gründen – zunehmend Rechte im Content Management der Medienunternehmen abgebildet werden. Das Content Management wird also um das Rechtemanagement ergänzt. Zusammenfassend werden diese technischen und logischen Aufgaben als Asset Management bezeichnet. ‚Asset' also verstanden als Verknüpfung von Content mit zugehörigen Rechteinformationen, da erst hierdurch ökonomische Werte entstehen.

Die hohe Relevanz von Rechteinformationen gilt sowohl unternehmensintern bei der Erfassung und Abbildung der vertraglich zulässigen Nutzungsarten und deren Pflege im Zeitverlauf (klassisches Rechte- und Lizenzmanagement) als auch im externen Verhältnis zu den Rezipienten bzw. Konsumenten (Digital Rights Management). Modernes Rechtemanagement bedient sich somit sowohl der klassische Rechteverwaltungssysteme (vgl. Schneider/Krause/Schmidt, 2003, 576) als auch der Digital Rights Management Systeme. Die Erfahrungen der Musikindustrie mit oftmals illegalen Tauschbörsen auf Basis von Peer-to-peer-Technologien im Internet sind Beleg für das Erfordernis stringenter Abrechnungsmodalitäten und Datensicherungsverfahren auch in anderen Medienbranchen wie etwa der Filmindustrie. Deren Durchsetzbarkeit steht zunächst auf einem anderen Blatt. Aktuelle Debatten verdeutlichen neben den ökonomischen Aspekten auch politische und gesellschaftliche Aspekte der Rechteverwaltung – vom Datenschutz über die Finanzierbarkeit von Medieninhalten bis zum immanenten Anspruch des ‚free flow of information', der insbesondere von der Open Source Community geäußert wird. Medienunternehmen müssen ihre Position zwischen den unbeschränkten Konsuminteressen der Rezipienten und den Vermarktungsinteressen der Rechteinhaber identifizieren und schließlich behaupten.

Evident wird dies nicht zuletzt bei Rechtverhandlungen zu sportlichen Großereignissen wie Olympia 2004, der Fußball-Bundesliga oder der Fußball-WM 2006, die hier als Beispiele herangezogen werden sollen. Im Gegensatz zu oben erwähnten Musikproduktionen bestehen an Sportereignissen keine Urheberrechte. Die Verbände haben das so genannte Hausrecht inne und können auf Basis dessen Übertragungsrechte vergeben. Erstmals zeigte sich die große praktische Relevanz und Brisanz von Digital Rights Management und Geolocation bei den Olympischen Spielen 2004. Im Rahmen dieses Mega-Events mit riesigem Zuschauerinteresse und einer immensen Wissensproduktion (in Form von Ergebnissen, Medaillenspiegeln, Statistiken, Spielberichten u.v.m.) wurde auf Drängen der amerikanischen Lizenznehmer die Notwendigkeit von Maßnahmen zur Überprüfung der Geolocation, der räumlichen Ortung von Rezipienten, forciert.

Welche Player sind bei derartigen Rechteverhandlungen als Basis der Medienproduktion von Bedeutung? Medienunternehmen bewegen sich üblicherweise auf drei Märkten, inputseitig auf dem Beschaffungs-, outputseitig auf dem Rezipienten- und dem Werbemarkt (vgl. Wirtz, 2003, 23). Für die folgende Analyse sind deshalb jene Marktpartner zu berücksichtigen, denen sich die Medienunternehmen in diesen Märkten gegenübersehen. Dies sind auf dem (1) Beschaffungsmarkt, auf welchem Lizenzen verhandelt werden, in erster Linie die Rechteinhaber (Sportverbände etc.), die den Schutz ihrer Urheber- und Verwertungsrechte verfolgen und eine Optimierung der

Verwertungserlöse anstreben, sowie gegebenenfalls Rechtehändler als Intermediäre. Auf Basis der erworbenen Lizenzen an hochwertigen Veranstaltungen produzieren die Medienunternehmen möglichst attraktive Inhalte, die auf dem (2) Rezipientenmarkt eine große (je nach Erlösmodell auch zahlende) Zuschauermenge erreichen sollen. Die werbetreibende Industrie ist schließlich der maßgebliche Marktpartner auf dem (3) Werbemarkt. Digitale Inhalte und Übertragungstechnologien bieten in diesem Markt zukünftig Möglichkeiten für ganz neue, beispielsweise interaktive, Werbeformen.

In diesem Wettbewerbsumfeld betätigen sich die Medienunternehmen also als Rechteverwerter, deren Ziel das Angebot massenattraktiver Inhalte ist, die zudem ein hochwertiges Werbeumfeld schaffen sollen. Unter Effizienzgesichtspunkten muss eine kostengünstige Produktion der Inhalte sichergestellt werden, so dass die Generierung von Erlösen für die hier betrachteten Sport-Events wünschenswert ist. Grenzkosten digitaler Inhalte tendieren gegen Null, während die First-Copy-Costs in der Medienbranche - nicht zuletzt aufgrund der exorbitanten Rechtekosten - sehr hoch sind. Mehrfachverwertung von Inhalten in den unterschiedlichen oben genannten Kanälen wird deshalb zunehmend wichtig, ist jedoch nur auf Basis eines funktionierenden Content bzw. Asset Managements realisierbar. Innerhalb der Mehrfachnutzung sind die unternehmensinterne Mehrfachverwendung und die marktseitige Mehrfachverwertung zu unterscheiden (vgl. Hess/Schulze, 2004, 42).

In den heutigen Zeiten der digitalen Medienproduktion wird die beschriebene Konkurrenzsituation auf den drei Märkten durch die Konvergenz der TIME-Branchen Telekommunikation, Informations-technologie, Medien und Entertainment bzw. Elektronikindustrie zunehmend volatiler. So treten bei den Rechteverhandlungen verstärkt auch Unternehmen der Telekommunikationsbranche in den Ring, wie die Verhandlungen für die Übertragungsrechte zur Fußball-Bundesliga ab der Saison 2006/07 eindrucksvoll vor Augen geführt hat. Hier hat die Deutsche Telekom den Zuschlag für die Internetnutzung erhalten.

2. *Digital Rights Management durch Medienunternehmen*

Durch globale Medien wie das Internet bzw. das World Wide Web stehen die von Medienunternehmen produzierten Inhalte grundsätzlich weltweit zur Verfügung. Auch das Digitalfernsehen bietet über die Satellitenausstrahlung eine zumindest europäische Abdeckung, die weit über das ursprünglich national begrenzte Sendegebiet hinausgeht. Rechteinhaber, Medienunternehmen und Rezipienten haben bezüglich der Verbreitung von Wissen (bspw. in Form von journalistischen Inhalten) jedoch divergente Interessen. Digital Rights Management (DRM) soll die Verwertungsrechte der Rechteinhaber schützen, schränkt jedoch die Verbreitungsmöglichkeit der journalistischen Wissensproduktion ein. Zunehmend wird deshalb eine „nachhaltige Wissensökologie" (Kuhlen, 2003, 114) gefordert, die von proprietären Geschäftsmodellen Abstand nimmt. Nur durch freizügigen Umgang mit Wissen und Information, so die Argumentation, kann die Innovationskraft einer Gesellschaft weiter steigen. Peer-to-peer-Nutzungsformen wie teilweise illegale Musikbörsen sind zudem gesellschaftlich weitgehend akzeptiert, zunehmend finden sich auch Ansätze eines Peer-to-peer-Journalismus. Insbesondere das Aufkommen von Weblogs zeigt, dass Rezipienten zumindest einen Teil ihres Informationsbedarfs mittlerweile durch nicht-professionelle Quellen decken können. Mittelfristig mögen hier Erlösrisiken für die Medienunternehmen begründet liegen.

Die Vielzahl existenter DRM-Systeme reicht von Hardware-Lösungen z.B. im Bereich des Digitalfernsehens mit physischen Conditional-Access-Modulen bis zu softwarebasierten Systemen. Grundsätzlich verfolgen DRM-Systeme einen oder mehrere der folgenden drei Mechanismen: Zugangssteuerung, Nutzungssteuerung und Verfolgung von Rechtsverletzungen (vgl. Hess, 2005, 16f.). Bei der Zugangssteuerung soll unberechtigten Personen der Zugang zu den Inhalten verwehrt werden. Dies funktioniert beispielsweise über Blocking-Verfahren. Die Nutzungssteuerung u.a. über Rechtmanagement-Sprachen wie XrML (eXtended Rights Markup Language) modifiziert die Art und Weise der zulässigen Nutzung. So kann beispielsweise die Nutzungsdauer, die Nutzungshäufigkeit oder die Nutzungsform (statt Brennen oder Kopieren nur Hören) eingeschränkt werden. Die nachträgliche Verfolgung von Rechtsverletzungen kann durch digitale Wasserzeichen erleichtert werden. Die Rechteverifikation aller drei Verfahren ist in erster Linie Nutzer-, also Personen-orientiert.

Ein klassisches Beispiel für DRM-Systeme sind die Verschlüsselungs-systeme wie Nagravision, das der Bezahlsender Premiere verwendet. Auch für Fernsehsender, die kein Pay-TV-Geschäftsmodell verfolgen, spielen solche DRM-Systeme zunehmend eine Rolle. Derartige Notwendigkeiten ergeben sich dort in erster Linie aus dem Angebot von Live-Streams im Internet wie im folgenden Abschnitt dargestellt wird. Während es sich bei Downloads um eine zeitlich asynchrone Nutzung handelt, bei der Medieninhalte auf dem Rechner des Rezipienten gespeichert werden, stellt (Live-)Streaming den Abruf der Dateien ohne Zwischenspeicherung auf dem PC des Nutzers dar. Bei der Streaming-Media-Technologie erscheinen Inhalte zudem bereits während der Übermittlung beim Nutzer. Wollen Medienunternehmen Bewegtbildinhalte im Internet anbieten, um die technischen Möglichkeiten des Mediums World Wide Web zu nutzen und neue Erlösströme zu generieren, so müssen DRM-Systeme, oftmals kombiniert mit Geolocation-Komponenten, eingesetzt werden.

3. *Digital Rights Management und Geolocation*

Neben Digital Rights Management Systemen, die eine nutzerorientierte Rechteverifikation durchführen, sind die Medienunternehmen auf Drängen der Rechteinhaber verstärkt gezwungen, auch so genannte Geolocation Systeme für das Internet in den Fokus zu nehmen. Geolocation Systeme setzen bei einer regionenorientierten Rechteverifikation an. Die zugrunde liegende Ermittlung von IP-Adressen stellt nicht nur eine technische Herausforderung dar, sondern wirft u.a. mit Blick auf den Datenschutz auch ethische Fragen auf. Zudem führen sie bei den Medienunternehmen zu zusätzlichen Kosten, die gegebenenfalls an die Nutzer weitergegeben werden, und widersprechen dem historischen Grundgedanken des Mediums World Wide Web bzw. des technischen Kanals Internet (‚free flow of information').

Geolocation soll sicherstellen, dass der Nutzer sich mit seinem Endgerät wie dem PC oder dem Handy tatsächlich räumlich im jeweiligen Lizenzgebiet befindet, für das die Medienunternehmen die Lizenzen von den Rechteinhabern erworben haben. Andernfalls könnten die Rechte anderer internationaler Rechteinhaber verletzt werden und im Extremfall deren Erlöse negativ beeinträchtigen. Ein prominentes Beispiel deutscher Provenienz war im November 2001 die Fernsehübertragung der Gruppenauslosung zur Fußball-WM 2002, die über das digitale Angebot ZDFinfokanal beispielsweise auch in Spanien frei empfänglich war. Der dortige Lizenznehmer, ein spanischer Sender, ebenfalls ein Kunde des damals involvierten Rechtehändlers Kirch, hatte allerdings sein Signal nur verschlüsselt zur Verfügung gestellt und sah seine Vermarktungspotenziale gefährdet. Im Ergebnis des Rechtsstreits musste das ZDF die digitale Übertragung während der Auslosung kurzfristig komplett stoppen.

In den letzten Jahren sammeln Medienunternehmen erste Erfahrungen beim Einsatz von Geolocation-Technologien in prototypischen Lösungen. Die Übertragungsrechte für Olympia 2004 - auch für das Internet - wurden vom Internationalen Olympischen Komitee (IOC) durch die European Broadcasting Union (EBU) als Zusammenschluss aller europäischen öffentlich-rechtlichen Rundfunksender erworben. Die Ausstrahlungsrechte galten für das gesamte Territorium der EBU, so dass Probleme wie die geschilderten im Jahr 2002 vermieden werden konnten.

Gegen eine Ausstrahlung von Live-Streams über das Internet bestanden nun allerdings seitens der amerikanischen Rechteinhaber (NBC) und anderer internationaler Sender große Bedenken. Das IOC hat dem Live-Streaming durch europäische Sender deshalb nur unter der Bedingung der Wahrung der territorialen Integrität zugestimmt. Ein deutscher Internetnutzer in den USA musste also von der Nutzung eines solchen Olympia-Angebotes im Web mit 99,8%-iger Sicherheit ausgeschlossen werden. Die technische Lösung wurde von ARD und ZDF in Zusammenarbeit mit Geolocation-Dienstleistern wie Akamai und Entriq auf Basis des DRM-Systems des Windows Media Player 9 realisiert. Das mehrstufige Verfahren setzte sich aus den folgenden Schritten zusammen: Identifikation der IP-Adresse des Nutzer-PC, Überprüfung der Zeiteinstellung des Internet-Browsers am Nutzer-PC, Registrierung des Nutzers (mit beliebigem Namen und Passwort), Verschlüsselung des dynamischen Links zum Video, Zeitbeschränkung der Gültigkeit des Link mittels eines Token, Verschlüsselung des Videos selbst mittels einer Licence sowie IP Blocking. Aus technischen Gründen konnte die Umsetzung der Licence nur mit dem Windows Media Player 9 erfolgen, weil das darin integrierte DRM-System für die technische Realisierung genutzt wurde.

Im Ergebnis war der Anmeldeprozess für den einzelnen Internetnutzer so umständlich, dass eine relativ zurückhaltende Nutzung während der knapp vierwöchigen Olympischen Spiele zu konstatieren war. Der Einsatz von Geolocation-Verfahren hat sich in diesem Fall für die Nutzung somit als hinderlich erwiesen, obwohl für die Rezipienten auf diese Weise hochwertige Bewegtbildinhalte zur Verfügung standen. In der Zukunft muss deshalb ein Trade-Off zwischen den hohen Schutzinteressen der Rechteinhaber und den Convenience-Ansprüchen der Rezipienten angestrebt werden. Es wird vermutlich verstärkt mit Internet Service Providern zusammen gearbeitet, deren Kundengruppen eindeutig definiert und geschlossen sind, so dass ausländische Rechteinhaber von vorneherein nicht tangiert sein sollten bzw. zusätzliche technische Verfahren entfallen können.

Perspektivisch wird das Wissen um Lokalisierungsinformationen auch zu neuen Geschäftsmodellen führen können. Derartige location based services bieten neue Erlöspotenziale, sofern sich die Nutzer für die Freigabe der jeweiligen Informationen entscheiden. Die Telekommunikationsanbieter haben hier allerdings entscheidende Wettbewerbsvorteile gegenüber Medienunternehmen, da sie zum einen über bestehende individuelle und direkte Kundenbeziehungen verfügen und zum anderen die Zahlungsbereitschaft für Kommunikations-dienstleistungen ausreichend hoch ist. Kooperationen zwischen Telekommunikations- und Medienunternehmen, wie bei den ersten Mobile-TV-Angeboten auf der Basis von UMTS zu beobachten, zeigen hier aber eine mögliche Entwicklungslinie für die Zukunft auf.

4. *Auswirkungen auf die digitale Inhalteproduktion*

Medienunternehmen in ihrer Rolle als Intermediäre zwischen Rechteanbietern und Inhaltenutzern müssen zu ihrer langfristigen Existenzsicherung sicherstellen, dass sie den Rezipienten auch weiterhin attraktive Inhalte anbieten können. Diese Reduktion auf eine reine Intermediärsrolle wird den derzeitigen Produktionsprozessen in der Medienindustrie sicher nur bedingt gerecht, denn erst durch die journalistische Veredelung im Rahmen der Berichterstattung erhält das Gut ‚Sport-Berichterstattung' seinen audiovisuellen Reiz für die Rezipienten. Aber die Schwierigkeiten der Musikindustrie und die zunehmende Verbreitung des Peer-to-peer-Journalismus sollten den Medienunternehmen deutlich und selbstkritisch vor Augen führen, dass in einer digitalen Welt die Medienproduktion und -rezeption im Zweifelsfall auch ohne die Beteiligung von Medienunternehmen erfolgen kann.

Rezipienten wünschen die möglichst kostengünstige Nutzung von quantitativ zahlreichen und qualitativ hochwertigen Medieninhalten. Rechteinhaber, wie beispielsweise Sportverbände, wollen ihre Rechte zum ökonomisch höchsten Preis vermarkten. Die Existenzberechtigung von Medienunternehmen liegt darin, beiden Positionen gerecht zu werden. Das Angebot attraktiver Inhalte wird nicht ohne die Wahrung der Interessen der Rechteinhaber möglich sein, die durch technische Instrumente wie DRM-Systeme oder Geolocation-Verfahren erfolgt. Aus diesen technologischen Entwicklungen resultieren allerdings wiederum auch journalistische und ökonomische Auswirkungen auf die Medienproduktion. Eine journalistische Auswirkung dieser Notwendigkeit von DRM-Maßnahmen mag im Gegenzug die weiter steigende Verbreitung von Formen des Peer-to-peer-Journalismus sein. Für die hier betrachteten Sportveranstaltungen gilt dies jedoch nur in eingeschränktem Maße, denn sie verlieren einen Großteil ihres Reizes ohne Bild-berichterstattung. Nichtsdestotrotz könnten Weblogs von Sportinteressierten vor Ort gewisse Informationsfunktionen wie Ergebnisdienste problemlos übernehmen.

Ökonomische Auswirkungen auf die Wissensorganisation betreffen insbesondere steigende Rechtekosten durch die wachsende Anzahl der Verwertungskanäle in Form von Fernsehen, Internetangeboten, mobilen Diensten etc. und die damit verbundene steigende Anzahl von Wettbewerbern um Lizenzrechte.

An der Bieterphase für die Fußball-Bundesligarechte der Saison 2006/07 haben so viele Medien- und Telekommunikationsunternehmen teilgenommen wie noch nie. Für die Deutsche Fußball Liga (DFL) als Lizenzhalter hat dies zu Rekorderlösen geführt, bisherige Rechteverwerter wie Premiere, die nicht wieder berücksichtigt wurden, sehen nun ihr ganzes Refinanzierungskonzept gefährdet. Eine Übersicht über die Rechtekosten der einzelnen Lizenznehmer zeigt Abbildung 1.

Der von Rechteinhabern geforderte Einsatz von DRM- und Geolocation-Systemen, mit dem Ziel die Exklusivität zu sichern, führt für die Medienunternehmen im Anschluss an den Rechterwerb allerdings zu nicht unbeträchtlichen Zusatzkosten in Form von Softwarelizenzen für Geolocation-Tools, Wartungskosten etc. Finanzielle und ‚strategische' Erlöse aus den attraktiven Inhalten, letztere z.B. durch den gesteigerten Markenwert, müssen diese Rechte- und Systemkosten ausgleichen.

Geschätzte Rechtekosten bis zur Spielzeit 2009/2010		
Arena	(Rechte an Live-Spielen)	234
ARD	(Sportschau ab 18.30 Uhr)	95
ZDF	(aktuelles Sportstudio ab 22 Uhr)	18
DSF	(Sonntag ab 22 Uhr)	20
Telekom	(Live-Spiele im Internet)	33
betandwin.com	(Auslandsrechte)	20
Gesamt pro Saison		**420**
(Angaben in Millionen Euro pro Saison)		

Abbildung 1: Geschätzte Rechtekosten bis zur Spielzeit 2009/2010 (Pellikan, 2006, 43)

An den dargestellten prototypischen Angeboten wie den Onlineangeboten zu Olympia 2004 wird deutlich, dass der Medienkonsum neben technischen Aspekten (Übertragungsprotokolle, Endgeräte etc.) zunehmend von rechtlichen Aspekten tangiert wird und somit ethische Fragen aufgeworfen werden. Selbst wenn unter Wissen in einem breiten Verständnis auch Medienprodukte subsumiert werden (vgl. Kuhlen, 2003, 108), so sind durch die Einschränkung von Sportausstrahlungen keine negativen Auswirkungen auf die Innovationskraft einer Gesellschaft zu befürchten, wie es beispielsweise für den Quellcode von Software gelten würde. Es geht im Bereich der digitalen Medien weniger um makroökonomische Fragen als vielmehr um grundlegende betriebswirtschaftliche Interessen.

5. Lösungsansätze für das Rechtemanagement

Die divergenten Interessen von Rechteinhabern, Medienunternehmen und Rezipienten wurden in den bisherigen Ausführungen dargestellt. So wie das Rechtssystem seit Jahrhunderten allen beteiligten Marktpartnern einen (mehr oder minder) verlässlichen Rahmen zur Seite gibt, so müssen in einer digitalen Welt technologische Systeme zur Rechteverwaltung eine derartige Orientierungslinie bilden. DRM-Systeme stellen deshalb eine notwendige, aber nicht hinreichende Grundlage einer funktionierenden und effizienten Ökonomie der digitalen Güter dar. Ohne sie ist eine Sicherung eines geregelten Güteraustausches nur schwerlich möglich, wenngleich dies auf der Contra-Seite zu einer Eindämmung des offenen Wissensflusses führen kann. ‚Vertrauen' ist allerdings nicht nur ein ökonomisch hohes Gut, da es die Basis der organisatorischen Arbeitsteilung darstellt (vgl. Picot/Reichwald/Wigand, 2001, 123 ff.), sondern eben auch ein gesellschaftlich hoher Wert. Letztendlich begehren auch die Konsumenten nach der erforderlichen Integrität ihrer eigenen Rechtssphäre. Die Akzeptanz von DRM-Systemen, gleichermaßen bei Medienunternehmen wie Konsumenten, ist deshalb zukünftig erforderlich.

Um dies zu erreichen kann eine ‚Politik der kleinen Schritte' mögliche De-Facto-Standards schaffen. Neben harte Standards, deren Ziel die faktische *Durchsetzung* von Rechten ist, treten zunehmend Ansätze, die die reine *Definition* von Rechten als skalierbaren Einstieg in das Intellectual Property Management proklamieren (vgl. Grimm, 2005, 89). Fehlverhalten der Rezipienten ist in diesen Systemen (wie des PotatoSystems des Fraunhofer Instituts IDMT) technisch nicht ausgeschlossen, aber Wohlverhalten wird (z.B. durch Provisionen) ökonomisch belohnt. Eine solche Definition von Rechten im ersten Schritt und finanzielle Anreize zu dessen Einsatz für die Rezipienten könnte mittelfristig zur Akzeptanz des Rechtemanagements in der oben dargestellten Form führen. Neben derartigen kleinen Schritten bleibt des Weiteren die Marktmacht von Big Playern von großer Relevanz. Insbesondere der Erfolg des iTunes-Angebotes von Apple im Musiksektor hat vermutlich einen noch größeren Beitrag zur Akzeptanz von DRM-Systemen bei den Konsumenten gezeitigt als die viel versprechenden Forschungsprojekte der Fraunhofer-Institute.

Ein ökonomisch ausgeglichenes und damit gesellschaftlich stabiles Verhältnis zwischen Rechteinhabern, Medienunternehmen und Konsumenten kann mittelfristig nur auf Basis akzeptierter Standards des Digital Rights Management existieren. Medienunternehmen tun deshalb ein Gutes daran, auch im Bewegtbildbereich weiter Erfahrungen mit den unterschiedlichen DRM- und Geolocation-Systemen zu sammeln. Aus Erfahrungen der Vergangenheit, wie bei Olympia 2004, sollte dabei u.a. hinsichtlich des Bedienungskomforts für die Nutzer gelernt werden.

Literatur:

Grimm, R. (2005): DRM-Techniken und ihre Grenzen, in: Picot, A./ Thielmann, H. (Hrsg.): Distribution und Schutz digitaler Medien durch Digital Rights Management, Berlin et al.: Springer 2005, S. 85-96.

Hess, T./ Schulze, B. (2004): Mehrfachnutzung von Inhalten in der Medienindustrie, in: Altmeppen, K.-D./ Karmasin, M. (Hrsg.), Medien und Ökonomie, Band 2, Problemfelder der Medienökonomie, Wiesbaden: Verlag für Sozialwissenschaften 2004, S. 41-62.

Hess, T. (2005): Digital Rights Management Systeme: eine Technologie und ihre Wirkungen, in: Picot, A./ Thielmann, H. (Hrsg.): Distribution und Schutz digitaler Medien durch Digital Rights Management, Berlin et al.: Springer 2005, S. 15-22.

Kuhlen, R. (2003): Medienprodukte im Netz – Zwischen Kommerzialisierung und freiem Zugang, in: Picot, A. (Hrsg.): Digital Rights Management, Berlin et al.: Springer 2003, S. 107-132.

Pagel, S. (2003): Integriertes Content Management in Fernsehunternehmen, Wiesbaden: Deutscher Universitäts-Verlag 2003.

Picot, A./ Reichwald, R./ Wigand, R. (2001): Die grenzenlose Unternehmung – Information, Organisation und Management, 4. Aufl., Wiesbaden: Gabler 2001.

Pellikan, Leif (2006), Start der zweiten Halbzeit, in: Werben und Verkaufen, Heft 1-2/2006, S. 42-43.

Schneider, S./ Krause, J./ Schmidt, A. (2003): Vertragsgestütztes Rechteverwaltungssystem für digitale Fernseharchive, in: Fernseh- und Kinotechnik, Heft 12/2003, S. 575-580.

Wirtz, B. (2003): Medien- und Internetmanagement, 3. Aufl., Wiesbaden: Gabler 2003.

5. Wissensmanagement

Integriertes Werte- und Wissensmanagement

Gerd-Uwe Funk
agiplan GmbH, Mülheim an der Ruhr

1. *Vorbemerkung*

Die 9. ISKO-Tagung mit dem anspruchsvollen Untertitel „Wissensorganisation und gesellschaftliche Verantwortung - Informationstheoretische, ökonomische und ethische Aspekte“ fand im Jahr 2004 in Duisburg statt. Vielleicht war es ein Zufall, dass dieses Thema im 200sten Todesjahr des Philosophen Immanuel Kant auf die Agenda kam, der mit seinem Werk „Kritik der praktischen Vernunft“ eine eigene Ethik entwickelt hat. Zufall vielleicht auch, dass die Stadt Duisburg zeitgleich zur Tagung diesem Gedenktag eine umfangreiche Ausstellung widmete, in der die beigefügte Abbildung (Abb. 1) anzuschauen war.

Der Holzstich illustriert die Wissensorganisation im 18. Jahrhundert. Wissensorganisation wird nachfolgend nicht in erster Linie als Methodenlehre der Beschaffung, Erschließung und Verteilung des Wissens verstanden, sondern aus Unternehmenssicht sind hier die Strukturen und Prozesse gemeint, unter denen diese Methoden greifen müssen. Das Blatt Papier, das Kant geradezu sinnbildhaft in der Hand hält, steht demnach für aufgezeichnetes Wissen, dass per Korrespondenz verteilt wird und uns heute ermöglicht, Jahrhunderte alte Gedankengänge nachzuvollziehen.

Nicht weniger interessant sind jedoch die Strukturen, die diesen Wissensaustausch ermöglichen. Letztlich wird Wissen durch Kommunikation zwischen Menschen generiert. Nicht immer ist Wissen Produkt der Einsamkeit des Denkers. Kant führte eine umfangreiche Korrespondenz, die ganz Europa umspannte. Darüber hinaus lud er regelmäßig seine Diskussionspartner zu Tischgesellschaften ein, die nach Auffassung des Malers Emil Doerstling alles andere als langweilig gewesen sein mussten. Ein Teilnehmer, so ist auf dem Bild zu sehen, ist aufgesprungen, einer gestikuliert, andere beugen sich vor, und geben dadurch der knisternden Spannung im Raum ihren Ausdruck.

Kants Tischgesellschaft und die bürgerlichen Salons sind Vorläufer von etwas, das man heute Communities of Practice nennen würde: Freiwillige Zusammenkünfte von Menschen, die sich über selbst gewählte Themen austauschen: Wissen als die treibende Kraft zur Kompetenzentwicklung.

2. *Anknüpfungspunkte für Wirtschaftsethik*

Da wir es in Wissensorganisationen in diesem Sinne mit Menschen zu tun haben, bietet sich eine Annäherung zu Fragen des Wissensmanagements aus der Sicht der Wirtschaftsethik an. Wir haben es, darin besteht die Referenz zu Kant, mit einer Einheit von Denken, Fühlen und Handels zu tun. Die Duisburger Ausstellung machte diese ganzheitliche Betrachtung durch drei Grundfragen sichtbar, die Kants Werk begleiten: Was kann ich wissen? Was soll ich tun? Was darf ich hoffen?

Wir meinen, dass es in heutigen Wissensmanagementkonzepten zunehmend wichtiger wird, diesen Wertehintergrund zu reflektieren. Welche Motivation steht hinter dem Wissenstausch? Mit wem kooperiere ich? Wie entsteht Qualität?

Abb. 1: Kant und seine Tischgenossen. Kolorierter Holzstich nach einem Gemälde Emil Doerstlings aus dem Jahr 1892/93

Die Entstehung dieses Ansatzes geht bis in das Jahr 2002 zurück, als im Rahmen eines großen Unternehmensnetzwerkes (bis zu 30 Unternehmen unterschiedlicher Branchen waren beteiligt) mehrere Communities of Practice (CoP) gegründet wurden, darunter auch eine zum Thema Wirtschaftsethik.

Das Dachthema des Unternehmensnetzwerkes konnte mit „Lernen in Netzwerken" (Funk / Strina, 2002), „Lernen in Organisationen" umschrieben werden (Henning / Oertel / Isenhardt, 2003). Für die CoP Wirtschaftsethik lag es nahe, sich diesen Themen unter ethischen Fragestellungen anzunähern. Als pragmatisch erwies sich dabei die Unterscheidung zwischen individuellen, organisatorischen und gesellschaftlichen Bezügen.

Auf der individuellen Ebene (Mikro-Ebene) kann die Bandbreite ethischen Handelns anhand des Stufenmodells von Kohlberg (vgl. Abb. 2) dargestellt werden. Welche Werte verbergen sich hinter der Motivation der Mitarbeiter, etwas zu tun oder nicht zu tun? Können diese beeinflusst werden? Welche Auswirkungen hat der Wertehintergrund der Mitarbeiter auf die Organisation?

Das Deutsche Institut für Entwicklungspolitik hat versucht, das Modell von Kohlberg auf Unternehmen übertragen (Abb. 3). Wann verhalten sich Unternehmen ethisch? Ebenso wie die Wertegefüge der Individuen grundlegend für die Unternehmenskultur sind, so wirken Unternehmen (Meso-Ebene) innerhalb einer globalisieren Welt auf die Gesellschaft (Makro-Ebene).

3. *Die Mikro-Ebene: Was soll ich tun?*

Zunächst ein Beispiel aus einem mittelständischen Unternehmen: Die Firma Johann Philipps GmbH & Co KG aus Bochum wurde im Jahr 2003 im Wettbewerb „Freiheit und Verantwortung" ausgezeichnet, weil das im Bereich der Haustechnik tätige Unternehmen die Stiftung "Von Werkstatt zu Werkstatt - Berufliche Bildung in Osteuropa" gründete, die sich die handwerkliche Ausbildung von arbeitslosen Jugendlichen zunächst in Bosnien-Herzegowina zum Ziel gesetzt hat.

Der Unternehmer Johann Philipps brachte seine Motivation wie folgt auf den Punkt: „Der eine kauft sich von seinem Gewinn eine Yacht in Mallorca, der andere gründet eine Bildungsanstalt." Mehr sei dazu nicht zu sagen.

Über ein anderes, prominentes Beispiel berichtete die Berliner Tageszeitung unter dem Titel „Geld siegt immer" (TAZ, 01. April 2004). Im sog. Mannesmann-Prozess mussten sich neben Ex-Mannesmannchef Klaus Esser der Deutsche Bank-Chef Josef Ackermann, der frühere Aufsichtsratschef Joachim Funk, Ex-IG-Metall-Chef Klaus Zwickel, der ehemalige Mannesmann-Betriebsratsvorsitzende Jürgen Ladberg sowie der Exmanager Dietmar Droste verantworten. Sie sollen die 180 Milliarden Euro teure Übernahme von Mannesmann durch die britische Vodafone Anfang 2000 genutzt haben, um Managern und ehemaligen Vorständen ungerechtfertigte Abfindungen in Höhe von fast 60 Millionen Euro zuschieben.

Wirtschaftsethisch betrachtet ist es nicht entscheidend, ob es in dem Prozess zu einer Verurteilung gekommen wäre, genauso wie es im Falle von J. Phillips keine Vorschrift gibt, die ihn zu sozialen Handlungen genötigt hätte.

Es gibt offenbar eine Bandbreite ethischen Handelns, Nach Kohlberg (zit. nach Ulrich, 2001) können sechs Stufen und eine Zwischenstufe unterschieden werden, die vom Prinzip der Bestrafung (Ich verhalte mich nur ethisch, damit ich nicht bestraft werde.) bis zur Universalethik reichen.

I. Präkonventionelle Ebene (Niveau des Kleinkinds) 1. Stufe: Heteronome Orientierung an Strafe und Gehorsam (Unlustvermeidung) 2. Stufe: Instrumentelle Orientierung am gegenseitig nützlichen Austausch (Do ut des)
II. Konventionelle Ebene (Niveau des gut sozialisierten Kindes) 3. Stufe: Interpersonelle Orientierung an moralischen Erwartungen anderer, insbes. von Autoritätspersonen 4. Stufe: Gesellschaftliche Orientierung an der Aufrechterhaltung der sozialen Ordnung (Law and Order)
Übergangsstufe (Niveau des Adoleszenten) 4,5. Stufe: Rein subjektive Orientierung: nicht mehr sozial orientiert, aber noch kon-kognitivistisch (ethischer Relativismus und Skeptizismus)
III. Postkonventionelle Ebene (Niveau des mündigen Erwachsenen) 5. Stufe: Liberale Orientierung am Sozial- bzw. Gesellschaftsvertrag gleichberechtigter Individuen (Konstitutionalismus und Kontraktualismus) 6. Stufe: Autonome Orientierung an universalen ethischen Prinzipien (Vernunftstandpunkt der Moral)

Abb. 2: Entwicklungsstufen des Moralbewußtseins nach L. Kohlberg

Letztgenannte Stufe, die Stufe 6 bei Kohlberg, scheint in der heutigen Welt mit seinen unüberbrückbaren Konflikten unerreichbar zu sein. Die Mehrheitsgesellschaft dürfte sich zwischen den Stufen 4 und 4,5 einpendeln.
eine höhere Stufe denkbar. Die Einhaltung von Gesetzen steht am Anfang, reicht aber nicht, um die Gesellschaft zusammenzuhalten. Es kommen Wertkategorien ins Spiel, die die ungeschriebenen Gesetze repräsentieren und ebenso grundlegend für das soziale Zusammenleben sind.

4. *Die Meso-Ebene: Verantwortung der Unternehmen*

Anders verhält es sich bei Unternehmen, die in diesem Sinne keine moralischen Instanzen sind. Ethische Ansätze und Programme werden dort allenfalls von Unternehmern und Unternehmerfamilien gelebt, wenn eine Identifizierung des Unternehmens mit einer Unternehmerpersönlichkeit möglich ist (vgl. Laeis, 2005).

Sofern dies in der globalisieren Welt zur Ausnahme wird, müssen nach einer Studie des Deutschen Instituts für Entwicklungspolitik (DIE) letztlich Regelvereinbarungen entwickelt werden (Hamm, 2004; darin: Typologisierung von CSR, Abb. 3).

Kategorie	Rolle
1. Stufe: Wohltätikeit	Mäzen
2. Stufe: Defensive CSR	Guter „corporate citizen“
3. Stufe: Offensive CSR	Vorbildrolle
4. Stufe: Community developement	Alter „local citizen“
5. Stufe Beitrag zu Problemlösung in Multistakeholder Prozessen	Akteur in der Globl Governance

Abb. 3: Typologisierung von Corporate Social Responsibility - CSR

Ein Mittel zur Bestimmung der Position von Unternehmen bzgl. der Stufen 1 bis 5 kann eine Abfrage über Werte sein. Die Mitarbeiter in Unternehmen haben ja sehr unterschiedlichen Biographien und damit auch einen sehr unterschiedlichen Wertehintergrund. Eine Methode zur Mitarbeiter-, ggf. auch Führungskräftebefragung besteht nun darin, einen Wertekatalog vorzugeben, der im besten Falle vollständig sein soll. Durch statistische Auswertungen können dann diejenigen Werte herausgefiltert werden, die offenbar für Unternehmen grundlegend wichtig sind. Auf diese Weise ist etwa eine Befragung unter Führungskräften bei Siemens erfolgt, die auf dem Wertekanon von Hall / Tonna beruhte (Hall, 1995; Hütter, 1997).

5. *Die Makro-Ebene: Was hält die Welt zusammen?*

Der Anspruch von Hall / Tonna bestand allerdings nicht in erster Linie darin, Unternehmen zu beschreiben, sondern die Gesellschaft. Auf der Suche nach einem universell gültigen Wertekanon haben sie einen Katalog von 125 Werten zusammengestellt, der, wie die folgende Auswahl zeigt, eine große Bandbreite umfasst (Abb. 4). Zwischen Selbsterhaltung und Ehrfurcht soll der ganze Lebensbau des Individuums abgedeckt werden. Mit umfangreichen Befragungen großer Personengruppen versuchten Hall und Tonna, Unterschiede im Wertegefüge etwa zwischen Männern und Frauen oder verschiedenen Nationalitäten zu identifizieren. Diese ordneten sie dann in die Stufenleiter der moralischen Entwicklung nach Kohlberg (Abb. 2) ein.

Beispiele aus dem Hall / Tonna Inventory	
Vertrauen	Achtung
Gehorsam	Wertschätzung
Pflicht	Lust
Spiel, Erholung	Vernunft
Eigentum	Entspannung
Verantwortung	Selbstbehauptung
Selbsterhaltung	Vergnügen
Wunder, Ehrfurcht	Schicksal
Qualität	Kunstfertigkeit

Abb. 4: Auszug aus dem Wertekatalog von Hall / Tonna

In Deutschland versuchte Helmut Klages in soziologischen Langzeituntersuchungen ebenfalls, dem Wertewandel auf die Spur zu kommen (Duncker, 1998).

	Selbstzwang und Kontrolle	Selbstentfaltung
In Bezug auf die Gesellschaft	Disziplin Pflichterfüllung	Emanzipation Autonomie
In Bezug auf das individuelle Selbst	Selbstbeherrschung Pünktlichkeit	Kreativität Selbstverwirklichung

Abb. 5: Wertgruppen nach Helmut Klages

Anstatt eines die Welt abbildenden Wertekanons gab Klages ein Raster vor, in dem Werte zwischen Selbstzwang und Kontrolle und Bezug auf Gesellschaft oder Individuum eingruppiert wurden. Mittels umfangreicher Fragebögen konnte ermittelt werden, wie sich die Gewichtungen in den vier Quadranten im Laufe der Jahre veränderten.

Während das Modell von Hall/Tonna auch auf Unternehmen angewendet wurde, betrachtete Klages ausschließlich gesamtgesellschaftliche Entwicklungen.

6. *Rückbezug: Werte und Wissen*

Die wechselseitigen Abhängigkeiten zwischen Individuum und Organisation, zwischen Organisation und Gesellschaft lassen sich in Bezug auf ihre ethischen Ansprüche sehr gut mittels Wertecluster, die über Befragungen oder über Raster erzeugt werden, beschreiben. Wir haben einen ähnlichen Effekt wie bei dem Postulat von der Wissensgesellschaft, in dem das „Wissen" als grundlegende Konstante definiert ist. Da Wissen nicht wertfrei ist, drängt es sich geradezu auf, neben der Debatte vom Umgang mit Wissen die Debatte vom Umgang mit Werten zu führen. Die umfangreiche Befragung von Hall / Tonna, angewandt bei einem Global Player stand in den Neunziger Jahren am Anfang. Inzwischen gibt es Ansätze, dieses Wertemanagement zu standardisieren.

Einen Fokus auf Unternehmen hat zum Beispiel das Wertevierecк des Zentrums für Wirtschaftsethik, in dem zwischen Kommunikations-, Leistungs- und Kooperationswerten sowie moralischen Werten unterschieden wird (DNWE, 2006; Abb. 4).

Dabei wäre zu bedenken, dass in Bezug auf die Handlungsmotive und die Handlungsfolgen einer Tat moralische und nicht-moralische Werte nicht immer eindeutig zu trennen sind.

Leistungswerte	**Kommunikationswerte**
Kompetenz	Achtung
Flexibilität	Offenheit
Qualität	Transparenz
Kooperationswerte	Moralische Werte
Loyalität	Integrität
Teamgeist	Ehrlichkeit
Konfliktfähigkeit	Verantwortung

Abb. 6: Wertemanagementsystem des Zentrums für Wirtschaftsethik (ZfW)

Die Affinität zum Wissensmanagement ist evident und wird über den Brückenschlag der Kommunikations- und Kooperationswerte erzielt. Ziel ist Leistungserbringung (Qualität) durch Kompetenzentwicklung.

Die CoP Wirtschaftsethik hat ihrerseits mit dem Fokus auf die Komplexe „Wissen", „Netzwerke" (Oertel / Hees, 2004) und „Kompetenzentwicklung" in einem großen Unternehmensnetzwerk eine Befragung unter den Teilnehmern durchgeführt. In diesem Fall wurde weder ein Katalog noch ein Raster vorgegeben. Im Vordergrund stand eine Diskussion über Werte (Funk / Kagelmann, 2004). Die Befragung war eher ein Nebenprodukt.

Es fiel auf, dass im Kommunikationsprozess andere, auf das Gegenüber gerichtete Werte ins Zentrum rücken: „Perspektivenwechsel", „zuhören können", „nachfragen" und die „Einmaligkeit", die in jeder zeitlich begrenzten Zusammenarbeit liegt.

Dieses Vorgehen der Community hatte zur Folge, dass nach einem Tag des Zusammenseins einen Zugewinn an Vertrauen und an Respekt untereinander zu verzeichnen war. Die Teilnehmer sind nachmittags an Wissen und Erfahrung reicher auseinander gegangen, als sie morgens zusammentrafen. Der Kern eines Wertegefüges ist, so lehrt die Erfahrung der Community, nicht so sehr im Ergebnis eines Wertekataloges zu sehen, sondern im Prozess der Reflexion über Werte selbst.

Der Erfolg von sog. lernenden Organisationen liegt demnach in der Vertrauen schaffenden Kommunikationsfähigkeit, die sich auf komplementäre Wertegefüge stützen kann.

Nun sind Wissen und Werte in Unternehmen kein Selbstzweck, sondern sind auf den unternehmerischen Erfolg hin ausgerichtet. Dieser spiegelt sich in der Qualität der Produkte und Dienstleistungen wieder.

„Qualität" ist also der dritte Eckpfeiler in dem Modell Wissen- und Wertemanagement. Über Qualitätsmanagement lässt sich Ähnliches sagen wie über Wissensmanagement. Die Methoden des Qualitätsmanagements, die Prozessgestaltung, das System der Auditierung usw funktionieren ebenso wie die Tools des Wissensmanagements nur in einer auf Zusammenarbeit gerichteten Kommunikationskultur (Funk / Strina, 2003).

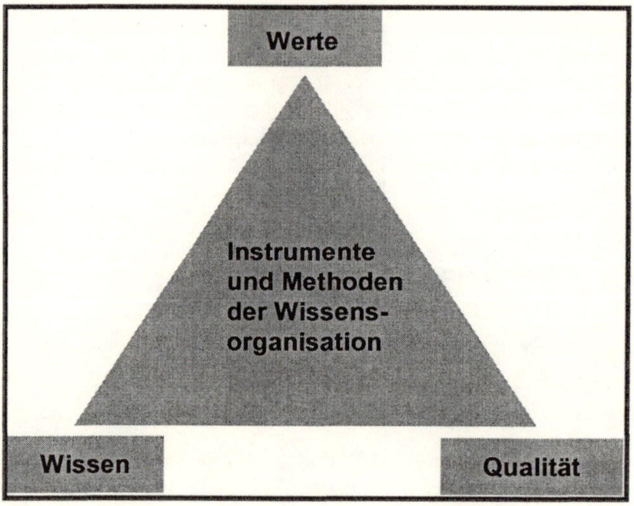

Abb. 7.: Integriertes Werte- und Wissensmanagement

Das „Integrierte Werte- und Wissensmanagement" geht von einem inneren Zusammenhang von Wissen und Werten aus. Die Erschließung von Wissen in welcher Form auch immer, setzt voraus, dass über diesen Zusammenhang im Unternehmen ein Reflexionsprozess stattgefunden hat. Die Reflexion über Werte in Untenehmen hat einen großen Einfluß auf die Akzeptanz von Wissensmanagementsystemen, so dass wir in der ausgewogenen Betrachtung des Spannungsdreiecks „Wissen", „Werte" „Qualität" einen Erfolgsfaktor für entsprechende Konzepte sehen können (Funk / Strina, 2004).

„Qualität" nimmt insofern eine besondere Stellung ein, als sie gemäß der Normenserie DIN EN ISO 9000ff zertifizierbar ist. Im Konzept „Integriertes Werte- und Wissensmanagement" wird Qualität als ein Wert aufgefaßt, der in Beziehung zu anderen Werten innerhalb des Wertesystems einer Organisation steht.

Literatur:

DNWE - Deutsches Netzwerk Wirtschaftsethik. - www.dnwe.de/2/content/bb_01.htm (14.03.2006).

Duncker, Christian: Dimensionen des Wertewandels in Deutschland. - Frankfurt, 1998.

Funk, Gerd-Uwe; Kagelmann, Ulrich: Communities of Practice. Praxisbeispiele des BMBF-Leitprojekts SENEKA. - In: Bundesinstitut für Berufsbildung: LIMPACT, Nr. 8. - Bonn, 2004 (erscheint im November 2004).

Funk, Gerd-Uwe; Strina, Giuseppe: Wissensmanagement - Werte managen? - In: Hanswalter Bohlander; Martin Büscher (Hrsg.): Werte im Unternehmensalltag erkennen und gestalten. - München, 2004
(dnwe-Schriftenreihe; 13).

Funk, Gerd-Uwe; Strina, Giuseppe: Prozessorientiertes Wissensmanagement. - In: Competence in Content. Proceedings der 25. DGI-Online-Tagung. - Frankfurt am Main, 2003, S. 126-134.

Funk, Gerd-Uwe; Strina, Giuseppe: Wissensnetzwerke. In: Wege zum Wissen. Die menschengerechte Information. - 22. Kolloquium über Information und Dokumentation. - Gotha, 2002, S. 169-183.

Hall, Brian P.: Values Shift. - 2. Aufl., Rockport, MA, 1995.

Hamm, Brigitte: Maßnahmen zur Stärkung von Corporate Social Responsibility in der Entwicklungszusammenarbeit europäischer Institutionen und ausgewählter europäischer Geberländer. - Bonn, 2004 (Deutsches Institut für Entwicklungspolitik - DIE).

Henning, K. / Oertel,R. / Isengardt, I. (Hrsg) 2003: Wissen-Innovation-Netzwerke; Wege zur Zukunftsfähigkeit, Heidelberg/Berlin: Springer.

Hütter Gerhard: Entstehung des Siemens-Leitbildes 1997. - Köln, 02.10.2003 (Vortrag im Rahmen der CoP Wirtschaftsethik).

Laeis, Clara E.: Corporate Citizenship. Unternehmerische Bürgerkompetenz im Dienste einer Erneuerung der Sozialen Marktwirtschaft. Ein Mittelstandskonzept
(Schriften des Instituts für Christliche Sozialwissenschaften der Westfälischen Wilhelms-Universität Münster; 53). - Münster, 2005.

Oertel, Regina; Frank Hees (Hrsg.): Das Netzwerk-Kompendium. Theorie und Praxis des Netzwerkmanagements. - Aachen, 2004 (Unternehmenskybernetik in der Praxis; 8).

Ulrich, Peter: Integrative Wirtschaftsethik : Grundlagen einer lebensdienlichen Ökonomie. - 3., rev. Aufl.- Bern, 2001.

Zur Funktion der Wissensorganisation bei der Auswahl nachhaltiger Entwicklungsstrategien in Kompetenznetzwerken

Barbara Heller-Schuh & Jürgen Pretschuh
ARC systems research GmbH, Wien

Zusammenfassung

Um die Wettbewerbsfähigkeit langfristig abzusichern, sieht sich die österreichische Automobilzulieferindustrie vermehrt veranlasst, erhebliche F&E-Leistungen in Form von Kooperationen und Netzwerken abzuwickeln. Im Jahr 2003 wurde aus diesem Grund ein Kompetenznetzwerk „Antriebssysteme der Zukunft" für die österreichischen Fahrzeug- und Fahrzeugzulieferindustrie mit Partnern aus Wirtschaft und Wissenschaft ins Leben gerufen, das sich mit der Entwicklung eines prototypischen alternativen Antriebskonzeptes beschäftigt. Für die nachhaltige Verankerung einer Forschungsstrategie im nationalen Innovationssystem ist die Abstimmung technologischer Ausrichtungen mit beobachtbaren Entwicklungstendenzen von Politik, Wirtschaft und Wissenschaft Voraussetzung. Das erfordert höchstmögliche Transparenz über die Strategien international tätiger Unternehmen, über politische Rahmenbedingungen sowie über den aktuellen Stand und das Entwicklungspotenzial von Technologieentwicklungen.

In diesem Beitrag wird gezeigt, wie mit Hilfe bibliometrischer Verfahren allgemeine und spezifische Themengebiete des Wissensmarkplatzes „Alternative Antriebstechnologien" sowie die unterschiedlichen Akteure aus Industrie, Politik und Wissenschaft identifiziert werden. Die Art der Vernetzung der Themen und Akteure (Anzahl, Intensität), der Neuigkeitsgrad von einzelnen Themen sowie deren Positionierung im Netzwerk (zentral oder peripher) dienen als relevante Informationen für die Unterscheidung relevanten Wissens von nicht-relevantem Wissen im Sinn der Forschungsausrichtung.

Abstract

The Austrian automotive industry increasingly feels impelled to undertake significant F&E-Services in the form of co-operations and networks to ensure its competitiveness in the long run. In 2003 a competence network „Antriebskonzepte der Zukunft" for the Austrian automotive and automotive supply industry was set up in cooperation with partners from economy and science. This competence network concerns in a prototypical alternative power engine. A basic requirement for a sustainable anchorage of a research strategy within the national innovation system is the coordination of the technological focus and the development tendencies observed in politics, economy and science. This demands the highest degree of transparency possible about the strategies in the international automotive industry, about the political framework conditions as well as the recent state and the further potential of technological development.

This article shows how to identify general and specific topics of the knowledge-marketplace „Alternative Antreibssysteme" as well as different actors from industry, politics and science by means of bibliometric procedures. The way the topics and actors are connected (number, intensity), the news value of specific topics as well as their position within the network (central or peripheral) serve as a important information for the differentiation between relevant knowledge and irrelevant knowledge regarding the focus of the research.

1. *Einleitung*

Das Kompetenznetzwerk „Antriebssysteme der Zukunft" (K-net KFZ) der österreichischen Fahrzeug- und Fahrzeugzulieferindustrie wurde 2003 mit fünf Partnern aus der Wirtschaft und zwei wissenschaftlichen Partnern ins Leben gerufen und beschäftigt sich mit der Entwicklung eines prototypischen alternativen Antriebskonzeptes (http://www.k-net-kfz-vkm.com). Es handelt sich um vierjähriges Projekt mit Projektabschluss Mitte 2007.

Als wesentliche Ergebnisse der Forschungskooperation in Form eines Kompetenznetzwerkes werden vor allem innovative Lösungen durch Nutzung des gemeinsamen Know-hows, der unterschiedlichen Denk- und Sichtweisen und der darin verborgenen Reibungsenergie erwartet. Doch gerade durch diese transdisziplinäre Zusammenarbeit im Kompetenznetzwerk ergeben sich für alle Beteiligten Herausforderungen in unterschiedlichen Dimensionen. Neben der systematischen Aufbereitung von einer Fülle von internen und externen Wissensbeständen müssen bei einer gemeinsamen Vorgehensweise und Entwicklungsstrategie vor allem die unterschiedlichen Interessen der Partner berücksichtigt werden. Da sich die Entwicklung eines prototypischen alternativen Antriebskonzeptes an den Anforderungen des nationalen Innovationssystems zu orientieren hat, wurde im Rahmen dieses Projektes eine integrierende Vorgehensweise entwickelt, die die unterschiedlichen Rationalitäten der Akteure des Innovationssystems aufzeigt und die Verankerung einer nachhaltigen Entwicklungsstrategie zum Ziel hat.

Als ein Teilprojekt des Kompetenznetzwerkes unterstützt das Projekt „Evaluierung der Technologiestrategien in der Automobilindustrie und Wissensmanagement für das Kompetenznetzwerk" diese Vorgehensweise vor allem in der Phase der Entscheidungsfindung in Hinblick auf die technologische Ausrichtung des neuen Fahrzeugkonzeptes. Im Rahmen dieses Teilprojekts gilt es themenspezifische Wissensbestände zu kurz-, mittel- und langfristigen Technologieentwicklungen aus der Sicht der internationalen Automobilkonzerne zu analysieren, inhaltliche, personelle und organisationale Zusammenhänge in Form von Netzwerken (Wissenslandkarten) sichtbar zu machen, Schwerpunktthemen, relevante Keyplayer und ihren Kontext zu identifizieren sowie Trends durch regelmäßige Integration neu entwickelter externer und interner Wissensbestände darzustellen. Gegenstand dieses Beitrags ist die Relevanz von Wissensorganisation in der Aufbereitung umfangreichen Materials während der Phase der Ideen- und Entscheidungsfindung. Dabei ist unter anderem auch die Berücksichtigung der Interessen aller relevanten Akteure des betrachteten Innovationssystems (Wirtschaft, Wissenschaft, Politik) ein wichtiger Teilaspekt.

2. *Methodische Vorgehensweise*

2.1 *Einbeziehung relevanter Umwelten für eine nachhaltige Entwicklungsstrategie*

Das Wissen über die Akteure und die Strategien im Innovationssystem ist vor allem deswegen wichtig, weil nachfrageseitige Impulse („demand pull") im Innovationsprozess oftmals entscheidender sind als vorwiegende „science push" (Shmookler 1966). Auch reicht eine allein auf ökonomische Zielsetzungen ausgerichtete Entwicklungsstrategie für eine Innovation nicht mehr aus, statt dessen wird auch gerade von den politischen Entscheidungsträgern ein umfassenderer Zielkatalog im Hinblick auf Innovation eingefordert, der oftmals mit dem Begriff Nachhaltigkeit umschrieben wird (ARCS Innovationspapier 2004). Nachhaltige Innovationen sollten den Nutzen für beteiligte Unternehmen (Gewinn) sowie den Nutzen für den Kunden (Bedürfnisse) mit einem kollektiven Nutzen kombinieren, z.B. im Sinne eines Beitrages zur Verbesserung der Umweltqualität (Sicherung von Ressourcen).

Um nachhaltigkeitsorientierte Forschung und Entwicklung im Kompetenznetzwerk betreiben zu können, ist daher die Berücksichtigung ökonomischer, sozialer und ökologischer Kriterien notwendig (Brundtland 1992). Diese Herangehensweise erfordert vom Wissensmanagement die Integration und Selektion von Informationen zur technologischen Entwicklung in gleichem Maß wie zu beobachtbaren Entwicklungstendenzen in Politik, Wirtschaft und Wissenschaft (Abbildung 1).

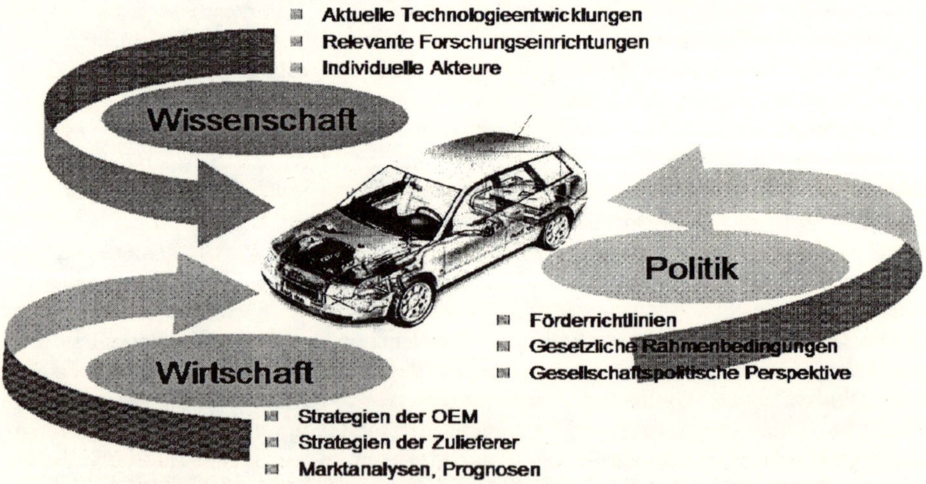

Abbildung 1: Informationsbedarf zu den Akteuren des Innovationssystems

Auf Basis unterschiedlicher Informationsbestände für die Bereiche Wissenschaft, Wirtschaft und Politik werden Antworten zu verschiedenen Fragestellungen gesucht:

- Anhand einer umfassenden Literaturrecherche zum Stand der wissenschaftlichen Forschung wurde eine breite Datenbasis zu alternativen Antriebstechnologien als ein wesentlicher Ausgangspunkt zur Beantwortung detaillierter Fragestellungen generiert. Die gegenwärtig zugänglichen (kostenpflichtigen) Literaturdatenbanken im Technologiebereich bieten einen raschen Zugriff auf spezielle Fachliteratur mit Informationen über aktuelle Technologieentwicklungen, relevante Forschungseinrichtungen sowie die wichtigsten Experten in diesem Bereich. Im Rahmen dieses Projektes sind dies wichtige Ergebnisse zur Entwicklung eines prototypischen Antriebskonzepts, das dem aktuellen Stand der Forschung entspricht. Darüber hinaus ermöglichen detaillierte Kenntnisse über die Forschungsszene die Identifikation zusätzlicher Kooperationspartner aus dem Wissenschaftsbereich.

- Um Informationen über die Strategien von Automobilherstellern (in der Folge abgekürzt mit OEM) beziehungsweise deren Zulieferer zu erhalten, wurde spezifisch zum Thema alternative Antriebskonzepte in den Pressemeldungen themenrelevanter Medien recherchiert. Die Kenntnis über einzelne Produkte, aktuelle Prototypen sowie – soweit daraus ableitbar – die aktuelle und zukünftige Ausrichtung der einzelnen OEM dient der besseren Einschätzung der praktischen Umsetzbarkeit wissenschaftlicher Konzepte. Über die systematische Beobachtung der Mitbewerber hinaus wird auf diese Weise auch die Identifikation potentieller Kooperationspartner unter den Automobilherstellern für spätere Phasen des Forschungsprojektes ermöglicht.
- Schließlich wird mit Hilfe von Recherchen in Pressemeldungen, Newslettern sowie kostenpflichtigen Literatur- und Rechtsdatenbanken der Stellenwert des angestrebten prototypischen Antriebskonzeptes aus der gesellschaftspolitischen und ökologischen Perspektive ermittelt. Auf der Basis dieses Materials können Informationen über laufende Förderinitiativen und gesetzliche Rahmenbedingungen, wie z. B. zur Regulation von Schadstoffemissionen, gewonnen werden, um zu einer Einschätzung der Entwicklung des Automobilsektors vor dem Hintergrund politischer Steuerung zu gelangen und damit auch sicher zu stellen, dass der entwickelte Prototyp den gesetzlichen Vorgaben entspricht (vgl. etwa die EU-4 Abgasnorm).

Unter Berücksichtigung der aufgezeigten Perspektiven liefert eine entsprechende Recherche letztlich eine Fülle von Informationen, die es zur Nutzung im weiteren Projektverlauf zu bearbeiten gilt. Im viel zitierten Zeitalter des Information Overloads gilt es daher Methoden zu nutzen, die Unterstützung bieten bei der inhaltlichen Strukturierung der Fülle der gelieferten Daten und somit die Identifizierung von Veröffentlichungen zu ausgewählten Themengebieten, Institutionen, Personen etc. ermöglichen. Wissensorganisation, basierend auf neueren textanalytischen Verfahren, die die Ergebnisse dieser Suchanfragen in thematische Cluster zusammenfassen und als Netzwerke visualisieren, leistet wichtige Hilfestellung bei der kompakten Aufbereitung von unstrukturiertem Textmaterial und gewährleistet einen Einblick in die thematischen Zusammenhänge sowie die Art der Vernetzung der jeweiligen Sachgebiete in inhaltlicher Hinsicht. Im folgenden Abschnitt wird gezeigt, wie mit Hilfe bibliometrischer Verfahren allgemeine und spezifische Themengebiete des Wissensmarktplatzes „Alternative Antriebstechnologien“ sowie die unterschiedlichen Akteure aus Industrie, Politik und Wissenschaft identifiziert werden können.

2.2 *Wissensorganisation mit Hilfe bibliometrischer Verfahren*

Für die Wissensorganisation im Kompetenznetzwerk „Antriebssysteme der Zukunft" wird BibTechMonTM eingesetzt, das die Strukturierung und Klassifizierung umfangreicher Textmengen auf der Basis bibliometrischer Verfahren unterstützt (Kopcsa, Schiebel 1998). Neben einer automatisierten Beschlagwortung von Texten nutzt BibTechMonTM die Co-Wort Analyse, um das gemeinsame Auftreten von Objekten (Wörter, Produkte, Akteure) in verschiedenen Dokumenten zu analysieren. Durch die Darstellung der Häufigkeit sowie des Grades des spezifischen gemeinsamen Vorkommens (Intensität der Vernetzung) dieser Objekte in Form eines Netzwerks gelingt auch eine Visualisierung inhaltlicher Zusammenhänge (Abbildung 2).

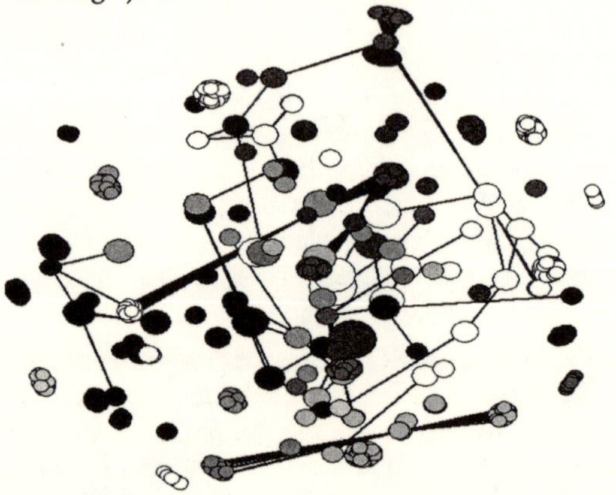

Abbildung 2: Visualisierung inhaltlicher Zusammenhänge in einem Netzwerk der Objekte

Jedes Objekt wird dabei als Knoten im Netzwerk repräsentiert, wobei die Größe des Knotens die Häufigkeit des Vorkommens des Objekts in der Datenbasis wiedergibt. Das gemeinsame Auftreten von zwei oder mehreren Objekten in verschiedenen Dokumenten wird über Verbindungslinien (Kanten) dargestellt: je häufiger zwei Objekte in unterschiedlichen Dokumenten gemeinsam vorkommen, umso stärker ist die inhaltliche Nähe dieser Objekte. Das Maß der Beziehung bzw. die die Signifikanz dieses gemeinsamen Auftretens (d.h. handelt es sich um Co-Häufigkeiten, die spezifisch sind für zwei ausgewählte Objekte) wird über den Jaccard-Index berechnet und über die Strichstärke der Kanten graphisch umgesetzt. Die Positionierung der Objekte im Netzwerk erfolgt schließlich iterativ in Anlehnung an ein physikalisches Feder-Masse Modell. Objekte, die miteinander verbunden sind, ziehen sich an, sodass Objekte mit sehr starken Beziehungen im Allgemeinen in unmittelbarer Nähe zueinander liegen. Da die einzelnen Objekte aber meist in Beziehung mit mehreren Objekten stehen, die wiederum in unterschiedlicher Intensität mit anderen Objekten vernetzt sind, resultiert die Position der Einzelobjekte aus der Summe aller Kräfte, die aus unterschiedlichen Bereichen des Netzwerks auf das Objekt wirken. Mit Hilfe einer derartigen bibliometrischen Analyse wird ein kompakter Überblick über ausgewählte Forschungsgegenstände und ihre aktuelle Entwicklungen generiert, der verdichtete Information für weitere Detailanalysen zu Verfügung stellt.

Im Rahmen des vorliegenden Forschungsprojekts erfolgt die Erstellung der Netzwerke zum Thema Alternative Antriebskonzepte in mehreren Schritten: Basis für die weiteren

Arbeiten ist eine fundierte Informationsbasis, die durch die bereits erläuterte Literaturrecherche zu den Akteuren des Innovationssystems aufgebaut wird. Anhand einer im Team vereinbarten Suchstrategie wird in ausgewählten Literatur- und Pressedatenbanken recherchiert. Die für dieses Themengebiet relevanten Literaturdatenbanken decken dabei Technologiefelder wie Fahrzeugtechnik, Straßenverkehr, Zulieferindustrie, Maschinenbau, Elektrotechnik, Physik, Regelungstechnik, Informationstechnologie, Metallurgie und Materialwissenschaft ab:

- Compendex (http://info.cas.org/ONLINE/DBSS/compendexss.html),
- NTIS (http://info.cas.org/ONLINE/DBSS/ntisss.html),
- INSPEC (http://info.cas.org/ONLINE/DBSS/inspecss.html),
- METADEX (http://info.cas.org/ONLINE/DBSS/metadexss.html),
- VWWW-Fiz-Technik (http://www.fiz-technik.de/db/b_vwww.htm).

Für den Informationsbedarf aus den Pressemeldungen werden Printmedien wie die Frankfurter Allgemeine Zeitung, Süddeutsche Zeitung, Der Standard, Die Presse, Die Zeit, Financial Times Deutschland, VDI-Nachrichten und Die Welt sowie elektronisch verfügbare Newsletter wie www.all4engineers.com, www.diebrennstoffzelle.de, www.forum-brennstoffzelle.de und www.ev-world.com verarbeitet. Dabei erstreckt sich der gewählte Zeitrahmen für die Literaturrecherche von 1970 und für die Pressemeldungen von 1991 bis 2004. Insgesamt wurden bei einer ersten Recherche 1586 Abstracts zu relevanten Artikeln und 372 Pressemeldungen erhoben.

In einem nächsten Schritt wird die Struktur der Abstracts und Pressemeldungen (= Dokumente) aus den unterschiedlichen Datenbanken vereinheitlicht, um die Inhalte mit Hilfe des Einlesemoduls von BibTechMonTM in eine MS Access Datenbanktabelle zu übertragen und für die weitere Bearbeitung zugänglich zu machen. Danach erfolgt mit Hilfe der auf statistischen Verfahren beruhenden automatischen Beschlagwortungsfunktion von BibTechMonTM die Extraktion derjenigen Wörter aus den eingelesenen Texten, die für den Inhalt der einzelnen Textabschnitte charakteristisch sind. Im Rahmen einer formalen (syntaktischen) Standardisierung werden grammatikalische Schreibungsvarianten (Flexionen) und Sprachvarianten (englisch/deutsch) ausgeglichen, die inhaltliche (semantische) Standardisierung zielt auf den Ausgleich von Synonymen und die Bildung von thematischen Überbegriffen ab. Die resultierende Liste der standardisierten Wörter enthält diejenigen Objekte, die als Netzwerk schließlich dargestellt werden.

Als erste Annäherung an das Thema wurde jeweils ein Netzwerk zur Fachliteratur bzw. zu den Pressemeldungen berechnet. Die Art der Vernetzung der Themen und Akteure (Anzahl, Intensität), der Neuigkeitsgrad von einzelnen Themen sowie deren Positionierung im Netzwerk (zentral oder peripher) dienen als relevante Informationen für die Unterscheidung relevanten Wissens von nicht-relevantem Wissen im Sinn der Forschungsausrichtung. Diese Informationen entwickelten sich zu wichtigen Entscheidungskriterien für Exklusion und Inklusion von Wissen im weiteren Projektverlauf. Da sich die Auswahl der Entwicklungsstrategie des alternativen Antriebskonzepts an den unterschiedlichen Dimensionen des Innovationssystems orientiert, erfolgt auch die Interpretation der berechneten Netzwerke unter dieser Prämisse. Der folgende Abschnitt behandelt repräsentativ für das Projekt einige relevante Fragestellungen zu den Akteuren des Innovationssystems.

3. *Analyse exemplarischer Fragestellungen*

3.1 *Wissenschaftliche Aspekte*

Die Analyse der Netzwerke aus dieser Perspektive verfolgt zunächst die Frage nach den zentralen technologischen Wörtern und Begriffen im Themenkreis alternative Antriebskonzepte. „Zentrale“ Begriffe zeichnen sich durch eine Kombination verschiedener Eigenschaften aus. Einerseits zählen hierzu diejenigen fachspezifischen Begriffe, die in den Dokumenten am häufigsten vorkommen und somit wiedergeben, welche Technologien, Komponenten und Methoden am häufigsten thematisiert werden. Meist handelt es sich dabei auch um diejenigen Begriffe, die den größten Grad der Vernetzung mit anderen Begriffen aufweisen, wodurch sie auch eine zentrale Stellung im Netzwerk erhalten. Die Identifikation der häufigsten Begriffe liefert im Fall alternativer Antriebskonzepte einen ersten Eindruck über wichtigsten technologischen Komponenten: Die Batterie, die Verbrennungskraftmaschine, der Elektromotor und die Brennstoffzelle treten im Ranking an oberster Stelle auf und zählen somit - gemäß dieser Auswertung – zu den wesentlichen technologischen Hauptelementen. Aber auch wichtige Informationen über die Einbettung des Themas in das Umfeld Wissenschaft, Wirtschaft und Ökologie sind über diese Vorgehensweise möglich. Offenbar spielen aus methodischer Sicht Tests und Simulationen eine große Rolle, bezeichnend für ein Thema mit noch hohem Forschungsanteil. Die Bedeutung wirtschaftlicher und ökologischer Aspekte wird zum Beispiel durch die Häufigkeit der Wörter Marktanalyse, Kosten, Kraftstoffverbrauch und Emissionen angedeutet. Weiterführende Analysen des Netzwerks zum gemeinsamen Auftreten einzelner Wörter zeigen auch, dass die Begriffe „Elektromotor“ und „Verbrennungskraftmaschine“ in der Literatur häufig gemeinsam diskutiert werden. (Abbildung 3). Man erkennt auch, dass der Begriff „Antriebssystem“ vor allem im Zusammenhang mit „Emissionen“ und „Kraftstoffverbrauch“ erwähnt wird und der Begriff „Energiespeicherung“ in Verbindung mit dem Begriff „Batterie“ häufig diskutiert wird.

Analysiert man in einem weiteren Schritt die nähere Umgebung des Begriffs „Elektromotor“, so findet sich der Begriff „paralleler Hybrid“ (Abbildung 4). Als ein „paralleler Hybrid“ wird ein hybrides Antriebskonzept bezeichnet, bei dem Elektromotor und Verbrennungskraftmaschine so kombiniert werden können, dass beide Antriebselemente getrennt oder gemeinsam auf die Antriebsräder wirken (Rovera et al. 2003). Durch Verwendung eines geeigneten Getriebes zwischen den Antriebsmotoren ist bei diesem Antriebskonzept auch rein elektrisches Fahren möglich. Das parallele Antriebskonzept erlaubt eine Addition der Drehzahl, Zugkraft und der Momente beider Motoren. Das bietet vor allem Vorteile bei der Beschleunigung des Fahrzeuges. Deswegen ist der Begriff „Beschleunigung“ mit dem Begriff „paralleler Hybrid“ eng vernetzt, wie in Abbildung 4 ersichtlich ist. Hybridfahrzeuge mit parallelem Aufbau werden schon heute im Serienbetrieb eingesetzt (Bady et al. 2000). Ein wichtiger Hinweis auf ein für die Praxis realisiertes alternatives Antriebskonzept.

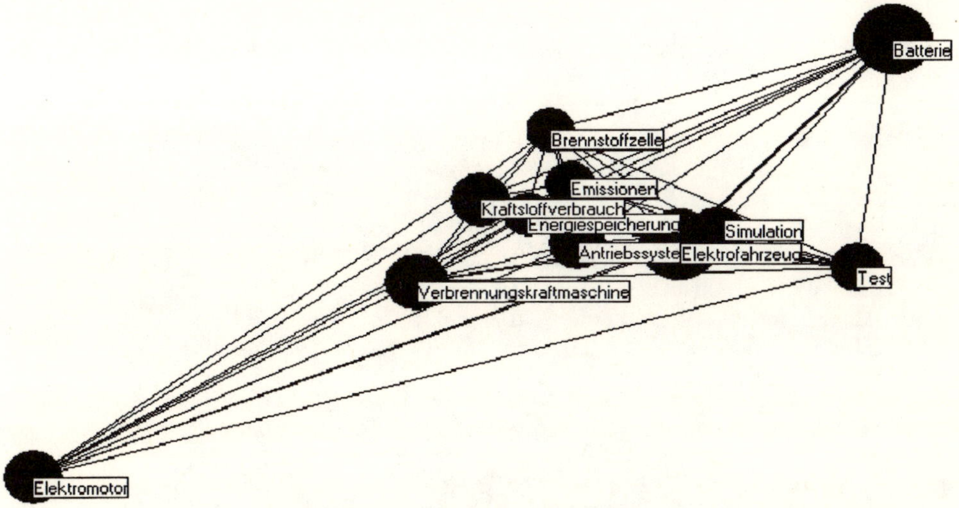

Abbildung 3, Netzwerk der häufigsten Begriffe

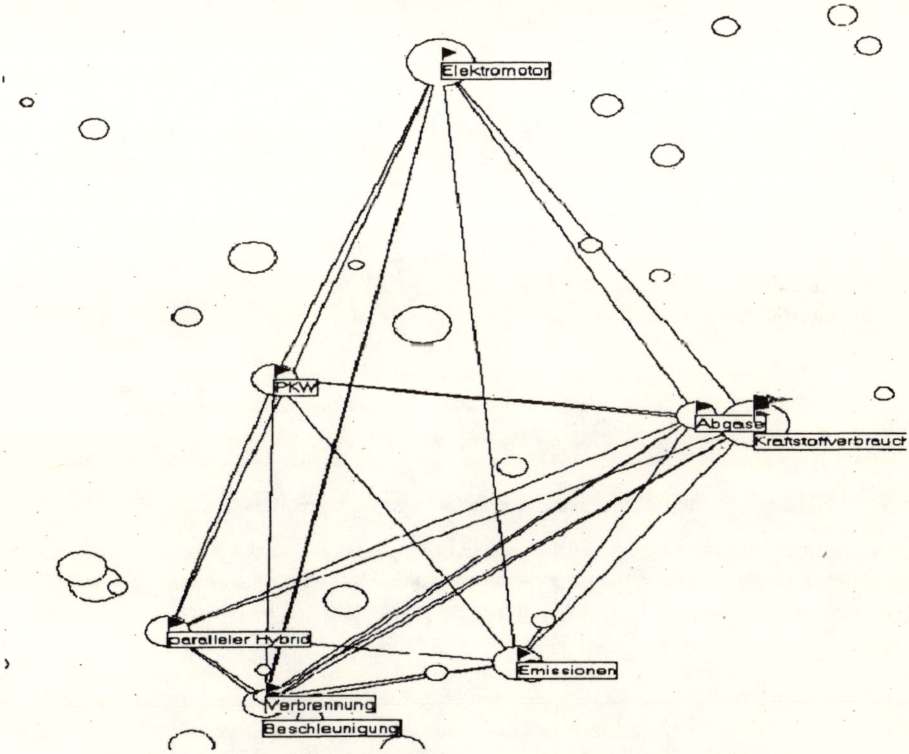

Abbildung 4, Nahe Umgebung des Begriffes Elektromotor im Netzwerk

Für die Entwicklung eines prototypischen alternativen Antriebssystems samt Komponenten sind im Kompetenznetzwerk „Fahrzeugantriebe der Zukunft" vor allem neue wissenschaftliche Erkenntnisse von großer Bedeutung. Experten erkennen hier zum Beispiel neue technologische Themenfelder, die sich aktuell zu diesem Thema eröffnen. Betrachtet man das mit BibTechMonTM berechnete Netzwerk der Wörter, dann zeigt sich, dass sich neue Begriffe - das sind Wörter, die in den Jahren 2002/2003 erstmals auftreten - in der Regel am Rand des Netzwerks positionieren (Abbildung 5). Dies ist dann der Fall, wenn diese Wörter noch nicht im Gesamtkontext diskutiert werden und daher auch nicht mit den anderen Wörtern des Netzwerks verbunden sind. Sie können einerseits einen Hinweis auf mögliche Zukunftsthemen liefern, falls sie Verbindung zu zentraleren Wörtern aufweisen, können sie auch als eine aktuelle Differenzierung in der Entwicklung interpretiert werden (Beispiel für neuere Trends im Bereich Kraftstoffe/Emissionen: 1-Liter-Fahrzeug, Kraftstoffstrategie von VW, Kraftstoffverbrauch von Sport Utility Vehicles (SUV), Reformer Ethanol, Wasserstoffspeicher, Druckgasspeicher).

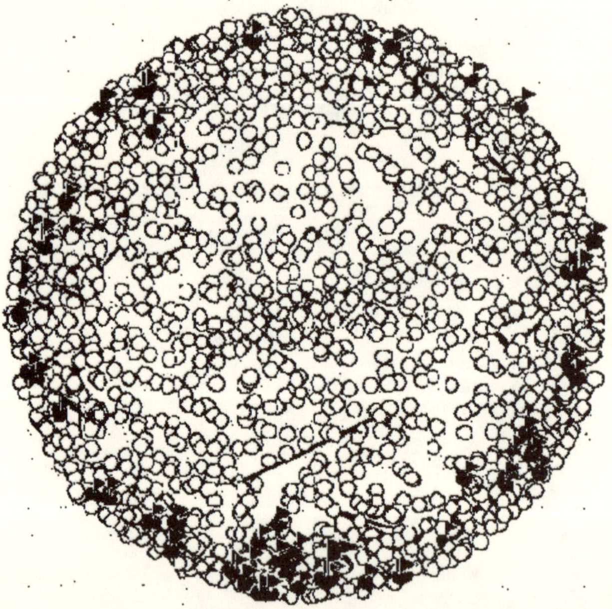

ID	name	freq.	sel.
1192	Kraftstoffstrategie, VW	1	▶
1195	Kraftstoffverbrauch, SUV	1	▶
1197	Kraftstoffversorgung	1	▶
1214	Leistungsregelung	1	▶
1218	Leistungsgerät	1	▶
1220	Leistungsoptimiert	1	▶
1225	Leistungsverteilung	1	▶
1236	Marktanalyse, USA	1	▶
1244	Materialien, temperaturfest	1	▶
1253	Momentenwandler	1	▶
1259	Natriumborhydrid	1	▶
1268	OEM, amerikanische	1	▶
812	Opel, Astra	2	▶
1281	Opel, Studie Concept-M	1	▶
1290	paralleler Hybrid, Drehmoment	1	▶
1293	paralleler Hybrid, SUV	1	▶
1308	Pulsweitenmodulation	1	▶
1311	Reformer, Ethanol	1	▶
1315	Regelungsstrategie,	1	▶
1317	regenerative Energiespeicherung	1	▶
1324	Renault, Kangoo	1	▶
832	Rückspeisung	2	▶
1332	Schadstoffreduzierung	1	▶
1344	Simulation, Motor	1	▶
1347	Simulation, PSIM	1	▶
835	Soft Hybrid	2	▶
1355	Speicherwirkungsgrad	1	▶
1363	Starter-Generator, 42V	1	▶
1364	Statorwicklung	1	▶
1377	stufenloses Getriebe, CVT, Honda	1	▶
1382	Synchronmotor	1	▶
1389	Toyota, FCHV-4	1	▶
1390	Treibhausgase	1	▶
1394	Trendanalyse, Automobilindustrie	1	▶

Abbildung 5, Positionierung neuer Begriffe im Netzwerk (erste Nennung 2002/2003)

Zur Identifizierung relevanter wissenschaftlicher Akteure wird ein eigenes Netzwerk der Autoren berechnet. Zwei Autoren sind in solchen Netzwerken miteinander verbunden, wenn sie mindestens einen Beitrag zusammen veröffentlicht haben. Die Größe des Kreises gibt die Anzahl der Publikationen pro Autor wieder. Wie beim vorangegangenen Netzwerk, sind darüber leicht die Autoren zu ermitteln, die am häufigsten publizieren, sowie die Autoren-Netzwerke, in die sie eingebunden sind. Wichtige Akteure eines Netzwerkes können relativ einfach ermittelt werden, sie stellen einen Verbindungsknoten zu vielen anderen Personen dar, fungieren als wichtige Informationsschnittstelle und sind somit Know-how Träger. Abbildung 6 zeigt das persönliche Netzwerk eines Autors, der in unterschiedlichen Teilnetzwerken aktiv war. Die Personen mit denen er zuletzt publizierte, sind mit einem Fähnchen kenntlich gemacht. Um weitere Detailanalysen zu ermöglichen, bietet BibTechMonTM die Funktionalität eines interaktiven Retrievalsystems durch Gewährleistung des Zugriffs auf die dem Netzwerk zugrunde liegenden Detailinformationen (Einzelartikel). Dadurch gelingt es einzelne Wörter, Wortgruppen und Autoren in ihrem Kontext zu untersuchen. Das in Abbildung 6 dargestellte Autoren-Netzwerk verfasste z. B. Artikel zum Davis Future Car, das an der Universität von Kalifornien entwickelt wurde. Aus den Titeln der letzten Veröffentlichungen ist zu erkennen, dass das Energiemanagement und die Auswahl passender Batterietechnologien für Hybridfahrzeuge ein zentrales und aktuelles Forschungsthema dieser Autoren-Gruppe ist.

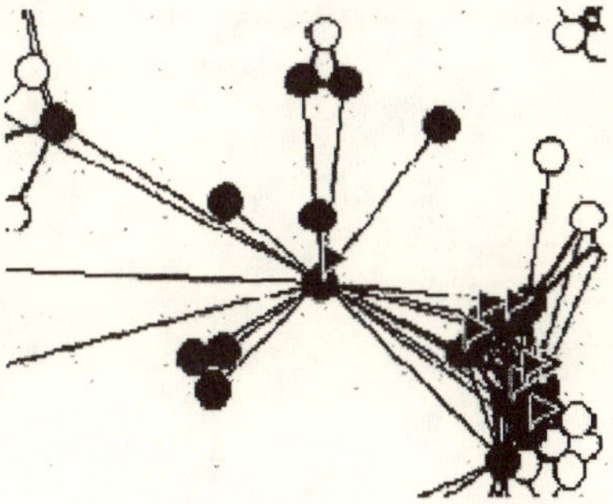

Hits (Titles listed):

- (1) A mid-sized sedan designed for high fuel economy and low emissions: the 1999 US Davis FutureCar
- (2) The continued design and development of the University of California, Davis FutureCar
- (3) Vehicle Performance Tests of the Ford/GE First Generation Single-Shaft (ETX-I) Alternating Current Propulsion System
- (4) ERC (Energy Research Corporation) Nickel Cadium Battery Performance Tests and Comparisons with Lead-Acid Batteries.
- (5) Improved electric vehicle performance with pulsed power capacitors
- (6) IMPACTS OF USE-PATTERN ON THE DESIGN OF ELECTRIC AND HYBRID VEHICLES.
- (7) Battery system requirements for battery dominant hybrid electric vehicles .

Abbildung 6, Autoren-Netzwerk

3.2 *Wirtschaftliche Aspekte*

Für die Experten des Kompetenznetzwerks „Antriebssysteme der Zukunft" war es in einer ersten Analyse wichtig zu erfahren, welche Automobilkonzerne sich mit der Thematik intensiv beschäftigen. Einerseits deshalb, um die wirtschaftliche Relevanz des Themas für die nächsten Jahre ausloten zu können, und um andererseits wichtige Industriepartner und deren Kernkompetenzen zu identifizieren. Um die Frage beantworten zu können, welche Automobilkonzerne die relevanten Akteure sind, wurde in einem ersten Schritt die Positionierung (zentral oder peripher) der in der Literatur angegebenen Unternehmen im Netzwerk in Betracht gezogen (Abbildung 7).

Hier ist zu erkennen, dass die Unternehmen im linken unteren Quadranten des Netzwerks positioniert sind und das einige eine zentrale Position einnehmen, d.h. einen hohen Vernetzungsgrad zu den anderen Wörtern des Netzwerks aufweisen: General Motors (37 Nennungen), Ford (35 Nennungen), VW (57 Nennungen), Toyota (48

Nennungen), gefolgt von Honda (22 Nennungen) und Daimler Chrysler (36 Nennungen). Um zusätzliche Aussagen zur Intensität der Aktivitäten von Automobilkonzernen im Bereich alternativer Antriebssystem treffen zu können, wurde noch der Frage nachgegangen, seit wann und bis wann führende Konzerne in der Literatur zur Thematik erwähnt sind. Auffallend ist, dass amerikanische Hersteller wie General Motors (1969) und Daimler Chrysler (1971) als erste erwähnt werden, europäische Hersteller sich dem Thema Mitte der 70er Jahre angenommen haben (BMW 1974, Renault 1974, VW 1974, Fiat 1979), während heute marktführende Produzenten aus dem asiatischen Raum wie Toyota und Nissan erst ab den 90er Jahren in Publikationen aufscheinen. Dieses Ergebnis überrascht vor allem deshalb, weil der asiatische Hersteller Toyota als erster Anbieter mit einem serienreifen Hybridfahrzeug, dem Toyota Prius, am Markt präsent war (Büchling 2001). Generell lässt sich aus den bisher gezeigten Ergebnissen schlussfolgern, dass das Thema alternative Antriebssysteme von den Automobilkonzernen seit geraumer Zeit diskutiert wird und noch immer vor allem von großen Konzernen verfolgt wird.

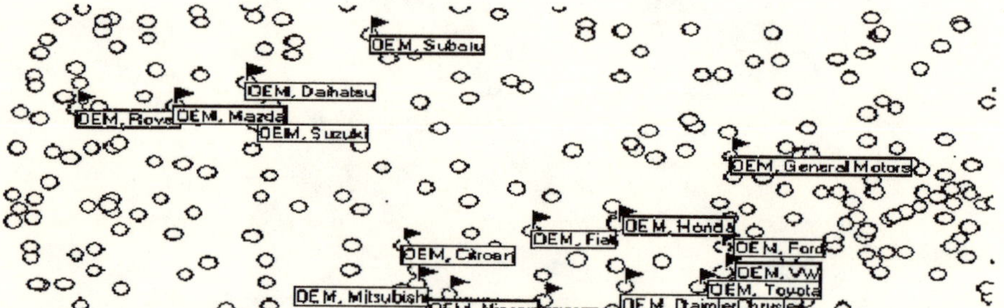

Abbildung 7, Positionierung der Automobilkonzerne im Netzwerk

Um einen detaillierten Überblick bezüglich Strategien der Automobilhersteller zu erhalten, ist es vorteilhaft nach jenen Begriffen zu suchen, die in der Literatur am häufigsten zusammen mit den einzelnen Automobilkonzernen genannt werden. Mit Hilfe von BibTechMonTM kann man sich diese Begriffe gereiht nach der Intensität der Beziehung ausgeben lassen. In Tabelle 1 sind die Wörter mit der stärksten Beziehung zu den im Netzwerk zentral platzierten Automobilkonzernen Toyota, Honda, Volkswagen, General

Motors, DaimlerChrysler und Ford zusammengefasst. Bemerkenswert ist, dass in Zusammenhang mit Toyota und Honda der Begriff „Markt“ häufig genannt wird. Dies kann darauf hindeuten, dass diese beiden Unternehmen bereits mit dem Verkauf von Serienfahrzeugen begonnen haben und die Ausdifferenzierung des Marktplatzes „alternative Antriebe“ für beide Unternehmen schon eine große Rolle spielt. Auffallend ist auch, dass in Zusammenhang mit diesen beiden Unternehmen die Begriffe „Ottomotor“ und „Elektromotor“ oft erwähnt werden. Die Beschäftigung mit dem Thema „Ottomotor“ deutet darauf hin, dass die Kraftstoffvariante Benzin für den Verbrennungsmotor im Gespräch ist. Stattdessen scheint sich der Automobilkonzern Volkswagen stärker auf dieselbetriebene Fahrzeuge zu konzentrieren, wie es die Begriffe „Dieselmotor“ und „Diesel“ andeuten. Das Thema „Fahrleistung“ dürfte für Volkswagen ein wichtiger Aspekt im Zusammenhang mit alternativen Antrieben sein. Toyota wird im Zusammenhang mit der Energiespeicherung oft zusammen mit dem Begriff „Nickel-Metallhydrid Batterie“ zitiert, eine Technologie, die auch im Toyota Prius zu finden ist. Ebenso werden beim Getriebe in Zusammenhang mit Toyota schon Details erwähnt, wie der Begriff „Planetengetriebe“ zeigt. Markant ist auch, dass für die amerikanischen Konzerne vor allem SUV (Sport Utility Vehicles) im Bereich der alternativen Antriebe interessant zu sein scheinen, sowohl bei General Motors als auch bei DaimlerChrysler und Ford taucht dieser Begriff an vorderster Front auf. Allein aus der häufigen Verwendung des Begriffs „Ford, Escape“ im Zusammenhang mit den drei großen amerikanischen Automobilherstellern lässt sich vermuten, dass das Fahrzeug Ford Escape bald am amerikanischen Markt erscheinen wird. Diese Vermutung bestätigt sich auch durch letzte Pressemeldungen.

OEM, Toyota

Begriff	Häufigkeit sum (i)
Toyota Prius	0,364
OEM, Honda	0,144
Markt	0,111
OEM, Nissan	0,109
Verbrennungskraftmaschine	0,083
Mild Hybrid	0,076
Elektromotor	0,073
Batterie, Nickel-Metallhydrid	0,067
umweltfreundlich	0,067
Kraftstoffverbrauch	0,066
Ottomotor	0,059
Planetengetriebe	0,056

OEM, Honda

Begriff	Häufigkeit sum (i)
Honda Civic IMA	0,211
Markt	0,144
OEM, Toyota	0,144
Honda Insight	0,142
Limousine	0,134
Toyota, Prius	0,115
OEM, Nissan	0,112
Alltagstauglichkeit	0,107
Elektromotor, 10 KW	0,092
Verbrauch	0,086
Steuerelektronik	0,077
Ottomotor	0,075

OEM, VW

Begriff	Häufigkeit sum (i)
VW, Golf	0,124
Audi, Duo	0,082
OEM, DaimlerChrysler	0,073
Citystromer	0,067
OEM, Opel	0,066
OEM, Fiat	0,065
OEM, Audi	0,062
Dieselmotor	0,058
Fahrleistung	0,056
Schadstoffkomponente	0,056
Mobilität	0,055
Diesel	0,052

OEM, General Motors

Begriff	Häufigkeit sum (i)
OEM, Ford	0,123
OEM, DaimlerChrysler	0,119
GM, Precept	0,103
SUV	0,101
PNGV	0,082
Konzeptfahrzeug	0,08
Zulieferer, Alison	0,08
Pick-Up	0,079
Ford, Escape	0,077
Brennstoffzelle	0,057
Starter Generator	0,056
Kompressor	0,056

OEM, DaimlerChrysler

Begriff	Häufigkeit sum (i)
DaimlerChrysler, Dodge	0,147
OEM, Ford	0,129
OEM, General Motors	0,119
OEM, BMW	0,079
OEM, Fiat	0,078
Ford, Escape	0,077
OEM, VW	0,073
OEM, Opel	0,065
Diesel	0,061
Mercedes A-Klasse	0,051
Brennstoffzelle	0,05
SUV	0,05

OEM, Ford

Begriff	Häufigkeit sum (i)
Ford, Escape	0,138
OEM, DaimlerChrysler	0,129
OEM, General Motors	0,123
SUV	0,074
Starter Generator	0,065
OEM, BMW	0,054
OEM, Nissan	0,053
Ford, Focus	0,052
BMW, E1	0,05
Ford, Prodigy	0,05
Batterietechnologie	0,049
OEM, VW	0,049

Tabelle 1, Begriffe mit stärksten Beziehungen zu wichtigen Automobilkonzernen

Zusammenfassend kann für die technologische Ausrichtung eines seriennahen Prototypen, der im Rahmen des Knet „Antriebssystem der Zukunft“ entwickelt werden soll, gesagt werden, dass derzeit die Konzerne aufgrund wirtschaftlicher Aspekte vermehrt an einem serienreifen alternativem Antriebskonzept mit Verbrennungsmotor in Kombination mit einem Elektromotor arbeiten und dieses zum Teil auch schon am Markt anbieten. Die Antriebsvariante Brennstoffzelle wird zwar angedacht, vor allem bei amerikanischen Konzernen, scheint aber wirtschaftlich derzeit noch nicht umsetzbar zu sein.

3.3 Politische Inhalte

Um Informationen zu technologie- und gesellschaftspolitischen Rahmenbedingungen bei der Entwicklung alternativer Antriebssysteme zu erhalten, wurde ein zusätzliches Netzwerk berechnet, das auf aktuellen Pressemeldungen (Printmedien, elektronische Newsletter) beruht. Zunächst wurde der Frage nachgegangen, welche Rolle allgemein die Politik in diesem Themenbereich einnimmt. Die Funktionalität von BibTechMonTM als interaktives Retrievalsystem nutzend, wurde in den Pressemeldungen nach den Dokumenten gesucht, die im Volltext die Buchstabenfolge „polit*" enthalten. Gefunden wurden 43 Artikel, die über ein Browser-Fenster zugänglich sind (Abbildung 8).

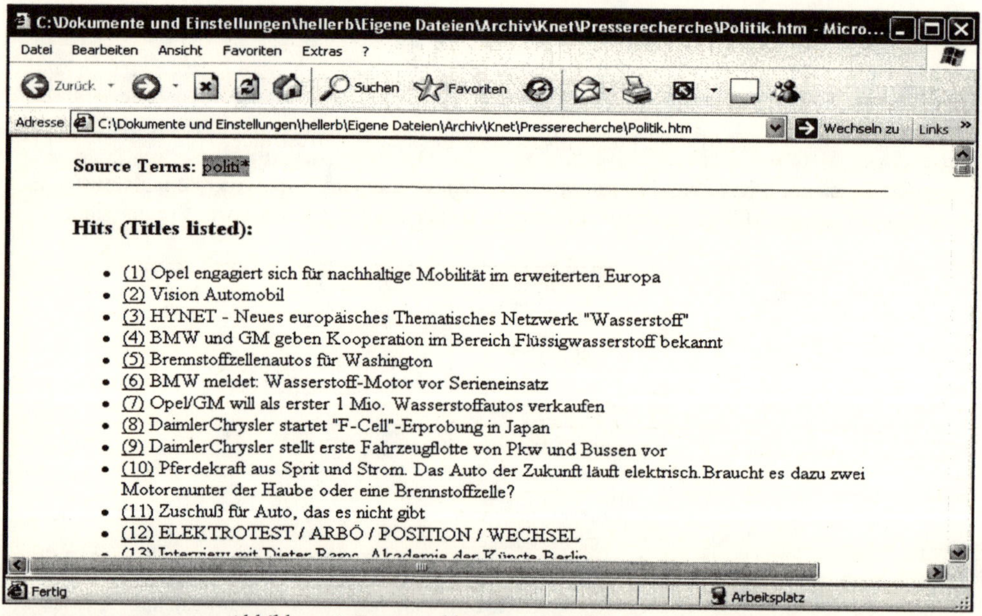

Abbildung 8, Pressemeldungen mit politischen Inhalten

Politische Institutionen werden von der Automobilindustrie in den Pressemeldungen direkt adressiert, sich in die Entwicklung umweltfreundlicher Automobilkonzepte stärker einzubringen. In einigen Artikeln wird der Wusch nach mehr politischer Initiative und Einflussnahme etwa durch Fördermaßnahmen, finanzielle Zuschüsse bzw. Steuerbegünstigungen beim Kauf emissionsarmer Fahrzeuge (Blum 1999; Müller 1998) artikuliert. Gefordert wird zudem die Entwicklung langfristiger Strategien sowie europaweit einheitlicher Regelungen zu Schadstoffobergrenzen (Müller 1992). Mehr Engagement wird von der Politik auch im Bereich Infrastrukturförderungen in Abstimmung mit der Mineralölindustrie und der Energiewirtschaft verlangt, etwa beim

Aufbau eines flächendeckenden Tankstellennetzes für Wasserstoff (Brennstoffzelle.de 20030311; Brennstoffzelle.de 20030930). Um ihre Interessen durchzusetzen instrumentalisieren Automobilhersteller politische Entscheidungsträger in ihrer Funktion als öffentliche Meinungsbilder, wie zum Beispiel durch Überlassung von Testfahrzeugen (ForschungsAllianz Brennstoffzellen 20030305; derStandard 19961207). Darüber hinaus sind in den Pressemeldungen Informationen über bereits laufende politische Aktivitäten zu finden, wie etwa die Initiierung internationaler Forschungsprogramme zum Thema Wasserstoff (ForschungsAllianz Brennstoffzellen 20020203) oder Initiativen zur Entwicklung einer nachhaltigen Mobilitätsstrategie auf nationaler und internationaler Ebene (Brennstoffzelle.de 20031210; Jungmann 2002).

Da für die Entwicklung eines modernen alternativen Antriebskonzepts nicht nur die bereits aufgezeigten wissenschaftlichen und wirtschaftlichen Aspekte entscheidend sind, sondern auch die strategische Relevanz des Themas Nachhaltigkeit (sustainability) und seine Operationalisierung Orientierung bei der Auswahl des Konzepts bietet, wurden in diesem Bereich weitere Analysen durchgeführt. Untersucht wurde der Stellenwert des Themas Nachhaltigkeit in der Automobilindustrie allgemein und welche Strategien die einzelnen Automobilkonzerne hier verfolgen. Im Rahmen der 6. Handelsblatt-Jahrestagung Automobiltechnologien im April 2002 wurde etwa die Wechselwirkung von Automobil, Gesellschaft und Umwelt thematisiert und Mobilität einerseits der zunehmenden Verkehrsdichte und den negativen Effekten auf die Umwelt andererseits gegenübergestellt (Jungmann 2002). Der Begriff der Nachhaltigkeit wurde in diesem Zusammenhang definiert als Berücksichtigen aktueller Bedürfnisse oder gar Rechte, etwa Mobilität, ohne dabei künftigen Generationen die Lebensgrundlage zu entziehen. Als zentrale Themen gelten Werkstoffwahl für künftige Autos (Recyclebarkeit), Grenzen der Belastbarkeit des Straßennetzes sowie alternative Antriebe, wobei hier durchaus unterschiedliche Denkansätze von den großen Automobilherstellern verfolgt werden. So wendet sich Ford dem Thema Nachhaltigkeit mit einem sehr umfassenden Konzept zu. Der Automobilhersteller setzt auf Wasserstoff, hat aber mittelfristig im Übergang zum Wasserstoffzeitalter eine „nachhaltige Mobilitätsstrategie“ entwickelt und auch eine „Sustainable Mobility Technologies Group“ ins Leben gerufen. So wird einerseits die Weiterentwicklung der Otto- und Dieselmotoren in Richtung Verringerung des Kraftstoffverbrauchs sowie der Emissionen vorangetrieben, weiters wird an der Entwicklung und am Verkauf „grüner“ Fahrzeuge gearbeitet, deren Antrieb über umweltfreundliche Kraftstoffe (Erdgas/Methan, Biogas, Ethanol) aus nachwachsenden Rohstoffen realisiert wird und drittens wird am „Fahrstil der Zukunft“ gearbeitet, in denen das Fahrverhalten der Kunden im Zuge von Fahrökonomie-Trainingskursen, der modernen Motoren und Getriebetechnologie angepasst wird, um deren Verbrauchsvorteile voll auszuschöpfen (Brennstoffzelle.de 20020628; Jungmann 2002; ForschungsAllianz Brennstoffzellen 20021220). Auch Opel betreibt eine aktive Unternehmenspolitik zum Thema Nachhaltigkeit, sieht emissionsfreie Brennstoffzellen-Autos mit Wasserstoff-Antrieb als wichtigste Grundlage einer nachhaltigen Mobilität der Zukunft und organisiert Veranstaltungen im Europäischen Parlament mit Vertretern aus Politik, Wirtschaft, Wissenschaft und NGO zu Perspektiven einer nachhaltigen Mobilität in Europa (Brennstoffzelle.de 20031210). Abschließend sei noch BMW erwähnt. Auch BMW versteht Nachhaltigkeit im Sinn nutzbarer alternativer Antriebe, widmet dem Thema aber einen ganz anderen Zugang. Im Gegensatz zum umfassenden Ansatz von

Ford, wo unterschiedliche Entwicklungslinien gleichzeitig betrieben werden, konzentriert sich BMW mit großer Ausschließlichkeit auf die Weiterentwicklung von Wasserstoff als alternativem Kraftstoff und setzt darauf die gesamte Intensität seiner Forschung (Jungmann 2002; Brennstoffzelle.de 20030930).

Im Rahmen den Kompetenznetzwerks „Alternative Antriebssysteme der Zukunft" dient das Aufzeigen der unterschiedlichen Herangehensweisen der Automobilkonzerne in der Phase der Ideen- und Entscheidungsfindung als zusätzliche Orientierung für die Formulierung eines Antriebskonzeptes, das im Projektverlauf seine Realisierung finden wird.

4. *Zusammenfassung und Ausblick*

Zu den Aufgabenstellungen des Teilprojekts „Wissensmanagement" im Kompetenznetzwerk „Antriebssysteme der Zukunft" gehört die Unterstützung bei der Auswahl nachhaltiger Entwicklungsstrategien für ein prototypisches Antriebskonzept. Dabei liegt die Herausforderung in der Aufbereitung und Strukturierung einer großen Menge unterschiedlicher Informationen über die Akteure des Innovationssystems Wissenschaft, Wirtschaft und Politik. Als unterstützendes Tool, zur Aufbereitung und Visualisierung der Datenmengen, wird das Softwarepaket BibTechMonTM eingesetzt. Die Art der Vernetzung von Wörtern und Akteuren, der Neuigkeitsgrad von einzelnen Themen sowie deren Positionierung im Netzwerk der Objekte sind wichtige Informationen für die Unterscheidung relevanten Wissens von nicht-relevantem Wissen im Sinn der Forschungsausrichtung. Auf diese Weise entsteht neues Wissen, das maßgeblich ist für die weitere Entwicklung des prototypischen alternativen Antriebssystems. Die kontinuierliche Beobachtung des Themas „Alternative Antriebskonzepte" in Wissenschaft, Wirtschaft und Politik, durch regelmäßige Updates der Wissensdatenbank, ermöglicht ein stetiges Benchmarking der gewählten Antriebsstrategie und die Ausrichtung an den Anforderungen des Innovationssystems. Neben laufenden Trendbeobachtungen und Überblicksdarstellungen erfolgt zunehmende Unterstützung der Partner bei der Vertiefung in technologischem Detailwissen, durch Aufbereitung von Inhalten zu technologischen Schwerpunkten, unter Beachtung des Projektfortschritts bei der Entwicklung des prototypischen Antriebsstrangs.

Literatur:

Bady, R., Biermann, J. (2000). Hybrid-Elektrofahrzeuge - Strukturen und zukünftige Entwicklungen. Elektrische Strassenfahrzeuge: Symposium, 6, Esslingen Forschungsgesellschaft Kraftfahrwesen.

Blum, W. (1999). Pferdekraft aus Sprit und Strom. In: DIE ZEIT Nr. 12, 18.03.1999, 46.

Brennstoffzelle.de (20020628). Ford: Vision vom emissionfreien Autofahren wird Realität. http://www.diebrennstoffzelle.de/nachrichten/FordVisionvomemissionsfreienAutofahrenwirdRealitt.shtm [28.1.2005].

Brennstoffzelle.de (20030311). DaimlerChrysler startet "F-Cell"-Erprobung in Japan. http://www.diebrennstoffzelle.de/nachrichten/DaimlerChryslerstartetF-Cell-ErprobunginJapan.shtml [28.1.2005].

Brennstoffzelle.de (20030930). BMW meldet: Wasserstoff-Motor vor Serieneinsatz. http://www.diebrennstoffzelle.de/nachrichten/BMWmeldetWasserstoff-MotorvorSerieneinsatz.shtml [28.1.2005].

Brennstoffzelle.de (20031210). Opel engagiert sich für nachhaltige Mobilität im erweiterten Europa. http://www.diebrennstoffzelle.de/nachrichten/OpelengagiertsichfrnachhaltigeMobilittimerweitertenEuropa.shtml [28.1.2005].
Brundtland, G.-H., (1987). Our common future. Oxford University Press, Oxford.
Büchling, J. (2001). Der neue Toyota Prius. In: Automobiltechnische Zeitschrift 103/ 3, 184-185.
derStandard (19961207). Elektrotest / Arbö / Position / Wechsel. In: Der Standard, 7.12.1996, 37.
ForschungsAllianz Brennstoffzellen (20020203). HYNET - Neues europäisches Thematisches Netzwerk "Wasserstoff". http://www.forum-brennstoffzelle.de/index.php?main=info&news=akt&akt=120 [28.1.2005].
ForschungsAllianz Brennstoffzellen (20021220). Ford plant nachhaltige Mobilität... http://www.forum-brennstoffzelle.de/index.php?akt=230 [28.1.2005].
ForschungsAllianz Brennstoffzellen (20030305). Brennstoffzellenautos für Washington. http://www.forum-brennstoffzelle.de/index.php?akt=253 [28.1.2005].
Jungmann, Th. (2002). Vision Automobil. http://www.all4engineers.com/print.php?alloc=1&id=990&lng=de [6.5.2004].
Kubeczko, K., Kaufmann, A., Ömer-Rieder, B., Weber M. (2004), Urbanes Innovationssystem Wien, Grundlagen – Konzeption – Politikansätze, ARC systems research GmbH, Internes Paper.
Kopcsa, A., Schiebel, E. (1998). Science and Technology Mapping: A New Iteration Model for Representing Multidimensional Relationsships. In: Journal of the American Society for Information Science JASIS, 49 (1), 7-17.
Müller, H. (1992). TU-Professor fordert Verbot für Autos ohne Kat. Revolutionäre Vorschläge bei Symposium in Wien. In: Die Presse, 3.6.1992, Tagesschau.
Müller, H. (1998). Zuschuß für Auto, das es nicht gibt. In: Die Presse, 30.5.1998, 60.
Rovera-G; Ravelo-V (2003). Scenario and trends on hybrid propulsion technologies. In: ATA ingegneria automotoristica 56, 3/4, 78 – 89.
Shmookler, J. (1966): Invention and Economic Growth, Cambridge (Mass.), Harvard University Press.

Zielorientierte Steuerung der Wissensorganisation mittels Sprechaktprinzip

Dirk Kalmring,
Fraunhofer-Institut für Sichere Informationstechnologie, Sankt Augustin

1. *Zielsetzung*

Dieser Beitrag geht auf eine der Leitfragen der WissOrg04 ein: Wie kann Wissen und verantwortliche Wissensorganisation quantifiziert und bewertet werden? Damit geht er ebenfalls der Frage nach, wie Ziele (z.B. gesellschaftliche Verantwortung) durch Wissensorganisation operationalisiert werden können. Notwendig ist ferner die Beantwortung der Frage, wie diese Ziele (z.B. mit ökonomischen Aspekten, Flexibilität, Qualität, Innovationszielen) in Einklang gebracht werden können. Da es sich hierbei um Organisationsziele handelt, erscheint es sinnvoll, die informationswissenschaftliche, begriffliche Wissensorganisation für Implikationen aus benachbarten Disziplinen zu öffnen.[1] Dieser Beitrag liefert einen Lösungsvorschlag aus der prozessorientierten Perspektive der Wirtschaftsinformatik.[2] Ziel ist die Strukturierung von organisationalen Wissensbasen entlang der Prozesshierarchie.[3] Dabei ist es unerheblich, ob es sich um privatwirtschaftliche Unternehmungen, Verwaltungsorganisationen, Bibliotheken, Datenbankanbieter, Informationsvermittler, die klassischen Medien oder non profit Organisationen mit vorwiegend sozialen, ökologischen o. ä. Zielen handelt.

2. *Problematik eines Wissenscontrollings*

Geht es um die Steuerung, d.h. um die Messung, Quantifizierung, Bewertung sowie die Generierung und Operationalisierung von Zielen im Zusammenhang mit Wissen, so kann von einem Wissenscontrolling gesprochen werden.[4] Die Schwierigkeit eines solchen Unterfangens liegt in der besonderen Natur von Wissen begründet. Es lassen sich neun Problemfelder identifizieren.

Erstens lässt sich Wissen als intangibles Phänomen nicht physikalisch messen. Zweitens lässt sich Wissen nicht in befriedigendem Maße als „Wissensobjekt" abgrenzen, um es einer kontrollierten Steuerung zuzuführen. Drittens lässt sich Wissen nur schwer bewerten, da entsprechende Marktwerte fehlen, eine hierfür notwendige Abgrenzung schwierig ist und Wissen häufig erst nach seiner Anwendung einem Nutzen gegenübergestellt werden kann, und so auch ein eventuell entgangener Nutzen bei Nichtverwendung selten bestimmbar ist. Viertens lassen sich verschiedene Ausprägungen von Wissen bzw. Wissensarten (z.B. ein Patent und das Wissen zu seiner Transformation in ein Produkt inklusive anschließender Vermarktung) kaum zählbar aggregieren (z.B. zu

---

1 vgl. z.B. den institutionalen, funktionalen und instrumentalen Organisationsbegriff in Geldern (1997), S. 15f., mit der Antwort auf die Frage „Wozu Wissensorganisation?" in Jaenecke (1994).

2 zum Verhältnis von Wissensorganisation und Wissensmanagement siehe Rahmstorf (2001).

3 Der Begriff der „organizational knowledge base" geht auf Duncan/Weiss (1979) bzw. der Begriff des „organizational memory" auf Hedberg (1991) zurück.

4 to control (engl.): steuern; zum Controllingbegriff s. z.B. Küpper/Weber/Zünd (1990).

einem Posten „Wissen bzgl. Produkt XY" in einer Bewegungsbilanz). Fünftens entzieht sich Wissen einer optimierten Verwendung in Entscheidungssituationen (z.B. im Gegensatz zum optimierbaren Materialverbrauch in der Produktion), da die Entscheidung in der Regel unter Unsicherheit erfolgt und alternative Verwendungsszenarien für eine Vorhersage zu komplex (unter Umständen sogar chaotisch, also grundsätzlich nicht prognostizierbar) sind. Sechstens stellt sich der Nutzen und damit der Wert von Wissen in Abhängigkeit des betreffenden Kontextes unterschiedlich dar. Wissen ist also nicht „verdinglichbar". Ein und das selbe Wissen kann in mehreren Kontexten Nutzen entfalten. Die Erfassung aller Kontexte in einer Unternehmung und die Zuordnung von Wissensobjekten ist aber ein wohl kaum wirtschaftliches Unterfangen. Siebtens kann ein Großteil des Wissens nicht expliziert werden. Es bleibt also an Personen oder Gruppen gebunden. Dieses Wissen ist nicht einfach übertragbar. Es unterliegt weiteren Restriktionen, wie z.B. der zeitlichen Verfügbarkeit eines erfahrenen und eingespielten Projektteams für eine bestimmte Aufgabe. Achtens ist ein Großteil des organisationalen Wissens nicht erfassbar, da es bislang nicht in Erscheinung getreten ist, sei es, weil es bislang nicht relevant war, oder weil es von Mitarbeitern bewusst zurückgehalten wird, oder sei es aufgrund organisatorischer Mängel. Neuntens ist der Nutzenbeitrag von Wissen im Gegensatz zu den klassischen Produktionsfaktoren diffus. Wissen kann veralten und damit an Nutzen bzw. Wert verlieren, es kann aber auch durch wiederholte und langjährige Anwendung an Wert im Sinne von Erfahrung bzw. gesicherter Erkenntnis gewinnen. Wissen nutzt sich nicht ab oder verbraucht sich nicht, sondern kann durch Teilung und Anwendung (z.B. in einem Joint Venture) an Wert gewinnen. Das Gegenteil ist der Fall, wenn allein der Neuigkeitswert des Wissens (z.B. zur Erlangung temporärer Monopolstellungen) zählt.

3. *Idealtypus eines Wissenscontrollings*

Für den vorliegenden Beitrag ist es wichtig, den Begriff Wissenscontrolling, über den es bislang keine langjährige, vertiefte und breite Diskussion im Sinne einer Auseinandersetzung widerstreitender Ansätze in der Literatur gab, zu bestimmen. Dem Begriff soll sich in zwei Schritten genähert werden: Zunächst mit Wissenscontrolling im Sinne eines Bereichscontrolling unter Rückgriff auf die Controllingsystematisierung von Weber und anschließend mit Wissenscontrolling im Sinne einer Koordinationsfunktion im Wissensmanagement unter Rückgriff auf die Controllingdefinition von Küpper.

Weber liefert eine Systematisierung spezialisierter Controllingbereiche. Hierzu verweist er auf funktions- (z.B. Produktion, Absatz), faktor- (z.B. Material-, Personalwirtschaft), produkt- (bzgl. Sparte oder Branche), zeithorizont- (operativ oder strategisch), unternehmungsziel- (profit, non profit oder öffentliche Verwaltung) und unternehmungsorganisationsbezogene (Aufbauorganisation) Bereichsgliederungen sowie eine Perioden- versus Projektgliederung und eine Unterstützung von Führungs- oder Leistungssystem.[5] Bezogen auf diese Systematisierung stellt das Wissenscontrolling eine faktorbezogene Bereichsgliederung im Controlling, nämlich im Hinblick auf den Produktionsfaktor Wissen, dar. Die anderen Merkmale der Systematisierung bleiben zunächst unberührt bzw. können im Einzelfall relevant sein. So ist z.B. ein Controlling des Faktors Wissen sowohl als Perioden- als auch als Projektcontrolling denkbar.

---

5 Weber (1993), Sp. 301 – 304.

Nach dieser Positionsbestimmung liefert nun die Zuhilfenahme der Controllingdefinition von Küpper eine Konkretisierung der Aufgaben von Wissenscontrolling. Küpper zufolge ist die Aufgabe der Unternehmungsführung die strategische und operative Steuerung der leistungs- und finanzwirtschaftlichen Unternehmungsprozesse, wobei das System Führung aus den Subsystemen Organisation (Gestaltung der Arbeitsteilung), Personalführung (Motivation und Personalentwicklung), Planung und Kontrolle (Formulierung und Überwachung von Zielen), Informationssystem (Versorgung der anderen Subsysteme mit Information) und Controlling besteht. Die Abstimmung der vier anderen Führungssubsysteme zu einem Ganzen ist die Aufgabe des fünften Führungssubsystems Controlling.[6] Übertragen auf den Fokus dieses Beitrags, bedeutet dies, dass dem Wissenscontrolling die zielorientierte Koordinationsfunktion innerhalb des Wissensmanagements zukommt.

4. *Ansätze für das Wissenscontrolling*

Die Analyse theoretischer Ansätze und Managementkonzepte des organisationalen Lernens sowie des Wissensmanagements erlauben die Synthese von drei unterschiedlichen strategischen Stoßrichtungen eines Wissenscontrollings.[7] Zum ersten ist dies die bestandsorientierte Messung und Bewertung der organisationalen Wissensbasis. Sofern eine Anknüpfung der intangiblen an die tangiblen Vermögenswerte durch quantifizierbare Ursache-Wirkungs-Ketten gelänge, wäre eine exakte Ressourcenbeschaffungs- und Einsatzplanung möglich. Zur Aggregation verschiedener Vermögensgegenstände und zur integrierten, wertorientierten Analyse (z.B. im Sinne einer Bewegungsbilanz) wäre eine monetäre Bewertung des Wissensbestandes wünschenswert. Als zweite Stoßrichtung stünde ein Benchmarking des Ressourceneinsatzes sowie deren -nutzung und -kombination zur Diskussion. Aufwendungen für das Wissensmanagement, die Wissensprozesse selbst und der Output dieser Prozesse wären Gegenstand von internem oder externem Benchmarking. Dem liegt die Überlegung des ressourcenbasierten Ansatzes zugrunde, dass langfristiger Unternehmungserfolg nur durch effizientere Allokation im Vergleich zu den Wettbewerbern erzielt werden kann. Eine explizite Verknüpfung der Benchmarking-Ergebnisse mit dem tatsächlichen Unternehmungserfolg dürfte hier ebenfalls die größte Herausforderung darstellen. Als dritte strategische Stoßrichtung eines Wissenscontrollings kann die performance-orientierte Steuerung der Wissens- bzw. Lernprozesse dienen. Dies könnte anhand dezidierter Wissensmanagementaktivitäten oder aber anhand der Steuerung von allgemeinen Kommunikationsprozessen geschehen. Ein Nachweis, dass effiziente Kommunikationsprozesse zu größerer organisationaler Effektivität führen, wäre wünschenswert. Dies könnte z.B. durch eine enge Verknüpfung mit den unterstützten Geschäftsprozessen bzw. deren Zielen gelingen.

---

6 Gladen (2001), S. 4 – 6 nach Küpper (1995).
7 Kalmring (2004), S. 35 – 82.

5. *Prozessorientierter Lösungsvorschlag unter Anwendung des Sprechaktprinzips*

Als besondere Herausforderung erweist sich die Verknüpfung mehr oder weniger wissensintensiver Geschäftsprozesse mit den Prozessen eines zielorientierten Wissensmanagements. Die Forschung konzentriert sich häufig auf hochspezialisierte Anwendungen, wie z.B. die Unterstützung von Workflows (stark formalisierten Arbeitsabläufen) durch ontologiebasierte Dokumentenmanagementsysteme (DMS).[8] Geschäftsprozesse können hierbei als Petri-Netze modelliert werden. Wissensprozesse werden dagegen nicht explizit modelliert; es findet lediglich eine statische Verknüpfung über die SGML-Struktur[9] der Dokumente statt. Diese Werkzeuge für den Arbeitsplatz beschränken sich also auf stark formalisierte Arbeitsabläufe und auf deren Unterstützung durch Dokumente (also explizites Wissen) mittels Informationstechnologie. Die Potenziale der IT für schwach strukturierte bzw. kommunikationsintensive Prozesse oder für den Aufbau von implizitem Wissen werden hier ebenso wenig berücksichtigt, wie die anderen Determinanten eines Wissensmanagements: organisationale Gestaltung, Unternehmungskultur und Human Resources. Auch werden keinerlei Wissensziele generiert, geschweige denn deren Erreichung kontrolliert.

Wie aber hängt Wissensmanagement konkret mit der betrieblichen Leistungserstellung zusammen? Wissensmanagement sollte nicht als eine „die Unternehmung durchdringende Philosophie" verstanden werden (wie es gelegentlich auch für andere Querschnittsfunktionen wie Marketing oder Controlling propagiert wird), sondern denjenigen Anforderungen genügen, die aus der betrieblichen Wertschöpfung und den mit ihr verbundenen Aufgaben erwachsen. Diesem Verständnis folgend wird Wissensmanagement zu einem Unterstützungsprozess bzw. einer „sekundären Aktivität" im Porterschen Sinne.[10]

Um die Verbindung von sekundären Wissensprozessen (WP) mit primären Geschäftsprozessen (GP) zu konkretisieren, soll deren Verknüpfung mittels Prozessmodellierung spezifiziert werden. Eine solche Spezifizierung besitzt den Vorteil, dass sie den Beitrag des Sekundärprozesses für den Primärprozess deutlich macht bzw. dass die Ziele des Primärprozesses direkten Einfluss auf die Ziele des Sekundärprozesses nehmen.

Hinsichtlich der Verknüpfung von Geschäfts- mit Wissensprozessen weist die Sprechakt-Methode maßgebliche Vorteile gegenüber anderen Modellierungsmethoden auf, auch wenn sie ursprünglich nicht zu diesem Zweck geschaffen wurde. Auch unterscheidet sie sich grundsätzlich von den anderen Methoden, welche häufig Variationen von linearen Ketten aus Ereignissen, Vorgängen und bzw. oder Bedingungen aus verschiedenen Blickwinkeln (Rolle, Qualitätsmanagement, physischer In- und Output u.a.) darstellen. Lineare Abläufe eignen sich gut für die Repräsentation von dokumentenbasierten Workflows, nicht aber für die Repräsentation informeller Kommunikation. Ein weiterer Kritikpunkt ergibt sich aus der Entwicklung von Methoden

8 vgl. z.B. Staab/Schnurr (1999).

9 SGML steht für „Standard Generalized Markup Language" und wird in der ISO-Norm 8879 spezifiziert: ISO (1986).

10 vgl. Porter (1999), S. 63 – 96.

wie z.B. FlowMark, WIDE, LOVEM, Statecharts oder Trigger vor dem Hintergrund von speziellen, proprietären Softwareprodukten.[11]

Die Sprechakt-Methode betont die Kommunikation bzw. Interaktion zwischen Akteuren. Diese Akteure können ein und derselben oder aber verschiedenen Organisationen angehören. Ein Akteur ist entweder in der Rolle des Leistungsnehmers oder des Leistungserbringers. Diese beiden Rollen generieren einen vollständigen Prozess, der beliebig mittels weiteren Akteuren spezifiziert bzw. generalisiert werden kann und durch eine zuvor zwischen Leistungsnehmer und Leistungserbringer vereinbarte Zufriedenheitsbedingung abgeschlossen wird. Abb. 1 verdeutlicht die zirkuläre Interaktion zwischen den Akteuren.

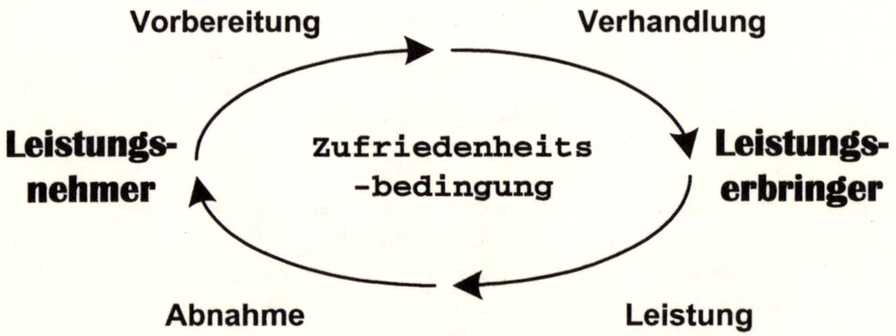

Abbildung 1: Schema des Sprechakt-Prinzips[12]

Ein vollständiger Prozess besteht demnach stets aus einem Loop von vier aufeinanderfolgenden Sprechakten: Vorbereitung, Verhandlung, Leistung und Abnahme. Jeder dieser Sprechakte kann mittels sekundären Prozessen spezifiziert werden. So ergibt sich ein sehr übersichtliches, aufgrund der strengen Modellierungsvorschriften formal korrektes und einfach zu aggregierendes bzw. spezifizierendes Modell für die Analyse und Synthese von inner- bzw. zwischenbetrieblichen Geschäfts- und Wissensprozessen. Software wie der Action Workflow Analyser bzw. der Action Workflow Process Builder[13] erlauben eine komfortable Modellierung, Automatisierung, Simulation und Anbindung des Prozessmodells an ein zugehöriges Datenmodell zur Integration der unterschiedlichen Sichten.

Verwendet man generische Zirkel aus Sprechakten auch für die Modellierung von Wissensprozessen, so ergibt sich eine nicht unerhebliche Anzahl an Vorteilen gegenüber einer linearen Modellierung. Bei linearen Abläufen werden in der Regel konkrete Dokumente oder Dokumenttypen als In- bzw. Output modelliert.[14] Erstens bleibt hier das Kontextwissen über den Prozess als solches unberücksichtigt. Dies gilt zweitens auch für sämtliches implizites Wissen sowie das nicht explizierte Wissen. Drittens würde eine

11 Ein Vergleich von Methoden zur Modellierung von Prozessen und Workflows findet sich in Kalmring (2004), S. 159ff.

12 Medina-Mora et al. (1992).

13 http://www.actiontech.com/

14 vgl. z.B. Allweyer (1998).

Berücksichtigung allen im Eventualfall relevanten Wissens das Modell schnell überfrachten, wenig benutzerfreundlich machen und die benötigte laufende Aktualisierung unwirtschaftlich gestalten. Viertens wäre der Formalisierungsgrad eines solchen Modells sehr hoch und das Modell für spontane bzw. kreative Problemlösungen kaum geeignet.

Generische, zyklische Wissensprozesse vermeiden diese Probleme. Sie gestalten die Modellierung vergleichsweise einfach. Sie sind ad hoc spezifizierbar bzw. aggregierbar und darüber hinaus flexibel. Sie berücksichtigen aufgrund ihrer kommunikativen Grundausrichtung implizites wie explizites Wissen, Objekt- wie Kontextwissen. Nicht jedes Wissensobjekt muss explizit modelliert werden. Die Verknüpfung zwischen Geschäfts- und Wissensprozess erfolgt unmittelbar über die Sprechakte der Primärprozesse und der daraus abgeleiteten Zufriedenheitsbedingung. Parallel laufende Wissensprozesse müssen, im Gegensatz zur linearen Modellierung, nicht in jedem Fall durchlaufen werden, vielmehr nur bei Bedarf.

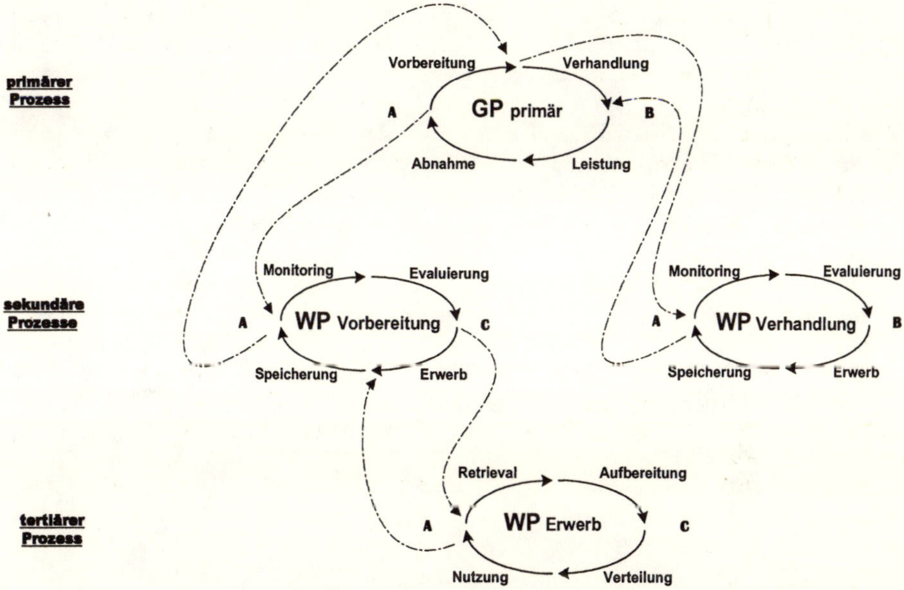

Abbildung 2: Wissensprozesse unterstützen unmittelbar die Geschäftsprozesse[15]

Wie kann also nun konkret eine Verknüpfung von Geschäfts- und Wissensprozessen über Sprechakte und Zielhierarchien bzw. Zufriedenheitsbedingungen hergestellt werden? Abb. 2 zeigt ein Modell auf hohem Abstraktionsniveau. Der primäre, nicht weiter spezifizierte Geschäftsprozess wird in jedem Sprechakt durch sekundäre Wissensprozesse unterstützt. Diese seien durch die Phasen (Wissens-) Monitoring, Evaluierung, Erwerb und Speicherung definiert. Eine Spezifizierung erfolgt am Beispiel Wissenserwerb: Die Phasen (Wissens-) Retrieval, Aufbereitung, Verteilung und Nutzung definieren diesen tertiären Wissensprozess. Die Akteure der Unterstützungsprozesse müssen nicht in jedem Fall mit

15 in Anlehnung an Alpar/Kalmring (2001), S. 732.

den Akteuren des primären Geschäftsprozesses (hier „A" und „B") übereinstimmen. Relevantes Marktwissen im Vorfeld („Vorbereitung") eines Vertragsabschlusses („Verhandlung") kann z.B. über eine Datenbank des Hostes „C" erworben werden.

Die sekundären Wissensprozesse verlaufen parallel zum primären Geschäftsprozess. Da sie aber die Sprechakte des Geschäftsprozesses unmittelbar unterstützen, sollen sie als „sekundäre" Prozesse bezeichnet werden. Zwischen diesen und den tertiären, quartären, quintären usw. Wissensprozessen besteht eine hierarchische Ordnung. Entsprechend lassen sich die Geschäftsprozesse, soweit dies im Einzelfall wirtschaftlich und sinnvoll ist, spezifizieren. Die Unterstützung durch entsprechende Modellierungssoftware[16] ermöglicht die Verwendung unterschiedlicher Konnektoren, so dass z.B. ein Loop Bestandteil eines anderen Loops sein, diesen auslösen oder diesen beschließen kann.

Da die erläuterten sekundären Wissensprozesse als Zirkel aus generischen Sprechakten auftreten, lassen sich allgemeine Effizienzkriterien für Wissensprozesse ableiten. Diese allgemeinen Kriterien können anschließend für Techniken aus dem Informationsmanagement, dem Personalmanagement oder der organisatorischen Gestaltung spezifiziert und auf Wissensprozesse niederer Ordnung übertragen werden. Die folgende Abbildung stellt diese allgemeinen Effizienzkriterien eines Wissensprozesses dar.

Wie lassen sich also Effizienz und Effektivität des Wissensmanagements bestimmen? Wie zuvor beschrieben, orientiert sich effizientes Wissensmanagement an den Sprechakten der Wissensprozesse selbst. So ist beispielsweise Transparenz eine essentielle Voraussetzung für die Evaluation zu erwerbender Wissensobjekte. Aus den Effizienzkriterien lassen sich unmittelbar die Anforderungen an die Wissensmanagementtechniken ableiten. Effektives Wissensmanagement orientiert sich an den Zielen der unterstützten Geschäftsprozesse. Bessere Wissensprozesse führen zu besseren Geschäftsprozessen, z.B. im Hinblick auf Kosten, Qualität, Durchlaufzeit oder Kundenbindung. Ein effektiver GP liefert einen Beitrag zur Erreichung z.B. gesellschaftlich-sozialer Ziele auf der Organisationsebene.

16 z.B. Action Technologies, Inc. (1996).

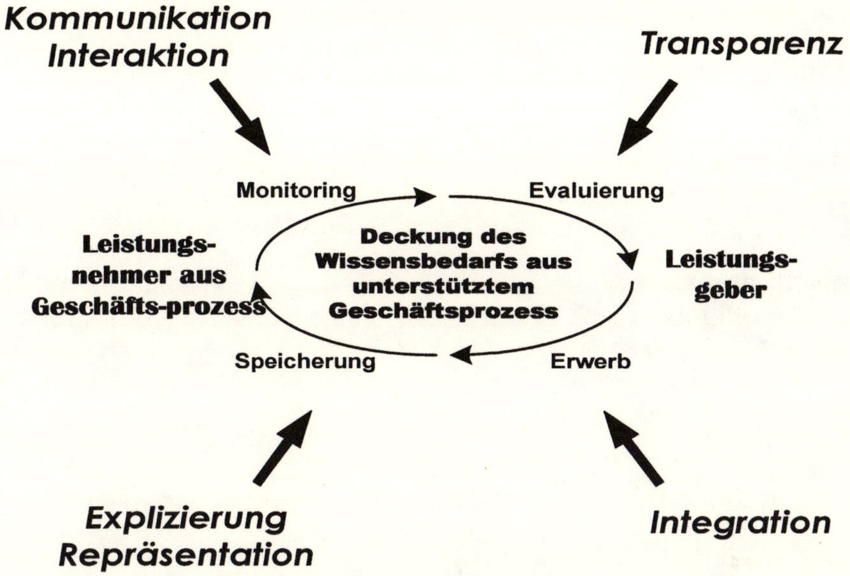

Abbildung 3: Die Effizienzkriterien des Wissensprozesses bestimmen die Anforderungen an die WM- Techniken.[17]

Ähnlich eines single loop, double loop und deutero learnings, in dessen Verlauf Soll- und Istwerte auf den drei Ebenen von Maßnahmen, Zielen und Kontexten abgeglichen werden, um anschließend Änderungen auf diesen drei Ebenen einzuleiten, ermöglichen das beschriebene Vorgehen eine Steuerung von WM-Maßnahmen, operativem WM-Ziel (nämlich der Deckung des kurzfristigen Wissensbedarfs im Geschäftsprozess) und WM-Kontext (nämlich Zielen und Struktur des zu unterstützenden GP). Ging die Ableitung der drei Zielebenen von den Organisationszielen über die GP-Ziele zu den WP-Zielen deduktiv von statten, so erfolgt die Kontrolle der Zielerreichung nun induktiv. Die unterstützende Zieldimension bezieht sich auf die Effizienz des Wissensprozesses. Die operative Zieldimension betrachtet die Effektivität der Deckung des Wissensbedarfs durch den Wissensprozess. Die strategische Zieldimension beschäftigt sich mit der Effektivität des Geschäftsprozesses, der von der Deckung des Wissensbedarfs profitiert. Abb. 3 fasst nun Deduktion und Induktion zu einem Regelkreis über die drei Ebenen zusammen.

17 in Anlehnung an Alpar/Kalmring (2001), S. 736.

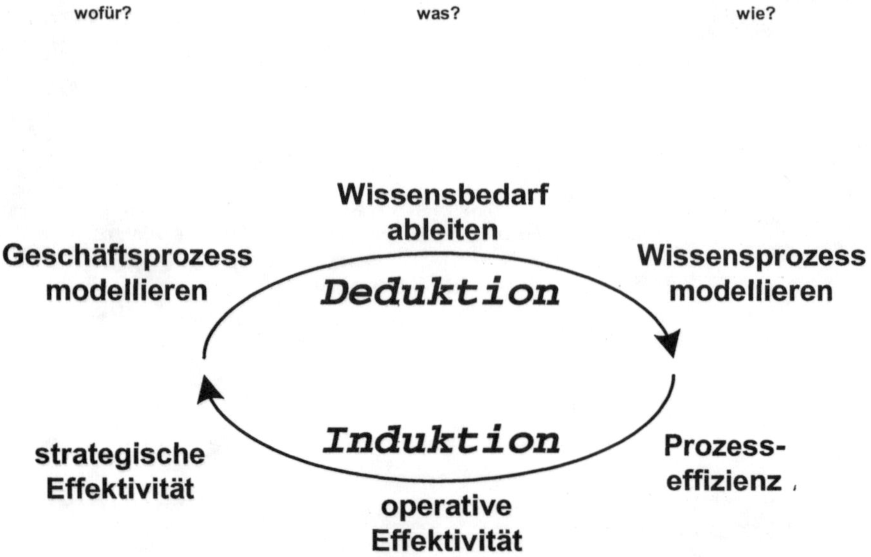

Abbildung 4: Regelkreis für das prozessorientierte Wissenscontrolling

Der Regelkreis stellt und beantwortet demnach in einem kontinuierlichen Verbesserungs- bzw. Anpassungsprozess die Fragen, wofür das Wissen einen Nutzen leisten soll, welches Wissen in welcher Qualität und welchem Umfang hierzu vonnöten ist, und wie dieses Wissen erworben oder entwickelt werden soll.

6. *Fazit*

Der Schritt von der Steuerung konkreter betrieblicher Aufgaben zum organisationalen Lernen erfolgt durch den permanenten Vollzug der drei Lernprozesse auf allen Organisationsebenen und in jeder betrieblichen Funktion. Die horizontale und vertikale Integration wird dabei durch die Ausrichtung der Methode auf die betriebliche Prozesshierarchie und durch die Verknüpfung mit den Unternehmungszielen gewährleistet. Die Permanenz ist durch die Anwendung des Regelkreises als kontinuierlicher Verbesserungsprozess sichergestellt. Der Einschluss aller relevanten Techniken aus Informationsmanagement, Personalmanagement und organisatorischer Gestaltung ist durch die Neutralität der Methode hinsichtlich der in ihr verwendeten Techniken und durch die Generik der Wissensprozesse sowie ihrer Sprechakte gewährleistet. Die Methode ist unabhängig von den jeweils betrachteten betrieblichen Aufgaben und schließt Wissensarten unterschiedlicher Form und unterschiedlichen Inhalts ein. Weiterhin stellt sie nicht eine bloße Beschreibung von wissensbezogenen Vorgängen in der Organisation dar, sondern generiert und operationalisiert Wissensziele. Von besonderer Bedeutung ist auch die Ausrichtung der Aktivitäten am Organisationserfolg, da im Idealfall die Wissensmanagementmaßnahmen so eine Rechtfertigung erhalten, nicht ins Leere laufen und ihr Zielbeitrag jederzeit kontrolliert werden kann. Investitionsentscheidungen können bis zu einem gewissen Grad an

Unsicherheit durch konkrete Zahlen unterstützt und der monetäre Nutzen mittels Erfahrungs- oder Schätzwerten geplant werden. Wissensmanagement wird nicht um seiner selbst willen, sondern in jedem Fall verknüpft mit den betrieblichen Erfordernissen betrachtet. Der Abstraktionsgrad ist dabei variabel, d.h. unabhängig vom vertikalen Detaillierungsgrad der Betrachtung. Horizontal ist das Modell erweiterbar, d.h. im Anschluss an eine Priorisierung besonders wissensintensiver Geschäftsprozesse kann das Vorgehen auf andere Prozesse ausgeweitet werden. Schließlich ist die Methode leicht verständlich und durch die Auswahl weniger wichtiger Kennzahlen und die Betonung des Zusammenhangs zwischen den drei betrachteten Ebenen als Orientierungshilfe gut kommunizierbar. Die Sachverhalte sind nicht abstrakt, sondern an der betrieblichen Realität ausgerichtet. Die Vorgehensweise folgt einer strengen Systematik, die eine einfache und fehlerarme Anwendung ermöglichen soll.

Welchen Beitrag kann also ein prozessorientiertes Wissenscontrolling für eine verantwortliche Wissensorganisation leisten? Wissen wird nicht, wie z.B. bei der Aufstellung einer „Wissensbilanz", als abstraktes Potenzial oder abstrakter Wert betrachtet. Vielmehr wird Wissensmanagement auf ein Instrument zur Prozessverbesserung und damit mittelbar zur Erreichung der Organisationsziele reduziert. Techniken des Informationsmanagements, des Personalmanagements oder der organisatorischen Gestaltung alleine sind hierzu nicht von Bedeutung, wohl aber die Art und Weise wie sie eingesetzt werden.

Eine Wissensorganisation bzw. eine Strukturierung und Bewertung der organisationalen Wissensbasis erfolgt in diesem Fall anhand der Prozesshierarchie.

Literatur:

Action Technologies, Inc. (1996): Action Workflow Enterprise Series 3.0. Process Builder User's Guide. Part Number MB200-0396. Alameda, Kalifornien.

Allweyer, Thomas (1998): Knowledge Process Redesign. Modellierung und Gestaltung der Wissensverarbeitung im Unternehmen. FhG IAO Forum „Innovatives Wissensmanagement", Stuttgart.

Alpar, Paul/ Kalmring, Dirk (2001): Inter-Organizational Knowledge Management With Internet Applications. Proceedings of the The 9th European Conference on Information Systems (ECIS 2001), Bled, Slovenia, S. 730 – 742.

Duncan, Robert/ Weiss, Andrew (1979): Organizational Learning. Implications for Organizational Design, in: Staw, Barry M. (Hrsg.): Research in Organizational Behavior. Vol. 1, Greenwich/Con., Jai Press, S. 75 – 123.

Geldern van, Michael (1997): Organisation. Ein anwendungsorientiertes Lehrbuch mit Fallbeispielen. Frankfurt a. M., Campus-Verlag.

Gladen, Werner (2001): Kennzahlen- und Berichtssysteme. Grundlagen zum Performance Measurement. Wiesbaden, Gabler.

Hedberg, Bo (1981): How Organizations Learn and Unlearn, in: Nystrom, Paul C. (Hrsg.): Handbook of Organizational Design. Vol. 1: Adapting Organizations to Their Environments. Oxford, Oxford Univ. Press, S. 3 – 27.

ISO, International Organization for Standardization (1986): ISO 8879. Information Processing: Text and Office Systems: Standard Generalized Markup Language (SGML). Genf.

Jaenecke, Peter (1994): Wozu Wissensorganisation? http://www.bonn.iz-soz.de/wiss-org/jaenecke0.htm, abgerufen am 10.10.2004.

Kalmring, Dirk (2004): Performance Measurement von wissensintensiven Geschäftsprozessen. Ein Beitrag zum Controlling im Wissensmanagement. Wiesbaden, Deutscher Universitäts-Verlag.

Küpper, Hans-U. (1995): Controlling: Konzeption, Aufgaben und Instrumente. Stuttgart, Schäffer-Poeschel.

Küpper, Hans-U./ Weber, Jürgen/ Zünd, André (1990): Zum Verständnis und Selbstverständnis des Controlling. Thesen zur Konsensbildung. ZfB – Zeitschrift für Betriebswirtschaft, 60. Jg., Heft 3, S. 281 – 293.

Medina-Mora, Raul/ Winograd, Terry/ Flores, Rodrigo/ Flores, Fernando (1992): The Action Workflow Approach to Workflow Management Technology. Proceedings of the Conference on Computer-Supported Cooperative Work, CSCW '92, Toronto, S. 281 – 288.

Porter, Michael E. (1999): Wettbewerbsvorteile. Spitzenleistungen erreichen und behaupten. 5. Aufl., Frankfurt/Main, Campus.

Rahmstorf, Gerhard (2001): Strategie der Wissensorganisation. http://index.bonn.iz-soz.de/ ~sigel/ISKO/wiss-org-archive/msg00492.html, abgerufen am 03.02.2004.

Staab, Steffen/ Schnurr, Hans-P. (1999): Knowledge and Business Processes: Approaching an Integration. Proceedings of the International Workshop on Knowledge Management and Organization Memory (IJCAI '99), Stockholm, http://www.informatik.uni-karlsruhe.de/I3V_HTML/JB_LIT/ 16527335.html, abgerufen am 20.05.2001.

Weber, Jürgen (1993): Bereichscontrolling, in: Wittmann, Waldemar (Hrsg.): Enzyklopädie der Betriebswirtschaftslehre: Band 1: Handwörterbuch der Betriebswirtschaft, 5. Aufl., Stuttgart, Schäffer-Poeschel, Sp. 300 – 312.

Trust, Solidarity, and Knowledge Sharing

Jaakko Koivumäki,
Department of Sociology and Social Psychology, University of Tampere, Finland

1. *Introduction*

In this paper I will present a causal model that outlines the theoretical framework of my ongoing dissertation research[1]. The main issue of the research is to trace the organizational structures and social psychological processes which generate trust and coworker solidarity between knowledge workers[2] within work communities of the state sector's expert organizations in Finland. I will also explore what kinds of effects trust and solidarity have on organizational processes, such as on *knowledge sharing*.

It is has been commonly argued that knowledge-intensive work in various organizations has increased greatly during the last, let say, fifteen years. The development of information and communication technology (ICT), together with some other factors such as the market deregulation, have been driving forces behind this change. With the increased speed of economic transactions organizations are forced to face a new type of uncertainty and complexity related to the operating environment involving a variety of networks. To overcome problems caused by increased ambiguity, relevant knowledge and high quality information have become most valuable resources of every knowledge-based organization. (Huotari & Iivonen 2004.)

Huotari and Iivonen (ibid.) emphasize that managing all these challenges and options demands, in addition to new technological tools and equipment, new "invisible means", as well. One of these means is *trust*. The same tools and equipment might lead to very different results in different organizations and networks depending on how invisible means are taken into account in managing and organizing work activities. It is not unusual for an organization to invest substantial financial resources into new ICT to enable better practices in acquiring, collecting, storing, distributing, sharing, and utilizing codified knowledge and information resources. However, the real benefit from new technological investments will be achieved only if its use is supported by such invisible managerial means as trust. Trust has a crucial role to play when organizations aim at innovations and successful operations. Although trust has been studied for decades in various disciplines, the importance of trust has never before been more significant than it is today both in theory and in practice.

To sum up, in the knowledge society it is an imperative for work organizations that knowledge and information move fast and reliably from place A to place B and from person A to person B. Therefore, trust and solidarity (cf., emotional-based trust) are useful concepts in understanding the dynamics, problems, and logic of organizations which are – despite all new revolutionary technologies and other non-human artifacts – fundamentally *human groups* (cf., Homans 1951).

---

1 The research is funded by the Academy of Finland and by the State Employer's Office.

2 Knowledge workers are defined here as wage earners whose jobs meet the following three criteria: (1) the use of information technology, (2) independent design of important aspects of the job, and (3) at least upper intermediate vocational training (Blom et al. 2002).

This paper deals with issues related more to knowledge management (KM) than knowledge organization (KO). However, in my opinion, there should not be a rigid division between KM and KO, at least when we are considering work organizations. One argument for a holistic view is that there is usually just one person in small firms and organizations who deals with issues concerning organizational knowledge (for example, in Finland 85 percent of employers have less than 10 employees). This is also an argument for the relevance of my topic on the context of the KO. The second argument is linked to the theme of the conference, namely to the ethical and moral aspects of knowledge (sharing). Although, the unit of my analyses is an individual, the ethical and moral issues are basically same as they are on the context of some organization having sensitive knowledge; should the knowledge be made accessible to the others. After presenting the causal model I will return to this.

2. *Trust and solidarity between coworkers*

So, what makes us feel trust and coworker solidarity within work communities? First, I have to admit that building a general theory is impossible because people are different and contexts vary endlessly. However, we can always deepen our understanding; in the case of my dissertation research, the goal is to find some co-variances and correlations between different factors and trust/solidarity, and further, between trust/solidarity and some organizational processes, such as knowledge sharing. A relative homogeneity of the structures and environments of the state's expert organizations (at least comparing them to the organizations in the private sector) makes my task a little bit easier.

The causal model is only a theory, yet. In other words, I have not tested it empirically. The model includes both structural and social psychological factors which have hypothetically some effects on the formation of trust and solidarity relationships. As I just mentioned, I hypothesized further that trust and solidarity have some effects on knowledge sharing. Knowledge is defined as a worker's intellectual capital which he/she can – but is not necessarily allowed to – either withhold, "sell" (cf. exchange theories) or share freely. Here, I focus on horizontal social relations, i.e., on relations between knowledge-workers without managerial positions (there is also a vertical dimension in my dissertation research).

By presenting this model I want to emphasize the variety of factors which can generate mistrust, trust, and solidarity, and thus have effects on knowledge sharing, and also on knowledge creation like Nahapiet and Ghosal (1998) have illustrated. The causal model is based on qualitative interviews and theories on organizational social capital (for example, Coleman 1990, Burt 1992, Nahapiet & Ghoshal 1998), as well as on my own observations from the working life. Theories of trust creation by Finnish academics Mirja Iivonen and Risto Harisalo are also worth mentioning. My thinking is close to the human relations school, and to the social exchange theory formulated by George Homans (1961) and Peter Blau (1964).

The most essential difference between the concepts of trust and solidarity is that trust is interpreted as more cognitive and solidarity as more emotional-based psychological conditions that have an influence on the behavior of an individual. Moreover, I have made a distinction between two different kinds of trust, namely between the *trust on coworker's competencies* and *trust on coworker's moral*. The former is very task oriented approach; for example, can I really trust that my colleague can handle his/her part in the project or must

I keep an eye on him/her? The latter, on the contrary, means having trust that a colleague does not behave opportunistically, for example, in such situations, where there would be possible to hanker all credits from the successful team-project to oneself.

Solidarity is interpreted as *emotionally* motivated loyalty to fellow workers (Parsons 1970). Under conditions of high level of solidarity members of a work community have internalized each other's preferences. This can even lead to altruistic kind of behavior. High solidarity has also a darker side; it can, for example, fuel group thinking and thereby lower group's reflexivity.

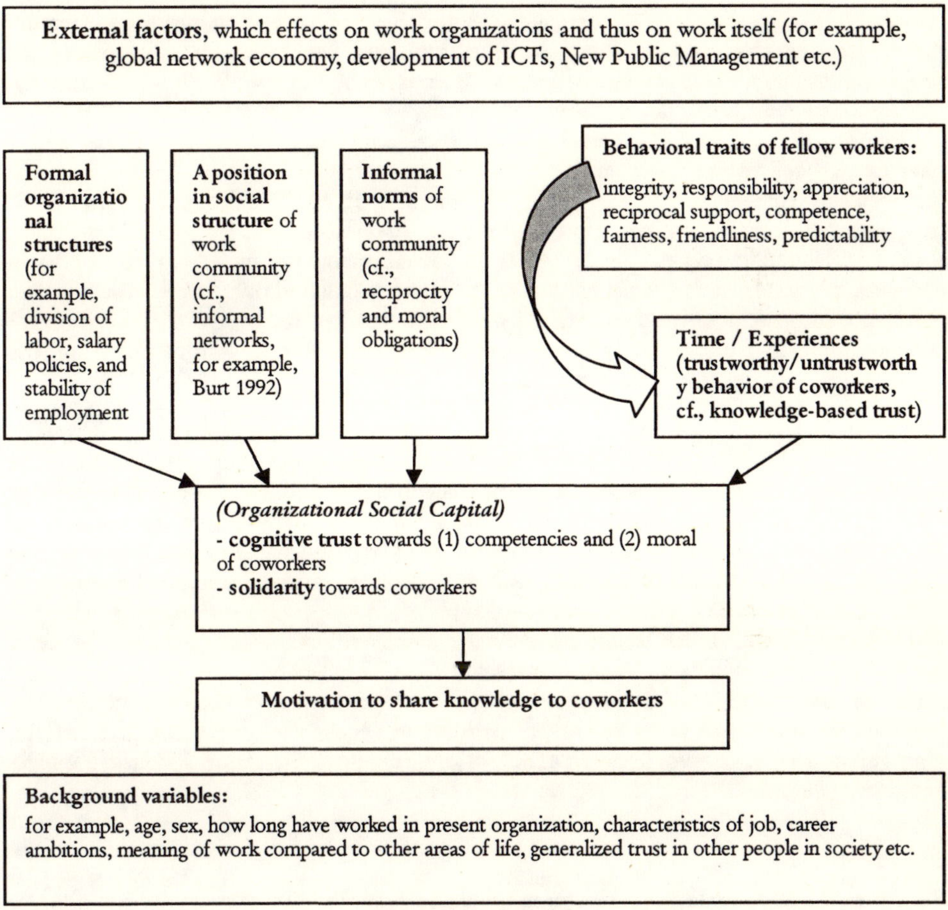

Figure. Causal model.

External factors construct the macro level framework of the model. Formal structures are tangible factors which can be manipulated quite easily, in theory at least. For example, databases for explicit knowledge would belong to formal structures.

A position in the social structure, informal norms of work community, and behavioral traits form a group of social psychological factors. A position in the social structure refers to communication networks of an individual. Informal power relations are included into this factor. According to Ronald Burt (1992,47) a network optimized for information benefits can be described with respect to its contacts. It has been found in a number of studies that solidarity relationships are often based simply on the probability of one person's meeting another in the course of daily activities (see, Schein 1988, 147).

So called informal organization was "found" during Hawthorne experiments conducted between 1927 and 1932. Researchers led by Elton Mayo discovered that within a work group doing piece work was developed a strong informal norm "a fair day's work for a fair day's pay". Both free riding and rate-busting was sanctioned by the group. I assume that there are a lot of informal norms within knowledge-intensive organizations, too.

According to Harisalo (2004) there are several behavioral traits which have an effect on the creation of trust and solidarity; for example, integrity, responsibility, appreciation, reciprocal support, competence, fairness, friendliness, and predictability. Traits are manifested in daily interaction between individuals.

Time is perhaps the most essential element in building trust and solidarity. Until now, I have interviewed five civil servants from different expert organizations. According to the interviewees trust is usually based on experiences; if your colleague proves to be trustworthy time after time you can trust him/her also into future, i.e., a good reputation is the best guarantee that people have trust in you. In the causal model and my theory in common it is assumed that realizing the effects of the behavioral traits needs always time.

Forthcoming quantitative data makes it possible to test the functionality of the model. I am interested, in particularly, in the relative weights of different factors explaining the formation of trust relationships and solidarity.

3. *Some considerations about ethics*

Finally, I would like to raise some questions concerning the ethical aspects of knowledge sharing on the context of micro-organizational behavior. As we all know, there is a lot of contradictions in the labor markets today. One is the greater demand for trust and solidarity *meanwhile* the competition both within and between organizations is hardening.

This fact raises some ethical questions, such as, is it the same thing as stealing to withhold knowledge which would benefit your employer organization as a whole? Who has or have responsibility if people don't share their knowledge? For example, under the threat of mass firings, is it ethically right if a worker tries to keep his/her job by withholding knowledge from coworkers to look more irreplaceable in the eyes of the manager; is it right or wrong to put family's welfare before the group solidarity and the employment contract?

References:

Blau, Peter M. (1964) Exchange and Power in Social Life. John Wiley, New York.

Blom, Raimo & Melin, Harri & Pyöriä, Pasi (2002) Social Contradictions in Informational Capitalism: The Case of Finnish Wage Earners and Their Labor Market Situation. The Information Society, 18: 333-343.

Burt, Ronald S. (1992) Structural Holes. The Social Structure of Competition. Harvard University Press, Cambridge.

Coleman, James S. (1990) Foundations of Social Theory. The Belknap Press of Harvard University Press, Cambridge.

Harisalo, Risto & Stenvall, Jari (2004) Trust as capital: The Foundation of Management. In Mirja Iivonen & Maija-Leena Huotari (eds.) Trust in Knowledge Management and Systems in Organizations. Idea Group Publishing, London.
Homans, George C. (1951) The Human Group. Routledge & Kegan Paul Ltd, London.
Homans, George C. (1961) Social Behavior. Its Elementary Forms. Harcourt, Brace & World, Inc., New York.
Iivonen, Mirja & Huotari, Maija-Leena (eds.) (2004) Trust in Knowledge Management and Systems in Organizations. Idea Group Publishing, London.
Nahapiet, Janine & Ghoshal, Sumantra (1998) Social Capital, Intellectual Capital, and the Organizational Advantage. Academy of Management Review, Vol. 23, No. 2, 242-266.
Parsons, Talcott (1970) Research with Human Subjects and the "Professional Complex". In Paul Freund (eds.) Experimentation with Human Subjects. Braziller.
Schein, Edgar H. (1988) Organizational Psychology. 3rd edition. Prentice-Hall International Editions, New Jersey.

Wissensmanagement mittels der technologischen Information von Experten einer Projektgruppe

Rafael Palacios Bustamante
Ruhr-Universität Bochum

„Wir ertrinken an Informationen, aber uns dürstet nach Wissen"

(John Naisbit)

Die Praxis in den Organisationen und ihre Sozialeinstellung bezüglich der technologischen Informationen sind bereits Interesse von Sozialwissenschaftlern. Die Forscher konzentrieren sich gleichsam auf die Auswirkungen der Informationssysteme innerhalb der Struktur- und Kulturunternehmen. Es geht also nicht lediglich um die Anpassung der Informationskonzepte an die Unternehmensstrategie im herkömmlichen Sinne, sondern auch um die Neugestaltung der Information mittels Wissenstransfer und Wissensmanagement. Das Ausschöpfen der technologischen Wissensbasis erweist sich als überaus wichtiger Standortfaktor. Einerseits sind durch die Informationsnutzung per Internet und Intranet geeignete Strategien gefordert, um die Wissenstransferprozesse und -qualifikationen von den Fachexperten zu entwickeln. Andererseits ist es sehr wahrscheinlich, dass die „heimlichen" Qualifikationen oder Kenntnisse, von denen zwar viel gesprochen wird, die aber schwierig zu analysieren sind, zum großen Teil auf diese Form von Kompetenz zurückzuführen sind. Bezogen auf den Wissens- und Technologietransfer kann man sich beispielsweise die Fragen stellen: wie die vorhandenen Daten und das Wissen möglichst mittels des Informationssystems innerhalb der Betriebe effizient und effektiv wirtschaftlich nutzbar gemacht, bzw. genutzt werden können, und wie mittels des Wissens von Fachexperten eine gute Kriterienqualität erricht werden kann. Ziel dieser Arbeit ist, einen soziologischen Analyserahmen der Arbeitsorganisation durch Manager in Projektgruppen zu erarbeiten und soziologische Auswirkungen, Veränderungen, Spannungen, unbeabsichtigte Folgen dieser Gruppenarbeitsform im Rahmen des Wissenstransfers und der Informationsnutzung aufzuzeigen.

1. Einleitung

Die Arbeitsorganisation vollzog einen Perspektivenwechsel hinsichtlich der Interaktion und Kommunikation in der Gruppenarbeit (vgl. Minssen, 1999)[1], da durch neue Informations- und Kommunikationsformen wie beispielsweise den digitalen Kommunikationsinstrumenten und den computerbasierten Werkzeugen wie E-Mail,

1 Auswirkungen der Informationstechnologie in der Arbeitsorganisation können auch durch den Untersuchungsfall Südkoreas in den 80er Jahren beobachtet werden. Ein Hauptelement für die Exporterhöhung war das schnelle Wachstum des computerintegrierten Services der Unternehmen. (vgl. Doktor/Lie, 1993: 173ff).

Ohly/Sieglerschmidt/Swertz: Wissensorganisation und Verantwortung. Würzburg: Ergon Verlag 2006

Internet, Intranet und gemeinsamen internen Datenbanken eine neue Interaktionsperspektive der Gruppenarbeit entstand.

Die Zukunft gehört dem digitalen Mitarbeiter-Management. „Künftig sollen Personalverantwortliche alles im Blick haben, nicht nur Basisdaten, sondern auch Wissen, Bildungshistorie und Erfahrungen“ (Gillies, 2003: 80). Aus diesem Grund ist eine Art von Wissenstransfer nötig, der durch die Unterstützung geeigneter personeller, organisatorischer und technischer Maßnahmen zugleich einen entscheidenden Wettbewerbsfaktor bildet.

Nach dem aktuellen Verständnis umfasst Technologietransfer wesentlich mehr als die Bereitstellung materieller Artefakte. Vielmehr spielt die Vermittlung von technologieorientiertem Wissen eine erhebliche Rolle.

Der Wissenstransfer ist ein planvoller, zeitlich limitierter und freiwilliger Prozess der Übertragung einer Technologie, die beim Benutzer häufig mit organisatorischen und/oder technologischen Veränderungen einhergeht (ebd., 12).

Der Transfer von Wissen erfolgt in der Regel nicht nur von öffentlichen Einrichtungen zu privaten Unternehmen, sondern es geht um einen wechselseitigen Austausch, von dem auch die Forschungseinrichtungen profitieren (vgl. Schmoch/Licht/Reinhard, 2000).

Bezogen auf den Wissenstransfer wird beispielsweise die Frage erhoben: wie das vorhandene Wissen möglichst effizient und effektiv wirtschaftlich genutzt werden kann, und wie innerhalb der Gruppenarbeit die Partizipationskompetenz[2] und die Qualitätskriterien[3] optimiert werden können, d.h. wie die Partizipationskompetenz von Experten gesteigert werden kann (vgl. Feggeler/Mühlbradt, 2000)[4].

2. *„Das Gold in den Köpfen“: Der Wissenstransfer in der Gruppenarbeit*

„Wissen kann verstanden werden als die Gesamtheit der Kenntnisse und Fähigkeiten, die individuelle oder kollektive Subjekte zur Lösung von Problemen einsetzen. Dies umfasst sowohl theoretische Erkenntnisse als auch praktische Alltagsregeln und Handlungsanweisungen“ (Freitag, 2002: 131).

Die Vernetzung der Informationen wird durch individuelle oder kollektive Subjekte ausgeführt. Im Gegensatz zu Daten oder Informationen ist sie an diese Subjekte gebunden. Wissen ist kontextabhängig, es gehört jemandem und ist deswegen von diesem Träger schwer ablösbar (vgl. Bönnighausen/Rascher/Wilkesmann, 2003).

Es ist davon auszugehen, dass durch die ständigen Änderungen in der Organisations- und Unternehmenskultur ein effizienter Wissenstransfer nicht gewährleistet werden kann (vgl. Pawar, 1994; Welge/Holtbrügge, 2003)5, denn „durch Gruppenarbeit werden

---

2 Ebenso wie Entwicklungskompetenz.

3 Qualitätskriterien sind Entscheidungsqualitäten, die auch von Unternehmen angewendet werden können.

4 Anhand des deutschen Produktionsmodells in der Automobilindustrie BMW können wichtige Probleme bezogen auf die Optimierung der Entscheidungsprozesse in Zusammenhang mit der Anwendung technologischer Information. u.a.m. beobachtet werden (vgl. Noll/ Fröhlich/Kopesa/Seidler, 2001: 61). Ähnliche Probleme sind in berühmten Extrembeispielen wie Xerox oder RCA und im Alltagbetrieb wie bei Siemens aufgetreten (vgl. Hack, 1998: 15).

5 Vielfältige Untersuchungen und theoretische Diskussionen sind darüber ausgeführt worden. Dadurch wurde die Aufmerksamkeit auf den Wertverlust von Wissen in den Gruppenarbeit gelenkt; wodurch die Partizipationskompetenz erschwert wurde.

Wissensbestände fragwürdig, und zwar auf allen Ebenen, im Management ebenso wie bei den Arbeitern. Neue Wissensbestände können aber nicht ohne weiteres angeeignet werden“ (vgl. Minssen, 1999: 215).

Wenngleich das Wissen im globalen Standortwettbewerb die wissenschaftliche Erfolgsvoraussetzung ist, wird es in vielen Fällen nicht effizient verwendet. Dieser Aspekt wird von Wissensmanagements untersucht (Bönnighausen /Rascher/Wilkesmann, 2003: 35f)6. In Unternehmen werden vorhandene Wissenspotenziale derart aufeinander abgestimmt, so dass ein integriertes, unternehmensweites Wissenssystem entsteht. (vgl. Freitag, 2002).

Nicht nur die vorhandenen Potenziale an Wissen spielen eine große Bedeutung in dem Spielraum der Integration von Experten einer Projektgruppe, sondern sie gewinnen auch an Bedeutung bezüglich der oben geschilderten Probleme über den Wissenstransfer und Wertverlust von Wissen.

Man sollte in der Gruppenarbeit nicht nur die personellen Ressourcen, sondern auch das kognitive Kapital der Gruppe als Ressource nutzen. Dies bezieht sich auf die Begriffe, Theorien oder Methoden, die alle Wissenschaften und Teildisziplinen betreffen.

Kognitives Kapitel ist Wissen, das in der interdisziplinären Gruppenarbeit eine besondere Rolle spielt, weil jeder Experte über distinkte Problemdefinitionen verfügt (Thomas/ Hagemann/Stumpf, 2003: 265). Diesbezüglich wird interdisziplinäre Gruppenarbeit in Form von „Knowledge Comunities“ ausgeführt, um fachliche Diskussionen und praktische Erfahrungen auszutauschen. Es können wechselseitig Kritik ausgeübt sowie konstruktive Verbesserungsvorschläge vorgestellt werden (Wenger/Snyder, 2000).

Es ist darauf hinzuweisen, dass die disziplinäre, methodologische Struktur und/ oder technisches- und spezialisiertes Wissen ausschlaggebend sind, um Problemlösungen zu beurteilen (vgl. Ropohl, 1999). Außerdem ist die Situation von Unternehmen ausschlaggebend, in denen Kriterien für mögliche Probleme von Experten untersucht werden (vgl. Heller/Wilpert, 1981).

3. *Der Gebrauch technologischer Informationen als problematischer Kern von Partizipationskompetenz*

In Rahmen des Wissenstransfers einer Gruppenarbeit sind noch andere Fragen zu stellen: wie Gruppenarbeit beispielsweise im Unternehmensbereich gestaltet werden kann, wenn

6 Eine wichtige Funktion von Wissensmanagement ist, die Differenzierung der Kommunikationsprozesse in Unternehmen zu kontrollieren. Unternehmen wie Siemens sind erfahren in Reorganisationsprozessen, so dass sie eine effiziente Informationsnutzungsstrategie entwickeln können. In den neunziger Jahren erfolgte ein Prozess der Dezentralisierung der FE-Organisation. Mitte der neunziger Jahre wurde zunehmend versucht, mit einer bereichsorientierten Ausrichtung von (50) interdisziplinären „Fachzentren“ und deren Bündelung in (acht) „ Technologie-Abteilungen“, auch in der gestrafften Zentralforschung, eine Organisationsstruktur zu realisieren, die zugleich als „virtuelle Bereichs-FE“ fungiert (vgl. Hack, 1998). Diese Reorganisationsprozesse von Siemens haben Unternehmenskultur und Strukturorganisation verstärkt, so dass die Entscheidungsprozesse in den unterschiedlichen Bereichen wie beispielsweise Wissensmanagement optimiert worden sind. Außerdem ist die interdisziplinäre Konzeption von Siemens, eine Begründung in den unterschiedlichen Bereichen die Wissensstrategien zu unterhalten.

Aspekte wie Gebrauchs- und Anwendungsinformationen behandelt werden (vgl. Beckman/Haunschild 2002: 93)[7].

Ein besonderes Problem bei der Implementierung von Wissensmanagement liegt darin, dass dessen Lenkung mit mannigfachen Schwierigkeiten verbunden ist, wenn die Nutzer (Experten) die Informationen und Daten auswerten sollen (vgl. Freitag, 2002)[8]. Dabei treten Wissen und Kompetenz als ausschlaggebende Elemente auf, um einen besseren Gebrauch von Daten und Informationen zu garantieren.

Die Lenkung der Aktivitäten in Organisationen wird mittlerweile mittels besagter Informationsstrukturen und Daten ausgeführt, so dass die Unternehmen die Aktivitäten mithilfe des Wissenstransfers ausführen sollen. Das Problem entsteht dadurch, dass fast zwei Drittel der Beschäftigten für die veränderten Anforderungen beim Einsatz neuer Informations- und Kommunikationstechnik noch nicht ausreichend qualifiziert sind. Von den Mitarbeitern werden zunehmend Kenntnisse, Fähigkeiten und auch persönliche Einstellungen verlangt, die erheblich von den traditionellen Qualifikationen abweichen (Feggeler/Mühlbradt, 2000).[9]

Es ist davon auszugehen, dass die Integration der Denkmodelle der Experten absehbar ist (vgl. Ropohl 1999: 49ff), aber offenbar ist sie für die Wissenstransferstrategie ungenügend, da die Entscheidungsprozesse komplex sind und Informationen, Daten, technisches Wissen, Erfahrung u.a. aufgrund des Anspruches von Problemlösungen kombiniert werden müssen.

4. *Gruppenarbeit und Partizipationskompetenz*

Im Rahmen des Wissenstransfers einer Gruppenarbeit ist hinsichtlich der Reduzierung der Diskrepanz von potentiellem und aktuellem Nutzungsgrad die Partizipationskompetenz zu betonen, die den strategischen Aspekt der Gruppenarbeit verstärkt.

Kompetenz ist eine Basis der Unternehmensentwicklung. Durch sie kann eine Ansteuerung von Entwicklungsproblemen erzeugt werden. Beispiele dazu sind Rückkoppelungsprozesse, eingesetzte Betriebsmittel und Mitarbeiterpotential.

Partizipationskompetenz kann definiert werden als die Summe der Fähigkeiten zu partizipativem Handeln und der Wille, diese Fähigkeiten in konkreten Handlungen zu reaktivieren (Buss, 2001: 198ff)[10]. Durch die Partizipationskompetenz entstehen folgende Kompetenzen (vgl. Greifenstein/Jansen/Kißler, 1990: 15):

- Die Fähigkeit, die gesamten Problemzusammenhänge und die Aktualität des Fachwissens erleichtert erkennen zu können.
- Die Entstehung einer breiteren Tiefe des Fachwissens sowie die Fähigkeit, Aufgaben kreativ lösen zu können.

7 Neben dem Implementieren von kooperativer Gruppenarbeit gilt der Einsatz von Informations- und Kommunikationstechnologien als ein zentraler Gestaltungsparameter für den Wissenstransfer.

8 Siehe Pawlowski (1998).

9 Der „durchschnittliche" Mitarbeiter hat eine automationsfreundliche Haltung eingenommen; mit den Geräten ändern sich auch Aufgabe und Qualifikation (vgl. Feggeler/Mühlbradt, 2000).

10 Motivation spielt hier eine wichtige Rolle bezüglich der Partizipationskompetenz und der Qualitätskriterien im Zusammenhang mit der Beherrschung der Dateneingabe in einem speziellen Computerprogramm wie beispielweise dem Internet (vgl. Thomas/Hagemann/Stumpf, 2003).

Ein interessanter Aspekt wird in der genannten Studie von Heller und Wilpert (1981)[11] genannt. Er besteht darin, dass interdisziplinäre wissenschaftliche Fähigkeiten bei Experten und Managern, trotz deren hohem Bildungsniveau, fast nicht vorhanden sind (ebd.,40). Dieses Problem resultiert teilweise aus einer falschen Entscheidungsmethode ihrer Vorgesetzten (ebd., 40).

Die kontroversen Methoden für die gebräuchliche Wissensstrategie versuchen zumeist den Wertverlust von Wissen zu minimieren. Ausgehend vom unentbehrlichen Bedarf des Unternehmens an Wissenstransfer hat die interdisziplinäre Gruppenarbeit eine spezifizierte Rolle, nämlich eine interdisziplinäre Kommunikation zu führen[12], in der nicht nur technisches Wissen auftritt, sondern vielmehr die Verbindung mit Denkmodellen und die Anwendung technologischer Daten, Informationen und Erfahrungen.

5. *Interdisziplinärer Wissenstransfer von Managern einer Projektgruppe in Form von „Knowledge Communities"*

Interdisziplinär arbeitende Manager einer Projektgruppe stellen von Fachleuten formulierte Kriterien hinsichtlich der Problemlösung in Bezug auf die weitere Entwicklung eines Projektes mittels Nutzung technologischer Information auf[13]. Dies geht mit einer gewissen Autonomie bezüglich der Auswahl, des Gebrauchs und der Anwendung von Daten und Information der entsprechenden Unternehmensbereiche einher (vgl. Mack/ Loeffler, 2003).

Manager einer Gruppenarbeit unterstützen sich anfänglich gegenseitig in der Projektgruppe. Sie arbeiten innerhalb einer Abteilung und/oder unterschiedlichen Abteilungen und stellen anforderungsgerechte Formen von Arbeitsorganisation für die am Projekt beteiligten Personen zur Verfügung (Kopper, 2003: 364). Dies ist möglich, je nachdem wie die hierarchischen Strukturen in Unternehmen bezüglich kooperativer Kommunikation ausgerichtet sind. (Wilkesmann/Rascher, 2003).

Manager einer Gruppenarbeit stellen in dieser Arbeit keine formelle- und etablierte Kategorie innerhalb der Arbeitsorganisation dar. In der allgemeinen Literatur wird den Managern einer Gruppenarbeit zumeist die Funktion der Fachexperten zugeteilt.

Die Nutzung technologischer Information steht in direktem Verhältnis zu der Qualifikation der Manager bzw. zu ihren Fähigkeiten (vgl. Heller/Wilpert, 1981).

Aufgrund des besagten Wertverlustes von Wissen bzw. der fraglichen Partizipationskompetenz ist die Diskussion und Hervorbringung neuer Ideen zwischen Managern einer Projektgruppe für die Entscheidungsqualität und Problemlösung nicht effektiv. Dies geschieht unter anderem dadurch, dass die allgemeinen Ziele und Ablaufstrategien in Unternehmen sowie möglicherweise die Partizipationskompetenz und Qualitätskriterien durch die anspruchvolle interdisziplinäre Kommunikation verhindert werden (vgl. Heller, 2003: 171ff).

11 Näheres hierzu in (Heller, 2003: 165ff).

12 Kommunikation beschränkt sich nicht nur auf das Medium Sprache, vielmehr werden im Rahmen kommunikativer Aktivitäten verschiedene Medien wie technisches oder disziplinäres Wissen rekrutiert. Näheres hierzu in Bönnighausen/Rascher/Wilkesmann, (2003).

13 Aktuelle Berichte der ISO 9000 beschäftigen sich aufgrund des Informationsverlusts mit dem Bedarf eines Mechanismus, der interdisziplinäres Wissen mittels eines Wissenstransfers erzeugen kann (vgl. Guier, 2000).

Dementsprechend sind Manager einer Projektgruppe bezüglich ihrer organisatorischen Gestaltungsspielräume in beträchtlichem Maße von der Struktur der Abteilungsbeziehungen abhängig. Daraus ergibt sich die Frage, in welcher Weise eigentlich der Informationsfluss zwischen Betriebsabteilungen vonstatten geht.

Die Beurteilung der Leistungsfähigkeit von Managern birgt jedoch gewisse Schwierigkeiten. Zum einen ist zu hinterfragen, wie der Nutzungsgrad des Wissens gemessen werden kann und welche Methode zur Verbesserung der Kommunikation innerhalb einer Gruppenarbeit angewandt werden müssen (vgl. Heller/Wilpert 1981).

Empirische Studien haben gezeigt, dass Gruppen eine Problemlösung erreichen und kreative und innovative Ideen hervorbringen können, wenngleich sie über unterschiedliche Werthaltungen, Persönlichkeitseigenschaften und kulturelle Prägungen verfügen (vgl. Welge/ Holtbrügge, 2003).

6. *Zusammenfassung*

In Finnland, einem der Länder, in denen die Information und Kommunikation wohl am umfassendsten in der Welt genutzt wird, gehen alle nationalen Entwicklungspläne von Paradoxen der Informationsgesellschaft und Wissensorganisation aus, um den Blick auf die Gestaltungsprobleme zu lenken (Symott, 1981: 304ff):

6.1 *Zeitparadox:*

Die technologischen Informationen entlasten die Menschen von vielen Routinefunktionen, gleichzeitig wird das Arbeitsleben aber immer hektischer.

6.2 *Kompetenzparadox:*

Technologische Informationen ermöglichen den Zugang zu immer mehr Informationen und Wissensbeständen, gleichzeitig wachsen die Anforderungen an die Qualifikation der Nutzer.

6.3 *Produktivitätsparadox:*

Technologische Informationen bieten enorme Rationalisierungsmöglichkeiten, gleichzeitig wächst die Produktivität aber langsamer als in der Vergangenheit.

6.4 *Beschäftigungsparadox:*

Durch technologische Informationen entstehen viele neue Arbeitsplätze, gleichzeitig werden alte in hohem Maße vernichtet.

6.5 *Polarisierungsparadox:*

Durch technologische Informationen haben mehr Menschen als je zuvor Zugang zu Informationen, gleichzeitig wachsen aber die sozialen Unterschiede zwischen den Nutzern und Nichtnutzern.

6.6 *Datenschutzparadox:*

Mit Hilfe der technologischen Informationen wird der Zugang zu Daten immer leichter, gleichzeitig wächst die Notwendigkeit, vertrauliche Daten zu schützen.

6.7 *Entscheidungsparadox:*

Obgleich immer mehr Informationen für rationale Entscheidungsfindungen vorliegen, werden politische Entscheidungen immer populistischer – oft unter heftigem Medieneinfluss – getroffen.

Diese wenigen – und angesichts der reichen Erkenntnisse der Kommunikations- und Medientheorien sicherlich dürftigen Hinweise – sollen auf eine Paradoxie unserer heutigen Gesellschaft hinweisen, die sich so formulieren lässt: Die neuen Informationstechnologien sprengen einerseits die räumlichen Restriktionen der Kommunikation, andererseits wächst aber auch wieder das Bedürfnis und die Notwendigkeit nach persönlicher Kommunikation.

Kommunikationsinhalte begrenzen sich zumeist nicht auf einen rein sachlichen Informations-austausch; ebenso wichtig ist die soziale Seite der Kommunikation, in der etwa Werte oder Emotionen vermittelt werden und durch die Vertrauen und Glaubwürdigkeit ausgebaut werden (vgl. Bosch, 1998).

Es muss also zwischen kodifizierten Informationen und Wissensbeständen einerseits und nicht kodifizierbaren bzw. kodifizierten Informationen, Wissensbeständen und sozialen Kommunikationsinhalten unterschieden werden. Nicht alle Wissenszusammenhänge und Kommunikationsinhalte lassen sich kodifizieren und somit mit Hilfe der neuen Information und Kommunikation austauschen.

Als weiteres Problem des Informationsmanagements wurde mangelnde Meinungsführerschaft der Unternehmensleitung in Bezug auf den zielgerichteten Einsatz der Informationstechnologie im Rahmen der Unternehmensstrategie herausgestellt. Im Folgenden werden (Martiny/Klotz, 1990: 85):

- Modellierungsansätze beschrieben, welche die strategische Rolle darstellen, die die Informationsverarbeitung im Kampf um Wettbewerbsvorteile und Markanteile spielen kann.
- Konzepte dargestellt und diskutiert, wie Informationsverarbeitungsstrategien entwickelt und in konkrete Planungen umgesetzt werden können und
- der Nachweis gebracht, dass Informationsmanagement nicht erst bei der Umsetzung einer Unternehmensstrategie wirksam werden darf, sondern schon bei der Strategiediskussion im Unternehmen einsetzen muss und damit zum Bestandteil der Unternehmensstrategie wird.

Außerdem liefern die Akteure in ihrer Arbeit eine praxisnahe Schilderung der gegenwärtigen Konfliktsituation oder Konfliktpotentiale in der Dienstleistungsstelle Informationsverarbeitung im Unternehmen, aber die Ausführungen lassen Schlüsse zu, wie derartige Konflikte künftig gemildert oder gar vermieden werden können.

Literatur:

Beckman, C und Haunschild, P.: Network Learning: The Effects of Partners Heterogeneity of Experience on Corporate Adquisitions. Administrative Science Quarterly. Volume 47. Number 1, March 2002. S. 92.120.

Bönnighausen, M; Rascher, I; Wilkesmann, U.: Unternehmensplanspiel Wissensmanagement, Arbeitgruppe Bochumer Modell". Ruhr-Universität Bochum. September, 2003. 2003. S. 5-62.
Buss, K.P.: Abschied von der Angelernten- Kultur Neue Strategien der Arbeitsorganisation und Qualifikationsversorgung in der US-Halb-Leiterindustrie. Dostal, W; Kupka, P. (Hrsg.). Globalisierung, veränderte Arbeitsorganisation und Berufswandel.. Institut für Arbeitsmarkt und Berufsforschung der Bundesanstalt für Arbeit. Beitrag 240. 2001. S. 197-215.
Doktor, R; Lie, J.: The Impact of Information Technology and International Competition on Organizational Democracy: The Case of South Korea. (Hrsg.) Lafferty, W und Rosenstein, E.). In: International Handbook of Participation in Organization. Volume III (The Challenge of New Technology and Macro-Political Change. 1993. S. 173-186.
Feggeler, A; Mühlbradt, T.: Produktionsfaktor Wissen – innovative Losungen durch IuK-Technologien in KMU". In: Zeitschrift für die Unternehmenspraxis. Angewandte Arbeitswissenschaft. Nr. 165, S. 2-23. 2000.
Freitag, M.: Kooperationsentwicklung in zwischenbetrieblichen Netzwerken. Strukturierung, Koordination und Kompetenzen. Matthias Freitag und Ingo Winkler (Hrsg.). Würzburg: Deutscher Wissenschafts-Verlag. 2002.
Gibbons, A.: The Dynamics of Science and Research in Contemporary Society. 1994.
Gillies, C.: "Wissensträger identifizieren". In: ManagerSeminare. Heft 69. September. 2003. S. 79-84.
Greifenstein, R; Jansen, P und Kißler, L.: Partizipationskompetenz und Technische-organisatorische Innovation. Kißler, L (Hrsg.). in: Mensch und Technik.. Partizipation und Kompetenz. Band Nr. 12.1990. S. 15-54.
Guier, I; Guillén, M und Muir, J.: Global Competition, Institutions, and the Diffusion of Organisational Practices The International Spread of ISO 9000 Quality Certificates. In: Administrative Science Quality 47. 2002. S. 207-232.
Hack, L.: Technologietransfer und Wissens-transformation: Zur Globalisierung der Forschungsorganisation von Siemens. 1998. S. 13-721.
Heller, F; Wilpert, B.: Kompetenz und Energie in der Verwaltungsentscheidung - bildend: Eine Studie der älteren Niveaus der Organisation in acht Ländern. 1981. S. 3-171.
Heller, F. : Participative Decision Making in a Cross-National Framework. In: Interkulturelles Managements (Hrsg.). Bergemann, N und Sourisseaux, A.). 2003. S. 165-178.
Mack, A; Loeffler, J.: Gemeinsam forschen in Europa: Projektmanagement in europäischen Teams in Forschung und Entwicklung. In: Interkulturelles Managements (Hrsg.). Bergemann, N und Sourisseaux, A. 2003. S. 399-415.
Martiny, L; Klotz, M.: Strategisches Informationsmanagement: Bedeutung und organisatorische Unsetzung. 1990. S. 7-13. 85-135.
Minssen, H.: Von der Hierarchie zum Diskurs?. Die Zumutungen der Selbstregulation, 1999. S. 8-218.
Noll, M; Fröhlich, D; Kopcsa, A; Seidler.G: „ Knowledge in a Picture". The R&D Management Conference 2001, Leveraging Research and Technology, 7.-9.Februar 2001, Wellington, Neuse eland. 2001. S. 61.
Pawlowski, K.: Konstruktiv Gespräche führen : Fähigkeiten aktivieren, Ziele verfolgen, Lösungen finden / Klaus Pawlowski ; Hans Riebensahm. - Dt. Orig.-Ausg. Reinbek bei Hamburg. Rowohlt, 1998.
Ropohl, G.: Allgemeine Technologie. Eine Systemtheorien der Technik. 2. Auflage. 1999. S. 170-227
Schmoch, U; Licht, G; Reinhard, M.: Wissen- und Technologietransfer in Deutschland. Studie im Auftrag des Bundesministerium für Bildung und Forschung. Fraunhofer-Institut für Systemtechnik und Innovationsforschung (ISI), Karlsruhe2000., S. 1-10.
Symott, W.R.: Changing Roles for Information Managers. In: Computerworld 38. 1981. S. 18- 28.
Thomas, A; Hagemann, K und Stumpf, S.: Training interkultureller Kompetenz In: Interkulturelles Managements (Hrsg.). Bergemann, N und Sourisseaux. 2003. S. 251.
Welge, M; Holtbrügge, D.: Organisatorische Bedingungen des Interkulturellen Managements. In: Interkulturelles Managements (Hrsg.). Bergemann, N und Sourisseaux, A.). 2003. S. 3-21.
Wenger, E. C.; Snyder, W. M.: Communities of Practice: The Organizational Frontier, in: Harvard Business Review, Januar-Februar 2000, Number 1, Boston, 2000, S. 139-145.
Willkesmann, U; Rascher, I.: Wissensmanagement Analyse und Handlungsempfelungen. Hans Böckler Stiftung. 2003. S. 27-88.

IRAS, ein Hypermedia System für Wissensmanagement im Artenschutz in Namibia

Barbara Paterson
Department of Statistical Sciences, University of Cape Town

Zusammenfassung

Wildpopulationen stellen im südlichen Afrika eine wichtige natürliche Ressource dar. Um diese Ressource optimal und nachhaltig nutzen zu können, müssen die Wildbestände verantwortungsvoll gemanagt werden. Hierzu muss komplexes interdisziplinäres Wissen, z.B. aus Ökologie, Ökonomie und Soziologie, angewendet werden. Nur beschränkt zur Verfügung stehende Daten, wissenschaftliche Unsicherheit, Ambiguität, und sich widersprechende Zielsetzungen stellen weitere Herausforderung für die Manager der Wildbestände dar. Um das Management seltener und wertvoller Tierarten in Namibia zu verbessern muss das Wissen über diese Arten und ihr Management durch Wissensmanagement verfügbar gemacht, und der Wissensaustausch zwischen Managern und Wissenschaftlern verbessert werden. Ein Werkzeug für Wissensmanagement im Bereich Wild-Management muss zum Ziel haben adaptive Managementprozesse durch die Bereitstellung notwendiger Infrastruktur für Kommunikation, Austausch und Debatte zu unterstützen. Gleichzeitig muss ein solches Werkzeug jedoch auch den technischen und finanziellen Einschränkungen eines Entwicklungslandes angemessen sein. Daher wurde das Informationssystem für Rare Species Management (IRAS) als Hypermedia System entwickelt. IRAS wurde sowohl für Wissenschaftler als auch für Wild-Manager entwickelt und unterstützt sowohl die Entwicklung als auch die Implementierung von Management-Strategien. Aufgrund der Diversität der potentiellen Nutzer wurde ein Prototyp von IRAS in einem speziell dafür entworfenen usability workshop getestet. Die speziellen Anforderungen an ein Hypermedia-Wissensmanagement-System im Bereich Wild-Management des Entwicklungslandes Namibia werden beschrieben und die Struktur und Hauptmerkmale eines, eigens für das Management seltener und wertvoller Tierarten in Namibia, entwickelten Informationssystem werden dargestellt.

1. *Einleitung*

1.1 Geographischer Hintergrund

Namibia liegt im südlichen Afrika, im Norden von Angola benachbart, im Süden von Südafrika und im Osten von Botswana. Trotz des Atlantischen Ozeans, der das Land im Westen begrenzt, ist das Klima arid bis hyper-arid. Regenfälle betragen im größten Teil des Landes durchschnittlich weniger als 400 mm jährlich. Unter diesen harrschen Bedingungen ist Landwirtschaft nur bedingt möglich. Namibia verfügt allerdings über große Wildpopulationen, Mega-Fauna wie zum Beispiel Elefanten, Nashörner und Löwen eingeschlossen. Der Tourismus ist bereits der drittstärkste Wirtschaftssektor des Landes. Wildpopulationen stellen folglich in Namibia und im südlichen Afrika eine wichtige natürliche Ressource dar, nicht nur als Nahrungsquellen sondern vor allen Dingen als

Grundlage für ökonomische Aktivitäten wie Trophäenjagd und Fotosafari. Um diese Ressource optimal und vor allem *nachhaltig* nutzen zu können, müssen die Wildbestände daher verantwortungsvoll gemanagt werden.

1.2 Wildlife-Management

Beim Wildlife-Management geht es im Allgemeinen darum Wildbestände zu sichern und zu vergrößern. Wildbestände sind jedoch ein Teil hochkomplexer ökologischer Systeme und das gezielte Eingreifen, um bestimmte Managementziele zu erreichen, ist daher alles andere als trivial. Die Entscheidungssituationen sind ökologisch komplex da die verschiedenen Komponenten ökologischer Systeme sowohl direkt als auch indirekt interagieren. Dies führt dazu, dass Managementinterventionen häufig überraschende Folgen haben. Es ist nicht immer möglich alle Kontrollparameter zu berücksichtigen. Und meist stehen nicht genügend Daten zur Verfügung, was zur wissenschaftlichen Unsicherheit führt. Ein Grossteil der Information muss inferiert werden und viele Prozesse werden nur in eingeschränktem Masse verstanden.

2. *Komplexität des Wildlife-Management*

Aufgrund der Komplexität ökologischer Prozesse und dem nur beschränkt zur Verfügung stehenden Verständnis der Zusammenhänge liegt der Naturkonservation im Allgemeinen, und dem Wildlife-Management im Speziellen, ein zentrales Paradoxon zugrunde. Wildlife-Management geht von der Grundvoraussetzung aus, dass ein bestimmtes Maß an Kontrolle und Intervention notwendig ist. Aktives Wild-Management, bei dem es um Manipulation von Umwelt geht, ist jedoch ein inhärent destabilisierender Prozess. Im südlichen Afrika kommt erschwerend hinzu dass Wildbestände Teil wichtiger ökonomischer Prozesse sind. „Wildlife as landuse“ ist ein Paradigma, das die verantwortungsvolle Nutzung natürlicher Ressourcen nicht als Zielsetzung sondern als Grundvoraussetzung für Naturkonservation in Namibia propagiert (Brown 2004). Dies involviert, dass die bislang benachteiligten ländlichen Bevölkerungsgruppen nicht nur an den ökonomischen Prozessen teilhaben sondern eine zentrale Rolle spielen sollen. Das bedeutet, dass bei der Festlegung der jeweiligen Managementziele nicht nur biologische oder ökologische, sondern auch ökonomische und soziologische Faktoren eine Rolle spielen und je nach Kontext können die Managementziele höchst unterschiedlich, ja sogar widersprüchlich sein. Das Management natürlicher Ressourcen präsentiert daher Probleme, die zum einen ökologisch komplex sind, da die verschiedenen Komponenten direkt und indirekt interagieren, und zum anderen sozial komplex sind, da die Interessen der vielschichtigen Benutzergruppen der Ressourcen oft miteinander in Konflikt stehen.

Naturkonservation befindet sich also in der paradoxen Situation in ein komplexes System eingreifen zu müssen, ohne dieses ausreichend zu verstehen und ohne die potentiellen Folgen der möglichen Interventionen abschätzen zu können.

3. *Adaptives Management*

Adaptives Management ist der allgemein anerkannte Ansatz um diese komplexen Entscheidungsszenarien zu bewältigen. Adaptives Management unterscheidet sich von traditionellen Ansätzen dadurch, dass Managementintervention als Werkzeug angesehen wird um Wissen zu erlangen. Adaptives Management versucht die Ansichten und das Wissen aller beteiligter Gruppen zu integrieren.

Adaptives Management ist ein zyklischer Prozess, der davon ausgeht, dass Managemententscheidungen getroffen werden müssen, selbst wenn nicht alle Informationen vorliegen oder es nicht sicher ist welche Folgen Managemententscheidungen haben werden (Jacobson 2003). Kein Managementansatz kann daher mit Gewissheit als richtig bezeichnet werden und der jeweils angewendete Ansatz beruht auf dem gegenwärtig besten *verfügbaren* Wissen. Basierend auf diesem Wissen wird dann ein Managementplan formuliert, der konkrete Managementziele formuliert und eine Strategie, um diese Ziele zu erreichen, entwirft. Indem diese Strategie implementiert wird, wird sie zugleich erprobt. Dadurch werden neue Erkenntnisse gewonnen und bestehende Wissenslücken identifiziert, an denen weitere Forschung ansetzen muss. Adaptives Management sieht Management nicht als Weg um Ziele zu erreichen, sondern als einen Prozess durch den sukzessive mehr Wissen gewonnen wird. Lernen ist daher eine Zielsetzung, die dem adaptiven Management inhärent ist.

4. *Wissensmanagement*

Wenn wir das adaptive Managementkonzept mit dem Münchner Modell für Wissensmanagement (Reinmann-Rothmeier 2001) vergleichen, finden wir Parallelen. Das Münchner Modell definiert Wissensmanagement als einen zyklischen Prozess, in dem Wissen repräsentiert, angewendet und kommuniziert wird, wodurch neues Wissen generiert werden kann.

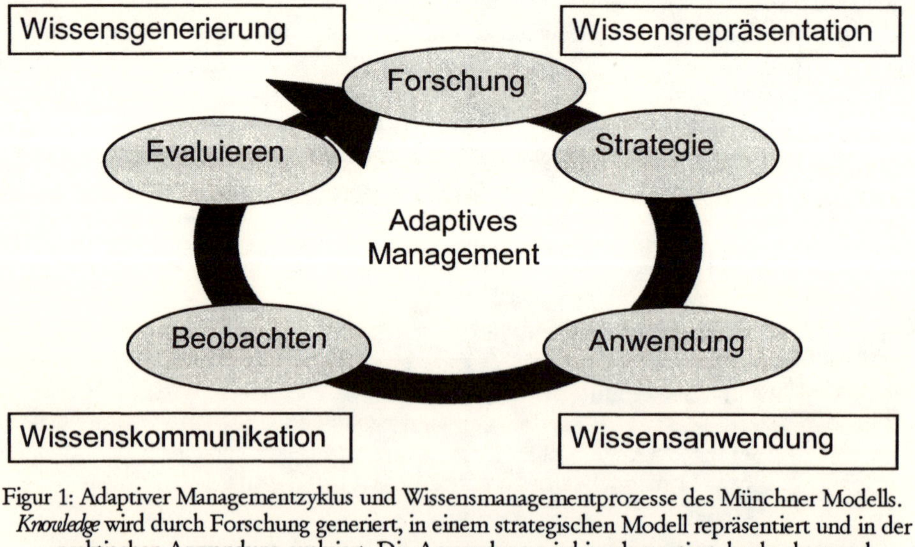

Figur 1: Adaptiver Managementzyklus und Wissensmanagementprozesse des Münchner Modells. *Knowledge* wird durch Forschung generiert, in einem strategischen Modell repräsentiert und in der praktischen Anwendung evaluiert. Die Anwendung wird implementiert, beobachtet und kommuniziert. Dieser Vorgang resultiert in der Generierung neuen Wissens, mit dessen Hilfe alle Prozesse adaptiert werden. (Das Münchner Modell nach Reinmann-Rothmeier 2001).

Dieser zyklische Prozess der Wissensrepräsentation, -anwendung, und -kommunikation entspricht dem Kreislauf des *adaptive management* (Figur 1). Der Managementplan ist eine Repräsentation des gegenwärtig besten *verfügbaren* Wissens. Durch Implementierung und Beobachtung wird dieses Wissen getestet.

Es liegt daher nahe das adaptive Management durch ein geeignetes Wissensmanagement-Werkzeug unterstützen zu wollen. Ein solches Werkzeug für Wissensmanagement im Bereich Wild-Management muss zum Ziel haben diesen Prozess durch die Bereitstellung notwendiger Infrastruktur für Kommunikation, Austausch und Debatte zu unterstützen. Da adaptives Management die Ansichten und das Wissen aller beteiligten Gruppen zu integrieren versucht, muss ein Wissensmanagement-Werkzeug ebenfalls in der Lage sein die verschiedenen Perspektiven aller Beteiligten zu repräsentieren und die jeweiligen Lernerfahrungen, die im Vollzug des adaptiven Managementzyklus gemacht werden, zu integrieren. Die Wissensbasis oder Wissensrepräsentation muss daher in der Lage sein zu wachsen, sozusagen einen evolutionären Prozess durchzumachen.

Bei der Suche nach einer technischen Lösung muss jedoch berücksichtigt werden, dass diese auch der technischen und finanziellen Einschränkungen eines Entwicklungslandes entspricht.

5. *IRAS*

Um das Management bestimmter seltener und gefährdeter Tierarten Namibias zu unterstützen wurde ein Hypermedia-Informationssystem für Rare Species Management (IRAS) für das Ministerium für Umwelt und Naturschutz in Namibia entwickelt. Hypermedia ist ein dynamisches und flexibles Medium der Wissensrepräsentation. Sowohl in der Biologie, als auch in der Landwirtschaft werden Hypermediasysteme zum Informationsaustausch eingesetzt (Schanse & Legget 1989; Carrascal et al. 1994). Twery et al. (2000) beschreiben den Einsatz von Hypermedia zum Zweck der Repräsentation von Managementzielen und Managementstrategien in der Forstwirtschaft.

Zurzeit beinhaltet IRAS Informationen zum Management von vier Tierarten. Das System soll um weitere sechs Arten erweitert werden. IRAS beinhaltet das gesamte verfügbare Wissen, das für das Management der jeweiligen Tierart relevant ist.

5.1 Organisationssystem

Das in IRAS enthaltene Wissen ist nach Spezies, Thema und Unterthema geordnet, wobei „Species“ ein exaktes Organisationsschema darstellt, während das sekundäre und tertiäre Schema auf ambiguitiven Wissenskategorien basiert.

Das IRAS zugrunde liegende Kategoriensystem baut auf bereits existierenden Wildlife-Terminologien auf und ist ein erster Versuch ein „kontrolliertes“ Vokabular zu entwickeln mit dessen Hilfe die Organisation und Verwaltung von Wildlife-Management-Information standardisiert werden kann (Figur 2). Die Hauptkategorien nach denen, das in IRAS enthaltenen Wissen, eingeteilt ist, sind *Management, Habitat, Distribution, Numbers, Economics, Biology, Transboundary Issues* und *Wildlife as landuse*. Eine genauere Erklärung dieser Kategorien findet sich in Paterson (2005).

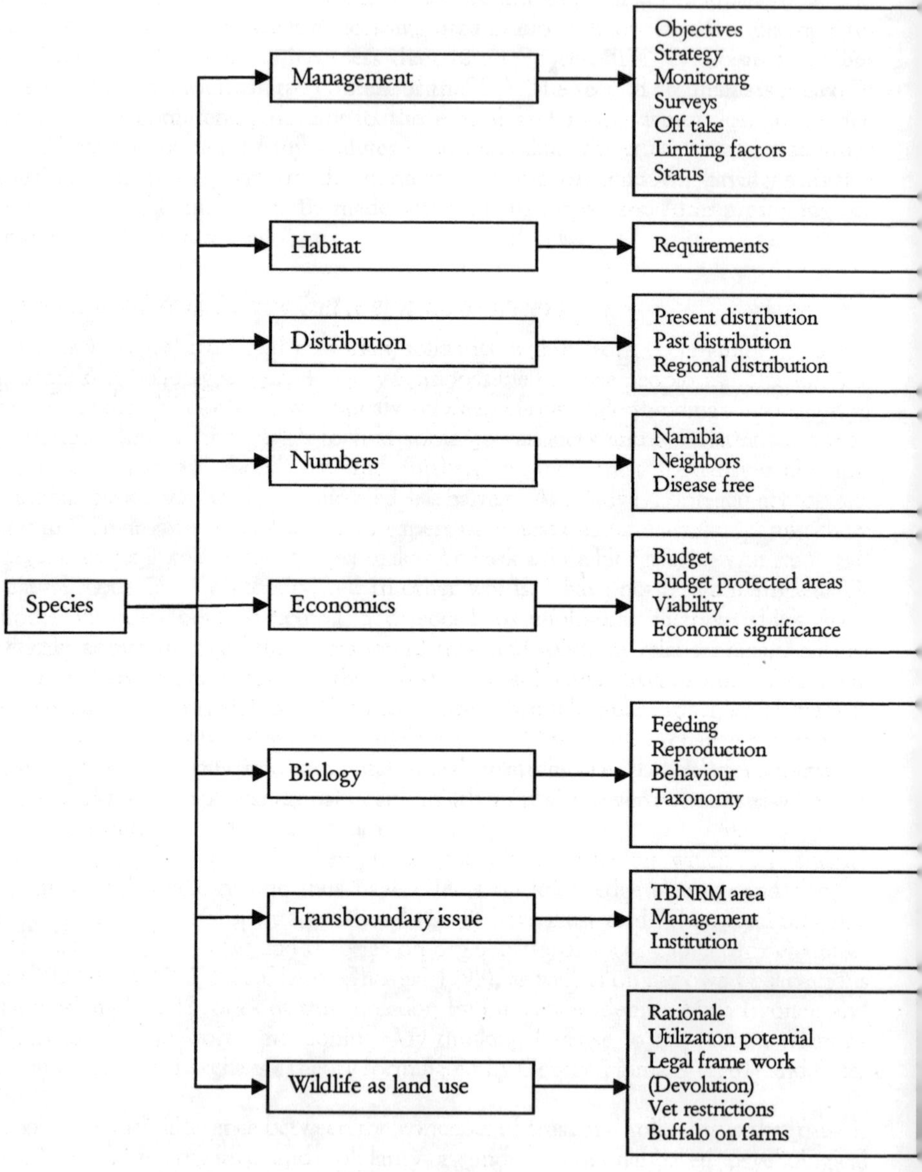

Figur 2: Vorgeschlagene Ontologie für Wildlife-Management-Wissen, wie in IRAS implementiert.

5.2 Von der Struktur zur Navigation

Das hierarchisch angeordnete Wissensorganisationssystem dient als primäres Navigationsschema des Hypermediasystems (Figur 3): Die obere Navigationsleiste listet die Namen der Spezies sowie Links zu zusätzlicher Information, z.B. Landkarten und einschlägige Literatur, auf. Die Navigationsleiste entlang der rechten Bildschirmseite verschafft Zugang zu den neun thematischen Kategorien und entsprechenden Unterkategorien. Das Navigationssystem flacht so die hierarchische Struktur der Wissensorganisation etwas ab und verschafft dem Benutzer einen unmittelbaren Überblick über das im IRAS enthaltenen Kategoriensystem.

Die Spezies spezifischen Unterseiten sind nach Managementaufgaben organisiert. Alle Themen drehen sich um die Managementziele die für die jeweilige Spezies bestehen. Die Managementziele für jede Spezies sind tabellarisch angeordnet, gemäß der jeweilig relevanten sekundär Kategorien: *habitat*, *distribution*, *numbers* und *economics*. Eingebettete, kontextuelle Links machen Details und Hintergrundinformationen zugänglich. Diese Tabelle bringt die der gesamten Spezies eigenen Information zusammen.

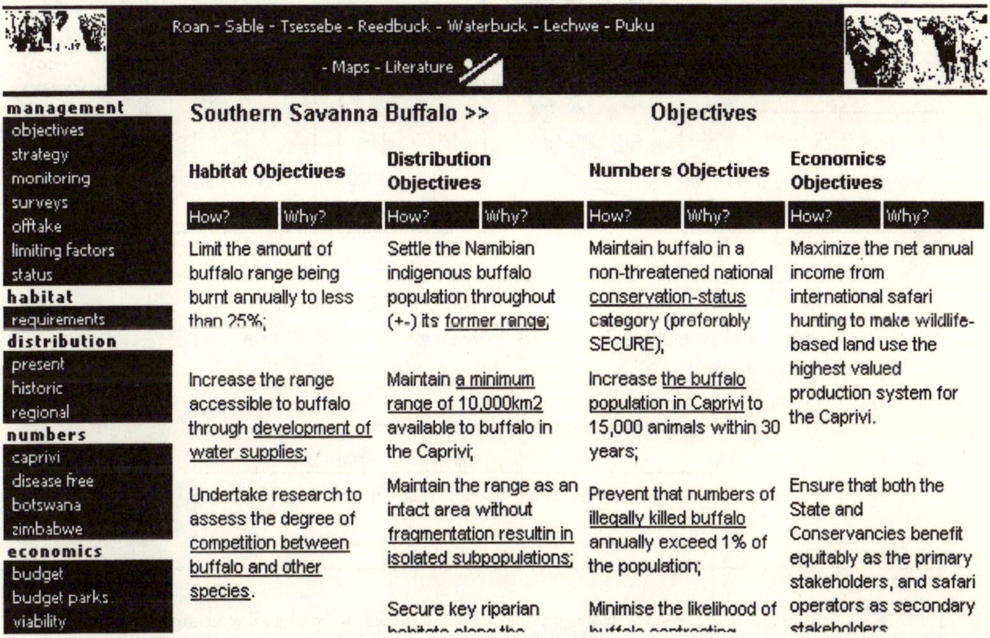

Figure 3: Das primäre Navigationsschema von IRAS reflektiert das Wissensorganisationssystem; auf der oberen Navigationsleiste kann der Benutzer die gewünschte Spezies aussuchen; die für die aktive Spezies relevanten Themen und Unterthemen können durch die Navigationsleiste auf der linken Seite geöffnet werden; kontextuelle Links dienen als Abkürzungen zu weiterer Information.

5.3 Content Management

IRAS ist ein einfaches statisches Hypermediasystem. Obwohl es möglich ist durch Updaten das Systems zu automatisieren und dadurch zu erleichtern, wurde darauf verzichtet, das IRAS um die Funktionalität eines Content-Management-Systems (CMS) zu erweitern. Ein CMS würde ein zusätzliches Hindernis darstellen, das der Institutionalisierung von IRAS im Weg stünde. Obgleich die zusätzliche Funktionalität eines CMS durchaus Vorteile hat, handelt es sich bei einem CMS doch um ein zusätzliches System, dessen Gebrauch erlernt und dessen Benutzerfreundlichkeit in Frage gestellt werden muss. Obwohl das Updaten der Information zeitintensiv ist, sind die notwendigen Vorgänge leicht durchführ- und erlernbar. Die Entwicklung lokaler „Namibischer" Softwarelösungen wird in Namibia als wichtiger Bestandteil der erstrebten unhabhängigen wissensbasierten Ökonomie erachtet (National Planning Commission 2002). Nichtsdestotrotz ist angesichts der nur eingeschränkt zu Verfügung stehenden Expertisen und der begrenzten finanziellen Ressourcen die Nachhaltigkeit der entwickelten Software von größter Wichtigkeit. Umweltprojekte im südlichen Afrika haben gezeigt, dass Nachhaltigkeit nur durch bottom-up-Prozesse erreicht werden kann (Brown 2004). Für die Softwareentwicklung in Namibia bedeutet dies, dass die Benutzer in den Entwicklungsprozess direkt integriert werden müssen (Winschiers & Paterson 2004). Je komplexer ein Informationssystem ist umso mehr gleicht es einer Blackbox, deren Funktionalität vom Benutzer nicht verstanden wird. Systempflege und routinemäßig anfallende Wartungsarbeiten können nur noch von Experten durchgeführt werden. Im Gegensatz dazu ist ein einfaches, nicht automatisiertes System leicht erlernbar und kann von vielen genutzt werden. Für Entwicklungsländer ist es nicht immer angemessen in den neuesten Stand der Technik zu investieren. Indem man dem technologischen Fortschritt mit ein paar Schritten Abstand folgt, ist es möglich Fehlinvestitionen in Technologien zu vermeiden, die den örtlichen politischen oder kulturellen Gegebenheiten nicht angemessen sind (Ellis 1995).

5.4 Sozio-kulturelle Faktoren

Um IRAS jedoch wirklich zu einem Wissensmanagement-Werkzeug zu machen, muss das System dynamischer werden. Wissensmanagement ist letztlich aber nicht nur eine Frage der Technologie, sondern organisationskulturelle und soziale Aspekte spielen eine ebenso große Rolle (Malhorta 1998). Ein angemessenes CMS zu entwickeln ist daher weniger eine Frage der Technologie, low-cost-Lösungen sind ja vorhanden, aber die beste technische Lösung muss fehlschlagen, wenn soziale und kulturelle Aspekte außer acht gelassen werden (Malhotra 2002).

Die sozialen und technischen Variablen, die das Wissensmanagement im Bereich des Wildlife-Management Namibias beeinflussen, sind:

Technologie
kaum lokale Lösungen
mangelnde Infrastruktur
geringfügige und überteuerte Bandbreite
Gesellschaft
autoritäre Gesellschaftsstrukturen
sägregierte Gesellschaft
hierarchische, zentral gesteuerte Organisationsstrukturen
fehlende Kapazität/Expertise
keine Maintenance-Kultur
kein Vertrauen

fehlende Kultur des "information sharing"
externe Faktoren
funding level
Government Commitment
Transport
Telekommunikation
Elektrizität

6. *Usability Testing*

Um das nachhaltige Management der Tierarten zu unterstützen, muss das Wissensmanagementsystem selbst nachhaltig sein. D.h. es muss das relevante Wissen adäquat repräsentieren können, benutzerfreundlich sein und in einem, für Namibia relevanten Sinn, den technischen, organisatorischen und soziologischen Gegebenheiten angemessen sein.

In der ersten Phase des Projekts wurde ein erster Prototyp entwickelt und dem Ministerium für Umwelt und Naturschutz vorgelegt. Der Prototyp wurde von der Administration kommentarlos akzeptiert. Die Benutzerzielgruppe, für die IRAS entwickelt wurde, sind jedoch Wildlife-Manager und Konservationsbiologen. Da es zweifelhaft ist, dass diese Benutzer das ungetestete System akzeptieren würden, wurde der Prototyp Studierenden des Polytechnic of Namibia im Rahmen eines Human Computer Interaction Kurses vorgelegt. Die StudentInnen führten eine heuristische Evaluation und einen kognitiven Walkthrough durch. Es kamen Schwächen im konzeptionellen Modell und der Navigation zum Vorschein, die dann im zweiten Prototyp entsprechend verbessert werden konnten.

Zurzeit findet keinerlei Usability Testing in Namibia statt. Um sicherzugehen, wollten wir jedoch solch einen Test durchführen und das Polytechnic of Namibia unterstützte unseren geplanten Workshop, durch das Einrichten eines Computerlabors, mit der notwendigen Technologie.

6.1 *Zielsetzung*

Das Ziel des Usability Workshops war zweifach: Zum einen wollten wir natürlich den Prototypen testen. Benutzerperformanz wurde qualitativ hinsichtlich des Erfolgs im Lösen der gestellten Aufgaben, Anzeichen von Frustration und inwiefern Links den Benutzererwartungen entsprechen, bewertet. Zu dem wollten wir den Usability Begriff und die Methoden des Usability Testing im Namibischen Kontext bewerten. Die Ergebnisse der Usability Workshops wurden in den zweiten Prototyp eingearbeitet.

Eine detaillierte Beschreibung des Usability Workshops findet sich in Winschiers & Paterson (2004).

7. *Schluss*

Durch das Testen der Benutzerfreundlichkeit des IRAS Systems wurde klar, dass obwohl die Kategorien auf existierender Terminologie basieren, sie nicht eindeutig und absolut sind. Benutzer zeigten unterschiedliche Erwartungen hinsichtlich der Informationen die unter einer bestimmten Kategorie angeordnet sind. Durch das Abflachen der

Organisationsstruktur im Navigationssystem und die daraus resultierende Explizitmachung der Art und Weise wie Informationen in IRAS kategorisiert und angeordnet sind, wird das Verständnis des Benutzers erhöht und Missverständnisse und unbefriedigte Erwartungen minimalisiert.

IRAS soll das nachhaltige Wildlife-Management unterstützen. Um das zu erreichen, muss das System selbst nachhaltig sein. Damit IRAS zu einer Repräsentation des gegenwärtigen Wissens über die beschriebenen Tierart heranreifen kann, muss es von den Benutzern angenommen und weiter ergänzt werden. Dazu müssen in erster Linie die sozialen Faktoren angepasst werden, d.h. ein kultureller Widerstand gegen das System muss verhindert werden. Es wurde daher erst eine einfache Lösung entwickelt, die nachdem sie ausgetestet und institutionalisiert worden ist, einen Evolutionsprozess durchmachen kann, und mit der Organisation wächst. Cutting Edge Technology ist nutzlos wenn sie nicht benutzt wird. Wie aber können solche kulturellen Widerstände verhindert und Nachhaltigkeit erreicht werden? Bei einem einfachen System wie IRAS betrifft das zum einen die Navigation, aber auch die Architektur des Systems, also die Frage wie Wissen angeordnet und kategorisiert werden kann. Dafür haben wir keine Lösungen zu bieten, sondern wollen diese Fragen im nachfolgenden Workshop mit Ihrer Hilfe näher untersuchen.

Literatur:

Brown, C.J. 2004. Namibia's conservation paradigm: use to conserve versus protect to conserve. Conservation and the Environment in Namibia 2004/5, 3-5.Ellis, G.F.R. 1994. Science research policy in South Africa. A discussion document. Royal Society of South Africa, Cape Town.

Carrascal, M.J., Pau, L.F., Reiner, L. 1995. Knowledge and information transfer in agriculture using hypermedia: a system review. Computers and Electronics in Agriculture 12, 83-119.

Jacobson, C. 2003. Introduction to adaptive management. (Online) URL: http://student.lincoln.ac.nz/am-links/am-intro.html (August 2003).

Malhorta Y. 1998. Deciphering the knowledge management hype. The Journal of Quality and Participation, 21: 58-60.

Malhorta Y. 2000. From Information Management to Knowledge Management: Beyond the 'High-Tech Hidebound' Systems. In: Knowledge Management for the Information Professional. Srikantaiah, K., König, M. Me. D. eds. Medford, N.J. Information Today Inc. 37-61.National Planning Commission Namibia. 2002. Namibia vision 2030. Multidisciplinary research group no 7. Knowledge, Information and Technology. (Online) http://www.npc.gov.na/vision/Theme7.pdf (August 2004).

National Planning Commission Namibia. 2002. Namibia vision 2030. Multidisciplinary research group no 7. Knowledge, Information and Technology. (Online) http://www.npc.gov.na/vision/Theme7.pdf (August 2004).

Paterson, BMCJ. 2005. IRAS – A static hypermedia representation of strategic species management knowledge. In: Paterson, BMCJ. A transdisciplinary study on developing knowledge based software tools for wildlife management in Namibia. PhD thesis University of Cape Town, Cape Town.

Reinmann-Rothmeier, G. 2001. Wissen managen: Das Münchener Modell. Ludwig-Maximilians-Universität, München, Lehrstuhl für Empirische Pädagogik und Pädagogische Psychologie, Forschungsberichte Nr. 131. (Online) URL: http://www.wissensmanagement.net/download/muenchener_modell.pdf (July 2004).

Schnase, J.L. & Leggett, J.J. 1989. Computational hypertext in biological modelling. Proceedings of the second annual Association for Computing Machinery (ACM) conference on hypertext,

November 1989 Pittsburgh, Pennsylvania, ed. R. Akscyn, pp. 181-197. Association for Computing Machinery, New York.
Twery, M.J., Rauscher, H.M., Bennett, D.J., Thomasma, S. A., Stout, S.L., Palmer, J.F., Hoffman, R.E., Decalesta, D.S., Gustafson, E., Cleveland, H., Grove, J.M., Nute, D., Kim, G., Kollasch, R.P. 2000. NED-1: Integrated analyses for forest stewardship decisions. Computers and Electronics in Agriculture 27, 167 -193.
Winschiers H. & Paterson B. 2004. Sustainable software development. In G. Marsden, P. Kotzé & A. Adesina-Ojo (Eds.), Proceedings of the 2004 annual research conference of the South African institute of computer scientists and information technologists on IT research in developing countries (SAICSIT 2004) - Fulfilling the promise of ICT, Stellenbosch, South Africa, October 2004 (111-115). Association for Computing Machinery (ACM)

6. Informationssysteme

Organisation verteilten Wissens mit semantischen Wissensnetzen und der Aggregation semantischer Wissensdienste am Beispiel Digitale Bibliotheken/Kulturelles Erbe[1]

Alexander Sigel
Seminar für Wirtschaftsinformatik, Universität zu Köln

Zusammenfassung

Der Beitrag berichtet über Grundideen in der Explorationsphase des Projektes kPeer (Knowledge Peers). Gegenstand ist die dezentrale Organisation, Integration und Aggregation von Wissen mit semantischen Wissenstechnologien in verteilten, heterogenen Umgebungen. Dabei sollen Wissensarbeiter, die dezentral und voneinander unabhängig Wissen gemäß lokaler Schemata ausdrücken und organisieren, emergent zusammenwirken, so dass sich eine nützliche gemeinsame Wissensorganisation ergibt. Zudem sollen Aussagen zum selben Aussagegegenstand, die digitalisiert vorliegen, virtuell zusammengeführt werden, um so neue wissensintensive Produkte und Dienstleistungen zu ermöglichen. Als Inpirationsquelle für beabsichtigte Anwendungen im verteilten Wissensmanagement (DKM) und e-business werden Beispiele der Wissensintegration aus dem Bereich Digitale Bibliotheken und Kulturelles Erbe herangezogen.

1. *Einleitung*

Der Beitrag berichtet über Grundideen[2] in der Explorationsphase des Projektes kPeer (Knowledge Peers) [3] [4].

Als Inpirationsquelle für beabsichtigte Anwendungen im verteilten Wissensmanagement (DKM) und e-business werden Beispiele der Wissensintegration aus dem Bereich Digitale Bibliotheken und Kulturelles Erbe herangezogen, weil dort ein großes Potenzial für informationelle Mehrwerte besteht, die durch die Integration unabhängig voneinander produzierter Inhalte entstehen.

Gegenstand des Projektes kPeer ist ein Beitrag zur dezentralen Organisation, Integration und Aggregation von Wissen mit semantischen Wissenstechnologien in verteilten, heterogenen Umgebungen. Semantische Wissenstechnologien in Form von Topic Maps-basierten Wissensnetzen werden zusammen mit einer Informationsarchitektur auf der

---

1 Im Januar 2006 überarbeitete Fassung des Vortrags vom 6. November 2004 auf der 9. Deutschen ISKO-Tagung in Duisburg.

2 Vgl. auch [Sigel 2004] und [Sigel 2004/2001]

3 kPeer ist der Name des Forschungsprojektes, des Konzeptes und des prototypischen Softwaresystems.

4 Zum aktuellen Stand des Projektes vgl. „kPeer (Knowledge Peers): Dezentrale Organisation, Integration und Aggregation von Wissen mit semantischen Wissenstechnologien in verteilten, heterogenen Umgebungen am Beispiel von SemBlogging", http://www.wim.uni-koeln.de/kPeer_Knowledge_Pee.kpeer.0.html sowie [Sigel 2006] und [Sigel 2005a, b].

Grundlage veröffentlichter Aussagegegenstände (published subjects) eingesetzt, um zwei Ziele zu unterstützen:

- Wissensarbeiter, die dezentral und voneinander unabhängig Wissen gemäß lokaler Schemata ausdrücken und organisieren, können emergent zusammenwirken, so dass sich eine nützliche gemeinsame Wissensorganisation ergibt (Disaggregation und Erschließung).
- Aussagen zum selben Aussagegegenstand[5], die digitalisiert vorliegen, können virtuell zusammengeführt werden (Reaggregation), was neue wissensintensive Produkte und Dienstleistungen ermöglicht.

Operationen auf den Wissensnetzen werden als semantische Wissensdienste angeboten. Diese können auch zur Aggregation beitragen. Die semantischen Wissensdienste können zu neuen semantischen Wissensdiensten verknüpft werden.

Diese Wissensintegration in Wissensnetzen und die darauf basierenden semantischen Wissensdienste haben Anwendungen im verteilten (betrieblichen) Wissensmanagement, etwa wenn mehrere Tochterunternehmen eines Konzerns unabhängig voneinander Wissen organisieren oder themenorientierte Portale betreiben (so z.B. in der Content Intelligence) und sie dabei ohne zentrale Steuerung geeignet zusammenwirken wollen. Generell sind informationsorientierte Unternehmensstrategien (z.B. Information Orientation) auf sich verändernden Märkten für Informationsgüter betroffen.

Im Gegensatz zu herkömmlicher Wissensorganisation geht es in kPeer um Aussagen, nicht um Dokumente. Zudem entstehen die Aussagen unabhängig und sind verteilt abgelegt, entsprechen also nicht notwendig einem zentralen Schema zur Wissensorganisation und sind auch nicht an einem Ort abgelegt. Als wesentliche Herausforderungen stellen sich demgemäß folgende Barrieren:

- Wie gelangt man von Dokumenten zu Aussagen? (Disaggregation)
- Wie können die räumliche Verteilung und
- die erhebliche semantische Heterogenität der dezentral erstellten leichtgewichtigen Ontologien emergent überwunden werden? (aspektierte Aggregation)?

1.1 Der Aufbau dieses Beitrags

Zunächst werden zwei für kPeer wichtige Entwicklungen in der Wissensorganisation dargestellt: Hin zur Aussageorientierung und hin zur dezentralen, emergenten Erschließung. Danach folgt eine Skizze der wissensorganisatorischen Herausforderung, der Grundidee von kPeer im Überblick, zu semantischen Wissensnetzen und –diensten sowie zur Relevanz und zum Potenzial der Idee.

Der zweite Abschnitt erläutert begriffliche Grundlagen, nämlich das wissensorganisatorische Ziel der Kollokation und seine Erweiterung zu SLUO (Subject Location Uniqueness Objective), die Definition von Aussagegegenstand, Begriff und Benennung im Begriffsdreieck und der Bezug auf wesentliche Elemente im Topic Maps-Datenmodell, sowie inhaltliche Zugangspunkte (SAPs — subject access points), ihre Erweiterung durch veröffentlichte Aussagegegenstände (published subjects) als semantische Bindungspunkte, und eine Informationsarchitektur auf Basis von PSIs (published subject identifiers).

5 Eine Definition findet sich im 2. Abschnitt.

Der dritte Abschnitt führt einige Beispiele für Wissensintegration unter Nutzung von Topic Maps an, so die Ergänzung spärlicher inhaltlicher Erschließung durch ZVAB und DDB PND mit Topic Maps und FRBR, institutionsübergreifende Beispiele zu „Friedrich von Bezold" sowie das Szenario Semblogging zu zerstörten Gemälden.

Der vierte Abschnitt blickt kurz zurück und gibt einen knappen Ausblick.

1.2 *Aussageorientierung statt Dokumentorientierung ermöglicht die Disaggregation und Reaggregation von Aussagen*

Wenngleich das meiste Wissen in den Köpfen ist und nicht in Datenbanken, ist ein zunehmender Teil explizierten Wissens in Form digitaler Inhalte (Content), zumeist als Textdokumente, gespeichert und — teilweise sogar frei — verfügbar. Die unübersehbare Vielzahl der Dokumente in den Wissensspeichern reicht z.B. von wissenschaftlichen Veröffentlichungen über firmeninterne Erfahrungsberichte bis hin zur Blogosphäre.

Könnte man die in diesen Inhalten enthaltenen Aussagen über Aussagegegenstände erkennen und herauslösen sowie Aussagen zum selben Aussagegegenstand virtuell zusammenführen, ermöglichte dies neue wissensintensive Produkte und Dienstleistungen. Denn disaggregierte, dann atomare Aussagen können — auch außerhalb ihres ursprünglichen Entstehungskontextes — direkt neu gebündelt (aggregiert) werden und können auch indirekt, über veränderte Geschäftsprozesse zu neuen Produkten und Dienstleistungen führen, z.B. in Wertschöpfungsnetzwerken (Value Webs).

Eine wesentliche Barriere ist, dass Wissensorganisation üblicherweise dokumentorientiert und nicht aussageorientiert ist. D.h. es werden ganze Dokumente (oder höchstens Segmente) erschlossen, typischerweise aber nicht einzelne Aussagen. Ein Großteil der heutigen Wissensarbeit (inklusive Wissensorganisation) ist dokumentorientiert, obwohl es in der begrifflichen Wissensorganisation doch darum geht, Aussagen über dieselben Aussagegegenstände zusammenzuführen. Auch wenn Wissensarbeiter in ihren Arbeitsprozessen Wissensstrukturen erkennen, explizieren sie diese zumeist nicht als Wissensnetze, sondern in digital verfügbaren Dokumenten. Die Indexierung nutzt zumeist nicht Wissensnetze, sondern zeichnet Dokumente mittels Deskriptoren danach aus, für welche Verwendungskontexte sie in Diskursgemeinschaften am ehesten relevant sein können. Ein Indexat ist in der Regel eine flache Deskriptorenliste von unverbundenen Begriffen, nutzt also weder Beziehungen noch eine ausgefeilte Indexsprachengrammatik.

Allerdings ist ein Trend in der Wissensarbeit zu erkennen, statt auf der Ebene ganzer Dokumente feingranularer auf Teil- und Mikrodokumenten, Abschnitten oder gar auf der Ebene von Aussagen zu arbeiten. So sind z.B. in Weblogs die Dokumente recht kurz und über Kommentare hypertextartig miteinander vermascht. Zudem sind viele Blogeinträge bereits getaggt, also mit den Inhalt oder die Verwendung kennzeichnenden Tags versehen.[6] Mit der Verbreitung semantischer Wissenstechnologien wie RDF und Topic Maps sind größere Sammlungen repräsentierter Aussagen im Internet verfügbar geworden[7]. Diese können z.B. von Informationsagenten genutzt werden.[8]

6 Zu Werkzeugen sozialer Software und Trends wie z.B. Taggen und Folksonomies vgl. z.B. [Hammond et al. 2005].

7 RDF-Tripel und Topic Maps-Quintupel (vgl. [Garshol 2006a])

8 Z.B. Aussagen-Scutter, vgl. etwa http://rdfweb.org/topic/Scutter

1.3 *Von zentral festgelegten Schemata zur Wissensorganisation zu dezentralen Schemata und Emergenz*

Herkömmliche Wissensorganisation geht oft davon aus, dass es eine objektiv richtige inhaltliche Interpretation eines Dokumentes gibt und dass — nach länglichem Einigungsprozess zwischen Organisationseinheiten — zu einer Domäne ein objektiv richtiges Schema zur Wissensorganisation zentral verbindlich festgelegt werden kann. Entsprechend werden zur Erschließung zentral vereinbarte, einheitliche Schemata zur Wissensorganisation herangezogen.

Andererseits ist aber auch bekannt, dass es je nach Verwendungskontext zulässige unterschiedliche Sichten auf ein Dokument und auf eine Domäne geben kann [Mai 2001]. Das epistemologische (oder informative) Potenzial eines Dokumentes [Hjørland 1997] ist aufgrund unbegrenzter Semiose ja eigentlich nie abgeschlossen. Dennoch helfen Fragethesauri dabei, die wahrscheinlichsten zukünftigen Verwendungskontexte für konkrete Wissenssammlungen und Zielgruppen möglichst gut vorherzusagen.

Zentrale Schemata der Wissensorganisation sind in heterogenen und sich schnell ändernden Umgebungen praktisch schwer durchsetzbar und können nur unter großen Mühen zeitnah gewartet werden. So werden beispielsweise verschiedene Abteilungen eines internationalen Konzerns, der gerade mit einem anderen Unternehmen fusioniert hat, ihre eigenen Vorstellungen über die Taxonomie oder den Thesaurus haben, der ihrer Wissensmanagement-Anwendung oder ihren themenorientierten Portalen unterlegt wird.

Eine Barriere sind also zulässige unterschiedliche Konzeptionalisierungen von Mitgliedern einer Diskursgemeinschaft über die in ihrer Domäne relevanten Gegenstände und die zugehörigen Bezeichnungen. Genauer besteht die Barriere darin, dass noch zu wenig untersucht wurde, ob nicht dezentrale Ansätze zur Wissensorganisation, bei denen alle Mitglieder einer Diskursgemeinschaft ihre Konzeptionalisierungen veröffentlichen und in ihren üblichen Arbeitsprozessen schrittweise abgleichen, den Anforderungen eher gerecht werden und sich längerfristig mit vertretbarem Aufwand emergent eher eine nützliche Wissensorganisation ergibt als durch die Vorgabe zentraler Schemata. Intuitiv wird man wohl für einen Mittelweg plädieren (bottom-up und top-down).

Im Gebiet des Verteilten Wissensmanagements (DKM) wird die Adäquatheit zentraler Wissensorganisations-Schemata für das Wissensmanagement bezweifelt und untersucht, wie die Aktoren ohne zentrale Steuerung geeignet zusammenwirken können.[9] Auch in der Wissensorganisation ist inzwischen die Bildung und Wartung von Wissensorganisationsstrukturen in P2P-Netzwerken von Interesse [Tennis 2006].

1.4 *Wissensorganisatorische Herausforderung, die Grundidee von kPeer im Überblick, semantische Wissensnetze und –dienste, Relevanz und Potenzial*

Die wissensorganisatorische Herausforderung hat zwei Aspekte:

1. Wissensarbeiter möchten unabhängig voneinander und ohne starke zentrale Koordination Aussagen über Aussagegegenstände ausdrücken / annotieren.

---

9 Zu Emergenter Semantik vgl. z.B. [Froehner, Nickles & Weiss 2004], [Aberer, Cudré-Mauroux & Hauswirth 2003] und [Staab 2002]). Zu Grundlagen des DKM vgl. z.B. [Bonifacio & Camussone 2003] und [Bonifacio, Bouquet & Traverso 2002], zu DKM-Implementierungen vgl. z.B. [Bonifacio et al. 2002] und [Schwotzer 2005].

2. Wie kann man sie dabei unterstützen, dass dennoch möglichst alle Aussagen zum selben Aussagegegenstand virtuell zusammengeführt und von einem semantischen Bindungspunkt aus zugänglich sind?

Darin erkennt man „klassische" Probleme der Wissensorganisation, z.B. das System der Wissensorganisation als geteilte Referenzstruktur, das Ziel der semantischen Kollokation zur Überwindung von Brüchen und Barrieren (insbesondere physischen, medialen und semantischen) sowie das Problem der semantischen Interoperabilität. Neu daran ist der Fokus auf Aussagen statt auf Dokumente (auf Inhalte statt auf Träger) und eine zwischen Peers emergente Referenzstruktur (statt einer zentralen). Diese kann mit Konflikten und Inkonsistenzen umgehen, erweitert die Instrumente in Richtung „leichtgewichtige" Ontologien, beruht auf einer Informationsarchitektur mit veröffentlichten Aussagegegenständen und nutzt semantische Wissenstechnologien als Infrastruktur.

Die Grundidee im Überblick:

- Menschen disaggregieren durch semantische Annotationen Content zu Aussagen.
- Solche atomisierten Aussagen sowie nutzerdefinierte Semantik (z.B. Charakteristika, Identitätserklärungen, semantische Beziehungen) sind ein handelbares Informationsgut.
- Aussagen zum selben Gegenstand werden computergestützt für veränderte Blickwinkel und Verwendungskontexte von mehreren Akteuren (re-)aggregiert.
- Derartige Disaggregation und Aggregation von Informationsgütern schaffen neue Informationsprodukte- und Dienstleistungen, Informationsmärkte und -Intermediäre (noch stärker ausgeprägt als bei herkömmlicher Content-Syndizierung und herkömmlicher Mehrfachverwendung zu neuem Zweck (Content-Repurposing)).
- Solche Informationsprodukte sind Sichten auf zusammengeführte Wissensnetze; Dienstleistungen sind semantische Wissensdienste auf diesen Wissensnetzen, die wiederum verknüpft werden können zu neuen semantischen Wissensdiensten.

1.5 Der Ansatz: Nutzung semantischer Wissensnetze und -dienste

Die Ergebnisse der geistigen Arbeit werden in semantischen Wissensnetzen festgehalten. Anstatt einer flachen Deskriptorliste, die sich auf ein Dokument bezieht, ermöglichen semantische Wissenstechnologien wie Topic Maps und RDF, zu einem Aussagegegenstand in Wissensnetzen viel genauer Begriffe und ihre getypten Beziehungen festzuhalten. Damit entwickeln sich Vorteile und Anwendungen einer Indexsprachengrammatik (Segmentbildung, relationsorientierte Indexate (mit Relations- und Rollenindikatoren, „Links") [Fugmann 1999]) weiter. Wissensnetze können zusammengeführt werden. Über semantische Wissensdienste kann man diese Wissensdienste abfragen und erhält als Antwort relevante Fragmente von (Auszüge aus) Wissensnetzen. Vergleichbar den Web Services können Semantische Wissensdienste zu neuen Diensten zusammengesetzt (komponiert, verknüpft, orchestriert, choreographiert) werden. Für die Semantischen Wissensnetze werden Topic Maps verwendet, die mit RDF semantisch interoperabel sind. Für die darauf basierenden Semantischen Wissensdienste werden W3C Web Services verwendet.[10] Technische Aspekte der Verteiltheit (P2P-Dienste zum Austausch von Topic Map-

10 Zu technischen Details der verbreiteten Abfragesprache tolog für Topic Maps-basierte Wissensnetze vgl. [Garshol 2006a], zu einem Protokoll zum Abgleich von Fragmenten Topic Maps-basierter Wissensnetze vgl. [Garshol 2006b] für TMRAP oder für einen Alternativvorschlag [Barta 2005] zu TMIP.

Fragmenten) sind in [Sigel 2005a] dargestellt, daher sind hier Arbeiten zu P2P, Wissensgrids und Web Services ausgeblendet.

Relevanz und Potenzial

Der Mit-Erfinder der Topic Maps, Steven R. Newcomb, nimmt an, dass sein Topic Map-Referenzmodell eine geeignete Grundlage zur Anwendung von Hayeks Wissensökonomie sein kann [Newcomb 2002]. Die Disaggregation zu Aussagen ermöglicht, dass disagreggierte atomare Aussagen handelbar werden. Von besonderer Bedeutung sind dabei Identitätserklärungen, d.h. Aussagen über die Identität zweier Aussagegegenstände, die direkte und indirekte Zusammenführung erlauben. Auch die Beschreibung, welche Verknüpfung für welchen Zweck am besten geeignet ist, kann selbst ein handelbares Gut[11] oder Bestandteil einer Aussage sein. Es wird also Märkte für Aussagen geben, die aus Wissensnetzen stammen und die z.B. als Topic Map-Fragmente (oder RDF- oder OWL-S-Fragmente) repräsentiert sind. Die informationellen Mehrwert schaffende Verknüpfung von Content (Content Interlinking) [Sigel 2005b] halte ich für ein prospektives Anwendungsfeld.[12] [13]

2. *Begriffliche Grundlagen*

Dieser Abschnitt erläutert die begrifflichen Grundlagen, die zum weiteren Verständnis hilfreich sind:

- Was ist das wissensorganisatorische Ziel der Kollokation?
- Wie erweitert SLUO (Subject Location Uniqueness Objective) dieses Ziel?
- Wie sind Aussagegegenstand, Begriff und Benennung im Begriffsdreieck definiert und wie lassen sich diese auf wesentliche Elemente im Topic Maps-Datenmodell beziehen?
- Was sind inhaltliche Zugangspunkte (SAPs — subject access points)?
- Wie erweitern veröffentlichte Aussagegegenstände (published subjects) als semantische Bindungspunkte SAPs?
- Wie könnte eine Informationsarchitektur auf Basis von PSIs (published subject identifiers) aussehen?

2.1 *Das Ziel der Kollokation und seine Erweiterung zu SLUO - Subject Location Uniqueness Objective*

Wesentliches und definierendes Ziel eines Systems zur Wissensorganisation ist es, ähnliche Informationen zusammenzubringen und zwischen unähnlichen Informationen zu unterscheiden, so dass alle relevanten, jedoch nur die relevanten Datensätze gefunden werden. Entsprechend soll ein bibliografisches System (und allgemein jedes System zur Wissensorganisation) gemäß dem Ziel der Kollokation (collocating bzw. collocation objective) in der Lage sein, zu Attributen wie beispielsweise Thema oder Autor relevante, zusammengehörige Mengen von Dokumentationseinheiten zu bilden und aus dem Dokumentationsspeicher abzurufen [Svenonius 2000, 11, 20f.].

11 So z.B. [Kossmann & Leymann 2004, 127] über BPEL4WS-Artefakte.

12 Z.B. für Verleger und Datenbankproduzenten wie Thomson

13 Nach [Karp 2003] wird für die Content-Industrie das Hinzufügen von Wert durch Bereitstellung von Meta-Content sogar überlebenswichtig.

Das Ziel der Kollokation hat unter der Bezeichnung SLUO auch Eingang in die Topic Maps-Literatur gefunden. Wahrscheinlicher Berührungspunkt hierfür ist der eingeladene Vortrag von Elaine Svenonius [Svenonius 2004/2001] und die Erwähnung in [Sigel 2002]. Schon der erste Entwurf des ISO Reference Model for Topic Maps (RM4TM)[14] vom 12. November 2002 kennt den Begriff. Steven R. Newcomb schreibt in der Ankündigungsmail: „The Subject Location Uniqueness Objective is to have one single subject per node, and for every participating subject to have one single node, even after any number of diverse topic maps have been merged together."[15] [Newcomb et al. 2003] definieren in Version 2.30: „2.26 Subject Location Uniqueness Objective (SLUO): The objective of the topic map paradigm, which is to enable everything that is known about a subject to be accessible from one place", in other words: „having one proxy for each unique subject". Da es Ziel ist, alle bekannten Aussagen über einen Aussagegegenstand an genau einem virtuellen Ort zusammenzuführen, soll es für einen Aussagegegenstand nur einen Proxy geben. Unter der Überschrift „So, why am I a topic maps proponent?" schreibt Koautor Jan Algermissen[16] „[t]he SLUO (subject location uniqueness objective) of Topic Maps ensures that that all information known about a certain subject is available at a single point". Auf der Mailingliste sc34wg3@isotopicmaps.org wurde im Februar 2003 über SLUO im Referenzmodell diskutiert, insbesondere schlug Steve Pepper vor, der Verständlichkeit wegen „collocation objective" zu verwenden, basierend auf [Svenonius 2000].[17] In der aktuellen Version des Dokuments [Durusau & Newcomb 2005] kommt der Begriff jedoch nicht mehr vor.

2.2 *Beziehung zwischen Aussagegegenstand, Begriff und Bezeichnung im Begriffsdreieck zu wichtigen Elementen im Datenmodell von Topic Maps*

In kPeer geht es darum, Aussagen über Aussagegegenstände zusammenzuführen. Was aber sind Aussagegegenstände? Dazu ist der Bezug auf ein semiotisches oder Begriffsdreieck hilfreich. [Fugmann 1992] erläutert dazu im Abschnitt 4.1 „Das Begriffsdreieck" (S. 37-61, insbesondere Bild 2, S. 38) eine Modifikation des Begriffsdreiecks von Ogden & Richards (1936):

- A: Gegenstand: Alles, worüber man eine sinnvolle Aussage machen kann
- B: Begriff: Summe aller wesentlichen Aussagen, die man über einen Gegenstand A machen kann
- C: Ausdrucksweise: Lineare Zeichenfolge zur Bezeichnung eines Gegenstands oder Begriffs.

[Veltman 2004, 17] gibt einen Überblick über etliche Begriffsdreiecke. Hier ist das Dahlberg'sche Begriffsdreieck (seine Abb. 14) [Dahlberg 1995] von Bedeutung:

14 http://www.isotopicmaps.org/rm4tm/RM4TM-1.0.html bzw. http://y12web2.y12.doe.gov/sgml/sc34/document/0344.htm

15 Email von Steven R. Newcomb vom 16. November 2002 an xml-dev@lists.xml.org: Draft Reference Model for Topic Maps, siehe auch http://xml.coverpages.org/RM4TM-Announce.html

16 Auf der nicht mehr verfügbaren Seite http://www.topicmapping.com/topicmaps.html

17 http://www.isotopicmaps.org/pipermail/sc34wg3/2003-February/001150.html http://www.isotopicmaps.org/pipermail/sc34wg3/2003-February/001156.html

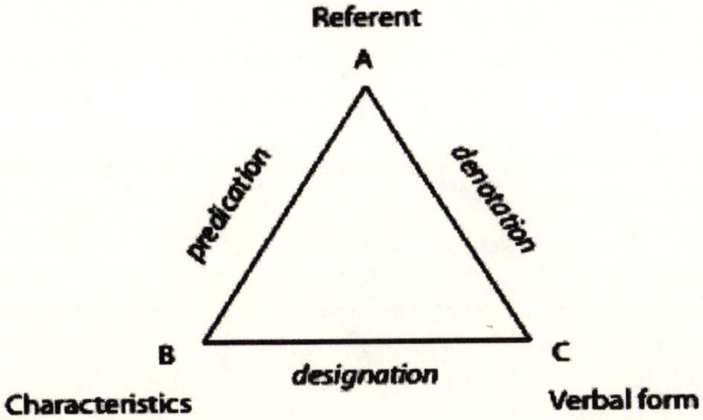

Es definiert den bezeichneten Gegenstand, die Wissenselemente und die Benennung als die formalen Elemente eines Begriffes:

- referent (der bezeichnete Gegenstand)
- characteristics (Merkmale, Wissenselemente)
- verbal form (Ausdrucksweise, Benennung bzw. sprachliche Bezeichnung, Name)

Der bezeichnete Gegenstand A. ist also ein Aussagegegenstand, weil man über ihn sinnvolle Aussagen machen kann. Er kann sein: „anything, an object, a property, an activity, a topic, something abstract, even something not existing". Sind die notwendigen Aussagen über einen Aussagegegenstand getroffen, entsteht ein Begriff mit seinen wesentlichen (essential) Merkmalen (Wissenselementen), die in eine Benennung „synthetisiert" werden können. Die wesentlichen (material) Elemente eines Begriffes sind die über den bezeichneten Gegenstand ausgesagten Eigenschaften bzw. Merkmale, der Begriffsinhalt. Ein Begriff ist eine Wissenseinheit, weil die Aussagen über den bezeichneten Gegenstand alles zeigen, was über diesen Gegenstand bekannt ist. Entsprechend heißen die Merkmale Wissenselemente.[18].

Das Topic Maps-Datenmodell [Garshol & Moore 2005] definiert u.a. die Elemente subject (3.14), topic (3.18), topic name (3.22), und statement (3.13).[19] Wie lassen sich diese in etwa auf das Begriffsdreieck beziehen?

- Ein „subject" ist „anything whatsoever, regardless of whether it exists or has any other specific characteristics, about which anything whatsoever may be asserted by any means whatsoever". „Ein Aussagegegenstand" (oder auch geistiger Gegenstand) „kann alles sein, über das irgendetwas mit beliebigen Mitteln ausgesagt werden soll, unabhängig davon, ob es existiert oder es bestimmte Eigenschaften hat. Im speziellen ist es alles, über das der Ersteller einer Topic Map Aussagen trifft". Demnach entspricht subject oder Aussagegenstand im Begriffsdreick der Ecke A.
- Ein „topic" ist ein „symbol used within a topic map to represent one, and only one, subject, in order to allow statements to be made about the subject", also „ein Symbol innerhalb einer Topic Map, welches den Aussagegegenstand abbildet, über den der Ersteller einer Topic Map Aussagen treffen möchte." Demnach ist ein Topic eine

18 Zum vorstehenden Absatz vergleiche [Veltman 2004, 19].

19 Soweit die Elemente des aktuellen Topic Maps-Datenmodells bereits in den Vorschlag zur Übersetzung der Topic Maps-Terminologie ins Deutsche [Maicher 2005] eingearbeitet sind, an der der Autor mitgewirkt hat, sind die Bezeichnungen im Folgenden diesem Vorschlag entnommen.

Computerrepräsentation für einen Aussagegegenstand und kommt im Begriffsdreieck nicht vor.

- Ein "topic name" ist ein "name for a topic, consisting of the base form, known as the base name, and variants of that base form, known as variant names". Der deutsche Terminologievorschlag bezieht sich noch auf „base name": „Eine Benennung bestimmt einen Namen für den Aussagegegenstand des Topics." Die Bezeichnung entspricht also der Ecke C. im Begriffsdreieck.
- Ein „statement" ist ein „claim or assertion about a subject (where the subject may be a topic map construct)". Hierzu liegt noch kein Übersetzungsvorschlag vor, daher der Vorschlag: „Eine Aussage ist eine Behauptung oder Zusicherung über einen Aussagegegenstand, wobei der Aussagegenstand auch ein Topic Map-Konstrukt sein kann." Die Summe aller wesentlichen Aussagen, die man in Form von statements über einen Aussagegenstand machen kann, entspricht der Ecke B. im Begriffsdreieck.

Obwohl das Topic Maps-Datenmodell davon spricht, dass ein Topic Eigenschaften (characteristics) haben kann und eine frühere Version des Datenmodelles „topic characteristics" definierte als „a topic name, occurrence, or association role belonging to some topic" („Ein Topic-Merkmal ist ein Topic-Name, eine Belegstelle oder eine Beziehungsrolle"), kommt „topic characteristics" im aktuellen Datenmodell nicht mehr als Element vor. Überdies entspricht es wohl nicht der Ecke B. im Begriffsdreieck, auch wenn dieses von Merkmalen spricht.

Man kann also mit Topic Maps Wissensorganisation betreiben, weil es möglich ist, Stellvertreter für Aussagegegenstände im Computer zu repräsentieren, diesen Gegenständen flexibel Bezeichnungen zuzuweisen und Aussagen über Aussagegegenstände zu akkumulieren, auch zu Begriffen.

2.3 *Inhaltliche Zugangspunkte (SAPs - subject access points) und ihre Erweiterung durch veröffentlichte Aussagegegenstände (published subjects) als semantische Bindungspunkte*

Aus semiotischer Sicht kann jegliches Zeichen (jede Zeichenkette oder jedes Symbol, unabhängig davon ob es aus dem Dokument selbst oder aus Wissensarbeit stammt, die informationelle Mehrwerte schöpft), das einen Hinweis darauf geben kann, ob ein Dokument relevant ist oder nicht, ein möglicher inhaltlicher Zugangspunkt (SAP — subject access point) sein [Hjørland 2003, Folie 52ff.], [Hjørland, & Kyllesbech Nielsen 2001]. Kennt man einen SAP, kann man in einem idealen System zur Wissensorganisation auf die Menge aller gespeicherten Dokumentationseinheiten zugreifen, die aufgrund der Kollokation zu diesem SAP als relevant abgelegt sind.

Grundsätzlich könnten Heuristiken die Zusammenführung auch anhand von Merkmalen vornehmen, hierzu sind aber noch weitere Forschungsanstrengungen nötig. Zudem sind die Merkmale oft nicht ausreichend explizit beschrieben.

Damit sowohl Menschen als auch Computer Aussagegegenstände eindeutig identifizieren können, auf die sich die sie repräsentierenden Topics beziehen, darf man sich nicht einfach auf Benennungen verlassen. Während Menschen sich zum Zwecke der Identifikation auf dazu eigens veröffentlichte Beschreibungen von Aussagegegenständen verlassen können, sind Computer auf der sicheren Seite, wenn sie statt der Beschreibungen die eindeutigen Webadressen dieser veröffentlichten Beschreibungen verwenden.

- Ein „subject indicator" (3.16) ist eine „information resource that is referred to from a topic map in an attempt to unambiguously identify the subject represented by a topic to a human being". Die Beschreibung des Aussagegegenstandes „ist eine Informationsressource, auf die aus einer Topic Map verwiesen wird, um einem Menschen eindeutig die Identität des Aussagegegenstandes offen zu legen. Jegliche Informationsressource kann eine Beschreibung des Aussagegegenstandes werden, indem sie als solche aus einer Topic Map heraus verwiesen wird. Dabei ist es gleichgültig, ob der Erzeuger die Nutzung dieser Informationsressource als Beschreibung eines Aussagegegenstandes vorgesehen hatte."
- Ein „subject identifier" (3.15) ist ein „locator that refers to a subject indicator". „Die Adresse der Beschreibung des Aussagegegenstandes verweist auf die Beschreibung des Aussagegegenstandes".
- Ein „published subject", also „ein veröffentlichter Aussagegegenstand" ist „jeglicher Aussagegegenstand, für den zumindest ein PSI existiert". Ein „published subject identifier", also die „Adresse der veröffentlichten Beschreibung eines Aussagegegenstandes" (PSI) „ist nicht die adressierte Informationsressource, sondern allein deren Adresse". Ein „published subject indicator", also die „veröffentlichte Beschreibung eines Aussagegegenstandes muss an einem angekündigten Ort veröffentlicht und gepflegt werden und dient der Unterstützung des Austauschs von Topic Maps".[20] Ergänzend zu [OASIS Published Subjects] wird an einheitlichen Regeln gearbeitet, wie man Metadaten zu PSIs hinzufügen kann.[21]

Eine geeignete PSI-Infrastruktur unterstützt die Zusammenführung und dient dem SLUO-Ziel. Entsprechend hilft eine darauf aufbauende Informationsarchitektur, umgesetzt in Topic Maps-basierten Wissensnetzen, die auch wissensorganisatorische Entwurfsmuster nutzt, bei der systematischen Disaggregation und Reaggregation von Aussagen.

Man kann also mit Topic Maps Wissensorganisation betreiben, weil es möglich ist, Aussagegegenstände eindeutig zu identifizieren und zu dokumentieren, weswegen Aussagen zu Aussagegegenständen, die von verschiedenen Beitragenden stammen, zusammengeführt werden können, wenn die veröffentlichten Aussagegegenstände denselben Gegenstand bezeichnen.

3. *Beispiele aus dem Bereich Digitale Bibliotheken/Kulturelles Erbe*

In der ersten Phase des Projektes kPeer wurde der e-science-artige Ansatz in einem Szenario mit öffentlich frei zugänglichen Ressourcen Digitaler Bibliotheken und des Kulturellen Erbes exploriert. Informationsagenten fragen Angaben aus Katalogen, Webseiten und Wissensnetzen ab, bereiten diese mit Wissenstechnologien in Wissensnetzen auf, stellen sie über semantische Wissensdienste bereit und aggregieren diese Dienste zu neuen Dienste. Dabei werden z.B. Zugangsbarrieren, Verbundgrenzen, Medienbrüche und Auszeichnungsmängel überwunden. Als Bestandteil einer solchen Informationsarchitektur werden zusammen mit Topic Maps u.a. verwendet:

---

20 Zum Vorstehenden vgl. erneut [Garshol & Moore 2005] und [Maicher 2005].

21 Motomu Naito hatte auf dem Treffen der ISO/IEC JTC1 SC34/wg3 in Atlanta im November 2005 den Punkt „Metadata for Published Subjects" vorgeschlagen. Dies soll weiterverfolgt werden. Vgl. den Beschluss der Arbeitsgruppe http://www.jtc1sc34.org/repository/0676.htm.

- für Aussagen über Werke: FRBR (Functional Requirements for Bibliographic Records)[22]
- für Aussagen zu Personen: Personennormdaten (Auszüge aus DDB PND und ihrer Verwendung in Kalliope[23]).

3.1 *Ergänzung spärlicher inhaltlicher Erschließung durch ZVAB und DDB PND mit Topic Maps und FRBR*

Ein Beispiel ist ein Webservice, der auf die Eingabe einer Namensform hin ein Topic Map-Fragment liefert, das Personennormdaten (DDB PND, LocNA, AustLit, ...) heuristisch verknüpft und Ressourcen damit verbindet, die diese Normdaten verwenden (z.B. das Kalliope-Portal). Dieser Dienst kann z.B. für semantische Annotationen in Bibliothekskatalogen genutzt werden. Der Dienst ergänzt die spärliche inhaltliche Erschließung eines gegebenen Werkes aus Verwendungskontexten in Antiquariaten. Z.B. hält die UB Dortmund ein Werk mit dem Titel „Heinrich Campendonk" (1921). Können wir automatisch weitere nützliche SAPs finden, die mehr Kontext über diesen Künstler hergeben? Ja, indem wir z.B. auf den ZVAB (Zentrales Verzeichnis Antiquarischer Bücher) oder auf Verbundkataloge zugreifen, die potenziell wahrscheinlichsten SAPs zu diesem Werk einlesen und das ursprüngliche Werk mit diesen Daten semantisch annotieren.[24] Obwohl der Katalog der UB Dortmund das Werk nicht mit dem SAP „Blauer Reiter" auszeichnet (der Künstler war Mitglied dieser Gruppe[25]), ergibt sich dies aus dem ZVAB-Verwendungskontext. Hier die Ausgabe ohne Topic Maps/FRBR:

Eingabe: "Heinrich Campendonk"
Ausgabe: Der Titel ist beschrieben durch die Kontexte:
Blauer Reiter; Duesseldorf; Expressionismus; Hinterglasmalerei;
Kubismus; Kunst; Kunst des 20. Jahrhundert
GRAVURE PRINT
PEINTURE CONTEMPORAINE CONTEMPORARY PAINTING
coleart heinrich campendonk expressionism catalogue raisonne
Der Titel kommt in folgenden Verkaufskatalogen vor:
700 Werkverzeichnisse, Catalogues raisonnes, Werkmonographien
Art Reference
Kunst
Kunst - Kunstgeschichte
Kunstliteratur
Originalgraphik, Originalzeichnungen, Originalkunst (1 Plastik),
Marcus Behmer

---

22 Vgl. http://kpeer.wim.uni-koeln.de/~sigel/Projects/FRBR_and_XTM.html

23 http://kalliope.staatsbibliothek-berlin.de/

24 Ein Informationsagent, implementiert in Perl, holt solche Daten von ZVAB (http://www.zvab.com/) und stellt sie als Webservice bereit. Die gewonnenen Aussagen sind als Topic Map-Fragmente repräsentiert und nutzen FRBR.

25 Vgl. http://de.wikipedia.org/wiki/Heinrich_Campendonk

3.2 *Beispiele zu „Friedrich von Bezold"*

3.2.1 *Von der Zeichenkette „Bezold, Friedrich" zum PSI*

Jakob Voß teilte am 30.11.2004 Details zu seinem experimentellen Gateway mit, um von einer Zeichenkette auf eine PND-Nummer zu kommen, mit der man weitere identifizierende Angaben abrufen kann.[26] Aufgrund eines Kooperationsabkommens nutzt inzwischen auch Wikipedia die DDB PND, so dass der Wikipedia-Artikel (und damit auch Informationsagenten) bei Kenntnis des Namens vom Wikipedia-Eintrag aus über die Personennummer auf Literatur von und über Heinrich Campendonk im Katalog der DDB zugreifen kann.[27] Es wurde ein Dienst implementiert, der für diesen Bezold z.B. folgenden PSI definiert und ihn damit im Wissensnetz maschinell referenzierbar macht:

```
<topic id=„12345" >
 <subjectIdentity>
  <subjectIndicatorRef xlink:href="http://purl.org/NET/psi/#PND_118662880"/>
 </subjectIdentity>
 <!-- names and occurrences -->
</topic>
```

3.2.2 *Von einer Belegstelle zur Annotion mit PSIs*

Auf folgender Karteikarte im alten AK der Württembergischen Landesbibliothek (WLB) ist ein Bezold genannt:

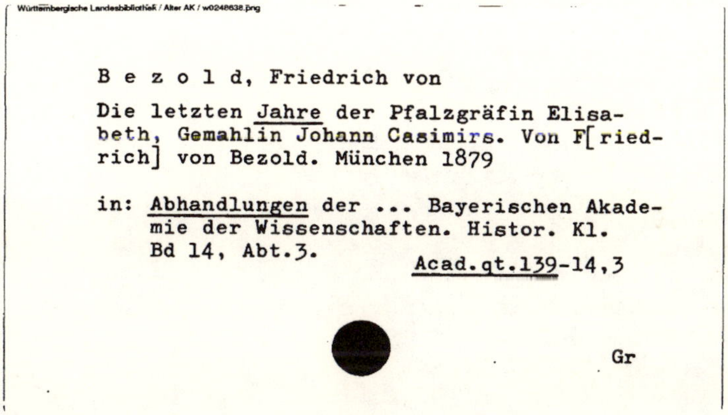
Württembergische Landesbibliothek / Alter AK / w0248638.png

B e z o l d, Friedrich von

Die letzten Jahre der Pfalzgräfin Elisabeth, Gemahlin Johann Casimirs. Von F[riedrich] von Bezold. München 1879

in: Abhandlungen der ... Bayerischen Akademie der Wissenschaften. Histor. Kl. Bd 14, Abt.3.

Acad.qt.139-14,3

Gr

Identitätserklärung: Der hier genannte Bezold ist identisch mit dem durch http://purl.org/NET/psi/#PND_118662880 identifizierten. Das Werk, die Beziehung Werk-Autorschaft (entsprechend FRBR-PSIs) und weitere Informationen werden ebenfalls annotiert.

26 Voß, Jakob: Email „Re: Abschluß der Retrokonversion der Zentralkartei der Autographen" an inetbib, http://www.ub.uni-dortmund.de/listen/inetbib/msg25997.html

27 http://dispatch.opac.ddb.de/DB=4.1/REL?PPN=118518674

Kalliope kennt einen Brief an den durch obigen PSI identifizierten Bezold[28], nämlich den von Richard Zoepffel vom 21.11.1885, der sich in der ULB Bonn befindet.

3.2.3 *Vom PSI des interessierenden Aussagegegenstandes zu allen Aussagen über diesen Aussagegegenstand*

Man kann obigen PSI als SAP nutzen, um auf Aussagen folgender Art zuzugreifen:

- die Autorenrolle für ein Werk
- die Empfängerrolle für Briefe
- die Mitgliedsrolle in der Akademie (jetzt BBAW).

3.2.4 *Von den Aussagen zu den Belegstellen in den Ressourcen*

- Die Autorenrolle für das Werk „Die letzten Jahre der Pfalzgräfin Elisabeth" (identifiziert durch PSI), ist belegt durch die Ressource: Karteikarte alter AK der WLB (also besitzt die WLB ein Exemplar des Werkes)
- Die Empfängerrolle für den Brief von Richard Zoepffel (identifiziert durch PSI ...) ist belegt durch die Ressource: Eintrag in Kalliope-Autographen
- Die Mitgliedsrolle für Bezold ist belegt durch eine Zusammenstellung von Literaturnachweisen durch die BBAW http://www.bbaw.de/bibliothek/digital/struktur/autoren/bezold/literatur.pdf

3.2.5 *Komplexes Semantisches Retrieval im Wissensnetz*

- Gib mir Belege dafür, dass jemals jemand an den Autor des Werkes „Die letzten Jahre der Pfalzgräfin Elisabeth" einen Brief geschrieben hat
- Gib mir für jeden Absender seinen Beruf
- Gib mir eine Liste der Werke des Empfängers des Briefes, die von derselben Institution gehalten werden die auch den Brief aufbewahrt.
- Gib mir ein XTM-Fragment mit weiteren Aussagen über den Bezold, der in folgender Topic Map identifiziert ist: http://kpeer.wim.uni-koeln.de/~sigel/veroeff/TU-Eindhoven2004/FINAL/The_Kuchenheim_Scenario_TopicMap_v62.xtm
- Gib mir Webseiten, die das Thema des Bezoldschen Werkes zum Gegenstand haben (die Pfalzgräfin Elisabeth)

Gib mir alle Sacherschließungen aller deutschen Bibliotheken zu diesem Werk.

3.3 *Semblogging zu zerstörten Gemälden*

Im Rahmen von kpeer wird am Beispiel von Topic Map-basiertem Semblogging (Semantic Blogging) ein allgemeines Vorgehen und ein System (semblog) entwickelt, das semantische Wissensdienste bereitstellt. Mit diesem Topic Map-basierten Semblogger können Nutzer Ontologien in Form von Wissensnetzen definieren und miteinander semantisch in Beziehung setzen sowie Blogeinträge auszeichnen. Dies erlaubt, so annotierten Content zusammenzuführen. Das System stellt von Dritten nutzbare semantische Wissensdienste

28 http://kalliope.staatsbibliothek-berlin.de/cgi-bin/aDISCGI/w3_p/lib/adis.htm?ADISDB=HS&WEB=JA&PEA100=00016286

bereit, die Operationen auf diesen Wissensnetzen darstellen und wiederum zu neuen Wissensdiensten verknüpft werden können.

Ein Beispiel für Kulturelles Erbe sind die digital frei verfügbaren Aufnahmen kriegsbedingt zerstörter Wand- und Deckengemälde[29] [30] Wissensarbeiter, die Aussagen über diese Gemälde treffen möchten, können diese im Semblog-System ablegen, denn der Prototyp[31] soll in einer Nutzergemeinschaft von Bloggern im wissenschaftlichen Umfeld zum Einsatz kommen und auf den Erfahrungen iterativ weiterentwickelt werden. Ein Szenario der Zusammenführung von Aussagen für vier Semblogger ist in [Sigel 2005a] skizziert.

Weitere ausführlichere Beispiele finden sich [Sigel 2005b], [Sigel 2004] und in den Unterlagen zum Vortrag „XML Topic Maps (XTM) in Knowledge Organization“[32]

4. *Rückschau und Ausblick*

Im ersten Schritt wurden Szenarien und Beispiele aus dem Bereich Digitale Bibliotheken/Kulturelles Erbe entwickelt. In diesem Gebiet fehlen derzeit allerdings eine Informationsarchitektur und eine Infrastruktur, die Wissensarbeitern erlaubt, Aussagen darzustellen, zueinander in Beziehung zu setzen und abzufragen. Es gibt keine auf P2P basierenden semantischen Wissensnetze, kein Austausch von Topic Map- oder RDF-Fragmenten, keine Wissensgrids, praktisch keine Web Services und entsprechend auch keine Verknüpfung derselben.

Zwei für kPeer wichtige Entwicklungen in der Wissensorganisation wurden dargestellt: Der Trend zur Aussageorientierung und der Trend hin zu dezentralen Schemata im Verteilten Wissensmanagement und Folksonomy-artigem Taggen in der Wissensorganisation.

Die Grundidee in kPeer ist, Wissensarbeiter mit einer geeigneten Informationsarchitektur auf Basis von Topic Maps und PSIs darin zu unterstützen, Inhalte zu disaggregieren und in Wissensnetze zu aggregieren. Aspektierte Auszüge aus den Wissensnetzen ergeben neue Produkte, und Abfragen an Wissensnetze über Semantische Wissensdienste und deren Verknüpfung ermöglichen neue Dienstleistungen.

Es wurde verdeutlicht, wie das wissensorganisatorische Ziel der Kollokation die Informationsarchitektur von Topic Maps durch SLUO (Subject Location Uniqueness Objective) stark beeinflusst hat. Aussagegegenstand, Begriff und Benennung wurden im Begriffsdreieck definiert und auf wesentliche Elemente im Topic Maps-Datenmodell bezogen. Inhaltliche Zugangspunkte (SAPs — subject access points) wurden mittels veröffentlichter Aussagegegenstände zu semantischen Bindungspunkten erweitert. Es wurde skizziert, wie eine Informationsarchitektur auf Basis von PSIs aussehen könnte.

Topic Maps sind geeignet für die Wissensorganisation, weil man damit Stellvertreter für Aussagegegenstände im Computer repräsentieren, diesen Gegenständen flexibel Beziehungen zuweisen und Aussagen über Aussagegegenstände akkumulieren kann.

29 http://zi.fotothek.org

30 Email des Autors am 10. Oktober 2005 an inetbib zu „40.000 digitale Aufnahmen zerstoerter Wand- und Deckengemaelde online unter www.zi.fotothek.org: Semblogging-Anwendungsfall“ http://www.ub.uni-dortmund.de/listen/inetbib/msg28594.html

31 http://semblog.wim.uni-koeln.de. Nicht immer verfügbar, bitte kontaktieren Sie uns, wenn Sie das System testen wollen. Zum Verändern benötigen Sie ein Kennwort.

32 http://kpeer.wim.uni-koeln.de/ ~sigel/veroeff/TU-Eindhoven2004/TU-Eindhoven2004.zip

Veröffentlichte Aussagegegenstände und PSIs helfen, Aussagegegenstände eindeutig zu identifizieren und zu dokumentieren. So können Aussagen, die von verschiedenen Beitragenden stammen, leichter zusammengeführt werden.

Diese Grundideen sollen nun schrittweise in Richtung Wirtschaftsinformatik, z.B. auf Szenarien kommerzieller e-business-Anwendungen für digitale Informationsgüter erweitert werden. So könnten etwa Daten von Content-Anbietern wie Verlagen oder Datenbank-Produzenten (z.B. Thomson Dialog, Thomson Saur) einbezogen werden. In diesem Umfeld soll eine Infrastruktur aufgebaut werden, welche die Disaggregation und Aggregation von Aussagen, also handelbarer digitaler Informationsgüter (bis hin zu atomaren einzelnen RDF-Aussagen) unterstützt.

Im Gegensatz zur herkömmlichen, eher zentralen intellektuellen Organisation von Ressoucen werden hier verstärkt verteilte Aspekte betrachtet: Die ursprünglichen Aussagen werden dezentral erstellt und sind verteilt, aber auch die Organisation und Aggregation kann verteilt erfolgen. Aspekte der sozialen und technischen Verteiltheit, sollen stärker untersucht werden. Wissensnetze und –dienste sollen auf mehreren Ebenen P2P-artig realisiert werden, wobei das Projekt kPeer auch stärker mit Arbeiten zu dezentralem Informations- und Wissensmanagement verzahnt werden soll.

Längerfristig ist interessant, zu untersuchen, die Unterstützung emergenter Semantik und unterschiedlicher Sichten in dezentralen Einigungsprozessen durch veröffentlichte Aussagegegenstände in Peer-to-Peer- (P2P) und Grid-Umgebungen (Semantic/ Knowledge P2P/ Grid) zu untersuchen.

Literatur:

[Aberer, Cudré-Mauroux & Hauswirth 2003] Aberer, Karl; Cudré-Mauroux, Philippe & Hauswirth, Manfred (2003): The Chatty Web: Emergent Semantics Through Gossiping, in: Proceedings WWW2003, Budapest, ACM, May 2003, 197-206 http://portal.acm.org/citation.cfm?id=775152.775180 http://www2003.org/cdrom/papers/refereed/p471/471-aberer.html.

[Barta 2005] Barta, Robert: TMIP, a RESTful Topic Maps Interaction Protocol. Vortrag auf Extreme Markup Languages 2005. Montréal, Quebec, Canada, August 1-5, 2005. IDEAlliance http://www.mulberrytech.com/Extreme/Proceedings/xslfo-pdf/2005/Barta01/EML2005Barta01.pdf.

[Bonifacio & Camussone 2003] Bonifacio, Matteo & Camussone. Pierfranco (2003): Managing the KM Trade-Off: Knowledge Centralization Versus Distribution. Technical Report TR DIT-03-029, U Trento, 2003. http://eprints.biblio.unitn.it/archive/00000423/.

[Bonifacio, Bouquet & Traverso 2002] Bonifacio, Matteo; Bouquet, Paolo & Traverso, Paolo (2002): Enabling distributed knowledge management: Managerial and technological implications. In: Novatica and Informatik/Informatique. Special Issue on Knowledge Management, III(1), 2002. S. Lueg (ed.) http://eprints.biblio.unitn.it/archive/00000222/.

[Bonifacio et al. 2002] Bonifacio, Matteo; Cuel, Roberta; Mameli, Gianluca & Nori, Michele (2002): A peer-to-peer architecture for distributed knowledge management. Technical Report DIT-02-065, Informatica e Telecomunicazioni, University of Trento, 2002. Procs. 3rd Int. Symposium on Multi-Agent Systems, Large Complex Systems, and E-Business (MALCEB 2002) http://eprints.biblio.unitn.it/archive/00000222/.

[Dahlberg 1995] Dahlberg, Ingetraut (1995): Conceptual Structures and Systematization, in: International Forum on Information and Documentation 20(3), 9-24.

[Durusau & Newcomb 2005] Durusau, Patrick & Newcomb Steven R.: Topic Maps — Reference Model, 13250-5, version 6.0 (July 13, 2005) http://www.isotopicmaps.org/TMRM/TMRM-latest.pdf.

[Froehner, Nickles & Weiss 2004] Froehner, Tina; Nickles, Matthias and Weiss, Gerhard: Towards Modeling the Social Layer of Emergent Knowledge Using Open Ontologies, in: Proceedings of the ECAI 2004 Workshop on Agent-Mediated Knowledge Management (AMKM-04). August 22-27, 2004, Universidad

Politécnica de Valencia (Spain)
http://wwwbrauer.informatik.tu-muenchen.de/~weissg/Docs/amkm04-final.pdf.
[Fugmann 1999] Fugmann, Robert 1999: Inhaltserschließung durch Indexieren: Prinzipien und Praxis. Frankfurt/M.: DGD.
[Fugmann 1992] Fugmann, Robert (1992): Theoretische Grundlagen der Indexierungspraxis. Frankfurt/M.: Indeks, 1992. (engl. u.d.T.: Subject Analysis and Indexing: Theoretical Foundation and Practical Advice. Frankfurt/M.: Indeks, 1993).
[Garshol 2006b] Garshol, Lars Marius (2006): TMRAP: A Web Service Protocol for Topic Maps, in: Maicher, Lutz & Park, Jack (Hrsg.): Charting the Topic Map Research and Applications Landscape. Proceedings of TMRA'05 – International Workshop on Topic Map Research and Applications, Leipzig, October 6-7, 2005. Springer, LNAI 3873 Folien: http://www.informatik.uni-leipzig.de/~tmra05/PRES/LMGa.pdf.
[Garshol 2006a] Garshol, Lars Marius: tolog – a topic maps query language, in: Maicher, Lutz & Park, Jack (Hrsg.): Charting the Topic Map Research and Applications Landscape. Proceedings of TMRA'05 – International Workshop on Topic Map Research and Applications, Leipzig, October 6-7, 2005. Springer, LNAI 3873 Folien, betitelt "A Query Algebra for tolog. Formalizing tolog": http://www.informatik.uni-leipzig.de/~tmra05/PRES/LMGb.pdf.
[Garshol & Moore 2005] Garshol, Lars Marius & Moore, Graham (Hrsg.): Topic Maps — Data Model. Final Draft International Standard. For Review. 16. Dezember 2005. JTC1 / SC34, ISO 13250: Topic Maps. http://www.isotopicmaps.org/sam/sam-model/.
[Hammond et al. 2005] Hammond, Tony; Hannay, Timo; Lund, Ben & Scott, Joanna: Social Bookmarking Tools (I): A General Review, in: D-Lib Magazine, 11(4), April 2005
http://www.dlib.org/dlib/april05/hammond/04hammond.html.
[Hjørland 2003] Hjørland, Birger (2003). Fundamentals of Knowledge Organization. Eingeladener Vortrag auf dem 4th International Colloquium on Library and Information Science, Salamanca, 6. Mai 2003, in: Frias, José Antonio & Travieso, Críspulo (Hrsg.): Tendencias de investigación en organización del conocimiento / Trends in Knowledge Organization Research, Salamanca, Spain: Ediciones Universidad de Salamanca, 83-116
http://www.db.dk/bh/publikationer/Filer/Presentation.ppt.
[Hjørland & Kyllesbech Nielsen 2001] Hjørland, Birger & Kyllesbech Nielsen, Lykke (2001): Subject Access Points in Electronic Retrieval, in: Annual Review of Information Science and Technology, Vol. 35, 249-298
http://www.db.dk/bh/Subject%20access%20points.pdf.
[Hjørland 1997] Hjørland, Birger (1997): Information Seeking and Subject Representation: An Activity-Theoretical Approach to Information Science. Westport, Connecticut: Greenwood.
[Karp 2003] Karp, Alan H. Viewpoint: Making Money Selling Content that others are Giving Away. Communications of the ACM 46(1) 2003, 21-22
http://portal.acm.org/citation.cfm?id=602438&dl=ACM&coll=portal.
[Kossmann & Leymann 2004] Kossmann, Donald and Leymann, Frank (2004): Web Services, in: Informatik Spektrum 27(2), 117-128, April 2004.
[Mai 2001] Mai, Jens-Erik (2001): Analysis in Indexing: Document and Domain Centered Approaches, in: Information Processing and Management 41(3), 599-611
http://www.ischool.washington.edu/mai/Papers/2005_AnalysisInIndexing.pdf.
[Maicher 2005] Maicher, Lutz (2005): Deutsche Topic Maps-Terminologie. Version: 1.0 R 1.1, 05.12.2005. http://www.informatik.uni-leipzig.de/~maicher/tmt/TMT.html.
[Newcomb et al. 2003] Newcomb, Steven R., Hunting, Sam, Algermissen, Jan & Durusau, Patrick: Topic Maps Model (TMM) (Version 2.30, 2003/03/28, for review and comment). ISO/IEC JTC 1/SC34. http://www.jtc1sc34.org/repository/0393.pdf oder
http://y12web2.y12.doe.gov/sgml/SC34/document/0393.pdf.
[Newcomb 2002] Newcomb, Steven R. (2002): The Economics of the Topic Maps Reference Model. Vortrag XML 2002 Conference, December 8-13, 2002, Baltimore, Maryland, USA
http://www.coolheads.com/SRNPUBS/XML2002/The_Economics_of_the_Topic_Maps_Reference_Model.html.

[OASIS Published Subjects] Empfehlungen des OASIS Published Subjects TC http://www.oasis-open.org/committees/tm-pubsubj/.

[Schwotzer 2005] Schwotzer, Thomas (2005). Ein Peer-to-Peer Knowledge Management System basierend auf Topic Maps zur Unterstützung von Wissensflüssen.

[Sigel 2006] Sigel, Alexander (2006): Report on the Open Space Sessions, in: Maicher, Lutz & Park, Jack (Hrsg.): Charting the Topic Map Research and Applications Landscape. Proceedings of TMRA'05 – International Workshop on Topic Map Research and Applications, Leipzig, October 6-7, 2005. Springer, LNAI 3873, 271-280 http://www.wim.uni-koeln.de/uploads/media/Report_from_the_open_space_sessions_v24_with_Copyright.pdf.

[Sigel 2005b] Sigel, Alexander (2005): Content Intelligence durch Verknüpfung semantischer Wissensdienste am Beispiel von Semblogging. Vortrag auf dem 2. Kongress Semantic Web und Wissenstechnologien. Semantic Web Services, Darmstadt 30. November 2005
Folien: http://www.wim.uni-koeln.de/uploads/media/Content_Intelligence_ZGDV05_v16.pdf.

[Sigel 2005a] Sigel, Alexander (2005): kPeer (Knowledge Peers): Informationssuche beim verteilten SemBloggen. Vortrag auf dem Workshop P2P Information Retrieval in Deutschland, Leipzig, 21. November 2005
Folien: http://www.wim.uni-koeln.de/uploads/media/P2P_IR_kPeer_Semblog.pdf.

[Sigel 2004] Sigel, Alexander (2004): Semantische Wissensnetze und -dienste in kPeer zur verteilten Organisation, Integration und Nutzung von Wissen. Die Verknüpfung von Wissenselementen und Wissensdiensten durch geisteswissenschaftliche Wissensarbeiter als Inspirationsquelle für neue Produkte und Dienstleistungen sowie veränderte Geschäftsprozesse im Content Interlinking. Vortrag HKI-Kolloquium, Universität zu Köln, Köln, 18. Juni 2004 http://kpeer.wim.uni-koeln.de/~sigel/veroeff/HKI-Kolloq-2004/Text/Langfassung_HKI_Kolloq_v16.pdf http://kpeer.wim.uni-koeln.de/~sigel/veroeff/HKI-Kolloq 2004/Folien/Folien_HKI_Kolloq_v7.pdf.

[Sigel 2002] Sigel, Alexander (2002): Topic Maps in Knowledge Organization, Kapitel 15 in: Park, Jack & Hunting, Sam (Hrsg.) (2002): XML Topic Maps: Creating and Using Topic Maps for the Web. Boston: Addison Wesley, 383-476 Draft einer früheren Version: http://kpeer.wim.uni-koeln.de/~sigel/veroeff/XTMBook/.

[Sigel 2004/2001] Sigel, Alexander (2001): Wissensorganisation, Topic Maps und Ontology Engineering: Die Verbindung bewährter Begriffsstrukturen mit aktueller XML-Technologie, in: Lehner, C., Ohly H.P., Rahmstorf, G. (Hrsg.): Wissensorganisation und Edutainment: Wissen im Spannungsfeld von Gesellschaft, Gestaltung und Industrie. Proceedings der 7. Tagung der Deutschen Sektion der Internationalen Gesellschaft für Wissensorganisation, Berlin, 21.-23. März 2001. Würzburg: Ergon, 2004, 185-193
http://kups.ub.uni-koeln.de/volltexte/2004/1314/pdf/ISKO2001_Berlin_SIGEL_fuer_KUPS.pdf.

[Staab 2002] Staab, Steffen (Hrsg.): Emergent Semantics, in: IEEE Intelligent Systems, January/February 2002, 78-86 http://classweb.gmu.edu/kersch/infs770/Semantic_Web_16_2/EmergentSemantics.pdf.

[Svenonius 2004/2001] Svenonius, Elaine (2004/2001): The Epistemological Foundations of Knowledge Representations. Invited Keynote at Extreme Markup 2001, Montréal, Quebec, Canada, 15.9.2001. Abstract: http://www2.gca.org/extreme/2001/keynotes.htm. Veröffentlicht in: Library Trends 52(3), 2004, 571-587.

[Svenonius 2000] Svenonius, Elaine (2000): The Intellectual Foundation of Information Organization. MIT Press.

[Tennis 2006] Tennis, Joseph T. (2006): Experientialist Epistemology and Classification Theory: Embodied and Dimensional Classification, in: Knowledge Organization 32(2), 79-92.

[Veltman 2004] Veltman, Kim H. (2004): Towards a Semantic Web for Culture, in: Journal of Digital Information, Volume 4 Issue 4, Article No. 255, 2004-03-15. Special issue on Applications of Knowledge Organization Systems. http://jodi.tamu.edu/Articles/v04/i04/Veltman/ Langfassung: http://jodi.tamu.edu/Articles/v04/i04/Veltman/veltman.pdf.

Three-Layered Approach to the Semantics of Knowledge and Information

Otto Sechser
Zürich

1. *Introduction*

We live in information (or misinformation ?) age. We have knowledge management (spam seems unmanageable). It is time to look at knowledge from a more comprehensive perspective.

In this paper we attempt to propose a unifying view of the study of knowledge in several distinct areas: neurology, psychiatry, psychology, linguistics, documentation, information science, logics and computer science.

The term 'layer' is understood metaphorically, as it is usual in an information technology (hardware layer, operation system layer, ...).

2. *The three layers*

The three layers are:

- Physiological (or biological) layer - physiological knowledge, physiological information
- Personal layer - personal knowledge, personal information
- Formal or formalized layer - formal (or formalized) knowledge and information

They are not reducible to each other but qualitatively different.

3. *The physiological layer of knowledge and information*

Every living organism, from micro-organisms to humans, survives only, if it adequately interacts with the environment. To achieve this it must possess some intelligence (in our sense: knowledge, skills) and some means of being informed about the environment in order to choose the suitable survival strategy. This always involves the capability to compare and perceive similarities and dissimilarities and – at a more advanced stage – perceive conspicuous statistical dependencies in the phenomena of the environment.

Some of the knowledge is "hard-coded" in the genes but many living organisms are capable of acquiring additional knowledge (Pawlow's dog and conditional reflexes).

Physiological knowledge is species-specific. Newborn ducklings can swim, newborn zebras can walk. Acquired physiological knowledge is individual: A parrot pronouncing English words is an individual which had the chance to develop this skill. Other parrots do not have this skill.

We can speak of physiological knowledge in humans too: They can learn to know and recognize melodies, pictures, etc. Physiological knowledge (possibly developed to some kind of skill) is an indispensable basis of language and personal (and eventually formal) knowledge. We see the importance of non-verbal physiological layer for higher level knowledge in the popularity of visualization for understanding complex relationships more quickly.

In the last 20 – 30 years the sensory activity (sight ...) and the physiological aspects of brain activity have been the object of intensive research. Using a number of novel brain imaging techniques (MRI – Magnetic Resonance imaging, CAT - Computer Assisted Tomography, PET – Positron Emission Tomography, SQUID - Superconducting Quantum Interference Device) neurologists and other specialists have achieved a new level of knowledge of the function of human and animal brain (young and old, normal or with disorders of various kinds). Various theories of memory (short-term, long-term, conceptual, semantic, eidetic or photographic, explicit and implicit, forgetfulness, amnesia,...) have been presented. The influences of various drugs on the mind have been analysed. The typical intellectual peculiarities of some deficiencies (autism, Asperger's syndrome, Tourette's syndrome,...) are being described in great detail based on case studies of interesting patients/subjects[1].

Departing from the metaphor of a human mind as a sort of computer, the non-specialist frequently sees brain as sort of static "hardware". Today, many neurologists see its dynamism and activity with synapses constantly adapting and "reprogramming" to accommodate the changing situation of the human individual. In case of developmental disorder, disease or injury of some brain region the nervous system may try to find a compensation for the deficiency. There are efforts to propose a neural theory of personal identity[2].

There are efforts, too, to simulate the latest findings of neurology on a computer. Such studies reveal the possible similarities and definitive differences of the brain and the available computers. In this way the existence of a specialized memory for human faces, much faster than any existing computer memory, can be demonstrated. When meeting an acquaintance we recognize his face at once (the retrieval of his name may take longer). Certain lesions of the brain may cause the loss of the ability to differentiate faces (even of the face of the spouse) while the general capability to recognize forms and many other older memories may be retained[3].

In spite of the importance of the latest developments in neurology and in spite of the recognition that brain is much more than just "hardware" we do not believe that the problems of personal and formalized knowledge – treated in the next sections – can be reduced to a subject of neurology. The reader is invited to make his own judgement.

4. *Personal layer of knowledge and information*

Every human person has his personal knowledge: Memories of our lives starting from childhood, what we have seen and read ever since. Each of us has acquired some professional knowledge by study and experience.

We have started with a minimum personal knowledge as infants. Everybody has his oldest memory. One's personal knowledge develops during the life with personal knowledge being added and enhanced by conscious or unconscious learning in the most various ways. On the other hand some memories, possibly the less important ones, loose contours, get fuzzy, obliterated, forgotten. After years, the memory can come again (probably physiological phenomenon). This process ends with the personal death.

1 E.g. "The Case of the Colorblind Painter" in Oliver Sacks 1995.

2 G.M.Edelman 1987 quoted by Oliver Sacks 1995.

3 Personal communication of Daniel P. Perl.

4.1 Cognitive frame, connotation frame

As soon as the child is aware of its own existence, i.e. as soon as it realizes itself as opposed to its environment it is going to assess – mostly unconsciously – the type or degree of reliability of its perceptions and ideas. I believe it has a lot to do with the typically human creativity.

In machine translation, AI or logical semantics we sometimes come across the concept of "semantic universe". It is sometimes thought as something unstructured, almost amorphous. My "treasure" of knowledge is different. It consists of coherent (though, in many cases, fuzzy) complexes as:

my family – my neighbour on the second floor – my friends from the grammar school – The Red Riding Hood (the fairy tale) – Germany (what I know about it) – theory X, Y (what I remember) – philosophy of X (what I remember) – The Lord of the Rings (what I remember)

We may be reminded of the organisation of thesauri (Roget's and in documentation), text books from school, Comenius' Orbis Sensualium Pictus etc. all of which are used to teach, to increase personal knowledge. Some documentation theoreticians (e.g. Jurij Shreider) have seen thesauri in documentation from this point of view.

Such complexes will be called "cognitive frames" and they correspond to what is sometimes conveyed with the words "fictive world", "piece of knowledge", "idea", "theory", "hypothesis", "ideology", "world view", "dream", "subject", "plan", "scenario", "thought pattern", etc. Those who will make the effort to read this paper will keep in their mind a cognitive frame consisting of the ideas they have remembered.

As a metaphor, cognitive frames can be understood as (mini-)worlds we create in our minds. Hence my term "hypontology", hypothetical ontology, hypothetical cosmos or world (see below).

From another point of view cognitive frames may be called "connotation frames". Linguists use "connotation of a word A" as the mode of meaning of A comprising a set of words, ideas and concepts evoked by the word A. For example: Word "mother" in a text might evoke ideas as "father", "child", "home", i.e. words and ideas belonging to the connotation frame used (unconsciously) to interpret the text.

When seeing something, reading a text or listening to speech we unconsciously tend to pick some connotation frame we already know and interpret the incoming impressions or message in terms of it. If we experience difficulties we unconsciously switch between our known frames or build a new one. This unconscious process is the reason why associations, irony, hints, allusions, intimations, metaphors and similar figures really work. It is generally known that children do not understand irony. It is interesting to read that autistic persons do not understand irony either.

Quite a number of authors (G. Lakoff, E.C. Way) address the semantic problems starting with metaphors. They do play an important part in communication of ideas. In case of experimenting with knowledge representation on the computer it is much easier to try to represent *verbal* knowledge (E.C. Way) than *non-verbal* knowledge. In spite of being a linguist by education I tend to believe that non-verbal knowledge is the basis upon which verbal knowledge is built.

Cognitive frames in our mind may have the most various relationships. Substructures of existing frames may develop to independent frames of their own right. Philosophically relevant cognitive frames may relate to other frames as their elements (not substructures) and even – reflexively – to themselves. They need not be "logical" in the sense of formal (extensional) logic. Lakoff's analysis in terms of metaphors is a useful method of analysis.

4.2 Example – a child learns to know Red Riding Hood

For the sake of an example let us consider some of the processes involved in a child exposed to the tale of Red Riding Hood narrated by the mother using a book. The child must learn the language (if some words and phrases are new) and at the same time it creates a subjective fictive world in its mind with the Red Riding Hood, the Wolf, the Grandma, the Woodchopper interconnected within the well known action. The mental image of the world is influenced by previous knowledge, explanation by the mother, illustrations in the book, etc.

The child will normally need several repetitions, possibly with variations (which serve to add details into the general scheme as pieces of a mosaic) to remember (to learn) the story and thus to acquire this piece of personal knowledge (cognitive frame). After that happens, the child is capable of recognizing the tale even when the language and the sequence of the narration differ or if it sees it on the television. Similarly, later, the child as an adult person is going to understand and appreciate allusions, parodies and other references to the tale, which would be meaningless without this piece of personal knowledge.

5. Hypontological attitude

Up till now we have ignored something very important what cannot be found in thesauri and similar sources.

Some of the cognitive frames are "real" but some are fairy tales, theories, fantasies, dreams etc. There is no necessity for them to be mutually consistent; on the contrary, they frequently oppose each other. How can we live with such a chaos in our personal ideas without going crazy?

Each cognitive frame is unconsciously assigned a tag corresponding to the subjective assessment of the reliability, reality, usability etc. of the corresponding frame. This assessment expresses the normally unconscious attitude of the individual person to the frame. My term "hypontological attitude" is a variation of the philosophical concept "propositional attitude" studied by G. Frege, B. Russel and many others in relation to truth-conditions for belief attributions in propositions.

Our term "hypontology" designates a combination of a cognitive frame and the corresponding hypontological attitude. I do not believe that an individual has some cognitive frames without corresponding hypontological attitudes. He may be not aware of the attitude.

There is an alternative way to explain hypontological attitudes: The child is forced to assess the type or degree of reliability of its perceptions and ideas (see above) at the moment when it begins to be aware of inconsistences and contradictions in its impressions and ideas. It has a vivid dream – and later finds that it cannot rely on it. An older child will understand (or believe to understand) the distinctions between "know", "mean", "believe", "hope" etc. Even a younger child will (unconsciously) make difference between what it experiences clearly full awake and what it has dreamed or heard in a fairy tale. If not, the parents are likely to explain that witches, dragons and similarly unpleasant creatures do not really exist (so that the child has no necessity to be afraid).

Similarly as cognitive frames, the range of hypontological attitudes evolve during an individual's life. At school the young person must learn more or less incomprehensible abstract theories (their importance may become clearer at an older age). He may hear the teacher speak about the German – Swiss – US-American democracy being the best of all. At home the child sees the reaction of the parents. The unconscious processes in his mind lead to a range of attitudes many of which cannot be easily verbally described (i.e. not only simply "true", "believable" but rather "dream", "political opinion" etc.) . They help the child (and also the adult) to organize conflicting knowledge and experience. – In formal knowledge, e.g. in logical systems, no logical contradictions are tolerated, for known reasons.

The range of hypontological attitudes is subjective and different with different persons. A psychologist or a philosopher will hopefully have a finer discrimination than a labourer without formal education.

Nevertheless, similarly as cognitive frames, hypontological attitudes are important as the basis of the worldview, political allegiance and religious position of each person. The knowledge and values of a human personality may be understood in terms of the complex of his or her (subjective) hypontologies.

5.1 *Hypontologies and intersubjective cognitive frames*

Humans do not live in isolation as – for instance – some species of fish. They live in groups and societies. They use linguistic and other means to exchange ideas, to pass over chunks of knowledge, cognitive frames. In this, humans are different from animals. There may be many similarities between the brains and nerve system of humans and primates. But the fact remains that humans study the primates and not the other way round.

Some pieces of knowledge, in our terms some cognitive frames, are more important than others. Each society has a bulk of knowledge which should be known by all its members and is considered the basis of its culture and civilisation. In our time there exists a lot of specialized knowledge shared just by specialists in respective areas. This does not mean that the hypontological attitudes of all members of the society to all cognitive frames must be the same. The sets of hypontologies of every individual person are as different as the respective personalities: everybody has his ideas and values.

Recently I have read that the No. 1 of the list of most read books in Germany is Tolkien's Lord or the Ring. Many mathematicians, philosophers, computer specialists love Carrol's Alice in Wonderland. In books of mathematics, logics, computers we find frequent allusions and metaphors taken from such sources. It is not true that a scientist could understand scientific literature without knowledge of non-scientific ideas.

Humans are delighted to play with ideas and hypontologies. Many popular detective stories are built upon conflicting scenarios of who is the murderer. After investigating the case the detective decides which suspects are innocent and who is the criminal. Many of such stories end with a detailed description of the scenario (cognitive frame) of how and why the crime was perpetrated.

5.2 *The truth*

Many of the detective stories end with the exposition of the true criminal, of his true motives, of the true scenario of the crime. The "truth" here is something totally different from the hypontological attitudes of the author, of the readers, even of the imagined hypontological attitude of the detective (created by the author).

In addition to the hypontological attitude, we must differentiate two senses of the word "truth" in our context.

5.3 *Correspondence truth*

Truth (1) or "informal correspondence truth" relates to relationship of a more or less complex Proposition A and a Cognitive Frame B. A describes a potential substructure of B and the question is whether A indeed corresponds to B, whether A is true in B. In the imagined world of the detective story the finally established crime scenario A is true by the decision of the author. In a similar way the question (proposition A) "Is Frodo an Elb?" must be answered in negative when posed against the imaginary world of Tolkien's Lord of the Ring (cognitive frame B). In that world, Frodo is a Hobit not an Elb.

This sense of the word "truth" reminds us of the word "relevance" in retrieval situations with A being the query and B the database used to answer the question. Retrieval systems, however, belong to formalized level of knowledge (in our terminology).

5.4 *Correspondence truth and coherence truth in formal systems*

In formal logical systems the situation is more complicated. There we differentiate "correspondence truth" and "coherence truth". Correspondence truth is a relation of a (formal) proposition (of a logical system) and an object outside the system, i.e. something that serves as an interpretation of the proposition.

Coherence truth is the relation of a formal proposition of the system and the set of axioms and derivation rules of the system. A formal proposition is coherently true in a formal system if and only if it can be derived and proved in the system.

In personal cognitive frames there are primarily no axioms and no (extensional) derivation rules, only intentional relationships (intentional concepts of inference). For this reason we cannot speak of coherence truth in cognitive frames in hypontologies. (Even though the reasoning of the detective may remind us of derivations of proofs.) There are efforts of logicians to formalize more of intentional content (cf. Transparent Intensional Logic (TIL) in Tichy 1998).

However, when formalizing a theory (which, at first, is a personal cognitive frame in the mind of a person) the author of the theory must make decisions amounting to the establishment of basic truths (axioms) and relationships (possibly in terms of mathematics) transforming the subjective cognitive frame into an intersubjective formal system. This process is very similar to writing and debugging of a non-trivial software system.

5.5 *Objective truth*

We may formulate the question whether a Proposition P is objectively true or objectively false whether it corresponds to the objective reality.

In this case of "truth (2)" we juxtapose P with the objective reality which definitely exceeds any subjective cognitive frame. It is a special case of "correspondence truth".

The detective of the story did not objectively exist; he existed only in the imagined world of the author. The same applies to Frodo, Hobits and Elbs in "Lord of the Rings". The question of objective truth in such cases is mostly meaningless.

The problem of the "objective truth" is one of the most central questions of philosophy and I am not going to discuss it here. To prevent misunderstandings, I indicate my opinion: In many cases the question of the objective truth is meaningful. And in some cases humans are capable of knowing what is objectively true. For example, it is not only my belief that I am writing these lines, it is objectively true.

It may be that many relativists and agnostics mix up subjective attitude (which is relative) and objective truth.

At any rate even in this case we hopefully see the difference between hypontological attitudes and the question of objective truth.

6. *The Formal Layer of Knowledge and Information*

Intersubjective hypontologies proved to be very important for human society. For this reason humans have developed ways to make it independent of individuals, to objectivise it. The first step was – of corse – the alphabet and writing. Written texts are objects. When read and understood they can generate personal knowledge.

Some modifications of language aim at increased reliability of communication of important hypontologies. They amount to "taming" the "wild" natural language by introducing terminology, i.e. limiting the freedom of the speaker (or author of written texts) to choose words and grammatical means, by the requirement of explicitness (avoidance of implicit information) and similar devices. A further step is the introduction of specialized symbols (chemistry etc.) and special (sometimes non-verbal) kinds of text: (geographical) maps, schemata, formalized texts of mathematics, chemical formulas, proofs in formal logics, expert systems, databases, computer programs,...

Formal logical systems were demonstrated to check the coherence truth of statements by formal procedures. Given a set of axioms and a set of derivation rules, statements can be decided to be "true" (coherently true) or "false" (i.e. the negation is "true").

The effort of formal logic to decide the truth (coherence truth, truth within the scope of a formal system) by formal means is the expression of human desire to be always right, to avoid errors. This is very problematic if the difference between coherence truth and correspondence truth is ignored. The fact that a formal (mathematical) model can be construed for a certain theory (making thus possible formal check of coherence truth) is no guarantee that the theory is valid, that it has a reasonable and usable interpretation.

There is a similar totalitarian tendency towards formally decidable correctness in many societies: The idea of George Orwell's Newspeak, the idea of "politically correct" language.

7. *Conclusion*

I do believe that all formalized knowledge is only meaningful if it is read and understood by concrete persons, i.e. if it makes it possible for such persons to develop or enhance their personal knowledge. Otherwise, formalized knowledge remains just data, paper, bytes in spite of all efforts to transform it to commodity traded on stock markets, managed, marketed, and sold. There are no Nuremberg Funnels.

References:

G.M.Edelman, Neural Darwinism: The Theory of Neuronal Group Selection, New York: Basic Books, 1987.

George Lakoff: Women, Fire and Dangerous Things, University of Chicago Press 1987.

George Lakoff, Mark Johnson: Metaphors we live by (11th ed.) University of Chicago Press 1996.

Oliver Sacks: An Anthropologist on Mars, 7 paradoxical tales, Vintage Books, New York 1996.

Otto Sechser: Informační obsah dokumentu (Information Content of a Document), Prague, UVTEI, October 1969 – in Czech, internal research report, L-1-09-3/1.

Otto Sechser: Informační obsah sdělné promluvy (Information Content of a Communication, CSc Dissertation, October 1970, Caroline University Prague – in Czech, not published

P. Tichý: The Foundations of Frege's Logic. De Gruyter, 1988.

Eileen Cornell Way: Knowledge Representation and Metaphor, intellect, Oxford 1994.

Interdisziplinäre Themengebiete - Eine Herausforderung auch an die Wissensorganisation? Am Beispiel der Telekommunikation

Kerstin Zimmermann,
DERI Innsbruck
&
Bernd Lorenz,
FHVR München

Zusammenfassung

FachwissenschaftlerInnen arbeiten in der Telekommunikation interdisziplnär aus den Bereichen der Elektro- und Nachrichtentechnik, Mathematik, Physik sowie der Informatik zusammen. Die Community wächst ständig und ist weltweit vertreten. Veröffentlicht wird jedoch vorrangig in der 'Haus'-Disziplin und die Metadaten dementsprechend vergeben. Bei einer Recherche jedoch ist eigentlich die vernetzte, parallele Suche über alle in Frage kommenden (Unter-)Gebiete erforderlich. Da diese sich aber untereinander nicht 1:1 abbilden lassen, wären ausgefeilte Crosskonkordanz-Schemata und Ontologien erforderlich, um adäquate Ergebnisse zu liefern.

Für den Bereich bibliothekarischer Klassifikationen ist das Paradigma Telekommunikation von Belang, weil es im Zusammenhang der klassisch strukturierten, thematisch umfassenden Klassifikationen nur einen kleinen, hierarchisch untergeordneten Teilbereich darstellt und dementsprechend meist nur sehr marginal (oft in mehreren Fächern, noch dazu sprachlich wenig normiert) dargestellt ist. Diese Performanz ist deutlich zu optimieren und in ihrer Angemessenheit vor allem für Nutzer zu hinterfragen. Dieses soll im ersten Teil des vorliegenden Artikels untersucht werden. Anschließend werden die Grundlagen für Anwendungen im Semantic Web diskutiert und ein Überblick über bestehende Entwicklungen gegeben.

1. *Wissenschaftsentwicklung und Optimierung der Klassifikation*

Die Entwicklung der Wissenschaften, besonders von Mathematik, Naturwissenschaften und Technik zeigt, gerade in den vergangenen beiden Jahrhunderten, notwendigerweise einige Auswirkungen auf Ordnungs- und Informationsstrukturen besonders der Bibliotheken. Diese Auswirkungen erweisen sich zunächst in Bezug auf Art, Gliederung, Umfang und Intensität der Anordnung, Aufarbeitung und Darbietung der Informationen, die Bibliotheken ihren BenutzerInnen zur Verfügung stellen. Zugleich änderte sich gerade im und seit dem 19. Jahrhundert die Struktur wissenschaftlicher Bibliotheken.

Eine Möglichkeit, diese Entwicklung von traditionellen und neu etablierten Wissenschaften, besonders der Naturwissenschaften, aufzuzeigen, stellt nun zweifellos die

Forschung an bibliothekarischen Klassifikationen und Informationssystemen dar[1] [Loose]. So ist die Geschichte der bibliothekarischen Inhaltserschließung allgemein nicht zu trennen von der Geschichte der Wissenschaften, deren Entwicklung und damit deren Klassifikation.

Diese bibliothekarischen Klassifikationen mit ihrem Ziel der inhaltlichen Erschließung und damit möglichen Wissensvermittlung - meist - der monographischen Literatur, die zu den jeweiligen Wissenschaften gehört und bei diesen eingeordnet wird, erweisen sich oft als Komponente der Informationsdienstleistung und Werkzeuge zum Informationstransfer. Doch sind diese Klassifikationen sehr unterschiedlich in Bezug auf Ausführlichkeit, Gliederung und Inhalt, aber auch auf die Gestaltung der Dokumentationssprache.

Zu bedenken ist dabei auch die Vorläufigkeit des durch die Klassifikation gegebenen Verständigungsrahmens, der ja in gewisser Weise einen Ordnungsrahmen darstellt.

Die notwendige Festlegung eines bestimmten Vorverständnisses bei Klassifikationen allgemein geben diesen einen gleichsam 'ideologischen Stempel', was in der Philosophie, aber auch in anderen (Geistes-)Wissenschaften, der Ausdruck einer schulischen Richtung sein kann.

Dabei möchten wir an dieser Stelle die Frage aufwerfen, ob man allgemein von einer bewussten ideologischen Ausrichtung ausgehen sollte, die natürlich die Intention beispielsweise der Bibliothekarisch-Bibliographischen Klassifikation (BBK) der früheren Sowjetunion trifft, während die Mehrzahl der Klassifikationen eine solche bewusste Festlegung vermeiden möchte, jedoch einen gewissen geistigen - wenn man so will „ideologischen" – Hintergrund ebenfalls nicht ausschließen kann.

Dieses Ziel der Inhaltserschließung erfordert nun kontinuierliche Arbeit an der Klassifikation und damit die Berücksichtigung der Entwicklung der Wissenschaften. Dabei ist nicht zu leugnen, dass diese Optimierungsarbeit bei verschiedenen wissenschaftlich geprägten Klassifikationen in sehr unterschiedlicher Intensität geleistet wird.

Große international verbreitete, fachlich umfassende Klassifikationssysteme aus dem Ende des 19. Jahrhunderts wie die Dewy Dezimalklassifikation (DDC) bzw. in deren Folge die Universale Dezimalklassifikation (UDK) oder dann die Library of Congress Classification (LCC) aber auch beispielsweise die beiden – neuen, vor ca. vierzig Jahren entstandenen – deutschen Verbundklassifikationen, der HBZ-Verbund in Nordrhein-Westfalen und der Verbund der Anwender der Regensburger Verbundklassifikation (RVK) investieren hierbei einige Arbeit und haben dazu eigene Methoden entwickelt.

Wesentliche Bedeutung kommt hier zunächst den Fragen der inhaltlichen Ausgestaltung und Ausführlichkeit sowie der Weiterentwicklung einzelner Wissenschaften und Wissenschaftsbereiche zu, auch im Vergleich zu anderen Wissenschaftsfächern und deren Einordnung.

Zunehmend an Bedeutung gewinnen dabei Fachgebiete wie Archivwissenschaft, Pflegewissenschaft, Rehabilitationswissenschaft, Theaterwissenschaft, Zeitungswissenschaft- und nicht zuletzt die Wissenschaft der Telekommunikation als heute vorgelegtes Paradigma[2] [Weinmann].

Dabei wird immer wieder das Ungenügen der Wissensorganisation dieses Bereichs und ähnlicher Themen festgestellt [Hjorland].

---

1 In diesem Zusammenhang wird inzwischen auch die Bezeichnung „Wissenschaft der bibliothekarischen Klassifikation" verwendet.

2 Vgl. historische Bedeutung der Telekommunikation.

2. *Fachliche Notation als Ausgangspunkt*

In diesem Zusammenhang ist zunächst die Einreihung der Fächer der Technik aufschlussreich. Sie erfolgt im 19. Jh. in der LCC, im 20. Jh. beispielsweise in BBK und RVK im Umfeld von Land- und Forstwirtschaft sowie von Medizin.

Diese Ausgliederung der Technik erfolgt (ein seltenes Beispiel!) auch 1901 in der Zehnergliederung der Princeton University Library als Hauptklasse 9 (also der letzten Hauptklasse) [Lorenz].

In DCC und UDK gehört die Technik - bezeichnenderweise und fatalerweise - zur umfangreichen Hauptklasse 6. Denn die Telekommunikation ist in bibliothekarischen Klassifikationen wegen deren meist verwendeten Gliederung nach „klassischen" Wissenschaftsfächern (z.B. Physik) als Organisationsform hierarchisch untergeordnet und von der mangelnden inhaltlichen Darstellung her oft als Randgebiet (miss-)verstanden.

Dabei findet sich eine - für bibliothekarische Klassifikationen zumindest - ziemlich ausführliche Darstellung von Bereichen wie Nachrichtentechnik und Telekommunikation in der Basisklassifikation mit ca. 30 Notationen.

Die RVK verwendet für den gesamten Themenbereich der Medien- und Kommunikationswissenschaften die Gruppe AP und im Bereich der Elektrotechnik den Abschnitt Kommunikationsdienste und -netze bei ZN 6220 ff. mit gut 40 Notationen. Dabei besteht das Problem in der RVK als nach Wissenschaftsgebieten strukturierter Universalklassifikation, dass die Einordnung in übergeordnete Wissenschaftsfächer erfolgt. Die Konsequenz dabei ist, dass beispielsweise alle rechtlichen (PN 682-690; 5 Notationen) bzw. ökonomischen Aspekte (nur QR 700) dieser Bereiche in anderen Kontexten zu finden sind. (Die theoretische Möglichkeit, hier die Notation für „Allgemeines" zu verwenden, wäre sachlich doch sehr dubios.) Dafür hat die RVK zumindest die Möglichkeit, durch Standortkennzeichen Dokumente verschiedener Fachsystematiken an einer Stelle zusammenzubringen, also der Vernetzung der Wissenschaften zu entsprechen, allerdings wird diese Möglichkeit angesichts des Selbstverständnisses und der Konkurrenzsituation der Wissenschaften untereinander nur zögerlich genutzt.

Noch ungünstiger ist die Situation im Bereich der verbalen Sacherschließung, was ein Blick in die im deutschsprachigen Bereich - quasi kanonische - Schlagwortnormdatei zeigt. Aber auch aktuellere Publikationen wie „Wissenschaftliche Information im elektronischen Zeitalter" des Bayerischen Kultusministerium von 1995[3] ergeben das Bild, dass nur der altvertraute Begriff Thesaurus[4] in ihrem Glossar enthalten ist, nicht aber Begriffe wie Klassifikation oder gar Ontologie und Semantisches Netz. Inzwischen als eine Art Vorstufe kann man die Kategorien beispielsweise in der Bliss-Klassifikation ansehen, die jede Wissenschaftsgruppe unter den Kategorien „Philosophie, Fachwissenschaft, Geschichte, Technik und Künste" [Roloff] betrachtet. Vergleichbar ist auch die Bedeutung von Kategorien zur Facettenbildung.

Da nun Syntax und Struktur alter Universalklassifikationen verständlicherweise wenig variabel sind, erweist sich der Bereich Telekommunikation als geeignetes Muster und zugleich als Terminolgiequelle.

---

3 Wissenschaftliche Information im elektronischen Zeitalter. Bericht der Sachverständigenkommission Elektronische Fachinformation (EFI) an den Hochschulen in Bayern (Bay. Staatsminist. für Unterricht, Kultus, Wissenschaft und Kunst); Juli 1995

4 Beschrieben beispielsweise - vor 15 Jahren - von Brigitte Meiss als „Der moderne Online-Thesaurus - ein „Schatz" in der Datenbank (= ABI-Technik 9, 1989 S. 199 – 205))

3. *Semantic Web*

Einen ganz anderen Weg der Wissensvermittlung schlägt das Semantische Netz ein. Hier geht es weniger um tiefe inhaltliche Erschließung der online Ressourcen, als um die Verständlichkeit einzelner Quellen und Metadaten zueinander. Dazu müssen die vorhandenen syntaktischen Informationen in einen maschinenlesbaren, semantischen Code umgewandelt werden. Dieser erlaubt dann eine gezielte Abfrage mittels Agenten und lässt logische Schlussfolgerungen (Reasoning) zu. Erst dann können die von [Berner-Lee] im Jahre 2001 beschriebene Szenarien Wirklichkeit werden. Seine Version wird heute weltweit geteilt, nur die Anzahl der semantischen Daten im Internet lässt noch zu wünschen übrig. Die kritische Masse, um sinnvolle Applikationen zu ermöglichen, ist bisher nicht erreicht. Als Engpass erweisen sich dabei zunehmend die Ontologien.

Bevor wir auf diese spannende Thematik inklusive Definition näher eingehen, wollen wir an einem kurzen Beispiel die Zusammenhänge illustrieren. Wir wenden uns daher der bibliografischen Literatursuche zum Bereich ‚Telekommunikation' zu. Ein lokaler oder online Katalog einer beliebigen deutschsprachigen Universitätsbibliothek liefert dann eine Liste von Ergebnissen, wobei ein Katalogeintrag wie folgt aussieht:

> Fellbaum, Klaus :
> *Lexikon der Telekommunikation / Klaus Fellbaum; Rainer Hartlep. Unter Mitarb. von C. v Helmolt. - 2. überarb. Aufl. . - Berlin [u.a.] : VDE-Verl., 1985. - 323 S.*
>
> Literaturverz. S. 275 - 294. - NBN: 83,A49,0459 . -
> ISBN 3-8007-1397-7 - Telekommunikation - Wörterbuch UBI50 -
> Exempl. - Bib.:CBFB - STO:811 - Sig.:T140091 - Aufsys.:00.4 - InvDat.:19850130

Formal werden dort folgende Kategorien gelistet:

Autor (Personenname), Titel, Co-Autoren (Personennamen), Auflage, Verlagsort, Verlagsname, Erscheinungsjahr, Umfang, ISBN, Schlagworte, Standort, Notation

Für den geübten User ist diese Reihung natürlich lesbar und verständlich, für Automaten hingegen nicht, da hier wiederum viel implizites Wissen codiert wird. Dies soll hier einmal explizit verdeutlicht werde.

Das 'Buch' hat einen Autor und Titel, weitere Co-Autoren und eine Edition. Der Stadtname bezieht sich auf den Verlag (nicht auf den des Buches), der Verlag bezieht sich auf das Buch, und das Datum ebenso. Die Schlagworte beziehen sich auf den Inhalt das Buches (nicht auf die Autoren). Aus der Bibliotheksangabe und der Notation lässt sich der Standort des Buches in der Bibliothek ablesen.

Für eine andere Art der Anzeige einer Trefferliste ließe sich diese Liste noch beliebig fortsetzen und verdeutlicht die Schwierigkeiten im Austausch mit Daten über Systemgrenzen hinweg. Soll dieser Vernetzung dann auch noch maschinell erfolgen, müssen die verwendeten Schemata ebenfalls mitgeliefert werden.

Abbildung 1 zeigt die in unserer exemplarischen Suche aufgetretenen Konzepte Buch, Autor und Verlag sowie deren Attribute. Beginnend mit Buch werden alle aufgeführten Attribute im Katalog verwendet und mit Inhalt gefüllt. Aus dieser Blickrichtung werden für Verlag und Autor nur jeweils zwei bzw. ein Attribut benötigt: Name und Ort für den Verlag und der Name für den Autor. Diese sind in Abb. 1 ebenfalls kursiv markiert.

Würde man aber die Suchanfrage ausgehend vom Verlag aus starten, interessieren einen dann sicherlich die verlegten Bücher samt Autoren und Editoren. Diese Eigenschaften sind in Abb. 1 zusätzlich angegeben.

Für aktuelle Informationen bzgl. des Autors, der in unserem Beispiel auch ein Wissenschaftler an einer Hochschule ist, würde man natürlich auf andere Informationsquellen im Internet zurückgreifen. Über seine Homepage lassen sich Kontaktdaten wie Adresse, Telefon, Fax und Email in Erfahrung bringen. Desweiteren können Arbeitsgebiete und Projekte sowie Mitgliedschaften in Gremien (Review-Tätigkeiten) von Interesse sein.

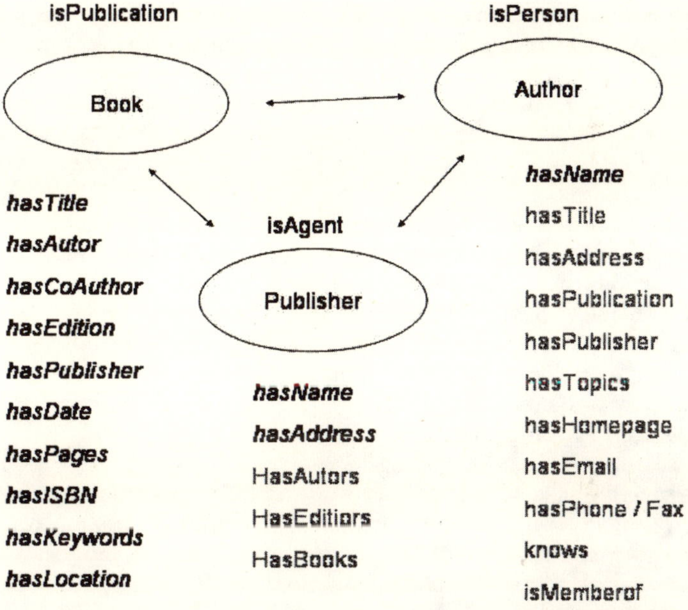

Abbildung 1: Beziehungsgeflecht zwischen Autor, Buch und Verleger

Ziel sollte eine medienbruchfreie Recherche sein, die alle verfügbaren Ressourcen integriert. Ein Schritt in diese Richtung sind Portale [Zimmermann 2, 3], in denen allerdings z.Z. noch händisch die einzelnen Quellen in Kategorien geordnet werden.

Im Semantic Web wäre es dann jedoch möglich, die Attribute eines Eintrags je nach seinem Kontext und verwendeter Ontologie in einem Interface (z.B. Webseite) zusätzlich oder auf Abruf anzuzeigen. Diese können dann bei Interesse weiterverfolgt und vertieft werden. Man spricht hier von Semantic Annotation und Semantic Hyperlinking.

Wie bereits erwähnt wurde, bilden auch hier die Ontologien die Grundlage dieses Mehrwert-Services. Wir werden uns daher mit diesem Konstrukt im nächsten Abschnitt einmal näher beschäftigen.

4. *Ontologien*

In der Informatik werden Ontologien formal als 4er-Tupel bestehend aus einer Menge aus Konzepten, einer Menge aus Relationen, einer Menge aus Instanzen und einem Satz aus Axiomen angesehen. In dieser Formalsprache ist es dann möglich, maschinell logische Schlussfolgerungen zu ziehen und damit Aussagen über die Elemente, sowie deren Beziehungen untereinander machen zu können.

Die Erstellung solcher Ontologien ist immer noch ein viel diskutiertes Gebiet. Von der Möglichkeit einer vollautomatischen Erzeugung hat man mittlerweile Abstand genommen. Daher gibt es in unterschiedlichen Projekten derzeit Ansätze, für den jeweiligen Bedarf selber Ontologien zu entwickeln. Eine solche Liste von bereits erstellten, frei zugänglichen Ontologien[5] ist im Internet abrufbar. Allerdings sind diese Beispiele wirklich sehr speziell, sei es durch den geringen Umfang oder die enge fachliche Ausrichtung. Sie sind daher nicht wirklich übertragbar und damit großflächig anwendbar. Umfangreiche und detaillierte Ontologien in kommerziellen Anwendung, wie z.B. dem E- Tourismus unterliegen vielfach dem Copyright. Aber diese Problematik ist mit dem der großen Klassifikationsschemata vergleichbar.

Ausgehend von einem wissenschaftlichen Portal als Informationsdienst einer bestimmten Community [Reynolds] werden daher die Anforderungen an die semantische Erweiterung definiert. Sie richten sich in erster Linie auch nach den menschlichen Fragekategorien *Was, Wo, Wer, Wie/ Wann.* Diese können in weiterer Folge als *Topic, Location, Person* und *Event* Ontology im Rahmen einer allgemeinen Research Portal Ontology [Möller et.al.] gesehen werden, die dann je nach Schwerpunkt ergänzt und vertieft werden kann.

Topic kann je nach Klassifikationsschemata integriert werden, wird aber auch bei verwandten Themengebieten Unterschiede aufweisen [Zimmermann1], Person richtet sich in der vorliegenden Version nach dem de-facto Standard[6] von FOAF (Friend Of A Friend), die weiteren Kategorien sind an die DC (Dublin Core) Metadaten angelehnt.

Wenden wir uns mit diesem Wissen wieder der inhaltlichen Erschließung eines interdisziplinären Themengebietes wie dem der Telekommunikation zu, so wird die Problematik offensichtlich: Das Fachgebiet setzt sich aus so unterschiedlichen Disziplinen wie Nachrichtentechnik, Mathematik, Physik und Informatik zusammen. Zusätzlich spielen noch Aspekte der Soziologie, Technikgeschichte, sowie der Rechts- und Wirtschaftwissenschaften eine Rolle. Aktuelle Publikationen aus der Forschung werden dann meist nach der 'Hausdisziplin' klassifiziert wie IEEE, IEE bei den IngenieurInnen, MSC in der Mathematik, PACS der Physik sowie den Klassifikationen aus dem Patentwesen und den Bibliotheken. Für einen Außenstehenden sind sie daher nicht unmittelbar als 'telecom-related' zu erkennen.

Auch hier würden die Ontologien helfen, die unterschiedlichen Sektionen der Fachklassifikationen unter dem Blickwinkel der Telekommunikation miteinander zu verbinden. Dieses Mapping würde auf Inhaltebene den Crosskonkordanzen der Thesauri [Schott] entsprechen. Allerdings ist hier wiederum intellektueller Input gefragt, der keineswegs immer zu einer eindeutigen, konsistenten Zuordnung führen wird [Hameed et.al.].

5 http://www.daml.org/ontologies/
6 http://www.foaf-project.org/

5. *Zusammenfassung und Ausblick*

Die Vision und der Nutzen vom Semantic Web werden heutzutage unangefochten geteilt, allerdings gibt es bisher wenig Konzepte, wie diese Mehr-Arbeit erbracht werden kann, bis sie schließlich in naher Zukunft zu einem Mehrwert für alle führt. Das Ganze weist starke Parallelen zur Metadaten-Debatte Ende der 90er Jahre auf.

Erst wenn einfach zu bedienende Werkzeuge zur Erstellung und Unterstützung von Ontologien zu Verfügung stehen, kann die kritische Masse erreicht werden, um sinnvolle Anwendungen zu ermöglichen. Desweiteren ist eine breitere Diskussion in der Fachöffentlichkeit von Nöten, die weit über die Informatik hinausgehen sollte.

Interdisziplinarität wird eine zunehmend bedeutendere Rolle spielen. Die Telekommunikation als Träger der Neuen Medien kann hier als Beispiel der Erprobung gesehen werden. Neue Forschungsgebiete im wissenschaftlichen Bereich lassen sich immer anhand eines vermehrten Publikationsaufkommens nachweisen, wobei sich hier der Kreis wieder zur inhaltlichen Erschließung in den Bibliotheken schließt.

Literatur:

Berner-Lee, T.; Hendler T.; Lassila, O.: The Semantic Web, Scientific American, May 2001.

Daconta, M.C.; Obrst, L. J; Smith, K. T. The Semantic Web: A guide to the Future of XML, Web Services, and Knowledge Management, John Wiley & Sons, June 2003.

Hameed, A., Sleeman, D., Preece, A.: Detecting mismatches among experts' ontologies acquired through knowledge elicitation, Knowledge-Based Systems, Jul 2002.

Hjorland, B.: Domain analysis in information science. Eleven approaches – traditional as well as innovative , Journal of Documentation 58, 2002 S. 422-462.

Lorenz, B.: Systematische Aufstellung in Vergangenheit und Gegenwart, Harrassowitz, Wiesbaden, 2003.

Losee, Robert M. Jr.: Seven Fundamental Questions for the Science of Library Classification, Knowledge Organization 20, 1993 pp. 65 – 70.

Möller, K., Predoiu, L., Bachlechner, D.: SWP D1 Portal Ontology, V1.0 August 2004 <http://www.deri.at/research/projects/sw-portal/papers/deliverables/D1_v1.0PortalOntology.pdf >.

Reynolds, D., Shabajee, P., Cayzer, S.: Semantic Information Portals, Proc WWW 2004 also Technical Report HPL-2004-67 <http://www.hpl.hp.com/techreports/2004/HPL-2004-67.pdf >.

Roloff, H.: Lehrbuch der Sachkatalogisierung; 5. Aufl. München - New York, 1978, S. 117-204 .

Schott, H., Schroeder, A: Crosskonkordanzen von Thesauri und Klassifikationen, Fortschritte in der Wissensorganisation Band 8: Wissensorganisation in kooperativen Lern- und Arbeitsumgebungen, Proc. ISKO 2002 Regensburg, Ergon Verlag, Würzburg 2004, S. 41-49.

Weimann, K.-H:. Lehrbuch zur Entwicklung und Topographie des Bibliothekswesens, München 1975, S. 91, 95.

Zimmermann 1, K: SWP D19 v0.1 Ontology Comparison, v0.1 September 2004 <http://www.deri.at/research/projects/sw-portal/papers/deliverables/D19.pdf >.

Zimmermann 2, K.: Anforderungen an ein wissenschaftliches Informationsportal, Fortschritte in der Wissensorganisation Band 8: Wissensorganisation in kooperativen Lern- und Arbeitsumgebungen, Proc. ISKO 2002 Regensburg, Ergon Verlag, Würzburg 2004, S. 187-196.

Zimmermann 3, K.: Interdisziplinäre Akademische Portale, Competence in Content, Proc. 25. DGI-Online Tagung, Frankfurt, Juni 2003, S. 190-196.

Softwareframework für audiovisuelle digitale Wissensmedien in der Hochschule

Thomas Sporer & Anton Köstlbacher & Tino Jahnke
Lehrstuhl für Informationswissenschaft, Universität Regensburg

Zusammenfassung

Im Rahmen des Projekts Knowledgebay wurde ein Softwareframework für digitale Wissensmedien entwickelt, das auf die Veröffentlichung, Darbietung und Verbreitung von audiovisuellen Medieninhalten über das Internet spezialisiert ist. Nach einer Einordnung des Softwareprodukts in den Kontext der IKT-Nutzung in der Hochschullehre, sowie der Darstellung eines konkreten Einsatzszenarios werden in diesem Beitrag die einzelnen Komponenten der Softwaresystems näher beschrieben. Abschließend wird auf die technische Basis der Software sowie deren Nutzungsvoraussetzungen und Systemanforderungen eingegangen.

1. *Einleitung*

Beim hier vorgestellten Softwareframework handelt es sich um die informations- und kommunikationstechnische Basis des Internetportals von Knowledgebay (www.knowledgebay.de). Knowledgebay stellt ein spezifisches audiovisuelles digitales Lehr-Lernmedienangebot auf einem digitalen Campus bereit, das sich in das Konzept einer Notebook-Universität (Kerres, 2004) einordnen lässt.

2. *Überblick über das Softwareframework*

Die Software unterstützt die Prozesse der verteilten, orts- und zeitunabhängigen Produktion und Nutzung von audiovisuellen digitalen Wissensmedien im Projekt Knowledgebay. Sie kann als so genanntes Community-Content-Collaboration-Management-System (C3MS) verstanden werden (Baumgartner & Kalz, 2004) und besteht aus fünf sich gegenseitig ergänzenden Systemkomponenten:

1. Online-Autorentool: Produktion von inhaltlich und multimedial aufbereiteten Streaming-Dokumenten als Rich-Media-Applikation
2. Webbasiertes Redaktionssystem: Anlegen von neuen Medieninhalten und Verwalten bestehender Medien im Online-Archiv
3. Digitales Medienarchiv: Repository der im Rahmen des Projekts produzierten und mit Metadaten ausgezeichneten Medien
4. Internetportal: Schnittstelle zum einfachen und strukturierten Zugriff der Portalbenutzer auf die Inhalte des Medienarchivs
5. Player-Fenster: Wiedergabe der Inhalte als Rich-Media-Applikation mit Möglichkeiten zur Interaktion der Benutzer

Das Online-Autorentool und das Redaktionssystem bildet die Basis für die Inhaltsproduktion. Das Portal und das Player-Fenster andererseits stellen die Grundlage der Nutzung der Medien des Archivs dar.

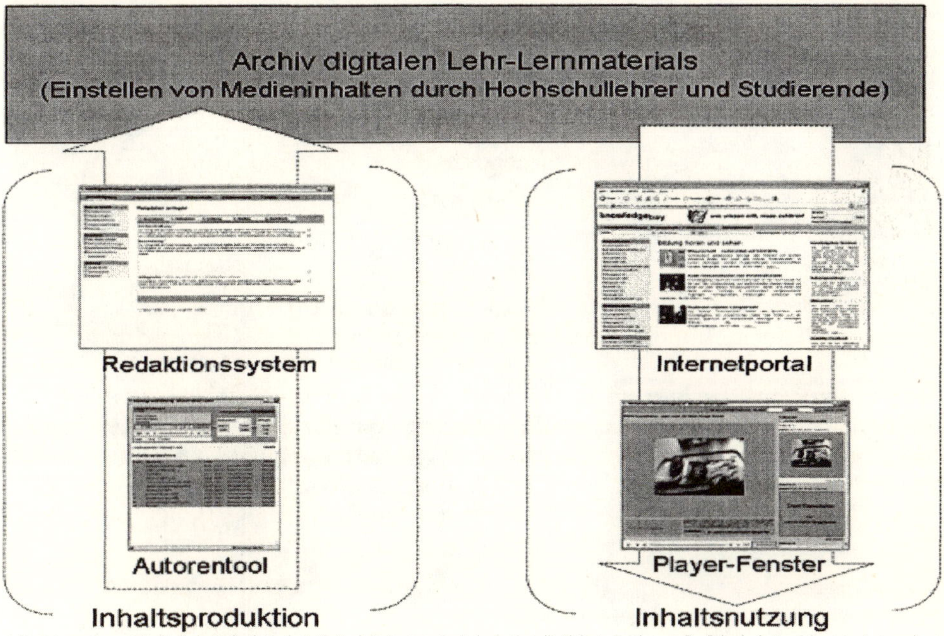

Abbildung 2: Einzelkomponenten des Softwareframeworks

Das Softwaresystem differenziert den verfügbaren Funktionsumfang nach verschiedenen Benutzergruppen: Benutzern, Autoren, Tutoren, Redakteuren und Administratoren. Um selbst Inhalte in das Archiv einzupflegen und über das Internetportal bereitzustellen, ist mindestens der Benutzerstatus eines Autors notwendig. Die Gruppe der Tutoren kann zusätzlich die Autoren bei der Erstellung der Inhalte betreuen. Die Redakteure übernehmen darüber hinaus die Verwaltung und Qualitätssicherung aller Inhalte des Archivs. Den Administratoren stehen alle genannten Funktionalitäten sowie zusätzlich die Benutzerverwaltung zur Verfügung. Unterschiedliche Tools unterstützen weiterhin die Zusammenarbeit und Organisation der Benutzergruppen während des gesamten Arbeitsprozesses. Aktuell kommen hierbei verschiedene Kommunikationsmodule wie z.B. internes Messaging, Diskussionsforen und ein Conferencing-Tool zum Einsatz.

3. *Beispiel eines konkreten Einsatzszenarios*

Ein Studierender möchte aus einer Präsenz-Vorlesung, die er im Rahmen seines Fachstudiums besucht, eine Online-Vorlesung produzieren. Er holt die Einwilligung des Dozenten ein und fertigt, während er die Veranstaltung besucht, einen Mitschnitt der Vorlesung an. Hierzu schließt er an der Medientechnik des Hörsaals ein Aufzeichnungsgerät an, zeichnet die Veranstaltung digital auf und überarbeitet anschließend den Mitschnitt mit einem Audio- oder Videoeditor (Sporer & Köstlbacher, 2004). Während der Veranstaltung schreibt der Studierende dann wie gewohnt mit. Auf Basis dieser Notizen und der Vorlesungsunterlagen werden später die Metadaten zur Online-Vorlesung erfasst.

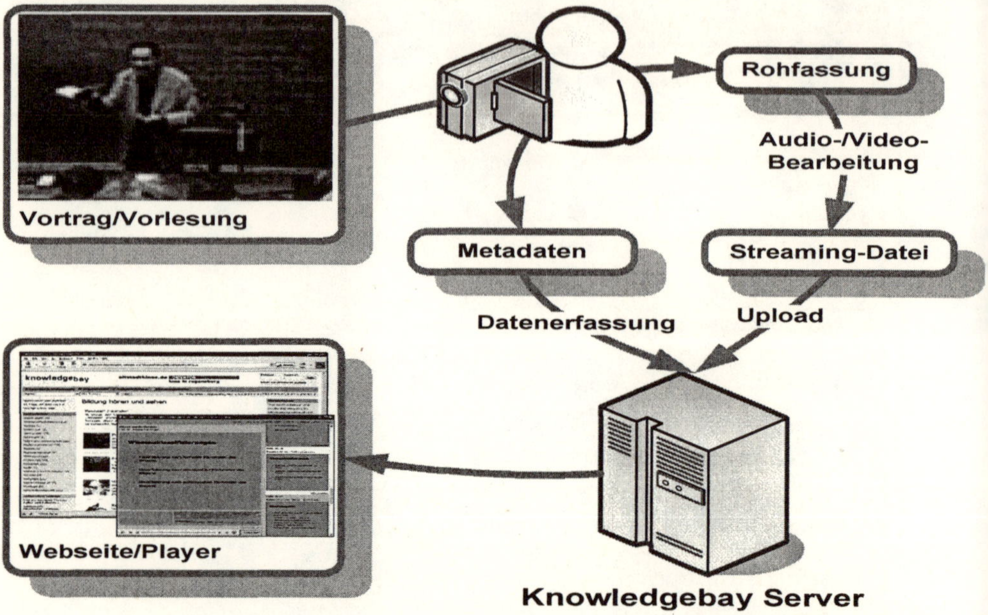

Abbildung 2: Beispiel zur Produktion einer Online-Vorlesung

Die von den Studierenden fertig bearbeiteten Mitschnitte werden in ein Streaming-Format komprimiert und unter Nutzung von Redaktionssystem und Autorentool inhaltlich erschlossen sowie multimedial aufbereitet (vgl. Kap. 4.1). Nachdem durch einen Tutor, Redakteur und/oder Autor (z.B. Vortragender) die Qualitätssicherung durchgeführt wurde, erfolgt die Freigabe zur Veröffentlichung auf der Internetplattform. Die erstellten Online-Vorlesungen können ab diesem Zeitpunkt von anderen Studierenden über das Portal abgerufen und mittels Player-Fenster wiedergegeben werden.

4. *Beschreibung der einzelnen Systemkomponenten*

Das Zusammenspiel und die spezifische Funktion der Einzelkomponenten des Softwareframeworks bei der Produktion und Nutzung der audiovisuellen Medien werden nun näher beschrieben.

4.1 Online-Autorentool

Ohne zusätzliche Software können mit dem Online-Autorentool Audio- und Videodokumente inhaltlich und multimedial aufbereitet werden, indem Zeitmarken innerhalb eines Medienstroms gesetzt werden. Auf diese Weise werden bestimmte Segmente der Audio- und Videodokumente über Gliederungspunkte direkt ansteuerbar. Diese Segmente können dann gezielt aufgerufen und mit Grafik-, Link-, und Texteinblendungen verknüpft werden. Nach einer solchen Aufbereitung wird automatisch eine komplette Multimedia-Applikation erzeugt und in dem standardisierten SMIL-Format im Dateisystem des Webservers abgelegt.

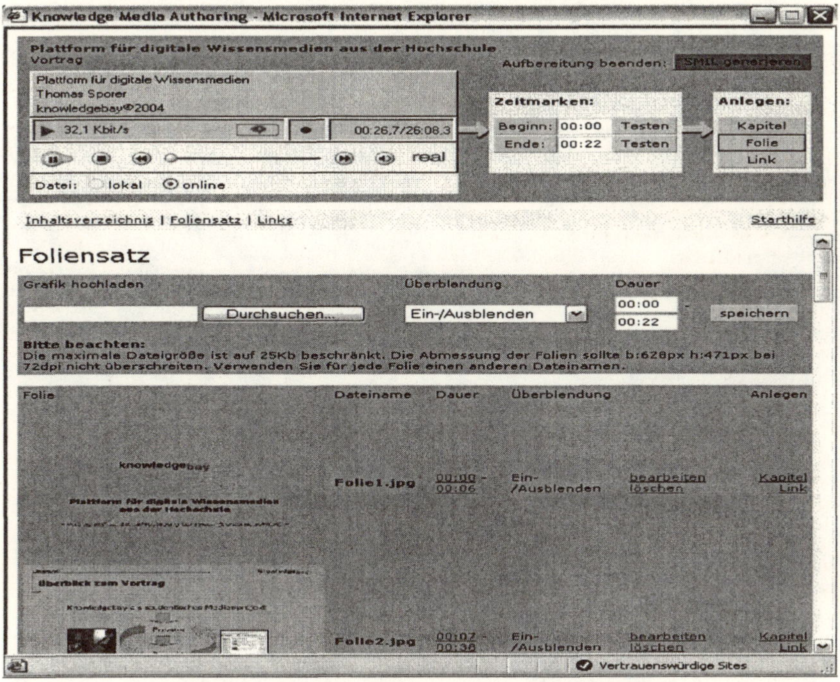

Abbildung 3: Screenshot des Online-Autorentools

Die Aufbereitung erfolgt in drei Arbeitsschritten: 1.) Wiedergabe des entsprechenden Medienobjekts im Online-Autorentool und Anlage eines Inhaltsverzeichnis durch Start- und Stopmarken, die das Audio- bzw. Videodokument in die einzelnen Segmente unterteilen. 2.) Verknüpfung der Segmente des Inhaltsverzeichnisses mit weiteren Informationen, wie zum Beispiel Folien-, Link- und Texteinblendungen. 3.) Automatische Generierung der Rich-Media-Applikation.

4.2 Webbasiertes Redaktionssystem

Um den Nutzern die Auswahl und das Auffinden der Portalinhalte zu erleichtern, werden die Inhalte des Online-Medienarchivs mit Metadaten ausgezeichnet. Mit Hilfe des Redaktionssystems werden die Metadaten durch standardisierte Eingabedialoge in das Archiv eingepflegt und können über Webformulare verwaltet werden. Zusätzlich sind die Newsmeldungen auf der Startseite des Portals über das Redaktionssystem editierbar. Verschiedene Inhalte können auf diese Weise mit den Meldungen der Portalredaktion verknüpft werden.

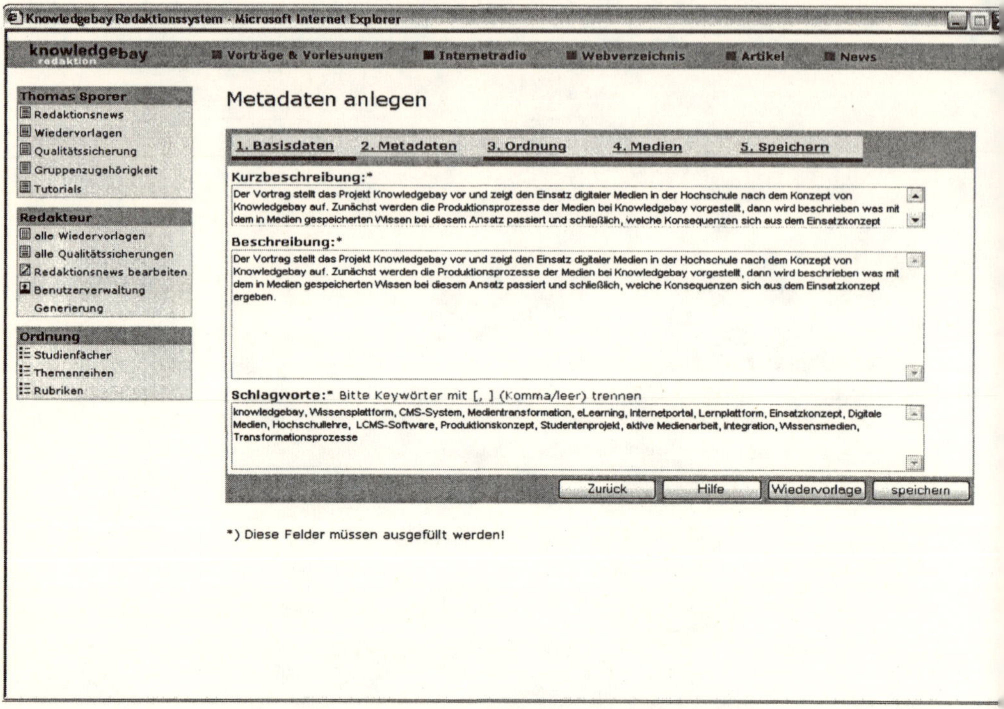

Abbildung 4: Screenshot des webbasierten Redaktionssystems

Nach der erfolgreichen Anmeldung am Redaktionssystem können neue Inhalte mit Hilfe eines Dialogs von vier Schritten anlegt werden: 1.) Erfassen der Basisdaten des Inhaltsobjekts (Titel, Autor, Datum, Ort, Anleger, etc.) 2.) Beschreibung des Inhaltsobjekts mit Metadaten (Kurzbeschreibung, Zusammenfassung, Keywords) 3.) Einordnung des Inhaltsobjekts in das Kategoriensystem des Medienarchivs (z.B. Formate, Studienfächer und Portalrubriken, Themenreihen) 4.) Verknüpfung der Inhaltsobjekte mit beliebig vielen Medienobjekten (Audio-, Video- und Textdokumente).

4.3 Medien-Archiv

Die Inhalte des Medien-Archivs bestehen primär aus Audio- und Videodokumenten.

Alle mit dem Softwaresystem von Knowledgebay erstellten Inhalte werden über das Redaktionssystem in das Medien-Archiv eingespeichert und mit Kurzbeschreibungen, Zusammenfassungen sowie weiteren Informationen zum jeweiligen Wissensartefakt archiviert. Neben einer eindeutigen Einordnung in ein hierarchisches Kategoriensystem können die Inhalte im Archiv noch mehreren Studienfächern, Portalrubriken und Themenreihen zugeordnet werden (vgl. Abb. 5).

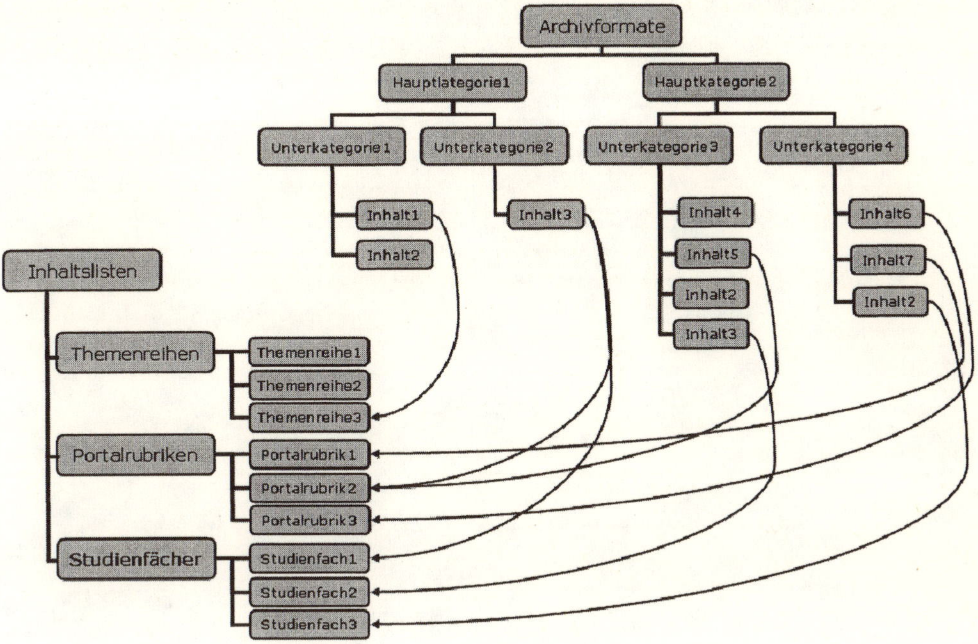

Abbildung 5: Verknüpfung der Medien im Archiv

Die Inhalte des Archivs können auch in verschiedene, an vielen Hochschulen bereits bestehende eLearning-Umgebungen eingebunden und dort wieder verwendet werden. Zur Auswahl der Inhalte des Archivs durch Dritte soll künftig eine spezielle Schnittstelle eingerichtet werden, die eine einfache Auswahl und Zusammenstellung von RSS-Feeds ermöglicht.

4.4 Internetportal

Das Internetportal des Softwareframeworks stellt die Schnittstelle zwischen gespeicherten digitalen Wissensmedien und den Benutzern des Archivs dar. Insgesamt bietet das Internetportal zahlreiche Möglichkeiten um einfach, strukturiert und zielgerichtet auf die Inhalte des Archivs zuzugreifen. Die Inhalte des Portals sind nach unterschiedlichen thematischen Aspekten sortiert und mit Hilfe verschiedener Selektionshilfen abrufbar. Beispielsweise über eine Suchmaschine, ein Stichwortverzeichnis oder das Kategoriensystem des Archivs (vgl. Abb. 5). Zusätzlich werden durch hypermediale Verknüpfungen thematische Querbezüge zwischen den Inhalten hergestellt und Möglichkeiten zum Feedback (z.B. Bewertungs- und Kommentarfunktionen) gegeben. Über verschiedene Kommunikationsdienste (z.B. Diskussionsforen) wird zudem die Möglichkeit zur Interaktion der Benutzer miteinander gegeben. Angemeldete Benutzer werden durch eine Reihe personalisierbarer Dienste (z.B. Notizfunktion für zeitbasierte Medien) bei der individuellen Selektion der Inhalte unterstützt.

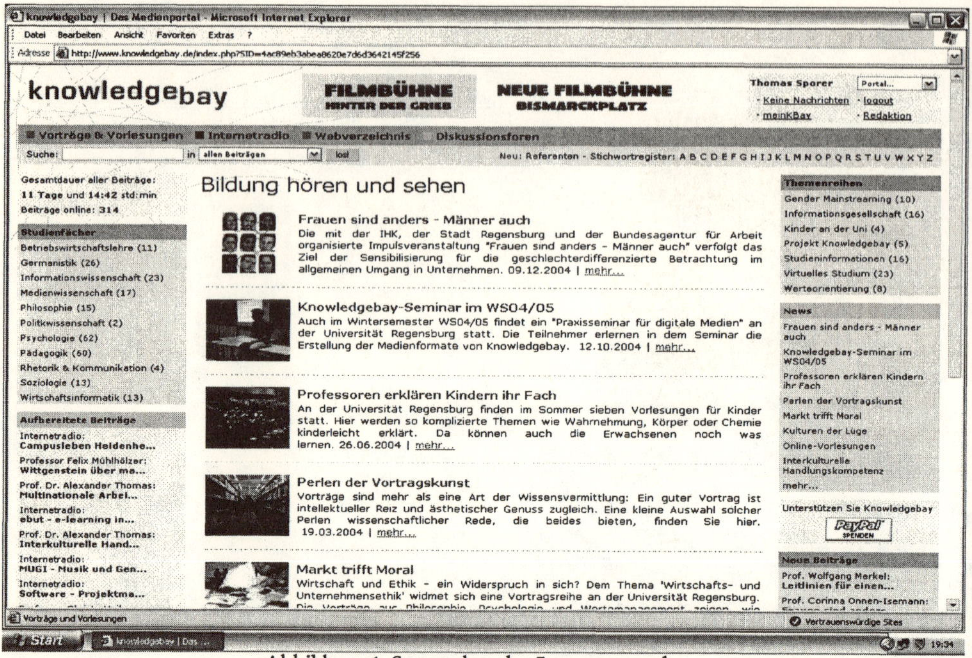

Abbildung 6: Screenshot des Internetportals

Die einzelnen Inhalte werden auf den Webseiten in Form von Übersichtslisten in verschiedenen Kontexten (z.B. Studienfächer, Themenreihen, Portalrubriken) strukturiert jeweils mit Angaben zu Autor bzw. Produzent, Erstellungsort und -datum sowie einer Kurzbeschreibung des Inhalts und einem Bild dargestellt. Die Newsmeldungen auf der Startseite des Portals können von den Redakteuren einfach editiert werden, so dass interessante Einstiege in das Informationsangebot des Portals angeboten werden können.

4.5 Player-Fenster

Die Wiedergabe der Inhalte erfolgt in einem speziellen Player-Fenster in Form einer interaktiven Rich-Media-Applikation. Dabei kann zwischen Audio- und Videodokumenten sowie zwischen aufbereiteten und nicht-aufbereiteten Dokumenten unterschieden werden. Aufbereitete Dokumente sind mit interaktiven Inhaltsverzeichnissen zum nichtlinearen Zugriff auf die kontinuierlichen Medien sowie mit Folien-, Text- und Linkeinblendungen angereichert (vgl. Kap. 4.1). Nicht-aufbereitete Inhalte beschränken sich auf die Wiedergabe der Audio- bzw. Videodokumente. Die Wiedergabe der Audio- und Videostreams erfolgt schließlich, wie in den Abbildungen 7 und 8 dargestellt, über einen in das Player-Fenster eingebettete Medienplayersoftware (z.B. Realplayer).

Abbildung 7: Video-Player

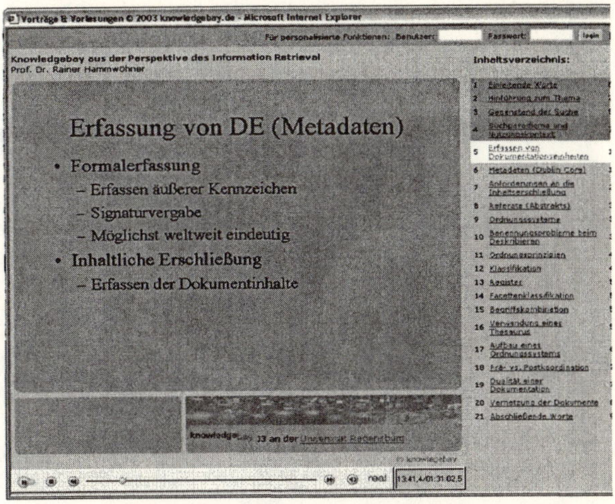

Abbildung 8: Aufbereiteter Audio-Player

Neben den Linkeinblendungen und der Möglichkeit zur Navigation innerhalb der Audio- und Videodokumente auf Basis eines Inhaltsverzeichnisses (vgl. Abb. 8), können angemeldete Benutzer zusätzlich eigene Inhalte und Internetressourcen beitragen. Bei der Wiedergabe können hierzu an jeder Stelle innerhalb der Audio- und Videodokumente persönliche Notizen verfasst, sowie Anmerkungen und Kommentare zu den Inhalten in einem zeitmarkenbasierten Forum gemacht werden.

5. *Technische Basis und Nutzungsanforderungen*

Die Software basiert auf einer Kombination von Web-, Datenbank- und Streaming-Technologien. Es kommen die folgenden technischen Standards zum Einsatz:

1. HTML/SMIL/CSS: Gestaltung der grafischen Benutzerschnittstelle des Portals und Darbietung der audiovisuellen Inhalte als Rich-Media-Applikation
2. PHP: Dynamische Generierung der Portalseiten aus der Datenbank des Archivs und serverseitige automatische Erzeugung der SMIL-Dateien
3. SQL: Datenhaltung sämtlicher Metadaten zu den Inhaltsobjekten, sowie Benutzerdaten und sonstige dynamische Daten (z.B. Newsmeldungen)
4. Javascript/VBscript: Interaktive Steuerung und Automatisierung bei der Medienwiedergabe und Aufbereitung der Medien im Autorentool
5. RDF/RSS: Einbindung externer Newsfeeds auf der Startseite des Portals und künftig zur Dissemination der Archivinhalte an Dritte

Zum Betrieb des Softwareframeworks ist ein Webserver (z.B. Apache HTTPD-Server) nötig, der Skriptunterstützung für PHP (ab Version 4) bietet. Zusätzlich muss ein Datenbankserver (z.B. MySQL 4) zur Datenhaltung bereit stehen, der physikalisch auf dem gleichen Rechner wie der Webserver betrieben werden kann. Durch die Verwendung einer Datenbankabstraktionschicht ist die schnelle Anpassung an weitere DBMS möglich. Für die Distribution der Audio- und Videoinhalte sollte schließlich noch ein dedizierter Streamingserver (z.B. Helix-Server) vorgehalten werden.

Zur Nutzung des Internetportals sind ein Computersystem mit marktüblicher Hard- und Software sowie ein aktueller Webbrowser erforderlich. Der verwendete Browser muss zur Medienwiedergabe im Player-Fenster und zur Nutzung des Autorentools Javascript unterstützen. Zur Wiedergabe und Aufbereitung der Medieninhalte ist zudem die Installation des kostenlosen Real-Players (http://www.real.com) nötig. Die Minimalanforderungen an die Bandbreite der Internetverbindung liegen erfahrungsgemäß für den Abruf von Audiodokumenten bei 56kbit (Modem) und bei Videodokumenten bei 512kbit (z.B. DSL oder Kabelmodem).

6. *Fazit und Ausblick*

Das beschriebene Softwareframework hat sich an der Universität Regensburg aus den spezifischen Anforderungen des Projekts Knowledgebay heraus entwickelt (Sporer, Jahnke & Köstlbacher, 2005). Es befindet sich seit Sommersemester 2003 im produktiven Betrieb und wurde umfangreich evaluiert (Sporer et al., 2005). Die Software wird aktuell anhand der Evaluationserkenntnisse weiterentwickelt und soll in der nächsten Version anderen Hochschulen zur Verfügung gestellt werden können und eine Integration mit anderen eLearning-Produkten unterstützen (vgl. Doberkat et al., 2002).

Literatur:

Baumgartner, P. & Kalz M. (2004). Content-Management-Systeme aus bildungstechnologischer Sicht. In: Content Management Systeme in e-Education. Auswahl, Potenziale und Einsatzmöglichkeiten. Innsbruck-Wien, StudienVerlag.

Doberkat, E.-E.; Veltmann, C.; Engels, G.; Hausmann, J.H.; Lohmann, M. (2002): Anforderungen an eine eLearning-Plattform. Innovation und Integration. URL: http://eldorado.uni-dortmund.de:8080/FB4/ls10/memos/122/122.pdf [1.12.2005]

Kerres, M. (2004). Warum Notebooks? Von der virtuellen Hochschule zum mobilen Lernen auf dem digitalen Campus. In: M. Kerres, M. Kalz, J. Stratmann & C. de Witt (Hrsg.). Didaktik der Notebook-Universität. Münster: Waxmann.

Sporer T. & Köstlbacher A. (2004): Digitale Dokumentation von wissenschaftlichen Veranstaltungen. In G. Budin & H.P. Ohly (Hrsg.): Wissensorganisation in kooperativen Lern- und Arbeitsumgebungen: Proceedings der 8. Tagung der Deutschen Sektion der ISKO. S. 219-226. Würzburg: Ergon, 2004.

Sporer, T.; Weiß, D.; Giesz, M. & Striegl, H. (2005): Evaluation des audiovisuellen digitalen Informationsdienstes von Knowledgebay. In: J.M. Haake, U. Lucke & D. Tavangarian (Hrsg.). DeLFI2005: Tagungsband der 3. e-Learning Fachtagung Informatik der Gesellschaft für Informatik. S. 399-410. Bonn: Köllen, 2005.

Sporer T.; Jahnke, T. & Köstlbacher, A. (2005): Entwicklung eines Softwareframeworks für audiovisuelle digitale Medien im Internet. In: Gesellschaft f. Informatik (Hrsg.): Tagungsband der Informatiktage 2005 - Fachwissenschaftlicher Informatik-Kongress. S. 121-124. Bonn: Köllen, 2005.

7. Informationsbereitstellung

Bewertung von linktopologischen Verfahren als bestimmender Ranking-Faktor bei WWW-Suchmaschinen

Dirk Lewandowski
Institut für Sprache und Information, Heinrich-Heine-Universität Düsseldorf

Zusammenfassung

Nutzerstudien haben gezeigt, dass in der Regel nur die erste Seite der von WWW-Suchmaschinen ausgegebenen Trefferlisten Beachtung findet. Dies unterstreicht die Bedeutung des automatischen Rankings durch die Suchmaschinen: Dokumente, die es nicht auf eine Top-Position der Trefferliste schaffen, finden keine oder wenigstens nur eine geringe Beachtung. Alle bedeutenden Suchmaschinen setzen deshalb als einen wesentlichen Faktor des Rankings linktopologische Verfahren ein. Diese bewerten die Qualität von Webseiten anhand ihrer Verlinkungsstruktur, wobei nicht nur die Zahl der eingehenden Links als Votum gewertet wird, sondern auch die Reputation der verweisenden Seite. Die wichtigsten linktopologischen Ansätze werden erläutert. Dabei wird insbesondere auf die Frage eingegangen, ob bestimmte Arten von Webseiten bevorzugt werden bzw. welche das sind.

Abstract

This article discusses link-based ranking algorithms in web search engines. User studies show that users usually only look at the first few hits on the search engine results pages, which underlines the importance of results ranking. Documents which do not appear in the first few results are often omitted by the users and receive only a small attention. To list the "best" documents on top of the results pages, all web search engines use link-based ranking algorithms. These are described in this article. The main question is, whether there are factors implied in these algorithms that prefer certain kinds of pages.

1. *Einleitung*

Der vorliegende Text befasst sich mit linktopologischen Rankingverfahren und deren Bewertung unter Hinblick auf die in diesen Verfahren (teils implizit) enthaltenen Wertungen, was die Eigenschaften eines „guten" Dokuments sein sollen. Die Untersuchung steht im Kontext des Information Retrieval in Web-Suchmaschinen (Lewandowski 2005), insbesondere der Rankingverfahren, die für die Anordnung der Dokumente in den Trefferlisten sorgen.

1.1 Notwendigkeit des Rankings in Suchmaschinen

Suchmaschinen nutzen Rankingverfahren, um die als Antwort auf eine Suchanfrage gefundenen Dokumente in eine bestimmte Ordnung zu bringen, wobei die Dokumente absteigend nach ihrer Relevanz geordnet werden sollen. Rankingverfahren gab es allerdings auch schon weit vor der Zeit der Web-Suchmaschinen (vgl. Harman 1992). Von besonderer Bedeutung für Suchmaschinen sind sie allerdings, da Suchmaschinen erstens in der Regel sehr große Treffermengen zurückgeben, die vom Nutzer nicht vollständig gesichtet werden können, und zweitens die Nutzer oft nicht in der Lage oder willens sind, ihre Suchanfragen so einzuschränken, dass eine überschaubare Treffermenge generiert wird.

Die Größe der Treffermengen resultiert aus der enormen Anzahl der von den Suchmaschinen erfassten Dokumente und der geringen Anzahl der formal erfassten bzw. teils erfassbaren Merkmal der Dokumente. So lassen sich Suchanfragen etwa nur sehr eingeschränkt nach Themen einschränken. Dem Nutzer ist es zwar möglich, seine Suchanfrage mit entsprechenden (Indikator-)Begriffen einzuschränken, eine Einschränkung beispielsweise durch eine Vorauswahl der zu durchsuchenden Quellen ist von sehr allgemeinen Ausnahmen wie der Suche nur nach Nachrichten oder Newsgroup-Beiträgen allerdings nicht gegeben. So ist zu verstehen, dass eine fokussierte Suche im Datenbestand der mit etwa 4,3 Milliarden Dokumenten[1] zur Zeit größten Web-Suchmaschine Google für den professionellen Rechercheur weit problematischer ist als im Datenbestand des Online-Hosts Lexis-Nexis, der mit 4,6 Milliarden Dokumenten (Lexis-Nexis 2004) eine ähnlich große Menge von Dokumenten anbietet.

Auf Seiten der Nutzer besteht eine nur mangelhafte Kenntnis der Suchmaschinen und ihrer Funktionen. Erweiterte Suchfunktionen, die bei Suchmaschinen - wenn auch nicht in gleichem Umfang wie bei Datenbank-Hosts - durchaus in nennenswertem Umfang vorhanden sind (Lewandowski 2004a), werden nur selten genutzt (Machill et al. 2003; Spink u. Jansen 2004), wobei im Falle der Nutzung eine hohe Fehlerquote zu verzeichnen ist. Auch lassen sich kaum Fortschritte der Nutzer hinsichtlich der fortgeschrittenen Nutzung der Suchmaschinen feststellen (Spink u. Jansen 2004, 79).

Den linktopologische Verfahren, wie sie in diesem Aufsatz vorgestellt werden, ist gemeinsam, dass sie das Dilemma der zu großen Treffermengen erkannt haben und zu ihrem Ausgangspunkt machen. Notwendig ist eine Sortierung der Trefferlisten nach Relevanz, wobei die zweite grundlegende Annahme lautet, dass Web-Dokumente von unterschiedlicher Qualität sind und die Dokumentinhalte unzuverlässig bis irreführend sein können.[2] Deshalb müssen Verfahren angewendet werden, die die Qualität der Dokumente bewerten und hochwertige Dokumente auf die vorderen Plätze der Trefferlisten bringen.

2. *Forschungsumfeld*

In diesem Abschnitt wird das Thema des vorliegenden Artikels eingegrenzt und der Rahmen aufgezeigt, in dem dieses Thema steht. Es wird kurz auf die Forschungsergebnisse im Umfeld eingegangen, die die Basis der weiteren Analyse bilden.

1 So die Angaben auf der Startseite www.google.com [9.11.2004]

2 Die Problematik der vertrauensunwürdigen Dokumente wird in Mintz (2002) ausführlich behandelt.

2.1 *Qualitätsmerkmale von Suchmaschinen*

2.1.1 *Indexgrößen*

Die Qualität von Suchmaschinen lässt sich nicht durch einen einzelnen Faktor bestimmen. Während bei klassischen Online-Datenbanken die Erfassung der Dokumente in der Qualitätsbestimmung keine entscheidende Rolle spielt, da angenommen werden kann, dass die Dokumente im Rahmen der von der Datenbank abgedeckten Inhalte vollständig erfasst werden, ist die Menge der erschlossenen Dokumente und deren Vertrauenswürdigkeit in Suchmaschinen von großer Bedeutung. Banal formuliert, heißt das: Dokumente, die eine Suchmaschine nicht kennt, können auch bei einer eventuell passenden Suchanfrage nicht ausgegeben werden.

Die Größe der Suchmaschinen-Datenbanken stellt das einzige direkt vergleichbare objektive Qualitätsmerkmal dar. Die Größe der Indizes wird von den Suchmaschinen (auch zu Werbezwecken) veröffentlicht[3]; diese Daten können nach den Ergebnissen einer von Greg Notess durchgeführten Untersuchung (Notess 2003a, Notess 2003b) weitgehend als zuverlässig gelten.

2.1.2 *Präzision bei der Beantwortung von Suchanfragen*

Die Qualität von Suchmaschinen (auch die von Information-Retrieval-Systemen allgemein) wird oft mit Hilfe von Retrievaltests gemessen. Dabei werden die Ergebnisse ausgewählter Anfragen auf ihre Relevanz hin beurteilt und die Suchmaschinen nach der Anzahl der ausgegebenen relevanten Dokumente bewertet. Der Recall, in seiner genauen Bestimmung sowieso problembehaftet, kann bei Suchmaschinen in der Regel nicht gemessen werden, so dass sich die Tests auf den Precision-Wert beschränken. Dieser wird in den meisten Fällen nur bis zu einem bestimmten Cut-Off-Wert ermittelt. In der Untersuchung von Griesbaum et al. (2002) beispielsweise werden die ersten 20 Treffer jeder Suchanfrage untersucht.

Bei den Retrievaltests fällt auf, dass es zwar Unterschiede zwischen den untersuchten Systemen gibt, diese jedoch nicht allzu groß ausfallen (vgl. z.B. Griesbaum et al. 2002; Griesbaum 2004).

2.1.3 *Abfragesprachen und erweiterte Suchfunktionen*

Die Qualität von Suchmaschinen bestimmt sich auch durch ihre Abfragemöglichkeiten. Zwar werden erweiterte Suchformulare und Kommandos nur selten genutzt (Spink u. Jansen 2004), ihre grundsätzliche Nützlichkeit bzw. bei manchen Anfragearten sogar Notwendigkeit ist jedoch unumstritten. Lewandowski (2004a) gibt einen Überblick der Abfragesprachen der wichtigsten Suchmaschinen, ordnet diese in Klassen und zeigt, dass sich hinsichtlich des Vokabulars und der Abfragemöglichkeiten der Suchmaschinen bisher kein umfassender Standard herausgebildet hat. Vielmehr gibt es einige Funktionen, über die ein Konsens zu herrschen scheint, während andere Abfragemöglichkeiten nur von wenigen oder gar nur von einer Suchmaschine angeboten werden.

3 Eine Übersicht findet sich in Sullivan (2003).

2.1.4 *Zugriff auf unterschiedliche Datenbestände*

Suchmaschinen greifen nicht mehr nur auf eine einzige Datenbank zu (Lewandowski 2004b). Die Erweiterung der Datenbestände wurde nötig, um dem Nutzer eine differenzierte Recherche gemäß seinem momentanen Informationsbedürfnis zu ermöglichen. Die wichtigsten einzelnen Datenbestände, die bei den großen Suchmaschinen einzeln abgefragt werden können, sind die Standard-Datenbank der Webseiten, die Verzeichniseinträge und die Nachrichtensuche.

2.2 *Search Engine Optimization*

Suchmaschinen-Optimierung („Search Engine Optimization", SEO) beschäftigt sich mit der Platzierung von Web-Angeboten in Suchmaschinen. Dabei werden einerseits die Inhalte der Dokumente so optimiert, dass Suchmaschinen diese leicht auswerten können (Textoptimierung). In diesem Schritt werden potentielle Suchbegriffe in den Dokumenten in einer „natürlichen" Häufung eingestreut und an exponierter Stelle (z.B. Titel, Überschriften, Zwischenüberschriften) platziert.

Die technische Suchmaschinen-Optimierung macht die Dokumente für die Suchmaschinen *überhaupt* erschließbar, indem sie diese an die technischen Möglichkeiten der Suchmaschinen anpasst. Beispielsweise werden Sites, die komplett in *Flash* erstellt wurden (für Suchmaschinen nicht bzw. nur schwer erschließbar), durch HTML-Seiten ergänzt, die von den Suchmaschinen erfasst werden können.

Im Kontext dieses Aufsatzes von größter Bedeutung ist die dritte Komponente der Suchmaschinen-Optimierung, nämlich die Optimierung der Linkstruktur, um die Seite(n) in den Suchmaschinen auf einem der ersten Plätze der Trefferliste zu platzieren. Dazu werden Linkstrukturen, wie sie auch bei einer Verlinkung durch echte Webmaster zustande kommen würden, künstlich (automatisiert) nachgebildet. Die zu platzierenden Zieldokumente bekommen dadurch einen höheren Wert in den Suchmaschinen und werden bevorzugt gelistet.

Der Grad zwischen ehrlicher Optimierung und Manipulation der Suchmaschinen ist schmal und einzelne Verfahren werden von unterschiedlichen Suchmaschinen-Betreibern auch unterschiedlich bewertet. In der Regel werden bei der Textoptimierung keine Probleme gesehen, solange sich die verwendeten Begriffe im Themenfeld des tatsächlichen Inhalts des Dokuments bewegen. Als problematischer werden manche Möglichkeiten der technischen Optimierung sowie die künstliche Erzeugung von Linkstrukturen gesehen.

2.3 *Rankingverfahren*

2.3.1 *Klassische Rankingverfahren*

Suchmaschinen stützen sich auf die aus dem „klassischen" Information Retrieval bekannten Rankingverfahren (s. Harman 1992). Zu den klassischen Faktoren des Rankings gehören beispielsweise die Worthäufigkeit, die inverse Dokumenthäufigkeit, die Position der Suchbegriffe und deren Nähe zueinander im Dokument. Die Suchmaschinen-Betreiber haben allerdings erkannt, dass eine alleinige Verwendung dieser Faktoren nicht ausreicht, da sie kein Urteil über die Qualität der Dokumente abgeben, was aber in Dokumentkollektionen von variabler Qualität von großer Bedeutung ist.

2.3.2 *Nutzungsstatistische Rankingverfahren*

Nutzungsstatistische Rankingverfahren gehen vom Nutzer als demjenigen aus, der die Qualität der Dokumente am besten einschätzen kann. Sie messen beispielsweise die Häufigkeit, mit der ein Dokument in der Trefferliste angeklickt wird und nehmen an, dass Dokumente, die häufig angeklickt werden, für den Nutzer interessanter sind, als solche, die weniger häufig angeklickt werden (Culliss 2000). Die alleinige Wertung auf dieser Basis kann bei den Suchmaschinen als gescheitert gelten, da einerseits die Manipulationsmöglichkeiten zu groß sind und andererseits aufgrund der großen Menge unterschiedlicher Dokumente die statistische Basis für die Bewertung nicht ausreichend ist. Ein „Comeback" erleben diese Verfahren allerdings als *zusätzliches* Werkzeug zur Qualitätsbewertung; vor allem im Kontext des „personalisierten Rankings". Dieses basiert entweder auf dem Klickverhalten eines einzelnen Nutzers oder aber auf dem einer bestimmten Nutzergruppe (vgl. Dean et al. 2002).

2.3.3 *Linktopologische Rankingverfahren*

Die Grundannahme aller linktopologischen Verfahren ist es, dass Dokumente, die stark verlinkt sind, von größerer Bedeutung sind als Dokumente, die wenig oder gar nicht verlinkt sind. Ein Link wird – wie in der wissenschaftlichen Zitationsanalyse auch – grundsätzlich als Empfehlung für das Dokument angesehen, auf das verwiesen wird. Es wird angenommen, dass sich aus der Verlinkungsstruktur des Web (dem sog. *web graph*) Qualitätsurteile über Dokumente ableiten lassen.

Mittlerweile arbeiten alle bedeutenden Suchmaschinen mit linktopologischen Verfahren, wobei Unterschiede in den Verfahren und ihrer Implementierung bestehen. Vorreiter bei der Verwendung dieser Verfahren war die Suchmaschine Google, bei der der auf Basis des Web-Grahen für jede Seite ermittelte *PageRank*-Wert weiterhin eine große Rolle im Ranking der Trefferlisten spielt.

3. *Page Rank als Beispiel eines linktopologischen Verfahrens*

Das PageRank-Verfahren (Page et al. 1998) ist nach seinem Erfinder Lawrence Page benannt und bildet eine wesentliche Grundlage der Suchmaschine Google (Brin u. Page 1998). PageRank ordnet jedem indexierten Dokument einen statischen PageRank-Wert zu, der also unabhängig von einer gestellten Suchanfrage besteht.

PageRank basiert auf dem Modell eines *random surfer*, also eines angenommenen Web-Nutzers, der das Web abwandert, indem er auf jeder gefundenen Seite wahllos einen Link verfolgt, um zur nächsten Seite zu kommen. Hier folgt er wieder einem Link, usw. Eine Ausnahme bildet die Möglichkeit, dass der Nutzer „sich langweilt", die Seite verlässt und an einer neuen, zufällig gewählten Stelle des Netzes wieder einsteigt.

Der PageRank-Wert einer Seite soll die Wahrscheinlichkeit angeben, mit der dieser Nutzer auf diese Seite stößt.

3.1 *Aufbau des Verfahrens*

Im Gegensatz zu einer reinen Zählung der auf eine Seite eingehenden Links, die anfällig für Manipulationen wäre, errechnet sich der PageRank einer Seite durch eine Bewertung der eingehenden Links. Dabei wird angenommen, dass ein Link von einer Seite, die ihrerseits als bedeutend eingeschätzt wird (also einen hohen PageRank hat), bedeutender ist, als ein Link von einer Seite, die als unbedeutend angesehen wird. In einer Gleichung ausgedrückt lautet die Berechnung des PageRank:

$$PR(A) = (1-d) + d(PR(T1)/C(T1) + \ldots + PR(Tn)/C(Tn))$$

Der PageRank einer Seite PR(A) wird aus den PageRank-Werten der auf diese Seite verweisenden Dokumente berechnet, wobei jede Seite nicht ihren eigenen PageRank-Wert weitergibt, sondern diesen auf die durch sie verlinkten Seiten verteilt. T1 gibt die Anzahl der ausgehenden Links auf einer Seite an. Eine Seite „vererbt" also ihren eigenen PageRank geteilt durch die Anzahl ihrer ausgehenden Links. Dadurch erfolgt ein Ausgleich zwischen Seiten, die viele ausgehende Links haben und solchen mit wenigen.

Für die Berechnung des PageRank einer Seite werden die PageRanks der verweisenden Seiten zusätzlich jeweils mit einem Dämpfungsfaktor reduziert, der zwischen 0 und 1 liegen kann.[4] Die so gewonnenen PageRanks der auf eine Seite verweisenden Seiten werden addiert, dazugezählt wird noch die Subtraktion von Eins und dem Dämpfungsfaktor. So wird für jedes Dokument ein PageRank-Wert ermittelt, der später im Ranking der Dokumente angewendet wird.

Die Schwierigkeit in der Berechnung der PageRank-Werte liegt in der großen Menge der zu berücksichtigenden Verweise; in die Berechnung müssen schließlich alle Verweise aus allen erfassten Dokumenten eingehen.

Zu Beginn der Berechnung wird jedem Dokument der gleiche Ausgangswert zugeteilt, wobei dieser keinen Einfluss auf die späteren Endwerte hat, die Wahl des Ausgangswerts aber die Performance verbessern kann (Page et al. 1998, 7). Basierend auf den Ausgangswerten werden für jedes Dokument nun in einem iterativen Prozess die PageRank-Werte immer weiter angenähert, wobei sich die Werte von Durchgang zu Durchgang immer weniger verändern, so dass ein Cut-Off-Wert festgelegt werden kann, nach dem die Berechnung abbricht.

3.2 *Probleme*

Der Hauptkritikpunkt an PageRank bezieht sich auf die Zuweisung eines statischen Werts für jede Seite (u.a. Chakrabarti 2003, 212; Haveliwala 2002). Die Werte sind von den gestellten Suchanfragen unabhängig; deshalb kann es zu hohen Trefferplätzen von Seiten führen, die zwar allgemein populär sind, jedoch für die Suchanfrage keine oder nur eine eingeschränkte Relevanz haben, während sie allerdings die Suchbegriffe enthalten. Chakrabarti spricht in diesem Zusammenhang von einer künstlichen Entkoppelung von Relevanz und Qualität (Chakrabarti 2003, 212).

Mandl (2003) kritisiert, dass sich PageRank stets auf eine einzelne Seite anstatt auf eine komplette Site bezieht. Dabei würden mitunter wichtige Dokumente innerhalb einer Site schlecht bewertet, nur weil sie weniger Links auf sich ziehen als andere Dokumente derselben Site. Als Beispiel gibt er eine innerhalb einer Site bestehende Linksammlung an, die weniger Links auf sich ziehen konnte als andere Dokumente derselben Site, deren Wert aber trotzdem unumstritten ist. Denkbar wäre eine Lösung, die solchen Seiten einer Domain einen „Bonus-Wert" gibt, der auf dem durchschnittlichen Wert der Seiten dieser Domain basiert.

4 In Brin u. Page (1998) ist als regulärer Dämpfungsfaktor 0,85 angegeben.

Eine Besonderheit der Suchmaschine Google ist die starke Beachtung des Linktexts der auf eine Seite eingehenden Links und dessen Zurechnung zum Text der Zielseite. Durch diese Berücksichtigung ist es einerseits möglich, Dokumenten, die keine oder nur wenige textuelle Informationen enthalten (z.B. Bilder oder Programm-Dateien), Beschreibungen zuzuordnen. Zweitens enthalten die fremden Beschreibungen von Dokumenten oft treffendere Beschreibungen bzw. Bezeichnungen des Inhalts des Zieldokuments als dieses selbst. So ließe sich die Homepage des „Bundesministeriums für Wirtschaft und Arbeit" mittels Verfahren, die allein den Inhalt der Zieldokumente auswerten, mit einer Suchanfrage nach dem „Wirtschaftsministerium" nicht finden. Dies wird aber dadurch möglich, dass externe Seiten dieses Wort in ihren Linktexten enthalten.

Problematisch ist dieses Verfahren insofern, als es ausgenutzt werden kann. Ein bekanntes Beispiel hierfür ist die Suche nach „miserable failure" („Kläglicher Versager") bei Google.[5] An erster Stelle erscheint die Biographie des amtierenden US-Präsidenten George W. Bush auf den offiziellen Seiten des Weißen Hauses. Die Begriffe tauchen auf der Seite selbst nicht auf, jedoch im Linktext von Seiten, die auf dieses Dokument verweisen.[6] Dabei sind es in diesem Fall nicht die unter diesem Suchbegriff verweisenden Seiten gewesen, die dem Zieldokument einen hohen PageRank-Wert geliefert haben, sondern andere Seiten, die unter seriösen Absichten auf die Präsidenten-Biographie verlinkt haben.

An diesem Beispiel zeigt sich, dass es durchaus problematisch ist, dass der PageRank-Wert statisch und themenunabhängig vergeben wird. Die hohe Wertschätzung kommt aus seriösen Quellen, die zusätzlichen Begriffe stammen von Seiten, die es auf die Verhöhnung von Bush abgesehen haben. Ähnliche Fälle sind in anderen thematischen Zusammenhängen, vor allem aus der Manipulation für Zwecke von Werbung und Verkauf, bekannt.

4. Weitere linktopologische Verfahren

In diesem Abschnitt werden zwei weitere linktopologische Rankingverfahren beschrieben. Allerdings können diese hier nur kurz in ihren Grundzügen dargestellt werden; eine ausführlichere Beschreibung mehrerer linktopologischer Verfahren findet sich beispielsweise in Narsingh u. Gupta (2001).

4.1 HITS

Das neben PageRank wohl bedeutendste linktopologische Rankingverfahren ist HITS („Hyperlink Induced Topic Search"; auch „Kleinberg-Algorithmus"; Kleinberg 1999). Dieses Verfahren versucht, die Einschränkungen einfacher Linkzählungen bzw. die themenunabhängigen Bewertungen von Webseiten zu überwinden. Es sollen die wichtigsten Seiten (sog. *Autoritäten*) passend zum Thema der jeweiligen Suchanfrage ermittelt werden. Eine Besonderheit des Verfahrens ist die Unterscheidung von zwei Maßen, die für jedes Web-Dokument vergeben werden: ein *Hub*-Gewicht und ein

---

5 http://www.google.de/search?num=50&hl=de&q=miserable+failure&meta= [5.11.2004]

6 Dies wird aus einer Kopie aus dem Google-Cache ersichtlich, in der explizit angegeben wird, dass die Suchbegriffe nur auf externen Seiten vorkommen, jedoch nicht im Dokument selbst (http://www.google.de/search?q=cache:GPN6xA7xUV8J:www.whitehouse.gov/president/gwbbio.html+miserable+failure&hl=de [5.11.2004]).

Authority-Gewicht.[7] Ein *hub* ist ein Dokument, welches auf viele als besonders hochwertige Dokumente verweist, während eine *authority* ein solches bedeutendes Dokument ist. Die Bedeutung wird wiederum daran gemessen, wie viele *hubs* auf das Dokument verweisen. Auch diese Werte müssen also – ähnlich wie bei PageRank beschrieben – in einem iterativen Verfahren berechnet werden, da zu Beginn der Berechnung keine Werte bekannt sind. Die Details der Berechnung finden sich in Kleinberg 1999.

Die Ideen Kleinbergs sind in der Suchmaschine Teoma[8] umgesetzt. Inwieweit das Ranking in dieser Suchmaschine exakt nach dem Kleinberg-Algorithmus abläuft, kann rekursiv nicht überprüft werden; klar ist jedoch, dass sich Teoma die Unterscheidung von Hubs und Authorities zu eigen gemacht hat. Ein frühes Paper über diese Suchmaschine (damals noch unter dem Namen „DiscoWeb") bezieht sich explizit auf Kleinbergs Text (Davison et al. 1999).

Die Ergebnisse in Teoma werden unterteilt in *results*, *resources* und Vorschläge zur Verbesserung der Suchanfrage. Unter *results* werden die u.a. nach ihrer Autorität sortierten Suchergebnisse angezeigt, die *resources* entsprechen den Kleinberg'schen *hubs*.

4.2 Hilltop

Bharat und Mihaila (2001) stellen mit „Hilltop" ein Verfahren vor, das die besten Seiten zu populären Themen finden soll. Dabei gehen sie davon aus, dass zu populären Suchanfragen von Suchmaschinen potenziell zu viele Ergebnisse zurückgegeben werden, während doch aus dem Nutzerverhalten bekannt ist, dass die Nutzer nur die ersten zehn bis höchstens 20 Treffer sichten. Das Verfahren ist deshalb darauf angelegt, eine hohe Precision zu erreichen und dabei auf einen hohen Recall zu verzichten. Dazu sollen nur solche Dokumente zurückgegeben werden, die von „unabhängigen Experten" für gut befunden wurden. Das Verfahren soll Seiten finden, deren Ziel es ist, auf relevante Dokumente zu einem Thema hinzuweisen.

Konzeptionell ist dies den Kleinberg'schen *Hubs* vergleichbar, handelt es sich doch um Seiten, die als wichtigstes Element Links auf *Autoritäten* enthalten. Im Hilltop-Algorithmus werden alle Verweise, die von „expert pages" ausgehen, gezählt. Je mehr Links von Experten eine Seite auf sich ziehen kann, desto höher steht sie schließlich im Ranking. Bei diesem Verfahren besteht allerdings die Gefahr, dass zu einer Anfrage keine Dokumente gefunden werden, weil schlicht nicht genügend Experten-Seiten zur Verfügung stehen, um ein sinnvolles Ranking zu ermöglichen.

5. Problembereiche linktopologoscher Rankingverfahren

In diesem Abschnitt werden einige Problembereiche linktopologischer Verfahren dargestellt, wobei nur grundsätzliche Probleme behandelt werden, die sich aus den Grundannahmen dieser Verfahren ergeben. Auf eine kritische Würdigung der Funktionstüchtigkeit einzelner Algorithmen wird bewusst verzichtet.

---

7 Diese Unterteilung ist in etwa vergleichbar mit der Unterteilung von Research- und Review-Artikeln im Bereich der wissenschaftlichen Informationen.

8 www.teoma.com

5.1 Qualitätsmodelle

Die bekannten linktopologischen Verfahren wie PageRank und HITS definieren die Qualität von Dokumenten als deren Autorität bzw. abgestufte Popularität. Dieser Qualitätsbegriff lässt alle weiteren Faktoren außer Acht und beschränkt sich auf die Maßstäbe, die bereits im klassischen Citation Indexing verwendet wurden. Mandl (2003) sieht die Gründe für die Popularität dieser Bewertung in der relativ leicht möglichen Extraktion der Linkstruktur, dem Rückgriff auf etablierte bibliometrische Verfahren und die hohe Plausibilität der Grundidee.

5.2 Motivationen für das Setzen von Links

Linktopologische Verfahren sehen jeden Link als eine „Empfehlung" für das Dokument an, auf welches verwiesen wird. Allerdings gibt es durchaus auch andere Gründe, auf eine Seite zu verlinken. An erster Stelle ist hier schlicht die Navigation zu nennen. Links werden gesetzt, um eine Website zu erschließen und übersichtlich zu gestalten und damit dem Nutzer die Möglichkeit zu geben, sich in diesem Informationsraum zu bewegen.

Schwerer ins Gewicht fallen bei der Bewertung von Links diejenigen, die zwar inhaltlich vergeben werden, jedoch keine originäre Empfehlung darstellen. Links werden beispielsweise als abschreckendes Beispiel gesetzt, um besonders schlechte Dokumente hervorzuheben oder vor diesen zu warnen. Linktopologische Rankingverfahren können nicht zwischen Empfehlungen und solchen Warnungen unterscheiden.

Weiterhin werden Links aus Gefälligkeit oder aus Gründen der Werbung gesetzt. Dabei ist nur schwer zu entscheiden, wo die Manipulation der Suchmaschinen beginnt und wo es noch in Ordnung ist, der Popularität der eigenen Seite ein wenig nachzuhelfen. Jede Bitte um einen Link könnte in diesem Sinne als eine Manipulation betrachtet werden, umgekehrt wäre es aber auch möglich, den Linkaustausch liberal zu sehen und hier keine oder nur eine sehr weite Grenze zu setzen.

5.3 Wertigkeit einzelner Links

In linktopologischen Verfahren werden alle Links als gleichwertig angesehen. Dies bedeutet einerseits, dass beispielsweise die Position eines Links innerhalb eines Dokuments keine Rolle spielt, obwohl die Position für den Nutzer durchaus eine Rolle spielt und seine Aufmerksamkeit lenkt (Chakrabarti 2003, 219). Links, die an exponierter Stelle eines Dokuments stehen, werden mit einer höheren Wahrscheinlichkeit geklickt als solche, die eher versteckt platziert sind. Dies wird allerdings von den linktopologischen Verfahren nicht berücksichtigt.

5.4 Bevorzugen bestimmter Seiten beim Setzen von Links

Beim Setzen von Links werden diejenigen Seiten bevorzugt, die bereits gut durch Suchmaschinen gefunden werden bzw. die eine hohe Wahrscheinlichkeit haben, überhaupt von einem Nutzer angesehen zu werden. Hier ist an das oben angesprochene Random-Surfer-Modell zu denken. Neue Links werden also nicht gleichmäßig auf alle Seiten verteilt, sondern es liegt ein *preferential attachment* (bevorzugte Anfügung) vor.

In der Untersuchung von Pennock et al. (2002) wird allerdings festgestellt, dass zwar tatsächlich *preferential attachment* vorliegt, allerdings wird dies relativiert, wenn statt des gesamten Web-Graphen nur Teilgraphen, die ein bestimmtes Thema abbilden, betrachtet werden. So wurde bei der Untersuchung von Universitäts- und Unternehmens-Homepages herausgefunden, dass sich dort nicht wie bei vorliegendem *preferential attachment* die meisten Links auf nur wenige Seiten verteilen, sondern eine hohe Anzahl von Seiten existiert, die eine mittlere Anzahl von Links auf sich ziehen kann.

5.5 Bearbeitung unterschiedlicher Anfragetypen

Die Anfragen an Suchmaschinen lassen sich auf verschiedene Weise unterteilen. Broder (2002) schlägt ein einfaches Modell vor, indem er Suchanfragen in navigationsorientierte, informationsorientierte und transaktionsorientierte Anfragen einteilt In zwei Untersuchungen (Nutzerbefragung und Logfile-Analyse) werden die gestellten Anfragen jeweils einer der Klassen zugeordnet. Die Auswertung ergibt, dass auf jede Klasse ein nennenswerter Anteil von Suchanfragen entfällt (vgl. Tabelle 1). Die Ergebnisse werden durch die Logfile-Analysen von Spink u. Jansen bestätigt, die eine zunehmende Anzahl von navigationsorientierten Anfragen verzeichnen (Spink u. Jansen 2004, 77).

Navigationsorientierte Anfragen fragen nach einer bestimmten Webseite, die aufgespürt werden soll, beispielsweise nach der Homepage des Weißen Hauses. Informationsorientierte Anfragen fragen nach einer Menge von Dokumenten, die zu einem Thema Auskunft gibt. Transaktionsorientierte Anfragen schließlich zielen beispielsweise auf einen Buchungs-, Bestell- oder Downloadvorgang, also auf eine Transaktion im weiteren Sinne, ab.

Ein Ranking mittels linktopologischer Verfahren entfaltet seine Stärken bei den navigationsorientierten Anfragen. In einer Untersuchung wurde gezeigt, dass ein linktopologisches Verfahren nur bei der Suche nach Homepages Vorteile gegenüber anderen Verfahren bringt (Savoy u. Rasolofo 2000).

Type of query	User Survey	Query Log Analysis
Navigational	24,5%	20%
Informational	?? (estimated 39%)	48%
Transactional	>22% (estimated 36%)	30%

Tabelle 1: Arten von Suchanfragen und ihre Häufigkeit (Broder 2002)

5.6 Integration neuer Dokumente in den Index

Während klassische Rankingverfahren neue wie auch alte Dokumente gleich behandeln, ergibt sich bei lnktopologischen Verfahren das Problem, dass neue Dokumente oft nur einen Link (nämlich von der eigenen Website) haben. Diese werden dann aufgrund der fehlenden In-Links niedriger gewichtet als bereits durch eine umfangreiche Verlinkung „etablierte" Dokumente.

Zwar werden von den Suchmaschinen hier Ausgleichsfaktoren angewendet (vgl. Lewandowski 2004c), tendenziell sind jedoch ältere Dokumente trotzdem im Vorteil. Dazu kommt, dass bereits stark verlinkte Dokumente eher gefunden werden und damit die Wahrscheinlichkeit steigt, dass Links auf sie gesetzt werden (s. Abschnitt 5.4).

6. *Fazit*

Linktopologische Verfahren sind aus den Suchmaschinen nicht mehr wegzudenken. Sie helfen, wenigstens eine eingeschränkte Qualitätsbewertung aller Dokumente vorzunehmen und haben so dazu beigetragen, die Ergebnisse der Suchmaschinen zu verbessern. Deutlich ist jedoch, dass sie sich besonders für navigationsorientierte Anfragen eignen und von ihrer Anlage her bestimmte Arten von Dokumente bevorzugen.

Auch linktopologische Rankingverfahren sind anfällig für Manipulationen bzw. „Optimierungen". Insbesondere in dieser Hinsicht sind weitere Verbesserungen nötig, um diese zu identifizieren und im Ranking angemessen bzw. nicht zu berücksichtigen.

Literatur:

Bharat, K.; Mihaila, G. A.: When Experts Agree: Using Non-Affiliated Experts to Rank Popular Topics. WWW10, May 1-5, 2001, Hong Kong. http://www10.org/cdrom/papers/pdf/p474.pdf [1.4.2004].

Brin, S., Page, L.: The Anatomy of a Large-Scale Hypertextual Web Search Engine. http://www7.scu.edu.au/programme/fullpapers/1921/com1921.htm.

Broder, A. (2002): A taxonomy of web search. SIGIR Forum 36(2). http://www.acm.org/sigir/forum/F2002/broder.pdf [12.7.2004].

Chakrabarti, S. (2003): Mining the web: Discovering knowledge from hypertext data. Amsterdam (u.a.): Morgan Kaufmann.

Culliss, G. (2000): The Direct Hit Popularity Engine Technology. A White Paper. http://web.archive.org/web/20010619013748/www.directhit.com/about/products/technology_whitepaper.html [10.2.2004].

Davison, B. D.; Gerasoulis, A.; Kleisouris, K.; Lu, Y.; Seo, H.; Wu, B.: DiscoWeb: Applying Link Analysis to Web Search. http://www.cse.lehigh.edu/ ~brian/pubs/1999/www8/www99.pdf [26.10.2004].

Dean, J. A.; Gomes, B.; Bharat, K.; Harik, G.; Henzinger, M.: Methods and Apparatus for employing Usage Statistics in Document Retrieval / Google Inc. US Patent Application Nr. US2002/0123988 A1 (2002).

Griesbaum, J. (2004): Evaluation of three German search engines: Altavista.de, Google.de and Lycos.de. Information Research 9(4) paper 189. http://informationr.net/ir/9-4/paper189.html [3.8.2004].

Griesbaum, J., Rittberger, M., Bekavac, B. (2002): Deutsche Suchmaschinen im Vergleich: AltaVista.de, Fireball.de, Google.de und Lycos.de. In: Hammwöhner, R., Wolff, C., Womser-Hacker, C. (Hrsg.): Information und Mobilität. Optimierung und Vermeidung von Mobilität durch Information. Proceedings des 8. Internationalen Symposiums für Informationswissenschaft, 201-223.

Harman, D.: Ranking algorithms. – In: Frakes, W. B.; Baeza-Yates, R. (Hrsg.): Information Retrieval. Data Structures & Algorithms. – Upper Saddle River, NJ: Prentice Hall PTR, 363-392 (1992).

Haveliwala, T. H. (2002): Topic-Sensitive PageRank: A Context-Sensitive Ranking Algorithms for Web Search. WWW 2002, May 7–11, 2002, Honolulu, Hawaii, USA. http://ranger.uta.edu/ ~alp/ix/readings/topicSensitivePageRank.pdf [10.11.2004].

Kleinberg, J. (1999): Authoritative Sources in a Hyperlinked Environment. Journal of the ACM 46(5), 604-632.

Lewandowski,, D. (2004a): Abfragesprachen und erweiterte Funktionen von WWW-Suchmaschinen. IWP - Information: Wissenschaft und Praxis 55(2), 97-102 (2004).

Lewandowski, D. (2004b): Technologie-Trends im Bereich der WWW-Suchmaschinen. Information Professional 2011: 26. Online-Tagung der DGI; Frankfurt am Main 15. bis 17. Juni 2004; Proceedings, 183-195.

Lewandowski, D. (2004c): Datumsbeschränkungen bei WWW-Suchanfragen: Eine Untersuchung der Möglichkeiten der zeitlichen Einschränkung von Suchanfragen in den Suchmaschinen Google, Teoma und Yahoo. In: Bekavac, B.; Herget, J.; Rittberger, M.: Information zwischen Kultur und Marktwirtschaft: Proceedings des 9. Internationalen Symposiums für Informationswissenschaft (ISI 2004), Chur, 6.-8. Oktober 2004, S. 301-316.
Lewandowski, D. (2005): Web Information Retrieval. IWP - Information: Wissenschaft und Praxis 56(1), 5-12.
Lexis-Nexis (2004): Pressemitteilung vom 5.4.2004. http://www.lexisnexis.de/downloads/040405pressemitteilung.pdf [9.7.2004].
Machill, M.; Welp, C. (Hrsg.) (2003): Wegweiser im Netz: Qualität und Nutzung von Suchmaschinen. Gütersloh: Verlag Bertelsmann Stiftung.
Mandl, T. (2003): Projekt Automatische Qualitätsabschätzung von Internet Ressourcen (AQUAINT). Arbeitsbericht 3/2003, Universität Hildesheim, Informationswissenschaft. http://www.uni-hildesheim.de/ ~mandl/Publikationen/Ab_aquaint02.pdf [2.11.2004].
Mintz, A. P. (ed.) (2002): Web of Deception: Misinformation on the Internet. Medford, NJ: Information Today.
Narsingh, D.; Gupta, P. (2001): Graph-Theoretic Web Algorithms: An Overview. In: Thomas Böhme, Herwig Unger (Eds.): Innovative Internet Computing Systems, International Workshop IICS 2001, Ilmenau, Germany, June 21-22, 2001, Proceedings. Lecture Notes in Computer Science 2060 Springer, 91-102.
Notess, G. (2003a): Search Engine Statistics: Database Total Size Estimates. http://www.searchengineshowdown.com/stats/sizeest.shtml [10.11..2004].
Notess, G. (2003b): Search Engine Statistics: Relative Size Showdown. http://www.searchengineshowdown.com/stats/size.shtml [10.11..2004].
Page, L., Brin, S., Motwani, R., Winograd, T. (1998): The PageRank citation ranking: Bringing order to the Web. http://dbpubs.stanford.edu:8090/pub/1999-66 [26.10.2004].
Pennock, D. M., Flake, G. W., Lawrence, S., Glover, E. J., Giles, C. L. (2002): Winners don't take it all: Charecterizing competition for links on the web. Proceedings of the National Academy of Sciences of the United States of America 99(8), 5207-5211.
Savoy, J.; Rasolofo, Y. (2000): Report on the TREC-9 Experiment: Link-Based Retrieval and Distributed Collections. http://trec.nist.gov/pubs/trec9/papers/unine9.pdf [6.7.2004].
Spink, A.; Jansen, B. J.: Web Search: Public Searching of the Web. Dordrecht: Kluwer Academic Publishers.
Sullivan, D. (2003): Search Engine Sizes. http://searchenginewatch.com/reports/article.php/2156481 [2.7.2004].

Aufbau und Nutzbarkeit von Portalen - theoretische und praktische Überlegungen zu öffentlich finanzierten Kulturportalen

Jörn Sieglerschmidt
Konstanz

Zusammenfassung

Portale sind zu einem Mittel geworden, Informationsangebote aus dem Netz zu bündeln. Inwieweit dadurch für die Nutzer/innen ein Mehrwert geschaffen wird, hängt von den zusätzlichen Leistungen, insbesondere der Individualisierung der Nutzung ab. Internationale Vorgaben für die Bewertung der Nutzbarkeit von *websites* können auf die Beurteilung von Portalen übertragen werden. Wichtig erscheint die Berücksichtigung von Normen und Standards sowohl bei der Strukturierung der Informationsangebote wie bei der Berücksichtigung von kontrolliertem Vokabular, um die Retrievalresultate zu verbessern. Neben den fachlichen Aspekten bilden die betriebswirtschaftlichen eine stärker beachtete Seite der Entwicklung von Kulturportalen, zumal die wichtigen Geldgeber die Nachhaltigkeit geförderter Projekte erwarten.

Abstract

Over the past five years, portals have been gradually replacing simple internet websites. By content, these portals are oriented and structured horizontally or vertically, regionally or supra-regionally, institutionally or supra-institutionally, and they provide a variety of services: business (customer services, buying and selling), instruction/ learning, information, communication, administration.

Portals are part of the effort by content providers to present their (digitized) knowledge, to offer services to customers, colleagues and partners, having the intent on using this knowledge (for information, instruction, scholarly work, business, and other purposes). Designing a portal implies a strategy: definition of adressees (customers), definition of services, knowledge organization. The development and design of portals thus fits into the actual framework of CRM, ERM and other efforts to organize knowledge in order to capitalize it. Even in Germany the public support of cultural institutions is diminishing rapidly, so institutions have to search for additional sources of financing their budgets and projects.

One of the most important points in developing portals of cultural heritage institutions is the use of standards: Dublin Core Metadata Element Set (DCMES) and (eventually) the Conceptual Reference Model of the Comité International pour la Documentation, a subcommittee of the International Council of Museums. Especially the latter model seems to be a promising alternative to existing formal standards (or: metadata sets) as MARC (or derivations), DCMES, Encoded Archival Description. As important as this is, the use of common vocabularies like Universal Decimal Classification, Dewey Decimal Classification, the subject headings of national libraries like Library of Congress,

Bibliothèque National de France or others, vocabularies of the Getty Foundation (Thesaurus of Geographic Nasmes, Union List of Artist Names, Arts and Architecture Thesaurus) and the like for the description of the material offered on the internet is an essential prerequisite of the quality and longevity of data offered.

The usability of websites has been evaluated many times. There is a set of rules, that should be respected in order to offer easy and unlimited access. Best practice rules have been published. One of the last examples with special emphasis on the digitization of European cultural heritage is the Minerva project. Portals offering cultural heritage information have not been evaluated until now. The rules given by the handbook of the Minerva project will be applied to some of the portals.

Portale haben die Websites abgelöst, ja fast jede/r Anbieter/in legt inzwischen darauf Wert, nicht eine schlichte website, sondern ein Portal zu betreiben. Wie alle Erfindungen und Neologismen verliert die neue Münze schnell an Wert, sobald der Gebrauch inflationär wird und damit anfänglich bestehende Unterscheidungsmerkmale eingeebnet werden. Allerdings scheint es nicht nur von akademischem Interesse, Unterscheidungsmerkmale festzuhalten, um Leistungen als solche eines Portals bestimmen und bewerten zu können. Gleichwohl bleiben so viele Gemeinsamkeiten der unterschiedlichen Webangebote, dass für die Bewertung von Portalen durchaus auch auf die Erfahrungen der bisherigen usability-Studien zurückgegriffen werden kann. Im folgenden werde ich zunächst versuchen, Portale und ihre erwartbaren Leistungen zu definieren. Dann werde ich Kriterien zur Beurteilung der Leistungsfähigkeit skizzieren, um diese an wenigen Bespielen kurz zu anzuwenden. Abschließend ist zu fragen, welche Leistungen im Kulturbereich zukünftig denkbar, nützlich, evtl. sogar kostendeckend wären.

Portaltechnik ist eine Folge der zunehmenden Entwicklung zum network-computing, zur Nutzung von Internettechniken und Internetprotokollen für die Erledigung auch betriebsinterner Arbeitsabläufe. Allerdings stehen einer durchgängigen Verwendung dieser Techniken vielfach noch Medienbrüche und Systemgrenzen entgegen.[1] Um ein Beispiel zu nennen: Während fast alle großen Museen in Europa auf der Basis von Client-Server-Architekturen Dokumentationsdatenbanken und andere EDV-gestützte Systeme zur Steuerung und Erledigung der Arbeitsablaufe aufgebaut haben, gibt es bisher erst wenige Museen, die die Internettechniken nutzen, um diese Arbeitsvorgänge einschließlich der Dokumentation über das Internet laufen zu lassen. Diese Entwicklung ist in ihrer Tragweite für die weitere Entwicklung von Software und Vernetzung kaum zu unterschätzen, denn es geht auch um die zuvor vielfach vergeblich angestrebte Integration und Koordination betriebsinterner Arbeitsabläufe. Erst Internettechniken ermöglichen sehr viel einfacher über Metadatendefinitionen und andere syntaktische Standards den Austausch und die Integration von Daten und Informationen.

Eben das - die Integration unterschiedlicher websites und online verfügbarer Datenbanken - ist ein erstes, wichtiges Unterscheidungsmerkmal von Portalen: die Integration vieler, singulärer Informationsquellen, die ansonsten einzeln abgerufen werden müssten, unter einer gleichförmigen Oberfläche möglichst so, dass die Nutzer/innen die

1 Wegner 2002, 83f..

Heterogenität der Informationsquellen nicht wahrnehmen können. Zugleich erlaubt das bzw. Personalisierung der Angebote.

Wohl der wesentlichste Unterschied zwischen einer website und einem Portal wird durch den Gegensatz von Statik und Dynamik beschrieben.[2] Wer sich an die frühen websites erinnert, deren Aufbau auch heute noch für die meisten websites üblich ist, kennt den angebotsorientierten Aufbau dieser Seiten nur zu gut. Auch wenn sich die Zahl der Angebote erhöht hat und die Nutzung erleichtert wurde, die Besucher/innen einer website bleiben anonym und bewegen sich durch ein festgelegtes Standardangebot, das weder verändert noch erweitert werden kann. Bis heute hat dieses Angebot exponentiell zugenommen in einem Maße, daß viele Betreiber von websites die zahlreichen unterhalb der homepage verwalteten Seiten überhaupt nicht mehr überblicken, geschweige denn aktuell halten können.[3] Daraus ist Folgerichtigerweise der Schluss gezogen worden, dass nur mit den Methoden des Wissens- bzw. Contentmanagement solche Fehler behoben und übersichtliche Informations- bzw. Interaktionsangebote gemacht werden können.

Portale dagegen definieren sich über dynamische, individualisierte und durch Nutzer/innen zu verändernde Angebote. Auch die Nutzer/innen selbst sehen vor allem in diesen Eigenschaften die Vorteile von Portalen.[4] Typische Beispiele sind Universitätsportale, die sich in Deutschland bereits durchgesetzt haben, wenn auch nicht allenthalben üblich sind.

Weitere Unterscheidungen von Portalen zeigen die Vielfalt der möglichen Angebote auf:[5]

Art d. Unterscheidung	Art des Angebots		
Thema/ Inhalte	horizontal	vertikal	mixta composita
Nutzer/ Adressaten	offen: Internet	geschlossen: Extranet	geschlossen: Intranet
Art des Nutzerverbundes	Institution zu:	Kund/innen zu:	Beschäftigte zu:
	Institution	Institution	Institution
	Kund/innen	Kund/innen	Kund/innen
	Beschäftigten	Beschäftigten	Beschäftigten
Personalisierung	standardisiert	gruppiert	individualisiert
Leistungsschwerpunkt	Informationsorientierung	Funktionsorientierung	z. B. Verwaltung
			z. B. Fortbildung

Sie verweisen zugleich auf mögliche Leistungen, die von Portalen erwartet werden können. So ist offensichtlich, dass die Arten der Nutzerverbünde vielfältig und komplex sein können, so komplex, dass ein Angebot in einem Portal kaum sinnvoll erscheint. Deutlich

2 Jafari, Ali: The next generation of internet portals. In: Jafari, Ali / Sheehan, Mark 2003, 89-100, hier: 90.
3 Christ 2003, 1f..
4 Sheehan, Mark: Online survey results. In: Jafari, Ali/ Sheehan, Mark 2003, 256-269.
5 In Anlehnung an Stelzer, Dirk: Portale - Einführung und Überblick. In: Gentsch 2004, 2-26.

wird außerdem, dass die Nutzer- und Kundenorientierung zum zentralen Bewertungsmaßstab des Angebots wird. Der darin aufscheinende Bedarf nach flexibler Anpassung auch an spezielle Anforderungen zeigt, dass die Webtechnologie mit den Portalen einen wesentlichen Entwicklungsschritt vollzieht von einem statischen, im Anfang noch sehr gewöhnungsbedürftigen zu einem dynamischen, individualisierbaren Angebot.

Deutlich wird das an einem Beispiel. In einer gut sortierten Freihandbibliothek gibt es einen systematischen Standort für die Literatur zum deutschen Bauernkrieg 1525. Dort ist alles finden (soweit technisch und unter Erhaltungsgesichtspunkten möglich), was seit 1525 bis heute zu diesem Thema veröffentlicht worden ist. Nicht nur dieses: Ich werde an der übergreifenden systematischen Stelle sämtliche Literatur zum Thema vormoderne Bauernaufstände finden. Und das erreiche ich, ohne komplexe Rechercheanfragen an jemanden gestellt zu haben. Ich benötige lediglich einen Einblick in die zugrunde liegende Systematik. Eine ähnlich hierarchisierte Suche ist in den deutschen Verbundkatalogen bisher nicht oder nur unter eingeschränkten bzw. erschwerten Bedingungen möglich.

Intelligente Portale - Einsatz von Experten- bzw. Agentensystemen und sog. künstlicher Intelligenz - müssten noch stärker darauf ausgerichtet sein, Einzelgebiete des Wissens auf entsprechende Nachfrage anzubieten. Intelligente Portale sollten in der Lage sein, einem solchen nicht weit hergeholten Bedürfnis nachzukommen. Nicht nur dieses: Könnte auf die o. g. Recherche nicht die Nachfrage kommen, ob nicht zugleich auch Informationen über Bildmaterial (z. B. Flugschriften des Bauernkrieges), über Archivalien (z. B. die Forderungen der Bauern), über Lieder, Filme zu demselben Thema und vieles andere mehr gewünscht werden? Nun kann nicht vorausgesetzt werden, dass alle Menschen gleich neugierig sind, so dass ein abgestuftes Verfahren (neueste Literatur, ältere Literatur, weitere Medien) mit jeweiliger Nachfrage sinnvoll erscheint, um nicht alle gleichermaßen mit eventuell gar nicht gewünschten Informationen zu beglücken.

Werden solche intelligenten Portale gewünscht, so ist es notwendig, Portale aufzubauen, die folgenden Kriterien zu genügen haben:

- nutzerorientierter und - so gewünscht - auch individualisierter Einstieg in das Portal,
- gut sichtbares, klar strukturiertes und begrifflich leicht fassliches Angebot, das es erlaubt, den jeweils aktuellen Nutzungswunsch differenziert vorab festzulegen bzw. einzugrenzen,
- einfache, aber zusätzlich auch differenzierbare Recherchemöglichkeiten,
- schnelle Präsentation der Suchresultate bzw. Information über ggf. längere Wartezeiten mit der Möglichkeit des Abbruchs der Recherche,
- individualisierte Speicherung von Rechercheschritten und Rechercheresultaten,
- Information über mögliche weitere Recherchen mit ähnlichem thematischem Bezug.

Die Zahl der möglichen Anforderungen ist hier, weil am Beispiel orientiert, beliebig herausgegriffen worden und ließe sich ohne Mühe verlängern. Dazu bedarf es lediglich eines Blickes auf das Minerva-Projekt.

Geht es um die Beurteilung von Internetangeboten, so gibt es seit kurzer Zeit eine Initiative der EU-Regierungen, die Qualität von Kulturangeboten im Internet auf einen guten, überprüfbaren Stand zu bringen und möglichst zu verbessern: Minerva - *Ministerial Network for Valorising Activities in Digitisation*.[6] Über Sinn und Zweck einer auf *websites*

6 <http://www.minervaeurope.org>

gerichteten Qualitätsinitiative könnte trefflich gestritten werden, doch sind die bisherigen Erträge des Projekts auch auf Portale anwendbar und daher hier von Belang. Ohne auf die Vorgeschichte einzugehen, sei auf zwei, unter der unten genannten Adresse erreichbaren Publikationen verwiesen: *Handbook for quality in cultural web sites*, Version 1.2 draft, November 2003; *Good practices handbook*, Version 1.3, March 2004. Ergänzend ist ein noch nicht publizierter Fragebogen erstellt worden, dem die folgenden zehn wichtigsten Qualitätsmerkmale entnommen werden:

A quality web site must be	Eine Qualitäts-*website* muss
1. transparent,	deutlich sein und klar die für die Unterhaltung der Seite Verantwortlichen und ihren Zweck benennen;
2. effective,	die Inhalte sinnvoll auswählen, digitalisieren, präsentieren und überprüfen, um einen effektiven Nutzen zu bringen;
3. maintained,	Richtlinien haben für die angemessene Aktualisierung und laufende Überarbeitung;
4. accessible,	für alle ohne Rücksicht auf Behinderungen hinsichtlich Navigation, Inhalt und interaktiven Elementen zugänglich sein;
5. user-centered,	Nutzerwünsche berücksichtigen und durch Evaluation die Relevanz der Information und die Zugänglichkeit sicherstellen;
6. responsive,	interaktiv sein und zumindest Rückfragemöglichkeiten eröffnen, auch Informationsaustausch und Diskussionsforen anbieten;
7. multilingual,	möglichst in mehr als einer Sprache zugänglich sein, zumindest in einem geringen Umfang;
8. interoperable,	kompatibel mit anderen kulturspezifischen Netzwerken sein, um die nutzerrelevanten Informationen und Dienste bereitzustellen;
9. managed,	Berücksichtigung der rechtlichen Fragen wie Urheberrecht, Persönlichkeitsschutz und Nutzung der angebotenen Informationen;
10. preserved.	Richtlinien und Standards für die langfristige Zugänglichkeit und die Langzeitarchivierung berücksichtigen.

Aus der großen Zahl von Anforderungen sind zwei besonders bedeutsam: Nutzerorientierung und langfristige Zugänglichkeit, wobei sich hinter der letzteren auch der gesamte Bereich der Verwendung von Metadaten, Normdaten und Standardformaten verbirgt. Damit ist zugleich die Interoperabilität berührt. Ein weiterer Punkt wird nicht ausdrücklich genannt, liegt aber der Nutzerorientierung zugrunde: Sollen entsprechende Dienste, wie oben in dem Recherchebeispiel beschrieben, angeboten werden, so bedarf es eines Wissensmanagements, das die evtl. heterogenen Quellen Bedarfsweise zusammenführt, also z. B. weiß, dass der deutsche Bauernkrieg von 1525 eine Untermenge der Bauernunruhen in vormoderner Zeit ist. Diese Forderung eines Wissensmanagements trifft sich mit dem notwendigen Einsatz von Metadaten, Normdaten und Standardformaten.

Ohly/Sieglerschmidt/Swertz: Wissensorganisation und Verantwortung. Würzburg: Ergon Verlag 2006

Was die Metadaten angeht, so ist ein richtiger Weg im Kulturbereich z. B. die Einigung auf internationale Normen wie DCMES, evtl. auch in der Anpassung an Kulturinstitutionen,[7] *Encoded Archival Description* bzw. *Metadata Encoding and Transmission Standard*,[8] schließlich das *Conceptual Reference Model*,[9] ein als ISO-Standard angemeldetes Referenzmodell für die Beschreibung von Objekten aus dem Kulturbereich (Bücher, Manuskripte, Archivalien, Museumsobjekte). Das CRM ermöglicht in besonderem Maße die Integration sehr unterschiedlicher Datenbestände. Die zugleich wichtigen Transaktionen von Informationen und Daten damit auch modelliert werden. Im Gegensatz zu starren Metadatenformaten eröffnet das CRM als Ontologie die Möglichkeit, Informationen in ihrer Komplexität mit allen denkbaren Relationen abzubilden.

Zusätzlich zu den Metadaten ist die Verwendung von Normdaten zur Beschreibung und Erschließung von Informationen und Daten eine wichtige Voraussetzung für die langfristige Sicherheit der für deren Erstellung notwendigen Investitionen. Dass bei der Einführung prozessorientierter Organisationsstrukturen ein durchgängiges Informationsmanagement notwendig sei, hat sich herumgesprochen.[10] Doch wird die Notwendigkeit der Terminologiearbeit selten thematisiert.[11] Es ist der jeweiligen Nutzungsumgebung entsprechend zu entscheiden, ob für diese Terminologiearbeit automatische Verfahren z. B. der Indexierung eingesetzt werden oder die intellektuelle Kopfarbeit bevorzugt wird.[12] In den deutschen Kulturinstitutionen werden bisher zumeist proprietäre Standards verwendet. Eine Ausnahme bilden bisher nur die Bibliotheken.

Schließlich ist in der Nutzerorientierung auch die ständige Evaluation impliziert. Sie kann entweder automatisch durch die Protokollierung jeder Nutzeranforderung bei der Navigation durch das Portal - also im Nachhinein und im laufenden Betrieb - erhoben werden oder/und durch geeignete sozialwissenschaftliche Untersuchungen - z. B. auch online-Befragungen, und zwar sowohl im Vorhinein wie zu späteren Zeitpunkten - erfolgen. Die Auswertung solcher Daten vermag dann zur Optimierung der Oberflächen und Funktionen beitragen. Solche Untersuchungen mögen zuweilen mit etwas banal anmutenden Aussagen daherkommen, sind aber für die Schaffung und Erhaltung der Akzeptanz und damit der Wirtschaftlichkeit von Investitionen in IT-Bereiche gleichwohl bedeutsam.[13]

Wer mit den Suchbegriffen Kultur und Portal nach Internetangeboten sucht, wird bei Google etwa eine Millionen Treffer erhalten. Die gängigen und häufig vorgestellten Beispiele werden darunter selbstverständlich nicht gefunden. Von diesen seien drei kurz untersucht: zunächst das Informationsportal *vascoda*.[14] Die ursprüngliche Idee, die virtuellen Fachbibliotheken in einem Portal zusammenzuführen, ist sinnvoll und in der präsentierten Art vielen Anforderungen entsprechend, die oben genannt worden sind: die Minerva-Prinzipien sind fast durchgängig erfüllt und manche der für Portale genannten Leistungen werden erbracht, z. B. die Speicherung von Zwischenresultaten und deren

---

7 <http://dublincore.org>

8 <http://www.loc.gov/ead/>, <http://www.loc.gov/standards/mets/>

9 <http://cidoc.ics.forth.gr/index.html>

10 Jänig 2003, 220.

11 Christ 2003, z. B.. 74-82, 132f.

12 Rollett 2003, 77f.; vgl. Sieglerschmidt, Jörn (Hg.): Regelwerke für die Sacherschliessung – sexy oder uncool? In: <http://www2.bsz-bw.de/cms/service/museen/publ/eva2004>.

13 Holste.

14 <http://www.vascoda.de>

Weiterverwendung in einer mail oder einem Dokument. Auch die Zweisprachigkeit ist beeindruckend, selbst wenn gleiche Begriffe unterschiedliche Treffermengen ergeben. Hier wäre z. B. ein Zugriff auf die Begriffslisten sinnvoll. Abgesehen von der Anbindung an das Internetportal *Clio* werden ausschließlich Treffer aus dem Bereich der Bibliotheken (Verbünde) und kommerziellen Informationsanbieter gezeigt. Der Mehrwert gegenüber den Verbundportalen erscheint daher eher gering, zumal die vollständige Information in vielen Fällen kostenpflichtig ist. Die Wissenschaftler/innen, die dieses Portal nutzen, werden sich in diesen Fällen entweder auf traditionellem Wege die Information beschaffen oder versuchen, über eine Campuslizenz für bestimmte Produkte kostenlos die Information zu erhalten. Noch ist also *vascoda* nicht in der Lage, wesentliche Bedürfnisse der Hauptklientel zu erfüllen.

Auch andere Kulturportale erfüllen nicht die Wünsche, die heute an Portale gestellt werden könnten. So erscheint z. B. das Kulturportal Deutschland als eine überdimensionale *link*-Sammlung. Zwar bietet *webmuseen* einen Abonnement-Service, der den individuellen Wünschen der Nutzer/innen Rechnung tragen will, doch ist das die einzige wirkliche Interaktionsmöglichkeit, es sei denn, man wollte sich als Museumswissenschaftler/in für 50 € in eine Liste aufnehmen lassen, die für Publizität sorgen und vor dem Vergessen schützen soll.[15]

Die Beispiele machen außerdem deutlich, wo zukünftig die Leistungen solcher Portale liegen werden, wenn sie tatsächlich bisherige Angebote überflüssig machen, ja erweitern sollen. Die Informationsgewinnung ist schon heute erheblich erleichtert, ohne dass auf Portale wie *vascoda* zurückgriffen werden muss. Die Integration unterschiedlicher institutioneller Informations- und Leistungsanbieter wäre ein wesentlicher Zugewinn, wenn neben der Recherche weitere Dienste angeboten werden, die z. B. in Richtung *e-learning* oder *e-publishing* gehen. Es wird sich herausstellen müssen, wo die Wünsche der Internetnutzer/innen liegen. Ohne solche Untersuchungen wird das öffentlich finanzierte und verordnete Angebot vielfach ins Leere gehen.

Damit ist die Frage der langfristigen Finanzierung von Internetportalen im Kulturbereich angeschnitten, keine irrelevante mehr, da sowohl die nationalen als internationalen Forschungsförderungsinstitutionen zunehmend erwarten, dass Projekte aufzeigen, wie sie ein Portal nach dem Förderungszeitraum weiter zu betreiben gedenken. Gefordert sind Geschäftsmodelle. Nun liegt die Sache im Kulturbereich in Deutschland nicht so einfach, wie sich das bei kommerziellen Unternehmungen darstellt, die erwartbare Gewinne aus der Investition errechnen und damit kalkulierbare Vorleistungen erbringen können.[16] Keines der bisher im Kulturbereich betriebenen Portale ist in der Lage, unter den Bedingungen eines *non-profit*-Betriebes sich finanziell ohne öffentliche Subventionen zu tragen. Das liegt nicht am bösen Willen, sondern hat mit der langen und für die Internetangebote wieder stark betonten Tradition zu tun, wissenschaftliche und Bildungsinformation ohne Einschränkung für alle kostenlos zugänglich zu machen. Europäische Nutzer/innen sind daher weithin nicht bereit - siehe *vascoda* - , kostenpflichtige Angebote zu akzeptieren. Und deutsche Anbieter wollen in diesem Bereich ihre Angebote möglichst kostenfrei halten. Für Geschäftsmodelle bei Kulturinstitutionen wird daher auf absehbare Zeit ein Teil der Finanzierung aus

15 <http://www.kulturportal-deutschland.de/kp/index1.jsp?size=big&dynmenue=yes>; <http://webmuseen.de/Index.html>

16 z. B. Christ, 67-71; Wasmeyr, Bernhard: Finanzierung von Geschäftsmodellen. In: Gentsch 2004, 81-104.

öffentlichen und/oder privaten Subventionen kommen müssen, es sei denn, dass die Informationsanbieter selbst an den Kosten beteiligt werden oder sehr viel stärker als bisher Werbeeinnahmen zur Finanzierung beitragen können. Mittelfristig werden öffentliche Gelder unabdingbar notwendig sein, um mit der Entwicklung der neuen Technologien Schritt halten zu können. Wege, wie sie im Moment von den *h-lists* beschritten werden, stehen gleichwohl dann offen, wenn eine großer Nutzerkreis das zunächst kostenlos Gebotene für so wichtig hält, dass er zur Zahlung bereit ist. Davon sind aber alle Portalangebote bisher weit entfernt.

Literatur:

CHRIST, Oliver: Content-Management in der Praxis. Erfolgreicher Aufbau und Betrieb unternehmensweiter Portale. Berlin/ Heidelberg/ New York: Springer 2003.

FIRESTONE, Joseph M.: Enterprise information portals and knowledge management. Amsterdam: Butterworth-Heinemann 2003.

GAUL, Wolfgang/ SCHADER, Martin/ VICHI, Maurizio (eds.): Between data science and applied data analysis. Berlin/ Heidelberg/ New York: Springer 2003.

GENTSCH, Peter (Hrsg.): Praxishandbuch Portalmanagement: profitable Strategien für Internetportale. Wiesbaden: Gabler 2004.

GROENEN, Patrick J. F./ KIERS, Henk A. L./ RASSON, Jean-Paul/ SCHADER, Martin (eds.): Data analysis, classification, and related methods. Berlin/ Heidelberg/ New York: Springer 2003.

HEINZE, Thomas (Hg.): Kommunikationsmanagement. Wissen und Kommunikation in Bildung, Kultur und Tourismus. Wiebaden: Westdeutscher Verlag 2003.

HOLSAPPLE, Clyde W. (ed.): Handbook of knowledge management. 1: Knowledge matters. 2. Knowledge directions. 2 vols. Berlin/ Heidelberg/ New York: Springer 2003.

HOLSTE, Astrid: Erfolgsgrössen von Dienstleisterportalen im Electronic Business: am Beispiel des Finanzdienstleistungsmarktes. Wiesbaden: Deutscher Universitäts-Verlag 2003.

JÄNIG, Christian: Wissensmanagement. Die Antwort auf die Herausforderungen der Globalisierung. Berlin: Springer 2003.

JAFARI, Ali/ SHEEHAN, Mark (eds.): Designing portals: opportunities and challanges. Hershey/ London: Information Science Publishing 2003.

KÄMPFEN, Kilian: The business design of entrpreneurial portals. [Diss. Wirtschaftswissenschaften S.Gallen] Bamberg 2003.

MERTINS, Kai/ HEISIG, Peter/ VORBECK, Jens (eds.): Knowledge management. 2nd ed. Berlin/ Heidelberg/ New York: Springer 2003.

REINHARDT, Rüdiger: Wissen als Ressource. Theoretische Grundlagen, Methoden und Instrumente zur Erfassung von Wissen. Frankfurt am Main: Lang 2002.

ROLLETT; Herwig: Knowledge management. Processes and technologies. Boston: Kluwer 2003.

SHEEHAN, Mark: Online survey results. In: id./ JAFARI, Ali (eds.): Designing portals: opportunities and challanges. Hershey/ London: Information Science Publishing 2003, 256-269.

WEGNER, Holm: Analyse und objektorientierter Entwurf eines integrierten Portalsystems für das Wissensmanagement. Berlin: dissertation.de 2002.

WELSCH, Anja: Erfolgsfaktoren eines multimedialen Mitarbeiterportals: eine evaluative Studie in der HypoVereinsbank. Paderborn: Eusl 2003.

Archivportale – Formen, Ausrichtung und Ziele

Gerald Maier
Stuttgart, Landesarchiv Baden-Württemberg

Zusammenfassung

Die heutige Informationsgesellschaft stellt auch die Archive vor neue Herausforderungen. So bietet die Internettechnologie neue Formen und Möglichkeiten für den Zugriff auf Archivgut als zentrale Dienstleistung der Archive. Zunehmend werden auch im Archivbereich für den Nutzer Internetportale aufgebaut, die neben allgemeinen Informationen über die Institution auch den Zugang zu Online-Findmitteln ermöglichen. Im Unterschied zu anderen europäischen Ländern, insbesondere Spanien und Frankreich, wo in den letzten Jahren viel in die Digitalisierung von Archivgut investiert wurde, liegt der Schwerpunkt der deutschen Archive zunächst auf der Präsentation von Strukturen, die mit den Online-Findmitteln dem Nutzer zugänglich gemacht werden. Technisch und organisatorisch werden dabei unterschiedliche Lösungen angestrebt. Im folgenden Beitrag werden verschiedene Formen von Archivportalen mit dem Schwerpunkt auf Deutschland im Hinblick auf ihre Ziele, ihr Dienstleistungsangebot und den Nutzen für die Informationsgesellschaft vorgestellt.

Abstract

The developing information society assigns to archives new challenges, too. Internet technology offers new forms and possibilities of accessing archival material which is the central service of archives. Increasingly, internet portals are developed in order to meet the user's need of accessing on-line finding-aids apart from getting general information about the institution. In other European countries, in particular Spain and France, much was invested in archival digitization programmes over the past years, whereas German archives emphasised the presentation of structures. These structures are made accessible for the user via on-line finding aids. Thereby different solutions are possible regarding technical and organizational aspects. In the following article different forms of archives portals will be presented with an emphasis on Germany. Thereby special regard will be given to their goals, their range of services offered and the use for the information society

1. *Einführung*

Die heutige Informationsgesellschaft stellt auch die Archive vor neue Herausforderungen.[1] So bietet die Internettechnologie neue Formen und Möglichkeiten für den Zugriff auf Archivgut als zentrale Dienstleistung der Archive. Zunehmend werden auch im Archivbereich für den Nutzer Internetportale aufgebaut, die neben allgemeinen Informationen über die Institution auch den Zugang zu Online-Findmitteln ermöglichen.

1 Überarbeitete und erweiterte Fassung eines Vortrags vom 05.11.2004 auf der ISKO-Tagung "Wissensorganisation und gesellschaftliche Verantwortung. Informationstheoretische, ökonomische und ethische Aspekte" an der Universität Duisburg-Essen, Duisburg.

Im Unterschied zu anderen europäischen Ländern, insbesondere Spanien und Frankreich, wo in den letzten Jahren viel in die Digitalisierung von Archivgut investiert wurde, liegt der Schwerpunkt der deutschen Archive bei *online*-Angeboten zunächst auf der Präsentation von Strukturen, die mit den *online*-Findmitteln dem Benutzer zugänglich gemacht werden.

Sucht man nach einer Definition für Informationsgesellschaft, die üblicherweise durch die drei Schlagworte *e-commerce*, *e-government* und *e-learning* gekennzeichnet ist, dann wird man u.a. in einem Online-Glossar der *Neuen Züricher Zeitung* fündig: „Die im Informationszeitalter praktizierte Wirtschafts- und Gesellschaftsform, welche hauptsächlich auf der zunehmend interaktiven Gewinnung, Speicherung, Verarbeitung, Vermittlung, Verbreitung und Nutzung von Informationen und Wissen basiert und in welcher der produktive Umgang mit der Ressource Information und die wissensintensive Produktion eine herausragende Rolle spielen."[2]

Gemäß der genannten Definition haben Archive Information als Ressource anzubieten. Die staatlichen Archivverwaltungen als traditionelle Dienstleister für Verwaltung und Forschung entwickelten sich daher in den letzten Jahren verstärkt zu öffentlichen Informationsdienstleistern im Sinne von elektronischen Bürgerdiensten oder *e-government*.[3]

Im Mittelpunkt steht dabei die Entwicklung eines kundenorientierten mehrstufigen Internetangebots, das über verschiedene Portallösungen verlinkt ist und bis zur Präsentation von digitalisiertem Archivgut auf der untersten Stufe reicht. So wurden in der letzten Zeit neue Lösungen für Online-Findmittel mit Präsentationsmodulen für digitalisiertes Archivgut entwickelt, die die Basis für die Teilnahme an verschiedenen Fachportalen bilden. Rückgrat für die Realisierung archivfachlicher Internetportale sind eine digitale Infrastruktur und verschiedene Basistechnologien, die neben Zielgruppen und Dienstleistungsangebot ebenfalls zur Sprache kommen sollen.

2. *Archivische Online-Informationssysteme und Fachportale – Abbildung archivischer Tektonik im Internet*

2.1 *Portalgedanke und Vergleich mit anderen Informationsdiensleistern*

Fachbezogene Internetrecherchen sind aufgrund fehlender Strukturen des Internets schwierig. Über die bekannten globalen Volltextsuchmaschinen wie Google[4] ist ein gezielter Zugriff auf Informationen wegen der meist zu großen Treffermenge kaum möglich. Gerade bei einer virtuellen Archivrecherche bringt die Verwendung einer gängigen Internetsuchmaschine nur unzureichende Ergebnisse. Eine Lösung dieses Problems bieten so genannte Internetportale, die einen Einstiegspunkt für bestimmte thematische Recherchen bilden.

2 Groupe de Réflexion für eine Informationsgesellschaft in der Schweiz, aus: "NZZ Online (http://www.nzz-online.ch), Glossar", hier: http://l014sys0.nzz.ch/dossiers/2003/wsis/glossar.html# 1.
Alle angegebenen Internetadressen beziehen sich auf den Stand vom 22.02.2005.

3 Siehe dazu z.B. e-Government und e-Bürgerdienste in der Landesverwaltung von Baden-Württemberg: http://www.verwaltungsreform-bw.de. Zur Rolle der Archive siehe Hartmut Weber, Die Rolle der Archive in Electronic-Government-Konzepten, in: Kulturgut aus Archiven, Bibliotheken und Museen im Internet. Neue Ansätze und Techniken, hg. von Gerald Maier und Thomas Fricke, Stuttgart 2004 (= Werkhefte der Staatlichen Archivverwaltung Baden-Württemberg, Heft 17), 17–23.

4 http://www.google.com.

Bevor auf die Merkmale eines archivischen Internetportals im Besonderen eingegangen wird, sollen hier zunächst ein paar Ausführungen allgemein zum Thema Internetportal vorangestellt werden.

Portale (Portal-Sites, doorway pages, entry pages) sind Webseiten, die als Einstiegsseiten ins Internet dienen und den Zugang zu Informationen erleichtern sollen. Der Websurfer soll die jeweilige Webseite als Ausgangspunkt für das weitere Surfen nutzen. Die weiteren Informationen befinden sich dabei normalerweise auf unterschiedlichen Servern. Ein Portal bietet verschiedene Funktionen u.a. thematische Link-Listen, Volltext-Suchmaschine für spezielle Themenbereiche – eventuell angereichert durch Kommentare und Zusatzinformationen –, aktuelle Nachrichten, Newsletter-Abo und gegebenenfalls eine Personalisierung durch Nutzerprofile. Im Unterschied zu einer reinen Suchmaschine bietet eine Portal-Seite also die Möglichkeit einer thematisch strukturierten Recherche.[5] So gibt es neben den traditionellen Portal-Seiten immer mehr Seiten, die auf bestimmte Themen spezialisiert sind, neuerdings auch auf historische Fachinformationen.[6]

Im Gegensatz zu Archiven und wohl auch Museen sind Bibliotheken schon lange im Internet präsent, z.B. über ihre OPACs,[7] virtuelle Bibliotheksverbünde[8] und auch über Portale.[9] Die Gründe dafür sind mehrschichtig:

Bibliotheksgut benötigt normalerweise keine provenienz-orientierte Erschließung mit der Notwendigkeit einer tektonischen Einbindung. Für die Recherche eignen sich daher Datenbanklösungen, ohne dass eine kontextorientierte Navigation erforderlich ist.

Es existieren Standards für Erschließung und Datenaustausch (z.B. MAB2[10], Dublin Core[11], Z39.50[12]).

Die Archivwelt, wohl aber auch die Museumswelt, ist dagegen sehr heterogen. Es existieren kaum allgemein anerkannte oder gar genormte Erschließungsstandards und Datenaustauschformate – zu unterschiedlich sind die Vorstellungen und Traditionen, das heißt insbesondere Verwaltungstraditionen der einzelnen Archive und Archivlandschaften. Im amerikanischen Raum gibt es als Standard die *Encoded Archival Description* (EAD). EAD ist seit 1998 standardisiert und wird in den USA und teilweise darüber hinaus in englischsprachigen Ländern für die Erstellung von Online-Findbüchern benutzt.[13] Für das deutsche Archivwesen existiert kein einheitlicher Standard für die Erschließung und Online-Präsentation von Erschließungsleistungen.

---

5 Ein Beispiel für ein allgemeines Internetportal mit deutschsprachigen Inhalten ist http://www.web.de.

6 Historische Fachinformationen bietet z.B. das Fachportal für die Geschichtswissenschaften Clio online an der Humboldt-Universität zu Berlin (http://www.clio-online.de).

7 OPAC = Online Public Access to Catalogues

8 Ein Beispiel für einen virtuellen Bibliotheksverbund im Internet ist der Südwestdeutsche Bibliotheksverbund (http://swb.bsz-bw.de).

9 Ein Beispiel dafür ist das Portal „Digitale Bibliothek" des Hochschulbibliothekszentrums des Landes Nordrhein-Westfalen: http://metis.hbz-nrw.de.

10 Zu MAB2 siehe z.B. http://www.ddb.de/professionell/mab.htm.

11 Das Dublin Core Set ist ein aus 15 Elementen bestehendes Metadatenschema zur Beschreibung elektronischer Ressourcen (siehe dazu http://dublincore.org).

12 Bei ANSI/NISO Z39.50 handelt es sich um ein standardisiertes, client-server-basiertes Protokoll für die Kommunikation zwischen bibliothekarischen Datenbanksystemen (server) und Zugriffsprogrammen (clients) (siehe http://www.niso.org/z39.50/z3950.html).

13 Siehe dazu http://www.loc.gov/ead. Zur Fachdiskussion über die mögliche Verwendung von EAD bei der archivischen Erschließung in Deutschland siehe den Abschlussbericht des DFG-Projekts „Ausbau der deutsch-amerikanischen Kooperation bei der Entwicklung von Online-Findmittel" unter http://www.archivschule.de.

Dennoch machen sich auch deutsche Archive als Dienstleister in der modernen Informationsgesellschaft über eine Bereitstellung ihrer Inhalte in Online-Medien Gedanken. Dabei werden unter anderem Verbundlösungen angestrebt. Grundvoraussetzungen dafür sind Datenaustauschformate in Verbindung mit Präsentationsmodellen für Findmittel und digitalisierte Archivalien. Entscheidend für ein archivisches Internetangebot ist die Abbildung der archivischen Tektonik und der einzelnen Informationen innerhalb ihres Entstehungszusammenhangs bzw. Erschließungskontexts. Berücksichtigt werden sollten dabei die ISAD-G Richtlinien für eine Stufenerschließung.[14]

Innerhalb der Tektonik eines archivischen Online-Angebots lassen sich folgende Informationsebenen unterscheiden:

- archivübergreifende Portale mit Suchmaschinen,
- Archivportal bzw. Archivwebsite
  - mit Grundinformationen,
  - einer Online-Beständeübersicht,
  - Online-Findbüchern und
  - mit Präsentationsmodulen für digitalisiertes Archivgut.

Neben Archivinformationen und digitalisierten Findmitteln wird die Bereitstellung von digitalisierten Archivalien in der Zukunft eine immer größere Bedeutung bekommen.
Für die Archivwelt ergeben sich damit folgende Portal-Szenarien:

- Website für ein einzelnes Archiv,
- Portal für die Archive eines Trägers, wie z.B. für das Landesarchiv Baden-Württemberg (http://www.landesarchiv-bw.de),
- Portal für Archive verschiedener Träger eines Landes oder einer Region, z.B. für Archive in Nordrhein-Westfalen (http://www.archive.nrw.de oder für Archive in Baden-Württemberg http://www.archive-bw.de),
- Portal für Archive verschiedener Träger mehrerer Länder, Regionen, z.B. für die Archive in der Arbeitsgemeinschaft Alpenländer (http://www.archive-argealp.de),
- Portal für Archive auf internationaler Ebene, wie z.B. das UNESCO Archives Portal (http://www.unesco.org/webworld/portal_archives), eventuell auch im Verbund mit anderen Informationsdienstleistern,
- Portal für Archive im Verbund mit anderen Informationsdienstleistern, wie z.B. das Gemeinsame Internetportal für Bibliotheken, Archive und Museen (http://www.bam-portal.de).

2.2 *Nutzergruppen für Archivportale und Recherche in Archivbeständen*

Ebenso wie andere Internetportale sprechen auch archivische Internet-Informationssysteme verschiedene Nutzergruppen oder Kunden an, für die jeweils auch nutzergruppenorientiert verschiedene Informationsangebote bereitgestellt werden. Dabei lassen sich vier größere Nutzergruppen unterscheiden:

- der interessierte Bürger als Nutzer

---

14 Siehe dazu Internationale Grundsätze für die archivische Verzeichnung. Übersetzt und bearbeitet von Rainer Brüning und Werner Heegewaldt (Veröffentlichungen der Archivschule Marburg Nr. 23), Marburg 22002 und online: http://www.ica.org/biblio/ISAD_2_DE.pdf.

- der wissenschaftliche Nutzer
- der lernende Nutzer (Schüler, Studenten) und
- der Behördennutzer bzw. Registraturbildner.

Gesucht werden v.a. bestimmte Archivaliengattungen unabhängig vom Archiv, Unterlagen zu einem Ort, zu einer Person oder einem Thema, wobei das Archiv unbekannt ist. Darüber hinaus werden einzelne Archivalien innerhalb eines Archivs gesucht, wobei der Lagerungsort unbekannt ist.

Dabei gibt es normalerweise folgende Möglichkeiten der Recherche in Archivbeständen:

- die strukturierte Recherche über Tektonik und Klassifikation („Strukturbaum"),
- die topographische Recherche über Karten,
- die Recherche über Orts-, Personen- und Sachindices, d.h. Stichworte und teilweise auch Schlagworte (Normdaten) oder die Recherche über Volltextsuche, d.h. Freitext mit Bool'schen Operatoren und Trunkierung, in Kombination mit Sichtwortlisten oder in Kombination mit einer Datums- oder Zeitraum-Suche.

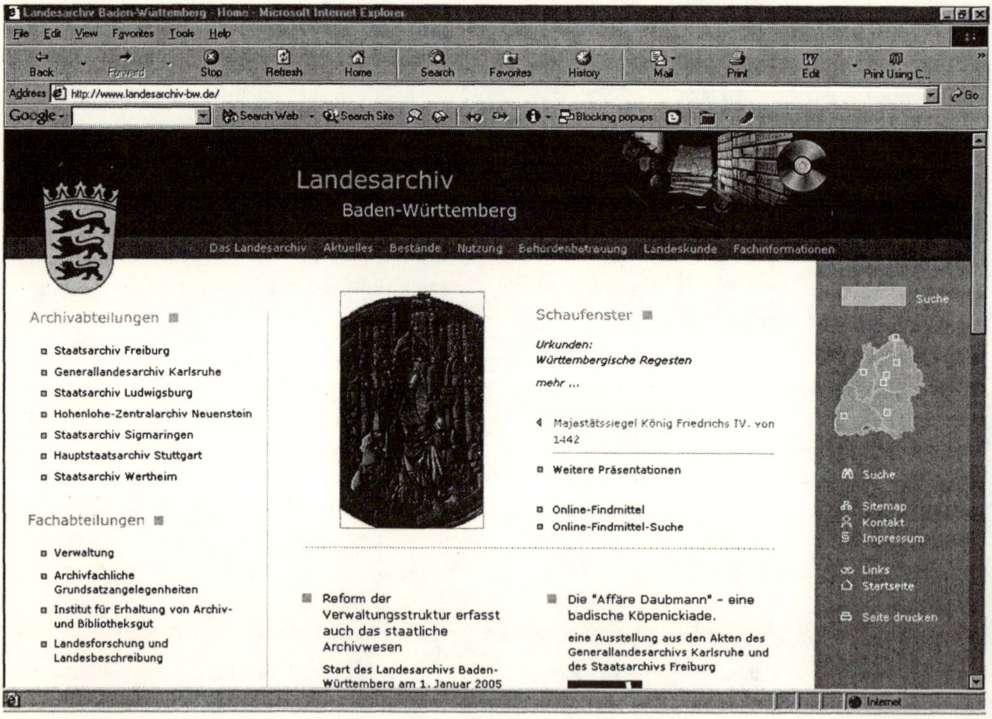

Abbildung 1: Internetportal Landesarchiv Baden-Württemberg (http://www.landesarchiv-bw.de)

2.3 *Vorstellung ausgewählter Archivportale*

2.3.1 *Portal für Archive eines Trägers – das Internetportal Landesarchiv Baden-Württemberg*

Die staatliche Archivverwaltung Baden-Württemberg unterhält seit Mitte der 90er Jahre ein eigenes Internetangebot,[15] in dem aktuelle Nachrichten unter anderem über Veranstaltungen, Ausstellungen oder neue Veröffentlichungen neben Benutzer- und Fachinformationen angeboten werden. (Abb. 1).
Präsentiert werden im Internetangebot auch schon seit längerem didaktische Präsentationsmodelle für digitalisiertes Archivgut und archivische Findmittel in Form von Online-Beständeübersichten, Online-Findbüchern und sachthematischen Inventaren. (Abb. 2)

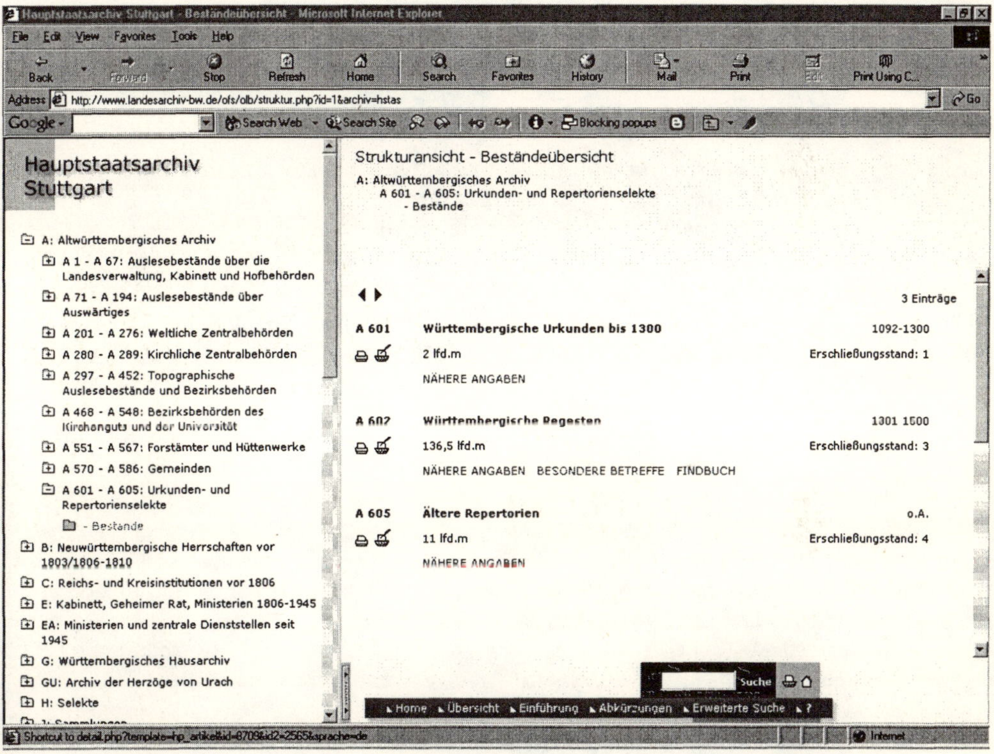

Abbildung 2: Landesarchiv Baden-Württemberg, Hauptstaatsarchiv Stuttgart. Online-Beständeübersicht

Im Zuge der baden-württembergischen Verwaltungsreform wurden ab 1. Januar 2005 die bisherige Landesarchivdirektion und die sechs Staatsarchive zum Landesarchiv Baden-Württemberg vereinigt. In diesem Zusammenhang wurde das bisherige Internetangebot völlig neu gestaltet und im Sinne des Portalgedankens ausgebaut.

---

15 http://www.landesarchiv-bw.de.

Für alle Archivabteilungen des Landesarchivs gibt es einheitliche, dynamisch generierte Online-Beständeübersichten und Online-Findbücher, die in immer größerer Zahl eingestellt werden.[16] Ermöglicht wird dies dadurch, dass die schon seit den 80er Jahren datenbankmäßig erschlossenen Bestände durch ein Findmittel-Content-Management-System verwaltet werden können. Diese Technik erlaubt es den einzelnen Archiven, die Inhalte rationell und zeitnah zu pflegen. Neben einer strukturierten Recherche wird auch eine umfassende Volltextsuche mit differenzierten Suchmöglichkeiten zum schnellen Auffinden von Inhalten angeboten. Zur rationelleren und einfacheren Pflege der übrigen Inhalte wird ein Web-Content-Management-System eingesetzt. Bei beiden Content-Management-System-Techniken werden die Inhalte datenbankmäßig verwaltet und direkt aus den Datenbanken *on the fly* visualisiert. Neben dem Zugang zu Online-Findmitteln bietet das Portal zielgruppenorientierte Informationen. Berücksichtigt werden dabei als Nutzergruppen abliefernde Landesbehörden, wissenschaftliche Nutzer und Nutzer von Fachinformationen.

2.3.2 *Portale für Archive verschiedener Träger eines Staates, Landes oder einer Region – die Internetportale Archive in Baden-Württemberg und Archive in Nordrhein-Westfalen*

Ein nationales Archivportal für die ganze Bundesrepublik Deutschland, über das alle Archivträger auffindbar sind, gibt es bisher nicht. Ein solches *Archivportal D* befindet sich zur Zeit aber in konzeptioneller Vorbereitung unter Federführung des Bundesarchivs und der Archivschule Marburg, auf deren Website bisher zumindest eine Linkliste verschiedener nationaler und internationaler Archivträger geführt wird.[17] Geplant ist hierbei der Einsatz von EAD (Encoded Archival Description) als Präsentationsstandard und eine Anbindung heterogener archivischer Informationssysteme. Darüber hinaus wird die Realisierung in enger Verbindung mit der archivischen Komponente des BAM-Portals (http://www.bam-portal.de) erfolgen.

Immerhin gibt es in Deutschland inzwischen auf Bundesländerebene einige Archivportale,[18] von denen zwei hier etwas näher vorgestellt werden sollen:
Eines davon ist das Internetportal für Archive in Baden-Württemberg, das von der staatlichen Archivverwaltung zusammen mit anderen baden-württembergischen Archivträgern entwickelt wurde.[19](Abb. 3). Im Endausbau soll es einen virtuellen Zugang zu etwa 340 Archiven unterschiedlichster Träger ermöglichen. Zurzeit beteiligen sich am Portal etwa 160 Archive. Ziel war es, ein archivisches Informationssystem aufzubauen, das dem Nutzer erlaubt, gezielt Informationen sowohl zur baden-württembergischen Archivlandschaft als auch zu einzelnen Archiven und ihren Beständen abzurufen. Realisiert wurde das Internetportal als Kooperationsprojekt unter Wahrung der

---

16 Siehe dazu Gerald Maier, Mehrwert durch Integration in Fachportale. Das Online-Informationssystem der staatlichen Archivverwaltung Baden-Württemberg, in: Kulturgut aus Archiven, Bibliotheken und Museen (wie Anm. 3), 79–109, hier 82–101.

17 http://www.archivschule.de.

18 Solche Länderarchivportale gibt es für die Bundesländer Baden-Württemberg (http://www.archive-bw.de), Bayern (http://www.archive-in-bayern.de), Berlin (http://www.berliner-archive.de), Mecklenburg-Vorpommern (http://ariadne.uni-greifswald.de), Hessen (http://www.archive.hessen.de), Nordrhein-Westfalen (http://www.archive.nrw.de) und Rheinland-Pfalz (http://www.archiverlp.de)

19 http://www.archive-bw.de. Siehe dazu Christian Keitel, Internetportal für Archive in Baden-Württemberg. Konzeption und Werkstattberichte, in: Kulturgut aus Archiven, Bibliotheken und Museen im Internet (wie Anm. 3), 127–139.

Eigenständigkeit der jeweiligen Archive. Im Rahmen einer Projektgruppe wurden inhaltliche und technische Vorgaben erarbeitet, die von der Landesarchivdirektion Baden-Württemberg umgesetzt wurden.

Insgesamt bietet das Portal zwei Arten von Informationen:

- Grundinformationen zum jeweiligen Archiv (u.a. Zuständigkeit und Organisation, Archivbenutzung, Öffentlichkeitsarbeit) und
- Informationen über die Bestände des jeweiligen Archivs.

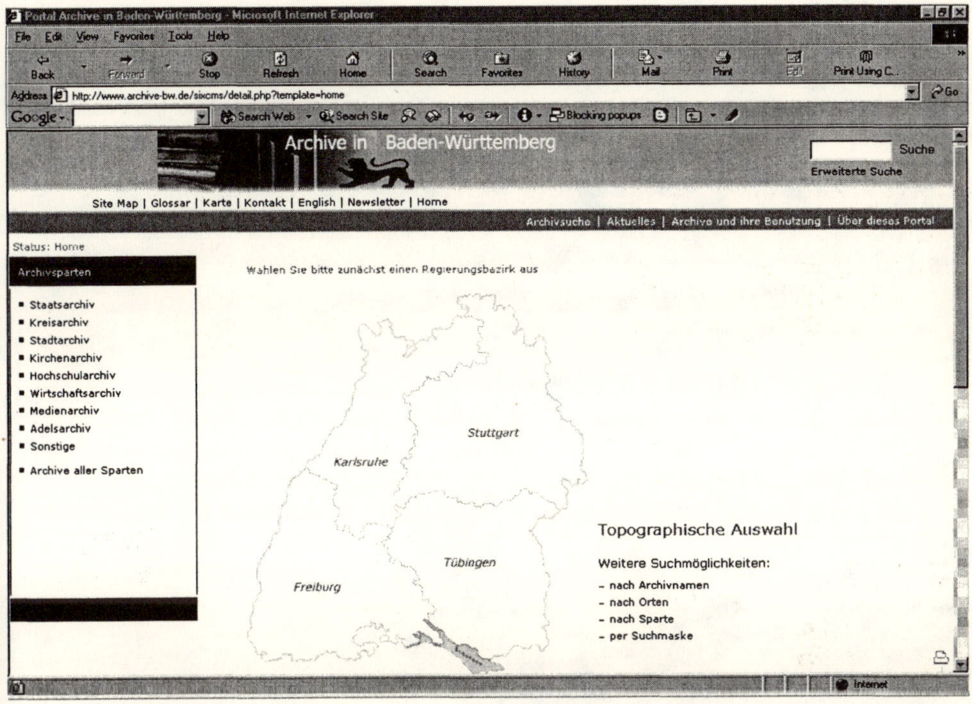

Abbildung 3: Internetportal Archive in Baden-Württemberg (http://www.archive-bw.de)

Über Hyperlinks wird – falls vorhanden – auf ein bestehendes Internetangebot eines Mitgliedsarchivs verwiesen, wo gegebenenfalls ausführlichere Online-Findmittel (Beständeübersichten, Findbücher) zu den jeweiligen Beständen oder auch Präsentationen von digitalisiertem Archivgut vorhanden sind. Die Pflege der archiveigenen Internetangebote erfolgt unabhängig vom Portal durch das jeweilige Archiv nach dessen Vorstellungen. Das Vorhandensein eines eigenen Angebots ist nicht Voraussetzung für die Beteiligung am Portal. Der Zugriff auf Informationen innerhalb des Portals erfolgt über eine mehrdimensionale Navigation und eine Volltextsuche. Die Implementierung einer Volltextsuchmaschine mit so genannter Spider-Technologie und Indizierung gewährleistet auch den Zugriff auf archiveigene Internetangebote außerhalb des Portals.[20] Für die

20 Mittels der Spider (Robots, crawler, gatherer)-Technologie einer Internetsuchmaschine können automatisch die auf einer Webseite vorhandenen Hyperlinks verfolgt werden. Dabei wird ein Index der Inhalte für eine spätere Suche erstellt. Zum Thema Internetsuchmaschinen siehe http://www.searchtools.com.

Verwaltung der Portalinhalte wird ein Web-Content-Management-System eingesetzt. Damit wird auch die dezentrale Pflege von Inhalten erleichtert.

Zurzeit werden Überlegungen angestellt, inwieweit Erschließungsleistungen einzelner Archive besser über das Portal zugänglich gemacht werden können. Dabei wird sowohl eine Integration des Portals in das von der DFG geförderte Internetportal für Bibliotheken, Archive und Museen (BAM-Portal)[21]angestrebt als auch in das geplante bundesdeutsche Archivportal. Im Vordergrund einer zukünftigen Weiterentwicklung des Portals steht die Verbesserung der archivübergreifenden Recherche in Online-Findmitteln und dabei insbesondere in Online-Beständeübersichten. Sie wird momentan durch die eingesetzte Webspider-Suchmaschine und aufgrund der heterogenen Findmittelpräsentationen nur rudimentär ermöglicht und kann erst durch eine Metasuchmaschine und eine Strukturierung der Findmittel-Informationen in Datenbanken verbessert werden.

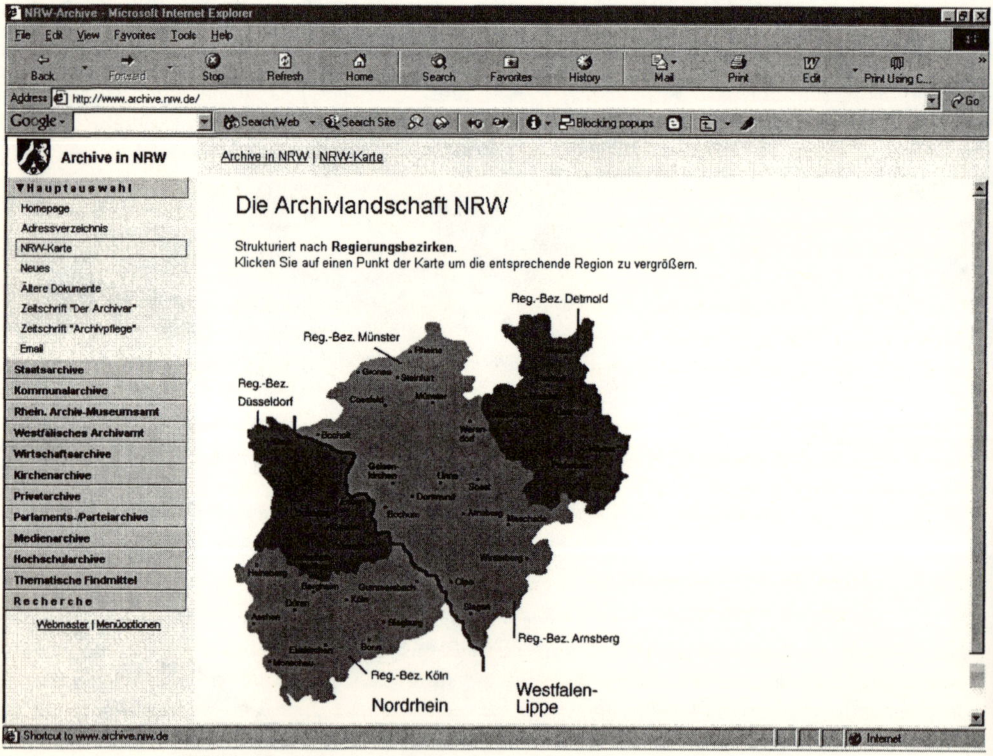

Abbildung 4: Internetportal Archive in Nordrhein-Westfalen. Startseite

21 http://www.bam-portal.de.

Ein weiteres Beispiel für ein Portal für Archive verschiedener Träger eines Bundeslandes ist das archivische Online-Fachinformationssystem *Archive in Nordrhein-Westfalen*.[22] (Abb. 4). Die Kooperation der Archive unterschiedlicher Sparten hat es ermöglicht, dass in Nordrhein-Westfalen ein Informationsverbund aller Archive entstehen konnte und so eine ganze Archivlandschaft elektronisch abgebildet werden kann. Derzeit sind mehr als 400 Staats-, Kommunal-, Wirtschafts- und Kirchenarchive an dem Informationssystem beteiligt.

Das System bildet einen Rahmen, den die beteiligten Archive unter Beachtung bestimmter Regeln frei füllen können und umfasst folgendes:

- allgemeine Informationen zum Archivwesen, darunter ein internationales Adressverzeichnis von Archiven, einen Veranstaltungskalender, Tagungsprogramme etc.,
- Informationen über alle Archivsparten in Nordrhein-Westfalen,
- allgemeine und archivfachliche Informationen über die beteiligten Archive, wie Adresse, Öffnungszeiten, Zuständigkeiten, Geschichte usw.,
- Beständeübersichten der beteiligten Archive.

Die Beständeübersichten unterschiedlicher Archivträger sind in einer Datenbank zusammengefasst. Benutzer können damit archivübergreifende Recherchen durchführen und sich mit weiteren Informationen über die Archive und ihre Träger versorgen.

Der Benutzer kann auf die Informationen der Archive und ihre Beständeübersichten über einen Suchbaum zugreifen, der der Einteilung nach Archivsparten und der jeweiligen Beständetektonik folgt, in geographischen Karten eine gewünschte Region und die dort ansässigen Archive ansteuern oder eine Begriffsrecherche über alle Beständeübersichten hinweg starten. Darüber hinaus wird ein Kontaktformular angeboten, um sich mit einem Archiv seiner Wahl per E-Mail in Verbindung zu setzen. Sofern ein Archiv keine eigene E-Mail-Adresse hat, kann ein Spartenrepräsentant die Aufgabe der Weitervermittlung von E-Mails übernehmen.

Jedes teilnehmende Archiv erhält eine eigene Internetadresse, die direkt angesteuert werden kann. Auf ihren Websites können die beteiligten Archive Links zu auswärtigen Angeboten setzen, etwa zum Server des Unternehmens oder der Hochschule. Für den weiteren Ausbau des Systems ist die Integration von Findbüchern geplant.

2.3.3 Portal für Archive verschiedener Träger mehrerer Länder, Regionen – das Internetinformationssystem Archive in der Arbeitsgemeinschaft Alpenländer (ARGE ALP)

Ein Beispiel für Archive verschiedener Träger mehrerer Länder und Regionen ist das Internetinformationssystem *Archive in der Arbeitsgemeinschaft Alpenländer*".[23] Es wurde nach Textvorlagen des in Buchform vorliegenden Archivführers der ARGE ALP von 1995

22 http://www.archive.nrw.de. Siehe dazu auch Wilfried Reininghaus/Frank M. Bischoff, Archive in Nordrhein-Westfalen im Internet. Bericht über ein von der deutschen Forschungsgemeinschaft unterstütztes Pilotprojekt, in: Der Archivar 51 (1998), Heft 3, 411-226.

23 http://www.archive-argealp.de. Siehe dazu Gerald Maier, Archive in der Arbeitsgemeinschaft Alpenländer. Internet-Portal, in: Archivnachrichten, hg. von der Landesarchivdirektion Baden-Württemberg, Heft 20 (2000), 2.

durch die Landesarchivdirektion Baden-Württemberg entwickelt.[24] Für die baden-württembergischen Staatsarchive, die im schriftlichen Archivführer noch nicht vertreten sind, wurden die Texte neu erstellt. Der Internetarchivführer der ARGE ALP enthält Informationen über die 36 Staats- und Landesarchive der Mitgliedsländer als auch eine kurze Beschreibung der im jeweiligen Archiv vorhandenen Bestände, inklusive grenzberührender und grenzüberschreitender Bestände bzw. Archivalien, die für andere ARGE ALP-Mitgliedsländer von Interesse sind.

- Die Navigation und Recherche erfolgt mehrdimensional
- über Auswahl-Menüs (Quickbar),
- über eine Karte (topographische Auswahl),
- über Hyperlinks auf den verschiedenen Ebenen und mittels Überblicksseiten (Site Maps) pro Archiv,
- mittels sequentiellen Blätterns (vor und zurück),
- über eine Volltextsuche inklusive *highlighting* der Suchbegriffe,
- über dynamische aus einer Datenbank generierte Links für Beständeübersichten der baden-württembergischen Staatsarchive.

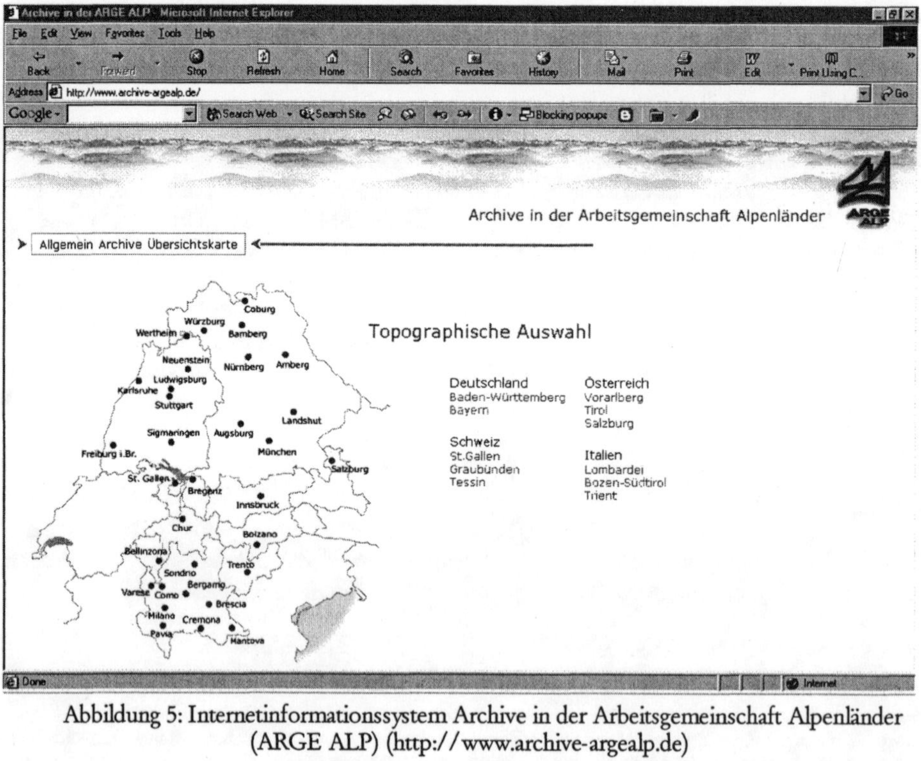

Abbildung 5: Internetinformationssystem Archive in der Arbeitsgemeinschaft Alpenländer (ARGE ALP) (http://www.archive-argealp.de)

24 Die Staats- und Landesarchive in der Arbeitsgemeinschaft Alpenländer (Arge Alp). Archivführer und Inventar der grenzüberschreitenden Überlieferung, hg. von der Generaldirektion der Staatlichen Archive Bayerns, München 1995.

2.3.4 *Portal für Archive auf internationaler Ebene – das UNESCO Archives Portal*

Als Beispiel für ein Portal für Archive auf internationaler Ebene wird hier das UNESCO Archives Portal vorgestellt.[25] Es ist ein internationales *gateway* für Archivare und Archivnutzer. Eine Recherche nach Archivträgern ist sowohl über die Topographie (Land, Ort, Karten) als auch über Archivsparten möglich.

Außerdem kann nach folgenden Themenbereichen recherchiert werden:

- Findmittel (Primary Sources Online),
- Aus- und Fortbildung (Education and Training),
- Bestandserhaltung (Preservation and Conservation),
- Internationale Zusammenarbeit (International Co-operation),
- Fachverbände, Fachvereinigungen (Associations),
- Tagungen, Veranstaltungen (Conferences, Meetings and Exhibitions),
- Internetressourcen (Internet Resources).

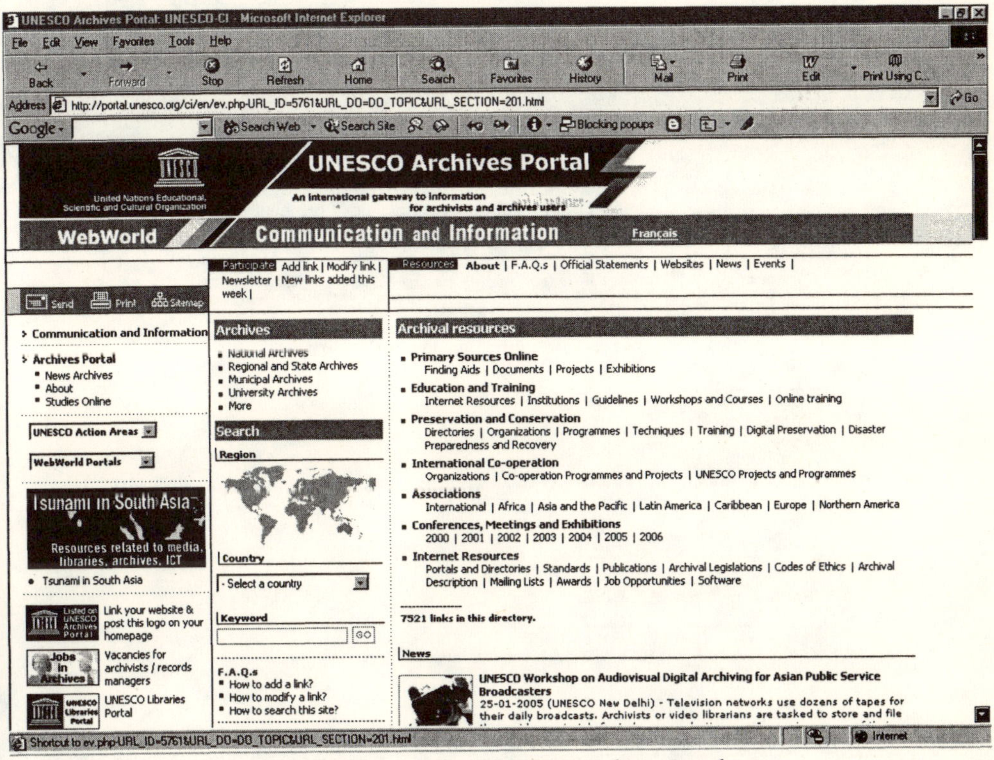

Abbildung 6: Das UNESCO Archives Portal (http://www.unesco.org/webworld/portal_archives)

25 http://www.unesco.org/webworld/portal_archives.

Das UNESCO Archives Portal weist insbesondere weiterführende Fachinformationen nach und richtet sich somit vor allem an den archivischen Berufstand oder an den an der Archivwissenschaft interessierten Nutzer.

2.3.5 *Portal für Archive im Verbund mit anderen Informationsdienstleistern – das BAM-Portal*

Über die rein archivbezogenen Portalprojekte hinaus soll abschließend auch noch ein Blick auf Portale im Verbund mit anderen Inforamationsdienstleistern geworfen werden.

Mit dem von der Deutschen Forschungsgemeinschaft geförderten Projekt *Gemeinsames Internetportal für Bibliotheken, Archive und Museen* – kurz BAM-Portal - erstellten die Landesarchivdirektion Baden-Württemberg zusammen mit dem Bibliotheksservice-Zentrum Baden-Württemberg sowie dem Landesmuseum für Technik und Arbeit in Mannheim einen Zugang zu digitalen Ressourcen aus Bibliotheken, Archiven und Museen.[26] Ziel einer ersten Projektphase von Februar 2001 bis Ende April 2003 war es, modellhaft einzusetzende technische Verfahren zu entwickeln, die es den drei Institutionstypen ermöglichen, Online-Findmittel, Kataloginformationen und digitalisierte Bestände unter einem gemeinsamen Online-Portal recherchierbar zu machen.

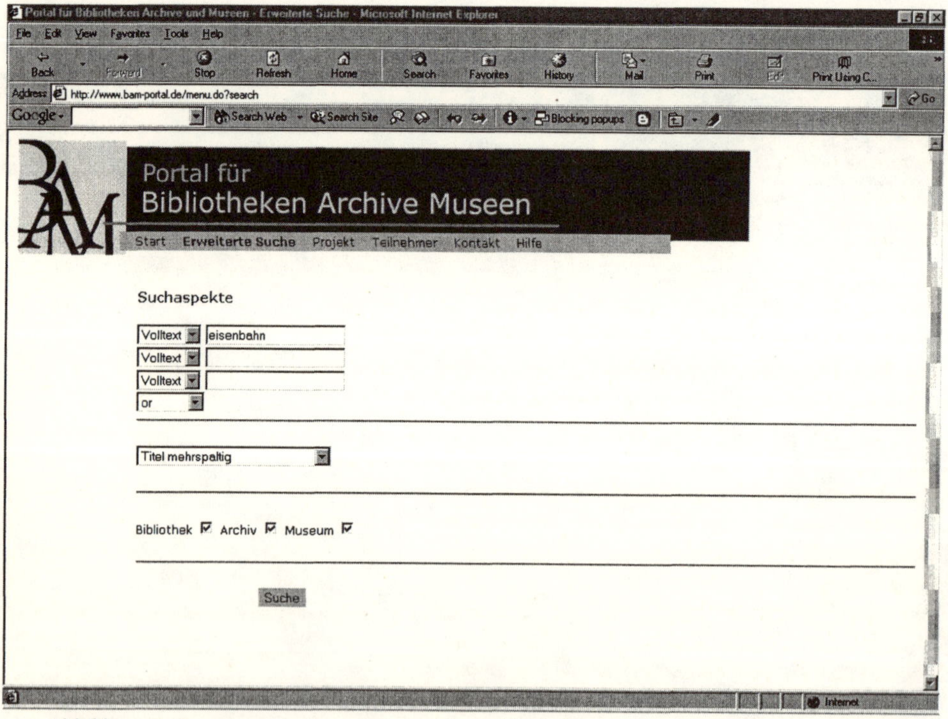

Abbildung 7: Gemeinsames Internetportal für Bibliotheken, Archive und Museen – BAM-Portal (http://www.bam-portal.de)

26 http://www.bam-portal.de. Siehe dazu Christof Mainberger/Thomas Fritz/Frank von Hagel, Werkstattbericht: BAM. Ein gemeinsames Internetportal für Bibliotheken, Archive und Museen, in: Kulturgut aus Archiven, Bibliotheken und Museen (wie Anm. 3), 111–125.

Aufgrund der unterschiedlichen Erschließungstechniken und -traditionen in Bibliotheken, Archiven und Museen kommt der Aufbereitung der Metadaten für die verteilte Recherche in den Datenquellen eine besondere Bedeutung zu. Die interdisziplinäre Zusammenarbeit im Projekt stellt somit auch eine Chance dar, in einen Dialog mit benachbarten Institutionen der Informationsvermittlung zu treten und für den Nutzer neue Wege zu beschreiten.

Die drei Institutionstypen haben sich in der Vergangenheit nach unterschiedlichen Prinzipien entwickelt und verwenden unterschiedliche Verfahren der Erschließung und Bereitstellung. In der modernen Informationsgesellschaft erwarten Benutzer aber immer mehr eine Dienstleister übergreifende Recherchemöglichkeit bei sachthematischen Fragestellungen, so dass die Vernetzung von inhaltlich zusammenhängenden Quellen der drei Informationsdienstleister Bibliothek, Archiv und Museum eine neue Herausforderung darstellt.

Daher ist es nicht erstaunlich, dass neuerdings auch Initiativen, Programme und Projekte entstehen, die sich um eine virtuelle Zusammenführung der Bestände dieser drei Typen von Informationsdienstleistern bemühen. Insbesondere innerhalb des Aktionsplans der Europäischen Union *eEurope* wird für die Digitalisierung des kulturellen Erbes der Aufbau eines EU-weiten länder- und spartenübergreifenden Netzwerks für die digitale Präsentation von Kulturgut forciert.[27] Das BAM-Portal leistet auf nationaler Ebene einen Beitrag in diese Richtung.

Dem Benutzer des BAM-Portals wird derzeit zur Recherche eine Suchmaschine angeboten, die neben einer Freitext-Suche auch eine Schlagwort-Suche nach Orten, Personen und Sachen bietet. Als Resultat einer Suche wird dem Benutzer eine Ergebnisliste präsentiert, die sowohl Metadaten zu Bibliotheksbeständen als auch zu Archiv- und Museumsbeständen enthält. Hyperlinks zu jedem Eintrag führen den Benutzer auf den Titelnachweis in den entsprechenden Bibliotheks-OPACs, auf den bzw. die entsprechenden Titel in archivischen Online-Findmitteln, das heißt Online-Beständeübersichten und Online-Findbücher, oder auf die dokumentarische Beschreibung von Sammlungsobjekten der beteiligten Museen.

In einer weiteren Projektphase ab Mitte des Jahres 2005 soll das BAM-Portal mit weiteren Projektpartnern wie der Stiftung Preußischer Kulturbesitz und dem Bundesarchiv durch die Ausweitung des Teilnehmerkreises und Kooperationen, durch eine inhaltliche und technische Weiterentwicklung nach und nach zu einem bundesweiten Kultur- bzw. Informationsportal für Erschließungsleistungen aus Bibliotheken, Archiven und Museen ausgebaut werden mit dem Ziel, heterogenen Nutzerkreisen einen Erstzugang zu Informationen zu ermöglichen und sie dann auf die institutionseigenen Recherchesysteme hinzuführen.

In einem weiteren Schritt könnte das BAM-Netzwerk dann in den europäischen Kontext innerhalb des Aktionsplans *eEurope* eingebunden werden und einen Beitrag zum Aufbau eines europaweiten Kulturgut-Portals leisten.

2.3.6 *Basis-Technologien für Archivportale und archivische Online-Informationssysteme*

Für Aufbau und Pflege archivischer Internetportale und -informationssysteme sind verschiedene Basistechnologien notwendig, die einerseits als *backend* die Einspeisung von

27 http://europa.eu.int/information_society/eeurope.

Inhalten und deren Pflege durch das jeweilige Archiv erlauben, andererseits als *frontend* dem Nutzer für Recherche- und Navigation zur Verfügung stehen. Zu solchen Basistechnologien gehören

- Web-Content-Management-Systeme für die rationelle und dezentrale Pflege von Portal- bzw. Website-Inhalten und für archivische Findmittel mit Präsentationsmodulen,
- Suchmaschinen-Technologien wie Spider-Suchmaschinen oder Datenbank-Suchmaschinen und
- ein durch Autorensystem gestützter Workflow für digitalisierte Archivalien im Kontext von Online-Findmitteln.

2.3.7 *Content-Mangement-Systeme für Online-Findmittel bzw. archivische OPACs*

Für komplexere Internetangebote ist der Einsatz eines sog. Web-Content-Management-Systems unabdinglich. Dies gilt auch für archivsche Websites und Portale. Neben kommerziellen Produkten gibt es hier in der Zwischenzeit auch verschiedene leistungsfähige Open-Source-Lösungen.[28]

Allgemeine Web-Content-Management-Systeme eignen sich zwar für den Aufbau und die Verwaltung archivischer Portallösungen, nicht aber für archivische Online-Findmittel oder archivische OPACs, d.h. Online-Beständeübersichten und Online-Findbücher, die dynamisch aus den normalerweise auf Serverdatenbanken vorliegenden Erschließungsdaten sowohl eine strukturorientierte als auch eine Volltextrecherche ermöglichen.

Für archivische Online-Findmittel müssen daher spezielle Content-Management-Systeme herangezogen werden, die bestimmte Anforderungen erfüllen wie die

- datenbankgestützte Verwaltung und Präsentation von Online-Beständeübersichten und Online-Findbüchern,
- ein einheitliches Erscheinungsbild und einheitliche Funktionalitäten für alle Online-Findmittel gewährleisten,
- den Import von Erschließungsinformationen aus Datenbanken ermöglichen,
- Präsentationsmodule für digitalisiertes Archivgut bieten,
- eine Suchmaschine für archivübergreifende Recherche anbieten und
- mit einer Warenkorb-Funktionalität für Online-Bestellung ausgestattet sind.

Zunehmend bietet archivische Erschließungssoftware solche Möglichkeiten. Ein Beispiel dafür ist das vom Landesarchiv Baden-Württemberg entwickelte Findmittel-Content-Management-System. Es bildet die gemeinsame Basis für alle Internetportale, in denen Erschließungsleistungen des Landesarchivs Baden-Württemberg recherchierbar sind, und ermöglicht die Bereitstellung einheitlich strukturierter Online-Beständeübersichten, aber auch bestandsbezogener und sachthematischer Online-Findbücher.

Das Publizieren und Präsentieren der Online-Findmittel erfolgt über den zentralen Webserver des Landesarchivs beim Bibliotheksservice-Zentrum Baden-Württemberg in Konstanz. Über eine verschlüsselte Internetverbindung können die Mitarbeiterinnen und

---

28 Content Management Systeme. Auswahlstrategien, Architekturen und Produkte. Dokumentation, hg. von Hans-Jörg Bullinger/Erwin Schuster/Stephan Wilhelm, Düsseldorf 62001. Open-Source Lösungen sind z.B. eZ Publish (http://ez.no) oder Typo3 (http://typo3.org).

Mitarbeiter der verschiedenen Archivabteilungen mittels Webbrowser in einem Dialogverfahren aus lokalen Erschließungsdatenbanken Online-Beständeübersichten und Online-Findbücher erzeugen. Darüber hinaus können aber auch Intranet-Server in den einzelnen Häusern betrieben werden, auf denen auch gesperrte Findmittel bereitgehalten werden können, auf die bei Bedarf über ein Passwort zugegriffen werden kann.
Die Präsentationsmodule des Findmittel-CMS ermöglichen:

- eine kontextorientierte, strukturierte Navigation anhand einer als Baumstruktur visualisierten Klassifikation über Symbole und Hyperlinks,
- eine Recherche über ein datenbankgestütztes Volltextsuchmodul inklusive der Verwendung von Stichwortlisten,
- eine Recherche über die Index-Funktion und
- eine Recherche über eine Internetsuchmaschine für die Suche außerhalb der Online-Findmittel im Rahmen einer Portallösung.

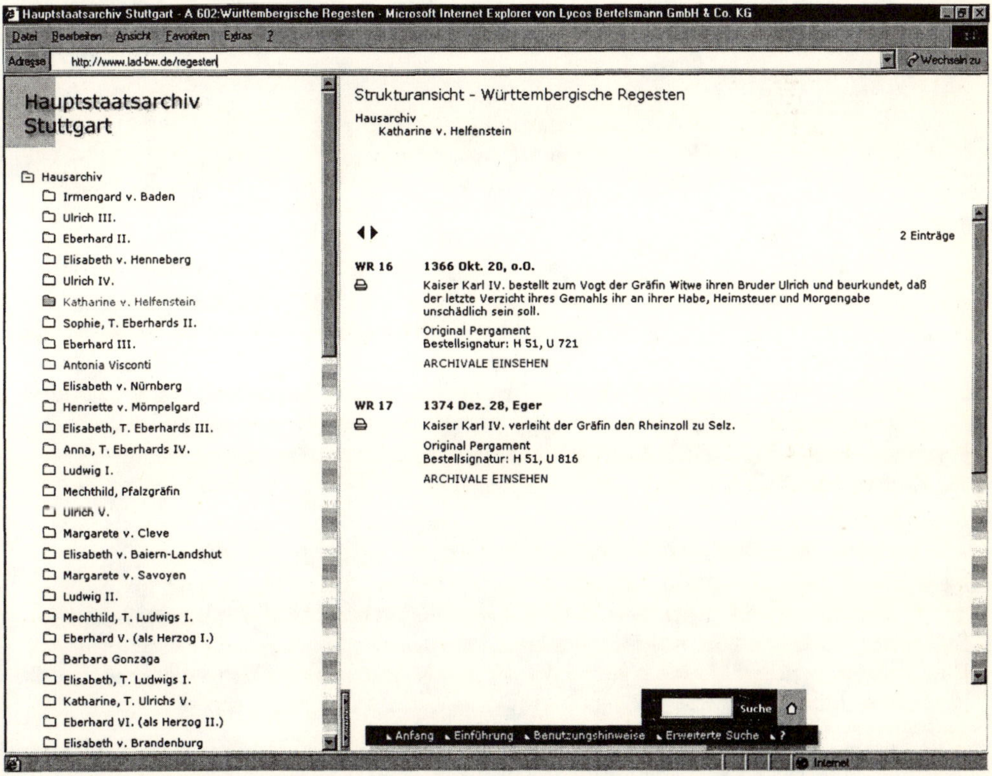

Abbildung 8: Online-Findbuch (Landesarchiv Baden-Württemberg, Hauptstaatsarchiv Stuttgart)

2.3.8 *Suchmaschinen-Technologien für ein archivfachliches Internetportal*

Ein archivfachliches Internetportal benötigt ebenso wie andere Portale eine leistungsfähige Volltextsuchmaschine. Unterscheiden muss man dabei zwischen der Suche in allgemeinen Informationen und der Suche in Online-Findmitteln. Je nach der Struktur und

Datenhaltung bietet sich der Einsatz einer Spider- oder einer Datenbank-Suchmaschine an.

Für eine Volltext-Suche außerhalb von datenbankbasierten Online-Findmitteln bietet sich für statische oder dynamisch generierte Internetangebote der Einsatz einer Web-Suchmaschine mit so genannter Spider-Technologie an. Eine solche Suchmaschine erlaubt die Volltextsuche in unstrukturierten statischen und dynamisch generierten Internetangeboten. Über den Spider werden die einzelnen Seiten indiziert. Der Suchmaschinen-Index wird auf dem zentralen Webserver abgelegt. Er kann über eine Zeitsteuerung aktualisiert werden. Die Indizierung kann über Parameter gesteuert werden, so dass bestimmte Bereiche eines Angebots eingeschlossen bzw. ausgeschlossen werden können. Neben HTML-Seiten können auch verschiedene andere Dateiformate wie XML, PDF, RTF oder Microsoft Word-Dokumente indiziert und somit deren Inhalte durchsuchbar gemacht werden. Die Eingabemasken unterstützen die Verwendung von Boolschen Operatoren und die Auswahl des Suchbereichs. Auch bei dieser Suchmaschine wurde die *highlighting*-Funktion, das heißt die farbige Hervorhebung der Suchbegriffe, implementiert, so dass die eingegebenen Suchbegriffe sofort im Kontext wahrgenommen werden können. Das *highlighting* funktioniert auch bei Dokumenten, die im PDF-Format oder Microsoft Word-Format vorliegen.

Für die Recherche in Online-Findmitteln ist dagegen eine zum Findmittel-Content-Management gehörende Datenbanksuchmaschine sinnvoll, die eine möglichst umfassende Volltextsuche und eine strukturierte Ausgabe der Suchergebnisse erlaubt. Die Struktur der Suchergebnisse sollte sich an der archivischen Tektonik orientieren, das heißt z.B. eine Sortierung der Treffer nach Archiv, Bestand und Klassifikationsebenen innerhalb eines Bestands. Im Gegensatz zu einer reinen Internetsuchmaschine mit Spider-Technologie setzt eine solche Suchmaschine wie bei einem Bibliotheks-OPAC meistens direkt auf die Datenbank auf und erlaubt eine differenzierte Eingabe der Suchbegriffe nach vorgegebenen Kategorien einschließlich Boolscher Operatoren, die Verwendung von Stichwortlisten und eine auf die einzelne Erschießungseinheit bezogene Präsentation der Suchergebnisse. Damit die Nutzer die eingegebenen Suchbegriffe schnell im Kontext des jeweiligen Online-Findmittels ausmachen können, ist ein so genanntes *highlighting* der Suchbegriffe sinnvoll.

2.3.9 *Autorensystem gestützter Workflow für die Präsentation digitalisierter Archivalien*

Neben der Bereitstellung von Online-Findmitteln gewinnt bei Archiven auch zunehmend die Bereitstellung von digitalisierten Archivalien in archivischen Internetangeboten an Bedeutung, auch wenn Sie aufgrund der hohen Kosten nur für ausgewählte Bestände oder Einzelstücke realisiert werden kann. In Verbindung mit der Bereitstellung digitaler Findmittel und komfortabler Präsentationsmodelle im Internet eröffnen sich völlig neue Möglichkeiten und Qualitäten für die Nutzung von Archivgut.

Im Rahmen der von der Deutschen Forschungsgemeinschaft geförderten retrospektiven Digitalisierung von Bibliotheksgut[29] konnte die Landesarchivdirektion Baden-Württemberg in zwei Forschungsprojekten und mit eigenen Mitteln einen durch

29 Siehe dazu http://www.dfg.de/forschungsfoerderung/wissenschaftliche_infrastruktur/lis/index.html.

Autorensystem gestützten Workflow für die Präsentation digitalisierter Archivalien entwickeln.[30]

Ziel war dabei einerseits die Entwicklung weitgehend automatisierbarer Arbeitsabläufe zur Herstellung optimaler digitaler Master über das Medium Mikrofilm, andererseits die Entwicklung von durch Autorensystem gestützten Präsentationsmodulen für die objektgerechte Präsentation von Urkunden mit Siegeln und von Akten. Als Basis und zur Steuerung des Workflows dient ein datenbankbasiertes Autorensystem zur Bearbeitung und Verwaltung der Ausgangsmaterialien, das heißt sowohl der Erschließungsdaten als auch der als Bilddaten vorliegenden digitalisierten Objekte. Entscheidend für die Anwendung im Regelbetrieb ist die Verknüpfung eines solchen Autorensystems mit einem Content-Management-System für Online-Findmittel, in das Präsentationsmodule integriert werden können, und eine Verbindung mit der archivischen Erschließungssoftware.

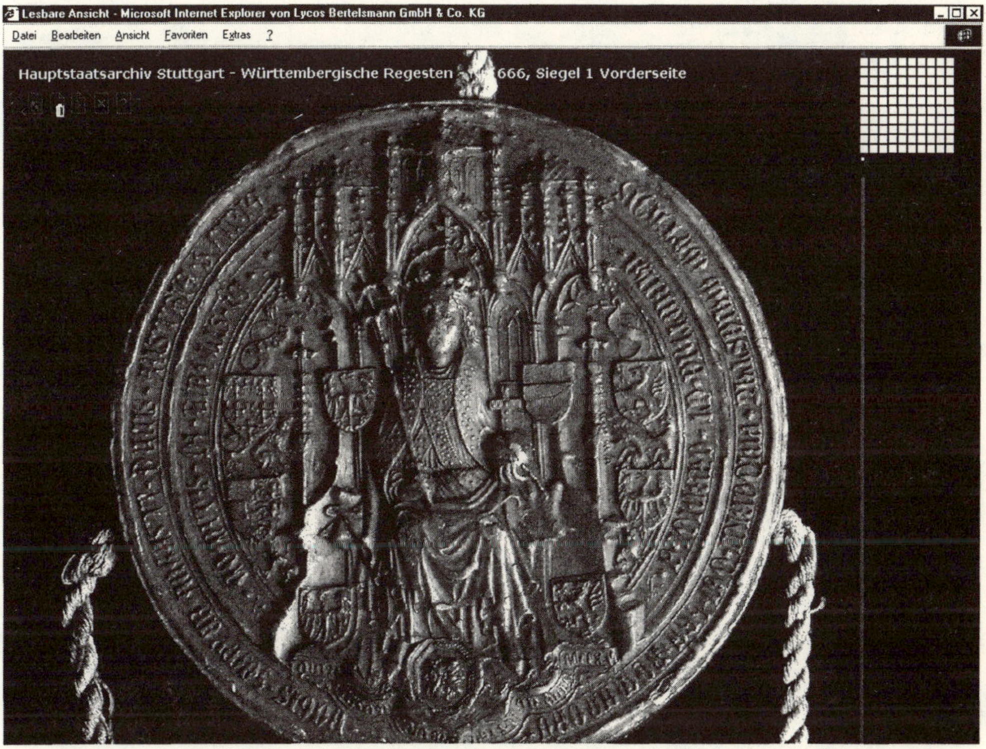

Abbildung 9: Präsentationsmodul für digitalisierte Archivalien (Landesarchiv Baden-Württemberg, Hauptstaatsarchiv Stuttgart)

30 Siehe dazu http://www.landesarchiv-bw.de/digpro und http://www.landesarchiv-bw.de/workflow; Thomas Fricke, Bereitstellung digitalisierter Archivalien im Internet. Beschreibung eines Workflows, in: Kulturgut aus Archiven, Bibliotheken und Museen (wie Anm. 3), 187–195 und Tilo Wütherich, Ein Modul für die serienmäßige Aufbereitung von Digitalisaten, in: ebd., 197–202.

Für den Nutzer ergibt sich durch eine Online-Präsentation von Archivgut ein Mehrwert

- durch eine erweiterte Zugänglichkeit unabhängig von Ort und Zeit,
- durch die Integration der Dokumente in Tektonik und Kontext, d.h. Einbindung der Dokumente in Online-Findmittel mit Erschließungsinformationen und in Portale,
- durch den mehrdimensionalen Zugriff auf die Dokumente über Strukturbaum, Suchmaschine, Indices und Verlinkung,
- durch erweiterte Navigationsmöglichkeiten innerhalb der Dokumente mit verschiedenen Ansichten (u.a. Vorschaubilder, lesbare Ansicht) und
- durch Transkription und Übersetzungen.

3. *Zusammenfassung und Ausblick*

Zusammenfassend betrachtet gehören zum Dienstleistungsangebot von Archivportalen und archivischen Online-Angeboten zum einen Informationen über Institutionen und über aktuelle Veranstaltungen, Ausstellungen, Tagungen usw., zum anderen Online-Findmittel in Form eines archivischen OPACs, eventuell mit digitalisiertem Archivgut und Online-Bestellmöglichkeit. Darüber hinaus werden zielgruppenspezifische Informationen bereitgestellt. Dazu gehören Informationen für verschiedene Gruppen von Archivnutzern wie Behördennutzer, Wissenschaftler oder Heimatforscher. Ferner werden Fachinformationen zu archivwissenschaftlichen Arbeitsgebieten z.B. aus den Bereichen Überlieferungsbildung, Erschließung oder Bestandserhaltung angeboten. Nicht selten finden sich auch Links zu verwandten Internetangeboten und benachbarten Disziplinen wie Bibliotheken, Museen, Geschichtswissenschaft oder Dokumentationsstellen.

Ingesamt ist festzustellen, dass der Ausbau von archivischen Fachportalen in Verbindung mit Online-Findmitteln innerhalb der archivischen Alltagsarbeit immer mehr eine Schlüsselstellung bekommt. Nur so können sich die Archive in der sich weiter entwickelnden Informationsgesellschaft behaupten. Für Archive ist dies umso mehr eine Herausforderung, da momentan der Trend in Richtung Ressourcenkürzung und Personalabbau geht. Längerfristig kann die archivische Arbeit nur dann Akzeptanz in der Gesellschaft und beim Steuerzahler behalten, wenn sich auch Archive zu modernen Informationsdienstleistern weiterentwickeln. Wichtig ist dabei auch der interdisziplinäre Ansatz und die Zusammenarbeit mit anderen Informationsdienstleistern. Dafür müssen mehrere Voraussetzungen geschaffen werden, insbesondere die weitere Professionalisierung des Archivar-Berufs, v.a. im Hinblick auf Informationstechnologie, die Öffnung des archivischen Berufsstandes im Hinblick auf eine stärke interdisziplinäre Zusammenarbeit, aber auch der weitere Ausbau der informations- und kommunikationstechnologischen Infrastrukturen in den Archiven.

Portale für öffentliche und wissenschaftliche Bibliotheken

Friederike Gerland
Bibliotheksservice-Zentrum Baden-Württemberg, Konstanz

Abstract

Today there exists a variety of databases and information offers to such an extent that users of library services can get lost quickly. Informations are presented under various interfaces with very different functionalities. Thus customers have to adapt to ever changing interfaces and functionalities.

Portals don't have such problems. Regional literature, specialized journals and databases, union catalogues can be retrieved at one central information point: comprehensive, open to individual configuration and graphical changements.

Thus portals can offer easily accessible services with extensive possibilities of personalization. The personalized services tie customers to the portal, because they find their personal presettings when returning to the site. Retrieval stragegies must not be developed once again. Portals can realize the advantages of complex information services at one information point.

Die umfassende und schnelle Informationsgewinnung steht heute im Mittelpunkt für den interessierten und aufgeklärten Menschen des Informationszeitalters. Die gezielte und effiziente Aufbereitung, Erschließung und Bereitstellung der angebotenen Fülle an Informationsdienstleistungen ist die Aufgabe und gleichzeitig auch eine Herausforderung für jede Bibliothek.

Wissenschaftliche und öffentliche Bibliotheken sichern den Zugang zu Wissen in allen medialen Formen und tragen dadurch zur Chancengleichheit bei. Dabei kommt es darauf an, nicht nur die notwendige Technik zur Verfügung zu stellen, sondern die digitalen Informationsangebote einfach und überschaubar zu erschließen.

Der Zugang zu diesen Informationsdiensten gestaltet sich für den Suchenden jedoch häufig problematisch: er hat nicht nur die unüberschaubare Vielfalt des Angebotes zu sichten, sondern wird auch mit den jeweils unterschiedlichen Oberflächen und Suchmöglichkeiten der einzelnen Informationsdienste konfrontiert. Hier setzt die Portallösung an: Die Benutzer erhalten einen Nachweis über das lokale, regionale und übergreifende Angebot ihrer Bibliothek sowie auch ausgewählte zusätzliche Informationen. Die Öffentliche Bibliothek dient so dem Benutzer als Anlaufstelle, an der er gebündelte Informationen unter einer komfortabel zu bedienenden Oberfläche findet.

Durch die Integration von heterogenen und verteilten Datenquellen ist ein umfassender, schneller und komfortabler Informationsgewinn gewährleistet. Die Bibliothek stärkt ihre Rolle als lokale Informationszentrale für den Endkunden, den Bibliotheksbenutzer.

Gerade in wissenschaftlichen Bibliotheken gibt es heutzutage immer mehr wertvolle und umfangreiche digitale Sammlungen. Daneben gibt es für die unterschiedlichsten

Fachbereiche zahlreiche Datenbanken. Es gibt jedoch bisher nur selten einen zentralen Zugang zu den Sammlungen und den Datenbanken. Oft findet man die Dinge nur dezentral geordnet. Der Nutzer hat keinen Überblick, was für Potential in der von ihm genutzten Bibliothek versteckt ist. Hinzu kommt, dass sich die digitalen Sammlungen oft sehr heterogen präsentieren. Es ist nicht erkennbar, dass es sich um eine Dienstleistung der Bibliothek handelt. Eine einheitliche Recherche bieten ebenfalls die wenigsten Datenbanken.

Die angebotenen Quellen sind qualifiziert und kompetent von Bibliotheksmitarbeitern zusammengestellt, können übersichtlich, fachlich aufbereitet werden. Auf diese Weise wird die Arbeit des Fachpersonals erheblich unterstützt und es bleibt mehr Zeit für die Kund/innen.

Mit der einfach zu handhabenden Suche über alle Quellen bekommt der Nutzer relevante Treffer überschaubar präsentiert. Die Literaturbestellung und –lieferung sind ebenfalls in das Portal integriert und so ist der Gedanke des One-Stop-Shops erfüllt, inklusive einer nur einmaligen Authentifizierung. Das Portal ist komfortabel personalisierbar und kann so entsprechend den Bedürfnissen jedes einzelnen Nutzers eingerichtet werden. Die Wünsche des Nutzers nach komfortabler Literaturrecherche, Recherche in Volltextdatenbanken, Lieferung der Literatur unter einer einheitlichen Oberfläche können mit Hilfe eines Portals erfüllt werden. Auf diese Weise verbessert sich der Service und ein schneller und komfortabler Informationsgewinn für den Nutzer wird möglich. Die Bindung der Kunden an die Bibliothek wird erhöht.

1. *Leistungsmerkmale der Portalsoftware*

Den Benutzern und auch den Bibliotheken steht mit Elektra eine Portalsoftware mit umfangreichen Personalisierungs- und Serviceoptionen zur Verfügung.

Die leistungsfähige Metasuche mit ihrer einfachen Suchmaske macht das Portal intuitiv bedienbar, thematische Sucheinstiege (in Form von Fachprofilen) entsprechen den Bedürfnissen des Benutzers.

Den Benutzern stehen die zahlreichen Personalisierungs- und Serviceoptionen des Portals zur Verfügung. Treffer können in der Merkliste gespeichert und verwaltet werden. Der Download der Treffer in verschiedenen Formaten ist ebenso möglich wie der Versand der Treffer per Email oder deren Ausdruck. Authentifizierte Benutzer können aus der angebotenen Liste von Informationsquellen diejenigen, auf die sie häufig zugreifen, unter einem beliebigen Namen abspeichern und bei jedem späteren Besuch des Portals über diesen Namen wieder aufrufen.

2. *Online- und Fachauskunft*

Über die Online-Auskunft kann jeder Benutzer Anregungen und Rückmeldungen an seine Bibliothek formulieren, die der Bibliothek via Email zugehen. Der Benutzer hat auch die Möglichkeit, um Unterstützung bei der Recherche zu bitten und hierfür eine Suchhistorie mitzusenden. Dies ermöglicht eine sehr gezielte Beratung der Bibliotheksbenutzer/innen.

In besonders anspruchsvollen Fällen kann sich die/der Benutzer/in auch an die bibliothekarische Fachauskunft wenden. Diese ist ein Emailservice für den Benutzer, der auf seine Fachfrage innerhalb eines garantierten Zeitraumes eine Rückmeldung und nach Möglichkeit eine qualifizierte Antwort erhält.

3. *Bestellung von Medien*

Hat ein/e Benutzer/in ein Medium gefunden, kann er eine Verfügbarkeitsprüfung anstoßen und gegebenenfalls eine Bestellung absetzen. Auf diese Weise können direkt aus der Ergebnisliste im Portal Literaturbestellungen getätigt werden.

Auch die Abwicklung von kostenpflichtigen Bestellungen (Aufsatzkopien, Buchversand) oder von Bestellungen für elektronische Dokumente und Online-Volltexte (payper-view) kann realisiert werden.

4. *Benachrichtigungsdienst*

Über neue Treffer kann sich der authentifizierte Benutzer jederzeit per Email informieren lassen. Hierzu bietet das Portal die Möglichkeit eines Profildienstes an. Dieser ermöglicht die automatisierte Wiederholung einer Recherche in frei definierbaren Zeitintervallen. Die Rechercheergebnisse des Benachrichtigunsdienstes werden dem Benutzer dann in den von ihm bestimmten Zeitabständen geschickt.

5. *Weitere Services*

- Jede Bibliothek erhält eine individuelle Sicht auf das Portal. Diese Sicht ist konfigurier- und gestaltbar hinsichtlich Layout, Farben, Schriften und dem Logo, so dass die Benutzer keinen unnötigen Oberflächenbruch erleben und das Portal auch optisch als Erweiterung des bestehenden Bibliotheksangebotes erkennbar ist.
- Einbinden von Datenbanken und Quellen unterschiedlichster Art: Bibliothekskataloge, Verbundkataloge, kostenlose und kostenpflichtige Datenbanken, freie Internetquellen. Für die nötige Authentifizierung bei kostenpflichtigen Datenbanken wird auf das Benutzersystem der jeweiligen Bibliothek zugegriffen und so kann den Nutzer/innen ein Single-Sign-On ermöglicht werden.
- Unterstützung von Standardschnittstellen.
- Zugriff jederzeit und überall.
- Benutzerfreundlichkeit durch einfache Handhabung.
- Umfangreiche Personalisierungsfunktionen.

6. *Zusammenfassung und Ausblick*

In der heutigen Zeit gibt es eine derartige Vielfalt von Datenbanken und Informationsangeboten, dass der Bibliotheksbenutzer schnell den Überblick verlieren kann. All diese Angebote erscheinen unter den verschiedensten Oberflächen und funktionieren auf unterschiedlichste Weise. Die Kunden müssen sich so auf immer neue Oberflächen und Funktionsweisen der Recherche einstellen.

Ob regionale Literatur, Fachzeitschriften, Fachdatenbanken, Verbundkataloge: alles ist an einer zentralen Stelle recherchierbar. zusammengefasst, individuell konfigurierbar und grafisch anpassbar.

Dadurch dass das Portal komfortable Serviceleistungen und umfangreiche Personalisierungsmöglichkeiten umfasst, wird die/der Benutzer/in an seine Bibliothek gebunden, denn dort findet er alles so voreingestellt vor, wie er es verlassen hat. Er braucht nicht jedes Mal seine Suchanfrage neu zu formulieren, nicht jedes Mal die

Datenbankauswahl neu zu konfigurieren: das Konzept der Informationsdienstleistungen aus einer Hand kommt voll zum Tragen.

Das BSZ unterstützt die wissenschaftlichen (und auch die öffentlichen) Bibliotheken bei dem Aufbau von zielgruppengerichteten Portalen mit dem Einsatz flexibler und leistungsstarker Software sowie mit kompetentem technischen und bibliothekarischen Support.

Als Beispiel einer Portalinstallation kann unter http://www.digibib-bw.de das Portal des Bibliotheksservice-Zentrums Baden-Württemberg angeschaut werden.